WANDER GARCIA E ANA PAULA GARCIA
COORDENADORES

CONCURSOS DE ESCREVENTE DO TJSP

740
QUESTÕES COMENTADAS

2ª EDIÇÃO 2021

COMO PASSAR

2021 © Editora Foco
Coordenadores: Wander Garcia e Ana Paula Dompieri Garcia
Autores: Wander Garcia, André Nader Justo, André Nascimento, Bruna Vieira, Eduardo Dompieri,
Enildo Garcia, Flávia Barros, Helder Satin, Henrique Subi, Leni Mouzinho Soares, Luiz Dellore,
Magally Dato, Teresa Melo e Tony Chalita
Diretor Acadêmico: Leonardo Pereira
Editor: Roberta Densa
Assistente Editorial: Paula Morishita
Revisora Sênior: Georgia Renata Dias
Capa Criação: Leonardo Hermano
Diagramação: Ladislau Lima
Impressão miolo e capa: Gráfica FORMA CERTA

Dados Internacionais de Catalogação na Publicação (CIP) de acordo com ISBD

C735
Como passar em concursos de escrevente do TJSP / Wander Garcia ... [et al.] ; coordenado por Wander Garcia, Ana Paula Garcia. - 2. ed. - Indaiatuba, SP : Editora Foco, 2021.
224 p. : il. ; 17cm x 24cm.

ISBN: 978-65-5515-157-2

1. Metodologia de estudo. 2. Concursos Públicos. 3. Escrevente. 4. TJSP. I. Garcia, Wander. II. Justo, André Nader. III. Nascimento, André. IV. Vieira, Bruna. V. Dompieri, Eduardo. VI. Garcia, Enildo. VII. Barros, Flávia. VIII. Satin, Helder. IX. Subi, Henrique. X. Tomita, Ivo. XI. Soares, Leni Mouzinho. XII. Dellore, Luiz. XII. Dato, Magally. XIII. Melo, Teresa. XIV. Chalita, Tony. XV. Garcia, Ana Paula. XVI. Título.

2020-2369   CDD 001.4   CDU 001.8

Elaborado por Vagner Rodolfo da Silva - CRB-8/9410
Índices para Catálogo Sistemático:

1. Metodologia de estudo 001.4   2. Metodologia de estudo 001.8

DIREITOS AUTORAIS: É proibida a reprodução parcial ou total desta publicação, por qualquer forma ou meio, sem a prévia autorização da Editora FOCO, com exceção do teor das questões de concursos públicos que, por serem atos oficiais, não são protegidas como Direitos Autorais, na forma do Artigo 8º, IV, da Lei 9.610/1998. Referida vedação se estende às características gráficas da obra e sua editoração. A punição para a violação dos Direitos Autorais é crime previsto no Artigo 184 do Código Penal e as sanções civis às violações dos Direitos Autorais estão previstas nos Artigos 101 a 110 da Lei 9.610/1998. Os comentários das questões são de responsabilidade dos autores.

NOTAS DA EDITORA:
Atualizações e erratas: A presente obra é vendida como está, atualizada até a data do seu fechamento, informação que consta na página II do livro. Havendo a publicação de legislação de suma relevância, a editora, de forma discricionária, se empenhará em disponibilizar atualização futura.
Erratas: A Editora se compromete a disponibilizar no site www.editorafoco.com.br, na seção Atualizações, eventuais erratas por razões de erros técnicos ou de conteúdo. Solicitamos, outrossim, que o leitor faça a gentileza de colaborar com a perfeição da obra, comunicando eventual erro encontrado por meio de mensagem para contato@editorafoco.com.br. O acesso será disponibilizado durante a vigência da edição da obra.

Impresso no Brasil (10.2020)
Data de Fechamento (10.2020)

2021
Todos os direitos reservados à
Editora Foco Jurídico Ltda.
Rua Nove de Julho, 1779 – Vila Areal
CEP 13333-070 – Indaiatuba – SP
E-mail: contato@editorafoco.com.br
www.editorafoco.com.br

Acesse JÁ os conteúdos ON-LINE

ATUALIZAÇÃO em PDF e VÍDEO para complementar seus estudos*

Acesse o link:
www.editorafoco.com.br/atualizacao

* As atualizações em PDF e Vídeo serão disponibilizadas sempre que houver necessidade, em caso de nova lei ou decisão jurisprudencial relevante.
* Acesso disponível durante a vigência desta edição.

AUTORES

SOBRE OS COORDENADORES

Wander Garcia – @wander_garcia

É Doutor, Mestre e Graduado em Direito pela PUC/SP. É professor universitário e de cursos preparatórios para Concursos e Exame de Ordem, tendo atuado nos cursos LFG e DAMASIO. Neste, foi Diretor Geral de todos os cursos preparatórios e da Faculdade de Direito. Foi diretor da Escola Superior de Direito Público Municipal de São Paulo. É um dos fundadores da Editora Foco, especializada em livros jurídicos e para concursos e exames. É autor *best seller* com mais de 50 livros publicados na qualidade de autor, coautor ou organizador, nas áreas jurídica e de preparação para concursos e exame de ordem. Já vendeu mais de 1,5 milhão de livros, dentre os quais se destacam "Como Passar na OAB", "Como Passar em Concursos Jurídicos", "Exame de Ordem Mapamentalizado" e "Concursos: O Guia Definitivo". É também advogado desde o ano de 2000 e foi procurador do município de São Paulo por mais de 15 anos. É *Coach* Certificado, com sólida formação em *Coaching* pelo IBC e pela *International Association of Coaching*.

Ana Paula Garcia

Procuradora do Estado de São Paulo, Pós-graduada em Direito, Professora do IEDI, Escrevente do Tribunal de Justiça por mais de 10 anos e Assistente Jurídico do Tribunal de Justiça. Autora de diversos livros para OAB e concursos

SOBRE OS AUTORES

André Nader Justo

Economista formado pela UNICAMP.

André Nascimento

Advogado e Especialista em Regulação na Agência Nacional do Petróleo, Gás Natural e Biocombustíveis. Coautor de diversas obras voltadas à preparação para Exames Oficiais e Concursos Públicos. Coautor de livros e artigos acadêmicos. Instrutor de cursos, tendo recebido menção elogiosa pela destacada participação e dedicação na ANP. Graduado em Direito pela Universidade Presbiteriana Mackenzie/SP. Graduando em Geografia pela Universidade de São Paulo. Frequentou diversos cursos de extensão nas áreas de Direito, Regulação, Petróleo e Gás Natural e Administração Pública.

Bruna Vieira

Pós-graduada em Direito. Professora do IEDI, PROORDEM, LEGALE, ROBORTELLA e ÊXITO. Professora de Pós-graduação em Instituições de Ensino Superior. Palestrante. Autora de diversas obras de preparação para Concursos Públicos e Exame de Ordem, por diversas editoras. Advogada.

Eduardo Dompieri
@eduardodompieri

Pós-graduado em Direito. Professor do IEDI. Autor de diversas obras de preparação para Concursos Públicos e Exame de Ordem.

Enildo Garcia

Especialista em Matemática pura e aplicada (UFSJ). Professor tutor de Pós-graduação em Matemática (UFJS – UAB). Analista de sistemas (PUCRJ).

Flávia Barros

Procuradora do Município de São Paulo. Doutora em Direito do Estado pela Universidade de São Paulo. Mestre em Direito Administrativo pela PUC-SP. Especialista em Direito Administrativo pela PUC-SP/COGEAE. Especialista em Direitos Difusos e Coletivos pela ESMPSP. Coach de Alta Performance pela FEBRACIS. Practioneer e Master em Programação Neurolinguística – PNL. Analista de Perfil Comportamental – DISC Assessment. Professora de Direito Administrativo

Helder Satin

Graduado em Ciências da Computação, com MBA em Gestão de TI. Professor do IEDI. Professor de Cursos de Pós-graduação. Desenvolvedor de sistemas Web e gerente de projetos.

Henrique Subi (@henriquesubi)

Agente da Fiscalização Financeira do Tribunal de Contas do Estado de São Paulo. Mestrando em Direito Político e Econômico pela Universidade Presbiteriana Mackenzie. Especialista em Direito Empresarial pela Fundação Getúlio Vargas e em Direito Tributário pela UNISUL. Professor de cursos preparatórios para concursos desde 2006. Coautor de mais de 20 obras voltadas para concursos, todas pela Editora Foco.

Leni Mouzinho Soares

Assistente Jurídico do Tribunal de Justiça do Estado de São Paulo.

Luiz Dellore (@dellore)

Doutor e Mestre em Direito Processual pela USP. Mestre em Direito Constitucional pela PUC/SP. Visiting Scholar na Syracuse Univesity e Cornell University. Professor do Mackenzie, da FADISP, da Escola Paulista do Direito (EPD), do CPJur e do Saraiva Aprova. Ex-assessor de Ministro do STJ. Membro do IBDP (Instituto Brasileiro de Direito Processual) e do Ceapro (Centro de Estudos Avançados de Processo). Advogado concursado da Caixa Econômica Federal.

Magally Dato

Professora de Língua Portuguesa. Agente de Fiscalização do Tribunal de Contas do Município de São Paulo.

Teresa Melo

Procuradora Federal. Mestranda em Direito Público pela UERJ. Assessora de Ministro do Supremo Tribunal Federal. Ex-assessora de Ministro do STJ.

Tony Chalita

Mestrando em Direito. Professor Assistente PUC/SP. Autor da Editora Foco. Advogado.

Sumário

AUTORES V

COMO USAR O LIVRO? IX

1. LÍNGUA PORTUGUESA 1

1. INTERPRETAÇÃO DE TEXTOS 1
2. VERBO 16
3. PONTUAÇÃO 20
4. REDAÇÃO, COESÃO E COERÊNCIA 21
5. CONCORDÂNCIA 24
6. CONJUNÇÃO 29
7. PRONOMES 30
8. CRASE 34
9. SEMÂNTICA 37
10. PREPOSIÇÃO 43
11. REGÊNCIAS VERBAL E NOMINAL 44
12. ADVÉRBIO 47
13. TEMAS COMBINADOS E OUTROS TEMAS 48

2. INFORMÁTICA 55

1. OFFICE 55
2. INTERNET 61
3. WINDOWS 64

3. MATEMÁTICA E RACIOCÍNIO LÓGICO 69

1. RACIOCÍNIO LÓGICO 69
2. MATEMÁTICA BÁSICA 79
3. MATEMÁTICA FINANCEIRA 88

4. REGIMENTO INTERNO E NORMAS DE SERVIÇOS DA CORREGEDORIA GERAL DA JUSTIÇA 97

5. DIREITO ADMINISTRATIVO — 107

1. AGENTES PÚBLICOS – ESTATUTO DOS SERVIDORES PÚBLICOS CIVIS DO ESTADO DE SÃO PAULO (LEI 10.261/68) 107
2. IMPROBIDADE ADMINISTRATIVA (LEI 8.429/1992) 107

6. DIREITO CONSTITUCIONAL — 117

1. PRINCÍPIOS FUNDAMENTAIS E DIREITOS E GARANTIAS FUNDAMENTAIS 117
2. NACIONALIDADE, DIREITOS POLÍTICOS E PARTIDOS POLÍTICOS 131
3. ORGANIZAÇÃO DO ESTADO 132
4. ORGANIZAÇÃO DOS PODERES 135
5. QUESTÕES COMBINADAS 143

7. DIREITO PENAL — 147

1. CRIMES CONTRA A FÉ PÚBLICA E CONTRA A ADMINISTRAÇÃO PÚBLICA 147

8. DIREITO PROCESSUAL PENAL — 159

1. SUJEITOS PROCESSUAIS, CITAÇÃO, INTIMAÇÃO E PRAZOS 159
2. PROCESSO, PROCEDIMENTOS E SENTENÇA 165
3. RECURSOS 169
4. *HABEAS CORPUS* E REVISÃO CRIMINAL 173
5. LEGISLAÇÃO EXTRAVAGANTE E TEMAS COMBINADOS 174

9. DIREITO PROCESSUAL CIVIL — 177

1. PARTES, PROCURADORES, SUCUMBÊNCIA, MINISTÉRIO PÚBLICO E JUIZ 177
2. PRAZOS PROCESSUAIS E ATOS PROCESSUAIS 178
3. TUTELA PROVISÓRIA 179
4. PETIÇÃO INICIAL 180
5. CONTESTAÇÃO E REVELIA 181
6. PROVAS 181
7. SENTENÇA, COISA JULGADA E AÇÃO RESCISÓRIA 182
8. RECURSOS 182
9. PROCEDIMENTOS ESPECIAIS 184

ESTATUTO DOS FUNCIONÁRIOS PÚBLICOS CIVIS DO ESTADO DE SÃO PAULO (LEI N.º 10.261/68) – ARTIGOS 239 A 323) — 187

NORMAS DA CORREGEDORIA GERAL DA JUSTIÇA (TEXTO ATUALIZADO ATÉ 04/04/2019) — 195

Como usar o livro?

Para que você consiga um ótimo aproveitamento deste livro, atente para as seguintes orientações:

1º Tenha em mãos um *vademecum* ou **um computador** no qual você possa acessar os textos de lei citados.

Neste ponto, recomendamos o **Vade Mecum de Legislação FOCO** – confira em www.editorafoco.com.br.

2º Se você estiver estudando a teoria (fazendo um curso preparatório ou lendo resumos, livros ou apostilas), faça as questões correspondentes deste livro na medida em que for avançando no estudo da parte teórica.

3º Se você já avançou bem no estudo da teoria, leia cada capítulo deste livro até o final, e só passe para o novo capítulo quando acabar o anterior; vai mais uma dica: alterne capítulos de acordo com suas preferências; leia um capítulo de uma disciplina que você gosta e, depois, de uma que você não gosta ou não sabe muito, e assim sucessivamente.

4º Iniciada a resolução das questões, tome o cuidado de ler cada uma delas **sem olhar para o gabarito e para os comentários**; se a curiosidade for muito grande e você não conseguir controlar os olhos, tampe os comentários e os gabaritos com uma régua ou um papel; na primeira tentativa, é fundamental que resolva a questão sozinho; só assim você vai identificar suas deficiências e "pegar o jeito" de resolver as questões; marque com um lápis a resposta que entender correta, e só depois olhe o gabarito e os comentários.

5º **Leia com muita atenção o enunciado das questões.** Ele deve ser lido, no mínimo, duas vezes. Da segunda leitura em diante, começam a aparecer os detalhes, os pontos que não percebemos na primeira leitura.

6º <u>Grife</u> **as palavras-chave, as afirmações e a pergunta formulada.** Ao grifar as palavras importantes e as afirmações você fixará mais os pontos-chave e não se perderá no enunciado como um todo. Tenha atenção especial com as palavras "correto", "incorreto", "certo", "errado", "prescindível" e "imprescindível".

7º Leia os comentários e **leia também cada dispositivo legal** neles mencionados; não tenha preguiça; abra o *vademecum* e leia os textos de leis citados, tanto os que explicam as alternativas corretas, como os que explicam o porquê de ser incorreta dada alternativa; você tem que conhecer bem a letra da lei, já que mais de 90% das respostas estão nela; mesmo que você já tenha entendido determinada questão, reforce sua memória e leia o texto legal indicado nos comentários.

8º Leia também os **textos legais que estão em volta** do dispositivo; por exemplo, se aparecer, em Direito Penal, uma questão cujo comentário remete ao dispositivo que trata de falsidade ideológica, aproveite para ler também os dispositivos que tratam dos outros crimes de falsidade; outro exemplo: se aparecer uma questão, em Direito Constitucional, que trate da composição do Conselho Nacional de Justiça, leia também as outras regras que regulamentam esse conselho.

9º Depois de resolver sozinho a questão e de ler cada comentário, você deve fazer uma **anotação ao lado da questão**, deixando claro o motivo de eventual erro que você tenha cometido; conheça os motivos mais comuns de erros na resolução das questões:

DL – "desconhecimento da lei"; quando a questão puder ser resolvida apenas com o conhecimento do texto de lei;

DD – "desconhecimento da doutrina"; quando a questão só puder ser resolvida com o conhecimento da doutrina;

DJ – "desconhecimento da jurisprudência"; quando a questão só puder ser resolvida com o conhecimento da jurisprudência;

FA – "falta de atenção"; quando você tiver errado a questão por não ter lido com cuidado o enunciado e as alternativas;

NUT - "não uso das técnicas"; quando você tiver se esquecido de usar as técnicas de resolução de questões objetivas, tais como as da **repetição de elementos** ("quanto mais elementos repetidos existirem, maior a chance de a alternativa ser correta"), das **afirmações generalizantes** ("afirmações generalizantes tendem a ser incorretas" - reconhece-se afirmações generalizantes pelas palavras *sempre, nunca, qualquer, absolutamente, apenas, só, somente exclusivamente* etc.), dos **conceitos compridos** ("os conceitos de maior extensão tendem a ser corretos"), entre outras.

obs: se você tiver interesse em fazer um Curso de "Técnicas de Resolução de Questões Objetivas", recomendamos o curso criado a esse respeito pelo IEDI Cursos On-line: www.iedi.com.br.

10º Confie no **bom-senso**. Normalmente, a resposta correta é a que tem mais a ver com o bom-senso e com a ética. Não ache que todas as perguntas contêm uma pegadinha. Se aparecer um instituto que você não conhece, repare bem no seu nome e tente imaginar o seu significado.

11º Faça um levantamento do **percentual de acertos de cada disciplina** e dos **principais motivos que levaram aos erros cometidos**; de posse da primeira informação, verifique quais disciplinas merecem um reforço no estudo; e de posse da segunda informação, fique atento aos erros que você mais comete, para que eles não se repitam.

12º Uma semana antes da prova, faça uma **leitura dinâmica** de todas as anotações que você fez e leia de novo os dispositivos legais (e seu entorno) das questões em que você marcar "DL", ou seja, desconhecimento da lei.

13º Para que você consiga ler o livro inteiro, faça um bom **planejamento**. Por exemplo, se você tiver 30 dias para ler a obra, divida o número de páginas do livro pelo número de dias que você tem, e cumpra, diariamente, o número de páginas necessárias para chegar até o fim. Se tiver sono ou preguiça, levante um pouco, beba água, masque chiclete ou leia em voz alta por algum tempo.

14º Desejo a você, também, muita **energia**, **disposição**, **foco**, **organização**, **disciplina**, **perseverança**, **amor** e **ética**!

Wander Garcia e Ana Paula Garcia
Coordenador

1. LÍNGUA PORTUGUESA

Magally Dato e Henrique Subi

1. INTERPRETAÇÃO DE TEXTOS

Assassinos culturais

Sou um assassino cultural, e você também é. Sei que é romântico chorar quando uma livraria fecha as portas. Mas convém não abusar do romantismo – e da hipocrisia. Fomos nós que matamos aquela livraria e o crime não nos pesa muito na consciência.

Falo por mim. Os livros físicos que entram lá em casa são cada vez mais ofertas – de amigos ou editoras.

Aos 20, quando viajava por territórios estranhos, entrava nas livrarias locais como um faminto na capoeira. Comprava tanto e carregava tanto que desconfio que o meu problema de ciática é, na sua essência, um problema livresco.

Hoje? Gosto da flânerie*. Mas depois, fotografo as capas com o meu celular antes de regressar para o psicanalista – o famoso dr. Kindle. Culpado? Um pouco. E em minha defesa só posso afirmar que pago pelos meus vícios.

E quem fala em livrarias, fala em todo o resto. Eu também ajudei a matar a Tower Records e a Virgin Megastore. Havia lá dentro uma bizarria chamada CD – você se lembra?

Hoje, com alguns aplicativos, tenho uma espécie de discoteca de Alexandria onde, a meu bel-prazer, escuto meus clássicos e descubro novos.

Se juntarmos ao pacote o iTunes e a Netflix, você percebe por que eu também tenho o sangue dos cinemas e dos blockbusters nas mãos.

Eis a realidade: vivemos a desmaterialização da cultura. Mas não é apenas a cultura que se desmaterializa e tem deixado as nossas salas e estantes mais vazias. É a nossa relação com ela. Não somos mais proprietários de "coisas"; somos apenas consumidores e, palavra importante, assinantes.

O livro "Subscribed", de Tien Tzuo, analisa a situação. É uma reflexão sobre a "economia de assinaturas" que conquista a economia global. Conta o autor que mais de metade das empresas da famosa lista da "Fortune" já não existiam em 2017. O que tinham em comum? O objetivo meritório de vender "coisas" – muitas coisas, para muita gente, como sempre aconteceu desde os primórdios do capitalismo.

Já as empresas que sobreviveram e as novas que entraram na lista souberam se adaptar à economia digital, vendendo serviços (ou, de forma mais precisa, acessos).

Claro que na mudança algo se perde. O desaparecimento das livrarias não acredito que seja total no futuro (e ainda bem). Além disso, ler no papel não é o mesmo que ler na tela. Mas o interesse do livro de Tzuo não está apenas nos números; está no retrato de uma nova geração para quem a experiência cultural é mais importante do que a mera posse de objetos.

Há quem veja aqui um retrocesso, mas também é possível ver um avanço – ou, para sermos bem filosóficos, o triunfo do espírito sobre a matéria. E não será essa, no fim das contas, a vocação mais autêntica da cultura?

(João Pereira Coutinho. *Folha de S.Paulo*, 28.08.2018. Adaptado)

* Flânerie: ato de passear, de caminhar sem compromisso.

(TJ/SP – 2019 – VUNESP) De acordo com o texto, entre outros fatores, a desmaterialização da cultura é decorrente

(A) da oposição de vários países à economia capitalista, caracterizada pelo incentivo ao consumo permanente.

(B) da atual conjuntura socioeconômica responsável por transformar os jovens em indivíduos que menosprezam a cultura.

(C) dos consumidores que priorizam a experiência pessoal em detrimento da aquisição de bens materiais.

(D) do aumento significativo do preço dos bens duráveis, o que obrigou as pessoas a alterar os hábitos de compra.

(E) da incorporação de empresas pouco lucrativas por multinacionais que atuam em diferentes mercados.

As alternativas **A**, **D** e **E** estão totalmente dissociadas do texto, não havendo nele qualquer passagem que possa levar o candidato a responder uma delas. A alternativa **B** merece atenção, porque o autor faz realmente uma crítica aos novos hábitos, mas **não dos jovens**. Ao contrário, vê neles um avanço – a maior importância dada às experiências pessoais do que à posse e propriedade de bens materiais. Isso explica, também, porque está correta a alternativa **C**, que deve ser assinalada.

(TJ/SP – 2019 – VUNESP) Na frase do terceiro parágrafo – Comprava tanto e carregava tanto que desconfio que o meu problema de ciática é, na sua essência, um problema livresco. –, o autor

(A) faz uma suposição e cita uma consequência.
(B) expressa uma crítica e analisa uma contradição.
(C) expõe uma convicção e faz uma reiteração.
(D) levanta uma hipótese e ressalta uma concessão.
(E) desfaz um equívoco e apresenta uma conclusão.

Trata-se de uma suposição ou hipótese quanto à causa (carregar muitas vezes livros muito pesados) – o autor não tem convicção disso, tanto que diz: "desconfio que..." – e a citação, afirmação, de uma consequência – a dor ciática. **HS**
Gabarito "A".

(TJ/SP – 2019 – VUNESP) No texto, é correto afirmar que o autor

(A) dirige-se aos interlocutores para envolvê-los nas reflexões acerca da desmaterialização da cultura.
(B) limita-se a descrever a própria experiência como consumidor, não dando voz a pareceres alheios.
(C) emprega linguagem sentimentalista e prolixa para justificar seu papel de assassino cultural.
(D) recorre a informações acadêmicas para comprovar o avanço do materialismo em nossa sociedade.
(E) formula uma série de questionamentos para os quais ainda não encontrou qualquer explicação plausível.

A: correta. Sobrepõe-se no texto a chamada **função fática** da linguagem, que é a manutenção de um canal de comunicação entre emissor (autor) e receptor do texto (leitor), para tornar a experiência deste último mais envolvente; **B:** incorreta. O autor cita a obra de Tien Tzuo para aviventar o debate proposto; **C:** incorreta. A linguagem neste ponto, ao contrário, é bastante objetiva, como se vê no primeiro parágrafo do texto; **D:** incorreta. "Informações acadêmicas" são dados de pesquisas científicas, que não foram usadas pelo autor do texto para embasar sua posição; **E:** incorreta. Não há qualquer passagem no texto com essas características.
Gabarito "A".

Procuram-se especialistas em evitar fraudes

A recente onda de escândalos de corrupção levou as empresas brasileiras a investir em uma área ainda pouco conhecida no mercado: o compliance.

O profissional que atua nesse setor é responsável por receber denúncias, combater fraudes, realizar investigações internas e garantir que a companhia cumpra leis, acordos e regulamentos da sua área de atuação. Ele tem o papel importante de auxiliar a empresa a se proteger de eventuais problemas de corrupção.

"Nos últimos anos, a área de compliance assumiu protagonismo nas empresas. É uma profissão com salários altos já que as pessoas com experiência ainda são escassas no mercado", diz o advogado Thiago Jabor Pinheiro, 35.

"Como não existem cursos de graduação específicos de compliance, o estudante que se interesse pela área pode direcionar seu curso para questões de auditoria, prevenção de fraude, direito administrativo e governança corporativa", diz Pinheiro.

Apesar de sobrarem vagas nesse mercado, conseguir um emprego não é fácil. "É fundamental que a pessoa seja atenta aos detalhes, entenda como funciona uma organização e tenha fluência em inglês porque as melhores práticas vêm de fora do país, sobretudo dos EUA e da Inglaterra", diz o advogado.

Para Caroline Cadorin, diretora de uma consultoria, os candidatos precisam ter jogo de cintura para lidar com as mais diversas situações. "Estamos falando de profissionais com forte conduta ética, honestidade e que buscam a promoção da transparência. Hoje as empresas estão cientes de seus papéis ativos no combate à corrupção, especialmente aquelas envolvidas em projetos de órgãos públicos. As companhias que mantêm departamentos de compliance são vistas como mais transparentes", diz Cadorin.

(Larissa Teixeira. *Folha de S.Paulo*, 28.09.2017. Adaptado)

(TJ/SP – 2019 – VUNESP) Assinale a alternativa que expõe corretamente as ideias presentes no texto.

(A) Ainda há poucas pessoas experientes na área de compliance, por conseguinte os salários são elevados; todavia conseguir um emprego é difícil visto que o profissional precisa atender a muitos requisitos.
(B) Ainda há poucas pessoas experientes na área de compliance, portanto os salários são elevados; entretanto conseguir um emprego é difícil caso o profissional precise atender a muitos requisitos.
(C) Ainda há poucas pessoas experientes na área de compliance, porém os salários são elevados; assim sendo, conseguir um emprego é difícil embora o profissional precise atender a muitos requisitos.
(D) Ainda há poucas pessoas experientes na área de compliance para que os salários sejam elevados; no entanto, conseguir um emprego é difícil ainda que o profissional precise atender a muitos requisitos.
(E) Ainda há poucas pessoas experientes na área de compliance porque os salários são elevados; assim, conseguir um emprego é difícil, pois o profissional precisa atender a muitos requisitos.

A primeira oração expõe uma causa, que deve ser seguida de uma conjunção que expresse consequência – "por conseguinte", "consequentemente" etc.. Após o ponto e vírgula, temos uma oração adversativa, ou seja, será colocado um ponto contrário ao fato que se expôs antes. São conjunções adversativas "mas", "porém", "entretanto", "contudo", "todavia", entre outras. **HS**
Gabarito "A".

(Escrevente Técnico Judiciário – TJSP – VUNESP – 2017) Leia o texto, para responder às questões de números abaixo.

Há quatro anos, Chris Nagele fez o que muitos executivos no setor de tecnologia já tinham feito – ele transferiu sua equipe para um chamado escritório aberto, sem paredes e divisórias.

Os funcionários, **até então**, trabalhavam de casa, mas ele queria que todos estivessem juntos, para se conectarem e colaborarem mais facilmente. Mas em pouco tempo ficou claro que Nagele tinha cometido um grande erro. Todos estavam distraídos, a produtividade caiu, e os nove empregados estavam insatisfeitos, sem falar do próprio chefe.

Em abril de 2015, quase três anos após a mudança para o escritório aberto, Nagele transferiu a empresa para um espaço de 900 m² onde hoje todos têm seu próprio espaço, com portas e tudo.

Inúmeras empresas adotaram o conceito de escritório aberto – cerca de 70% dos escritórios nos Estados Unidos são assim – e até onde se sabe poucos retornaram ao modelo de espaços tradicionais com salas e portas.

Pesquisas, **contudo**, mostram que podemos perder até 15% da produtividade, desenvolver problemas graves de concentração e até ter o dobro de chances de ficar doentes em espaços de trabalho abertos – fatores que estão contribuindo para uma reação contra esse tipo de organização.

Desde que se mudou para o formato tradicional, Nagele já ouviu colegas do setor de tecnologia dizerem sentir falta do estilo de trabalho do escritório fechado. "Muita gente concorda – simplesmente não aguentam o escritório aberto. Nunca se consegue terminar as coisas e é preciso levar mais trabalho para casa", diz ele.

É improvável que o conceito de escritório aberto caia em desuso, mas algumas firmas estão seguindo o exemplo de Nagele e voltando aos espaços privados.

Há uma boa razão que explica por que todos adoram um espaço com quatro paredes e uma porta: foco. A verdade é que não conseguimos cumprir várias tarefas ao mesmo tempo, e pequenas distrações podem desviar nosso foco por até 20 minutos.

Retemos mais informações quando nos sentamos em um local fixo, afirma Sally Augustin, psicóloga ambiental e de design de interiores.

(Bryan Borzykowski, "Por que escritórios abertos podem ser ruins para funcionários." Disponível em:<www1.folha.uol.com.br>. Acesso em: 04.04.2017. Adaptado)

(Escrevente Técnico Judiciário – TJSP – VUNESP – 2017) Segundo o texto, são aspectos desfavoráveis ao trabalho em espaços abertos compartilhados

(A) a distração e a possibilidade de haver colaboração de colegas e chefes.
(B) o isolamento na realização das tarefas e a vigilância constante dos chefes.
(C) a dificuldade de propor soluções tecnológicas e a transferência de atividades para o lar.
(D) a impossibilidade de cumprir várias tarefas e a restrição à criatividade.
(E) a dispersão e a menor capacidade de conservar conteúdos.

O texto enumera como desvantagens do espaço de trabalho aberto a distração (ou dispersão), queda de produtividade, problemas de concentração, aumento do risco de doenças do trabalho, aumento do trabalho em casa, impossibilidade de cumprir várias tarefas ao mesmo tempo e menor capacidade de conservar informações. HS
Gabarito "E".

(Escrevente Técnico Judiciário – TJSP – VUNESP – 2017) Assinale a frase do texto em que se identifica expressão do ponto de vista do próprio autor acerca do assunto de que trata.

(A) Os funcionários, até então, trabalhavam de casa, mas ele queria que todos estivessem juntos... (2º parágrafo).
(B) É improvável que o conceito de escritório aberto caia em desuso... (7º parágrafo).
(C) Inúmeras empresas adotaram o conceito de escritório aberto... (4º parágrafo).
(D) Retemos mais informações quando nos sentamos em um local fixo, afirma Sally Augustin... (último parágrafo).
(E) "Nunca se consegue terminar as coisas e é preciso levar mais trabalho para casa", diz ele. (6º parágrafo).

A: incorreta. O trecho expõe um pensamento do empresário do qual se fala; **B:** correta. A improbabilidade de se revisar o conceito de escritório aberto é uma opinião do autor inserida no texto; **C:** incorreta. O trecho destaca um fato utilizado pelo autor para construir sua mensagem; **D:** incorreta. A afirmação não é do autor, mas da especialista entrevistada, como o próprio texto deixa claro; **E:** incorreta. Mais uma vez, a passagem é uma transcrição do que diz o empresário de que trata o texto, não de seu autor. HS
Gabarito "B".

(Escrevente Técnico Judiciário – TJSP – VUNESP – 2017) Leia o texto dos quadrinhos, para responder às questões de números abaixo.

(Charles M. Schulz. Snoopy – Feliz dia dos namorados!)

(Escrevente Técnico Judiciário – TJSP – VUNESP – 2017) É correto afirmar que, na fala da personagem, no último quadrinho, está implícita a ideia de que

(A) sua causa está perdida de antemão, graças à ameaça que fez.
(B) o processo, para ela, não passa de um artifício para ganhar tempo.
(C) é irrelevante que seu advogado tenha a competência reconhecida.
(D) a garota se convence da opinião de quem ela quer processar.
(E) a representação de seu advogado é garantia de sucesso na ação.

A ideia transmitida, responsável também pelo humor da tirinha, é que se mostra totalmente irrelevante o fato do "advogado" compreender bem a causa para representar seus interesses: o que pretende é apenas causar transtornos ao seu interlocutor. HS
Gabarito "C".

(Escrevente Técnico Judiciário – TJSP – VUNESP – 2017) A relação de sentido que há entre as partes sinalizadas no período – (I) Se você não me ajudar com a lição de casa, (II) eu vou processar você – é:

(A) (I) expressa modo da ação já realizada; (II) expressa sua causa.
(B) (I) expressa uma ação possível; (II) expressa uma ação precedente realizada.
(C) (I) expressa uma condição; (II) expressa uma possível ação consequente.
(D) (I) expressa uma causa; (II) expressa o momento da ação.
(E) (I) expressa uma comparação; (II) expressa seu efeito futuro.

A palavra "se", nesse caso, ajuda a identificar que a primeira oração carrega uma **condição**, algo que pode ou não ocorrer. Se ocorrer, haverá uma **consequência**: o processo iniciado pela outra parte. HS
Gabarito "C".

(Escrevente Técnico Judiciário – TJSP – VUNESP – 2017) Leia o texto, para responder às questões abaixo.

O ônibus da excursão subia lentamente a serra. Ele, um dos garotos no meio da garotada em algazarra, deixava a brisa fresca bater-lhe no rosto e entrar-lhe pelos cabelos com dedos longos, finos e sem peso como os de uma mãe. Ficar às vezes quieto, sem quase pensar, e apenas sentir – era tão bom. A concentração no sentir era difícil no meio da balbúrdia dos companheiros.

E mesmo a sede começara: brincar com a turma, falar bem alto, mais alto que o barulho do motor, rir, gritar, pensar, sentir, puxa vida! Como deixava a garganta seca.

A brisa fina, antes tão boa, agora ao sol do meio-dia tornara-se quente e árida e ao penetrar pelo nariz secava ainda mais a pouca saliva que pacientemente juntava.

Não sabia como e por que mas agora se sentia mais perto da água, pressentia-a mais próxima, e seus olhos saltavam para fora da janela procurando a estrada, penetrando entre os arbustos, espreitando, farejando.

O instinto animal dentro dele não errara: na curva inesperada da estrada, entre arbustos estava… o chafariz de pedra, de onde brotava num filete a água sonhada.

O ônibus parou, todos estavam com sede mas ele conseguiu ser o primeiro a chegar ao chafariz de pedra, antes de todos.

De olhos fechados entreabriu os lábios e colou-os ferozmente no orifício de onde jorrava a água. O primeiro gole fresco desceu, escorrendo pelo peito até a barriga. Era a vida voltando, e com esta encharcou todo o seu interior arenoso até se saciar. Agora podia abrir os olhos.

Abriu-os e viu bem junto de sua cara dois olhos de estátua fitando-o e viu que era a estátua de uma mulher e que era da boca da mulher que saía a água.

E soube então que havia colado sua boca na boca da estátua da mulher de pedra. A vida havia jorrado dessa boca, de uma boca para outra.

Intuitivamente, confuso na sua inocência, sentia-se intrigado. Olhou a estátua nua.

Ele a havia beijado.

Sofreu um tremor que não se via por fora e que se iniciou bem dentro dele e tomou-lhe o corpo todo estourando pelo rosto em brasa viva.

(Clarice Lispector, "O primeiro beijo". *Felicidade clandestina*. Adaptado)

(Escrevente Técnico Judiciário – TJSP – VUNESP – 2017) É correto afirmar que o texto tem como personagem um garoto, descrevendo

(A) a perda da inocência provocada pela gritaria dos companheiros.
(B) experiências sensoriais que o levam a provar a sensualidade.
(C) a confusão mental ocasionada pela sede não saciada.
(D) uma viagem de ônibus em que ele ficou indiferente ao que acontecia.
(E) o trajeto percorrido pela alma infantil em busca de amizade.

A única alternativa que guarda correspondência com o texto é a letra "B", que deve ser assinalada. O texto trata da descoberta da sensualidade de forma inesperada pelo garoto, que, ao saciar sua sede, notou que o fazia junto a uma estátua que representava uma mulher nua. HS
Gabarito "B".

(Escrevente Técnico Judiciário – TJSP – VUNESP – 2017) Para responder às questões abaixo, observe a charge que retrata uma cena em que uma família faz *selfie* ao lado de um corpo caído no chão.

(João Montanaro. Disponível em:<https://www.facebook.com>. Acesso em 21.04.2017)

(Escrevente Técnico Judiciário – TJSP – VUNESP – 2017) Assinale a alternativa que expressa ideia compatível com a situação representada na charge.

(A) A novidade tecnológica reforça a individualidade, levando as pessoas a ficar alheias à realidade que as cerca.
(B) O verdadeiro sentido da solidariedade está em comover-se com o semelhante desamparado.
(C) Um fato violento corriqueiro não justifica a preocupação com a desgraça alheia.
(D) Hoje, a tecnologia leva a uma compreensão mais ética da realidade circundante.
(E) Não se pode condenar a postura ética das pessoas que se deixam encantar com os modismos.

A: correta. A alternativa contempla com precisão a crítica estampada na charge; **B:** incorreta. Apesar do que diz a alternativa ser verdade, ela não condiz com a ilustração, que mostra o inverso; **C:** incorreta. Um homicídio não deve ser considerado um fato corriqueiro em qualquer hipótese, por mais comum que ele seja. Além disso, a preocupação com o ser humano deveria estar acima das outras; **D:** incorreta, pelas mesmas razões expostas no comentário à letra "B"; **E:** incorreta. Tanto se pode criticar que é justamente isso que a charge está fazendo.

Gabarito "A".

(Escrevente Técnico Judiciário – TJSP – VUNESP – 2017) Assinale a alternativa contendo uma ideia implícita a partir dos fatos retratados na charge.

(A) O grupo familiar posa unido.
(B) A violência está banalizada.
(C) O pau de *selfie* permite fotografar várias pessoas.
(D) As pessoas sorriem para a câmera.
(E) O corpo está estendido no chão.

Correta a letra "B", que é a única que traz um fato **implícito**, não desenhado na charge. Todas as demais traduzem fatos expressos na imagem: todos posando juntos, o pau de *selfie* cumprindo sua função de fotografar um grupo grande, as pessoas sorrindo, o corpo no chão – tudo isso podemos ver no desenho.

Gabarito "B".

(Escrevente Técnico Judiciário – TJSP – VUNESP – 2017) Leia o texto, para responder às questões abaixo.

O problema de São Paulo, dizia o Vinicius, "é que você anda, anda, anda e nunca chega a Ipanema". Se tomarmos "Ipanema" ao pé da letra, a frase é absurda e cômica. Tomando "Ipanema" como um símbolo, no entanto, como um exemplo de alívio, promessa de alegria em meio à vida dura da cidade, a frase passa a ser de um triste realismo: o problema de São Paulo é que você anda, anda, anda e nunca chega a alívio algum. O Ibirapuera, o parque do Estado, o Jardim da Luz são uns raros respiros perdidos entre o mar de asfalto, a floresta de lajes batidas e os Corcovados de concreto armado.

O paulistano, contudo, não é de jogar a toalha – prefere estendê-la e se deitar em cima, caso lhe concedam dois metros quadrados de chão. É o que vemos nas avenidas abertas aos pedestres, nos fins de semana: basta liberarem um pedacinho do cinza e surgem revoadas de patinadores, maracatus, *big bands*, corredores evangélicos, góticos satanistas, praticantes de ioga, dançarinos de tango, barraquinhas de *yakissoba* e barris de cerveja artesanal.

Tenho estado atento às agruras e oportunidades da cidade porque, depois de cinco anos vivendo na Granja Viana, vim morar em Higienópolis. Lá em Cotia, no fim da tarde, eu corria em volta de um lago, desviando de patos e assustando jacus. Agora, aos domingos, corro pela Paulista ou Minhocão e, durante a semana, venho testando diferentes percursos. Corri em volta do parque Buenos Aires e do cemitério da Consolação, ziguezagueei por Santa Cecília e pelas encostas do Sumaré, até que, na última terça, sem querer, descobri um insuspeito parque noturno com bastante gente, quase nenhum carro e propício a todo tipo de atividades: o estacionamento do estádio do Pacaembu.

(Antonio Prata. "O paulistano não é de jogar a toalha. Prefere estendê-la e deitar em cima." Disponível em:<http://www1.folha.uol.com.br/colunas>. Acesso em: 13.04.2017. Adaptado)

(Escrevente Técnico Judiciário – TJSP – VUNESP – 2017) É correto afirmar que, do ponto de vista do autor, o paulistano

(A) toma Ipanema como um símbolo daquilo que se pode alcançar, apesar de muito andar e andar.
(B) tem feito críticas à cidade, porque ela não oferece atividades recreativas a seus habitantes.
(C) sabe como vencer a rudeza da paisagem de São Paulo, encontrando nesta espaços para o lazer.
(D) se vê impedido de realizar atividades esportivas, no mar de asfalto que é São Paulo.
(E) busca em Ipanema o contato com a natureza exuberante que não consegue achar em sua cidade.

A: incorreta. A comparação com Ipanema não é feita pelo autor, mas por Vinicius de Moraes, citado por aquele; **B:** incorreta. Ao contrário, o autor enaltece as opções criadas aos fins de semana; **C:** correta. A alternativa traduz bem a ideia central do texto; **D:** incorreta. O autor exemplifica diversos lugares onde se pode praticar esportes ou passear na cidade; **E:** incorreta. Em nenhum momento o autor afirma que vai até Ipanema, apenas usa o lugar como um símbolo de alívio para a vida na cidade grande.

Gabarito "C".

Leia o texto, para responder às questões seguintes.

Ser gentil é um ato de rebeldia. Você sai às ruas e insiste, briga, luta para se manter gentil. O motorista quase te mata de susto buzinando e te xingando porque você usou a faixa de pedestres quando o sinal estava fechado para ele. Você posta um pensamento gentil nas redes sociais apesar de ler dezenas de comentários xenofóbicos, homofóbicos, irônicos e maldosos sobre tudo e todos. Inclusive você. Afinal, você é obviamente um idiota gentil.

Há teorias evolucionistas que defendem que as sociedades com maior número de pessoas altruístas sobreviveram por mais tempo por serem mais capazes de manter a coesão. Pesquisadores da atualidade dizem, baseados em estudos, que gestos de gentileza liberam substâncias que proporcionam prazer e felicidade.

Mas gentileza virou fraqueza. É preciso ser macho paças para ser gentil nos dias de hoje. Só consigo associar a aversão à gentileza à profunda necessidade de ser – ou parecer ser – invencível e bem-sucedido. Nossas fragilidades seriam uma vergonha social. Um empecilho à carreira, ao acúmulo de dinheiro.

Não ter tempo para gentilezas é bonito. É justificável diante da eterna ambivalência humana: queremos ser bons, mas temos medo. Não dizer bom-dia significa que você é muito importante. Ou muito ocupado. Humilhar os que não concordam com suas ideias é coisa de gente forte. E que está do lado certo. Como se houvesse um lado errado. Porque, se nenhum de nós abrir a boca, ninguém vai reparar que no nosso modelo de felicidade tem alguém chorando ali no canto. Porque ser gentil abala sua autonomia. Enfim, ser gentil está fora de moda. Estou sempre fora de moda. Querendo falar de gentileza, imaginem vocês! Pura rebeldia. Sair por aí exibindo minhas vulnerabilidades e, em ato de pura desobediência civil, esperar alguma cumplicidade. Deve ser a idade.

(Ana Paula Padrão, Gentileza virou fraqueza. Disponível em: <http://www.istoe.com.br>. Acesso em: 27 jan 2015. Adaptado)

(Escrevente Técnico – TJSP – 2015 – VUNESP) É correto inferir que, do ponto de vista da autora, a gentileza

(A) é prerrogativa dos que querem ter sua importância reconhecida socialmente.
(B) é uma via de mão dupla, por isso não deve ser praticada se não houver reciprocidade.
(C) representa um hábito primitivo, que pouco afeta as relações interpessoais.
(D) restringe-se ao gênero masculino, pois este representa os mais fortes.
(E) é uma qualidade desvalorizada em nossa sociedade nos dias atuais.

O texto expõe o ponto de vista da autora de que agir com gentileza virou algo ruim em nossa sociedade, uma característica que não deve ser demonstrada. Em outras palavras, é uma virtude que anda desvalorizada em nosso tempo.
Gabarito "E".

(Escrevente Técnico – TJSP – 2015 – VUNESP) No final do último parágrafo, a autora caracteriza a gentileza como "ato de pura desobediência civil"; isso permite deduzir que

(A) assumir a prática da gentileza é rebelar-se contra códigos de comportamento vigentes, mesmo que não declarados.
(B) é inviável, em qualquer época, opor-se às práticas e aos protocolos sociais de relacionamento humano.
(C) é possível ao sujeito aderir às ideias dos mais fortes, sem medo de ver atingida sua individualidade, no contexto geral.
(D) há, nas sociedades modernas, a constatação de que a vulnerabilidade de alguns está em ver a felicidade como ato de rebeldia.
(E) obedecer às normas sociais gera prazer, ainda que isso signifique seguir rituais de incivilidade e praticar a intolerância.

O último parágrafo é escrito em tom irônico para chamar a atenção do leitor ao absurdo que vivemos ao dar uma conotação ruim aos atos de gentileza. Quando a autora afirma que a gentileza é um ato de desobediência civil, quer dizer que essa prática representa uma rebeldia contra esse hábito vigente e espraiado, ainda que não escrito, mas seguido por todos.
Gabarito "A".

(Escrevente Técnico – TJSP – 2015 – VUNESP) No trecho – **Há** teorias evolucionistas... –, a substituição do verbo destacado está de acordo com a norma-padrão de concordância em:

(A) Deve existir.
(B) Vão haver.
(C) Podem haver.
(D) Existem.
(E) Podem existirem.

O verbo "haver", no sentido de existir, é impessoal, ou seja, não se flexiona em número, sendo grafado sempre no singular. No trecho original, o verbo "haver" está conjugado no presente do indicativo e é seguido de expressão no plural ("teorias evolucionistas"), portanto deve ser substituído pelo verbo "existir" na terceira pessoa do plural do presente do indicativo: "existem".
Gabarito "D".

Há teorias evolucionistas que defendem que as sociedades com maior número de pessoas altruístas sobreviveram por mais tempo por serem mais capazes de manter a coesão.

(Escrevente Técnico – TJSP – 2015 – VUNESP) É correto afirmar que a frase destacada na passagem expressa, em relação à que a antecede, o sentido de

(A) tempo.
(B) adição.
(C) causa.
(D) condição.
(E) finalidade.

A oração destacada é subordinada adverbial causal, ou seja, traduz a causa, o motivo, da passagem anterior.
Gabarito "C".

(Escrevente Técnico – TJSP – 2015 – VUNESP) Para responder à questão, considere a seguinte passagem, no contexto geral da crônica:
Não ter tempo para gentilezas é bonito. [...] Não dizer bom-dia significa que você é muito importante.
Ou muito ocupado. Humilhar os que não concordam com suas ideias é coisa de gente forte. E que está do lado certo.
Com essas afirmações, a autora

(A) informa literalmente efeitos positivos que vê na falta de gentileza.
(B) revela que também tolera atitudes não gentis e grosseiras.
(C) aponta, ironicamente, o ponto de vista de pessoas não adeptas da gentileza.
(D) expõe o que realmente pensa de quem é gentil com os semelhantes.
(E) adere às ideias dos não corteses, com os quais acaba se identificando.

Temos mais uma vez a ironia como marco determinante do estilo da autora nessa passagem. Ela narra como a sociedade vê as pessoas que não são gentis como pessoas fortes, ocupadas e bem-sucedidas.
Gabarito "C".

(Escrevente Técnico – TJSP – 2015 – VUNESP) Observa-se que, no 1º parágrafo, a autora emprega os pronomes *te* e *você* para se referir a um virtual leitor e, no 3º parágrafo, emprega a expressão *pacas* (É preciso ser macho pacas).
Essas duas escolhas permitem inferir que ela

(A) rejeita um linguajar jovem, embora formal, contando com a adesão dos leitores mais habituados a ler.
(B) escreve para um público leitor de textos nas redes sociais, razão pela qual é obrigada a deixar de lado a norma culta do português.
(C) evita atrair a atenção do público mais escolarizado e menos exigente em relação à informalidade da língua.
(D) pode conseguir maior identificação com seu público leitor, optando por soluções de linguagem de feição mais informal.
(E) despreza convenções da língua-padrão, por crer na inaptidão do leitor para compreender estruturas complexas.

As passagens assinaladas, tanto os pronomes de uso cotidiano quanto a gíria, denotam a intenção da autora de aproximar-se do leitor, conquistando um público maior a partir da identificação deste com a linguagem informal utilizada.

Gabarito "D".

Leia o texto, para responder às questões de abaixo.

O fim do direito é a paz, o meio de que se serve para consegui-lo é a luta. Enquanto o direito estiver sujeito às ameaças da injustiça – e isso perdurará enquanto o mundo for mundo –, ele não poderá prescindir da luta. A vida do direito é a luta: luta dos povos, dos governos, das classes sociais, dos indivíduos.

Todos os direitos da humanidade foram conquistados pela luta; seus princípios mais importantes tiveram de enfrentar os ataques daqueles que a ele se opunham; todo e qualquer direito, seja o direito de um povo, seja o direito do indivíduo, só se afirma por uma disposição ininterrupta para a luta. O direito não é uma simples ideia, é uma força viva. Por isso a justiça sustenta numa das mãos a balança com que pesa o direito, enquanto na outra segura a espada por meio da qual o defende.

A espada sem a balança é a força bruta, a balança sem a espada, a impotência do direito. Uma completa a outra, e o verdadeiro estado de direito só pode existir quando a justiça sabe brandir a espada com a mesma habilidade com que manipula a balança.

O direito é um trabalho sem tréguas, não só do Poder Público, mas de toda a população. A vida do direito nos oferece, num simples relance de olhos, o espetáculo de um esforço e de uma luta incessante, como o despendido na produção econômica e espiritual. Qualquer pessoa que se veja na contingência de ter de sustentar seu direito participa dessa tarefa de âmbito nacional e contribui para a realização da ideia do direito.

É verdade que nem todos enfrentam o mesmo desafio.

A vida de milhares de indivíduos desenvolve-se tranquilamente e sem obstáculos dentro dos limites fixados pelo direito. Se lhes disséssemos que o direito é a luta, não nos compreenderiam, pois só veem nele um estado de paz e de ordem.

(Rudolf von Ihering, *A luta pelo direito*)

(Escrevente Técnico – TJSP – 2015 – VUNESP) É correto concluir que, do ponto de vista do autor,

(A) toda luta é uma forma de injustiça.
(B) a luta é indispensável para o direito.
(C) o direito termina quando há paz.
(D) as injustiças perdurarão enquanto os povos lutarem.
(E) nada justifica a luta, nem mesmo a paz.

O trecho do famoso livro de Rudolf von Ihering destaca que a luta é um instrumento de realização do direito, de forma que este não existe sem aquela, sob pena de tornar-se impotente frente aos obstáculos sociais.

Gabarito "B".

(Escrevente Técnico – TJSP – 2015 – VUNESP) Deve-se concluir, com base nas ideias do autor, que a balança e a espada sustentadas pela justiça simbolizam, respectivamente,

(A) mediação e brutalidade.
(B) pacificação e insubordinação.
(C) ponderação e proteção.
(D) solenidade e coerção.
(E) persuasão e perenidade.

O autor usa a imagem de Têmis, deusa da Justiça, para ilustrar a simbiose entre a justiça, a ponderação, o direito (a balança) e a proteção, a força bruta, a luta (a espada).

Gabarito "C".

Leia o texto, para responder às questões de abaixo.

O fim do direito é a paz, o meio de que se serve para consegui-lo é a luta. Enquanto o direito estiver sujeito às ameaças da injustiça – e isso perdurará enquanto o mundo for mundo –, ele não poderá prescindir da luta. A vida do direito é a luta: luta dos povos, dos governos, das classes sociais, dos indivíduos.

Todos os direitos da humanidade foram conquistados pela luta; seus princípios mais importantes tiveram de enfrentar os ataques daqueles que a ele se opunham; todo e qualquer direito, seja o direito de um povo, seja o direito do indivíduo, só se afirma por uma disposição ininterrupta para a luta. O direito não é uma simples ideia, é uma força viva. Por isso a justiça sustenta numa das mãos a balança com que pesa o direito, enquanto na outra segura a espada por meio da qual o defende.

A espada sem a balança é a força bruta, a balança sem a espada, a impotência do direito. Uma completa a outra, e o verdadeiro estado de direito só pode existir quando a justiça sabe brandir a espada com a mesma habilidade com que manipula a balança.

O direito é um trabalho sem tréguas, não só do Poder Público, mas de toda a população. A vida do direito nos oferece, num simples relance de olhos, o espetáculo de um esforço e de uma luta incessante, como o despendido na produção econômica e espiritual. Qualquer pessoa que se veja na contingência de ter de sustentar seu direito participa dessa tarefa de âmbito nacional e contribui para a realização da ideia do direito.

É verdade que nem todos enfrentam o mesmo desafio.

A vida de milhares de indivíduos desenvolve-se tranquilamente e sem obstáculos dentro dos limites fixados pelo direito. Se lhes disséssemos que o direito é a luta, não nos compreenderiam, pois só veem nele um estado de paz e de ordem.

(Rudolf von Ihering, *A luta pelo direito*)

(Escrevente Técnico – TJSP – 2015 – VUNESP) Observe os verbos destacados nas passagens – ... enfrentar os ataques daqueles que a ele se **opunham**... / ... só **veem** nele um estado de paz e de ordem... – e assinale a alternativa em que estão corretamente conjugados os verbos **opor**, **ver** e os demais assinalados, que seguem o mesmo padrão de conjugação destes.

(A) **Opormos** resistência à liderança dele foi um erro; agora querem que **revemos** nossa posição.
(B) Se os interessados não se **opuserem** nem **previrem** razão para protelar o ato, amanhã mesmo será escolhido o síndico do condomínio.

(C) Se não se **indisporem** com as amigas do filho, os pais permitirão que elas o **revejam** quando ele retornar.

(D) Haverá problema se ele **ver** que houve manipulação de dados; certamente se **predisporá** a cancelar tudo.

(E) Cada vez que **prever** resistência dos funcionários às decisões do chefe, ele intervirá, antes que todos se **indisponham**.

A: incorreta. "Rever", na primeira pessoa do plural do presente do subjuntivo, conjuga-se "revejamos"; **B:** correta. Os verbos estão conjugados conforme a norma culta da língua; **C:** incorreta. "Indispor", na terceira pessoa do plural do pretérito imperfeito do subjuntivo, conjuga-se "indispuserem"; **D:** incorreta. O verbo "ver", na terceira pessoa do singular do pretérito imperfeito do subjuntivo, conjuga-se "vir"; **E:** incorreta. O futuro do subjuntivo da terceira pessoa do singular do verbo "prever" é "previr".

Gabarito "B".

(Escrevente Técnico – TJSP – 2015 – VUNESP) De acordo com a norma-padrão, o pronome destacado pode ser colocado também depois do verbo no trecho:

(A) Se **lhes** disséssemos que o direito é a luta ...

(B) ... só **se** afirma por uma disposição ininterrupta para a luta...

(C) ... o meio de que **se** serve para consegui-lo ...

(D) A vida do direito **nos** oferece ...

(E) ... segura a espada por meio da qual **o** defende.

A: incorreta. A próclise é obrigatória pela conjunção condicional "se"; **B:** incorreta. A próclise é obrigatória pela presença do advérbio "só"; **C:** incorreta. A próclise é obrigatória pela presença do pronome relativo "que"; **D:** correta. Aqui, a próclise é facultativa, por não haver nenhuma ocorrência que a exija; **E:** incorreta. A próclise é obrigatória por força da locução pronominal relativa "da qual".

Gabarito "D".

(Escrevente Técnico – TJSP – 2015 – VUNESP) Assinale a alternativa em que o pronome destacado está empregado de acordo com a norma-padrão.

(A) O mundo conhece a paz graças aos povos, governos, classes sociais e indivíduos, **cuja** luta a garante.

(B) Há milhares de indivíduos **onde** a sua vida se desenvolve tranquilamente e sem obstáculos.

(C) A luta garante a conquista dos direitos da humanidade, **o qual** os princípios mais importantes dela foram atacados.

(D) A Justiça tem numa das mãos uma balança, **cuja** representa a garantia de que o direito será pesado, ponderado.

(E) O direito é uma força viva, **onde** os homens batalham incessantemente para manter.

A: correta. O pronome relativo "cuja" está empregado nos exatos termos prescritos pela norma padrão da língua; **B:** incorreta. "Onde" traz a ideia de lugar, portanto não pode estar associado a indivíduos. Melhor seria "cuja vida"; **C:** incorreta. Aqui também deveria constar "cujos"; **D:** incorreta. "Cuja" não foi utilizado corretamente; deveria constar "a qual"; **E:** incorreta, pela mesma razão do comentário à alternativa "B". Melhor seria "pela qual".

Gabarito "A".

Veja, aí estão eles, a bailar seu diabólico "pas de deux" (*): sentado, ao fundo do restaurante, o cliente paulista acena, assovia, agita os braços num agônico polichinelo;

encostado à parede, marmóreo e impassível, o garçom carioca o ignora com redobrada atenção. O paulista estrebucha: "Amigô?!", "Chefê?!", "Parceirô?!"; o garçom boceja, tira um fiapo do ombro, olha pro lustre.

Eu disse "cliente paulista", percebo a redundância: o paulista é sempre cliente. Sem querer estereotipar, mas já estereotipando: trata-se de um ser cujas interações sociais terminam, 99% das vezes, diante da pergunta "débito ou crédito?". [...] Como pode ele entender que o fato de estar pagando não garantirá a atenção do garçom carioca? Como pode o ignóbil paulista, nascido e criado na crua batalha entre burgueses e proletários, compreender o discreto charme da aristocracia?

Sim, meu caro paulista: o garçom carioca é antes de tudo um nobre. Um antigo membro da corte que esconde, por trás da carapinha entediada, do descaso e da gravata borboleta, saudades do imperador. [...] Se deixou de bajular os príncipes e princesas do século 19, passou a servir reis e rainhas do 20: levou gim tônicas para Vinicius e caipirinhas para Sinatra, uísques para Tom e leites para Nelson, recebeu gordas gorjetas de Orson Welles e autógrafos de Rockfeller; ainda hoje fala de futebol com Roberto Carlos e ouve conselhos de João Gilberto. Continua tão nobre quanto sempre foi, seu orgulho permanece intacto.

Até que chega esse paulista, esse homem bidimensional e sem poesia, de camisa polo, meia soquete e sapatênis, achando que o jacarezinho de sua Lacoste é um crachá universal, capaz de abrir todas as portas. Ah, paulishhhhta otááário, nenhum emblema preencherá o vazio que carregas no peito – pensa o garçom, antes de conduzi-lo à última mesa do restaurante, a caminho do banheiro, e ali esquecê-lo para todo o sempre.

Veja, veja como ele se debate, como se debaterá amanhã, depois de amanhã e até a Quarta-Feira de Cinzas, maldizendo a Guanabara, saudoso das várzeas do Tietê, onde a desigualdade é tão mais organizada: "Ô, companheirô, faz meia hora que eu cheguei, dava pra ver um cardápio?!". Acalme-se, conterrâneo. Acostume-se com sua existência plebeia. O garçom carioca não está aí para servi-lo, você é que foi ao restaurante para homenageá-lo.

(Antonio Prata, Cliente paulista, garçom carioca. *Folha de S.Paulo*, 06.02.2013) (*) Um tipo de coreografia, de dança.

(Técnico Judiciário – TJSP – 2013 – VUNESP) Assinale a alternativa contendo passagem em que o autor simula dialogar com o leitor.

(A) Acalme-se, conterrâneo. Acostume-se com sua existência plebeia.

(B) Ô, companheiro, faz meia hora que eu cheguei...

(C) Veja, aí estão eles, a bailar seu diabólico "pas de deux".

(D) Sim, meu caro paulista...

(E) Ah, paulishhhhta otááário...

A: incorreta, pois o autor está se reportando ao cliente paulista; **B:** incorreta, pois é uma frase dita pelo cliente paulista ao garçom carioca; **C:** correta, o autor simula dialogar com o leitor; **D:** incorreta, pois o autor está se referindo ao cliente paulista; **E:** incorreta, pois se trata de um pensamento do garçom carioca sobre o cliente paulista.

Gabarito "C".

1. LÍNGUA PORTUGUESA

(Técnico Judiciário – TJSP – 2013 – VUNESP) No primeiro parágrafo, para reforçar a ideia que quer transmitir, o autor se expressa por meio de uma incoerência. Assinale a alternativa com a passagem que demonstra essa afirmação.

(A) .... encostado à parede, marmóreo e impassível...
(B) ... o garçom boceja, tira um fiapo do ombro...
(C) .... o cliente paulista acena, assovia, agita os braços...
(D) ... o garçom carioca o ignora com redobrada atenção.
(E) .... aí estão eles, a bailar seu diabólico "pas de deux"...

A: incorreta, pois os adjetivos marmóreo e impassível demonstram sua tranquilidade inabalável; **B:** incorreta, pois a ação de bocejar e tirar o fiapo demonstra não ter nada que chame mais a atenção do garçom do que seu próprio mundo; **C:** incorreta, pois todos os gestos têm o único objetivo de chamar a atenção do garçom; **D:** correta, pois o ato de ignorar o cliente não combina nem precisa de atenção, tampouco redobrada; **E:** incorreta, pois o verbo bailar combina o passo de balé "pas de deux"
Gabarito "D".

(Técnico Judiciário – TJSP – 2013 – VUNESP) É correto afirmar que, no primeiro parágrafo, o autor traça um contraste entre as posturas do cliente e do garçom, contrapondo a

(A) agitação insistente do primeiro à estaticidade do segundo.
(B) informalidade do primeiro ao profissionalismo impassível do segundo.
(C) falta de polidez do primeiro à eficiência do segundo.
(D) negligência do primeiro à falta de educação do segundo.
(E) grosseria do primeiro ao cavalheirismo nobre do segundo.

A: correto, o cliente está afoito ao contrário da calma eminente do garçom; **B:** incorreta, pois o garçom em nenhum momento demonstra profissionalismo; **C:** incorreta, pois o cliente não parece tão polido da mesma maneira que o garçom não é eficiente; **D:** incorreta, pois o cliente não foi negligente em seus atos apesar da aparente vontade de chamar a atenção do garçom; **E:** incorreta, pois o cliente não foi grosseiro, ao contrário foi amigável, a sua maneira, até aquele momento.
Gabarito "A".

(Técnico Judiciário – TJSP – 2013 – VUNESP) Infere-se, da exposição de ideias, que o autor compõe retratos bem-humorados de dois tipos,

(A) apoiando as atitudes de ambos, cujas qualidades morais destaca.
(B) prestigiando o garçom, cuja atitude classifica de inadequada, em diversas passagens.
(C) identificando-se com as atitudes do cliente, apesar de expressar antipatia por aquele.
(D) tomando partido do garçom, pois, como este, o autor também é carioca.
(E) ironizando os comportamentos de ambos, embora ele também seja paulista.

A: incorreta, pois não há destaque moral nas atitudes retratadas; **B:** incorreta, pois ele não demonstra concordância com os atos do garçom, só os retrata; **C:** incorreta, pois ele não indica identificar-se com as atitudes do cliente; **D:** incorreta, pois ele não toma partido aparente de nenhum dos personagens e é paulista; **E:** correta, pois traça os perfis de ambos os personagens ironicamente e sim ele é paulista.
Gabarito "E".

(Técnico Judiciário – TJSP – 2013 – VUNESP) O contexto em que se encontra a passagem – *Se deixou de bajular os príncipes e princesas do século 19, passou a servir reis e rainhas do 20:* (2.º parágrafo) – leva a concluir, corretamente, que a menção a

(A) príncipes e princesas constitui uma referência em sentido não literal.
(B) reis e rainhas constitui uma referência em sentido não literal.
(C) príncipes, princesas, reis e rainhas constitui uma referência em sentido não literal.
(D) príncipes, princesas, reis e rainhas constitui uma referência em sentido literal.
(E) reis e rainhas constitui uma referência em sentido literal.

A: incorreta, pois o sentido da realeza é literal quando em referência ao século 19; **B:** correta, pois não temos mais reis e rainhas literalmente falando no século 20; **C:** incorreta, todos são títulos de nobreza em referência de sentido literal; **D:** incorreta, pois os títulos de reis e rainhas em referência não são literais; **E:** incorreta, pois o sentido de reis e rainhas não é literal.
Gabarito "B".

(Técnico Judiciário – TJSP – 2013 – VUNESP) Assinale a alternativa em que a oração destacada expressa finalidade, em relação à outra que compõe o período.

(A) Se *deixou de bajular os príncipes e princesas do século 19*, passou a servir reis e rainhas do 20...
(B) Pensa o garçom, *antes de conduzi-lo à última mesa do restaurante*...
(C) Você é que foi ao restaurante *para homenageá-lo*.
(D) ... nenhum emblema preencherá o vazio que *carregas no peito* – ...
(E) O garçom boceja, *tira um fiapo do ombro*...

A: incorreta, pois indica apenas uma sequência de pessoas atendidas, sem relação de propósito ou finalidade; **B:** incorreta, pois a frase destacada indica tempo e local e não finalidade; **C:** correta, pois demonstra um propósito para ter ido ao restaurante que era de homenagear o garçom; **D:** incorreta, pois o que se carrega no peito é consequência de algumas atitudes que não tem relação de finalidade com a primeira parte do período. **E:** incorreta, pois tirar um fiapo do ombro não tem relação direta com o ato de bocejar, são ações independentes e sequenciais.
Gabarito "C".

(Técnico Judiciário – TJSP – 2013 – VUNESP) Assinale a alternativa em que o emprego de nexos sintáticos entre as orações do período – Eu disse "cliente paulista", percebo a redundância: o paulista é sempre cliente. – mostra-se adequado ao sentido do texto.

(A) Eu disse cliente paulista, mas percebo a redundância, pois o paulista é sempre cliente.
(B) Eu disse cliente paulista, se percebo a redundância, mas o paulista é sempre cliente.
(C) Eu disse cliente paulista, porque percebo a redundância, contanto que o paulista seja sempre cliente.
(D) Eu disse cliente paulista, desde que percebi a redundância, para que o paulista seja sempre cliente.
(E) Eu disse cliente paulista, sem perceber a redundância, portanto o paulista é sempre cliente.

A: correta. O autor percebe a redundância de sua frase tão logo a cita e explica o porquê deste ato quando comenta, ironicamente, que afinal o paulista é sempre cliente. Por esta rápida percepção, conclui-se que a alternativa correta é a A; **B:** incorreta, pois condiciona a sua percepção, fato não ocorrido; **C:** incorreta, pois explica sua frase dita como se tivesse sido propositalmente, fato não ocorrido; **D:** incorreta, pois indica que já havia pensando na redundância, mas não foi o ocorrido; **E:** incorreta, pois alega que não percebeu a redundância, mas, sim, ele percebeu.
Gabarito "A".

Leia o texto abaixo e responda à questão.

Desde o surgimento da ideia de hipertexto, esse conceito está ligado a uma nova concepção de textualidade, na qual a informação é disposta em um ambiente no qual pode ser acessada de forma não linear. Isso acarreta uma textualidade que funciona por associação, e não mais por sequências fixas previamente estabelecidas.

Quando o cientista Vannevar Bush, na década de 40, concebeu a ideia de hipertexto, pensava, na verdade, na necessidade de substituir os métodos existentes de disponibilização e recuperação de informações ligadas especialmente à pesquisa acadêmica, que eram lineares, por sistemas de indexação e arquivamento que funcionassem por associação de ideias, seguindo o modelo de funcionamento da mente humana. O cientista, ao que parece, importava-se com a criação de um sistema que fosse como uma "máquina poética", algo que funcionasse por analogia e associação, máquinas que capturassem o brilhantismo anárquico da imaginação humana.

Parece não ser obra do acaso que a ideia inicial de Bush tenha sido conceituada como hipertexto 20 anos depois de seu artigo fundador, exatamente ligada à concepção de um grande sistema de textos que pudessem estar disponíveis em rede. Na década de 60, o cientista Theodor Nelson sonhava com um sistema capaz de disponibilizar um grande número de obras literárias, com a possibilidade de interconexão entre elas. Criou, então, o "Xanadu", um projeto para disponibilizar toda a literatura do mundo, numa rede de publicação hipertextual universal e instantânea. Funcionando como um imenso sistema de informação e arquivamento, o hipertexto deveria ser um enorme arquivo virtual.

(Disponível em: <http://www.pucsp.br/~cimid/4lit/longhi/hipertexto.htm>. Acesso em: 05 fev 2013. Adaptado)

(Técnico Judiciário – TJSP – 2013 – VUNESP) Embora se trate de um texto predominantemente informativo, é correto afirmar que o autor faz uma inferência, expressando sua opinião, ao dizer:

(A) O cientista, ao que parece, importava-se com a criação de um sistema que fosse como uma "máquina poética".
(B) Criou, então, o "Xanadu", um projeto para disponibilizar toda a literatura do mundo, numa rede.
(C) Isso acarreta uma textualidade que funciona por associação.
(D) A informação é disposta em um ambiente no qual pode ser acessada de forma não linear.
(E) Desde o surgimento da ideia de hipertexto, esse conceito está ligado a uma nova concepção de textualidade.

A: correta, pois ele infere sua opinião por meio do termo "ao que parece"; **B, C, D** e **E:** são uma expressão do autor mediante a fatos e consequências de determinadas ações sem nenhuma explicitação de sua opinião a respeito dos fatos.
Gabarito "A".

Leia o texto da tira, para responder à questão.

(Orlandeli, "Grump", *Diário da Região*, 06.02.2013)

(Técnico Judiciário – TJSP – 2013 – VUNESP) O pensamento da personagem Vândalo, no último quadrinho,

(A) põe em dúvida a ideia de que o intercâmbio terá sucesso.
(B) não admite as verdadeiras qualidades do garoto que morará com Grump.
(C) contradiz a ideia de que o garoto será bem recebido por Grump.
(D) expressa o reconhecimento de características negativas em quem receberá o garoto.
(E) reconhece a dificuldade de Grump adequar-se ao perfil traçado pelo projeto de intercâmbio.

A: incorreta, pois o local indicado corresponde à ideia da contraposição, tornando assim o projeto bem-sucedido; **B:** incorreta, pois não faz referência negativa às qualidades do garoto e sim do local; **C:** incorreta, pois o anfitrião quer recebê-lo apesar das diferenças, motivado pela "grana" que vai ganhar; **D:** correta, pois o local indica exatamente o contrário das qualidades positivas do garoto que virá; **E:** incorreta, pois seu pensamento reconhece as características negativas do anfitrião, mas não coloca em dúvida sua capacidade de adequar-se.
Gabarito "D".

Leia o texto, para responder às questões.

A disseminação do conceito de boas práticas corporativas, que ganhou força nos últimos anos, fez surgir uma estrada sem volta no cenário global e, consequentemente, no Brasil. Nesse contexto, governos e empresas estão fechando o cerco contra a corrupção e a fraude, valendo-se dos mais variados mecanismos: leis severas, normas de mercado e boas práticas de gestão de riscos. Isso porque se cristalizou a compreensão de que atos ilícitos vão além de comprometer relações comerciais e o próprio caixa das empresas. Eles representam dano efetivo à reputação empresarial frente ao mercado e aos investidores, que exigem cada vez mais transparência e, em casos extremos, acabam em investigações e litígios judiciais que podem levar executivos à cadeia.

(Fernando Porfírio, Pela solidez nas organizações. Em *Mundo corporativo* n.º 28, abril-junho 2010)

(Técnico Judiciário – TJSP – 2013 – VUNESP) A parte final do texto, destacada em itálico, coloca-se para a afirmação que a antecede como

(A) um trecho explicativo de ideia exposta anteriormente.
(B) uma resposta não fundamentada em dados de realidade.
(C) um meio de levar o leitor a buscar explicações que não estão no texto.
(D) uma sequência fundamentada em hipóteses pouco prováveis.
(E) a manifestação de uma contradição que será discutida.

A parte final do texto é uma explicação do que já havia sido exposto anteriormente de forma a resumir as ideias principais. Alternativa correta **A**.
Gabarito "A".

(Técnico Judiciário – TJSP – 2013 – VUNESP) Na passagem – Nesse contexto, governos e empresas estão fechando o cerco contra a corrupção e a fraude, **valendo-se dos mais variados mecanismos...** – a oração destacada expressa, em relação à anterior, sentido que responde à pergunta:

(A) "Quando?"
(B) "Por quê?"
(C) "Como?"
(D) "Para quê?"
(E) "Onde?"

A parte destacada indica o modo como *estão fechando o cerco*, logo a pergunta que cabe é "como", alternativa correta **C**.
Gabarito "C".

Considere a história em quadrinhos para responder a questão seguinte.

(Quino, *Mafalda*)

(Escrevente Técnico Judiciário – TJ/SP – 2011 – VUNESP) Acerca da mensagem apresentada nos quadrinhos, é correto afirmar que

(A) a menina é avessa à liberdade de imprensa por esta permitir a publicação de receitas que ela considera deliciosas.
(B) a liberdade de imprensa prejudica o direito das crianças no que diz respeito à alimentação saudável.
(C) a receita é recortada do jornal como forma de censura e protesto.
(D) a mãe apoia a supressão da liberdade de imprensa por concordar com a filha.
(E) a liberdade de imprensa nem sempre agrada a todos.

A: incorreta, pois ao contrário do que foi expresso, a menina mostra-se avessa à liberdade de imprensa por esta permitir a publicação de receitas que ela não considera apetitosas; **B**, **C** e **D**: não se pode inferir o que dizem essas alternativas; **E**: correta, pois se pode inferir isso.
Gabarito "E".

(VUNESP – VI) Leia o poema.

Ao desconcerto do Mundo
Os bons vi sempre passar
No Mundo graves tormentos;
E pera* mais me espantar,
Os maus vi sempre nadar
Em mar de contentamentos.
Cuidando alcançar assim
O bem tão mal ordenado,
Fui mau, mas fui castigado.
Assim que, só pera mim
Anda o Mundo concertado.

(Luís de Camões, *Obras Escolhidas*, Lisboa, Livraria Sá da Costa – Editora, 1954, 2.ª edição, vol. 1, p. 136)

*pera – grafia da preposição para no séc. XVI.

Assinale a alternativa que reproduz de maneira mais completa o pensamento do autor.

(A) No mundo, o autor vê que os bons sofrem enquanto os maus vivem bem.
(B) Os bons gostam de sofrer.
(C) Os maus são castigados pelos bons.
(D) Só para o autor o mundo está em desarmonia.

O autor conclui a ideia do poema com "só pera mim / Anda o Mundo concertado", pois somente o eu lírico do poema (eu lírico é a voz que expressa a subjetividade do poeta) sofre as consequências esperadas por um mau comportamento. O eu lírico diz ter visto os bons passarem por graves tormentos e os maus nadarem em mar de contentamentos. Ele tentou alcançar o bem por meio do mal, porém foi castigado ("Cuidando alcançar assim / O bem tão mal ordenado / Fui mau, mas fui castigado.)
Gabarito "A".

Princípios e valores

Uma mãe quer saber se deve ou não permitir que sua filha, de nove anos, viaje com a família de uma colega num fim de semana. Ela diz que a garota nunca fez isso antes e que ela considera precoce esse passeio mais longo sem a família, mas que está em dúvida porque muitas crianças da mesma idade já fazem isso.

Um pai diz que o filho de 15 anos leva a namorada para dormir em casa e que ele fica constrangido com a situação, mas acredita que, se impedir, vai se afastar do filho. Finalmente, um outro leitor afirma que quer ensinar valores aos filhos, mas, ao mesmo tempo, considerando o clima competitivo de nosso tempo, quer saber como ensinar que há momentos em que é preciso abrir mão desses valores para não ser ingênuo.

O mundo contemporâneo tornou a educação uma tarefa muito mais complexa. Até o final da década de 50, a maioria não enfrentava questões como as citadas e tampouco tinha de tomar diariamente decisões sobre o tipo de educação a praticar com os filhos. A educação era uma só, os rumos faziam parte de um grande consenso social e assim caminhavam os pais, sem grandes conflitos. Vale dizer que pais e filhos sofriam muito mais, já que eram tão diferentes e tinham de se ajustar a um rumo comum.

Hoje, os pais ganharam a liberdade da escolha sobre como educar seus filhos e, por outro lado, assumiram também uma responsabilidade muito maior por eles. Afinal, cada escolha feita produz efeitos significativos na vida dos filhos, já que estes estão em formação.

Vale refletir a respeito das dúvidas dos pais. À primeira vista, todas parecem questões práticas sobre como agir. Mas cada uma delas guarda em si conteúdos bem mais amplos, que tratam de moral, ética, conceito de infância, limites entre privacidade e convívio social e relação entre pais e filhos.

E talvez esse seja o nó da questão da educação contemporânea que os pais podem desatar ou, ao menos, afrouxar: ao educar os filhos, precisam ter clareza de alguns princípios dos quais não abrem mão e, a partir desse norte, tomar as decisões sem se importar tanto com as decisões dos outros pais. Afinal, já que temos a oportunidade hoje de ter a riqueza da diversidade em educação, há que se aprender a conviver com ela, não?

"O que quero ensinar aos meus filhos, priorizar na educação deles?" Essa é a questão que os pais devem se fazer quando enfrentam situações que demandam decisões. Afinal: de festas, namoros, aprendizados diversos etc. eles terão muitas chances para desfrutar, mas da educação familiar, só enquanto estiverem sob a tutela dos pais. E esse tempo é curto, acreditem.

(www.blogdaroselysayao.blog.uol.com.br/, 27.03.2008. Adaptado.)

(VUNESP – 2008) De acordo com o texto, as dúvidas que os pais têm em relação à forma como educar os filhos

(A) não se justificam na sociedade atual, que prescreve, implicitamente, uma educação homogênea a todos.
(B) são consideradas legítimas, já que a educação hoje ganhou uma complexidade não vivida em outros tempos.
(C) revelam a imaturidade dos pais modernos que, não sabendo aproveitar a liberdade, limitam-se às próprias opiniões.
(D) ganham relevância à medida que se torna mais importante a opinião alheia na educação das crianças e dos jovens.
(E) não devem ser tomadas como relevantes, uma vez que as crianças e os jovens modernos são iguais aos de tempos passados.

A autora, no terceiro e no quarto parágrafos, discorre sobre complexidade da educação nos dias de hoje, o que gera as dúvidas dos pais.
Gabarito "B".

(VUNESP – 2008) Pode-se afirmar que, na sociedade moderna, os pais

(A) têm mais liberdade de escolha quanto à forma de educar os filhos e, ao mesmo tempo, mais responsabilidade por eles.
(B) têm menos liberdade de escolha quanto à forma de educar os filhos e, ao mesmo tempo, menos responsabilidade por eles.
(C) têm mais liberdade de escolha quanto à forma de educar os filhos e, ao mesmo tempo, menos responsabilidade por eles.
(D) têm menos liberdade de escolha quanto à forma de educar os filhos e, ao mesmo tempo, mais responsabilidade por eles.
(E) têm mais liberdade de escolha quanto à forma de educar os filhos e, paradoxalmente, nenhuma responsabilidade por eles.

Ver o quarto parágrafo: "Hoje, os pais ganharam a liberdade da escolha (...) uma responsabilidade muito maior por eles.".
Gabarito "A".

(VUNESP – 2008) Os exemplos dos dois parágrafos iniciais do texto apresentam situações

(A) vivenciadas antes da década de 50.
(B) comuns desde a década de 50.
(C) raras nas famílias modernas.
(D) inusitadas para os pais modernos.
(E) combatida pelos pais e por seus filhos.

A e B: ver o trecho "Até o final da década de 50, a maioria não enfrentava questões como as citadas..."; C e D: a autora vale-se de exemplos práticos para ilustrar as dúvidas dos pais modernos. Embora possam ser classificadas como situações inusitadas (diferentes, que causam certa surpresa), o texto não permite entendê-las como raras nas famílias modernas (eram raras até o final da década de 50); E: a autora não se refere a combate por pais ou filhos.
Gabarito "D".

(VUNESP – 2008) Quanto à educação, os exemplos apresentados nos dois primeiros parágrafos mostram que os pais estão

(A) confiantes, principalmente por saberem que hoje é mais fácil educar do que em outros tempos.
(B) receosos, já que hoje os filhos vivem mais preocupados com os amigos do que com a família.
(C) decididos, sabendo qual conjunto de valores éticos e morais é imprescindível aos filhos.
(D) desnorteados, pois reconhecem que a educação caminha como no final da década de 50.
(E) confusos, sobretudo por se sentirem pressionados pelas decisões alheias.

As três situações referem-se a dúvidas dos pais acerca da educação dos filhos. Note que em todas há preocupação com as decisões, opiniões e valores alheios. Veja os trechos "mas que está em dúvida porque muitas crianças da mesma idade já fazem isso", "mas acredita que, se impedir, vai se afastar do filho" e "considerando o clima competitivo de nosso tempo".

Gabarito "E".

(VUNESP – 2008) A conclusão do texto deixa claro que

(A) os pais não devem se questionar sobre a educação dada aos filhos.
(B) os filhos devem aproveitar a diversão e, depois, a família.
(C) os pais devem priorizar uma boa educação familiar a seus filhos.
(D) os filhos devem ser livres e definir seus caminhos na vida.
(E) o tempo dos filhos com os pais é curto para uma boa educação.

O parágrafo final sugere que os pais analisem o que querem priorizar na educação de seus filhos ao enfrentarem as dúvidas relacionadas à sua educação, pois o tempo para desfrutar da educação familiar é limitado.

Gabarito "C".

(VUNESP – 2008) Em – ... *só enquanto estiverem sob a tutela dos pais.* – o sinônimo de *tutela* é

(A) proteção.
(B) cautela.
(C) orientação.
(D) companhia.
(E) observação.

"Tutela", no contexto, significa guarda, proteção, referindo-se ao período em que há certa ascendência dos pais sobre os filhos.

Gabarito "A".

(VUNESP – 2008) Analise as afirmações.

I. Em –...*porque muitas crianças da mesma idade já fazem isso.* – o pronome *isso* refere-se a *passeio mais longo sem a família*. (1.º parágrafo)
II. Em – ...*ele fica constrangido com a situação...* – o pronome *ele* refere-se a *filho*. (2º parágrafo)
III. A frase – "*O que quero ensinar aos meus filhos, priorizar na educação deles?*" – pode ser reescrita, com emprego correto de pronome, da seguinte forma – *O que quero priorizar na educação dos meus filhos, ensinar-lhes?* (último parágrafo)

Está correto o que se afirma em

(A) I, apenas.
(B) II, apenas.
(C) I e III, apenas.
(D) II e III, apenas.
(E) I, II e III.

I e III: corretas; II: "ele" é o pai, que fica constrangido com a situação descrita – ver o trecho que se inicia com "Um pai diz que o filho...".

Gabarito "C".

(VUNESP – 2008) *Vale dizer que pais e filhos sofriam muito mais, já que eram tão diferentes e tinham de se ajustar a um rumo comum.*

Assinale a alternativa em que se reescreve corretamente a frase, respeitando seus sentidos e adequando a pontuação.

(A) Vale dizer. Eram tão diferentes e tinham de se ajustar a um rumo comum, mas pais e filhos sofriam muito.
(B) Vale dizer: como eram tão diferentes e tinham de se ajustar a um rumo comum, pais e filhos sofriam muito.
(C) Vale dizer? Eram tão diferentes e tinham de se ajustar a um rumo comum e pais e filhos sofriam muito.
(D) Vale dizer – conforme fossem tão diferentes e tinham de se ajustar a um rumo comum, pais e filhos sofriam muito.
(E) Vale dizer, como eram tão diferentes e tinham de se ajustar a um rumo comum, portanto, pais e filhos sofriam muito.

A: incorreta, pois "Vale dizer" não pode ficar isolado, pois se refere diretamente à ideia transmitida no trecho seguinte. Ademais, o uso da conjunção adversativa "mas" é inadequado, pois o trecho seguinte não se opõe ao anterior; **B**: correta, a assertiva reproduz adequadamente a original, sem alteração de conteúdo; **C**: incorreta, pois não há dúvida que justifique a interrogação após "Vale dizer". O uso da conjunção coordenativa "e" não é indicado para essas orações subordinadas; **D**: incorreta, o travessão isola inadequadamente "Vale dizer". "Conforme" dá ideia de progressão, o que não é adequado à assertiva; **E**: incorreta, "como" e "portanto" não podem ser utilizados conjuntamente, pois há perda de sentido.

Gabarito "B".

(VUNESP – 2008) No último parágrafo, as aspas empregadas indicam

(A) a fala hipotética de pais preocupados com a educação de seus filhos.
(B) a transcrição de uma frase alheia de um especialista em educação familiar.
(C) a divagação do autor, despreocupado com a questão da educação.
(D) o realce a uma informação tratada com ironia pelo autor.
(E) a citação de um dito popular que comprova o ponto de vista do autor.

A autora indica a pergunta que os pais devem fazer a si mesmos. Por opção estilística e argumentativa, optou pelo discurso direto, o que implica uma fala hipotética de um pai prestes a decidir acerca da educação de seu filho.

Gabarito "A".

(VUNESP – 2008) Leia a charge.

(www.chargeonline.com.br)

Analise as afirmações.

I. A charge ironiza a falta de professores nas escolas.
II. O fato de o aluno fazer a chamada justifica a afirmação I.
III. Quanto à concordância, está correta a frase – *Faltaram o professor de Matemática, o de Português e o de História.*
IV. As palavras acentuadas na charge seguem a mesma regra de acentuação.

Estão corretas apenas as afirmações

(A) I e II.
(B) I e III.
(C) III e IV.
(D) I, II e III.
(E) I, II e IV.

I e II: há ironia, pois, como sabemos, são os professores que fazem chamadas, não os alunos. Trata-se de crítica às faltas constantes desses profissionais em sala de aula; III: "Faltaram" concorda com o sujeito composto "o professor de Matemática, o de Português e o de História"; IV: são regras distintas de acentuação. "Matemática" – acentua-se a proparoxítona; "português" – acentua-se a oxítona terminada em "e", mesmo quando seguida de "s"; "história" – acentua-se a paroxítona terminada em ditongo.

Gabarito "D".

Autoridades sanitárias sentenciam o produto à morte, ao proibirem o uso de leite cru na sua fabricação

Uma grande falácia da modernidade se esconde sob a discussão da qualidade dos alimentos que ingerimos, a exemplo do que se verificou entre nós, em fins do ano passado, com a condenação quase unânime da adição de soda cáustica ao leite dito "longa vida"; ou a exemplo da intolerância histórica das autoridades sanitárias com o "queijo minas" feito com leite cru – como os mineiros crêem que deva ser e fazem há séculos –, agora ameaçado de morte por uma possível proibição total do uso de leite cru em produtos lácteos.

Não é possível imaginar a França sem o seu camembert de leite cru. Ele se tornou um ponto de honra do orgulho nacional contra o abuso das negociações do Gatt, em 1993, que queriam abolir a comercialização mundial de queijos de leite cru. Os franceses se puseram em pé de guerra e venceram.

"Criei meus filhos com queijo de leite cru, e estão todos fortes, graças a Deus. O que esses caras de Brasília entendem de saúde?" Afora essa indignação do velho produtor, não nos parece grave ficar sem o queijo do Serro, o queijo da Canastra ou o queijo de Araxá – todos "queijos minas" de leite cru, produzidos em várias microrregiões do Estado de Minas Gerais. Se fosse grave, estaríamos em pé de guerra como os franceses. Matar um produto tradicional, apreciado, equivale a liquidar parte do nosso prazer ao comer e nos empobrece culturalmente.

Mas governo não é coisa uniforme; não raro, é desorientador. Enquanto, com uma mão, tomba o queijo do Serro e o declara "patrimônio nacional", com a outra nega aos produtores o registro do serviço de inspeção sanitária (SIF) para o produto circular nacionalmente.

Ao se cozer o leite, elimina-se microorganismos únicos e se perde a especificidade do produto. Para escapar a essa morte, o "queijo minas" de leite cru sai de Minas Gerais para uma longa viagem ilegal, clandestina, cheia de peripécias que envolvem a polícia, o fisco e o mercado informal das grandes cidades. Como pensar e fruir o "patrimônio nacional", se ele está condenado à clandestinidade?

(www.p.php.uol.com.br/tropico/html/textos/2968,1.shl, acessado em 08/04/2008)

(VUNESP – 2008) Ao tratar da proibição total do uso de leite cru em produtos lácteos, o autor

(A) deixa evidente que as decisões governamentais são necessárias para coibir atos ilegais, certamente comprometedores da saúde pública, como aconteceu na França e acontece em Minas Gerais.
(B) revela-se respeitado como cidadão, que tem garantida a sua alimentação saudável por meio de decisões governamentais que, embora polêmicas, são necessárias.
(C) enaltece a possível decisão governamental, que para ele dará conta da necessidade de fiscalização eficiente que garanta a eliminação da clandestinidade que envolve a polícia, o fisco e o mercado informal das grandes cidades.
(D) entende que a possível decisão é, de fato, necessária e sustenta seu ponto de vista citando fatos ocorridos na França na década de 90, quando houve lá proibição semelhante à vivenciada em Minas Gerais.
(E) questiona a possível decisão governamental, que não lhe parece a mais acertada, pois ele considera o queijo minas um patrimônio da cultura brasileira e defende a sua prazerosa degustação.

A, B, C e D: incorretas, pois o texto é claramente crítico em relação à possível decisão governamental; **E:** correta, pois a assertiva é a única que reflete o teor crítico do texto.

Gabarito "E".

(VUNESP – 2008) Ao citar a situação vivenciada pela França, o autor sugere que o Brasil

(A) segue com mais respeito e vigor as determinações legais, ao contrário da França.
(B) poderá reverter a possível proibição, se as pessoas se mobilizarem e o exigirem.
(C) não precisa se preocupar com a possível proibição, pois ela será revogada posteriormente.
(D) tem um queijo melhor que o francês, por isso a lei mudará.
(E) deixará de produzir queijo com leite cru, importando-o da França.

O autor cita a França como exemplo de mobilização e protesto do povo contra a política governamental que visava a proibir a produção e a comercialização de determinado alimento. Na França, a oposição deu certo. Caso o brasileiro entenda que a possível decisão governamental seja grave, poderá protestar como os franceses (o autor é irônico, pois afirma que não houve protesto, pois "não nos parece grave ficar sem o queijo").

Gabarito "B".

(VUNESP – 2008) No quarto parágrafo, quando cita as ações do governo, o autor mostra-as como

(A) fundamentadas.
(B) emergenciais.

(C) imprescindíveis.
(D) visionárias.
(E) contraditórias.

No trecho "Mas governo não é coisa uniforme; não raro, é desorientador", o autor refere-se às ações governamentais contraditórias que relatará a seguir: tombamento do queijo (proteção por conta de seu valor cultural, histórico etc.) e, ao mesmo tempo, não-concessão de registro aos produtores.
Gabarito "E".

O tempo que passa e o tempo que não passa

É muito comum pensar no tempo como tempo sequencial, como categoria ordenadora que organiza os acontecimentos vividos numa direção com passado, presente e futuro, um tempo irreversível, a flecha do tempo, um tempo que passa. Também estamos acostumados a pensar na memória como um arquivo que guarda um número significativo de lembranças, semelhante a um sótão que aloca uma quantidade de objetos de outros momentos da vida, que lá ficam quietos, guardados, disponíveis para o momento no qual precisamos deles e queremos reencontrá-los. No entanto, a forma na qual a psicanálise pensa o tempo e a memória está muito distante desta maneira de concebê-los. Na psicanálise, tanto o tempo quanto a memória só podem ser considerados no plural. Há temporalidades diferentes funcionando nas instâncias psíquicas e a memória não existe de forma simples: é múltipla, registrada em diferentes variedades de signos. Há um tempo que passa, marcando com a sua passagem a caducidade dos objetos e a finitude da vida. A ele Freud se refere no seu curto e belo texto de 1915, "A transitoriedade", no qual relata um encontro acontecido dois anos antes, em agosto de 1913, em Dolomitas, na Itália, num passeio pela campina na companhia de um poeta. Ambos dialogam sobre o efeito subjetivo que a caducidade do belo produz. Enquanto para o poeta a alegria pela beleza da natureza se vê obscurecida pela transitoriedade do belo, para Freud, ao contrário, a duração absoluta não é condição do valor e da significação para a vida subjetiva. O desejo de eternidade se impõe ao poeta, que se revolta contra o luto, sendo a antecipação da dor da perda o que obscurece o gozo. Freud, que está escrevendo este texto sob a influência da Primeira Guerra Mundial, insiste na importância de fazer o luto dos perdidos renunciando a eles, e na necessidade de retirar a libido que se investiu nos objetos para ligá-la em substitutos. São os objetos que passam e, às vezes, agarrar-se a eles nos protege do reconhecimento da própria finitude. Porém, a guerra e a sua destruição exigem o luto e nos confrontam com a transitoriedade da vida, o que permite reconhecer a passagem do tempo.

(Leonor Alonso Silva, *Revista Cult*, Abril 2006)

(VUNESP – 2006) De acordo com o texto, na psicanálise, a concepção de tempo e de memória

(A) é considerada em sua multiplicidade, pois ambos constituem acontecimentos vividos, organizados e guardados de forma significativa como arquivos.
(B) implica analisar os fatos vividos organizados num tempo irreversível considerando-se o passado, o presente e o futuro.
(C) refere-se a vivências diferenciadas, independentemente da sequência dos acontecimentos, o que as torna múltiplas.
(D) relaciona-se com a forma como as pessoas selecionam as experiências vividas e arquivadas de forma irreversível em suas mentes.
(E) revela a forma como as pessoas organizam suas experiências, que são arquivadas e devem ser mantidas quietas para não se abalar o equilíbrio emocional.

Fora do âmbito da psicanálise, o tempo é organizado de acordo com a ordem cronológica em que os acontecimentos são vividos (passado, presente e futuro). Já a memória deve ser pensada como um arquivo. De acordo com a psicanálise, a concepção de tempo e de memória "refere-se a vivências diferenciadas, independentemente da sequência dos acontecimentos, o que as torna múltiplas." "Na psicanálise, tanto o tempo como a memória só podem ser considerados no plural (...) a memória não existe de forma simples: é múltipla, registrada em diferentes variedades de signos.".
Gabarito "C".

(VUNESP – 2006) Segundo o texto, é correto afirmar que a noção de caducidade dos objetos e de finitude da vida é apreendida de forma

(A) idêntica entre o poeta e Freud, pois ambos reconhecem que a alegria pela beleza da natureza se vê obscurecida pela transitoriedade do belo.
(B) diferente pelo poeta e por Freud, pois este reconhece a necessidade de se apreender a perda e a transitoriedade, enquanto aquele vê a alegria atrelada ao desejo de eternidade.
(C) oposta pelo poeta e por Freud, pois este, apesar de reconhecer a necessidade do luto, incomoda-se pelo fato de a transitoriedade do belo obscurecer a alegria, o que aquele não reconhece.
(D) muito parecida entre o poeta e Freud, pois ambos entendem como necessário para reconhecer a passagem do tempo a consciência de que a beleza da natureza se veja obscurecida pela transitoriedade do belo.
(E) contrária pelo poeta e por Freud, pois este reconhece a necessidade imposta pelo desejo de eternidade como forma de se entender a transitoriedade do belo, vista por aquele como forma de reconhecer a passagem do tempo.

Para responder a essa questão, prestar atenção aos pronomes e se atentar a qual nome eles se referem. De acordo com o texto, Freud reconhece a necessidade de se apreender à perda e a transitoriedade e o poeta vê a alegria atrelada ao desejo de eternidade.
Gabarito "B".

(VUNESP – 2006) De acordo com o texto, fora do âmbito da psicanálise, as pessoas normalmente pensam o tempo considerando-se, sobretudo, a sua

(A) linearidade.
(B) finitude.
(C) incompletude.
(D) reversibilidade.
(E) pluralidade.

Fora do âmbito da psicanálise, o tempo é organizado de acordo com a ordem cronológica em que os acontecimentos são vividos (passado, presente e futuro), desse modo considera-se a linearidade.
Gabarito "A".

Atendendo a provocações, volto a comentar o inominável assassinato do casal de namorados Liana Friedenbach e Felipe Caffé, desta vez _____ aspecto da lei. A tarefa que me cabe não é das mais agradáveis, pois ao sustentar que não se reduza a maioridade penal para 16 anos, como muitos agora exigem, estarei de algum modo defendendo o menor Xampinha, _____ atos estão além de qualquer defesa. O que de certa forma me tranquiliza é a convicção _____ princípios existem para serem preservados contra exceções. E os crimes de Embu-Guaçu foram justamente uma trágica exceção.

(Hélio Schwartsman, "Crimes e Castigos". Em: www.folha.uol.com.br, 20.11.2003. Adaptado)

(VUNESP – 2012) De acordo com o autor, os atos do menor Xampinha são
(A) indefensáveis.
(B) amparados pela lei.
(C) arroubos juvenis.
(D) legítimos.
(E) princípios contra exceções.

Diz o autor que os atos de Xampinha estão "além de qualquer defesa", logo são indefensáveis.
Gabarito "A".

(VUNESP – 2012) No que diz respeito à redução da maioridade penal, o autor deixa claro que ela
(A) se tornou uma urgência, pois a exceção virou regra.
(B) é forma eficaz de combate à onda de violência.
(C) não é desejável, mas é inevitável nesta sociedade.
(D) não deve ser efetivada, pois fere certos princípios.
(E) não é possível em uma sociedade de trágicas exceções.

O autor é expressamente contra a redução da maioridade penal, porque ela fere princípios (apesar de não dizer quais, ao menos não no trecho transcrito no enunciado). Para ele, tais princípios devem prevalecer sobre a exceção.
Gabarito "D".

2. VERBO

(Escrevente Técnico Judiciário – TJSP – VUNESP – 2017) Leia o texto, para responder às questões de números abaixo.

Há quatro anos, Chris Nagele fez o que muitos executivos no setor de tecnologia já tinham feito – ele transferiu sua equipe para um chamado escritório aberto, sem paredes e divisórias.

Os funcionários, **até então**, trabalhavam de casa, mas ele queria que todos estivessem juntos, para se conectarem e colaborarem mais facilmente. Mas em pouco tempo ficou claro que Nagele tinha cometido um grande erro. Todos estavam distraídos, a produtividade caiu, e os nove empregados estavam insatisfeitos, sem falar do próprio chefe.

Em abril de 2015, quase três anos após a mudança para o escritório aberto, Nagele transferiu a empresa para um espaço de 900 m² onde hoje todos têm seu próprio espaço, com portas e tudo.

Inúmeras empresas adotaram o conceito de escritório aberto – cerca de 70% dos escritórios nos Estados Unidos são assim – e até onde se sabe poucos retornaram ao modelo de espaços tradicionais com salas e portas.

Pesquisas, **contudo**, mostram que podemos perder até 15% da produtividade, desenvolver problemas graves de concentração e até ter o dobro de chances de ficar doentes em espaços de trabalho abertos – fatores que estão contribuindo para uma reação contra esse tipo de organização.

Desde que se mudou para o formato tradicional, Nagele já ouviu colegas do setor de tecnologia dizerem sentir falta do estilo de trabalho do escritório fechado. "Muita gente concorda – simplesmente não aguentam o escritório aberto. Nunca se consegue terminar as coisas e é preciso levar mais trabalho para casa", diz ele.

É improvável que o conceito de escritório aberto caia em desuso, mas algumas firmas estão seguindo o exemplo de Nagele e voltando aos espaços privados.

Há uma boa razão que explica por que todos adoram um espaço com quatro paredes e uma porta: foco. A verdade é que não conseguimos cumprir várias tarefas ao mesmo tempo, e pequenas distrações podem desviar nosso foco por até 20 minutos.

Retemos mais informações quando nos sentamos em um local fixo, afirma Sally Augustin, psicóloga ambiental e de design de interiores.

(Bryan Borzykowski, "Por que escritórios abertos podem ser ruins para funcionários." Disponível em:<www1.folha.uol.com.br>. Acesso em: 04.04.2017. Adaptado)

(Escrevente Técnico Judiciário – TJSP – VUNESP – 2017) Iniciando-se a frase – **Retemos** mais informações quando nos **sentamos** em um local fixo... (último parágrafo) – com o termo **Talvez**, indicando condição, a sequência que apresenta correlação dos verbos destacados de acordo com a norma-padrão será:
(A) retínhamos ... sentássemos
(B) retivemos ... sentaríamos
(C) retivéssemos ... sentássemos
(D) reteremos ... sentávamos
(E) reteríamos ... sentarmos

O advérbio "talvez" determina a conjugação verbal no pretérito imperfeito do subjuntivo: "retivéssemos" e "sentássemos".
Gabarito "C".

(Escrevente Técnico Judiciário – TJSP – VUNESP – 2017) Leia o texto, para responder às questões abaixo.

O problema de São Paulo, dizia o Vinicius, "é que você anda, anda, anda e nunca chega a Ipanema". Se tomarmos "Ipanema" ao pé da letra, a frase é absurda e cômica. Tomando "Ipanema" como um símbolo, no entanto, como um exemplo de alívio, promessa de alegria em meio à vida dura da cidade, a frase passa a ser de um triste realismo: o problema de São Paulo é que você anda, anda, anda e nunca chega a alívio algum. O Ibirapuera, o parque do Estado, o Jardim da Luz são uns raros respiros perdidos entre o mar de asfalto, a floresta de lajes batidas e os Corcovados de concreto armado.

O paulistano, contudo, não é de jogar a toalha – prefere estendê-la e se deitar em cima, caso lhe concedam dois metros quadrados de chão. É o que vemos nas avenidas abertas aos pedestres, nos fins de semana: basta liberarem um pedacinho do cinza e surgem revoadas de patinadores, maracatus, *big bands,* corredores evangélicos, góticos satanistas, praticantes de ioga, dançarinos de tango, barraquinhas de *yakissoba* e barris de cerveja artesanal.

Tenho estado atento às agruras e oportunidades da cidade porque, depois de cinco anos vivendo na Granja Viana, vim morar em Higienópolis. Lá em Cotia, no fim da tarde, eu corria em volta de um lago, desviando de patos e assustando jacus. Agora, aos domingos, corro pela Paulista ou Minhocão e, durante a semana, venho testando diferentes percursos. Corri em volta do parque Buenos Aires e do cemitério da Consolação, ziguezagueei por Santa Cecília e pelas encostas do Sumaré, até que, na última terça, sem querer, descobri um insuspeito parque noturno com bastante gente, quase nenhum carro e propício a todo tipo de atividades: o estacionamento do estádio do Pacaembu.

(Antonio Prata. "O paulistano não é de jogar a toalha. Prefere estendê-la e deitar em cima." Disponível em:<http://www1.folha.uol.com.br/colunas>. Acesso em: 13.04.2017. Adaptado)

(Escrevente Técnico Judiciário – TJSP – VUNESP – 2017) Assinale a alternativa em que a substituição dos trechos destacados na passagem – O paulistano, contudo, não é de jogar a toalha – **prefere estendê-la e se deitar em cima**, caso lhe **concedam** dois metros quadrados de chão. – está de acordo com a norma-padrão de crase, regência e conjugação verbal.

(A) prefere estendê-la a desistir – põe a disposição.
(B) prefere estendê-la a desistir – ponham à disposição.
(C) prefere estendê-la do que desistir – põem a disposição.
(D) prefere mais estendê-la do que desistir – põe à disposição.
(E) prefere estendê-la à desistir – ponham a disposição.

A: incorreta. O verbo "por" deve ser conjugado na terceira pessoa do plural do presente do subjuntivo – "ponham" – e a expressão "à disposição" leva o acento grave indicativo da crase; **B:** correta, vez que todas as regras atinentes à crase, regência e concordância foram respeitadas; **C:** incorreta. O verbo "preferir" rege a preposição "a", além dos erros já destacados na letra "A"; **D:** incorreta. "Preferir mais" é pleonasmo, porque o verbo já traz consigo a ideia de comparação, além dos equívocos já destacados nas outras alternativas; **E:** incorreta. Não ocorre crase antes de verbo e a expressão "à disposição" leva o acento grave. Gabarito "B".

Veja, aí estão eles, a bailar seu diabólico **"pas de deux"** (*): sentado, ao fundo do restaurante, o cliente paulista acena, assovia, agita os braços num agônico polichinelo; encostado à parede, marmóreo e impassível, o garçom carioca o ignora com redobrada atenção. O paulista estrebucha: "Amigô?!", "Chefê?!", "Parceirô?!"; o garçom boceja, tira um fiapo do ombro, olha pro lustre.

Eu disse "cliente paulista", percebo a redundância: o paulista é sempre cliente. Sem querer estereotipar, mas já estereotipando: trata-se de um ser cujas interações sociais terminam, 99% das vezes, diante da pergunta "débito ou crédito?". [...] Como pode ele entender que o fato de estar pagando não garantirá a atenção do garçom carioca? Como pode o ignóbil paulista, nascido e criado na crua batalha entre burgueses e proletários, compreender o discreto charme da aristocracia?

Sim, meu caro paulista: o garçom carioca é antes de tudo um nobre. Um antigo membro da corte que esconde, por trás da carapinha entediada, do descaso e da gravata borboleta, saudades do imperador. [...] Se deixou de bajular os príncipes e princesas do século 19, passou a servir reis e rainhas do 20: levou gim tônicas para Vinicius e caipirinhas para Sinatra, uísques para Tom e leites para Nelson, recebeu gordas gorjetas de Orson Welles e autógrafos de Rockfeller; ainda hoje fala de futebol com Roberto Carlos e ouve conselhos de João Gilberto. Continua tão nobre quanto sempre foi, seu orgulho permanece intacto.

Até que chega esse paulista, esse homem bidimensional e sem poesia, de camisa polo, meia soquete e sapatênis, achando que o jacarezinho de sua Lacoste é um crachá universal, capaz de abrir todas as portas. Ah, paulishhhhta otááário, nenhum emblema preencherá o vazio que carregas no peito – pensa o garçom, antes de conduzi-lo à última mesa do restaurante, a caminho do banheiro, e ali esquecê-lo para todo o sempre.

Veja, veja como ele se debate, como se debaterá amanhã, depois de amanhã e até a Quarta-Feira de Cinzas, maldizendo a Guanabara, saudoso das várzeas do Tietê, onde a desigualdade é tão mais organizada: "Ô, companheirô, faz meia hora que eu cheguei, dava pra ver um cardápio?!". Acalme-se, conterrâneo. Acostume-se com sua existência plebeia. O garçom carioca não está aí para servi-lo, você é que foi ao restaurante para homenageá-lo.

(Antonio Prata, Cliente paulista, garçom carioca. *Folha de S.Paulo*, 06.02.2013)

(*) Um tipo de coreografia, de dança.

Sem querer estereotipar, mas já estereotipando: trata-se de um ser cujas interações sociais terminam, 99% das vezes, diante da pergunta "débito ou crédito?".

(Técnico Judiciário – TJSP – 2013 – VUNESP) Nesse contexto, o verbo *estereotipar* tem sentido de

(A) considerar ao acaso, sem premeditação.
(B) aceitar uma ideia mesmo sem estar convencido dela.
(C) adotar como referência de qualidade.
(D) julgar de acordo com normas legais.
(E) classificar segundo ideias preconcebidas.

Estereótipo é a imagem preconcebida de determinada pessoa, coisa ou situação, logo a alternativa que corresponde ao sentido do verbo é a E. Gabarito "E".

Leia o texto abaixo e responda à questão.

Desde o surgimento da ideia de hipertexto, esse conceito está ligado a uma nova concepção de textualidade, na qual a informação é disposta em um ambiente no qual pode ser acessada de forma não linear. Isso acarreta uma textualidade que funciona por associação, e não mais por sequências fixas previamente estabelecidas.

Quando o cientista Vannevar Bush, na década de 40, concebeu a ideia de hipertexto, pensava, na verdade, na necessidade de substituir os métodos existentes de disponibilização e recuperação de informações ligadas especialmente à pesquisa acadêmica, que eram lineares, por sistemas de indexação e arquivamento que funcionassem por associação de ideias, seguindo o modelo de funcionamento da mente humana. O cientista, ao que parece, importava-se com a criação de um sistema que fosse como uma "máquina poética", algo que funcionasse por analogia e associação, máquinas que capturassem o brilhantismo anárquico da imaginação humana.

Parece não ser obra do acaso que a ideia inicial de Bush tenha sido conceituada como hipertexto 20 anos depois de seu artigo fundador, exatamente ligada à concepção de um grande sistema de textos que pudessem estar disponíveis em rede. Na década de 60, o cientista Theodor Nelson sonhava com um sistema capaz de disponibilizar um grande número de obras literárias, com a possibilidade de interconexão entre elas. Criou, então, o "Xanadu", um projeto para disponibilizar toda a literatura do mundo, numa rede de publicação hipertextual universal e instantânea. Funcionando como um imenso sistema de informação e arquivamento, o hipertexto deveria ser um enorme arquivo virtual.

(Disponível em: <http://www.pucsp.br/~cimid/4lit/longhi/hipertexto.htm>. Acesso em: 05 fev 2013. Adaptado)

(Técnico Judiciário – TJSP – 2013 – VUNESP) Assinale a alternativa contendo a frase do texto na qual a expressão verbal destacada exprime possibilidade.

(A) ... o cientista Theodor Nelson sonhava com um sistema capaz de **disponibilizar** um grande número de obras literárias...
(B) Funcionando como um imenso sistema de informação e arquivamento, o hipertexto **deveria** ser um enorme arquivo virtual.
(C) Isso acarreta uma textualidade que **funciona** por associação, e não mais por sequências fixas previamente estabelecidas.
(D) Desde o surgimento da ideia de hipertexto, esse conceito **está ligado** a uma nova concepção de textualidade...
(E) **Criou**, então, o "Xanadu", um projeto para disponibilizar toda a literatura do mundo...

A: Incorreta, pois o verbo *disponibilizar* exprime uma liberação, provisão de obras; **B:** correta, pois o verbo *deveria* funciona como sugestão de algo possível de ser feito; **C:** incorreta, pois *funciona* exprime o ato de exercer, atuar; **D:** incorreta, pois o termo *está ligado* indica um elo entre os termos *conceito* e *nova concepção*, sem o entendimento de que este seja possibilitado por aquele; **E:** incorreta, pois *criar* exprime o ato de gerar e não de possibilitar.
Gabarito "B".

(Técnico Judiciário – TJSP – 2013 – VUNESP) Assinale a alternativa em que todos os verbos estão empregados de acordo com a norma-padrão.

(A) Enviaram o texto, para que o revíssemos antes da impressão definitiva.
(B) Não haverá prova do crime se o réu se manter em silêncio.
(C) Vão pagar horas-extras aos que se disporem a trabalhar no feriado.
(D) Ficarão surpresos quando o verem com a toga...
(E) Se você quer a promoção, é necessário que a requera a seu superior.

A: correta, pois ambos os verbos estão corretamente conjugados no plural e em concordância com seus sujeitos; **B:** incorreta, pois o certo seria *se o réu se mantiver*; **C:** incorreta, pois o correto seria *aos que se dispuserem*; **D:** incorreta, pois o correto seria *quando o virem*, **E:** incorreta, pois o correta seria *que a requeira*.
Gabarito "A".

(VUNESP – I) Assinale a alternativa em que ambas as frases estão gramaticalmente **corretas**.

(A) 1- João foi a Itália, mas não à Roma dos Césares. 2- Estudou muito e, por isso, foi aprovado no concurso.
(B) 1- Durante a audiência, o advogado não interviu uma só vez. 2- Se vocês virem Luiz, avisem-me, por favor.
(C) 1- No clube havia lugares para todos os sócios. 2- O governo visa ao bem-estar social do povo.
(D) 1- Vou à escola no período da manhã. 2- O caso adequa-se ao estabelecido na lei.

A: 1- João foi à (necessário uso da crase por conta da regência do verbo *ir*) Itália, mas não à Roma dos Césares; **B:** 1- o verbo intervir é conjugado semelhante ao verbo vir. Assim, teremos a conjugação no pretérito perfeito: intervim, intervieste, interveio, interviemos, interviestes, intervieram (1- ... o advogado não **interveio** uma só vez.); 2 – trata-se do verbo ver, corretamente conjugado nessa oração, no futuro do subjuntivo (vir, vires, vir, virmos, virdes, virem); **C:** o verbo haver no sentido de existir é impessoal e deve ser mantido no singular; 2- está correta a conjugação e regência do verbo visar; **D:** o verbo adequar é defectivo, isto é, não possui certas formas. No caso do verbo adequar ou adequar-se, não existem as formas da 1ª, 2ª e 3ª pessoas do singular; 3ª pessoa do plural do presente do indicativo e todas as formas do presente do subjuntivo (além dos imperativos, exceto a 2ª pessoa do plural do afirmativo – *adequai*). Esse verbo é mais empregado no particípio ou no infinitivo: "O caso é adequado ao estabelecido na lei." ou "O caso deve se adequar ao estabelecido na lei."
Gabarito "C".

(VUNESP – I) Assinale a alternativa **correta** para a colocação dos verbos nos espaços vazios da frase seguinte. Se você _____ João, diga-lhe que Paulo _____ na ação por ele proposta, tão somente por lhe _____.

(A) ver – reconveio – aprouver
(B) vir – reconveio – aprazer
(C) ver – reconviu – aprouver
(D) vir – reconviu – aprazer

Trata-se da conjugação do verbo ver no futuro do subjuntivo (vir, vires, **vir**, virmos, virdes, virem), dos verbos reconvir (conjugado semelhante ao verbo vir: reconvim, reconvieste, **reconveio**, reconviemos, reconviestes, reconvieram) no pretérito perfeito do indicativo e da forma nominal do verbo aprazer.
Gabarito "B".

(VUNESP – II) Há **erro** de conjugação verbal na frase:

(A) Eu me precavejo contra os riscos do mercado financeiro.
(B) A direção quer que você medeie o debate.

(C) Ele sempre proveu às necessidades da casa.
(D) Ele reouve tudo o que perdera.

O verbo precaver é defectivo, não existe a forma "precavejo" (não existem as formas da 1ª, 2ª e 3ª pessoas do singular e 3ª pessoa do plural do presente do indicativo, todas as formas do presente do subjuntivo, além dos imperativos, exceto a 2ª pessoa do plural do afirmativo – *precavei*). Deve-se reescrever a oração: "Eu devo me precaver contra os riscos do mercado financeiro".
Gabarito "A".

(VUNESP – III) Assinale a alternativa em que, aplicando os verbos haver e fazer de forma impessoal, a frase está **correta**.

(A) Haviam poucos alunos em sala.
(B) Isto tudo ocorreu a tempos.
(C) Faz dias que isto tudo ocorreu.
(D) Faziam horas que ninguém se manifestava.

A: incorreta, pois o verbo haver no sentido de existir é impessoal e se mantém no singular ("Havia poucos alunos em sala."); **B:** incorreta, pois o verbo haver também é usado no sentido de tempo decorrido ("Isto tudo ocorreu há tempos"); **D:** incorreta, pois o verbo fazer com a ideia de tempo é impessoal e mantém-se no singular ("Fazia horas que ninguém se manifestava").
Gabarito "C".

(VUNESP – III) Indique a primeira pessoa do singular do presente do indicativo do verbo viger:

(A) vigio.
(B) vigoro.
(C) vijo.
(D) nenhuma das anteriores.

Tradicionalmente, o verbo viger é defectivo. Não existem as formas: 1ª pessoa do singular do presente do indicativo (eu --,tu viges, ele vige, nós vigemos, vós vigeis, eles vigem), o presente do subjuntivo também é inexistente assim como as 3ª pessoas do imperativo afirmativo, além de todo o negativo. Porém há gramáticos e linguistas (por exemplo, Houaiss) que consideram o verbo viger regular, levando em consideração a mutação da língua e os novos usos que vão surgindo.
Gabarito "D".

O tempo que passa e o tempo que não passa

É muito comum pensar no tempo como tempo sequencial, como categoria ordenadora que organiza os acontecimentos vividos numa direção com passado, presente e futuro, um tempo irreversível, a flecha do tempo, um tempo que passa. Também estamos acostumados a pensar na memória como um arquivo que guarda um número significativo de lembranças, semelhante a um sótão que aloca uma quantidade de objetos de outros momentos da vida, que lá ficam quietos, guardados, disponíveis para o momento no qual precisamos deles e queremos reencontrá-los. No entanto, a forma na qual a psicanálise pensa o tempo e a memória está muito distante desta maneira de concebê-los. Na psicanálise, tanto o tempo quanto a memória só podem ser considerados no plural. Há temporalidades diferentes funcionando nas instâncias psíquicas e a memória não existe de forma simples: é múltipla, registrada em diferentes variedades de signos. Há um tempo que passa, marcando com a sua passagem a caducidade dos objetos e a finitude da vida. A ele Freud se refere no seu curto e belo texto de 1915, "A transitoriedade", no qual relata um encontro acontecido dois anos antes, em agosto de 1913, em Dolomitas, na Itália, num passeio pela campina na companhia de um poeta. Ambos dialogam sobre o efeito subjetivo que a caducidade do belo produz. Enquanto para o poeta a alegria pela beleza da natureza se vê obscurecida pela transitoriedade do belo, para Freud, ao contrário, a duração absoluta não é condição do valor e da significação para a vida subjetiva. O desejo de eternidade se impõe ao poeta, que se revolta contra o luto, sendo a antecipação da dor da perda o que obscurece o gozo. Freud, que está escrevendo este texto sob a influência da Primeira Guerra Mundial, insiste na importância de fazer o luto dos perdidos renunciando a eles, e na necessidade de retirar a libido que se investiu nos objetos para ligá-la em substitutos. São os objetos que passam e, às vezes, agarrar-se a eles nos protege do reconhecimento da própria finitude. Porém, a guerra e a sua destruição exigem o luto e nos confrontam com a transitoriedade da vida, o que permite reconhecer a passagem do tempo.

(Leonor Alonso Silva, Revista *Cult*, Abril 2006.)

(VUNESP – 2006) Considerando-se a regência, o emprego e a colocação pronominal, assinale a alternativa em que as orações em destaque no trecho – lá ficam quietos, guardados, disponíveis para o momento *no qual precisamos deles e queremos reencontrá-los*. – estão corretamente reescritas.

(A) ... no qual buscamo-los e queremos rever-lhes.
(B) ... no qual buscamos-lhes e queremos rever-lhes.
(C) ... no qual lhes buscamos e queremos revê-los.
(D) ... no qual os buscamos e queremos revê-los.
(E) ... no qual buscamo-los e queremo-los rever.

A, B e C: incorretas, pois o verbo *buscar* e a locução verbal *queremos rever* agem como verbos transitivos diretos. Os objetos desses verbos serão também diretos e representados pelo pronome o (los). **D:** orreta, pois nas locuções verbais em que o verbo principal (*rever*) está no infinitivo ocorre a ênclise "no qual os buscamos e queremos revê-los".
Gabarito "D".

(VUNESP – 2006) Assinale a alternativa correta quanto à concordância nominal e verbal.

(A) Pensam-se os aspectos do tempo e da memória não de forma sequencial, mas sim de forma múltipla.
(B) Quando Freud escreveu "A transitoriedade", faziam dois anos que tivera o memorável encontro com o poeta.
(C) As questões relativa à vida subjetiva marca a forma de o homem analisar a caducidade dos objetos.
(D) Existe, funcionando nas instâncias psíquicas, temporalidades diferentes.
(E) Entende-se comumente a memória como bastante lembranças que se guarda numa espécie de sótão.

A: correta, pois o verbo *pensar* é transitivo direto nessa alternativa. O pronome *se* é apassivador e o verbo está concordando com o sujeito. Veja a oração na voz ativa: *Os aspectos do tempo e da memória são pensados de forma sequencial*: "Pensam-se os aspectos do tempo e da memória não de forma sequencial, mas sim de forma múltipla."; **B:** incorreta, pois o verbo *fazer* no sentido de tempo decorrido é impessoal, não tem sujeito e, por isso, mantém-se na 3ª pessoa do singular: "Quando Freud escreveu 'A transitoriedade', fazia dois anos que tivera o memorável encontro com o poeta."; **C:** incorreta, pois a palavra *relativas* concorda com a palavra *questões* em gênero e número: "As questões relativas à vida subjetiva marcam [concorda com o sujeito "As questões"] a forma de o homem analisar a caducidade dos objetos."; **D:** incorreta, pois o verbo sempre concorda com o sujeito. O sujeito do verbo *existir* é "temporalidades diferentes": "Existem, funcionando nas instâncias psíquicas, temporalidades diferentes."; **E:** incorreta, pois a palavra *bastante* concorda com *lembranças*. O verbo *guardar* tem que concordar com "bastantes lembranças": "Entende-se comumente a memória como bastantes lembranças que se guardam numa espécie de sótão."

Gabarito "A".

(VUNESP – 2012) Leia a charge.

(Gazeta do Povo, 03.03.2012)

Sobre a flexão dos verbos "intermediar" e "negociar", na fala da personagem, é correto afirmar que

(A) a primeira deveria ser substituída por "intermede"; a segunda está correta.

(B) ambas estão incorretas. Corrigindo, tem-se "intermedia" e "negocia".

(C) a primeira, no presente, é "intermédia"; a segunda, "negoceia".

(D) ambas estão incorretas, pois o acento muda o tempo verbal.

(E) a forma correta da primeira é sem acento e a da segunda é "negocia".

A terceira pessoa do singular do presente do indicativo do verbo "intermediar" é "intermedeia", sem acento. Quanto a "negociar", a questão merece críticas. A flexão da terceira pessoa do singular do presente do indicativo pode ser feita de duas maneiras, ambas corretas: "negocia" (mais comum no Brasil) e "negoceia", sem acento (mais comum em Portugal). Por exclusão, somente poderíamos chegar à alternativa "E", considerada correta pelo gabarito oficial. Porém, ela dá a entender que somente a forma "negocia" é aceitável, o que não é verdade.

Gabarito "E".

O número de passageiros transportados por metrô e trens _____ em 1,2 milhão em 2011. O ritmo de incremento, contudo, _____ sido mais veloz do que a modernização da malha. Embora não seja o único aspecto a apresentar problemas, o sistema elétrico está defasado. A elevação no número de passageiros é fruto da demanda reprimida por transporte de qualidade na Grande São Paulo. E não _____, para _____, os investimentos previstos em trens e metrô.

(Folha de S.Paulo, 31.03.2012. Adaptado)

(VUNESP – 2012) De acordo com a norma-padrão da língua portuguesa, as lacunas do texto devem ser preenchidas, correta e respectivamente, com:

(A) aumentaram ... tem ... basta ... atendê-la
(B) aumentou ... têm ... bastam ... atendê-los
(C) aumentaram ... têm ... basta ... atender-lhe
(D) aumentou ... tem ... bastam ... atendê-la
(E) aumentaram ... tem ... bastam ... atender-lhes

O verbo na primeira lacuna deve estar no singular para concordar com "o número" ("aumentou"). Na segunda também, para concordar com "o ritmo" ("tem"). Na terceira, vamos para o plural ("bastam"), para concordar com "os investimentos". A última é uma questão de pronome. "Atender" é verbo transitivo direto, portanto devemos usar o pronome "a", que se refere a "demanda".

Gabarito "D".

3. PONTUAÇÃO

(TJ/SP – 2019 – VUNESP) Assinale a alternativa em que a pontuação foi empregada para separar a oração subordinada adverbial.

(A) Eis a realidade: vivemos a desmaterialização da cultura.

(B) Sou um assassino cultural, e você também é.

(C) Se juntarmos ao pacote o iTunes e a Netflix, você percebe por que eu também tenho o sangue dos cinemas e dos blockbusters nas mãos.

(D) Havia lá dentro uma bizarria chamada CD – você se lembra?

(E) E quem fala em livrarias, fala em todo o resto.

A: incorreta. Os dois-pontos separam a ação subordinada substantiva apositiva; B: incorreta. A vírgula separa orações coordenadas sindéticas aditivas com sujeitos diferentes; C: correta, trata-se de oração subordinada adverbial condicional; D: incorreta. O travessão separa orações coordenadas assindéticas; E: incorreta. A vírgula foi utilizada para indicar a inversão da ordem direta dos elementos do período.

Gabarito "C".

(Escrevente Técnico Judiciário – TJSP – VUNESP – 2017) Leia o texto, para responder às questões abaixo.

O ônibus da excursão subia lentamente a serra. Ele, um dos garotos no meio da garotada em algazarra, deixava a brisa fresca bater-lhe no rosto e entrar-lhe pelos cabelos com dedos longos, finos e sem peso como os de uma mãe. Ficar às vezes quieto, sem quase pensar, e apenas sentir – era tão bom. A concentração no sentir era difícil no meio da balbúrdia dos companheiros.

E mesmo a sede começara: brincar com a turma, falar bem alto, mais alto que o barulho do motor, rir, gritar, pensar, sentir, puxa vida! Como deixava a garganta seca.

A brisa fina, antes tão boa, agora ao sol do meio-dia tornara-se quente e árida e ao penetrar pelo nariz secava ainda mais a pouca saliva que pacientemente juntava.

Não sabia como e por que mas agora se sentia mais perto da água, pressentia-a mais próxima, e seus olhos saltavam para fora da janela procurando a estrada, penetrando entre os arbustos, espreitando, farejando.

O instinto animal dentro dele não errara: na curva inesperada da estrada, entre arbustos estava... o chafariz de pedra, de onde brotava num filete a água sonhada.

O ônibus parou, todos estavam com sede mas ele conseguiu ser o primeiro a chegar ao chafariz de pedra, antes de todos.

De olhos fechados entreabriu os lábios e colou-os ferozmente no orifício de onde jorrava a água. O primeiro gole fresco desceu. escorrendo pelo peito até a barriga.

Era a vida voltando, e com esta encharcou todo o seu interior arenoso até se saciar. Agora podia abrir os olhos.

Abriu-os e viu bem junto de sua cara dois olhos de estátua fitando-o e viu que era a estátua de uma mulher e que era da boca da mulher que saía a água.

E soube então que havia colado sua boca na boca da estátua da mulher de pedra. A vida havia jorrado dessa boca, de uma boca para outra.

Intuitivamente, confuso na sua inocência, sentia-se intrigado. Olhou a estátua nua.

Ele a havia beijado.

Sofreu um tremor que não se via por fora e que se iniciou bem dentro dele e tomou-lhe o corpo todo estourando pelo rosto em brasa viva.

(Clarice Lispector, "O primeiro beijo". *Felicidade clandestina*. Adaptado)

(Escrevente Técnico Judiciário – TJSP – VUNESP – 2017) Redigida com base em passagem do texto, a frase que apresenta emprego da vírgula de acordo com a norma-padrão é:

(A) Ele conseguiu ser, o primeiro a chegar antes de todos ao chafariz de pedra.

(B) Sentia-se intrigado intuitivamente confuso, na sua inocência.

(C) Antes tão boa a brisa fina, tornara-se quente e árida ao sol do meio-dia.

(D) No meio da balbúrdia dos amigos, a concentração no sentir era difícil.

(E) Do chafariz de pedra entre arbustos brotava num filete, a água sonhada.

A: incorreta. Não se separa com vírgula o verbo de ligação do predicativo do sujeito – "(...) ser o primeiro (...)"; **B:** incorreta. Faltou vírgula depois de "intrigado" para separar o aposto do restante da oração; **C:** incorreta. Não se separa com vírgula o sujeito do verbo. Ela deveria estar após "boa", para separar o adjunto adverbial deslocado da ordem direta: "Antes tão boa, a brisa fina tornara-se (...)"; **D:** correta. A vírgula está empregada seguindo o padrão culto da linguagem; **E:** incorreta. Faltou vírgula depois de "brotava" para separar o adjunto adverbial deslocado da ordem direta – "(...) brotava, num filete, a água sonhada.". O período também ficaria correto sem qualquer vírgula. O que não se admite é o uso de uma só. **HS**

Gabarito "D".

4. REDAÇÃO, COESÃO E COERÊNCIA

(Escrevente Técnico Judiciário – TJSP – VUNESP – 2017) Leia o texto, para responder às questões de números abaixo.

Há quatro anos, Chris Nagele fez o que muitos executivos no setor de tecnologia já tinham feito – ele transferiu sua equipe para um chamado escritório aberto, sem paredes e divisórias.

Os funcionários, **até então**, trabalhavam de casa, mas ele queria que todos estivessem juntos, para se conectarem e colaborarem mais facilmente. Mas em pouco tempo ficou claro que Nagele tinha cometido um grande erro. Todos estavam distraídos, a produtividade caiu, e os nove empregados estavam insatisfeitos, sem falar do próprio chefe.

Em abril de 2015, quase três anos após a mudança para o escritório aberto, Nagele transferiu a empresa para um espaço de 900 m² onde hoje todos têm seu próprio espaço, com portas e tudo.

Inúmeras empresas adotaram o conceito de escritório aberto – cerca de 70% dos escritórios nos Estados Unidos são assim – e até onde se sabe poucos retornaram ao modelo de espaços tradicionais com salas e portas.

Pesquisas, **contudo**, mostram que podemos perder até 15% da produtividade, desenvolver problemas graves de concentração e até ter o dobro de chances de ficar doentes em espaços de trabalho abertos – fatores que estão contribuindo para uma reação contra esse tipo de organização.

Desde que se mudou para o formato tradicional, Nagele já ouviu colegas do setor de tecnologia dizerem sentir falta do estilo de trabalho do escritório fechado. "Muita gente concorda – simplesmente não aguentam o escritório aberto. Nunca se consegue terminar as coisas e é preciso levar mais trabalho para casa", diz ele.

É improvável que o conceito de escritório aberto caia em desuso, mas algumas firmas estão seguindo o exemplo de Nagele e voltando aos espaços privados.

Há uma boa razão que explica por que todos adoram um espaço com quatro paredes e uma porta: foco. A verdade é que não conseguimos cumprir várias tarefas ao mesmo tempo, e pequenas distrações podem desviar nosso foco por até 20 minutos.

Retemos mais informações quando nos sentamos em um local fixo, afirma Sally Augustin, psicóloga ambiental e de design de interiores.

(Bryan Borzykowski, "Por que escritórios abertos podem ser ruins para funcionários." Disponível em:<www1.folha.uol.com.br>. Acesso em: 04.04.2017. Adaptado)

(Escrevente Técnico Judiciário – TJSP – VUNESP – 2017) Assinale a alternativa em que a nova redação dada ao seguinte trecho do primeiro parágrafo apresenta concordância de acordo com a norma-padrão:

Há quatro anos, Chris Nagele fez o que muitos executivos no setor de tecnologia já tinham feito.

(A) Faz exatamente quatro anos que Chris Nagele fez o que já tinham sido feitos por outros executivos do setor.

(B) Muitos executivos já havia transferido suas equipes para o chamado escritório aberto, como feito por Chris Nagele.

(C) Devem fazer uns quatro anos que Chris Nagele transferiu sua equipe para escritórios abertos, tais como foi transferido por muitos executivos.

(D) Mais de um executivo já tinham transferido suas equipes para escritórios abertos, o que só aconteceu com Chris Nagele fazem mais de quatro anos.

(E) O que muitos executivos fizeram, transferindo suas equipes para escritórios abertos, também foi feito por Chris Nagele, faz cerca de quatro anos.

A: incorreta. O correto seria: "(...) fez o que já tinha sido feito por outros executivos (...)"; **B:** incorreta. O verbo "haver", na condição de verbo auxiliar, concorda com o sujeito: "Muitos executivos já haviam transferido (...)"; **C:** incorreta. A expressão "deve fazer", para indicar passagem do tempo, é impessoal: "Deve fazer uns quatro anos (...)". Além disso, a expressão "tal como" também deve ficar no singular nesse caso; **D:** incorreta. A expressão "mais de um" é singular: "Mais de um executivo já tinha transferido (...)". Além disso, o verbo "fazer", para indicar passagem do tempo, é impessoal: "(...) faz mais de quatro anos."; **E:** correta. A concordância verbal e nominal está conforme o padrão culto da língua.
Gabarito "E".

(Escrevente Técnico Judiciário – TJ/SP – 2011 – VUNESP) Leia o que segue.

I. Há bastante motivos para se preocupar com o vazamento de informações.
II. O assessor de Karzai trouxe anexo as encomendas solicitadas.
III. A embaixadora americana apresentou um relatório aos diplomatas e ela mesmo criticou o príncipe Edward.
IV. Winston Churchill e outros líderes que marcaram seus nomes na história venceram bastantes batalhas.

De acordo com a norma padrão da língua, está correto apenas o contido em

(A) I.
(B) II.
(C) III.
(D) IV.
(E) II e IV.

I incorreta, pois "Há **bastantes** motivos" – nesse caso a palavra bastante é pronome indefinido. Se fosse advérbio, seria invariável; **II** incorreta, pois "**anexas** as encomendas" – o adjetivo concorda com o substantivo em número e gênero; **III** incorreta, pois "ela **mesma**" o adjetivo concorda com o pronome pessoal do caso reto em gênero e número; **IV:** correta.
Gabarito "D".

(VUNESP – II) Indique a frase que contém a abreviatura **correta**.

(A) Ele deveria partir às 18hs.
(B) O estábulo ficava a 20 mts. da casa sede.
(C) Requeiro a V.Excia. a reconsideração do despacho.
(D) Ele mora perto da P. da República.

A: incorreta, pois o certo seria 18h; **B:** incorreta, pois o certo seria 20 m (nenhuma abreviatura do sistema métrico decimal tem ponto ou plural); **C:** incorreta, pois o certo seria V. Exa.; **D:** correta, usa-se inicial maiúscula nos nomes de logradouros públicos (P. ou Pça.).
Gabarito "D".

(VUNESP – III) Indique a palavra **corretamente** grafada.

(A) Noso-grafia.
(B) Geo-ciência.
(C) Mixo-zoário.
(D) Licença-paternidade.

A, B e C: incorretas, pois as palavras nosografia, geociência e mixozoário são escritas sem o hífen. **D:** correta, pois os substantivos licença e paternidade quando unidos por hífen formam o substantivo composto licença-paternidade.
Gabarito "D".

(VUNESP – VI) Assinale a alternativa que completa, **correta** e respectivamente, as lacunas da frase.

Ele casou-se _____ em sem providenciar o _____ .

(A) primeira núpcia ... pacto antenupcial
(B) primeiras núpcias ... pacto antenupcial
(C) primeiras núpcias ... pacto antinupcial
(D) primeira núpcia ... pacto ante-nupcial

A palavra *núpcias* é escrita somente no plural. O prefixo *ante-* carrega a ideia de anterioridade ("antes de"), já o prefixo *anti-* nos dá a noção de oposição ou contrariedade.
Gabarito "B".

(VUNESP – V) Na expressão – "Em se tratando de regra restritiva, a ausência de expressa proibição não autoriza o intérprete a _____, pois não há _____ em boa técnica como interpretar, normas restritivas."– Assinale a alternativa que completa, **correta** e respectivamente, as lacunas da frase.

(A) extendê-la ... extensivamente
(B) estendê-la ... estensivamente
(C) extendê-la ... estensivamente
(D) estendê-la ... extensivamente

O verbo e**s**tender é grafado com "s". A palavra e**x**tensiva (significa aquilo que se aplica ou que é válido para um maior número de pessoas, objetos ou casos), enquanto que extensão (que significa o ato ou efeito de estender-se) e extensivamente são grafadas com a letra X.
Gabarito "D".

(VUNESP – VI) Assinale a alternativa que completa, **correta** e respectivamente, as lacunas da frase. João substabeleceu o _____ , _____ não confiava mais no advogado.

(A) mandato ... por que
(B) mandado ... porque
(C) mandato ... porque
(D) mandado ... por quê

Mandato significa a autorização de um poder concedida a alguém. Já mandado é uma ordem, uma missão judicial ou administrativa. A segunda lacuna deve ser preenchida com a cojunção *porque* (veja tabela abaixo).
Gabarito "C".

porque	conjunção causal ou explicativa	João substabeleceu o mandato, porque não confiava mais no advogado.
porquê	substantivo	O porquê do substabelecimento foi a desconfiança de João.
por que	locução conjuntiva interrogativa (formada pela preposição *por* + pronome interrogativo). Equivale "por qual razão", "por qual motivo". É utilizado em interrogativas diretas ou indiretas.	**Por que** João substabeleceu o mandato? (interrogativa direta) O advogado quis saber **por que** [*por qual motivo*] João substabeleceu o mandato. (interrogativa indireta)

por que	pronome relativo	O motivo por que [*pelo qual*] o mandato foi substabelecido...
por quê	locução conjuntiva interrogativa (em fim de frase)	João substabeleceu o mandato. Por quê?

(VUNESP – VI) O plural da palavra que lhe é correspondente está **correto** em

(A) Júnior ... Júniors
(B) Gavião ... Gaviães
(C) Mal ... Maus
(D) Troféu ... Troféus

O plural dos substantivos forma-se com o acréscimo de: -s; -es; -ões ou -ães. **A:** incorreta, pois seria certo *juniores*; **B:** incorreta, pois seria certo *gaviões*; **C:** incorreta, pois o certo seria *males*. Há uma diferença entre *mau* e *mal*. A palavra "mau" é adjetivo e tem como plural "maus". Já a palavra "mal" pode ser tanto advérbio quanto substantivo. "Males" é o substantivo "mal" pluralizado. Quando "mal" é advérbio, mantém-se sempre no singular, pois é invariável.
Gabarito "D".

(VUNESP – III) Assinale a forma plural **incorreta**:

(A) navio-escola = navios-escola.
(B) boia-fria = boias-fria.
(C) bate-boca = bate-bocas.
(D) joão-de-barro = joões-de-barro.

Flexionam-se os dois elementos do substantivo composto formado por dois elementos variáveis (substantivo + adjetivo): boias-frias. Verifique a tabela abaixo.

Flexionam-se os 2 elementos (note que os substantivos, adjetivos e numerais são variáveis)	
substantivo + substantivo	tenentes-coronéis; cartas-bilhetes; obras-primas
substantivo + adjetivo	amores-perfeitos; boias-frias
adjetivo + substantivo	gentis-homens
numeral + substantivo	segundas-feiras
Flexiona-se somente o 1º elemento	
substantivo + preposição + substantivo	joões-de-barro; pães-de-ló
substantivo + substantivo que funciona como determinante do primeiro, especificando sua função	navios-escola; banana-prata; salários-família
Flexiona-se somente o 2º elemento	
verbo + substantivo	bate-bocas; guarda-chuvas; guarda-roupas
palavra invariável + palavra variável	abaixo-assinados; alto-falantes
palavras repetidas ou imitativas	tico-ticos; reco-recos

Gabarito "B".

(VUNESP – III) Assinale a alternativa em que a forma do superlativo absoluto sintético está **correta**:

(A) simples – simplérrimo.
(B) pessoal – pessoalíssimo.
(C) doce – docíssimo.
(D) livre – libérrimo.

São dois os graus dos adjetivos, o comparativo e o superlativo. O superlativo denota que um ser: ou apresenta elevada determinada qualidade ou, em comparação à totalidade dos seres que possui a mesma qualidade, é aquele ser que se destaca. O superlativo absoluto sintético é expresso por uma só palavra (adjetivo + sufixo). **A:** incorreta, pois seria certo simplicíssimo ou simplíssimo; **B:** incorreta, pois o certo seria personalíssimo; **C:** incorreta, pois o certo seria dulcíssimo; **D:** correta, pois o certo é a forma "libérrimo".
Gabarito "D".

(VUNESP – III) Das locuções adjetivas apresentadas, está **incorreta**:

(A) de monstro – monstrengo.
(B) de aluno – discente.
(C) sem cheiro – inodoro.
(D) de olho – ocular.

A: a assertiva incorreta, pois a locução é um conjunto de duas ou mais palavras que funcionam como uma só. Nas locuções adjetivas, temos preposição + substantivo, dando a ideia de um adjetivo. A palavra "mostrengo" é um substantivo. O adjetivo correspondente é monstruoso.
Gabarito "A".

(VUNESP – III) Dos exemplos de locuções adjetivas que possuem adjetivo correspondente, indique qual é **incorreto**:

(A) de visão – ótico.
(B) de vida – vital.
(C) de macaco – simiesco.
(D) de igreja – eclesiástico.

A: assertiva incorreta pois o adjetivo ótico refere-se à orelha. Relativo a olho é óptico.
Gabarito "A".

(VUNESP – III) Quanto ao gênero do substantivo, indique qual é feminino:

(A) a proclama.
(B) a magazine.
(C) a lança-perfume.
(D) nenhum dos anteriores.

A, B e C: incorretas pois Proclama (anúncio), magazine (estabelecimento comercial; publicação) e lança-perfume (bisnaga carregada de éter perfumado) são substantivos masculinos.
Gabarito "D".

(VUNESP – III) Assinale a formação **correta** do feminino dos adjetivos:

(A) hindu – hindustana.
(B) valentão – valentoa.
(C) ilhéu – ilhona.
(D) sandeu – sandia.

A: incorreta pois o vocábulo hindu é adjetivo e substantivo de dois gêneros; **B:** incorreta, pois o feminino de valentão é valentona; **C:** incorreta, pois o feminino de ilhéu é ilhoa; **D:** correta, pois sandia é o feminino de sandeu (indivíduo que diz sandices, coisas sem nexo).
Gabarito "D".

(VUNESP – III) Indique o coletivo **correto** dos substantivos apresentados:

(A) matilha – de lobos.
(B) arquipélago – de ilhas.
(C) manada – de porcos.
(D) patuleia – de patos.

O coletivo indica um conjunto de seres ou de coisas da mesma espécie consideradas como um todo. **A**: incorreta, pois matilha é coletivo de cães, alcateia é o coletivo de lobos; **B**: correta. **C**: incorreta, pois manada é coletivo de bois. O coletivo de porcos é vara; **D**: incorreta, pois patuleia refere-se a povo, plebe; o coletivo de patos é bando.

Gabarito "B".

(VUNESP – II) Assinale a alternativa **correta**.

(A) Entre mim e ti ficou tudo resolvido.
(B) Leva consigo o que lhe pertence!
(C) Por muitos anos ela permaneceu subjulgada aos caprichos do marido.
(D) Damião estivera em Salvador a cinco anos atrás.

A: correta, pois pela tradição gramatical, as formas oblíquas tônicas (mim, ti, ele, ela, nós, vós, eles, elas) são empregadas depois da preposição *entre*. Não podem ser empregados os pronomes pessoais do caso reto (eu, tu, ele, ela, nós, vós, eles, elas). **B**: incorreta, pois devemos prestar atenção à conjugação do verbo *levar*. Em "*Leva* consigo o que lhe pertence!", temos uma oração imperativa. O imperativo "leva" se refere a 2ª pessoa do singular "tu". São duas as possibilidades de correção: "**Leva (tu) contigo** o que **te** pertence!" ou "**Leve (você) consigo** o que **lhe** pertence."; **C**: incorreta, pois a forma verbal correta é *subjugar*; **D**: incorreta, pois o verbo haver pode indicar tempo decorrido ("... estivera em Salvador há cinco anos").

Gabarito "A".

5. CONCORDÂNCIA

(TJ/SP – 2019 – VUNESP) Assinale a alternativa redigida em conformidade com a norma-padrão de concordância.

(A) As empresas que, hoje, em lugar de coisas vende serviços, moldaram-se à economia digital.
(B) Presenteado, em sua maioria, são os livros que hoje fazem parte da biblioteca do escritor.
(C) Não faz tantos anos que redes de lojas como Tower Records e Virgin Megastore eram referência no mercado musical.
(D) O autor tem registrada, em seu celular, capas de livros que lhe interessam, os quais prefere ler em formato e-book.
(E) O livro de Tien Tzuo, além dos dados numéricos, expõem reflexões a respeito do comportamento das novas gerações.

A: incorreta. O verbo "vender" deveria estar no plural para concordar com "empresas"; **B**: incorreta. O verbo "presentear" deveria estar no plural para concordar com "os livros"; **C**: correta. Todas as normas de concordância foram respeitadas; **D**: incorreta. A locução verbal deveria estar no plural para concordar com "capas" – "têm registradas"; **E**: incorreta. O verbo "expor" deveria estar no singular para concordar com "livro".

Gabarito "C".

(Escrevente Técnico Judiciário – TJSP – VUNESP – 2017) Leia o texto, para responder às questões abaixo.

O problema de São Paulo, dizia o Vinicius, "é que você anda, anda, anda e nunca chega a Ipanema". Se tomarmos "Ipanema" ao pé da letra, a frase é absurda e cômica. Tomando "Ipanema" como um símbolo, no entanto, como um exemplo de alívio, promessa de alegria em meio à vida dura da cidade, a frase passa a ser de um triste realismo: o problema de São Paulo é que você anda, anda, anda e nunca chega a alívio algum. O Ibirapuera, o parque do Estado, o Jardim da Luz são uns raros respiros perdidos entre o mar de asfalto, a floresta de lajes batidas e os Corcovados de concreto armado.

O paulistano, contudo, não é de jogar a toalha – prefere estendê-la e se deitar em cima, caso lhe concedam dois metros quadrados de chão. É o que vemos nas avenidas abertas aos pedestres, nos fins de semana: basta liberarem um pedacinho do cinza e surgem revoadas de patinadores, maracatus, *big bands*, corredores evangélicos, góticos satanistas, praticantes de ioga, dançarinos de tango, barraquinhas de *yakissoba* e barris de cerveja artesanal.

Tenho estado atento às agruras e oportunidades da cidade porque, depois de cinco anos vivendo na Granja Viana, vim morar em Higienópolis. Lá em Cotia, no fim da tarde, eu corria em volta de um lago, desviando de patos e assustando jacus. Agora, aos domingos, corro pela Paulista ou Minhocão e, durante a semana, venho testando diferentes percursos. Corri em volta do parque Buenos Aires e do cemitério da Consolação, ziguezagueei por Santa Cecília e pelas encostas do Sumaré, até que, na última terça, sem querer, descobri um insuspeito parque noturno com bastante gente, quase nenhum carro e propício a todo tipo de atividades: o estacionamento do estádio do Pacaembu.

(Antonio Prata. "O paulistano não é de jogar a toalha. Prefere estendê-la e deitar em cima." Disponível em:<http://www1.folha.uol.com.br/colunas>. Acesso em: 13.04.2017. Adaptado)

(Escrevente Técnico Judiciário – TJSP – VUNESP – 2017) Assinale a alternativa que dá nova redação à passagem – O paulistano, contudo, não é de jogar a toalha – prefere estendê-la e se deitar em cima, caso lhe concedam dois metros quadrados de chão. – atendendo à norma-padrão de concordância.

(A) Para os paulistanos, não se joga a toalha – é preferível que seja estendida, para que possam deitar-se sobre ela, caso lhes sejam dados dois metros quadrados de chão.
(B) A maior parte dos paulistanos, contudo, não são de jogarem a toalha – acha preferível elas serem estendidas e deitar-se em cima, caso lhe seja dado dois metros de chão.
(C) Os paulistanos não jogam a toalha – acham preferíveis estendê-la e se deitar em cima, caso lhes deem dois metros quadrados de chão.
(D) Cem por cento dos paulistanos não joga a toalha – acha preferível estendê-la para que se deite sobre elas, caso seja dado a eles dois metros quadrados de chão.

1. LÍNGUA PORTUGUESA

(E) Mais de um paulistano não são de jogar a toalha – acham preferíveis estendê-la e se deitarem em cima, caso se dê a eles dois metros de chão.

A: correta. A alternativa respeita os ditames da norma culta da língua; **B:** incorreta. "A maior parte" é expressão que determina o singular – "não é de jogar a toalha"; **C:** incorreta. "Preferível" é advérbio e, como tal, não se flexiona: "acham preferível"; **D:** incorreta. Se é "toalha", no singular, é preferível que se deite "sobre ela", também no singular; **E:** incorreta. A expressão "mais de um" é singular, devendo assim ser feita a concordância em todo o período ("não é de jogar", "acha preferível" e "se deitar").
Gabarito "A".

(Escrevente Técnico – TJSP – 2015 – VUNESP) Assinale a alternativa que preenche, respectivamente, as lacunas do enunciado a seguir, observando a concordância nominal e verbal de acordo com a norma-padrão.

Mais de um conhecido meu não _____ gentilezas, infelizmente. Para alguns, certos gestos _____ coisa de idiota, de gente _____ fora de moda. Com esses, é _____ paciência.

(A) praticam ... constituem ... meia ... necessária
(B) pratica ... constitui ... meia ... necessário
(C) pratica ... constitui ... meio ... necessária
(D) praticam ... constitui ... meio ... necessário
(E) pratica ... constituem ... meio ... necessário

"Pratica", no singular, para concordar com "conhecido"; "constituem", no plural, para concordar com "gestos"; "meio", advérbio invariável (escreve-se sempre no "masculino"), que significa "um pouco"; "necessário", no masculino, porque assim se escreve na construção do adjetivo que acompanha o verbo "ser" se não vier seguido de artigo: "é necessário paciência" ou "é necessária a paciência".
Gabarito "E".

(Técnico Judiciário – TJSP – 2013 – VUNESP) Assinale a alternativa contendo frase com redação de acordo com a norma-padrão de concordância.

(A) Pensava na necessidade de ser substituído de imediato os métodos existentes.
(B) Substitui-se os métodos de recuperação de informações que se ligava especialmente à pesquisa acadêmica.
(C) No hipertexto, a textualidade funciona por sequências fixas que se estabeleceram previamente.
(D) O inventor pensava em textos que já deveria estar disponíveis em rede.
(E) Era procurado por ele máquinas com as quais pudesse capturar o brilhantismo anárquico da imaginação humana.

A: incorreta, pois a locução verbal *ser substituído* está no singular enquanto *método* está no plural. **B:** incorreta, a palavra *métodos* está no plural quando deveria estar no singular; **C:** correta, verbo no plural concorda com o sujeito *sequências fixas*. **D:** incorreta, pois a locução verbal deveria estar no plural para concordar com o sujeito *textos*. **E:** incorreta, pois a locução verbal *era procurado* deveria estar no plural para concordar com máquinas, pois se invertermos as ordem da frase, teremos Máquinas eram procuradas por eles.
Gabarito "C".

(Escrevente Técnico Judiciário – TJ/SP – 2011 – VUNESP) Assinale a alternativa correta quanto à concordância verbal.

(A) Começaram as investigações pelas ações do jovem soldado.
(B) Um jovem soldado e a WikiLeaks divulgou informações secretas.
(C) Mais de um relatório diplomático vazaram na internet.
(D) Repartições, investimentos, pessoas, nada impediram o jovem soldado.
(E) Os telegramas relacionados com o Brasil foi, para o ministro Jobim, muito negativos.

A: correta, pois o sujeito do verbo *começar* é "as investigações"; **B:** incorreta, pois o sujeito do verbo *divulgar* é composto ("Um jovem soldado e a WikiLeaks **divulgaram**"); **C:** incorreta, pois quando temos "Mais de um", o verbo concorda, em regra, no singular ("Mais de um relatório diplomático **vazou**"); **D:** incorreta, pois quando tempos sujeito resumido por um pronome com nada, tudo, ninguém, etc., o verbo concorda no singular ("...nada **impediu**"); **E:** incorreta, pois o sujeito do verbo *ir* é plural ("Os telegramas *foram*").
Gabarito "A".

(Escrevente Técnico Judiciário – TJ/SP – 2004 – VUNESP) De acordo com a norma culta, a concordância nominal e verbal está correta em:

(A) As características do solo são as mais variadas possível.
(B) A olhos vistos Lúcia envelhecia mais do que rapidamente.
(C) Envio-lhe, em anexos, a declaração de bens solicitada.
(D) Ela parecia meia confusa ao dar aquelas explicações.
(E) Qualquer que sejam as dúvidas, procure saná-las logo.

A: incorreta, pois o certo seria "as mais variadas possíveis"; **C:** incorreta, pois o certo seria "Envio-lhe, **anexada**, a declaração"; **D:** incorreta, pois o certo seria "Ela parecia **meio** [*advérbio sempre invariável*] confusa"; **E:** incorreta, pois quaisquer [*concorda com dúvidas*] que sejam as dúvidas".
Gabarito "B".

(VUNESP – I) Assinale a frase **correta**.

(A) Haviam dez alunos na classe e uma multidão aguardavam no pátio.
(B) Vão fazer dois anos que não vejo Maria e daqui há alguns meses, farei uma viajem para vê-la.
(C) O público teria possibilidade de ver notáveis peças teatrais, se houvesse mais casas de espetáculos.
(D) Não devem haver rasuras na escritura pública, e esse é o porquê de tanto cuidado.

A: incorreta, pois o verbo haver no sentido de existir é impessoal e mantém-se no singular ("**Havia** dez alunos"). Observe, também, que o verbo tem que concordar com o sujeito em "uma multidão **aguardava**"; **B:** incorreta, pois o verbo fazer com a ideia de tempo, é impessoal e mantém-se no singular ("V**ai fazer** dois anos"). Veja, também, que o verbo haver pode indicar tempo decorrido e a preposição *a* indica tempo futuro ("daqui **a** alguns meses"[futuro] e não "daqui **há** alguns meses"[passado]). **C:** correta, pois o verbo haver (**houvesse**) está corretamente empregado no singular, no sentido de existir; **D:** incorreta, mais uma vez o verbo haver, impessoal, no sentido de existir ("Não **deve haver** rasuras").
Gabarito "C".

(VUNESP – II) Assinale a frase **correta**.
(A) Aluga-se casas.
(B) Notam-se sinais de recuperação na economia.
(C) No passado, não se recorriam aos processos como agora.
(D) Precisam-se de vendedores.

Para responder a essa questão, lembrar que a palavra **se** pode ser agente apassivador, como nas alternativas A e B ou índice de indeterminação do sujeito, como nas alternativas C e D. Primeiro, veja como é feita a transposição das vozes verbais.
Para a transposição das vozes verbais, siga sempre o esquema:
• o verbo tem que ser transitivo direto;
• objeto da ativa = sujeito da passiva analítica;
• sujeito da ativa = agenda da passiva analítica;
• o verbo sempre se mantém no mesmo tempo e modo que o verbo da ativa;

VOZ VERBAL	SUJEITO	VERBO TRANSITIVO DIRETO	OBJETO DIRETO	AGENTE DA PASSIVA
ATIVA	Z	verbo concordando com o sujeito	Y	
Passiva analítica	Y	verbo *ser* no mesmo tempo e modo que o verbo da ativa + verbo principal no particípio		Z
Passiva sintética		verbo no mesmo tempo e modo que o verbo da ativa + SE, concordando com o sujeito da passiva analítica que é igual ao objeto da passiva sintética	Y	

Exemplo A:

VOZ VERBAL	SUJEITO	VERBO TRANSITIVO DIRETO	OBJETO DIRETO	AGENTE DA PASSIVA
ATIVA	[Z] Maria	[verbo concordando com o sujeito] **aluga** *(verbo no singular, pois o sujeito é singular. Verbo no presente do indicativo)*	[Y] casas	
Passiva analítica	[Y] Casas	[verbo *ser* no mesmo tempo e modo que o verbo da ativa (SÃO – verbo ser no presente do indicativo) + principal no particípio (ALUGADAS) concordando com o sujeito] **são alugadas** *(verbo no plural, pois o sujeito está no plural)*		por [Z]
Passiva sintética		verbo no mesmo tempo e modo que o verbo da ativa + SE **Alugam-se** *(o verbo concorda no plural com o sujeito da passiva analítica)*	[Y] casas	

1. LÍNGUA PORTUGUESA

Exemplo B:

VOZ VERBAL	SUJEITO	VERBO TRANSITIVO DIRETO	OBJETO DIRETO	AGENTE DA PASSIVA
ATIVA	[Z] Os brasileiros	[verbo concordando com o sujeito] **notam** (verbo no plural, pois o sujeito é plural. Verbo no PRESENTE do indicativo)	[Y] sinais de recuperação	
Passiva analítica	[Y] Sinais de recuperação	[verbo *ser* no mesmo tempo e modo que o verbo da ativa (SÃO – verbo ser no PRESENTE do indicativo) + principal no particípio (NOTADOS) concordando com o sujeito] **são notados** (verbo no plural, pois o sujeito está no plural)		por [Z]
Passiva sintética		verbo no mesmo tempo e modo que o verbo da ativa + SE **Notam-se** (o verbo concorda no plural com o sujeito da passiva analítica)	[Y] sinais de recuperação	

Quando há verbo transitivo indireto ou intransitivo + se, temos o índice de indeterminação do sujeito. Assim, sendo sujeito indeterminado, esse verbo (na forma *verbo+se*) mantém-se no singular: "No passado, não **se recorria** aos processos como agora." e "**Precisa-se** de vendedores."

Gabarito "B".

(VUNESP – V) Assinale a alternativa **correta** de acordo com as normas gramaticais.

(A) Os funcionários leram o que propuseram-lhes e informaram ao orientador de que estavam de acordo.

(B) A cidade acordava realmente quando, no relógio da matriz, soava as 7 horas.

(C) Da estrada viam-se, ao longe, a casa da fazenda e o pasto.

(D) Lembrei-me, há pouco, que ainda hoje haverá novas reuniões.

A: incorreta, pois ao verificar a colocação pronominal, vemos que o pronome é atrativo, desse modo, devemos utilizar a próclise ("Os funcionários leram o **que lhes** propuseram"). Também, verifique a regência verbal de informar. O objeto direto não deve vir com a preposição ("informaram ao orientador **que estavam** de acordo"); **B:** incorreta, pois o sujeito do verbo soar é "as 7 horas". O verbo concorda com o sujeito no plural: "soavam as 7 horas"; **C:** correta, pois o sujeito do verbo ver é composto e tem como núcleos "casa, fazenda, pasto"; **D:** incorreta, pois a regência do verbo lembrar é "lembrar que" ou "lembrar-se de", desse modo, poderíamos ter as construções: "Lembrei-me ... de que ainda hoje" ou "Lembrei ... que ainda hoje".

Gabarito "C".

(VUNESP – VI) Assinale a alternativa que contém a frase **correta**.

(A) A audiência será ao meio dia e meio.

(B) Não os vejo por aqui fazem três anos.

(C) O professor estava de mal humor ontem.

(D) Fomos homenageadas, haja vista os resultados que obtivemos.

A: incorreta, pois o certo seria "será ao meio dia e **meia** (hora)"; **B:** incorreta, pois o verbo fazer no sentido de tempo é impessoal e mantém-se no singular ("Não os vejo por aqui **faz** três anos"); **C:** incorreta, pois a palavra mal é um advérbio e tem como antônimo a palavra bem. Já o adjetivo é **mau** (seu antônimo: bom) – "estava de mau humor"; **D:** correta, pois a expressão "haja vista" é invariável. Está correto o seu uso nessa oração.

Gabarito "D".

(VUNESP – VI) Complete as lacunas com as palavras **corretas**. João e Maria _____ Dr. Pedro e Dr. Jorge como seus _____ procuradores.

(A) constitui ... bastantes

(B) constituíram ... bastante

(C) constitui ... bastante

(D) constituíram ... bastantes

O verbo constituir deve concordar com o sujeito composto "João e Maria". O adjetivo bastante concorda com seu referente plural: "procuradores".

Gabarito "D".

(VUNESP – VI) Assinale a frase **correta** quanto à concordância verbal.

(A) Fazem três anos que moro em São Paulo.

(B) As estrelas pareciam sorrir.

(C) Haverão sempre muitas pessoas procurando emprego.

(D) Neste cartório, lavra-se escrituras.

A: incorreta, pois o verbo fazer indicando noção de tempo é impessoal e mantém-se no singular ("Faz três anos que"); **B:** correta, pois o verbo parecer concorda no plural com o sujeito "As estrelas"; **C:** incorreta, pois o verbo haver no sentido de existir é impessoal e mantém-se no singular ("Haverá sempre muitas pessoas"); **D:** incorreta, pois o correto é "lavram-se escrituras" [veja quadro abaixo], pois o verbo na passiva sintética deve concordar como sujeito da analítica ("As escrituras são lavradas neste cartório").

Gabarito "B".

VOZ VERBAL	SUJEITO	VERBO TRANSITIVO DIRETO	OBJETO DIRETO	AGENTE DA PASSIVA
ATIVA	[Z] Alguém	[verbo concordando com o sujeito] **lavra** (verbo no singular, pois o sujeito é singular. Verbo no PRESENTE do indicativo)	[Y] as escrituras	
Passiva analítica	[Y] As escrituras	[verbo *ser* no mesmo tempo e modo que o verbo da ativa (SÃO – verbo ser no PRESENTE do indicativo) + principal no particípio (LAVRADAS) concordando com o sujeito] **são lavradas** (verbo no plural, pois o sujeito está no plural)		por [Z]
Passiva sintética		verbo no mesmo tempo e modo que o verbo da ativa + SE **Lavram-se** (o verbo concorda no plural com o sujeito da passiva analítica)	[Y] as escrituras	

Autoridades sanitárias sentenciam o produto à morte, ao proibirem o uso de leite cru na sua fabricação

Uma grande falácia da modernidade se esconde sob a discussão da qualidade dos alimentos que ingerimos, a exemplo do que se verificou entre nós, em fins do ano passado, com a condenação quase unânime da adição de soda cáustica ao leite dito "longa vida"; ou a exemplo da intolerância histórica das autoridades sanitárias com o "queijo minas" feito com leite cru – como os mineiros crêem que deva ser e fazem há séculos –, agora ameaçado de morte por uma possível proibição total do uso de leite cru em produtos lácteos.

Não é possível imaginar a França sem o seu camembert de leite cru. Ele se tornou um ponto de honra do orgulho nacional contra o abuso das negociações do Gatt, em 1993, que queriam abolir a comercialização mundial de queijos de leite cru. Os franceses se puseram em pé de guerra e venceram.

"Criei meus filhos com queijo de leite cru, e estão todos fortes, graças a Deus. O que esses caras de Brasília entendem de saúde?" Afora essa indignação do velho produtor, não nos parece grave ficar sem o queijo do Serro, o queijo da Canastra ou o queijo de Araxá – todos "queijos minas" de leite cru, produzidos em várias microrregiões do Estado de Minas Gerais. Se fosse grave, estaríamos em pé de guerra como os franceses. Matar um produto tradicional, apreciado, equivale a liquidar parte do nosso prazer ao comer e nos empobrece culturalmente.

Mas governo não é coisa uniforme; não raro, é desorientador. Enquanto, com uma mão, tomba o queijo do Serro e o declara "patrimônio nacional", com a outra nega aos produtores o registro do serviço de inspeção sanitária (SIF) para o produto circular nacionalmente.

Ao se cozer o leite, elimina-se microorganismos únicos e se perde a especificidade do produto. Para escapar a essa morte, o "queijo minas" de leite cru sai de Minas Gerais para uma longa viagem ilegal, clandestina, cheia de peripécias que envolvem a polícia, o fisco e o mercado informal das grandes cidades. Como pensar e fruir o "patrimônio nacional", se ele está condenado à clandestinidade?

(www.p.php.uol.com.br/tropico/html/textos/2968,1.shl, acessado em 08/04/2008.)

(VUNESP – 2008) Considere as frases criadas a partir de – o *"queijo minas" feito com leite cru*.

I. Os "queijos minas" feito com substâncias crua.
II. Os "queijo minas" feitos com leites cru.
III. Os "queijos minas" feitos com substâncias crus.
IV. Os "queijos minas" feitos com produtos crus.

A concordância está correta apenas em

(A) I.
(B) IV.
(C) II e III.
(D) III e IV.
(E) II, III e IV.

A seguir, transcrevemos as frases, com correções. I: "Os 'queijos minas' feitos [concorda com queijos] com substâncias cruas"; II: "Os 'queijos [o uso de "os" e "minas" indica que o texto se refere a queijos, no plural] minas' feitos com leites crus [concorda com leites]"; III: "Os 'queijos minas' feitos com substâncias cruas [concorda com substâncias]".

Gabarito "B".

6. CONJUNÇÃO

(Escrevente Técnico Judiciário – TJSP – VUNESP – 2017) Leia o texto, para responder às questões de números abaixo.

Há quatro anos, Chris Nagele fez o que muitos executivos no setor de tecnologia já tinham feito – ele transferiu sua equipe para um chamado escritório aberto, sem paredes e divisórias.

Os funcionários, **até então**, trabalhavam de casa, mas ele queria que todos estivessem juntos, para se conectarem e colaborarem mais facilmente. Mas em pouco tempo ficou claro que Nagele tinha cometido um grande erro. Todos estavam distraídos, a produtividade caiu, e os nove empregados estavam insatisfeitos, sem falar do próprio chefe.

Em abril de 2015, quase três anos após a mudança para o escritório aberto, Nagele transferiu a empresa para um espaço de 900 m^2 onde hoje todos têm seu próprio espaço, com portas e tudo.

Inúmeras empresas adotaram o conceito de escritório aberto – cerca de 70% dos escritórios nos Estados Unidos são assim – e até onde se sabe poucos retornaram ao modelo de espaços tradicionais com salas e portas.

Pesquisas, **contudo**, mostram que podemos perder até 15% da produtividade, desenvolver problemas graves de concentração e até ter o dobro de chances de ficar doentes em espaços de trabalho abertos – fatores que estão contribuindo para uma reação contra esse tipo de organização.

Desde que se mudou para o formato tradicional, Nagele já ouviu colegas do setor de tecnologia dizerem sentir falta do estilo de trabalho do escritório fechado. "Muita gente concorda – simplesmente não aguentam o escritório aberto. Nunca se consegue terminar as coisas e é preciso levar mais trabalho para casa", diz ele.

É improvável que o conceito de escritório aberto caia em desuso, mas algumas firmas estão seguindo o exemplo de Nagele e voltando aos espaços privados.

Há uma boa razão que explica por que todos adoram um espaço com quatro paredes e uma porta: foco. A verdade é que não conseguimos cumprir várias tarefas ao mesmo tempo, e pequenas distrações podem desviar nosso foco por até 20 minutos.

Retemos mais informações quando nos sentamos em um local fixo, afirma Sally Augustin, psicóloga ambiental e de design de interiores.

(Bryan Borzykowski, "Por que escritórios abertos podem ser ruins para funcionários." Disponível em:<www1.folha.uol.com.br>. Acesso em: 04.04.2017. Adaptado)

(Escrevente Técnico Judiciário – TJSP – VUNESP – 2017) É correto afirmar que a expressão – **contudo** –, destacada no quinto parágrafo, estabelece uma relação de sentido com o parágrafo

(A) anterior, introduzindo informações que se contrapõem à visão positiva acerca dos escritórios abertos.
(B) posterior, contestando com dados estatísticos o formato tradicional de escritório fechado.
(C) posterior, expondo argumentos favoráveis à adoção do modelo de escritórios abertos.
(D) anterior, atestando a eficiência do modelo aberto com base em resultados de pesquisas.
(E) anterior, confirmando com estatísticas o sucesso das empresas que adotaram o modelo de escritórios abertos.

A conjunção adversativa "contudo" foi usada como elemento de coesão com o parágrafo anterior, com o fim de apresentar ideias contrárias ao que fora exposto imediatamente antes. Correta, portanto, a alternativa "A".

Gabarito: "A".

Palavras, percebemos, são pessoas. Algumas são sozinhas: Abracadabra. Eureca. Bingo. Outras são promíscuas (embora prefiram a palavra "gregária"): estão sempre cercadas de muitas outras: Que. De. Por.

Algumas palavras são casadas. A palavra caudaloso, por exemplo, tem união estável com a palavra rio – você dificilmente verá caudaloso andando por aí acompanhada de outra pessoa. O mesmo vale para frondosa, que está sempre com a árvore. Perdidamente, coitado, é um advérbio que só adverbia o adjetivo apaixonado. Nada é ledo a não ser o engano, assim como nada é crasso a não ser o erro. Ensejo é uma palavra que só serve para ser aproveitada. Algumas palavras estão numa situação pior, como calculista, que vive em constante ménage(*), sempre acompanhada de assassino, frio e e.

Algumas palavras dependem de outras, embora não sejam grudadas por um hífen – quando têm hífen elas não são casadas, são siamesas. Casamento acontece quando se está junto por algum mistério. Alguns dirão que é amor, outros dirão que é afinidade, carência, preguiça e outros sentimentos menos nobres (a palavra engano, por exemplo, só está com ledo por pena – sabe que ledo, essa palavra moribunda, não iria encontrar mais nada a essa altura do campeonato).

Esse é o problema do casamento entre as palavras, que por acaso é o mesmo do casamento entre pessoas.

Tem sempre uma palavra que ama mais. A palavra árvore anda com várias palavras além de frondosa. O casamento é aberto, mas para um lado só. A palavra rio sai com várias outras palavras na calada da noite: grande, comprido, branco, vermelho – e caudaloso fica lá, sozinho, em casa, esperando o rio chegar, a comida esfriando no prato.

Um dia, caudaloso cansou de ser maltratado e resolveu sair com outras palavras. Esbarrou com o abraço que, por sua vez, estava farto de sair com grande, essa palavra tão gasta. O abraço caudaloso deu tão certo que ficaram perdidamente inseparáveis. Foi em Manuel de Barros.

Talvez pra isso sirva a poesia, pra desfazer ledos enganos em prol de encontros mais frondosos.

(Gregório Duvivier, Abraço caudaloso. Disponível em: <http://www1.folha.uol.com.br/>. Acesso em: 02 fev 2015. Adaptado)

(*) ménage: coabitação, vida em comum de um casal, unido legitimamente ou não.

(Escrevente Técnico – TJSP – 2015 – VUNESP) Assinale a alternativa que reescreve, com correção e sem alteração de sentido, a passagem – Algumas palavras dependem de outras, embora não sejam grudadas por um hífen.

(A) Contanto que não sejam grudadas por um hífen, algumas palavras dependem de outras.
(B) Algumas palavras dependem de outras, exceto se são grudadas por um hífen.
(C) Algumas palavras dependem de outras, quando não são grudadas por um hífen.
(D) Apesar de não serem grudadas por um hífen, algumas palavras dependem de outras.
(E) Desde que não sejam grudadas por um hífen, algumas palavras dependem de outras.

"Embora" é conjunção concessiva, portanto somente pode ser substituída por outra de mesmo sentido: "apesar de", "ainda que", "conquanto". Por isso, a única alternativa que mantém o sentido da oração original é a letra "D".
Gabarito "D".

(Escrevente Técnico Judiciário – TJ/SP – 2011 – VUNESP) Em – Tudo indica que 250 mil documentos secretos foram copiados por um jovem soldado num CD **enquanto** fingia ouvir Lady Gaga. – a palavra destacada exprime ideia de

(A) hipótese.
(B) condição.
(C) concessão.
(D) causa.
(E) tempo.

A conjunção subordinativa *enquanto* é temporal.
Gabarito "E".

(Escrevente Técnico Judiciário – TJ/SP – 2011 – VUNESP) Em – A falta de modos dos homens da Casa de Windsor é proverbial, **mas** o príncipe Edward dizendo bobagens para estranhos no Quirguistão incomodou a embaixadora americana. – a conjunção destacada pode ser substituída por

(A) portanto.
(B) como.
(C) no entanto.
(D) porque.
(E) ou.

A conjunção **mas** pode ser substituída por outra adversativa (porém, todavia, no entanto etc.). **A:** incorreta, pois conjunção conclusiva; **B:** incorreta, pois conjunção comparativa; **C:** correta, conjunção adversativa; **D:** incorreta, pois causal ou pode ser também explicativa; **E:** incorreta, conjunção alternativa.
Gabarito "C".

(Escrevente Técnico – TJ/SP – 2010 – VUNESP) Assinale a alternativa correta quanto à grafia da palavra **porque**.

(A) Mas o futebol tem importância por quê? Você sabe o motivo por que o brasileiro ama futebol? Porque ele mexe com outras dimensões de nossa natureza.
(B) Mas o futebol tem importância porque? Você sabe o motivo porque o brasileiro ama futebol? Porque ele mexe com outras dimensões de nossa natureza.
(C) Mas o futebol tem importância por quê? Você sabe o motivo porque o brasileiro ama futebol? Por que ele mexe com outras dimensões de nossa natureza.
(D) Mas o futebol tem importância por quê? Você sabe o motivo por que o brasileiro ama futebol? Por que ele mexe com outras dimensões de nossa natureza.
(E) Mas o futebol tem importância por quê? Você sabe o motivo porque o brasileiro ama futebol? Por que ele mexe com outras dimensões de nossa natureza.

A palavra *por quê* separada e com acento é utilizada no final da frase e no sentido de "por qual razão"; a palavra *porquê* é um substantivo, pode vir precedida por artigo definido e tem acepção de "motivo". a palavra *por que* separada é utilizada no sentido de "por qual razão"; *Porque* junto e sem acento é uma conjunção explicativa.
Gabarito "A".

O número de passageiros transportados por metrô e trens _____ em 1,2 milhão em 2011. O ritmo de incremento, contudo, _____ sido mais veloz do que a modernização da malha. Embora não seja o único aspecto a apresentar problemas, o sistema elétrico está defasado. A elevação no número de passageiros é fruto da demanda reprimida por transporte de qualidade na Grande São Paulo. E não _____, para _____, os investimentos previstos em trens e metrô.

(Folha de S.Paulo, 31.03.2012. Adaptado)

(VUNESP – 2012) As conjunções "contudo" e "Embora", em destaque no texto, conforme a relação que estabelecem entre as orações que articulam e o sentido que imprimem aos enunciados, podem ser substituídas, respectivamente, por

(A) portanto e Porquanto.
(B) mas e Caso.
(C) porém e Ainda que.
(D) assim e Como.
(E) no entanto e Logo.

"Contudo" é conjunção adversativa, sinônima de "mas", "porém", "todavia", "entretanto". "Embora" é conjunção concessiva, sinônimo de "ainda que", "posto que", "conquanto".
Gabarito "C".

7. PRONOMES

Procuram-se especialistas em evitar fraudes

A recente onda de escândalos de corrupção levou as empresas brasileiras a investir em uma área ainda pouco conhecida no mercado: o compliance.

O profissional que atua nesse setor é responsável por receber denúncias, combater fraudes, realizar investigações internas e garantir que a companhia cumpra leis, acordos e regulamentos da sua área de atuação. Ele tem o papel importante de auxiliar a empresa a se proteger de eventuais problemas de corrupção.

"Nos últimos anos, a área de compliance assumiu protagonismo nas empresas. É uma profissão com salários altos já que as pessoas com experiência ainda são escassas no mercado", diz o advogado Thiago Jabor Pinheiro, 35.

"Como não existem cursos de graduação específicos de compliance, o estudante que se interesse pela área pode direcionar seu curso para questões de auditoria, prevenção de fraude, direito administrativo e governança corporativa", diz Pinheiro.

Apesar de sobrarem vagas nesse mercado, conseguir um emprego não é fácil. "É fundamental que a pessoa seja atenta aos detalhes, entenda como funciona uma organização e tenha fluência em inglês porque as melhores práticas vêm de fora do país, sobretudo dos EUA e da Inglaterra", diz o advogado.

Para Caroline Cadorin, diretora de uma consultoria, os candidatos precisam ter jogo de cintura para lidar com as mais diversas situações. "Estamos falando de profissionais com forte conduta ética, honestidade e que buscam a promoção da transparência. Hoje as empresas estão cientes de seus papéis ativos no combate à corrupção, especialmente aquelas envolvidas em projetos de órgãos públicos. As companhias que mantêm departamentos de compliance são vistas como mais transparentes", diz Cadorin.

(Larissa Teixeira. *Folha de S.Paulo*, 28.09.2017. Adaptado)

(TJ/SP – 2019 – VUNESP) O trecho destacado em – "Estamos falando de profissionais **com forte conduta ética...**" (último parágrafo) – está reescrito em conformidade com a norma-padrão na alternativa:

(A) ... cuja conduta deve ser fortemente ética...
(B) ... a quem a conduta deve ser fortemente ética...
(C) ... onde a conduta deve ser fortemente ética...
(D) ... cujo o comportamento deve ser fortemente ético...
(E) ... com quem o comportamento deve ser fortemente ético...

A expressão destacada trata da "conduta ética" que pertence a alguém – logo, é caso de utilizarmos o pronome relativo "cujo" ou suas variações. Está correta a alternativa "A" e incorreta a "D", pois o artigo definido já vem integrado ao pronome – é errado, portanto, dizermos "cujo o" ou "cuja a". HS

Gabarito "A".

(Escrevente Técnico Judiciário – TJSP – VUNESP – 2017) Leia o texto dos quadrinhos, para responder às questões de números abaixo.

(Charles M. Schulz. Snoopy – Feliz dia dos namorados!)

(Escrevente Técnico Judiciário – TJSP – VUNESP – 2017) Assinale a alternativa em que a frase baseada nas falas dos quadrinhos apresenta emprego e colocação de pronomes de acordo com a norma-padrão.

(A) Em resposta à menina, o garoto resolveu perguntá-la onde estava o advogado dela.
(B) O garoto respondeu à menina, perguntando-a onde estava o advogado dela.
(C) A menina ameaçou processar-lhe, caso o garoto não ajudasse-a com a lição de casa.
(D) A menina afirmou ao garoto que poderia processá-lo, se este não a ajudasse com a lição de casa.
(E) A menina afirmou ao garoto que poderá processar ele, caso este não ajudar-lhe com a lição de casa.

A e B: incorretas. O verbo "perguntar", nesse caso, é transitivo indireto (perguntar a alguém). Logo, o pronome correto é "lhe" – "resolveu perguntar-lhe"; **C:** incorreta. "Processar" é verbo transitivo direto, não rege preposição. Logo, o pronome correto é "o" – "ameaçou processá-lo". Além disso, o advérbio de negação "não" determina a próclise – "não a ajudasse"; **D:** correta. Todos os pronomes estão empregados e colocados conforme a norma culta; **E:** incorreta. O objeto direto posposto ao verbo deve ser feito com pronome oblíquo – "poderá processá-lo". E aqui, novamente, temos o advérbio de negação a determinar a próclise – "não a ajude". HS

Gabarito "D".

(Escrevente Técnico Judiciário – TJSP – VUNESP – 2017) Leia o texto, para responder às questões abaixo.

O ônibus da excursão subia lentamente a serra. Ele, um dos garotos no meio da garotada em algazarra, deixava a brisa fresca bater-lhe no rosto e entrar-lhe pelos cabelos com dedos longos, finos e sem peso como os de uma mãe. Ficar às vezes quieto, sem quase pensar, e apenas sentir – era tão bom. A concentração no sentir era difícil no meio da balbúrdia dos companheiros.

E mesmo a sede começara: brincar com a turma, falar bem alto, mais alto que o barulho do motor, rir, gritar, pensar, sentir, puxa vida! Como deixava a garganta seca.

A brisa fina, antes tão boa, agora ao sol do meio-dia tornara-se quente e árida e ao penetrar pelo nariz secava ainda mais a pouca saliva que pacientemente juntava.

Não sabia como e por que mas agora se sentia mais perto da água, pressentia-a mais próxima, e seus olhos saltavam para fora da janela procurando a estrada, penetrando entre os arbustos, espreitando, farejando.

O instinto animal dentro dele não errara: na curva inesperada da estrada, entre arbustos estava... o chafariz de pedra, de onde brotava num filete a água sonhada.

O ônibus parou, todos estavam com sede mas ele conseguiu ser o primeiro a chegar ao chafariz de pedra, antes de todos.

De olhos fechados entreabriu os lábios e colou-os ferozmente no orifício de onde jorrava a água. O primeiro gole fresco desceu, escorrendo pelo peito até a barriga.

Era a vida voltando, e com esta encharcou todo o seu interior arenoso até se saciar. Agora podia abrir os olhos.

Abriu-os e viu bem junto de sua cara dois olhos de estátua fitando-o e viu que era a estátua de uma mulher e que era da boca da mulher que saía a água.

E soube então que havia colado sua boca na boca da estátua da mulher de pedra. A vida havia jorrado dessa boca, de uma boca para outra.

Intuitivamente, confuso na sua inocência, sentia-se intrigado. Olhou a estátua nua.

Ele a havia beijado.

Sofreu um tremor que não se via por fora e que se iniciou bem dentro dele e tomou-lhe o corpo todo estourando pelo rosto em brasa viva.

(Clarice Lispector, "O primeiro beijo". *Felicidade clandestina*. Adaptado)

(Escrevente Técnico Judiciário – TJSP – VUNESP – 2017) Assinale a alternativa em que o pronome em destaque está empregado com o mesmo sentido de posse que tem o pronome "lhe", na passagem – Ele, um dos garotos no meio da garotada em algazarra, deixava a brisa fresca bater-**lhe** no rosto e entrar-**lhe** pelos cabelos...

(A) Não vá forçá-**lo** a assumir função para a qual não se acha preparado.

(B) Não esperávamos entregar-**lhes** nossos documentos naquele momento.

(C) Faça-**a** ver que ninguém está questionando sua atitude.

(D) Chegou-**nos** a notícia do desaparecimento do helicóptero.

(E) Pegou-**me** a mão, tentando encorajar-me a tomar uma decisão.

Na passagem transcrita no enunciado, o pronome oblíquo faz a mesma função dos pronomes possessivos. Note que ele pode ser substituído por "bater no seu rosto" e "entrar pelos seus cabelos". Não é um uso corriqueiro desses pronomes, ficando normalmente restrito à literatura. Das alternativas apresentadas, somente na letra "E" encontramos a mesma interpretação: "pegou a minha mão (...)". Nas demais, temos o uso normal do pronome oblíquo como complemento verbal. **HS**

Gabarito "E".

Veja, aí estão eles, a bailar seu diabólico "pas de deux" (*): sentado, ao fundo do restaurante, o cliente paulista acena, assovia, agita os braços num agônico polichinelo; encostado à parede, marmóreo e impassível, o garçom carioca o ignora com redobrada atenção. O paulista estrebucha: "Amigô?!", "Chefê?!", "Parceirô?!"; o garçom boceja, tira um fiapo do ombro, olha pro lustre.

Eu disse "cliente paulista", percebo a redundância: o paulista é sempre cliente. Sem querer estereotipar, mas já estereotipando: trata-se de um ser cujas interações sociais terminam, 99% das vezes, diante da pergunta "débito ou crédito?".[...] Como pode ele entender que o fato de estar pagando não garantirá a atenção do garçom carioca? Como pode o ignóbil paulista, nascido e criado na crua batalha entre burgueses e proletários, compreender o discreto charme da aristocracia?

Sim, meu caro paulista: o garçom carioca é antes de tudo um nobre. Um antigo membro da corte que esconde, por trás da carapinha entediada, do descaso e da gravata borboleta, saudades do imperador. [...] Se deixou de bajular os príncipes e princesas do século 19, passou a servir reis e rainhas do 20: levou gim tônicas para Vinicius e caipirinhas para Sinatra, uísques para Tom e leites para Nelson, recebeu gordas gorjetas de Orson Welles e autógrafos de Rockfeller; ainda hoje fala de futebol com Roberto Carlos e ouve conselhos de João Gilberto. Continua tão nobre quanto sempre foi, seu orgulho permanece intacto.

Até que chega esse paulista, esse homem bidimensional e sem poesia, de camisa polo, meia soquete e sapatênis, achando que o jacarezinho de sua Lacoste é um crachá universal, capaz de abrir todas as portas. Ah, paulishhhhta otáááriо, nenhum emblema preencherá o vazio que carregas no peito – pensa o garçom, antes de conduzi-lo à última mesa do restaurante, a caminho do banheiro, e ali esquecê-lo para todo o sempre.

Veja, veja como ele se debate, como se debaterá amanhã, depois de amanhã e até a Quarta-Feira de Cinzas, maldizendo a Guanabara, saudoso das várzeas do Tietê, onde a desigualdade é tão mais organizada: "Ô, companheirô, faz meia hora que eu cheguei, dava pra ver um cardápio?!". Acalme-se, conterrâneo. Acostume-se com sua existência plebeia. O garçom carioca não está aí para servi-lo, você é que foi ao restaurante para homenageá-lo.

(Antonio Prata, Cliente paulista, garçom carioca. *Folha de S.Paulo*, 06.02.2013)

(*) Um tipo de coreografia, de dança.

(Técnico Judiciário – TJSP – 2013 – VUNESP) Nessa passagem, a palavra *cujas* tem sentido de

(A) lugar, referindo-se ao ambiente em que ocorre a pergunta mencionada.

(B) posse, referindo-se às interações sociais do paulista.

(C) dúvida, pois a decisão entre débito ou crédito ainda não foi tomada.

(D) tempo, referindo-se ao momento em que terminam as interações sociais.

(E) condição em que se deve dar a transação financeira mencionada.

O pronome relativo *cujo* e suas variações de gênero e número relacionam dois substantivos, um antecedente e o outro consequente, sendo que este último é possuidor de algo designado pelo primeiro indicando assim a ideia de posse; no texto, refere-se às intenções de um ser, logo, a alternativa correta é a **B**.

Gabarito "B".

(Técnico Judiciário – TJSP – 2013 – VUNESP) Assinale a alternativa em que a expressão entre parênteses substitui, com correção, a expressão destacada na frase.

(A) ... a informação é disposta em um ambiente **no qual** pode ser acessada de forma não linear. (**em que**)

(B) ... textos **que** pudessem estar disponíveis em rede. (**cujos**)

(C) ... recuperação de informações ligadas especialmente à pesquisa acadêmica, **que** eram lineares... (**aonde**)

(D) Isso acarreta uma textualidade **que** funciona por associação... (**na qual**)

(E) ... esse conceito está ligado a uma nova concepção de textualidade, **na qual** a informação é disposta em um ambiente... (**em cuja**)

A: correta, pois ambas as expressões *no qual* e *em que* exprimem o local em que a informação pode ser disposta; **B:** incorreta, pois o pronome *cujos* exprime relação de posse entre o elemento que o precede e o seguinte, o que não ocorre na frase; **C:** incorreta, *aonde* indica lugar e a conjunção *que* na frase une *informações* a *lineares*; **D:** incorreta, pois o *que* é uma conjunção explicativa que não pode ser substituída por *na qual*; **E:** incorreta, pois *na qual* é uma conjunção que liga *concepção* à *informação* e o mesmo não ocorre se aplicarmos o termo *em cuja*.

Gabarito "A".

Leia o texto, para responder às questões.

A disseminação do conceito de boas práticas corporativas, que ganhou força nos últimos anos, fez surgir uma estrada sem volta no cenário global e, consequentemente, no Brasil. Nesse contexto, governos e empresas estão fechando o cerco contra a corrupção e a fraude, valendo-se dos mais variados mecanismos: leis severas, normas de mercado e boas práticas de gestão de riscos. Isso porque se cristalizou a compreensão de que atos ilícitos vão além de comprometer relações comerciais e o próprio caixa das empresas. Eles representam dano efetivo à reputação empresarial frente ao mercado e aos investidores, que exigem cada vez mais transparência e, em casos extremos, acabam em investigações e litígios judiciais que podem levar executivos à cadeia.

(Fernando Porfírio, Pela solidez nas organizações. Em *Mundo corporativo* n.º 28, abril-junho 2010)

(Técnico Judiciário – TJSP – 2013 – VUNESP) As palavras **Nesse** e **Isso**, em destaque no texto, são empregadas para

(A) indicar que o texto contém informações independentes umas das outras.
(B) contrastar informações incompatíveis com o conteúdo do texto.
(C) antecipar informações que serão enunciadas.
(D) fazer referência a dados fora do texto, como fatos e datas.
(E) recuperar informações enunciadas anteriormente.

Os pronomes demonstrativos **nesse** e **isso** servem para referir a algo já mencionado ou enunciado anteriormente, alternativa correta **E**.
Gabarito "E".

(Escrevente Técnico Judiciário – TJ/SP – 2011 – VUNESP) Assinale a alternativa cujo emprego do pronome está em conformidade com a norma padrão da língua.

(A) Não autorizam-nos a ler os comentários sigilosos.
(B) Nos falaram que a diplomacia americana está abalada.
(C) Ninguém o informou sobre o caso WikiLeaks.
(D) Conformado, se rendeu às punições.
(E) Todos querem que combata-se a corrupção.

A: incorreta, pois a palavra **não** é atrativa na colocação pronominal ("Não nos autorizam"); **B** e **D:** incorretas: não se inicia oração com pronome átono ("Falaram-nos"; "rendeu-se"); **C:** correta, pois ocorre a próclise (colocação do pronome antes do verbo) quando houver pronome indefinido; **E:** incorreta, pois a conjunção **que** é partícula atrativa ("Todos querem que se combata").
Gabarito "C".

Considere a história em quadrinhos para responder a questão seguinte.

(Quino, *Mafalda*)

(Escrevente Técnico Judiciário – TJ/SP – 2011 – VUNESP) Em: – mamãe está recortando **o jornal**. – ao se substituir **o jornal** por um pronome, de acordo com a norma culta, tem-se:

(A) recortando-lo.
(B) recortando-o.
(C) recortando-no.
(D) recortando-lhe.
(E) recortando ele.

Em "recortando o jornal", o objeto direto pode ser substituído pelo pronome oblíquo "o" (recortando-o).
Gabarito "B".

(VUNESP – 2008) Matar um produto tradicional é imperdoável. Culturalmente e equivale eliminação do nosso prazer ao comer.

Os espaços da frase devem ser preenchidos, correta e respectivamente, com:

(A) Empobrece-nos ... a
(B) Nos empobrece ... a
(C) Empobrece à nós ... à
(D) Nos empobrece ... à
(E) Empobrece-nos ... à

A frase adequadamente completada é "Matar um produto tradicional é imperdoável. Empobrece-nos [não se inicia a oração com "nos" e não é possível o uso de "à nós". Ademais, a crase nunca ocorre antes do pronome masculino] culturalmente e equivale à [preposição + artigo] eliminação do nosso prazer ao comer.
Gabarito "E".

O tempo que passa e o tempo que não passa

É muito comum pensar no tempo como tempo sequencial, como categoria ordenadora que organiza os acontecimentos vividos numa direção com passado, presente e futuro, um tempo irreversível, a flecha do tempo, um tempo que passa. Também estamos acostumados a pensar na memória como um arquivo que guarda um número significativo de lembranças, semelhante a um sótão que aloca uma quantidade de objetos de outros momentos da vida, que lá ficam quietos, guardados, disponíveis para o momento no qual precisamos deles e queremos reencontrá-los. No entanto, a forma na qual a psicanálise pensa o tempo e a memória está muito distante desta maneira de concebê-los. Na psicanálise, tanto o tempo quanto a memória só podem ser considerados no plural. Há temporalidades diferentes funcionando nas instâncias psíquicas e a memória não existe de forma simples: é múltipla, registrada em diferentes variedades de signos. Há um tempo que passa, marcando com a sua passagem a caducidade dos objetos e a finitude da vida. A ele Freud se refere no seu curto e belo texto de 1915, "A transitoriedade", no qual relata um encontro acontecido dois anos antes, em agosto de 1913, em Dolomitas, na Itália, num passeio pela campina na companhia de um poeta. Ambos dialogam sobre o efeito subjetivo que a caducidade do belo produz. Enquanto para o poeta a alegria pela beleza da natureza se vê obscurecida pela transitoriedade do belo, para Freud, ao contrário, a duração absoluta não é condição do valor e da significação para a vida subjetiva. O desejo de eternidade se impõe ao poeta, que se revolta contra o luto, sendo a antecipação da dor da perda o que obscurece o gozo. Freud, que está escrevendo este texto sob a influência da Primeira Guerra Mundial, insiste na importância de fazer o luto dos perdidos renunciando a eles, e na necessidade de retirar a libido que se investiu nos objetos para ligá-la em substitutos. São os objetos que passam e, às vezes, agarrar-se a eles nos protege do reconhecimento da própria finitude. Porém, a guerra e a sua destruição exigem o luto e nos confrontam com a transitoriedade da vida, o que permite reconhecer a passagem do tempo.

(Leonor Alonso Silva, Revista *Cult*, Abril 2006)

(VUNESP – 2006) Em – Porém, a guerra e a **sua** destruição exigem o luto... – o pronome em destaque refere-se a

(A) luto.
(B) guerra.
(C) finitude.
(D) reconhecimento.
(E) passagem.

Os pronomes possessivos referem-se aos seus termos no mesmo gênero e número. O pronome possessivo *sua* refere-se a uma palavra feminina e singular: retoma a referência da palavra *guerra* anteriormente usada na mesma frase (é uma anáfora).
Gabarito "B".

8. CRASE

A crase ocorre quando há a fusão do artigo a e da preposição a. De modo geral, só poderá ocorrer a crase diante de palavras que aceitam o artigo a – vocábulos femininos – e que estejam regidas pela preposição a.

(TJ/SP – 2019 – VUNESP) Assinale a alternativa que completa corretamente o trecho a seguir.

A recente onda de escândalos de corrupção levou as empresas...

(A) à alguns ajustes para a adaptação ao mercado atual.
(B) à acertadamente buscar maior transparência nas relações comerciais.
(C) à uma nova dinâmica de governança e gerenciamento de contratos.
(D) à incorporação de área técnica de responsabilidade do compliance.
(E) à projetos com órgãos públicos que envolvam combate a fraudes.

A e C: incorretas. Não ocorre crase antes de pronomes indefinidos; **B:** incorreta. Não ocorre crase antes de advérbio; **D:** correta. Ocorre crase antes de substantivo feminino se o verbo antecedente (no caso, "levar") rege a preposição "a"; **E:** incorreta. Não ocorre crase antes de palavra masculina.
Gabarito "D".

(Técnico Judiciário – TJSP – 2013 – VUNESP) Assinale a alternativa que completa as lacunas do trecho a seguir, empregando o sinal indicativo de crase de acordo com a norma-padrão.

Não nos sujeitamos ____ corrupção; tampouco cederemos espaço ____ nenhuma ação que se proponha ___ prejudicar nossas instituições.

(A) à ... à ... à
(B) a ... à ... à
(C) à ... a ... a
(D) à ... à ... a
(E) a ... a ... à

Quem se sujeita se sujeita à ou ao, considerando então uso da crase se a palavra da frente for um vocábulo do gênero feminino. *Ceder espaço a* é invariável se nós considerarmos tanto a palavra *nenhum* quanto a palavra *nenhuma*, logo, não há o uso da crase. *A prejudicar* não leva crase por estar à frente de um verbo. Alternativa correta: **C**
Gabarito "C".

(Escrevente Técnico Judiciário – TJ/SP – 2011 – VUNESP) Assinale a alternativa que completa, correta e respectivamente, as lacunas das frases.

.... situações insustentáveis do lixo na capital. Esse problema chega .... autoridades que deverão tomar .... providências cabíveis.

(A) As ... as ... as
(B) Há ... às ... as

(C) Há ... as ... às
(D) Às ... as ... às
(E) As ... hás ... as

O verbo haver no sentido de existir, invariável, preenche a lacuna 1 ("Há situações"). Em "chega às autoridades", ocorre a crase porque o verbo regente *chegar* exige a preposição e a palavra regida aceita o artigo (lacuna 2). O artigo definido feminino plural preenche a lacuna 3, determinando o substantivo "providências".
Gabarito "B".

(Escrevente Técnico – TJ/SP – 2010 – VUNESP)
1. A Fúria se rende ..... vuvuzelas.
2. Caim é o último livro de José Saramago, que morreu ..... uma semana.
3. Sujeito ..... crises de humor, ele não vive em paz.
4. As vizinhas do andar de cima? Não ..... vejo faz tempo.

(A) às ... há ... às ... as
(B) as ... há ... as ... às
(C) às ... a ... as ... às
(D) às ... a ... às ... as
(E) as ... há ... às ... as

Lacuna 1: o verbo regente *render-se* exige a preposição **a**, a palavra regida *vuvuzelas* aceita o artigo feminino. Ocorre a crase. Lacuna 2: o verbo **haver** no sentido de tempo decorrido ("morreu há uma semana"). Lacuna 3: a palavra regente *sujeito* exige a preposição **a**, a palavra regida *crises* aceita o artigo feminino. Ocorre a crase. Lacuna 4: pronome pessoal oblíquo **as** (objeto direto do verbo ver – substitui "as vizinhas")
Gabarito "A".

(Escrevente Técnico Judiciário – TJ/SP – 2008 – VUNESP) Assinale a alternativa correta quanto à crase.

(A) No Brasil, a rota não se parece com nada à que se viu percorrer em outros países.
(B) No Brasil, a rota não equivale à nenhuma daquelas percorridas em outros países.
(C) No Brasil, a rota não tem à ver com aquela percorrida em outros países.
(D) No Brasil, a rota não se assemelha à nenhum caso percorrido em outros países.
(E) No Brasil, a rota não é igual àquela percorrida em outros países.

A: incorreta "a rota não se parece com nada que se viu"; B: incorreta, pois "a rota não equivale a [a palavra regente 'equivale' exige a preposição 'a', a palavra regida não aceita artigo definido. Não ocorre a crase.] nenhuma daquelas"; C: incorreta, pois "a rota não tem a [preposição. Não ocorre crase antes de verbo.] ver com aquela"; D: incorreta, pois "a rota não se assemelha a [o verbo regente 'assemelha' exige a preposição 'a', a palavra regida não aceita artigo definido. Não ocorre a crase.] nenhum caso"; E: correta, pois "a rota não é igual àquela [a palavra regente 'igual' exige a preposição 'a'. O pronome demonstrativo 'aquela' permite a contração. Ocorre a crase.] percorrida".
Gabarito "E".

(Escrevente Técnico Judiciário – TJ/SP – 2008 – VUNESP) Assinale a alternativa correta quanto à crase.

(A) É consenso que o acesso à muitas informações é fator fundamental para inclusão e transformação social.
(B) É consenso que o acesso às informações é fator fundamental para inclusão e transformação social.
(C) É consenso que o acesso a todas às informações é fator fundamental para inclusão e transformação social.
(D) É consenso que o acesso à uma grande quantidade de informações é fator fundamental para inclusão e transformação social.
(E) É consenso que o acesso à todo tipo de informações é fator fundamental para inclusão e transformação social.

Em todas as alternativas, a palavra regente "acesso" exige a preposição *a*. Nessa questão, é necessário analisar a palavra regida. **A:** incorreta, pois "o acesso **a** [*a palavra regida já está determinada por um pronome. Não ocorre a crase.*] muitas informações"; **B:** correta, pois "o acesso **às** [*a palavra regente "acesso" exige a preposição "a", a palavra regida aceita artigo. Ocorre a crase.*] informações"; **C:** incorreta, pois "o acesso **a** [*a palavra regida já está determinada por um pronome. Não ocorre a crase.*] todas **as** [*artigo*] informações"; **D:** incorreta, pois "o acesso a uma [*a palavra regida já está determinada por um artigo indefinido. Não ocorre a crase.*] grande quantidade de informações"; **E:** incorreta, pois "o acesso **a** [*a palavra regida é masculina e está determinada por um pronome. Não ocorre a crase.*] todo tipo de informações".
Gabarito "B".

(Escrevente Técnico Judiciário – TJ/SP – 2007 – VUNESP) Assinale a alternativa que preenche, correta e respectivamente, as lacunas das frases, quanto ao sinal indicativo da crase.

Para fazer vatapá, tutu ___ mineira e todas as comidas favoritas dos brasileiros. O papa quer interagir com a multidão, mas o risco será analisado caso ___ caso. Ajudar empresas ___ transformar seu ambiente de trabalho.

(A) a ... a ... a
(B) à ... à ... a
(C) à ... a ... a
(D) a ... à ... à
(E) à ... à ... à

"Para fazer vatapá, tutu **à** [*à moda*] mineira (...). O papa quer interagir com a multidão, mas o risco será analisado caso **a** [*não ocorre a crase diante de nome masculino*] caso. Ajudar empresas **a** [*esse* " *a* ". *é preposição. Não ocorre a crase antes de verbo.*] transformar seu ambiente de trabalho."
Gabarito "C".

(Escrevente Técnico Judiciário – TJ/SP – 2006.2 – VUNESP) Assinale a frase correta quanto ao uso do sinal indicativo da crase.

(A) Reginaldo associou seus conhecimentos sobre as religiões afras à imaginação.
(B) Tão logo o livro foi publicado, chegou à mim.
(C) Pouco à pouco, o delegado Tiago Paixão descobriu suspeitos entre os frequentadores do terreiro.
(D) Não acreditei que Reginaldo se dedicasse à um livro policial.
(E) À vida passa rápido, já conheço Reginaldo há uns trinta anos.

A: correta, pois em "associou seus conhecimentos (...) **à** [*o verbo regente associar exige a preposição a, a palavra regida aceita artigo. Ocorre a crase.*] imaginação."; **B:** incorreta, pois em "chegou a [*preposição. A palavra regida é um pronome. Não ocorre a crase.*] mim."; **C:** incorreta, pois em "Pouco a [*preposição. Não ocorre crase antes de palavra masculina.*] pouco"; **D:** incorreta, pois em "se dedicasse a [o verbo regente dedicasse exige a preposição a, a palavra a palavra regida é masculina. Não ocorre a crase.] um livro policial."; **E:** incorreta, pois em "A [artigo] vida passa rápido".

Gabarito "A".

(UNESP – I) Assinale a alternativa **correta** para a colocação das palavras nos espaços vazios.

O frio chegou repentinamente_____ território. Daqui _____ poucos meses, ninguém mais se lembrará das árvores frondosas, que _____ tanto tempo ornavam a paisagem.

(A) àquele – a – há
(B) àquele – à – a
(C) aquele – a – há
(D) aquele – há – a

A crase é a contração da preposição *a* e do artigo definido feminino "a(s)" ou com as iniciais dos pronomes demonstrativos "aquela(s)", "aquele(s)", "aquilo" ou com o pronome relativo "a qual" ou "as quais". A crase ocorrerá quando houver a exigência da preposição *a* e a possibilidade do uso do artigo definido ou dos pronomes mencionados. Desse modo, não há crase diante de palavra masculina ou diante de verbo (uma vez que um verbo nunca viria determinado por um artigo). Em "O frio chegou repentinamente **àquele** território", ocorre a crase por conta da exigência da preposição *a* pela regência do verbo chegar. Em "Daqui **a** poucos meses", a preposição *a* indica tempo futuro. Em "que há tanto tempo", o verbo haver indica tempo decorrido.

Gabarito "A".

(VUNESP – II) Considerando as regras quanto ao emprego ou não da crase, a frase está **incorreta** em:

(A) Jamais voltei à Paris dos meus sonhos.
(B) Quero agradecer àquele professor a dedicação que dispensou à classe.
(C) Os empregados entram no serviço a uma hora.
(D) Assim que cheguei a casa, recebi seu recado.

A: incorreta, pois é certo afirmar que não ocorre a crase diante de nome de cidades que não aceitam artigo feminino, porém, quando há um adjunto especificando ("dos meus sonhos"), ocorre a crase; **B:** incorreta, pois em "agradecer àquele", o verbo exige a preposição *a*. É possível a contração da preposição com o pronome demonstrativo. Ocorre a crase. Em "que dispensou à classe", trata-se de um verbo transitivo direto e indireto ("dispensar") que exige a preposição *a* diante de seu objeto indireto; **C:** assertiva correta, pois ocorre a crase na indicação das horas do relógio ("Os empregados entram no serviço à uma hora", às 13h, às duas horas...; diferente da ideia de futuro em "chegarei daqui a duas horas"); **D:** incorreta, pois é certo alegar que diante da palavra "casa", quando não especificado "de quem é a casa" (quando a palavra "casa" não vem acompanhada de um modificador), não ocorre a crase.

Gabarito "C".

(VUNESP – VI) Quanto ao emprego da crase, assinale a alternativa **incorreta**.

(A) Esta é a minha escola, à qual trago sempre na lembrança.
(B) Vamos à biblioteca.
(C) Fui a Londres, a Paris e à Bahia.
(D) Aprendi a amar minha terra.

A: assertiva correta, pois é incorreto desconsiderar que o pronome relativo "a qual" retoma o objeto direto "a minha escola". Não há preposição ("Trago minha escola na lembrança"); **B:** incorreta, pois o verbo regente ir exige preposição, a palavra regida "biblioteca"

aceita o artigo. Ocorre a crase; **C:** incorreta, pois diante de nome de cidades que não aceitam o artigo, não ocorre a crase (exceto quando acompanhada de adjunto). Diante de nome de estados, pode ocorrer a crase. Utilizar o truque: "fui a Londres, voltei de Londres; fui **a** Paris, voltei **de** Paris; fui à Bahia, voltei **da** (**se de + a = ocorre a crase em fui à Bahia**) Bahia". **D:** incorreta, pois é certo não ocorrer a crase antes de verbo.

Gabarito "A".

O tempo que passa e o tempo que não passa

É muito comum pensar no tempo como tempo sequencial, como categoria ordenadora que organiza os acontecimentos vividos numa direção com passado, presente e futuro, um tempo irreversível, a flecha do tempo, um tempo que passa. Também estamos acostumados a pensar na memória como um arquivo que guarda um número significativo de lembranças, semelhante a um sótão que aloca uma quantidade de objetos de outros momentos da vida, que lá ficam quietos, guardados, disponíveis para o momento no qual precisamos deles e queremos reencontrá-los. No entanto, a forma na qual a psicanálise pensa o tempo e a memória está muito distante desta maneira de concebê-los. Na psicanálise, tanto o tempo quanto a memória só podem ser considerados no plural. Há temporalidades diferentes funcionando nas instâncias psíquicas e a memória não existe de forma simples: é múltipla, registrada em diferentes variedades de signos. Há um tempo que passa, marcando com a sua passagem a caducidade dos objetos e a finitude da vida. A ele Freud se refere no seu curto e belo texto de 1915, "A transitoriedade", no qual relata um encontro acontecido dois anos antes, em agosto de 1913, em Dolomitas, na Itália, num passeio pela campina na companhia de um poeta. Ambos dialogam sobre o efeito subjetivo que a caducidade do belo produz. Enquanto para o poeta a alegria pela beleza da natureza se vê obscurecida pela transitoriedade do belo, para Freud, ao contrário, a duração absoluta não é condição do valor e da significação para a vida subjetiva. O desejo de eternidade se impõe ao poeta, que se revolta contra o luto, sendo a antecipação da dor da perda o que obscurece o gozo. Freud, que está escrevendo este texto sob a influência da Primeira Guerra Mundial, insiste na importância de fazer o luto dos perdidos renunciando a eles, e na necessidade de retirar a libido que se investiu nos objetos para ligá-la em substitutos. São os objetos que passam e, às vezes, agarrar-se a eles nos protege do reconhecimento da própria finitude. Porém, a guerra e a sua destruição exigem o luto e nos confrontam com a transitoriedade da vida, o que permite reconhecer a passagem do tempo.

(Leonor Alonso Silva, Revista *Cult*, Abril 2006.)

(VUNESP – 2006) Assinale a frase correta quanto ao emprego do acento indicativo da crase.

(A) Em seu texto, Freud se refere à um tempo que passa e que, com sua passagem, marca a caducidade dos objetos.
(B) Normalmente se entende a memória como um lugar semelhante à uma fonte de informações arquivadas.
(C) O desejo de eternidade que se impõe ao poeta também se impõe à muitas pessoas, que se revoltam com o luto.

(D) De acordo com Freud, deve-se fazer o luto renunciando-se às coisas perdidas para poder ligar a libido em substitutos.
(E) O texto "A transitoriedade" levou dois anos para ser escrito, ou seja, de 1913 à 1915.

Para que ocorra a crase, temos que ter uma preposição *a* e um artigo definido feminino *a*, *as* ou um pronome demonstrativo feminino *aquela*, *aquelas*. **A:** incorreta, pois "Em seu texto, Freud se refere a [*preposição*] um tempo que passa e que, com sua passagem, marca a caducidade dos objetos."; **B:** incorreta, pois em "Normalmente se entende a memória como um lugar semelhante a [*preposição*] uma fonte de informações arquivadas."; **C:** incorreta, pois em "O desejo de eternidade que se impõe ao poeta também se impõe a [*preposição*] muitas pessoas, que se revoltam com o luto." **D:** correta, pois em "De acordo com Freud, deve-se fazer o luto renunciando-se às [*preposição a e artigo feminino as*] coisas perdidas para poder ligar a libido em substitutos."; **E:** incorreta, pois "O texto 'A transitoriedade' levou dois anos para ser escrito, ou seja, de 1913 a [*preposição*] 1915."

Gabarito "D".

(VUNESP – 2008) Assinale a frase correta quanto ao uso da crase.
(A) A discussão trata da transferência da corte portuguesa à esta cidade.
(B) Alguns historiadores são avessos à qualquer comemoração do evento.
(C) O Rio de Janeiro deveria dedicar-se ao combate à violência urbana.
(D) A violência urbana deve ser motivo de vergonha à toda a nação brasileira.
(E) Dom João VI recusou-se a ficar cara à cara com as tropas napoleônicas.

A: incorreta, pois em "a [*preposição*] esta cidade": não ocorre a crase diante do pronome demonstrativo "esta"; **B:** incorreta, pois a palavra regente *avessos* exige a preposição *a*, porém não há artigo definido ou pronome demonstrativo para que a crase ocorra. O pronome *qualquer* é indefinido; **C:** correta, pois em "combate à violência": a palavra regente *combate* exige a preposição *a*. A palavra regida *violência* aceita o artigo definido feminino. Ocorre a crase; **D:** incorreta, pois ocorre a crase em "a [*preposição*] toda a nação"; **E:** incorreta, pois não ocorre a crase na expressão "cara a cara".

Gabarito "C".

9. SEMÂNTICA

Assassinos culturais

Sou um assassino cultural, e você também é. Sei que é romântico chorar quando uma livraria fecha as portas. Mas convém não abusar do romantismo – e da hipocrisia. Fomos nós que também matamos aquela livraria e o crime não nos pesa muito na consciência.

Falo por mim. Os livros físicos que entram lá em casa são cada vez mais ofertas – de amigos ou editoras.

Aos 20, quando viajava por territórios estranhos, entrava nas livrarias locais como um faminto na capoeira. Comprava tanto e carregava tanto que desconfio que o meu problema de ciática é, na sua essência, um problema livresco.

Hoje? Gosto da flânerie*. Mas depois, fotografo as capas com o meu celular antes de regressar para o psicanalista – o famoso dr. Kindle. Culpado? Um pouco. E em minha defesa só posso afirmar que pago pelos meus vícios.

E quem fala em livrarias, fala em todo o resto. Eu também ajudei a matar a Tower Records e a Virgin Megastore. Havia lá dentro uma bizarria chamada CD – você se lembra?

Hoje, com alguns aplicativos, tenho uma espécie de discoteca de Alexandria onde, a meu bel-prazer, escuto meus clássicos e descubro novos.

Se juntarmos ao pacote o iTunes e a Netflix, você percebe por que eu também tenho o sangue dos cinemas e dos blockbusters nas mãos.

Eis a realidade: vivemos a desmaterialização da cultura. Mas não é apenas a cultura que se desmaterializa e tem deixado as nossas salas e estantes mais vazias. É a nossa relação com ela. Não somos mais proprietários de "coisas"; somos apenas consumidores e, palavra importante, assinantes.

O livro "Subscribed", de Tien Tzuo, analisa a situação. É uma reflexão sobre a "economia de assinaturas" que conquista a economia global. Conta o autor que mais de metade das empresas da famosa lista da "Fortune" já não existiam em 2017. O que tinham em comum? O objetivo meritório de vender "coisas" – muitas coisas, para muita gente, como sempre aconteceu desde os primórdios do capitalismo.

Já as empresas que sobreviveram e as novas que entraram na lista souberam se adaptar à economia digital, vendendo serviços (ou, de forma mais precisa, acessos).

Claro que na mudança algo se perde. O desaparecimento das livrarias não acredito que seja total no futuro (e ainda bem). Além disso, ler no papel não é o mesmo que ler na tela. Mas o interesse do livro de Tzuo não está apenas nos números; está no retrato de uma nova geração para quem a experiência cultural é mais importante do que a mera posse de objetos.

Há quem veja aqui um retrocesso, mas também é possível ver um avanço – ou, para sermos bem filosóficos, o triunfo do espírito sobre a matéria. E não será essa, no fim das contas, a vocação mais autêntica da cultura?

(João Pereira Coutinho. *Folha de S.Paulo*, 28.08.2018. Adaptado)

* Flânerie: ato de passear, de caminhar sem compromisso.

(TJ/SP – 2019 – VUNESP) Considere os trechos do texto.

Mas convém não abusar **do romantismo**... (1º parágrafo)

... vendendo serviços (ou, de forma mais **precisa**, acessos). (10º parágrafo)

... não está apenas nos números; está **no retrato** de uma nova geração... (12º parágrafo)

... **o triunfo** do espírito sobre a matéria. (último parágrafo)

Sem alteração do sentido do texto, as expressões destacadas podem ser substituídas, respectivamente, por:
(A) do padecimento; chula; na síntese; a conquista.
(B) da compaixão; delicada; na condenação; a vitória.
(C) do narcisismo; exata; na exaltação; o malogro.
(D) da emotividade; indevida; na crítica; a imposição.
(E) do sentimentalismo; acurada; na descrição; o êxito.

"Romantismo" foi usada com sinônimo de "sentimentalismo", "emotividade"; "precisa", nesse caso", é sinônimo de "acurada", "exata"; "retrato" está em sentido conotativo, foi usada como sinônimo de "descrição", "características"; "triunfo" é sinônimo de "êxito", "vitória", "conquista", "sucesso". **HS**

Gabarito "E".

(Escrevente Técnico Judiciário – TJSP – VUNESP – 2017) Leia o texto, para responder às questões de números abaixo.

Há quatro anos, Chris Nagele fez o que muitos executivos no setor de tecnologia já tinham feito – ele transferiu sua equipe para um chamado escritório aberto, sem paredes e divisórias.

Os funcionários, **até então**, trabalhavam de casa, mas ele queria que todos estivessem juntos, para se conectarem e colaborarem mais facilmente. Mas em pouco tempo ficou claro que Nagele tinha cometido um grande erro. Todos estavam distraídos, a produtividade caiu, e os nove empregados estavam insatisfeitos, sem falar do próprio chefe.

Em abril de 2015, quase três anos após a mudança para o escritório aberto, Nagele transferiu a empresa para um espaço de 900 m² onde hoje todos têm seu próprio espaço, com portas e tudo.

Inúmeras empresas adotaram o conceito de escritório aberto – cerca de 70% dos escritórios nos Estados Unidos são assim – e até onde se sabe poucos retornaram ao modelo de espaços tradicionais com salas e portas.

Pesquisas, **contudo**, mostram que podemos perder até 15% da produtividade, desenvolver problemas graves de concentração e até ter o dobro de chances de ficar doentes em espaços de trabalho abertos – fatores que estão contribuindo para uma reação contra esse tipo de organização.

Desde que se mudou para o formato tradicional, Nagele já ouviu colegas do setor de tecnologia dizerem sentir falta do estilo de trabalho do escritório fechado. "Muita gente concorda – simplesmente não aguentam o escritório aberto. Nunca se consegue terminar as coisas e é preciso levar mais trabalho para casa", diz ele.

É improvável que o conceito de escritório aberto caia em desuso, mas algumas firmas estão seguindo o exemplo de Nagele e voltando aos espaços privados.

Há uma boa razão que explica por que todos adoram um espaço com quatro paredes e uma porta: foco. A verdade é que não conseguimos cumprir várias tarefas ao mesmo tempo, e pequenas distrações podem desviar nosso foco por até 20 minutos.

Retemos mais informações quando nos sentamos em um local fixo, afirma Sally Augustin, psicóloga ambiental e de design de interiores.

(Bryan Borzykowski, "Por que escritórios abertos podem ser ruins para funcionários." Disponível em:<www1.folha.uol. com.br>. Acesso em: 04.04.2017. Adaptado)

(Escrevente Técnico Judiciário – TJSP – VUNESP – 2017) O termo **privado** está em relação de sentido com **público**, seu antônimo, da mesma forma que estão as palavras

(A) improvável e inaceitável.
(B) conectar e interligar.
(C) insatisfeitos e desabonados.
(D) distraídos e atentos.
(E) tradicional e usual.

A: incorreta. O antônimo de "improvável" é "provável"; **B**: incorreta. "Conectar" e "interligar" são sinônimos, não antônimos; **C**: incorretas. O antônimo de "insatisfeitos" é "satisfeitos"; **D**: correta. "Atentos" é antônimo de "distraídos": **E**: incorreta. O antônimo de "tradicional" é "incomum". **HS**

Gabarito "D".

(Escrevente Técnico Judiciário – TJSP – VUNESP – 2017) Na frase – É improvável que o conceito de escritório aberto **caia em desuso** ... (7º parágrafo) – a expressão em destaque tem o sentido de

(A) mereça sanção.
(B) mostre-se alterado.
(C) sofra censura.
(D) seja substituído.
(E) torne-se obsoleto.

"Cair em desuso" é expressão equivalente a "tornar-se obsoleto", "ser dispensado", "ser esquecido". **HS**

Gabarito "E".

(Escrevente Técnico Judiciário – TJSP – VUNESP – 2017) O trecho destacado na passagem – Todos estavam distraídos, a produtividade caiu, e os nove empregados estavam insatisfeitos, **sem falar** do próprio chefe. – tem sentido de:

(A) apesar do próprio chefe.
(B) portanto o próprio chefe.
(C) diante do próprio chefe.
(D) exceto o próprio chefe.
(E) até mesmo o próprio chefe.

A expressão "sem falar" tem sentido de "até mesmo", "inclusive". **HS**

Gabarito "E".

(Escrevente Técnico Judiciário – TJSP – VUNESP – 2017) Leia o texto, para responder às questões abaixo.

O ônibus da excursão subia lentamente a serra. Ele, um dos garotos no meio da garotada em algazarra, deixava a brisa fresca bater-lhe no rosto e entrar-lhe pelos cabelos com dedos longos, finos e sem peso como os de uma mãe. Ficar às vezes quieto, sem quase pensar, e apenas sentir – era tão bom. A concentração no sentir era difícil no meio da balbúrdia dos companheiros.

E mesmo a sede começara: brincar com a turma, falar bem alto, mais alto que o barulho do motor, rir, gritar, pensar, sentir, puxa vida! Como deixava a garganta seca.

A brisa fina, antes tão boa, agora ao sol do meio-dia tornara-se quente e árida e ao penetrar pelo nariz secava ainda mais a pouca saliva que pacientemente juntava.

Não sabia como e por que mas agora se sentia mais perto da água, pressentia-a mais próxima, e seus olhos saltavam para fora da janela procurando a estrada, penetrando entre os arbustos, espreitando, farejando.

O instinto animal dentro dele não errara: na curva inesperada da estrada, entre arbustos estava... o chafariz de pedra, de onde brotava num filete a água sonhada.

O ônibus parou, todos estavam com sede mas ele conseguiu ser o primeiro a chegar ao chafariz de pedra, antes de todos.

De olhos fechados entreabriu os lábios e colou-os ferozmente no orifício de onde jorrava a água. O primeiro gole fresco desceu, escorrendo pelo peito até a barriga.

Era a vida voltando, e com esta encharcou todo o seu interior arenoso até se saciar. Agora podia abrir os olhos.

Abriu-os e viu bem junto de sua cara dois olhos de estátua fitando-o e viu que era a estátua de uma mulher e que era da boca da mulher que saía a água.

E soube então que havia colado sua boca na boca da estátua da mulher de pedra. A vida havia jorrado dessa boca, de uma boca para outra.

Intuitivamente, confuso na sua inocência, sentia-se intrigado. Olhou a estátua nua.

Ele a havia beijado.

Sofreu um tremor que não se via por fora e que se iniciou bem dentro dele e tomou-lhe o corpo todo estourando pelo rosto em brasa viva.

(Clarice Lispector, "O primeiro beijo". *Felicidade clandestina*. Adaptado)

(Escrevente Técnico Judiciário – TJSP – VUNESP – 2017) Assinale a alternativa cuja frase contém apenas palavras empregadas em sentido próprio.

(A) ... deixava a brisa fresca bater-lhe no rosto e entrar-lhe pelos cabelos com dedos longos...

(B) ... e seus olhos saltavam para fora da janela, procurando a estrada, penetrando entre os arbustos...

(C) Sofreu um tremor que [...] se iniciou bem dentro dele e tomou-lhe o corpo todo estourando pelo rosto em brasa viva.

(D) Era a vida voltando, e com esta encharcou todo o seu interior arenoso até se saciar.

(E) O ônibus da excursão subia lentamente a serra. Ele, um dos garotos no meio da garotada em algazarra...

A: incorreta. "Com dedos longos" é prosopopeia, figura de linguagem que personifica coisas inanimadas (a brisa não tem dedos); **B:** incorreta. Também aqui temos prosopopeia – os olhos, na verdade, não saltam, procuram ou penetram; **C:** incorreta. "Estourando (...) em brasa viva" é metáfora, uma comparação implícita entre dois termos – o rosto do menino ardia como brasa; **D:** incorreta. Novamente a prosopopeia (vida voltando) e a metáfora (interior seco como areia); **E:** correta. Esta é a única alternativa na qual todas as palavras estão usadas em sentido próprio, denotativo, sem figuras de linguagem. HS

Gabarito "E".

(Escrevente Técnico Judiciário – TJSP – VUNESP – 2017) Leia o texto, para responder às questões abaixo.

O problema de São Paulo, dizia o Vinicius, "é que você anda, anda, anda e nunca chega a Ipanema". Se tomarmos "Ipanema" ao pé da letra, a frase é absurda e cômica. Tomando "Ipanema" como um símbolo, no entanto, como um exemplo de alívio, promessa de alegria em meio à vida dura da cidade, a frase passa a ser de um triste realismo: o problema de São Paulo é que você anda, anda, anda e nunca chega a alívio algum. O Ibirapuera, o parque do Estado, o Jardim da Luz são uns raros respiros perdidos entre o mar de asfalto, a floresta de lajes batidas e os Corcovados de concreto armado.

O paulistano, contudo, não é de jogar a toalha – prefere estendê-la e se deitar em cima, caso lhe concedam dois metros quadrados de chão. É o que vemos nas avenidas abertas aos pedestres, nos fins de semana: basta liberarem um pedacinho do cinza e surgem revoadas de patinadores, maracatus, *big bands*, corredores evangélicos, góticos satanistas, praticantes de ioga, dançarinos de tango, barraquinhas de *yakissoba* e barris de cerveja artesanal.

Tenho estado atento às agruras e oportunidades da cidade porque, depois de cinco anos vivendo na Granja Viana, vim morar em Higienópolis. Lá em Cotia, no fim da tarde, eu corria em volta de um lago, desviando de patos e assustando jacus. Agora, aos domingos, corro pela Paulista ou Minhocão e, durante a semana, venho testando diferentes percursos. Corri em volta do parque Buenos Aires e do cemitério da Consolação, ziguezagueei por Santa Cecília e pelas encostas do Sumaré, até que, na última terça, sem querer, descobri um insuspeito parque noturno com bastante gente, quase nenhum carro e propício a todo tipo de atividades: o estacionamento do estádio do Pacaembu.

(Antonio Prata. "O paulistano não é de jogar a toalha. Prefere estendê-la e deitar em cima." Disponível em:<http://www1.folha.uol.com.br/colunas>. Acesso em: 13.04.2017. Adaptado)

(Escrevente Técnico Judiciário – TJSP – VUNESP – 2017) Assinale a alternativa cuja frase contém palavras empregadas em sentido figurado, no contexto em que se encontram.

(A) Lá em Cotia, no fim da tarde, eu corria em volta de um lago, desviando de patos...

(B) É o que vemos nas avenidas abertas aos pedestres, nos fins de semana...

(C) Corri em volta do parque Buenos Aires e do cemitério da Consolação...

(D) ... parque noturno com bastante gente, quase nenhum carro e propício a todo tipo de atividades...

(E) O Ibirapuera, o parque do Estado, o Jardim da Luz são uns raros respiros perdidos entre o mar de asfalto...

A, B, C e D: incorretas. Nelas não se encontra qualquer palavra em sentido figurado. Estão todas utilizadas em sentido próprio, denotativo; **E:** correta. Aqui sim temos a metáfora, figura de linguagem que altera o sentido das palavras "respiros" e "mar", que não foram usadas no sentido literal. HS

Gabarito "E".

Veja, aí estão eles, a bailar seu diabólico **"pas de deux"** (*): sentado, ao fundo do restaurante, o cliente paulista acena, assovia, agita os braços num agônico polichinelo; encostado à parede, marmóreo e impassível, o garçom carioca o ignora com redobrada atenção. O paulista estrebucha: "Amigô?!", "Chefê?!", "Parcêirô?!"; o garçom boceja, tira um fiapo do ombro, olha pro lustre.

Eu disse "cliente paulista", percebo a redundância: o paulista é sempre cliente. Sem querer estereotipar, mas já estereotipando: trata-se de um ser cujas interações sociais terminam, 99% das vezes, diante da pergunta "débito ou crédito?". [...] Como pode ele entender que o fato de estar pagando não garantirá a atenção do garçom carioca?

Como pode o ignóbil paulista, nascido e criado na crua batalha entre burgueses e proletários, compreender o discreto charme da aristocracia?

Sim, meu caro paulista: o garçom carioca é antes de tudo um nobre. Um antigo membro da corte que esconde, por trás da carapinha entediada, do descaso e da gravata borboleta, saudades do imperador. [...] Se deixou de bajular os príncipes e princesas do século 19, passou a servir reis e rainhas do 20: levou gim tônicas para Vinicius e caipirinhas para Sinatra, uísques para Tom e leites para Nelson, recebeu gordas gorjetas de Orson Welles e autógrafos de Rockfeller; ainda hoje fala de futebol com Roberto Carlos e ouve conselhos de João Gilberto. Continua tão nobre quanto sempre foi, seu orgulho permanece intacto.

Até que chega esse paulista, esse homem bidimensional e sem poesia, de camisa polo, meia soquete e sapatênis, achando que o jacarezinho de sua Lacoste é um crachá universal, capaz de abrir todas as portas. Ah, paulishhhta otáááário, nenhum emblema preencherá o vazio que carregas no peito – pensa o garçom, antes de conduzi-lo à última mesa do restaurante, a caminho do banheiro, e ali esquecê-lo para todo o sempre.

Veja, veja como ele se debate, como se debaterá amanhã, depois de amanhã e até a Quarta-Feira de Cinzas, maldizendo a Guanabara, saudoso das várzeas do Tietê, onde a desigualdade é tão mais organizada: "Ô, companheirô, faz meia hora que eu cheguei, dava pra ver um cardápio?!". Acalme-se, conterrâneo. Acostume-se com sua existência plebeia. O garçom carioca não está aí para servi-lo, você é que foi ao restaurante para homenageá-lo.

(Antonio Prata, Cliente paulista, garçom carioca. *Folha de S.Paulo*, 06.02.2013)

(*) Um tipo de coreografia, de dança.

(Técnico Judiciário – TJSP – 2013 – VUNESP) O sentido de *marmóreo* (adjetivo) equivale ao da expressão *de mármore*. Assinale a alternativa contendo as expressões com sentidos equivalentes, respectivamente, aos das palavras *ígneo* e *pétreo*.

(A) De corda; de plástico.
(B) De fogo; de madeira.
(C) De madeira; de pedra.
(D) De fogo; de pedra.
(E) De plástico; de cinza.

Ígneo: tem as qualidades do fogo, matéria ígnea. Produzido pela ação do fogo; *Pétreo*: adj. Semelhante à pedra, duro como a pedra. Alternativa correta **D**.

Leia o texto abaixo e responda à questão.

Desde o surgimento da ideia de hipertexto, esse conceito está ligado a uma nova concepção de textualidade, na qual a informação é disposta em um ambiente no qual pode ser acessada de forma não linear. Isso acarreta uma textualidade que funciona por associação, e não mais por sequências fixas previamente estabelecidas.

Quando o cientista Vannevar Bush, na década de 40, concebeu a ideia de hipertexto, pensava, na verdade, na necessidade de substituir os métodos existentes de disponibilização e recuperação de informações ligadas especialmente à pesquisa acadêmica, que eram lineares, por sistemas de indexação e arquivamento que funcionassem por associação de ideias, seguindo o modelo de funcionamento da mente humana. O cientista, ao que parece, importava-se com a criação de um sistema que fosse como uma "máquina poética", algo que funcionasse por analogia e associação, máquinas que capturassem o brilhantismo anárquico da imaginação humana.

Parece não ser obra do acaso que a ideia inicial de Bush tenha sido conceituada como hipertexto 20 anos depois de seu artigo fundador, exatamente ligada à concepção de um grande sistema de textos que pudessem estar disponíveis em rede. Na década de 60, o cientista Theodor Nelson sonhava com um sistema capaz de disponibilizar um grande número de obras literárias, com a possibilidade de interconexão entre elas. Criou, então, o "Xanadu", um projeto para disponibilizar toda a literatura do mundo, numa rede de publicação hipertextual universal e instantânea. Funcionando como um imenso sistema de informação e arquivamento, o hipertexto deveria ser um enorme arquivo virtual.

(Disponível em: <http://www.pucsp.br/~cimid/4lit/longhi/hipertexto.htm>. Acesso em: 05 fev 2013. Adaptado)

(Técnico Judiciário – TJSP – 2013 – VUNESP) Assinale a alternativa contendo palavra do texto que é formada por prefixo.

(A) Máquina.
(B) Brilhantismo.
(C) Hipertexto.
(D) Textualidade.
(E) Arquivamento.

A única palavra entre as opções dadas que contém prefixo é *Hipertexto*, alternativa **C**. *Hiper* significa excesso, posição superior.

Considere a história em quadrinhos para responder as questões seguintes.

(Quino, *Mafalda*)

(Escrevente Técnico Judiciário – TJ/SP – 2011 – VUNESP) Assinale a alternativa que apresenta a palavra receita com o mesmo sentido empregado na história em quadrinhos.

(A) A receita apurada no ano anterior não foi suficiente para acalmar o dono do restaurante.
(B) Ela esperou a tarde toda para conseguir, no programa de TV, a receita de uma torta.
(C) O médico entregou a receita ao paciente enquanto este lia um jornal.
(D) A receita daquela família está aquém da despesa.
(E) A receita líquida da fábrica de refrigerantes não foi revelada pelos auditores e fiscais.

A palavra **receita** tem várias acepções como, por exemplo: valor que é recebido, arrecadado ou apurado (alternativas A, D e E); prescrição médica (alternativa C) ou maneira de preparar um alimento ou iguaria (alternativa B).
Gabarito "B".

(Escrevente Técnico Judiciário – TJ/SP – 2011 – VUNESP) Assinale a alternativa que apresenta uma frase em que se faz uso do termo **abaixo** com o mesmo sentido empregado no último quadrinho.

(A) Abaixo de César ainda há mais três filhos. Aqui não poderão ficar.
(B) Existe a exigência de que os abaixo nomeados terão de retirar a candidatura.
(C) Abaixo o tom de voz para não perturbar o andamento das gravações.
(D) Abaixo a tirania foi, sem dúvida, a última coisa que proferiu antes de morrer.
(E) Aquela tela está bem mais abaixo do que esta! Ela vai cair!

Nesses quadrinhos, o termo **abaixo** é uma interjeição que exprime protesto ou reprovação (alternativa D). A palavra **abaixo** também pode ser um advérbio (alternativas A, B, E) ou verbo (alternativa C).
Gabarito "D".

Princípios e valores

Uma mãe quer saber se deve ou não permitir que sua filha, de nove anos, viaje com a família de uma colega num fim de semana. Ela diz que a garota nunca fez isso antes e que ela considera precoce esse passeio mais longo sem a família, mas que está em dúvida porque muitas crianças da mesma idade já fazem isso.

Um pai diz que o filho de 15 anos leva a namorada para dormir em casa e que ele fica constrangido com a situação, mas acredita que, se impedir, vai se afastar do filho. Finalmente, um outro leitor afirma que quer ensinar valores aos filhos, mas, ao mesmo tempo, considerando o clima competitivo de nosso tempo, quer saber como ensinar que há momentos em que é preciso abrir mão desses valores para não ser ingênuo.

O mundo contemporâneo tornou a educação uma tarefa muito mais complexa. Até o final da década de 50, a maioria não enfrentava questões como as citadas e tampouco tinha de tomar diariamente decisões sobre o tipo de educação a praticar com os filhos. A educação era uma só, os rumos faziam parte de um grande consenso social e assim caminhavam os pais, sem grandes conflitos. Vale dizer que pais e filhos sofriam muito mais, já que eram tão diferentes e tinham de se ajustar a um rumo comum.

Hoje, os pais ganharam a liberdade da escolha sobre como educar seus filhos e, por outro lado, assumiram também uma responsabilidade muito maior por eles. Afinal, cada escolha feita produz efeitos significativos na vida dos filhos, já que estes estão em formação.

Vale refletir a respeito das dúvidas dos pais. À primeira vista, todas parecem questões práticas sobre como agir. Mas cada uma delas guarda em si conteúdos bem mais amplos, que tratam de moral, ética, conceito de infância, limites entre privacidade e convívio social e relação entre pais e filhos.

E talvez esse seja o nó da questão da educação contemporânea que os pais podem desatar ou, ao menos, afrouxar: ao educar os filhos, precisam ter clareza de alguns princípios dos quais não abrem mão e, a partir desse norte, tomar as decisões sem se importar tanto com as decisões dos outros pais. Afinal, já que temos a oportunidade hoje de ter a riqueza da diversidade em educação, há que se aprender a conviver com ela, não?

"O que quero ensinar aos meus filhos, priorizar na educação deles?" Essa é a questão que os pais devem se fazer quando enfrentam situações que demandam decisões. Afinal: de festas, namoros, aprendizados diversos etc. eles terão muitas chances para desfrutar, mas da educação familiar, só enquanto estiverem sob a tutela dos pais. E esse tempo é curto, acreditem.

(www.blogdaroselysayao.blog.uol.com.br/, 27.03.2008. Adaptado)

(VUNESP – 2008) Na frase — *À primeira vista, todas parecem questões práticas sobre como agir.* — o sentido da preposição sobre é o mesmo que se verifica em:

(A) Durante a discussão, o cliente, com ira, avançou sobre o advogado.
(B) Sobre sua cabeça estava uma maçã, que seria partida por uma flecha.
(C) Deitado sobre a relva, o jovem casal enamorado observava o pôr-do-sol.
(D) Não discutiam muito aquele assunto, pois ela sabia pouco sobre ele.
(E) Sobre a mesa, com tinta ainda fresca, estava aquela triste carta de despedida.

A: incorreta, pois "sobre", nessa frase, significa "para cima de"; B, C e E: incorretas, pois "sobre", nessas alternativas, significa "em cima de"; D: correta, pois "sobre", nessa assertiva, tem valor de "acerca de", "a respeito de", da mesma forma que o termo utilizado no texto original.
Gabarito "D".

Autoridades sanitárias sentenciam o produto à morte, ao proibirem o uso de leite cru na sua fabricação

Uma grande falácia da modernidade se esconde sob a discussão da qualidade dos alimentos que ingerimos, a exemplo do que se verificou entre nós, em fins do ano passado, com a condenação quase unânime da adição de soda cáustica ao leite dito "longa vida"; ou a exemplo da intolerância histórica das autoridades sanitárias com o "queijo minas" feito com leite cru – como os mineiros crêem que deva ser e fazem há séculos –, agora ameaçado de morte por uma possível proibição total do uso de leite cru em produtos lácteos.

Não é possível imaginar a França sem o seu camembert de leite cru. Ele se tornou um ponto de honra do orgulho nacional contra o abuso das negociações do Gatt, em 1993, que queriam abolir a comercialização mundial de queijos de leite cru. Os franceses se puseram em pé de guerra e venceram.

"Criei meus filhos com queijo de leite cru, e estão todos fortes, graças a Deus. O que esses caras de Brasília entendem de saúde?" Afora essa indignação do velho produtor, não nos parece grave ficar sem o queijo do Serro, o queijo da Canastra ou o queijo de Araxá – todos "queijos minas" de leite cru, produzidos em várias microrregiões do Estado de Minas Gerais. Se fosse grave, estaríamos em pé de guerra como os franceses. Matar um produto tradicional, apreciado, equivale a liquidar parte do nosso prazer ao comer e nos empobrece culturalmente.

Mas governo não é coisa uniforme; não raro, é desorientador. Enquanto, com uma mão, tomba o queijo do Serro e o declara "patrimônio nacional", com a outra nega aos produtores o registro do serviço de inspeção sanitária (SIF) para o produto circular nacionalmente.

Ao se cozer o leite, elimina-se microorganismos únicos e se perde a especificidade do produto. Para escapar a essa morte, o "queijo minas" de leite cru sai de Minas Gerais para uma longa viagem ilegal, clandestina, cheia de peripécias que envolvem a polícia, o fisco e o mercado informal das grandes cidades. Como pensar e fruir o "patrimônio nacional", se ele está condenado à clandestinidade?

(www.p.php.uol.com.br/tropico/html/textos/2968,1.shl, acessado em 08/04/2008)

(VUNESP – 2008) Em – *Uma grande falácia da modernidade se esconde sob a discussão da qualidade dos alimentos que ingerimos...* – o termo de sentido adverso ao de *falácia* é

(A) ardil.
(B) engano.
(C) mentira.
(D) certeza.
(E) ilusão.

A palavra *falácia* tem as acepções de engano, mentira. A palavra ardil também pode ter sido usada como sinônimo, pois tem o sentido de armação, cilada. Ilusão é aquilo que não corresponde à realidade. A única palavra antônima é a da assertiva D.
Gabarito "D".

Para responder às duas questões seguintes, considere o trecho:

Ao se cozer o leite, elimina-se microorganismos únicos e se perde a especificidade do produto.

(VUNESP – 2008) Desenvolvendo-se a oração inicial do trecho, a conjunção a ser empregada é

(A) Quando.
(B) Embora.
(C) Portanto.
(D) Ou.
(E) Que.

"Ao se cozer o leite" equivale a "Quando o leite é cozido" ou "Quando alguém coze o leite".
Gabarito "A".

(VUNESP – 2008) Na frase, há um erro que se corrige com

(A) a substituição de cozer por coser.
(B) a eliminação de se em se cozer.
(C) a substituição de elimina-se por eliminam-se.
(D) a substituição de microorganismos por micro-organismos.
(E) a substituição de especificidade por expecificidade.

A frase corretamente escrita é: "Ao se cozer o leite, eliminam-se [concorda com microorganismos] microorganismos únicos e se perde a especificidade do produto".
Gabarito "C".

O tempo que passa e o tempo que não passa

É muito comum pensar no tempo como tempo sequencial, como categoria ordenadora que organiza os acontecimentos vividos numa direção com passado, presente e futuro, um tempo irreversível, a flecha do tempo, um tempo que passa. Também estamos acostumados a pensar na memória como um arquivo que guarda um número significativo de lembranças, semelhante a um sótão que aloca uma quantidade de objetos de outros momentos da vida, que lá ficam quietos, guardados, disponíveis para o momento no qual precisamos deles e queremos reencontrá-los. No entanto, a forma na qual a psicanálise pensa o tempo e a memória está muito distante desta maneira de concebê-los. Na psicanálise, tanto o tempo quanto a memória só podem ser considerados no plural. Há temporalidades diferentes funcionando nas instâncias psíquicas e a memória não existe de forma simples: é múltipla, registrada em diferentes variedades de signos. Há um tempo que passa, marcando com a sua passagem a caducidade dos objetos e a finitude da vida. A ele Freud se refere no seu curto e belo texto de 1915, "A transitoriedade", no qual relata um encontro acontecido dois anos antes, em agosto de 1913, em Dolomitas, na Itália, num passeio pela campina na companhia de um poeta. Ambos dialogam sobre o efeito subjetivo que a caducidade do belo produz. Enquanto para o poeta a alegria pela beleza da natureza se vê obscurecida pela transitoriedade do belo, para Freud, ao contrário, a duração absoluta não é condição do valor e da significação para a vida subjetiva. O desejo de eternidade se impõe ao poeta, que se revolta contra o luto, sendo a antecipação da dor da perda o que obscurece o gozo. Freud, que está escrevendo este texto sob a influência da Primeira Guerra Mundial, insiste na importância de fazer o luto dos perdidos renunciando a eles, e na necessidade de retirar a libido que se investiu nos objetos para ligá-la em substitutos. São os objetos que passam e, às vezes, agarrar-se a eles nos protege do reconhecimento da própria finitude. Porém, a guerra e a sua destruição exigem o luto e nos confrontam com a transitoriedade da vida, o que permite reconhecer a passagem do tempo.

(Leonor Alonso Silva, Revista *Cult*, Abril 2006.)

(VUNESP – 2006) Em – ... e nos confrontam com a **transitoriedade** da vida... – o antônimo do termo em destaque é
(A) instabilidade.
(B) reversibilidade.
(C) mutabilidade.
(D) implacabilidade.
(E) perenidade.

Transitoriedade é a qualidade daquilo que só dura certo tempo; que é breve; passageiro. O antônimo de transitoriedade é perenidade. **A:** incorreta, pois instabilidade é a falta de constância; **B:** incorreta, pois a reversibilidade é o atributo do que é ou pode ser revertido; **C:** incorreta, pois a mutabilidade diz respeito a qualidade, estado ou condição de mutável; instabilidade; **D:** incorreta, pois a implacabilidade é a qualidade ou caráter do que é implacável (que não cede; inexorável); **E:** correta, pois a perenidade diz respeito àquilo que é perene, isto é, que permanece durante longo tempo; que não sofre interrupção.
Gabarito "E".

Considere a história em quadrinhos para responder as questões seguintes.

(Quino, Mafalda)

Atendendo a provocações, volto a comentar o inominável assassinato do casal de namorados Liana Friedenbach e Felipe Caffé, desta vez _____ aspecto da lei. A tarefa que me cabe não é das mais agradáveis, pois ao sustentar que não se reduza a maioridade penal para 16 anos, como muitos agora exigem, estarei de algum modo defendendo o menor Xampinha, _____ atos estão além de qualquer defesa. O que de certa forma me tranquiliza é a convicção _____ princípios existem para serem preservados contra exceções. E os crimes de Embu-Guaçu foram justamente uma trágica exceção.

(Hélio Schwartsman, "Crimes e Castigos". Em: www.folha.uol.com.br, 20.11.2003. Adaptado)

(VUNESP – 2012) No contexto em que está empregado, o termo "inominável" é sinônimo de
(A) imprudente.
(B) honroso.
(C) contestável.
(D) pecaminoso.
(E) vil.

Pelo contexto, podemos depreender que "inominável" foi usado como sinônimo de "vil", "maldoso", "hediondo".
Gabarito "E".

10. PREPOSIÇÃO

(Escrevente Técnico Judiciário – TJSP – VUNESP – 2017) Leia o texto, para responder às questões de números abaixo.

Há quatro anos, Chris Nagele fez o que muitos executivos no setor de tecnologia já tinham feito – ele transferiu sua equipe para um chamado escritório aberto, sem paredes e divisórias.

Os funcionários, **até então**, trabalhavam de casa, mas ele queria que todos estivessem juntos, para se conectarem e colaborarem mais facilmente. Mas em pouco tempo ficou claro que Nagele tinha cometido um grande erro. Todos estavam distraídos, a produtividade caiu, e os nove empregados estavam insatisfeitos, sem falar do próprio chefe.

Em abril de 2015, quase três anos após a mudança para o escritório aberto, Nagele transferiu a empresa para um espaço de 900 m² onde hoje todos têm seu próprio espaço, com portas e tudo.

Inúmeras empresas adotaram o conceito de escritório aberto – cerca de 70% dos escritórios nos Estados Unidos são assim – e até onde se sabe poucos retornaram ao modelo de espaços tradicionais com salas e portas.

Pesquisas, **contudo**, mostram que podemos perder até 15% da produtividade, desenvolver problemas graves de concentração e até ter o dobro de chances de ficar doentes em espaços de trabalho abertos – fatores que estão contribuindo para uma reação contra esse tipo de organização.

Desde que se mudou para o formato tradicional, Nagele já ouviu colegas do setor de tecnologia dizerem sentir falta do estilo de trabalho do escritório fechado. "Muita gente concorda – simplesmente não aguentam o escritório aberto. Nunca se consegue terminar as coisas e é preciso levar mais trabalho para casa", diz ele.

É improvável que o conceito de escritório aberto caia em desuso, mas algumas firmas estão seguindo o exemplo de Nagele e voltando aos espaços privados.

Há uma boa razão que explica por que todos adoram um espaço com quatro paredes e uma porta: foco. A verdade é que não conseguimos cumprir várias tarefas ao mesmo tempo, e pequenas distrações podem desviar nosso foco por até 20 minutos.

Retemos mais informações quando nos sentamos em um local fixo, afirma Sally Augustin, psicóloga ambiental e de design de interiores.

(Bryan Borzykowski, "Por que escritórios abertos podem ser ruins para funcionários." Disponível em:<www1.folha.uol.com.br>. Acesso em: 04.04.2017. Adaptado)

(Escrevente Técnico Judiciário – TJSP – VUNESP – 2017) É correto afirmar que a expressão – **até então** –, em destaque no início do segundo parágrafo, expressa um limite, com referência
(A) temporal ao dia em que Nagele decidiu seguir o exemplo de outros executivos, e espacial ao tipo de escritório que adotou.

(B) espacial ao novo tipo de ambiente de trabalho, e temporal às mudanças favoráveis à integração.
(C) espacial aos escritórios fechados onde trabalhava a equipe de Nagele antes da mudança para locais abertos.
(D) temporal ao momento em que se deu a transferência da equipe de Nagele para o escritório aberto.
(E) espacial ao caso de sucesso de outros executivos do setor de tecnologia que aboliram paredes e divisórias.

A expressão destacada demarca um limite de tempo, o momento em que os funcionários deixaram de trabalhar em casa para irem ao escritório aberto. **HS**
Gabarito "D".

11. REGÊNCIAS VERBAL E NOMINAL

Procuram-se especialistas em evitar fraudes

A recente onda de escândalos de corrupção levou as empresas brasileiras a investir em uma área ainda pouco conhecida no mercado: o compliance.

O profissional que atua nesse setor é responsável por receber denúncias, combater fraudes, realizar investigações internas e garantir que a companhia cumpra leis, acordos e regulamentos da sua área de atuação. Ele tem o papel importante de auxiliar a empresa a se proteger de eventuais problemas de corrupção.

"Nos últimos anos, a área de compliance assumiu protagonismo nas empresas. É uma profissão com salários altos já que as pessoas com experiência ainda são escassas no mercado", diz o advogado Thiago Jabor Pinheiro, 35.

"Como não existem cursos de graduação específicos de compliance, o estudante que se interesse pela área pode direcionar seu curso para questões de auditoria, prevenção de fraude, direito administrativo e governança corporativa", diz Pinheiro.

Apesar de sobrarem vagas nesse mercado, conseguir um emprego não é fácil. "É fundamental que a pessoa seja atenta aos detalhes, entenda como funciona uma organização e tenha fluência em inglês porque as melhores práticas vêm de fora do país, sobretudo dos EUA e da Inglaterra", diz o advogado.

Para Caroline Cadorin, diretora de uma consultoria, os candidatos precisam ter jogo de cintura para lidar com as mais diversas situações. "Estamos falando de profissionais com forte conduta ética, honestidade e que buscam a promoção da transparência. Hoje as empresas estão cientes de seus papéis ativos no combate à corrupção, especialmente aquelas envolvidas em projetos de órgãos públicos. As companhias que mantêm departamentos de compliance são vistas como mais transparentes", diz Cadorin.

(Larissa Teixeira. Folha de S.Paulo, 28.09.2017. Adaptado)

(TJ/SP – 2019 – VUNESP) Considere os trechos do texto.

- "... o estudante que **se interesse pela área** pode direcionar seu curso para questões de auditoria..." (4º parágrafo)

- "É fundamental que a pessoa **seja atenta aos detalhes**..." (5º parágrafo)

Atendendo à norma-padrão de regência, as expressões destacadas podem ser substituídas, respectivamente, por:

(A) queira se comprometer de trabalhar nessa área; se ocupe minuciosamente aos detalhes
(B) se sinta cativado por trabalhar nessa área; se aplique meticulosamente aos detalhes
(C) pretenda se conduzir a essa área; se empenhe de analisar os detalhes
(D) veja aptidão com essa área; passe em revista nos detalhes
(E) deseja progredir a essa área; dê preponderância aos detalhes

A: incorreta. O verbo "comprometer" rege a preposição "a" e o verbo "ocupar", nesse caso, rege a preposição "de"; **B:** correta. As normas de regência foram integralmente respeitadas; **C:** incorreta. O verbo "empenhar" rege a preposição "em"; **D:** incorreta. A expressão "passar em revista" não rege preposição; **E:** incorreta. O verbo "progredir" rege a preposição "em". **HS**
Gabarito "B".

Palavras, percebemos, são pessoas. Algumas são sozinhas: Abracadabra. Eureca. Bingo. Outras são promíscuas (embora prefiram a palavra "gregária"): estão sempre cercadas de muitas outras: Que. De. Por.

Algumas palavras são casadas. A palavra caudaloso, por exemplo, tem união estável com a palavra rio – você dificilmente verá caudaloso andando por aí acompanhada de outra pessoa. O mesmo vale para frondosa, que está sempre com a árvore. Perdidamente, coitado, é um advérbio que só adverbia o adjetivo apaixonado. Nada é ledo a não ser o engano, assim como nada é crasso a não ser o erro. Ensejo é uma palavra que só serve para ser aproveitada. Algumas palavras estão numa situação pior, como calculista, que vive em constante ménage(*), sempre acompanhada de assassino, frio e e.

Algumas palavras dependem de outras, embora não sejam grudadas por um hífen – quando têm hífen elas não são casadas, são siamesas. Casamento acontece quando se está junto por algum mistério. Alguns dirão que é amor, outros dirão que é afinidade, carência, preguiça e outros sentimentos menos nobres (a palavra engano, por exemplo, só está com ledo por pena – sabe que ledo, essa palavra moribunda, não iria encontrar mais nada a essa altura do campeonato).

Esse é o problema do casamento entre as palavras, que por acaso é o mesmo do casamento entre pessoas.

Tem sempre uma palavra que ama mais. A palavra árvore anda com várias palavras além de frondosa. O casamento é aberto, mas para um lado só. A palavra rio sai com várias outras palavras na calada da noite: grande, comprido, branco, vermelho – e caudaloso fica lá, sozinho, em casa, esperando o rio chegar, a comida esfriando no prato.

Um dia, caudaloso cansou de ser maltratado e resolveu sair com outras palavras. Esbarrou com o abraço que, por sua vez, estava farto de sair com grande, essa palavra tão gasta. O abraço caudaloso deu tão certo que ficaram perdidamente inseparáveis. Foi em Manuel de Barros.

Talvez pra isso sirva a poesia, pra desfazer ledos enganos em prol de encontros mais frondosos.

(Gregório Duvivier, Abraço caudaloso. Disponível em: <http://www1.folha.uol.com.br/>. Acesso em: 02 fev 2015. Adaptado)

(*) ménage: coabitação, vida em comum de um casal, unido legitimamente ou não.

(Escrevente Técnico – TJSP – 2015 – VUNESP) Na passagem – Outras são promíscuas (embora prefiram a palavra "gregária"): estão sempre cercadas de muitas outras: Que. **De. Por.** –, as palavras destacadas são preposições. Assinale a alternativa em que elas estão empregadas de acordo com a norma-padrão de regência verbal e nominal.

(A) Persiste **de** falar conosco, que somos os responsáveis **por** tudo.
(B) Ele insiste **de** negar tudo, mas é suspeito **por** ter recebido propina.
(C) Há um que hesita **de** fazer o negócio; os demais são favoráveis **por** comprar o terreno.
(D) Recusa-se **de** ajudar, ficando indiferente **por** nosso problema.
(E) Eles se admiram **de** que tenhamos preferência **por** funcionários mais experientes.

A: incorreta. "Persistir", nesse caso, rege a preposição "em"; **B:** incorreta. "Insistir", nesse caso, rege também a preposição "em" e o adjetivo "suspeito" rege a preposição "de"; **C:** incorreta. "Hesitar" rege a preposição "em" e "favoráveis" rege a preposição "a"; **D:** incorreta. "Recusar-se" rege a preposição "a", assim como "indiferente"; **E:** correta. "Admirar-se" rege a preposição "de" e "preferência" rege a preposição "por".
Gabarito "E".

(Escrevente Técnico – TJSP – 2015 – VUNESP) O sinal indicativo de crase está empregado de acordo com a norma-padrão em:

(A) Todos os documentos serão encaminhados às partes à partir da próxima semana.
(B) Todos tiveram de comparecer perante à autoridade, prestando contas à ela.
(C) Recusa-se à entregar às certidões antes do final do expediente.
(D) Encaminhamos à V.Exª os documentos à que se refere o Edital.
(E) O caso exige tratamento igual às partes, sem fazer exceção à ré.

A: incorreta. Não ocorre crase na expressão "a partir", porque formada por verbo; **B:** incorreta. "Perante" já é preposição, de forma que o "a" que a sucede é somente artigo definido. Logo, não ocorre crase; **C:** incorreta. Não ocorre crase antes de verbo e "certidões" é objeto direto, portanto não vem precedido de preposição; **D** incorreta. Não ocorre crase antes de pronomes pessoais de tratamento e o "a" que sucede "documentos" é unicamente uma preposição; **E:** correta. O advérbio "igual" e o substantivo "exceção" regem a preposição "a", que se aglutina com o artigo definido a seguir para formar a crase.
Gabarito "E".

(Técnico Judiciário – TJSP – 2013 – VUNESP) Assinale a alternativa em que a forma verbal destacada, que substitui a original nos parágrafos indicados entre parênteses, apresenta regência de acordo com a norma-padrão.

(A) ... **planejava** também na criação de um sistema... (2.º)
(B) Isso **ocasiona** em uma textualidade que funciona por associação... (1.º)
(C) ... Vannevar Bush, na década de 40, **idealizou** pela ideia de hipertexto... (2.º)
(D) ... o cientista Theodor Nelson **ansiava** em um sistema... (3.º)
(E) ... o cientista Vannevar Bush [...] **cogitava**, na verdade, sobre a necessidade de substituir os métodos existentes... (2.º)

A: incorreta, pois a frase correta seria *planejava também a* e não *na criação*; **B:** incorreta, pois a frase correta seria *ocasiona uma* e não *em uma*; **C:** incorreta, a frase correta seria *idealizou a* e não *idealizou pela*; **D:** incorreta, pois a frase correta seria *ansiava por* e não *ansiava em*; **E:** correta, pois o verbo cogitar é usado com a preposição sobre, cogitar sobre algo.
Gabarito "E".

Leia o texto da tira, para responder à questão.

(Técnico Judiciário – TJSP – 2013 – VUNESP) Assinale a alternativa em que a nova redação dada a frases da tira está de acordo com a norma-padrão de regência e de emprego de pronome.

(A) A ideia é colocá-lo em contato com características totalmente distintas das dele.
(B) Vou receber uma grana para permitir-lhe a morar aqui por um tempo.
(C) Receberei uma grana para deixar um garoto morar aqui com nós por um tempo.
(D) A ideia é colocar ele em contato com características distintas às dele.
(E) A ideia é colocar-lhe em contato com características totalmente diferentes que as dele.

B: incorreta, pois o anfitrião receberá a grana por permitir morar (não cabem nem a preposição *para* nem a palavra "a" antes de morar); **C:** incorreta, pois o uso adequado do pronome oblíquo é *conosco*; **D:** incorreta, pois *colocar* exige o pronome oblíquo e não o pessoal "ele" e, além disso, não há uso de crase antes do pronome dele. **E:** incorreta, pois o pronome correto para usar depois do verbo, nesta frase, é o "lo".
Gabarito "A".

(Escrevente Técnico Judiciário – TJ/SP – 2006.1 – VUNESP) Assinale a frase correta quanto à regência e à crase.

(A) A palavra ética referia-se à um conjunto de regras, em geral não escritas.
(B) A palavra ética aludia à regras, em geral não escritas.
(C) A palavra ética compreendia às regras, em geral não escritas.
(D) A palavra ética abrangia à muitas regras, em geral não escritas.
(E) A palavra ética dizia respeito às regras de comportamento.

A: incorreta, pois "A palavra ética referia-se **a** [o verbo regente 'referir-se' exige a preposição 'a', a palavra regida já está determinada por um artigo indefinido. Não ocorre a crase.] um conjunto de regras"; **B:** incorreta, pois "A palavra ética aludia **a** [o verbo regente 'aludir' exige a preposição 'a', a palavra regida não está determinada por um artigo definido. Não ocorre a crase.]; regras"; **C:** incorreta, pois "A palavra ética compreendia **as** [artigo. O verbo 'compreender' é transitivo direto.] regras"; **D:** incorreta, pois "A palavra ética abrangia [o verbo 'abranger' é transitivo direto.] muitas regras"; **E:** correta, pois "A palavra ética dizia respeito às [a palavra regente 'respeito' exige a preposição 'a', a palavra regida aceita o artigo definido feminino. Ocorre a crase.] regras".

Gabarito "E".

(VUNESP – II) Indique a alternativa **incorreta** quanto à regência verbal.

(A) Ele aspirava a algo melhor.
(B) Procedeu-se ao interrogatório do preso.
(C) Sua conduta não implica nenhum desdouro.
(D) É preferível lutar do que morrer sem glória.

A regência de preferir é "preferir aquilo **a** isso", desse modo: "É preferível lutar a morrer sem glória".

Gabarito "D".

(VUNESP – VI) Assinale a alternativa em que a regência verbal está **correta**.

(A) Ele assiste à missa todos os domingos.
(B) Os candidatos aspiram o emprego.
(C) Ele visava a recuperação dos jogadores.
(D) Estes são os livros que mais gosto.

A: correta, pois o verbo assistir no sentido de presenciar é transitivo indireto. No sentido de ajudar é transitivo direto; **B:** incorreta, pois aspirar no sentido de almejar é transitivo indireto ("Os candidatos aspiram ao emprego."); **C:** incorreta, pois o verbo visar no sentido de almejar, ter como objetivo é, tradicionalmente, transitivo indireto ("visava à recuperação"); **D:** incorreta, pois o verbo regente gostar exige a preposição *de* ("Estes são os livros de que mais gosto").

Gabarito "A".

Princípios e valores

Uma mãe quer saber se deve ou não permitir que sua filha, de nove anos, viaje com a família de uma colega num fim de semana. Ela diz que a garota nunca fez isso antes e que ela considera precoce esse passeio mais longo sem a família, mas que está em dúvida porque muitas crianças da mesma idade já fazem isso.

Um pai diz que o filho de 15 anos leva a namorada para dormir em casa e que ele fica constrangido com a situação, mas acredita que, se impedir, vai se afastar do filho. Finalmente, um outro leitor afirma que quer ensinar valores aos filhos, mas, ao mesmo tempo, considerando o clima competitivo de nosso tempo, quer saber como ensinar que há momentos em que é preciso abrir mão desses valores para não ser ingênuo.

O mundo contemporâneo tornou a educação uma tarefa muito mais complexa. Até o final da década de 50, a maioria não enfrentava questões como as citadas e tampouco tinha de tomar diariamente decisões sobre o tipo de educação a praticar com os filhos. A educação era uma só, os rumos faziam parte de um grande consenso social e assim caminhavam os pais, sem grandes conflitos. Vale dizer que pais e filhos sofriam muito mais, já que eram tão diferentes e tinham de se ajustar a um rumo comum.

Hoje, os pais ganharam a liberdade da escolha sobre como educar seus filhos e, por outro lado, assumiram também uma responsabilidade muito maior por eles. Afinal, cada escolha feita produz efeitos significativos na vida dos filhos, já que estes estão em formação.

Vale refletir a respeito das dúvidas dos pais. À primeira vista, todas parecem questões práticas sobre como agir. Mas cada uma delas guarda em si conteúdos bem mais amplos, que tratam de moral, ética, conceito de infância, limites entre privacidade e convívio social e relação entre pais e filhos.

E talvez esse seja o nó da questão da educação contemporânea que os pais podem desatar ou, ao menos, afrouxar: ao educar os filhos, precisam ter clareza de alguns princípios dos quais não abrem mão e, a partir desse norte, tomar as decisões sem se importar tanto com as decisões dos outros pais. Afinal, já que temos a oportunidade hoje de ter a riqueza da diversidade em educação, há que se aprender a conviver com ela, não?

"O que quero ensinar aos meus filhos, priorizar na educação deles?" Essa é a questão que os pais devem se fazer quando enfrentam situações que demandam decisões. Afinal: de festas, namoros, aprendizados diversos etc. eles terão muitas chances para desfrutar, mas da educação familiar, só enquanto estiverem sob a tutela dos pais. E esse tempo é curto, acreditem.

(www.blogdaroselysayao.blog.uol.com.br/, 27.03.2008. Adaptado.)

(VUNESP – 2008) Considere as frases reescritas a partir de frases do texto.

I. Um pai acredita de que é preciso ensinar aos filhos que existe certos momentos que é preciso abrir mão de determinados valores.
II. Uma mãe tem dúvida que os passeios de sua filha sem a família possa acontecer no momento adequado.
III. Até o final da década de 50, a maioria das famílias não enfrentava questões como as citadas nem tinha de tomar bastantes decisões sobre a educação dos filhos.

Quanto à concordância e à regência, está correto o contido em

(A) II, apenas.
(B) III, apenas.
(C) I e II, apenas.
(D) I e III, apenas.
(E) I, II e III.

A seguir, transcrevemos as frases, com correções. I: "Um pai acredita [excluir "de"] que é preciso ensinar aos filhos que existem [concorda com "certos momentos"] certos momentos em que é preciso abrir mão de determinados valores"; II: "Uma mãe tem dúvida ["de" não é obrigatório] que os passeios de sua filha sem a família possam [concorda com "os passeios"] acontecer no momento adequado".

Gabarito "B".

Atendendo a provocações, volto a comentar o inominável assassinato do casal de namorados Liana Friedenbach e Felipe Caffé, desta vez _____ aspecto da lei. A tarefa que me cabe não é das mais agradáveis, pois ao sustentar que não se reduza a maioridade penal para 16 anos, como muitos agora exigem, estarei de algum modo defendendo o menor Xampinha, _____ atos estão além de qualquer defesa. O que de certa forma me tranquiliza é a convicção _____ princípios existem para serem preservados contra exceções. E os crimes de Embu-Guaçu foram justamente uma trágica exceção.

(Hélio Schwartsman, "Crimes e Castigos". Em: www.folha.uol.com.br, 20.11.2003. Adaptado)

(VUNESP – 2012) As lacunas do texto devem ser preenchidas, correta e respectivamente, com:

(A) no ... onde ... que
(B) sob o ... cujos ... de que
(C) ao ... que os ... em que
(D) sobre o ... quais os ... que
(E) ante o ... de que os ... para que

Na primeira lacuna, são corretas as preposições "sob o" e "ante o". Na segunda, somente se aceita o pronome relativo "cujos", indicativo de posse ("atos dele" = de Xampinha). Na terceira, o termo "convicção" rege a preposição "de", portanto é admissível somente "de que".

Gabarito "B".

12. ADVÉRBIO

Assassinos culturais

Sou um assassino cultural, e você também é. Sei que é romântico chorar quando uma livraria fecha as portas. Mas convém não abusar do romantismo – e da hipocrisia. Fomos nós que matamos aquela livraria e o crime não nos pesa muito na consciência.

Falo por mim. Os livros físicos que entram lá em casa são cada vez mais ofertas – de amigos ou editoras.

Aos 20, quando viajava por territórios estranhos, entrava nas livrarias locais como um faminto na capoeira. Comprava tanto e carregava tanto que desconfio que o meu problema de ciática é, na sua essência, um problema livresco.

Hoje? Gosto da flânerie*. Mas depois, fotografo as capas com o meu celular antes de regressar para o psicanalista – o famoso dr. Kindle. Culpado? Um pouco. E em minha defesa só posso afirmar que pago pelos meus vícios.

E quem fala em livrarias, fala em todo o resto. Eu também ajudei a matar a Tower Records e a Virgin Megastore. Havia lá dentro uma bizarria chamada CD – você se lembra?

Hoje, com alguns aplicativos, tenho uma espécie de discoteca de Alexandria onde, a meu bel-prazer, escuto meus clássicos e descubro novos.

Se juntarmos ao pacote o iTunes e a Netflix, você percebe por que eu também tenho o sangue dos cinemas e dos blockbusters nas mãos.

Eis a realidade: vivemos a desmaterialização da cultura. Mas não é apenas a cultura que se desmaterializa e tem deixado as nossas salas e estantes mais vazias. É a nossa relação com ela. Não somos mais proprietários de "coisas"; somos apenas consumidores e, palavra importante, assinantes.

O livro "Subscribed", de Tien Tzuo, analisa a situação. É uma reflexão sobre a "economia de assinaturas" que conquista a economia global. Conta o autor que mais de metade das empresas da famosa lista da "Fortune" já não existiam em 2017. O que tinham em comum? O objetivo meritório de vender "coisas" – muitas coisas, para muita gente, como sempre aconteceu desde os primórdios do capitalismo.

Já as empresas que sobreviveram e as novas que entraram na lista souberam se adaptar à economia digital, vendendo serviços (ou, de forma mais precisa, acessos).

Claro que na mudança algo se perde. O desaparecimento das livrarias não acredito que seja total no futuro (e ainda bem). Além disso, ler no papel não é o mesmo que ler na tela. Mas o interesse do livro de Tzuo não está apenas nos números; está no retrato de uma nova geração para quem a experiência cultural é mais importante do que a mera posse de objetos.

Há quem veja aqui um retrocesso, mas também é possível ver um avanço – ou, para sermos bem filosóficos, o triunfo do espírito sobre a matéria. E não será essa, no fim das contas, a vocação mais autêntica da cultura?

(João Pereira Coutinho. *Folha de S.Paulo*, 28.08.2018. Adaptado)

* Flânerie: ato de passear, de caminhar sem compromisso.

(TJ/SP – 2019 – VUNESP) Considere os trechos do texto.

Culpado? **Um pouco.** (4º parágrafo)

... discoteca de Alexandria onde, **a meu bel-prazer**, escuto meus clássicos e descubro novos. (6º parágrafo)

As expressões destacadas apresentam, correta e respectivamente, as circunstâncias adverbiais de:

(A) Intensidade, como em: **Provavelmente** ele concordará com a proposta.
Afirmação, como em: Disse que, **de forma alguma**, sairia daquela cidade.
(B) Modo, como em: Saiu **às pressas** para ir ao banco.
Intensidade: Percorreu **a pé** todo o calçadão da praia.
(C) Modo, como em: Viu-se **muito** requisitado pelos colegas.
Lugar, como em: Esperou por ele **na entrada do restaurante**.
(D) Intensidade, como em: Ela se sentiu **bastante** envaidecida com o elogio.
Modo, como em: Agiu **com astúcia** ao expor seus planos.
(E) Afirmação, como em: **Evidentemente** o governo cederá.
Lugar, como em: Derrubou todos os papéis **no chão**.

A primeira passagem tem valor de advérbio de intensidade (muito, pouco, bastante etc.). A segunda, de modo (prazerosamente, astuciosamente, moderadamente etc.).

Gabarito "D".

(Escrevente Técnico Judiciário – TJSP – VUNESP – 2017) Leia o texto, para responder às questões abaixo.

O ônibus da excursão subia lentamente a serra. Ele, um dos garotos no meio da garotada em algazarra, deixava a brisa fresca bater-lhe no rosto e entrar-lhe pelos cabelos com dedos longos, finos e sem peso como os de uma mãe. Ficar às vezes quieto, sem quase pensar, e apenas sentir – era tão bom. A concentração no sentir era difícil no meio da balbúrdia dos companheiros.

E mesmo a sede começara: brincar com a turma, falar bem alto, mais alto que o barulho do motor, rir, gritar, pensar, sentir, puxa vida! Como deixava a garganta seca.

A brisa fina, antes tão boa, agora ao sol do meio-dia tornara-se quente e árida e ao penetrar pelo nariz secava ainda mais a pouca saliva que pacientemente juntava.

Não sabia como e por que mas agora se sentia mais perto da água, pressentia-a mais próxima, e seus olhos saltavam para fora da janela procurando a estrada, penetrando entre os arbustos, espreitando, farejando.

O instinto animal dentro dele não errara: na curva inesperada da estrada, entre arbustos estava... o chafariz de pedra, de onde brotava num filete a água sonhada.

O ônibus parou, todos estavam com sede mas ele conseguiu ser o primeiro a chegar ao chafariz de pedra, antes de todos.

De olhos fechados entreabriu os lábios e colou-os ferozmente no orifício de onde jorrava a água. O primeiro gole fresco desceu, escorrendo pelo peito até a barriga.

Era a vida voltando, e com esta encharcou todo o seu interior arenoso até se saciar. Agora podia abrir os olhos.

Abriu-os e viu bem junto de sua cara dois olhos de estátua fitando-o e viu que era a estátua de uma mulher e que era da boca da mulher que saía a água.

E soube então que havia colado sua boca na boca da estátua da mulher de pedra. A vida havia jorrado dessa boca, de uma boca para outra.

Intuitivamente, confuso na sua inocência, sentia-se intrigado. Olhou a estátua nua.

Ele a havia beijado.

Sofreu um tremor que não se via por fora e que se iniciou bem dentro dele e tomou-lhe o corpo todo estourando pelo rosto em brasa viva.

(Clarice Lispector, "O primeiro beijo".
Felicidade clandestina. Adaptado)

(Escrevente Técnico Judiciário – TJSP – VUNESP – 2017) Na passagem do 4º parágrafo – Não sabia **como** e **por que** mas agora se sentia mais perto da água, pressentia-a **mais** próxima – as expressões destacadas trazem ao contexto, correta e respectivamente, as ideias de

(A) comparação, dúvida e tempo.
(B) modo, causa e lugar.
(C) modo, causa e intensidade.
(D) modo, dúvida e lugar.
(E) comparação, causa e tempo.

"Como" é advérbio de modo, indica a forma que fazemos algo; "por que" introduz a ideia de causa, a razão daquilo que se expõe (equivale a "por qual razão"); por fim, "mais" é advérbio de intensidade, aumenta o volume, a quantidade, daquilo a que se refere.

Gabarito "C".

13. TEMAS COMBINADOS E OUTROS TEMAS
Assassinos culturais

Sou um assassino cultural, e você também é. Sei que é romântico chorar quando uma livraria fecha as portas. Mas convém não abusar do romantismo – e da hipocrisia. Fomos nós que matamos aquela livraria e o crime não nos pesa muito na consciência.

Falo por mim. Os livros físicos que entram lá em casa são cada vez mais ofertas – de amigos ou editoras.

Aos 20, quando viajava por territórios estranhos, entrava nas livrarias locais como um faminto na capoeira. Comprava tanto e carregava tanto que desconfio que o meu problema de ciática é, na sua essência, um problema livresco.

Hoje? Gosto da flânerie*. Mas depois, fotografo as capas com o meu celular antes de regressar para o psicanalista – o famoso dr. Kindle. Culpado? Um pouco. E em minha defesa só posso afirmar que pago pelos meus vícios.

E quem fala em livrarias, fala em todo o resto. Eu também ajudei a matar a Tower Records e a Virgin Megastore. Havia lá dentro uma bizarria chamada CD – você se lembra?

Hoje, com alguns aplicativos, tenho uma espécie de discoteca de Alexandria onde, a meu bel-prazer, escuto meus clássicos e descubro novos.

Se juntarmos ao pacote o iTunes e a Netflix, você percebe por que eu também tenho o sangue dos cinemas e dos blockbusters nas mãos.

Eis a realidade: vivemos a desmaterialização da cultura. Mas não é apenas a cultura que se desmaterializa e tem deixado as nossas salas e estantes mais vazias. É a nossa relação com ela. Não somos mais proprietários de "coisas"; somos apenas consumidores e, palavra importante, assinantes.

O livro "Subscribed", de Tien Tzuo, analisa a situação. É uma reflexão sobre a "economia de assinaturas" que conquista a economia global. Conta o autor que mais de metade das empresas da famosa lista da "Fortune" já não existiam em 2017. O que tinham em comum? O objetivo meritório de vender "coisas" – muitas coisas, para muita gente, como sempre aconteceu desde os primórdios do capitalismo.

Já as empresas que sobreviveram e as novas que entraram na lista souberam se adaptar à economia digital, vendendo serviços (ou, de forma mais precisa, acessos).

Claro que na mudança algo se perde. O desaparecimento das livrarias não acredito que seja total no futuro (e ainda bem). Além disso, ler no papel não é o mesmo que ler na tela. Mas o interesse do livro de Tzuo não está apenas nos números; está no retrato de uma nova geração para quem a experiência cultural é mais importante do que a mera posse de objetos.

Há quem veja aqui um retrocesso, mas também é possível ver um avanço – ou, para sermos bem filosóficos, o triunfo do espírito sobre a matéria. E não será essa, no fim das contas, a vocação mais autêntica da cultura?

(João Pereira Coutinho. *Folha de S.Paulo*, 28.08.2018. Adaptado)

* Flânerie: ato de passear, de caminhar sem compromisso.

(TJ/SP – 2019 – VUNESP) Assinale o trecho do texto em que está presente a figura de linguagem chamada metáfora.

(A) Aos 20, quando viajava por territórios estranhos, entrava nas livrarias locais como um faminto na capoeira.
(B) O desaparecimento das livrarias não acredito que seja total no futuro (e ainda bem).
(C) O livro "Subscribed", de Tien Tzuo, analisa a situação.
(D) Há quem veja aqui um retrocesso, mas também é possível ver um avanço...
(E) Fomos nós que matamos aquela livraria e o crime não nos pesa muito na consciência.

Chama-se metáfora a figura de linguagem na qual a palavra é utilizada com sentido diverso do usual (que muitos chamam de "sentido figurado"). A única alternativa que apresenta metáfora é a letra E, que deve ser assinalada. A figura está no verbo "matar" e no substantivo "crime": na realidade, ninguém mata uma livraria e consequentemente isso não é um crime. As palavras foram utilizadas para representar o abandono das lojas de livros pelos clientes e para culpá-los pelo seu desaparecimento.

(TJ/SP – 2019 – VUNESP) De acordo com a norma-padrão, a expressão destacada no trecho do texto está corretamente substituída pela expressão entre parênteses na alternativa:

(A) ... que se desmaterializa e **tem deixado as nossas salas e estantes** mais vazias. (tem deixado-as)
(B) É uma reflexão sobre a "economia de assinaturas" que **conquista a economia global**. (a conquista)
(C) E em minha defesa só posso afirmar que pago **pelos meus vícios**. (pago-os)
(D) Mas depois, **fotografo as capas** com o meu celular antes de regressar para o psicanalista... (lhes fotografo)
(E) O objetivo meritório de **vender "coisas"** – muitas coisas... (vender-lhes)

A: incorreta. Nas locuções verbais com verbo no particípio, o pronome deve vir depois do verbo auxiliar – "tem-nas deixado"; **B:** correta. A alteração proposta respeita o padrão culto da linguagem, pois a conjunção "que" determina a próclise; **C:** incorreta. Novamente, pela presença da conjunção "que", o pronome deveria estar proclítico – "que os pago"; **D e E:** incorretas. As expressões destacadas são objetos diretos das orações, portanto devem ser substituídos pelos pronomes "o(s)" e "a(s)" – "fotografo-os" e "vendê-las".

(TJ/SP – 2019 – VUNESP) Assinale a alternativa em que a acentuação e a grafia das palavras estão de acordo com a norma-padrão da língua portuguesa.

(A) Pela fronteira, tem entrado no país muitos refugiados, e é imprescindível acolhê-los adequadamente.
(B) Faltou ombridade aos dirigentes da empresa, pois eles omitiram dos sócios o récorde de vendas.
(C) À excessão dos quibes, os salgados servidos na cerimônia de inauguração estavam saborosos.
(D) A atendente da companhia aérea fez uma rúbrica na passagem para retificar o horário do voo.
(E) Atualmente, é mister acabar com privilégios concedidos a clãs inescrupulosos.

A: incorreta. O verbo "ter" na terceira pessoa do plural do presente do indicativo leva acento circunflexo ("têm entrado"). A grafia correta é "imprescindível"; **B:** incorreta. "Hombridade" (com "h") e "recorde" (sem acento, pois a palavra é paroxítona); **C:** incorreta. O correto é "exceção"; **D:** incorreta. O correto é "rubrica", sem acento, pois a palavra é paroxítona; **E:** correta. Todas as normas de ortografia foram respeitadas.

(Escrevente Técnico Judiciário – TJSP – VUNESP – 2017) Leia o texto dos quadrinhos, para responder às questões de números abaixo.

(Charles M. Schulz. Snoopy – Feliz dia dos namorados!)

(Escrevente Técnico Judiciário – TJSP – VUNESP – 2017) Assinale a alternativa que dá outra redação à fala dos quadrinhos, seguindo a norma-padrão de regência, conjugação de verbos e emprego do sinal indicativo de crase.

(A) Caso você não me acuda quando eu fizer a lição de casa, apelarei à justiça.
(B) Espero que você nomeie à alguém que trata disso melhor do que seu advogado.
(C) Pergunto à você onde está seu advogado; não creio que ele resolva ao caso.
(D) Vou acionar à polícia se você não vir me ajudar com à lição de casa.
(E) Se você não se dispor em ajudar à fazer a lição de casa, vou processar você.

A: correta. A norma-padrão foi integralmente respeitada na redação; **B:** incorreta. O verbo "nomear" é transitivo direto, não rege preposição: "espero que você nomeia alguém". Além disso, o verbo "tratar" deveria estar conjugado no presente do subjuntivo: "que trate"; **C:** incorreta. Antes de pronome pessoal de tratamento não ocorre crase: "pergunto a você". Além disso, o verbo "resolver" é transitivo direto, não rege preposição: "resolva o caso"; **D:** incorreta. O verbo "acionar" é transitivo direto, não rege preposição e, portanto, não determina crase: "vou acionar a polícia". Além disso, o verbo "vir", na terceira pessoa do singular do pretérito imperfeito do subjuntivo, conjuga-se "vier"; **E:** incorreta. O verbo "dispor", na terceira pessoa do singular do pretérito imperfeito do subjuntivo, conjuga-se "dispuser". Além disso, não ocorre crase antes de verbo: "a fazer".

(Escrevente Técnico – TJSP – 2015 – VUNESP) Leia o texto da tira.

(Pryscila. Disponível em:<http://www1.folha.uol.com.br/>. Acesso em: 02 fev 2015. Adaptado)

Assinale a alternativa que preenche, correta e respectivamente, as lacunas da tira.

(A) veio em … houvesse … o
(B) foi em … houvessem … o
(C) foi a … houvesse … o
(D) veio a … houvessem … lhe
(E) foi à … houvessem … lhe

"Foi a", porque o contexto deixa claro que as personagens não estão em Curitiba, nome de cidade que não é antecedido por artigo, portanto não ocorre crase; "houvesse", porque o verbo "haver", no sentido de "existir", é impessoal, está sempre no singular; "o", pronome oblíquo utilizado para substituir o objeto direto ("ver") é verbo transitivo direto).

Gabarito "C".

Palavras, percebemos, são pessoas. Algumas são sozinhas: Abracadabra. Eureca. Bingo. Outras são promíscuas (embora prefiram a palavra "gregária"): estão sempre cercadas de muitas outras: Que. De. Por.

Algumas palavras são casadas. A palavra caudaloso, por exemplo, tem união estável com a palavra rio – você dificilmente verá caudaloso andando por aí acompanhada de outra pessoa. O mesmo vale para frondosa, que está sempre com a árvore. Perdidamente, coitado, é um advérbio que só adverbia o adjetivo apaixonado. Nada é ledo e não ser o engano, assim como nada é crasso a não ser o erro. Ensejo é uma palavra que só serve para ser aproveitada. Algumas palavras estão numa situação pior, como calculista, que vive em constante ménage(*), sempre acompanhada de assassino, frio e e.

Algumas palavras dependem de outras, embora não sejam grudadas por um hífen – quando têm hífen elas não são casadas, são siamesas. Casamento acontece quando se está junto por algum mistério. Alguns dirão que é amor, outros dirão que é afinidade, carência, preguiça e outros sentimentos menos nobres (a palavra engano, por exemplo, só está com ledo por pena – sabe que ledo, essa palavra moribunda, não iria encontrar mais nada a essa altura do campeonato).

Esse é o problema do casamento entre as palavras, que por acaso é o mesmo do casamento entre pessoas.

Tem sempre uma palavra que ama mais. A palavra árvore anda com várias palavras além de frondosa. O casamento é aberto, mas para um lado só. A palavra rio sai com várias outras palavras na calada da noite: grande, comprido, branco, vermelho – e caudaloso fica lá, sozinho, em casa, esperando o rio chegar, a comida esfriando no prato.

Um dia, caudaloso cansou de ser maltratado e resolveu sair com outras palavras. Esbarrou com o abraço que, por sua vez, estava farto de sair com grande, essa palavra tão gasta. O abraço caudaloso deu tão certo que ficaram perdidamente inseparáveis. Foi em Manuel de Barros.

Talvez pra isso sirva a poesia, pra desfazer ledos enganos em prol de encontros mais frondosos.

(Gregório Duvivier, Abraço caudaloso. Disponível em: <http://www1.folha.uol.com.br/>. Acesso em: 02 fev 2015. Adaptado)
(*) ménage: coabitação, vida em comum de um casal, unido legitimamente ou não.

(Escrevente Técnico – TJSP – 2015 – VUNESP) A partir da ideia de que palavras "são pessoas", o autor atribui às palavras caracterização própria de humanos. É correto afirmar que, nesse procedimento, ele emprega

(A) palavras de gíria de jovens.
(B) palavras em sentido figurado.
(C) palavras ainda não dicionarizadas.
(D) termos de uso regional.
(E) expressões de vocabulário técnico.

O autor se vale da metáfora, das palavras em sentido conotativo, em sentido figurado.

Gabarito "B".

Leia o texto, para responder às questões de abaixo.

O fim do direito é a paz, o meio de que se serve para consegui-lo é a luta. Enquanto o direito estiver sujeito às ameaças da injustiça – e isso perdurará enquanto o mundo for mundo –, ele não poderá prescindir da luta. A vida do direito é a luta: luta dos povos, dos governos, das classes sociais, dos indivíduos.

Todos os direitos da humanidade foram conquistados pela luta; seus princípios mais importantes tiveram de enfrentar os ataques daqueles que a ele se opunham; todo e qualquer direito, seja o direito de um povo, seja o direito do indivíduo, só se afirma por uma disposição ininterrupta para a luta. O direito não é uma simples ideia, é uma força viva. Por isso a justiça sustenta numa das mãos a balança com que pesa o direito, enquanto na outra segura a espada por meio da qual o defende.

A espada sem a balança é a força bruta, a balança sem a espada, a impotência do direito. Uma completa a outra, e o verdadeiro estado de direito só pode existir quando a justiça sabe brandir a espada com a mesma habilidade com que manipula a balança.

O direito é um trabalho sem tréguas, não só do Poder Público, mas de toda a população. A vida do direito nos oferece, num simples relance de olhos, o espetáculo de um esforço e de uma luta incessante, como o despendido na produção econômica e espiritual. Qualquer pessoa que se veja na contingência de ter de sustentar seu direito participa dessa tarefa de âmbito nacional e contribui para a realização da ideia do direito.

É verdade que nem todos enfrentam o mesmo desafio.

A vida de milhares de indivíduos desenvolve-se tranquilamente e sem obstáculos dentro dos limites fixados pelo direito. Se lhes disséssemos que o direito é a luta, não nos compreenderiam, pois só veem nele um estado de paz e de ordem.

(Rudolf von Ihering, *A luta pelo direito*)

(Escrevente Técnico – TJSP – 2015 – VUNESP) Assinale a alternativa em que uma das vírgulas foi empregada para sinalizar a omissão de um verbo, tal como ocorre na passagem – A espada sem a balança é a força bruta, a balança sem a espada, a impotência do direito.

(A) O direito, no sentido objetivo, compreende os princípios jurídicos manipulados pelo Estado.

(B) Todavia, não pretendo entrar em minúcias, pois nunca chegaria ao fim.

(C) Do autor exige-se que prove, até o último centavo, o interesse pecuniário.

(D) É que, conforme já ressaltei várias vezes, a essência do direito está na ação.

(E) A cabeça de Jano tem face dupla: a uns volta uma das faces, aos demais, a outra.

A única alternativa na qual a vírgula foi utilizada para indicar a elipse (supressão) do verbo é a letra "E", que deve ser assinalada. Na parte final, a vírgula após "demais" substitui o verbo "voltar", para evitar repetições desnecessárias.
Gabarito "E".

Leia o texto abaixo e responda à questão.

Desde o surgimento da ideia de hipertexto, esse conceito está ligado a uma nova concepção de textualidade, na qual a informação é disposta em um ambiente no qual pode ser acessada de forma não linear. Isso acarreta uma textualidade que funciona por associação, e não mais por sequências fixas previamente estabelecidas.

Quando o cientista Vannevar Bush, na década de 40, concebeu a ideia de hipertexto, pensava, na verdade, na necessidade de substituir os métodos existentes de disponibilização e recuperação de informações ligadas especialmente à pesquisa acadêmica, que eram lineares, por sistemas de indexação e arquivamento que funcionassem por associação de ideias, seguindo o modelo de funcionamento da mente humana. O cientista, ao que parece, importava-se com a criação de um sistema que fosse como uma "máquina poética", algo que funcionasse por analogia e associação, máquinas que capturassem o brilhantismo anárquico da imaginação humana.

Parece não ser obra do acaso que a ideia inicial de Bush tenha sido conceituada como hipertexto 20 anos depois de seu artigo fundador, exatamente ligada à concepção de um grande sistema de textos que pudessem estar disponíveis em rede. Na década de 60, o cientista Theodor Nelson sonhava com um sistema capaz de disponibilizar um grande número de obras literárias, com a possibilidade de interconexão entre elas. Criou, então, o "Xanadu", um projeto para disponibilizar toda a literatura do mundo, numa rede de publicação hipertextual universal e instantânea. Funcionando como um imenso sistema de informação e arquivamento, o hipertexto deveria ser um enorme arquivo virtual.

(Disponível em: <http://www.pucsp.br/~cimid/4lit/longhi/hipertexto.htm>. Acesso em: 05 fev 2013. Adaptado)

Para responder a esta questão, considere as palavras destacadas nas seguintes passagens do texto:

Desde o surgimento da ideia de hipertexto...

... informações ligadas especialmente à pesquisa acadêmica,

... uma "máquina poética", algo que funcionasse por analogia e associação...

Quando o cientista Vannevar Bush [...] concebeu a ideia de hipertexto...

... 20 anos depois de seu artigo fundador...

(Técnico Judiciário – TJSP – 2013 – VUNESP) As palavras destacadas que expressam ideia de tempo são:

(A) algo, especialmente e Quando.

(B) Desde, especialmente e algo.

(C) especialmente, Quando e depois.

(D) Desde, Quando e depois.

(E) Desde, algo e depois.

Desde, quando e depois são advérbios de tempo e estão empregados nas frases com esta função. *Especialmente* é um advérbio de modo e *algo* um pronome indefinido. Alternativa correta **D**.
Gabarito "D".

(Técnico Judiciário – TJSP – 2013 – VUNESP) Assinale a alternativa que preenche, correta e respectivamente, as lacunas do trecho a seguir, de acordo com a norma-padrão.

Além disso, _____ certamente _____ entre nós do fenômeno da corrupção e das fraudes.

(A) a ... concenso ... acerca

(B) há ... consenso ... acerca

(C) a ... concenso ... a cerca

(D) a ... consenso ... há cerca

(E) há ... consenço ... a cerca

Alternativa correta **B**, pois as lacunas são adequadamente preenchidas com o verbo haver no sentido de existência, pelo substantivo *consenso* (conformidade no julgamento de várias pessoas) e pela preposição *acerca* que exprime a mesma ideia de "a respeito de".
Gabarito "B".

O tempo que passa e o tempo que não passa

É muito comum pensar no tempo como tempo sequencial, como categoria ordenadora que organiza os acontecimentos vividos numa direção com passado, presente e futuro, um tempo irreversível, a flecha do tempo, um tempo que passa. Também estamos acostumados a pensar na memória como um arquivo que guarda um número significativo de lembranças, semelhante a um sótão que aloca uma quantidade de objetos de outros momentos da vida, que lá ficam quietos, guardados, disponíveis para o momento no qual precisamos deles e queremos reencontrá-los. No entanto, a forma na qual a psicanálise pensa o tempo e a memória está muito distante desta maneira de concebê-los. Na psicanálise, tanto o tempo quanto a memória só podem ser considerados no plural. Há temporalidades diferentes funcionando nas instâncias psíquicas e a memória não existe de forma simples: é múltipla, registrada em diferentes variedades de signos. Há um tempo que passa, marcando com a sua passagem a caducidade dos objetos e a finitude da vida. A ele Freud se refere no seu curto e belo texto de 1915, "A transitoriedade", no qual relata um encontro acontecido dois anos antes, em agosto de 1913, em Dolomitas, na Itália, num passeio pela campina na companhia de um poeta. Ambos dialogam sobre o efeito subjetivo que a caducidade do belo produz. Enquanto para o poeta a alegria pela beleza da natureza se vê obscurecida pela transitoriedade do belo, para Freud, ao contrário, a duração absoluta não é condição do valor e da significação para a vida subjetiva. O desejo de eternidade se impõe ao poeta, que se revolta contra o luto, sendo a antecipação da dor da perda o que obscurece o gozo. Freud, que está escrevendo este texto sob a influência da Primeira Guerra Mundial, insiste na importância de fazer o luto dos perdidos renunciando a eles, e na necessidade de retirar a libido que se investiu nos objetos para ligá-la em substitutos. São os objetos que passam e, às vezes, agarrar-se a eles nos protege do reconhecimento da própria finitude. Porém, a guerra e a sua destruição exigem o luto e nos confrontam com a transitoriedade da vida, o que permite reconhecer a passagem do tempo.

(Leonor Alonso Silva, Revista **Cult**, Abril 2006.)

(VUNESP – 2006) Observe as frases:
I. Há um tempo que passa, marcando com a sua passagem a caducidade dos objetos...
II. No entanto, a forma na qual a psicanálise pensa o tempo...
III. o que permite reconhecer a passagem do tempo.
Considerando as frases, assinale a alternativa correta.

(A) Em (I), a preposição com forma uma expressão adverbial indicativa de consequência.
(B) Em (II), a conjunção No entanto poderia ser substituída por Portanto, sem que houvesse prejuízo ao sentido da oração.
(C) Em (III), a expressão do tempo tem valor adjetivo, qualificando o substantivo passagem.
(D) Em (I) e (II), o termo tempo tem valor adverbial e indica tempo.
(E) Em (II), a expressão na qual poderia ser substituída por onde, sem prejuízo sintático nem semântico à oração.

A: incorreta, pois a preposição *com*, nesse contexto, forma uma expressão adverbial indicativa de um processo concomitante a outro; **B:** incorreta, pois *No entanto* é uma conjunção adversativa. Já a conjunção *portanto* é conclusiva. As duas conjunções não transmitem ideia semelhante; **C:** correta, pois a expressão "do tempo" qualifica o substantivo *passagem*: "passagem do tempo"; **D:** incorreta, pois em (I) e (II) o termo *tempo* é um substantivo; **E:** incorreta, pois não poderia haver a substituição nessa oração. O pronome relativo *onde* indica local.
Gabarito "C".

(VUNESP – 2006) Assinale a alternativa em que a oração esteja correta quanto ao conteúdo expresso entre parênteses.

(A) Freud e o poeta dialogavam sobre o efeito subjetivo que era produzido pela caducidade. (ORAÇÃO EM VOZ ATIVA)
(B) A concepção de transitoriedade revela o mundo não pela paralização dos acontecimentos e sim pela sua dinamicidade. (ORTOGRAFIA)
(C) O poeta vê a transitoriedade, de forma diferente, da que Freud tem, como necessária para a renúncia, dos perdidos. (PONTUAÇÃO)
(D) A guerra bate na cara dos homens e lhes mostra a passagem do tempo. (TERMOS EXPRESSOS EM SENTIDO PRÓPRIO)
(E) O tempo, que não pára, mostra a todos o caráter transitório da vida. (ACENTUAÇÃO)

A: incorreta, pois a oração "Freud e o poeta dialogavam sobre o efeito subjetivo que *era produzido pela caducidade.*" está na voz passiva; **B:** incorreta, na frase "A *concepção* de transitoriedade revela o mundo não pela *paralisação* dos acontecimentos e sim pela sua *dinamicidade.*" há erro na ortografia da palavra paralisação; **C:** incorreta, pois há erros de pontuação em "O poeta vê a transitoriedade [*sem vírgula*] de forma diferente [*sem vírgula*] da que Freud tem, como necessária para a renúncia [*sem vírgula*] dos perdidos; **D:** incorreta, em "*A guerra bate na cara dos homens* e lhes mostra a passagem do tempo.", os termos estão expressos em sentido figurado; **E:** correta, pois em "O tempo, que não *para*, mostra a todos o *caráter transitório* da vida." as palavras *caráter* e *transitório* estão corretamente acentuadas. Pelo novo acordo ortográfico da Língua Portuguesa, o verbo *para* não leva mais o acento diferencial.
Gabarito "E".

Veja, aí estão eles, a bailar seu diabólico "pas de deux" (*): sentado, ao fundo do restaurante, o cliente paulista acena, assovia, agita os braços num agônico polichinelo; encostado à parede, marmóreo e impassível, o garçom carioca o ignora com redobrada atenção. O paulista estrebucha: "Amigô?!", "Chefê?!", "Parceirô?!"; o garçom boceja, tira um fiapo do ombro, olha pro lustre.

Eu disse "cliente paulista", percebo a redundância: o paulista é sempre cliente. Sem querer estereotipar, mas já estereotipando: trata-se de um ser cujas interações sociais terminam, 99% das vezes, diante da pergunta "débito ou crédito?".[...] Como pode ele entender que o fato de estar pagando não garantirá a atenção do garçom carioca? Como pode o ignóbil paulista, nascido e criado na crua batalha entre burgueses e proletários, compreender o discreto charme da aristocracia?

Sim, meu caro paulista: o garçom carioca é antes de tudo um nobre. Um antigo membro da corte que esconde, por trás da carapinha entediada, do descaso e da gravata borboleta, saudades do imperador. [...] Se deixou de bajular os príncipes e princesas do século 19, passou a servir reis e rainhas do 20: levou gim tônicas para Vinicius e caipirinhas para Sinatra, uísques para Tom e leites para Nelson, recebeu gordas gorjetas de Orson Welles e autógrafos de Rockfeller; ainda hoje fala de futebol com Roberto Carlos e ouve conselhos de João Gilberto. Continua tão nobre quanto sempre foi, seu orgulho permanece intacto.

Até que chega esse paulista, esse homem bidimensional e sem poesia, de camisa polo, meia soquete e sapatênis, achando que o jacarezinho de sua Lacoste é um crachá universal, capaz de abrir todas as portas. Ah, paulishhh-hta otáááário, nenhum emblema preencherá o vazio que carregas no peito – pensa o garçom, antes de conduzi-lo à última mesa do restaurante, a caminho do banheiro, e ali esquecê-lo para todo o sempre.

Veja, veja como ele se debate, como se debaterá amanhã, depois de amanhã e até a Quarta-Feira de Cinzas, maldizendo a Guanabara, saudoso das várzeas do Tietê, onde a desigualdade é tão mais organizada: "Ô, companheirô, faz meia hora que eu cheguei, dava pra ver um cardápio?!". Acalme-se, conterrâneo. Acostume-se com sua existência plebeia. O garçom carioca não está aí para servi-lo, você é que foi ao restaurante para homenageá-lo.

(Antonio Prata, Cliente paulista, garçom carioca. *Folha de S.Paulo*, 06.02.2013)

(*) Um tipo de coreografia, de dança.

(Técnico Judiciário – TJSP – 2013 – VUNESP) É correto dizer que a acentuação gráfica que o autor emprega tanto segue a norma-padrão quanto desobedece a ela, neste caso, numa tentativa de imitar a entonação oral do chamamento. Essa afirmação é baseada na acentuação, respectivamente, de

(A) sapatênis e Tietê.
(B) diabólico e marmóreo.
(C) esquecê-lo e amigô.
(D) companheirô e débito.
(E) chefê e parceirô.

A e B: incorretas, pois ambas as palavras estão corretamente acentuadas; C: correta, pois esquecê-lo está corretamente acentuado enquanto a palavra *amigô* com acento no "o" enfatiza a entonação oral para chamar a atenção do garçom; D: incorreta, pois a ordem das palavras não traz a sequência citada na pergunta que é primeiro trazer a norma padrão para depois trazer a entonação oral; E: incorreta, pois ambas as palavras referem entonação oral e não a norma padrão.
Gabarito "C".

(Técnico Judiciário – TJSP – 2013 – VUNESP) Assinale a alternativa com as palavras acentuadas segundo as regras de acentuação, respectivamente, de *intercâmbio* e *antropológico*.

(A) Distúrbio e acórdão.
(B) Máquina e jiló.
(C) Alvará e Vândalo.
(D) Consciência e características.
(E) Órgão e órfãs.

Intercâmbio é uma palavra paroxítona terminada em ditongo, enquanto *antropológico* é uma palavra proparoxítona.
A: incorreta, distúrbio e acórdão são paroxítonas; B: incorreta, pois jiló é oxítona; C: incorreta, pois alvará é oxítona; E: incorreta, pois órgão e órfãs são paroxítonas.
Gabarito "D".

Leia o texto, para responder às questões.

A disseminação do conceito de boas práticas corporativas, que ganhou força nos últimos anos, fez surgir uma estrada sem volta no cenário global e, consequentemente, no Brasil. Nesse contexto, governos e empresas estão fechando o cerco contra a corrupção e a fraude, valendo-se dos mais variados mecanismos: leis severas, normas de mercado e boas práticas de gestão de riscos. Isso porque se cristalizou a compreensão de que atos ilícitos vão além de comprometer relações comerciais e o próprio caixa das empresas. Eles representam dano efetivo à reputação empresarial frente ao mercado e aos investidores, que exigem cada vez mais transparência e, em casos extremos, acabam em investigações e litígios judiciais que podem levar executivos à cadeia.

(Fernando Porfírio, Pela solidez nas organizações. Em *Mundo corporativo* n.º 28, abril-junho 2010)

(Técnico Judiciário – TJSP – 2013 – VUNESP) No trecho – *Nesse contexto, governos e empresas estão fechando o cerco contra a corrupção e a fraude, valendo-se dos mais variados mecanismos: leis severas, normas de mercado e boas práticas de gestão de riscos.* – o emprego de dois-pontos cumpre a função de

(A) enumerar dados novos, que desmentem uma afirmação precedente.
(B) expor um ponto de vista contrário àquele adotado pelo autor.
(C) apresentar ideias contrastantes, para instalar uma polêmica.
(D) deslocar a atenção do leitor para informações não pertinentes ao texto.
(E) introduzir informações que especificam uma afirmação anterior.

O emprego de dois-pontos serve para introduzir informações que especificam uma afirmação anterior, alternativa correta **E**.
Gabarito "E".

(Técnico Judiciário – TJSP – 2013 – VUNESP) Assinale a alternativa cujas palavras se apresentam flexionadas de acordo com a norma-padrão.

(A) Os tabeliãos devem preparar o documento.
(B) Esses cidadões tinham autorização para portar fuzis.
(C) Para autenticar as certidãos, procure o cartório local.
(D) Ao descer e subir escadas, segure-se nos corrimãos.
(E) Cuidado com os degrais, que são perigosos!

A: incorreta, pois o certo seria *tabeliães*. **B**: incorreta, pois o certo seria *cidadãos*. **C**: incorreta, pois o certo seria *certidões*. **E**: incorreta, pois o certo seria *degraus*.
Gabarito "D".

(Técnico Judiciário – TJSP – 2013 – VUNESP) Assinale a alternativa que substitui o trecho em destaque na frase – Assinarei o documento, **contanto que garantam sua autenticidade**. – sem que haja prejuízo de sentido.

(A) desde que garantam sua autenticidade.
(B) no entanto garantam sua autenticidade.
(C) embora garantam sua autenticidade.
(D) portanto garantam sua autenticidade.
(E) a menos que garantam sua autenticidade.

O advérbio *contanto* indica condição, pode ter sentido de "no caso de", "desde que". Alternativa correta **A**.
Gabarito "A".

2. INFORMÁTICA

Helder Satin

1. OFFICE

1.1. Excel

(Escrevente – TJ/SP – 2018 – VUNESP) Considere a seguinte tabela, editada no MS-Excel 2016 (versão em português e em sua configuração padrão).

	A	B	C
1	2	3	4
2	1	2	8
3	5	5	6
4	10	11	12

Suponha, ainda, que a fórmula a seguir tenha sido digitada na célula D6.

=SE(MENOR(A1:C4;5)<>MAIOR(A1:C4;6); MENOR(A2:B3;2);MAIOR(A1:B4;3))

O resultado produzido em D6 é:

(A) 12
(B) 3
(C) 2
(D) 1
(E) 11

A fórmula =SE é usada para validar uma condição e retornar valores diferentes caso esta seja verdadeira ou falsa. Neste caso, a condição (primeiro parâmetro da função) é MENOR(A1:C4;5)<>MAIOR(A1:C4;6) que verifica se o quinto menor valor do intervalo de A1 a C4 (MENOR(A1:C4;5)) é diferente (<>) do sexto maior valor do mesmo intervalo (MAIOR(A1:C4;6)). Caso seja verdadeiro é retornado o segundo parâmetro da função SE, neste caso o segundo menor valor do intervalo A2 a B3 (MENOR(A2:B3;2)) e caso a verificação seja falsa é retornado o terceiro parâmetro, neste exemplo o terceiro maior valor do intervalo de A1 a B4 (MAIOR(A1:B4;3)). Considerando que nas funções MAIOR e MENOR os valores repetidos também são contados, o quinto menor valor de A1 a C4 é 4 e o sexto maior valor deste mesmo intervalo é 5, assim, a condição resulta em verdadeiro (os valores são diferentes) e a resposta será o segundo menor valor de A2 a B3, que é 2, logo, apenas a alternativa C está correta.

Gabarito "C".

(Escrevente – TJ/SP – 2018 – VUNESP) Analise a seguinte janela, gerada quando um usuário estava imprimindo a sua planilha no MS-Excel 2016 (versão em português e em sua configuração padrão).

Ao se apertar o botão Imprimir... dessa janela, em todas as páginas impressas da planilha, será(ão) repetida(s), na parte superior da folha,

(A) as linhas 1 e 3, apenas.
(B) a linha 2, apenas.
(C) a linha 1, apenas.
(D) a linha 3, apenas.
(E) as linhas de 1 a 3.

Conforme pode ser identificado no item Linhas a repetir na parte superior, foi utilizada a notação $1:$3, que por usar o símbolo de dois pontos denota um intervalo completo, portanto, neste caso serão repetidas as linhas de 1 a 3, logo, apenas a alternativa E está correta.

Gabarito "E".

(Escrevente – TJ/SP – 2018 – VUNESP) Um usuário do MS-Excel 2016 (versão em português e em sua configuração padrão) possui uma planilha com o seguinte conteúdo:

	A	B
1	1	2
2	3	4

Em um dado momento, esse usuário selecionou as células do intervalo A1 até C3, conforme apresentado a seguir:

	A	B	C
1	1		2
2		3	4
3			

Caso, a partir do botão Σ▼ (disponível a partir da guia Página Inicial do aplicativo), seja selecionada a opção Soma, o resultado produzido nas células A3, B3, C1, C2 e C3 será:

Dado: O símbolo "–" representa "célula não alterada".

(A) A3: 4; B3: 6; C1: 3; C2: 7; C3: 10
(B) A3: –; B3: –; C1: 3; C2: –; C3: –
(C) A3: –; B3: –; C1: 3; C2: 7; C3: –
(D) A3: 4; B3: –; C1: –; C2: –; C3: –
(E) A3: 4; B3: 6; C1: –; C2: –; C3: –

No MS Excel, a função AutoSoma é usada para realizar a soma das células selecionadas e aplicar o resultado ao final da linha e/ou coluna selecionadas. Neste caso, temos 5 conjuntos a serem somados, sendo eles o conteúdo das Colunas A e B, das Linhas 1 e 2 e de todas as células selecionadas, sendo a primeira célula vazia em cada caso, respectivamente, A3, B3, C1, C2 e C3. Sendo assim, a soma da Coluna A resulta em 4, da Coluna B resulta em 6, da Linha 1 em 3, da Linha 2 em 7 e de todas as células selecionadas em 10, logo, apenas a alternativa A está correta.
Gabarito "A".

(Escrevente Técnico – TJSP – 2015) Supondo-se que os valores das células D3 a D8, B8 e C8 foram calculados utilizando-se funções do MS-Excel 2010, é correto afirmar que

(A) B8=SOMAT(B3:B7)
(B) C8=SOMA(C3-C7)
(C) D8=SOMA(D3:D7)
(D) D8=SOMAT(B3...C7)
(E) D6=SUM(B6:C6)

A: Errada, não existe função chamada SOMAT no MS Excel. **B:** Errada, embora a função SOMA seja válida a definição de intervalos de soma é feita com o uso de dois pontos e não de um traço. **C:** Correta, a função apresentada atribui à célula D8 o somatório dos valores das células no intervalo de D3 até D7. **D:** Errada, não existe função chamada SOMAT no MS Excel. **E:** Errada, por se tratar da versão em língua portuguesa a função deve estar escrita em português.
Gabarito "C".

(Escrevente Técnico – TJSP – 2015) Elaborou-se o seguinte gráfico a partir da planilha apresentada, após a seleção de algumas células:

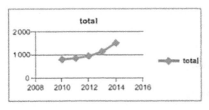

Esse tipo de gráfico é denominado Gráfico de

(A) Radar.
(B) Dispersão.
(C) Ações.
(D) Área.
(E) Colunas.

A: Errada, o gráfico do tipo radar, ou teia de aranha, exibe os valores de cada categoria ao longo de um eixo separado que se inicia no centro do gráfico e termina em um anel externo. **B:** Correta, este é um gráfico de dispersão, que permite identificar relações de causa e efeito e a relação entre duas variáveis. **C:** Errada, o gráfico de ações ilustra a flutuações de valores dentro de um eixo, como variações de preços de ações ou médias de temperaturas, sua exibição é composta de colunas verticais. **D:** Errada, os gráficos de área possuem toda a área abaixo da linha de um valor preenchida com alguma cor. **E:** Errada, um gráfico de colunas exibe os valores na forma de colunas, cujo topo atinge a marca do eixo Y que representa seu valor.
Gabarito "B".

(Escrevente Técnico – TJSP – 2015) Elaborou-se uma planilha de grandes dimensões no MS-Excel 2010 (versão para a língua portuguesa), em sua configuração padrão, e deseja-se manter sempre visíveis as linhas e colunas de importância da planilha, como os títulos de cada linha e coluna.

O botão do recurso Congelar Painéis que possibilita essa ação é:

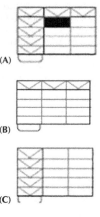

(E)

A: Correta, esta opção permite manter as linhas e colunas visíveis enquanto se rola o resto da planilha. **B:** Errada, esta opção mantem apenas a linha superior visível enquanto se rola o resto da planilha. **C:** Errada, esta opção mantem apenas a primeira coluna visível enquanto se rola o resto da planilha. **D:** Errada, este ícone não representa um botão do recurso Congelar Painéis do MS Excel 2010. **E:** Errada, este ícone não representa um botão do recurso Congelar Painéis do MS Excel 2010.
Gabarito "A".

(Escrevente Técnico – TJSP – 2015) Um usuário do MS-Excel 2010 (versão para a língua portuguesa), em sua configuração padrão, elaborou uma planilha e protegeu todas suas células para que outros usuários não as alterem. Caso algum usuário deseje remover essa proteção, ele deve

(A) selecionar a aba Proteção do Menu, clicar no ícone Desbloquear Planilha do grupo Proteção.
(B) selecionar a aba Proteção do Menu, clicar no ícone Senha de Desproteção do grupo Proteção e digitar a senha solicitada.
(C) selecionar a aba Revisão do Menu, clicar no ícone Destravar Planilha do grupo Proteção.
(D) selecionar a aba Revisão do Menu, clicar no ícone Desproteger Planilha do grupo Alterações e digitar a senha solicitada.
(E) ter privilégios de Administrador quando da abertura do arquivo.

O MS Excel permite que o usuário proteja o conteúdo de uma planilha para que ela não sofra alterações em células, seja de conteúdo ou formato, podendo também inserir uma senha de proteção. Para remover essa funcionalidade de uma planilha basta selecionar a guia Revisão e dentro do grupo Alterações pressionar a opção Desproteger Planilha informando em seguida a senha usada no ato de proteção. Portanto apenas a alternativa D está correta.
Gabarito "D".

Observe a planilha a seguir, elaborada no MS-Excel 2016, em sua configuração padrão, para responder às questões a seguir.

	A	B	C	D	E
1	3	5	9		
2	4	6	7		
3	9	7	8		
4					

(Escrevente Técnico Judiciário – TJSP – VUNESP – 2017) Suponha que a seguinte fórmula tenha sido colocada na célula **D4** da planilha:

=MÁXIMO(A1;A1:B2;A1:C3)

O resultado produzido nessa célula é:

(A) 8
(B) 6
(C) 7
(D) 3

(E) 9

A fórmula =MÁXIMO exibe o maior número dentre um intervalo de valores, neste caso foram passados três argumentos, sendo eles a célula A1, um intervalo entre A1 e B2 e um intervalo entre A1 e C3, o maior número presente nas células informadas é o 9, portanto, apenas a alternativa E está correta.
Gabarito "E".

(Escrevente Técnico Judiciário – TJSP – VUNESP – 2017) Na célula **E4** da planilha, foi digitada a seguinte fórmula:

=CONCATENAR(C3;B2;A1;A3;C1)

O resultado produzido nessa célula é:

(A) 3689
(B) 36899
(C) 8;6;3;9;9
(D) 86399
(E) 8+6+3+9+9

A fórmula =CONCATENAR tem como resultado a junção do conteúdo informado nos parâmetros, que neste caso compreendem as células C3, B2, A1, A3 e C1, que resultam em 86399, portanto, apenas a alternativa D está correta.
Gabarito "D".

(Escrevente Técnico Judiciário – TJSP – VUNESP – 2017) No MS-Excel 2016, por meio do ícone Área de Impressão, localizado no grupo Configuração de Página da guia Layout da Página, tem-se acesso ao recurso "Limpar área de impressão", utilizado quando se deseja

(A) esvaziar a área de transferência do aplicativo.
(B) retirar todas as fórmulas calculadas automaticamente na planilha.
(C) imprimir toda a planilha.
(D) imprimir uma planilha vazia.
(E) retirar todas as planilhas colocadas na fila de impressão.

No MS Excel é possível definir área de impressão para delimitar as células que devem ser impressas pela função Imprimir, ao limpar as áreas definidas toda a planilha será impressa, portanto, apenas a alternativa C está correta.
Gabarito "C".

(TJ/SP – 2019 – VUNESP) Observe a planilha a seguir, sendo editada por meio do MS-Excel 2010, em sua configuração padrão, por um usuário que deseja controlar itens de despesas miúdas (coluna A) e seus respectivos valores (coluna B).

	A	B
1	Despesa	Valor
2		
3	Item A	R$ 157,00
4	Item B	R$ 234,00
5	Item C	R$ 876,00
6	Item D	R$ 190,00
7	Item E	R$ 22,00
8		
9		R$ 876,00

A fórmula usada para calcular o valor apresentado na célula B9, que corresponde ao maior valor de um item de despesa, deve ser:

(A) =MAIOR(B3;B7;1)
(B) =MAIOR(B3:B7;1)
(C) =MAIOR(1;B3:B7)
(D) =MAIOR(B3;B5;1)
(E) =MAIOR(1;B3;B5)

Para encontrar o maior valor em um intervalo de células no Microsoft Excel deve-se utilizar a fórmula =MAIOR(intervalo;k) onde o intervalo é um conjunto de células e k representa o enésimo maior valor, neste caso o intervalo desejado está entre as células B3 e B7 e deve ser retornado o primeiro maior valor, portanto, a fórmula correta é =MAIOR(B3:B7;1) sendo assim apenas a alternativa B está correta.

Gabarito "B".

1.2. Word

(Escrevente – TJ/SP – 2018 – VUNESP) Em um documento em edição no MS-Word 2016 (versão em português e em sua configuração padrão), tem-se um parágrafo conforme apresentado a seguir.

mercado de Peixe.

Com esse parágrafo inteiramente selecionado, acionou-se uma das opções disponibilizadas por meio do botão

, presente no grupo Fonte da guia Página Inicial

do aplicativo, e o resultado foi o seguinte:

Mercado De Peixe.

Assinale a alternativa que apresenta a opção acionada a partir desse botão.

(A) minúscula
(B) aLTERNAR mAIÚSC./mINÚSC.
(C) Colocar Cada Palavra em Maiúscula
(D) Primeira letra da frase em maiúscula.
(E) MAIÚSCULAS

A: Errada, esta opção transforma todas os caracteres em minúscula, portanto, o resultado seria mercado de peixe. **B:** Errada, esta opção inverte os caracteres entre maiúscula e minúscula, portanto, o resultado seria MERCADO DE pEIXE. **C:** Correta, esta opção transforma a primeira letra de cada palavra em maiúscula e o restante em minúscula. **D:** Errada, esta opção transforma apenas a primeira letra de uma frase em maiúscula, portanto, o resultado seria Mercado de peixe. **E:** Errada, esta opção transforma todos os caracteres em maiúscula, portanto, o resultado seria MERCADO DE PEIXE.

Gabarito "C".

(Escrevente – TJ/SP – 2018 – VUNESP) Considere o seguinte botão, presente na guia Página Inicial do MS-Word 2016 (versão em português e em sua configuração padrão).

Por meio dele, pode-se adicionar espaçamento

(A) antes e depois de parágrafo, apenas.
(B) entre linhas de parágrafo, bem como antes e depois de parágrafo.
(C) antes de parágrafo, apenas.
(D) depois de parágrafo, apenas.
(E) entre linhas de parágrafo, apenas.

O botão em questão se chama Espaçamento de Linha e Parágrafo e tem por função alterar o espaçamento entre linhas de um texto e entre os parágrafos, portanto, apenas a alternativa B está correta.

Gabarito "B".

(Escrevente – TJ/SP – 2018 – VUNESP) Uma caixa de texto foi inserida em um documento que estava sendo editado no MS-Word 2016 (versão em português e em sua configuração padrão), por meio da guia Inserir, grupo Texto, botão Caixa de Texto. Caso se deseje alterar a cor da linha dessa caixa de texto, basta ajustar esse parâmetro após se

(A) selecionar a caixa de texto e pressionar a tecla de atalho Ctrl+T, que esse parâmetro será apresentado em um quadro.
(B) dar um duplo click com o botão esquerdo do mouse, em sua configuração padrão, sobre a borda dessa caixa, que esse parâmetro será apresentado em um quadro.
(C) dar um click com o botão direito do mouse, em sua configuração padrão, dentro dessa caixa de texto e selecionar a opção "Formatar Borda…".
(D) dar um click com o botão direito do mouse, em sua configuração padrão, sobre a borda dessa caixa de texto e selecionar a opção "Formatar Forma…".
(E) dar um duplo click com o botão esquerdo do mouse, em sua configuração padrão, dentro dessa caixa, que esse parâmetro será apresentado em um quadro.

A: Errada, o atalho Ctrl + T é usado para selecionar todo o texto do documento. **B:** Errada, um duplo clique com o botão esquerdo trará as opções de *layout* da caixa de texto e não de sua borda. **C:** Errada, não existe a opção Formatar Borda entre os itens presentes na lista de opções de configuração apresentada através do clique com o botão direito. **D:** Correta, ao clicar com o botão direito do mouse sobre a borda será apresentado o item Formatar Forma, que permite realizar alterações não só nas bordas, mas também a aplicação de efeitos e modificações de *layout*. **E:** Errada, um duplo clique com o botão esquerdo dentro da caixa de texto apenas fará com que seja selecionado uma parte do texto.

Gabarito "D".

(Escrevente Técnico – TJSP – 2015) Em um documento do MS-Word 2010, existia uma Tabela com a seguinte aparência:

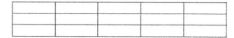

Um usuário realizou duas ações sobre essa tabela, ambas feitas com ela selecionada, de modo que essa tabela ficou com a aparência apresentada a seguir:

Considerando que essas ações foram realizadas por meio da seleção de opções de borda acessíveis a partir do grupo Parágrafo, da guia Página Inicial, assinale a alternativa que contém duas possíveis opções de terem sido selecionadas e que produzem esse efeito.

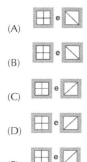

A: Errada, esta opção removeria as bordas internas verticais e horizontais e adicionaria linhas diagonais no sentido oposto ao da imagem. **B:** Errada, esta opção removeria todas as bordas da imagem e adicionaria linhas diagonais no sentido oposto ao da imagem. **C:** Errada, a primeira opção removeria as bordas externas da tabela e não as bordas verticais internas. **D:** Errada, essa opção removeria as bordas horizontais internas da tabela e adicionaria linhas diagonais no sentido oposto ao da imagem. **E:** Correta, essa opção faz com que a bordas internas verticais sejam removidas e adiciona linhas diagonais que se iniciam no canto superior direito de cada célula e terminam em seu canto inferior esquerdo.
Gabarito "E".

(Escrevente Técnico – TJSP – 2015) Considere a seguinte palavra, editada em um documento no MS-Word 2010:

`engenheiro`

Um usuário selecionou a letra "o" dessa palavra e, em seguida, clicou sobre o botão A⁺ , localizado no grupo Fonte da guia Página Inicial. Essa palavra ficará escrita na forma:

(A) engenheira

(B) engenheir°

(C) engenheir°

(D) engenheirO

(E) engenheirA

A: Errada, o botão descrito apenas aumenta o tamanho da fonte usada no texto selecionado e não o altera para uma forma feminina da palavra selecionada. **B:** Errada, para obter o efeito descrito nesta alternativa deveriam ser usadas as opções sublinhado (Ctrl + S) e superscrito (Ctrl + Shift + +). **C:** Errada, para obter o efeito descrito nesta alternativa deveria ser usada a opção superscrito (Ctrl + Shift + +). **D:** Correta, note que a letra 'o' não está em maiúsculo, mas sim escrita com um tamanho de fonte maior que as demais, efeito gerado pelo botão que permite incrementar o tamanho de fonte do trecho de texto selecionado. **E:** Errada, o botão descrito apenas aumenta o tamanho da fonte usada no texto selecionado e não o altera para uma forma feminina e maiúscula da palavra selecionada.
Gabarito "D".

(Escrevente Técnico – TJSP – 2015 – VUNESP) No MS-Word 2010, é possível a inserção de objetos como, por exemplo, Clip-arts. Ao se clicar sobre o botão Clip-art, do grupo Ilustrações da guia Inserir, pode-se inserir

(A) uma imagem de um arquivo, como por exemplo nos formatos JPEG, GIF, TIFF e BMP.

(B) um gráfico do tipo Coluna, Linha, Pizza, Barra, Área, Dispersão, Ações, Superfície, Rosca, Bolhas e Radar.

(C) um elemento gráfico do tipo Lista, Processo, Ciclo, Hierarquia, Relação, Matriz e Pirâmide.

(D) linhas, formas básicas, setas largas, fluxogramas, textos explicativos, estrelas e faixas.

(E) desenhos, filmes, sons ou fotos de catálogo para ilustrar um determinado conceito.

A: Errada, para a inserção de imagens nos tipos especificados deve-se usar no botão Imagem do grupo Ilustrações da guia Inserir. **B:** Errada, para a inserção de gráficos dos tipos mencionados nesta alternativa deve-se utilizar o botão Gráfico do grupo Ilustrações da guia Inserir. **C:** Errada, para a inserção de gráficos dos tipos mencionados nesta alternativa deve-se utilizar o botão SmartArt do grupo Ilustrações da guia Inserir. **D:** Errada, para a inserção de linhas e formas básicas deve-se utilizar o botão Formas do grupo Ilustrações da guia Inserir. **E:** Correta, o botão Clip-Art do grupo Ilustrações da guia Inserir permite adicionar desenhos, filmes, sons e fotos de catálogo em um documento Word.
Gabarito "E".

(Escrevente Técnico Judiciário – TJSP – VUNESP – 2017) A Área de Transferência do MS-Office 2016 permite que dados sejam transferidos entre os diversos aplicativos. Suponha que um usuário tenha aberto um arquivo do MS-Excel 2016 e outro do MS-Word 2016 e que, no Excel, algumas células tenham sido copiadas com o comando Ctrl + C. Observe a figura do MS-Word 2016.

Caso a seta ao lado do texto "Área de Transferência" na figura seja clicada,

(A) o último elemento copiado para a Área de Transferência será copiado para a posição após o cursor no texto, na forma "Manter Formatação Original".

(B) todo o conteúdo da Área de Transferência será copiado para a posição após o cursor no texto.

(C) o último elemento copiado para a Área de Transferência será copiado para a posição após o cursor no texto, na forma "Colar Especial".

(D) a Área de Transferência será limpa.

(E) uma janela lateral será aberta, exibindo todos os elementos colocados na Área de Transferência, além de botões diversos.

A seta localizada ao lado do texto "Área de Transferência" na parte de baixo da imagem fará com que seja exibida o Painel de Tarefas da Área de Transferência que mostra o conteúdo da Área de Transferência assim como as opções de colar todo o conteúdo ou limpar o conteúdo, portanto, apenas a alternativa E está correta.
Gabarito "E".

(Escrevente Técnico Judiciário – TJSP – VUNESP – 2017) No MS-Word 2016, são elementos gráficos do tipo *SmartArt* que podem ser inseridos em um documento:

(A) Processo, Ciclo e Hierarquia.

(B) Matriz, Link e Comentário.

(C) Pirâmide, Imagem Online e Forma.

(D) Ciclo, Caixa de Texto e Vídeo Online.

(E) Imagem, Processo e Gráfico.

No MS-Word os elementos gráficos do tipo SmartArt disponíveis para serem usados pelo usuário são: Lista, Processo, Ciclo, Hierarquia, Relação, Matriz, Pirâmide, Image e Office.com, portanto, apenas a alternativa A está correta.
Gabarito "A".

(Escrevente Técnico Judiciário – TJSP – VUNESP – 2017) Durante o processo de edição de um documento no MS-Word 2016, um usuário decidiu formatar um parágrafo selecionado, clicando sobre o botão "Justificar", presente no grupo Parágrafo da guia Página Inicial. Essa ação fará com que o texto do parágrafo selecionado seja

(A) alinhado apenas à margem direita.
(B) alinhado apenas à margem esquerda.
(C) distribuído uniformemente entre as margens superior e inferior.
(D) centralizado na página.
(E) distribuído uniformemente entre as margens esquerda e direita.

A: Errada, para isso deveria ter sido selecionada a opção Alinhar texto à direita. **B:** Errada, para isso deveria ter sido selecionada a opção Alinhar texto à esquerda. **C:** Errada, a opção justificar fará a distribuição pelas margens laterais e não superiores e inferiores. **D:** Errada, para isso deveria ter sido selecionada a opção Centralizar. **E:** Correta, o alinhamento do tipo Justificado faz com que o texto seja distribuído de forma uniforme por toda a extensão horizontal da linha.

Gabarito "E".

(Escrevente Técnico Judiciário – TJSP – VUNESP – 2017) A colocação de um cabeçalho em um documento editado no MS-Word 2016 pode ser feita por meio da guia

(A) Design, no grupo Efeitos, no botão Cabeçalho.
(B) Inserir, no grupo Cabeçalho e Rodapé, no botão Cabeçalho.
(C) Layout da Página, no grupo Margens, no botão Inserir Cabeçalho.
(D) Inserir, no grupo Comentários, no botão Cabeçalho e Rodapé.
(E) Layout da Página, no grupo Design, no botão Cabeçalho e Rodapé.

Para realizar a inserção de cabeçalho em um documento em edição no MS Word a partir da versão 2010 basta selecionar o item Cabeçalho, localizado no grupo Cabeçalho e Rodapé da aba Inserir, portanto, apenas a alternativa B está correta.

Gabarito "B".

(Escrevente Técnico Judiciário – TJSP – VUNESP – 2017) Um usuário do MS-Word 2016 selecionou uma letra de uma palavra e, em seguida, pressionou simultaneamente duas teclas: Ctrl e =. Essa ação aplicará, no caractere selecionado, a formatação

(A) Subscrito.
(B) Tachado.
(C) Sobrescrito.
(D) Itálico.
(E) Sublinhado.

A: Correta, o atalho Ctrl + = ativa a formatação subscrita no MS Word. **B:** Errada, não há um atalho de teclado que ative a formatação tachado. **C:** Errada, o atalho correto para ativar a formatação Sobrescrito é o Ctrl + Shift + +. **D:** Errada, o atalho correto para ativar a formatação itálico é o Ctrl + i. **E:** Errada, o atalho correto para ativar a formatação sublinhado é o Ctrl + s.

Gabarito "A".

(Escrevente Técnico – TJSP – 2015 – VUNESP) Considere os seguintes botões, presentes na guia Página Inicial, grupo Parágrafo do MS-Word 2010. Cada botão recebeu um número para ser referenciado.

O botão que permite alterar o espaçamento entre linhas de texto é o de número

(A) 5.
(B) 1.
(C) 2.
(D) 3.
(E) 4.

A: Correta, o botão número 5 permite alterar o espaçamento entre as linhas de um texto. **B:** Errada, o botão número 1 alinha o texto à esquerda. **C:** Errada, o botão número 2 alinha o texto de forma centralizada. **D:** Errada, o botão número 3 alinha o texto à direita. **E:** Errada, o botão número 4 alinha o texto de forma justificada.

O enunciado a seguir será utilizado para responder às próximas duas questões.

A planilha a seguir foi elaborada no MS-Excel 2010 (versão para a língua portuguesa), em sua configuração padrão.

	A	B	C	D
1		número de processos		
2	ano	1º Semestre	2º Semestre	total
3	2010	420	380	800
4	2011	450	400	850
5	2012	500	450	950
6	2013	600	550	1150
7	2014	800	700	1500
8	total dos 5 anos	2770	2480	5250

Gabarito "A".

(Técnico Judiciário – TJSP – 2013 – VUNESP) Um documento editado no MS-Word XP, na sua configuração padrão, possui 45 páginas no total. O usuário informou o seguinte intervalo de páginas: 4;7;28-33;36 em local próprio da janela Imprimir. Assinale a alternativa que contém as páginas que serão impressas.

(A) 4 a 36, exceto a página 33 e duplicando a 7 e 28.
(B) 4, 5, 6, 7, 28, 33 e 36.
(C) 1 a 3, 8 a 27 e 37 a 45.
(D) 1 a 3, 5, 6, 8 a 27, 34, 35 e 37 a 45.
(E) 4, 7, 28, 29, 30, 31, 32, 33 e 36.

No processo de impressão é possível definir intervalos e/ou páginas específicas para serem impressas, para isso é usado o símbolo; (ponto e vírgula) para separar páginas e – (sinal de menos) para definir intervalos, portanto 4;7;28-33;36 imprime as páginas 4, 7, de 28 a 33 e 36, logo apenas a alternativa E está correta.

Gabarito "E".

(TJ/SP – 2019 – VUNESP) A imagem a seguir foi retirada do MS-Word 2010, em sua configuração padrão, e mostra opções que podem ser escolhidas relacionadas ao ícone de nome _____.

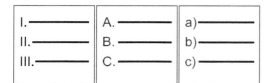

Assinale a alternativa que preenche corretamente a lacuna do enunciado.

(A) Marcadores
(B) Espaçamento
(C) Recuo
(D) Alinhamento
(E) Numeração

As imagens exibidas se encontram dentro do subgrupo Parágrafo da guia Página Inicial e representam opções de marcação do tipo Numeração, usados para criar listas numeradas na edição de um texto, portanto, apenas a alternativa E está correta.
Gabarito "E".

1.3. PowerPoint

(Escrevente Técnico – TJSP – 2015) No MS-PowerPoint 2010, um usuário deseja efetuar a verificação da ortografia do conteúdo presente em seus *slides*. Uma das formas para realizar tal tarefa é acessar o botão Verificar Ortografia, que, na configuração padrão do MS-PowerPoint 2010, é acessível por meio da aba

(A) Exibição.
(B) Revisão.
(C) Inserir.
(D) Início.
(E) Animações.

A: Errada, nesta aba se encontram apenas opções relacionadas à exibição do documento atual, como modo de exibição, zoom, régua, organização de janela, entre outras. **B:** Correta, na aba Revisão se encontram as opções de idioma, dicionário de sinônimos, verificação de ortografia e edição de comentários e alterações. **C:** Errada, na guia Inserção é possível adicionar à apresentação tabelas, imagens, ilustrações, links, textos, símbolos e itens de mídia. **D:** Errada, não há uma aba denominada Início no MS PowerPoint, mas sim Página Inicial. **E:** Errada, a aba Animações permite a criação e gerenciamento das animações internas e de transição dos slides da apresentação.
Gabarito "B".

(Escrevente Técnico – TJSP – 2015) No MS-PowerPoint 2010, a finalidade da função Ocultar Slide, acionável por meio do botão de mesmo nome, é fazer com que o *slide* selecionado

(A) tenha bloqueadas tentativas de alteração de seu conteúdo.
(B) seja designado como o último a ser exibido na apresentação de *slides*.
(C) tenha sua resolução reduzida até o mínimo suportado pelo computador em uso.
(D) não seja exibido no modo de apresentação de *slides*.
(E) tenha sua velocidade de transição entre *slides* fixada no valor médio.

A ordem dos slides durante a apresentação pode ser alterada arrastando-o no painel de slides na lateral esquerda. A velocidade das transições é ajustada através da aba Transições por meio da alteração do tempo de transição do slide. Por fim a função Ocultar Slide presente no grupo Configurar da aba Apresentação de Slides faz com que o slide selecionado seja ocultado da apresentação de slides no modo tela inteira e não bloqueia o slide contra alteração de conteúdo, portanto apenas a alternativa D está correta.
Gabarito "D".

2. INTERNET

2.1. Rede e Internet

(Escrevente – TJ/SP – 2018 – VUNESP) Um usuário de um computador digitou o seguinte endereço na Barra de endereços do navegador Internet Explorer:

https://www.google.com.br

Com relação ao endereço digitado, é correto afirmar que

(A) é um site de uma organização sem fins lucrativos.
(B) a troca de dados entre o navegador e o servidor do site é criptografada.
(C) é um site de uma organização não governamental.
(D) o site visitado é seguro, ou seja, livre de vírus e outros códigos maliciosos.
(E) é um site de uma organização governamental.

A: Errada, o Google é uma ferramenta de buscas que tem na exibição de propagandas a maior fonte de suas receitas, sendo também uma empresa privada parte do grupo Alphabet. **B:** Correta, por utilizar o protocolo HTTPS, que pode ser identificado no início da URL digitada, toda a troca de informações entre o computador e o servidor do site acessado é feita de forma criptografada, conferindo maior segurança à navegação. **C:** Errada, as organizações não governamentais utilizando o domínio de topo .org, o Google é uma empresa comercial, usando, portanto, o domínio de topo.com.br. **D:** Errada, não há nenhuma indicação presente na URL de um site que assegure que este seja livre de vírus ou códigos maliciosos. **E:** Errada, as organizações governamentais utilizando o domínio de topo .gov.
Gabarito "B".

(Escrevente – TJ/SP – 2018 – VUNESP) Utilizando o site de busca Google, deseja-se pesquisar apenas as páginas que contenham exatamente a frase: feriados no Brasil. Para isso, deve-se digitar, na Barra de Pesquisa do site, o seguinte:

(A) (feriados no Brasil)
(B) feriados-no-Brasil
(C) feriados&no&Brasil
(D) feriadosANDnoANDBrasil
(E) "feriados no Brasil"

Existem alguns elementos que podem ser adicionados aos termos buscados no Google para definir melhor os resultados esperados, como por exemplo utilizar o símbolo de menos antes de uma palavra para excluir resultados que contenham aquela palavra. Para a busca de termos ou frases exatas, deve-se coloca-la entre aspas duplas, portanto, apenas a alternativa E está correta.
Gabarito "E".

(Escrevente Técnico – TJSP – 2015) Os endereços de correio eletrônico (*e-mail*) são padronizados quanto à sua composição para possibilitar a correta identificação e o envio das mensagens pela internet. Dentre as alternativas apresentadas, a que contém um endereço de *e-mail* de acordo com a padronização é:

(A) marcos.com.br@
(B) @carlos.com.br
(C) #marcos@.eng.br
(D) marcos@#com.br
(E) carlos@casa.br

O padrão de escrita de endereços de email é composto por "username@domínio", onde username representa o nome do usuário dono do correio eletrônico e não pode conter certos caracteres como @, #, !, *, espaços em branco entre outros. Já o domínio indica o servidor ao qual o endereço de e-mail pertence e é composto por um nome (que também não pode conter caracteres especiais) seguido de uma extensão ou domínio de topo (como exemplos podemos citar .com.br, .gov.br, .com, .net, .org). Portanto apenas a alternativa E respeita essas regras e está correta.
Gabarito "E".

(Escrevente Técnico – TJSP – 2015) Para que uma mensagem possa ser enviada pelo serviço de correio eletrônico (*e-mail*), é imprescindível a inclusão
(A) do nome completo do destinatário no campo Para:.
(B) de pelo menos uma palavra no campo Assunto ou *Subject*.
(C) do endereço de *e-mail* nos campos Para:, ou Cc: ou Cco:.
(D) de pelo menos uma letra no corpo da mensagem.
(E) da mensagem em formato texto.

A: Errada, uma mensagem pode ser enviada sem a inclusão do nome completo do destinatário, porém é necessário o endereço de email completo do mesmo. B: Errada, é possível, ainda que não recomendado, enviar mensagens de correio eletrônico sem o campo Assunto preenchido. C: Correta, uma mensagem não pode ser enviada sem que haja um destinatário, seja no campo. Para ou nos campos de Cópia (Cc) ou Cópia Oculta (Cco). D: Errada, é possível enviar um e-mail sem um conteúdo em seu corpo. E: Errada, a mensagem pode estar em formato texto, HTML ou mesmo não haver nenhum conteúdo no corpo da mensagem.
Gabarito "C".

(Técnico Judiciário – TJSP – 2013 – VUNESP) Observe o URL a seguir.
http://www.vunesp.com.br/tjsp1207/
Assinale a alternativa que identifica corretamente a máquina ou o servidor, um dos componentes do URL, conforme as normas descritas na RFC 1738.
(A) http://www
(B) .com.br/tjsp1207/
(C) /tjsp1207/
(D) www.vunesp.com.br
(E) http://

A: errada, http:// identifica o protocolo e www um subdomínio ou máquina. B: errada, .com.br é o domínio de topo da URL e /tjsp1207 uma pasta dentro do domínio. C: errada, /tjsp1207/ identifica uma pasta dentro do domínio. D: correta, www.vunesp.com.br identifica um servidor onde está hospedada a página em questão. E: errada, http:// identifica o protocolo sendo utilizado.
Gabarito "D".

(Escrevente Técnico Judiciário – TJSP – VUNESP – 2017) Em geral, a especificação completa do *Uniform Resource Locator* (URL) apresenta os seguintes campos:
esquema://domínio:porta/caminhorecurso?querystring#fragmento

Sobre esses campos, é correto afirmar que
(A) o esquema pode ser apenas http ou https.
(B) o domínio determina o servidor que torna disponível o recurso ou o documento solicitado.
(C) a porta sempre será um número menor ou igual a 40.
(D) o caminho especifica as redes por meio das quais a solicitação será encaminhada.
(E) o fragmento é uma parte obrigatória, presente em qualquer URL.

A: Errada, há outros protocolos que podem ser usados em uma URL como por exemplo o ftp. B: Correta, o domínio representa um servidor que irá responder pelo recurso que se deseja acessar através da URL. C: Errada, a porta está ligada ao protocolo usado e pode ser um número menor que 40, como por exemplo para o FTP que utiliza por padrão a porta 21. D: Errada, o caminho especifica o local dentro do servidor que contém o recurso que se deseja acessar. E: Errada, o fragmento é opcional e em geral está presente em URLs ligadas a documentos web.
Gabarito "B".

(Escrevente Técnico – TJ/SP – 2010 – VUNESP) Assinale a alternativa que contém a correta afirmação sobre os serviços e recursos disponíveis aos usuários da Internet.
(A) A *World Wide Web* é o nome do serviço que primeiro permitiu aos internautas trocar mensagens eletrônicas.
(B) O termo *download* refere-se às ferramentas de busca que são úteis para a pesquisa de informações na rede.
(C) *Site* é a localidade da Internet onde os *spammers* armazenam as mensagens indesejáveis a serem postadas.
(D) URL é a linguagem de marcação utilizada para produzir páginas Web que podem ser interpretadas por *browsers*.
(E) Um *hyperlink* permite a um internauta migrar para outra página ou para outra posição no mesmo documento.

A: errada, a *World Wide Web*, também conhecida como WWW é uma rede de documentos de hipermídia interligados por *hyperlinks*. B: errada, o termo *download* se refere a ação de extrair um arquivo da Internet para seu computador. C: errada, *site* é um termo que designa uma página *web*. D: errada, a URL é o caminho que aponta para um documento ou página *web*. A linguagem de marcação descrita se chama HTML. E: correta, o *hyperlink* é um apontamento de um documento *web* para outro, permitindo a navegação entre eles.
Gabarito "E".

(Escrevente Técnico Judiciário – TJ/SP – 2008 – VUNESP) Uma URL (*Uniform Resource Locator*) é utilizada para indicar o endereço de um recurso disponível em uma rede, seja na Internet ou uma rede local. A estrutura da URL é composta de
(A) caracteres ://, seguido de protocolo e do endereço da máquina.
(B) caracteres www, seguido do endereço da máquina e do protocolo.
(C) endereço da máquina, seguido do caractere : e do protocolo.
(D) protocolo, seguido do caractere : e do endereço da máquina.
(E) protocolo, seguido dos caracteres :// e do endereço da máquina.

A: errada, o protocolo de comunicação vem antes dos caracteres ://. **B:** errada, o protocolo vem no início da URL, que nem sempre contém os caracteres www. **C:** errada, o protocolo vem no início da URL e é procedido por ://. **D:** errada, o protocolo é seguido pelos caracteres :// e não apenas :. **E:** correta, a estrutura de uma URL é composta por protocolo, seguido dos caracteres :// e do endereço da máquina.
Gabarito "E".

(Escrevente Técnico Judiciário – TJ/SP – 2008 – VUNESP) Para realizar a navegação na Internet pode ser utilizado qualquer *Browser* ou Navegador. Normalmente, essas ferramentas disponibilizam um recurso para que o usuário possa cadastrar as páginas *web* de sua preferência, comumente denominado

(A) Destinos preferidos.
(B) Sites preferidos.
(C) Sites visitados.
(D) Favoritos.
(E) Histórico.

A: errada, não há recurso denominado Destinos preferidos. **B:** errada, não há recurso denominado Sites preferidos. **C:** errada, não há recurso denominado Sites visitados. **D:** correta, o recurso é denominado Favoritos. **E:** errada, o recurso denominado Histórico armazena todos os *sites* visitados pelo usuário.
Gabarito "D".

2.2. Ferramentas e Aplicativos de Navegação

(Escrevente Técnico Judiciário – TJSP – VUNESP – 2017) Alguns navegadores utilizados na internet, como o Microsoft Edge e o Chrome, permitem um tipo de navegação conhecida como privada ou anônima. Sobre esse recurso, é correto afirmar que ele foi concebido para, normalmente,

(A) permitir que *sites* sejam acessados sem que sejam guardados quaisquer dados ou informações que possam ser usados para rastrear, a partir do navegador, as visitas efetuadas pelo usuário.
(B) impedir que o provedor de internet e os *sites* visitados tenham acesso aos dados relativos à navegação do usuário.
(C) não permitir o armazenamento de "favoritos" durante uma navegação.
(D) não permitir que sejam realizados *downloads* de quaisquer tipos de arquivos.
(E) substituir os dados do usuário por outros fictícios, definidos pelo próprio usuário, e evitar que propaganda comercial e *e-mails* do tipo *spam* sejam posteriormente encaminhados ao usuário.

A: Correta, a navegação privada ou anônima não guarda registros no computador dos sites acessados, textos digitados em campos ou cookies das páginas, de modo que não seja possível visualizar os dados de navegação do usuário. **B:** Errada, os provedores de internet e os próprios sites têm acesso os dados do usuário independente do modo de navegação utilizado. **C:** Errada, durante a navegação privada a opção adicionar aos favoritos pode ser usada normalmente. **D:** Errada, mesmo durante a navegação privada a realização de downloads pode ser feito normalmente pelo usuário. **E:** Errada, os dados do usuário não são substituídos pelo navegador no modo privado, apenas não é feito registro no computador do histórico de navegação e dados imputados pelo usuário.
Gabarito "A".

2.3. Correio Eletrônico

(Escrevente – TJ/SP – 2018 – VUNESP) Quando se recebe uma mensagem por meio do correio eletrônico, há diversas opções de resposta, sendo que na opção encaminhar,

(A) na mensagem de encaminhamento, não pode ser editado ou alterado o campo Assunto da mensagem original recebida.
(B) se houver anexos na mensagem original recebida, esta só pode ser enviada para um destinatário.
(C) se houver anexos na mensagem original recebida, apenas um deles pode ser incorporado à mensagem de encaminhamento.
(D) tanto o texto da mensagem original recebida quanto eventuais anexos são incorporados à mensagem de encaminhamento.
(E) não pode haver destinatários em cópia, se houver mais de um anexo na mensagem original recebida.

A: Errada, ao responder uma mensagem com a opção encaminhar é possível alterar normalmente o assunto da mensagem. **B:** Errada, no encaminhamento pode-se incluir ou não eventuais anexos e enviá--los para mais de um destinatário. **C:** Errada, no encaminhamento de mensagens o usuário pode escolher manter todos, alguns ou nenhum anexo da mensagem original. **D:** Correta, ao encaminhar uma mensagem de correio eletrônico o conteúdo da mensagem os anexos são incorporados automaticamente, podendo o usuário alterar livremente tanto a mensagem e assunto quando os anexos. **E:** Errada, mensagens encaminhadas podem possuir destinatários simples, em cópia e em cópia oculta, independentemente da existência de anexos.
Gabarito "D".

(Escrevente Técnico Judiciário – TJSP – VUNESP – 2017) Considerando o uso de correio eletrônico, ao se preparar uma mensagem para envio,

(A) o número de destinatários em cópia oculta não pode ser superior ao número de destinatários em cópia aberta.
(B) se esta for um encaminhamento de uma mensagem recebida, não é possível alterar o assunto presente na mensagem original.
(C) o número de destinatários em cópia aberta deve ser igual ao número de destinatários em cópia oculta.
(D) é possível enviá-la sem a especificação de seu assunto.
(E) se esta for um encaminhamento de uma mensagem recebida, não é possível enviá-la a destinatários em cópia oculta.

A: Errada, não há limitação quanto ao número de destinatários nos campos de cópia ou cópia oculta. **B:** Errada, ao encaminhar uma mensagem é possível alterar todos os campos desta, seja o assunto, corpo da mensagem, anexos ou outros destinatários. **C:** Errada, não há relação entre o número de destinatários de cópia ou cópia oculta em uma mensagem. **D:** Correta, uma mensagem pode ser enviada sem um assunto ou mesmo sem nenhum conteúdo no corpo da mensagem, é necessário apenas que haja um destinatário. **E:** Errada, sempre é possível realizar o envio de uma mensagem, seja ela encaminhada ou redigida pelo usuário, utilizando-se a opção de cópia oculta.
Gabarito "D".

(Escrevente Técnico Judiciário – TJ/SP – 2008 – VUNESP) No sistema de correio eletrônico (*e-mail*) da Internet, ao indicarmos os destinatários, é possível utilizar os campos: Para...(To...), Cc...(Cc...) e Cco...(Bcc...). Os destinatários indicados no campo Cco...

(A) serão ocultados para os receptores da mensagem.
(B) devem pertencer sempre a uma mesma corporação.
(C) devem enviar uma confirmação de recebimento da mensagem.
(D) receberão a mensagem criptografada com uma chave aberta.
(E) receberão apenas o cabeçalho e o assunto da mensagem, ficando o corpo da mensagem oculto.

A: correta, os destinatários do campo Cco estarão ocultados dos outros receptores da mesma mensagem. **B:** errada, não é necessário que os *emails* em Cco sejam da mesma corporação, uma vez que o campo se refere a cópias ocultas da mensagem. **C:** errada, os destinatários só devem enviar a confirmação de recebimento quando requerido pelo remetente. **D:** errada, as mensagens enviadas como cópias ocultas não são necessariamente criptografadas. **E:** errada, o item oculto na mensagem serão os destinatários e não o conteúdo do email.
Gabarito "A".

(TJ/SP – 2019 – VUNESP) Um usuário precisa verificar os sites recentemente visitados por meio do Microsoft Edge, em sua configuração padrão, para organizar um relatório contendo as fontes usadas para consultar normas de recursos humanos nos sites oficiais do governo. O atalho por teclado para abrir a janela de histórico é:

(A) Ctrl + J
(B) Ctrl + H
(C) Alt + F4
(D) Alt + F1
(E) Ctrl + F

A: Errada, o atalho Ctrl + J abre a lista de downloads recentes feitos pelo navegador. **B:** Correta, o atalho Ctrl + H abre a visualização do histórico de navegação do usuário. **C:** Errada, o atalho Alt + F4 faria com que a janela do Microsoftt Edge fosse fechada. **D:** Errada, o atalho Alt + F1 não possui função específica no Microsoft Edge. **E:** Errada, o atalho Ctrl + F ativa a função Pesquisar, permitindo que o usuário encontre determinado texto na página atual.
Gabarito "B".

3. WINDOWS

(Escrevente – TJ/SP – 2018 – VUNESP) O Windows 10 permite que o seu Explorador de Arquivos possa ser configurado em relação aos arquivos e pastas que manipula. Uma das configurações permitidas é ocultar

(A) os arquivos criptografados ou protegidos por senha.
(B) os arquivos de aplicativos não licenciados para o Windows 10.
(C) as extensões dos tipos de arquivo conhecidos.
(D) os arquivos que não foram ainda avaliados pelo antivírus.
(E) os arquivos não manipulados há pelo menos um ano.

O Windows Explorer possui uma série de configurações que podem ser modificadas para definir a forma como os arquivos serão exibidos. Algumas podem ser alteradas através da aba Modo de Exibição das Opções de Pasta e outros diretamente na barra de ferramentas. Dentre as mencionadas nesta questão, apenas ocultar ou exibir as extensões dos tipos de arquivo é uma opção válida existente, portanto, apenas a alternativa C está correta.
Gabarito "C".

(Escrevente – TJ/SP – 2018 – VUNESP) Um usuário de um computador com o sistema operacional Windows 10 clicou no seguinte botão presente na Barra de Tarefas:

Esse botão permite que

(A) a tela seja estendida em um segundo monitor de vídeo conectado no computador.
(B) a tela do computador seja reproduzida em um projetor.
(C) todas as janelas abertas sejam fechadas.
(D) múltiplas áreas de trabalho possam ser criadas ou gerenciadas.
(E) a lupa do Windows seja ativada para ampliar as informações exibidas na tela.

O botão indicado ativa a função Visão de Tarefas, que faz com que sejam exibidas todas as janelas na área de trabalho ativa e também permite a criação e gerenciamento de mais de uma área de trabalho, portanto, apenas a alternativa D está correta.
Gabarito "D".

(Escrevente – TJ/SP – 2018 – VUNESP) A seguir, é apresentada uma parte do Explorador de Arquivos do Windows 10.

A seta para cima presente antes da Barra de Endereço se destina a

(A) levar à tela seguinte.
(B) levar ao nível acima do atual, ou seja, Este Computador.
(C) desfazer a última ação realizada.
(D) levar à tela anterior.
(E) levar ao nível abaixo do atual Downloads, se existir.

As três setas presentes ao lado esquerdo da barra de navegação do Windows Explorer são usadas para facilitar a navegação entre as pastas. A primeira, apontando para a esquerda, retornará o usuário à última pasta aberta; a segunda, apontando para a direita, irá avançar novamente para uma pasta já visitada, estando apenas ativa após a seta de voltar ser utilizada; a terceira, apontando para cima, é usada para acessar a pasta pai do diretório atual. Portanto, apenas a alternativa B está correta.
Gabarito "B".

(Escrevente – TJ/SP – 2018 – VUNESP) O Windows 10, em sua configuração padrão, permite que o usuário configure o Menu Iniciar, por exemplo, para

(A) mostrar os aplicativos mais usados.
(B) bloquear os aplicativos que possam estar infectados por vírus.

(C) indicar os aplicativos que não foram certificados para o Windows 10.
(D) ativar automaticamente a Ajuda do Windows a cada erro do usuário.
(E) restaurar programas apagados acidentalmente.

Dentre as alternativas apresentas apenas a possibilidade de mostrar os aplicativos mais usados existe e é possível de ser configurada pelo usuário, todas as outras são opções inexistentes, portanto, apenas a alternativa A está correta.
Gabarito "A".

(Escrevente – TJ/SP – 2018 – VUNESP) No sistema operacional Windows 10, uma das maneiras de encontrar algum programa ou aplicativo disponível no computador é

(A) digitar o nome do programa ou aplicativo na Barra de Pesquisa do Edge.
(B) pressionar a tecla do logotipo do Windows + P, que provocará a exibição de todos os programas disponíveis.
(C) selecionar o ícone Busca de Programas no Painel de Controle e digitar o nome do programa ou aplicativo.
(D) selecionar o ícone Programas e Aplicativos na Barra de Tarefas, que exibe todos os programas ou aplicativos instalados.
(E) digitar o nome do programa ou aplicativo na Caixa de Pesquisa na Barra de Tarefas.

A: Errada, ao usar a barra de pesquisa do Edge é feita uma busca na internet e não no computador do usuário. **B:** Errada, o atalho mencionado permite alterar opções de exibição do Windows em múltiplos monitores. **C:** Errada, não existe ícone denominado Busca de Programas no Painel de Controle. **D:** Errada, não existe ícone denominado Programas e Aplicativos na Barra de Tarefas. **E:** Correta, a Caixa de Pesquisa presente na Barra de Tarefas pode ser usada para encontrar arquivos ou programas no computador do usuário.
Gabarito "E".

Atenção: Figura para a questão seguinte.

(Escrevente Técnico – TJSP – 2015) Em um computador com o sistema operacional Windows 7, em sua configuração padrão, diversos atalhos de teclado estão associados ao uso da Área de Transferência. O atalho de teclado destinado a desfazer a ação anterior é o:

(A) Ctrl+D
(B) Alt+U
(C) Ctrl+Z
(D) Alt+Z
(E) Ctrl+U

A: Errada, o atalho Ctrl + D não está associado a nenhuma função do Windows. **B:** Errada, o atalho Alt + U não está associado a nenhuma função do Windows. **C:** Correta, o atalho Ctrl + Z desfaz a última ação feita pelo usuário em diversos locais, inclusive na Área de Transferência. **D:** Errada, o atalho Alt + Z não está associado a nenhuma função do Windows. **E:** Errada, o atalho Ctrl + U não está associado a nenhuma função do Windows.
Gabarito "C".

(Escrevente Técnico – TJSP – 2015 – VUNESP) Um usuário de um computador com o sistema operacional Windows 7, em sua configuração padrão, deletou um atalho presente na Área de Trabalho. Sobre essa ação, é correto afirmar que

(A) o atalho será colocado na Lixeira e o arquivo associado ao atalho será preservado.
(B) o atalho será destruído, sem ser colocado na Lixeira.
(C) o atalho será retirado da Área de Trabalho e transferido para a pasta na qual se encontra o arquivo associado ao atalho.
(D) tanto o atalho como o arquivo associado ao atalho serão colocados na Lixeira.
(E) tanto o atalho como o arquivo associado ao atalho serão destruídos, sem serem colocados na Lixeira.

A: Correta. Ao ser excluído, um atalho é enviado para a Lixeira como qualquer outro arquivo e, por ser apenas uma referência ao endereço do arquivo original, o mesmo não será afetado. **B:** Errada, apenas são destruídos sem passar pela Lixeira os arquivos provenientes de unidades removíveis e os arquivos apagados a partir do atalho Shift + Delete. **C:** Errada, arquivos removidos vão para a Lixeira até que sejam excluídos permanentemente, mesmo que sejam atalhos. **D:** Errada, a remoção de um atalho não afeta em nada o arquivo original. **E:** Errada, a remoção de um atalho não afeta em nada o arquivo original.
Gabarito "A".

(Escrevente Técnico – TJSP – 2015) Um usuário de um computador com o sistema operacional Windows 7, em sua configuração padrão, arrastou um arquivo presente em uma pasta da unidade de disco C para uma pasta da unidade de disco D. Sobre essa ação, é correto afirmar que o

(A) arquivo e sua pasta serão movidos para a pasta da unidade de disco D.
(B) arquivo será copiado para a pasta da unidade de disco D.
(C) arquivo será movido para a pasta da unidade de disco D.
(D) arquivo e sua pasta serão copiados para a pasta da unidade de disco D.
(E) comando não terá efeito, pois só se pode arrastar arquivos em uma mesma unidade de disco.

A: Errada, mover um arquivo seja para outra unidade ou para outro local dentro da mesma unidade não afeta a pasta de origem. **B:** Correta, mover um arquivo de uma unidade para outra sem utilizar nenhuma tecla modificadora irá fazer com que seja criada uma cópia do arquivo original no local de destino. **C:** Errada, para que o arquivo seja movido ao ser arrastado de uma unidade para outra é necessário utilizar a tecla Shift antes de soltar o arquivo em seu destino. **D:** Errada, mover um arquivo seja para outra unidade ou para outro local dentro da mesma unidade não afeta a pasta de origem. **E:** Errada, é possível arrastar um arquivo de uma unidade de disco para outra, ação que criará uma cópia do arquivo em seu local de destino.
Gabarito "B".

(Escrevente Técnico Judiciário – TJSP – VUNESP – 2017) No sistema operacional Windows 10, em sua configuração padrão, um usuário aciona o Explorador de Arquivos, seleciona um arquivo e pressiona a tecla F3. Em seguida,

(A) o arquivo será deletado e colocado na Lixeira.
(B) o arquivo será deletado definitivamente.
(C) o cursor será colocado no campo de busca da Ferramenta de Pesquisa.
(D) as propriedades do arquivo serão exibidas.
(E) a Ajuda do Windows 10 será ativada.

A: Errada, para que o arquivo seja deletado e colocado na Lixeira deve-se usar a tecla Delete. **B:** Errada, para que o arquivo seja deletado definitivamente deve-se utilizar o atalho Shift + Delete. **C:** Correta, dentro do Windows Explorer na versão 10 do Windows o atalho F3 leva o curso de digitação até a caixa de pesquisa. **D:** Errada, para exibir os detalhes do arquivo deve-se clicar com o botão direito do mouse e selecionar o item Propriedades. **E:** Errada, para abrir a ajuda do Windows 10 deve-se utilizar o botão F1.
Gabarito "C".

(Escrevente Técnico Judiciário – TJSP – VUNESP – 2017) No sistema operacional Windows 10, em sua configuração padrão, um usuário clicou com o botão direito do *mouse* em um espaço livre da Área de Trabalho, e a seguinte lista de opções surgiu na tela.
Esse usuário deseja criar um atalho para um arquivo na Área de Trabalho, e, para isso, ele deve clicar em

(A) "Novo", em seguida, selecionar "Atalho" na lista de opções que surge na tela, e seguir as orientações na janela "Criar Atalho".
(B) "Exibir", em seguida, digitar o nome do atalho na janela que surge na tela.
(C) "Atualizar", em seguida, selecionar "Atalho" na lista de opções que surge na tela, e seguir as orientações na janela "Criar Atalho".
(D) "Novo", em seguida, digitar o nome do atalho na janela que surge na tela.
(E) "Exibir", em seguida, selecionar "Atalho" na lista de opções que surge na tela, e seguir as orientações na janela "Criar Atalho".

A: Correta, dentro do item Novo há a possibilidade de criar uma série de arquivos assim como atalhos para outros arquivos ou programas, para isso basta selecionar a opção Atalho e indicar qual o arquivo ou programa desejado. **B:** Errada, o item Exibir contém opções relacionadas à exibição dos ícones da área de trabalho como o tamanho dos ícones e sua organização. **C:** Errada, a opção atualizar irá apenas atualizar os itens exibidos na área de trabalho. **D:** Errada, ao selecionar o item novo será exibida uma nova lista de opções que podem ser escolhidas pelo usuário, para a criação de atalho basta selecionar o item "Atalho". **E:** Errada, não há opção Atalho no item Exibir, que trata da exibição dos ícones da área de trabalho.
Gabarito "A".

(Escrevente Técnico Judiciário – TJSP – VUNESP – 2017) No sistema operacional Windows, em sua configuração padrão, os nomes de arquivos ou pastas seguem algumas regras, sobre as quais é correto afirmar que

(A) os nomes dos arquivos no Windows 10 podem ter até 128 caracteres.
(B) o nome do arquivo no Windows 10 não pode ter caracteres como \ /: * ? " < > |, mas o nome do seu caminho pode incluí-los.
(C) caracteres como \ /: * ? " < > | podem ser utilizados nos nomes no Windows 10.
(D) o tamanho máximo de caracteres que pode ser utilizado no Windows 10 inclui o nome do arquivo e do seu caminho.
(E) o nome do arquivo no Windows 10 não pode ter caracteres como \ /: * ? " < > |, mas a sua extensão pode incluí-los.

A: Errada, arquivos no Windows 10 podem ter nomes com mais de 128 caracteres desde que não atinjam o limite de 260 caracteres para o caminho completo até o arquivo. **B:** Errada, assim como arquivos, pastas não podem conter os caracteres mencionados. **C:** Errada, estes caracteres não podem ser usados em nomes de arquivos ou pastas. **D:** Correta, no Windows 10 há um limite de 260 caracteres para o caminho completo até um arquivo mais seu nome. **E:** Errada, os caracteres mencionados não podem estar presentes no nome de um arquivo ou pasta ou em extensões de arquivos.
Gabarito "D".

(Escrevente Técnico Judiciário – TJ/SP – 2008 – VUNESP) O Windows XP possui um recurso que possibilita a troca de informações entre diferentes aplicativos. Quando se recorta, copia ou cola textos e imagens, o Windows utiliza o recurso denominado

(A) Área de trabalho.
(B) Área de transferência.
(C) Área de troca de informações.
(D) Memória *cache*.
(E) Memória de transferência.

A: errada, a Área de trabalho se refere à tela inicial do sistema operacional onde se encontram os ícones e atalhos assim como o plano de fundo escolhido pelo usuário. **B:** correta, é utilizado o recurso denominado Área de transferência. **C:** errada, não há nenhum recurso denominado Área de troca de informações no Windows XP. **D:** errada, a Memória *cache* é uma memória auxiliar utilizada pelo sistema operacional. **E:** errada, não há um recurso denominado Memória de transferência no Windows XP.
Gabarito "B".

(Escrevente Técnico Judiciário – TJ/SP – 2008 – VUNESP) Analise as afirmações sobre o sistema operacional Windows XP:

I. a finalidade do Windows Explorer é permitir a navegação na Internet;
II. Botão iniciar, Ícones e Barra de Tarefas são elementos presentes na Área de Trabalho;
III. Papel de Parede é o nome atribuído a um conjunto de configurações pré-definidas destinadas a personalizar a Área de Trabalho;
IV. um Atalho a um programa permite que este seja acessado com maior rapidez.

Sobre as afirmações, pode-se dizer que está correto o contido em

(A) I e II, apenas.
(B) I e III, apenas.
(C) II e IV, apenas.
(D) I, II e IV, apenas.
(E) I, II, III e IV.

As afirmativas I e III estão incorretas, o Windows Explorer tem como função a navegação no sistema de arquivos do computador e Papel de Parede é o nome atribuído à imagem de fundo presente na área de trabalho. Portanto apenas a alternativa C está correta.

Gabarito "C".

(Escrevente Técnico Judiciário – TJ/SP – 2011 – VUNESP) Um escrevente está usando o programa Windows Explorer, que integra o Microsoft Windows XP em sua configuração padrão, para a visualização das pastas e arquivos de seu computador. Sabendo que a tela apresentada pelo programa é a que está reproduzida na figura a seguir, assinale a alternativa que contém a afirmação correta.

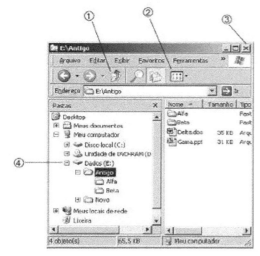

(A) Ao se clicar sobre o ícone 1, a área à direita da tela do programa irá exibir os itens existentes no Disco Local (**C:**).
(B) Ao se clicar sobre o ícone 2, será iniciada a apresentação Gama.ppt que está armazenada na pasta denominada Beta.
(C) Clicando-se sobre o ícone 3, a pasta selecionada pelo usuário será removida do disco rígido do computador.
(D) Clicando-se sobre o ícone 4, serão ocultadas as pastas Alfa, Beta e também os arquivos Delta.doc e Gama.ppt.
(E) No arquivo Delta.doc existe menor quantidade de informação armazenada em *bits* do que existe no arquivo Gama.ppt.

A: errada, o ícone 1 faz com que seja exibida uma pasta superior a atual a hierarquia de pastas. **B:** errada, o ícone 2 permite alterar o modo de exibição dos itens presentes na janela da direita. **C:** errada, o ícone 3 apenas fecha a janela atual. **D:** correta, o ícone 4 retrai as pastas que estão sendo exibidas de forma expandida, portanto as pastas Alta e Beta seriam ocultadas, os arquivos também seria ocultados pois a exibição mudaria para o conteúdo do disco de Dados (**E:**). **E:** errada, como se pode comprovar pela segunda coluna exibida na tela da direita, o arquivo Delta.doc possui mais bits que o arquivo Gama.ppt.

Gabarito "D".

(Escrevente Técnico – TJ/SP – 2010 – VUNESP) Assinale a alternativa cujas palavras completam, correta e respectivamente, a afirmação a seguir.

Para apagar, de forma intercalada, vários arquivos de uma pasta cujo conteúdo está sendo visualizado com o Windows Explorer, que integra o Microsoft Windows XP, em sua configuração padrão, um usuário deverá acionar a tecla, selecionar os arquivos com o *mouse* e acionar a tecla .

(A) Ctrl ... Delete
(B) Ctrl ... Escape
(C) End ... PageUp
(D) Shift ... Delete
(E) Shift ... Home

A: correta, a tecla Ctrl combinada com cliques do *mouse* permite a seleção não adjunta e a tecla Delete faz a exclusão dos arquivos selecionados. **B:** errada, a tecla Escape cancela uma ação, o correto seria a tecla Delete. **C:** errada, a tecla End apenas leva a seleção para o último arquivo no diretório atual. **D:** errada, a tecla shift faz a seleção de vários arquivos adjacentes, portanto não é possível a seleção intercalada. **E:** errada, a tecla shift faz a seleção de vários arquivos adjacentes, portanto não é possível a seleção intercalada.

Gabarito "A".

(TJ/SP – 2019 – VUNESP) Um usuário do MS-Windows 10, em sua configuração padrão, que precise organizar seus arquivos e pastas deve usar o aplicativo acessório padrão Explorador de Arquivos, que pode ser aberto por meio do atalho por teclado, segurando-se a tecla Windows do teclado e, em seguida, clicando na letra

(A) T
(B) F
(C) R
(D) E
(E) A

A: Errada, o atalho Windows + T é usado para alternar a seleção de destaque dos aplicativos abertos localizados na barra de tarefas do Windows. **B:** Errada, no Windows 10 o atalho Windows + F inicia o aplicativo Hub de Comentários, usado para reportar problemas de uso do sistema operacional. **C:** Errada, o atalho Windows + R abre a função Executar, que pode ser usada para executar determinado comando ou iniciar algum programa no Windows. **D:** Correta, o atalho Windows + E inicia o Windows Explorer, que permite navegar na estrutura de pastas e arquivos do computador. **E:** Errada, no Windows 10 o atalho Windows + A abre a área de notificação do Windows, que também pode ser acessada através do ícone 💬 localizado ao lado do relógio na barra de tarefas.

Gabarito "D".

3. MATEMÁTICA E RACIOCÍNIO LÓGICO

Enildo Garcia e André Nader Justo

1. RACIOCÍNIO LÓGICO

(TJ/SP – 2019 – VUNESP) Considere a seguinte afirmação:

Se Ana e Maria foram classificadas para a segunda fase do concurso, então elas têm chance de aprovação.

Assinale a alternativa que contém uma negação lógica para essa afirmação.

(A) Se Ana e Maria não foram classificadas para a segunda fase do concurso, então elas não têm chance de aprovação.

(B) Ana ou Maria não têm chance de aprovação e não foram classificadas para a segunda fase do concurso.

(C) Se Ana ou Maria não têm chance de aprovação, então elas não foram classificadas para a segunda fase do concurso.

(D) Ana e Maria foram classificadas para a segunda fase do concurso, mas elas não têm chance de aprovação.

(E) Se Ana ou se Maria, mas não ambas, não foi classificada para o concurso, então ela não tem chance de aprovação.

Resolução
Sejam as premissas
p: Ana e Maria foram classificadas para a segunda fase do concurso
q: elas têm chance de aprovação
e a condicional p $\rightarrow$ q.
Sabe-se que a negação da condicional p $\rightarrow$ q é dada por $p \wedge \sim q$, conforme a tabela-verdade:

p	q	p $\rightarrow$ q
V	V	V
V	F	F
F	V	V
F	F	V

Logo, a opção de resposta correta é a letra D.

(TJ/SP – 2019 – VUNESP) O irmão de Mário é administrador judiciário, mas o primo dele não. Sendo assim, é correto deduzir que

(A) Henrique é administrador judiciário e, portanto, não é primo de Mário.

(B) Se Ronaldo não é primo de Mário, então ele não é administrador judiciário.

(C) Se Gilmar não é administrador judiciário, então ele não é primo de Mário.

(D) Se Sérgio é administrador judiciário, então ele é irmão de Mário.

(E) Mário não é irmão de Cláudio e, portanto, Cláudio não é administrador judiciário.

Resolução
Ao analisar as opções de resposta, nota-se
(B) Errado, pois Ronaldo pode ser ou não administrador judiciário;
(C) Errado, porque Gilmar pode ser ou não primo de Mário;
(D) Errado, pois nada garante que Sérgio é irmão de Mário;
(E) Errado, porque nada foi dito sobre Cláudio.
Assim, a opção de resposta correta é a letra A.

(TJ/SP – 2019 – VUNESP) Considere verdadeiras as seguintes informações:

I. Se Neusa é juíza, então Débora é advogada.
II. Se Edmilson é administrador judiciário, então Clarice é delegada.
III. Débora é advogada se, e somente se, Mauro for desembargador.
IV. Todo administrador judiciário é formado em Administração.

Sabendo-se que Mauro não é desembargador e que Edmilson não é formado em Administração, é correto afirmar que

(A) Clarice é delegada.
(B) Neusa é juíza.
(C) Clarice é delegada ou Neusa não é juíza.
(D) Neusa não é juíza se, e somente se, Clarice não for delegada.
(E) Neusa não é juíza e Clarice não é delegada.

Resolução
Ao analisar as opções de resposta e as informações: I a IV, nota-se
(A) Incorreto porque, uma vez que Edmilson não é formado em Administração não pode ser administrador judiciário e, então, como Edmilson não é administrador judiciário, Clarice não é delegada.

(B) Errado, pois Débora não é advogada pois, a partir de III, como Mauro não é desembargador, Débora também não é advogada de acordo com a tabela-verdade da bicondicional:

P Débora é advogada	q Mauro é desembargador	p $\leftrightarrow$ q
V	V	V
V	F	F
F	V	F
F	F	V

De I, tem-se que, como Débora não é advogada, Neusa pode ser ou não juíza de acordo com essa condicional I;
(C) Correto (Falso $\vee$ Verdadeiro) é Verdadeiro;
A partir de III tem-se
Débora é advogada $\leftrightarrow$ Mauro for desembargador.
No entanto Mauro não é desembargador.
Então para que a bicondicional seja verdadeira, deve-se ter que Débora não é advogada.

De I tem-se que, como Débora não é advogada, Neusa pode ser ou não juíza;

(D) Errado, pois não se sabe se Clarice é ou não delegada

P Neusa é juíza	q Clarice é delegada	p ↔ q
V	V	V
V	F	F
F	V	F
F	F	V

(E) Errado, porque não se sabe se Neusa é ou não é juíza e se Clarice é ou não delegada.
Assim, a opção de resposta correta é a letra C. (EG)

(TJ/SP – 2019 – VUNESP) Se Milton ou Tomas, apenas um deles, é administrador judiciário, então Valéria é policial. Sabendo-se que Valéria não é policial, conclui-se, corretamente, que

(A) Milton e Tomas não são administradores judiciários.
(B) Apenas Tomas não é administrador judiciário.
(C) Apenas Milton não é administrador judiciário.
(D) Milton é administrador judiciário se, e somente se, Tomas também for.
(E) Milton não é administrador judiciário se, e somente se, Tomas também não for.

Resolução
Sejam as premissas
p: Milton é administrador judiciário
q: Tomas é administrador judiciário
r: Valéria é policial
e a implicação
(p v q) ⟶ r
sabe-se que quando se afirma
"Se Milton ou Tomas, apenas um deles, é administrador judiciário"
tem-se o caso de disjunção exclusiva com a

Tabela-verdade do conectivo 'ou exclusivo' v

p	q	p v q
V	V	F
V	F	V
F	V	V
F	F	F

Valéria não é policial: ~r.

a negação da condicional (p v q) ⟶ r é dada **por** $(p \vee q) \wedge \sim r$

Tem-se a

Tabela-verdade da bicondicional ↔

p	q	p ↔ q
V	V	V

V	F	F
F	V	F
F	F	V

logo, é o caso
Milton é administrador judiciário se, e somente se, Tomas também for.

Então, a opção de resposta correta é a letra D.

(Escrevente Técnico Judiciário – TJSP – VUNESP – 2017) Uma negação lógica para a afirmação "João é rico, ou Maria é pobre" é:

(A) Se João não é rico, então Maria não é pobre.
(B) João é rico, e Maria não é pobre.
(C) João não é rico, ou Maria não é pobre.
(D) João não é rico, e Maria não é pobre.
(E) Se João é rico, então Maria é pobre.

Resolução
Sejam as premissas
p: João é rico
q; Maria é pobre
e a afirmação r = p v q.
Pede-se a negação lógica de r, isto é,-r,
Sabe-se, da Lógica formal, que –r = ~(´p v q) = ~p ∧ ~q, ou seja,
João não é rico e Maria não é pobre. ⇒ Letra D
Trata-se da aplicação das leis de de Morgan: a negação transforma a conjunção lógica em disjunção e vice-versa. EG

(Escrevente Técnico Judiciário – TJSP – VUNESP – 2017) "Existe um lugar em que não há poluição" é uma negação lógica da afirmação:

(A) Em alguns lugares, não há poluição.
(B) Em alguns lugares, pode não haver poluição.
(C) Em todo lugar, não há poluição.
(D) Em alguns lugares, há poluição.
(E) Em todo lugar, há poluição.

Solução
A negação do quantificador existencial ∃x(x não tem poluição) é o quantificador universal ∀ seguido de negação:
∀x: (x tem poluição), ou seja, em todo lugar há poluição. => Letra E
Trata-se da aplicação das segundas leis de de Morgan: a negação transforma o quantificador universal em quantificador existencial seguido de negação e vice-versa. EG

(TJ/SP – 2019 – VUNESP) A cada 5 dias, independentemente de ser dia de semana, final de semana, ou feriado, determinada tarefa é realizada por uma equipe da polícia civil de determinado estado. Considere que a realização dessa tarefa tenha que ocorrer no dia 03 de fevereiro de 2019. Sabendo que o mês de fevereiro de 2019 tem 28 dias, que os meses de março e maio de 2019 têm 31 dias, cada um, e que o mês de abril de 2019 tem 30 dias, o primeiro dia do mês de junho de 2019 em que essa tarefa também deverá ser realizada será o dia

(A) 2.
(B) 4.
(C) 5.
(D) 6.

(E) 3.

1ª solução
Tem-se, então,
25 dias em fevereiro
31 dias em março
30 dias em abril
31 dias em maio
com o total de 117 dias até 1º de junho.
Assim,
como é feita de 5 em 5 dias, ao dividir esse total de dias por 5 obtém-se 117/5 = 23 + 2 dias, e a tarefa deverá ocorrer no dia 1º de junho + 2 dias, ou seja, em 3 de junho.

Logo, a opção de resposta correta é a letra E.

2ª solução (Não recomendável)

datas de ocorrência da tarefa:
fev: 3; 8; 13; 18; 23; 28;
mar: 5; 10; 15; 20; 25; 30;
abr: 4; 9; 14; 19; 24; 29;
maio: 4; 9; 14; 19; 24; 29;
junho: 3

Logo, a opção de resposta correta é a letra E.

Gabarito "E".

(TJ/SP – 2019 – VUNESP) Carlos, Denis, Elvis e Flávio têm 1, 2, 3 ou 4 netos, um veículo de marca diferente, sendo as marcas A, B, C ou D, e moram em cidades distintas, sendo Sorocaba, Itu, Valinhos, ou Araraquara, não necessariamente nessas ordens. Sabe-se que:

- Carlos, que mora em Valinhos, tem mais netos do que Denis e do que quem tem o carro da marca A;
- Denis tem o carro da marca D;
- Quem mora em Sorocaba tem o carro da marca A;

O morador de Itu tem menos netos do que Elvis e do que quem tem o carro da marca C;

Quem mora em Araraquara tem 2 netos e não tem o carro da marca D;

Quem tem o carro da marca B tem 4 netos.

Com essas informações, assinale a alternativa que contém uma associação correta.

(A) Quem mora em Valinhos tem o carro da marca C.
(B) Quem mora em Itu tem o carro da marca D.
(C) Flávio mora em Sorocaba.
(D) Elvis tem 4 netos.
(E) Flávio tem 3 netos.

Resolução
Inserem-se os dados iniciais em uma tabela expandida:

		pessoa				qtdade de netos				veículo				cidade			
		C	D	E	F	1	2	3	4	A	B	C	D	S	V	I	A
pessoa	C													N	S	N	N
	D									N	N	N	S				
	E																
	F																
Qtdade de netos	1																
	2																
	3																
	4																
veículo	A	N															
	B	N															
	C	N															
	D	S															
cidade	S	N															
	V	S															
	I	N															
	A	N															

Vai-se, então, preenchendo-a conforme as informações
Carlos, que mora em Valinhos, tem mais netos do que
Denis e do que quem tem o carro da marca A;
Denis tem o carro da marca D;

Continua-se a preencher
Quem mora em Sorocaba tem o carro da marca A;
O morador de Itu tem menos netos do que Elvis e do que quem tem o carro da marca C;
Quem mora em Araraquara tem 2 netos e não tem o carro da marca D;
Quem tem o carro da marca B tem 4 netos.

Note que o morador de Itu tem que ter 1, 2 ou 3 netos e, como o de Araraquara já tem 2, então o de Itu tem 1 ou 2 netos, Conclui-se, ainda, que o morador de Itu tem 1 neto para ele ter menos netos do que Elvis e do quem tem o carro da marca C;

Uma vez que quem tem o carro da marca B tem 4 netos, não pode ser o morador de Itu,

		pessoa				qtdade de netos				veículo				cidade			
		C	D	E	F	1	2	3	4	A	B	C	D	S	V	I	A
pessoa	C									N				N	S	N	N
	D									N	N	N	S				
	E															N	
	F																
Qtdade netos	1										N			N	N	S	N
	2										N			N	N	N	S
	3										N			N	N	N	N
	4										S					N	N
veículo	A	N	N			N	N	N	S					S	N	N	N
	B		N											N		N	
	C		N											N		N	
	D		S											N	N	S	N
cidade	S	N				N	N		S	N	N	N					
	V	S				N	N	S		N							
	I	N		N		S	N	N	N		N	N	S				
	A	N				N	S	N	N				N				

A opção de resposta correta é a letra B.

Gabarito "B".

(Escrevente Técnico – TJSP – 2015 – VUNESP) Em um laboratório, há 40 frascos contendo amostras de drogas distintas. Esses frascos estão numerados de 01 a 40, sendo que os frascos de numeração par estão posicionados na prateleira Q e os de numeração ímpar estão posicionados na prateleira R. Sabe-se que o volume, em cm³, de cada amostra é igual à soma dos algarismos do número de cada frasco.

Nessas condições, é correto afirmar que a quantidade de frascos cujas amostras têm mais de 8 cm³ é

(A) maior na prateleira R do que na Q.
(B) maior na prateleira Q do que na R.
(C) igual em ambas as prateleiras.
(D) igual a 8.
(E) maior que 13.

Resolução:
Os frascos que têm mais de 8cm³ são os de numeração 09, 19, 27, 29, 37 e 39, da prateleira R e 18, 28 e 36, da Q.
Logo, a quantidade de frascos cujas amostras têm mais de 8 cm³ é maior na prateleira R do que na Q.

Gabarito "A".

(Escrevente Técnico Judiciário – TJSP – VUNESP – 2017) Em um edifício com apartamentos somente nos andares de 1º ao 4º, moram 4 meninas, em andares distintos: Joana, Yara, Kelly e Bete, não necessariamente nessa ordem. Cada uma delas tem um animal de estimação diferente: gato, cachorro, passarinho e tartaruga, não necessariamente nessa ordem. Bete vive reclamando do barulho feito pelo cachorro, no andar imediatamente acima do seu. Joana, que não mora no 4º, mora um andar acima do de Kelly, que tem o passarinho e não mora no 2º andar. Quem mora no 3º andar tem uma tartaruga. Sendo assim, é correto afirmar que

(A) Joana mora no 3º andar e tem um gato.
(B) o gato é o animal de estimação da menina que mora no 1º andar.
(C) Yara mora no 4º andar e tem um cachorro.
(D) Kelly não mora no 1º andar.
(E) Bete tem um gato.

Resolução
Construímos um esquema com os dados
1) Quem mora no 3º andar tem uma tartaruga

4º		
3º		tartaruga
2º		
1º		
andar	pessoa	animal

2) Bete vive reclamando do barulho feito pelo cachorro, no andar imediatamente acima do seu
Esquema 2.1

4º		
3º		tartaruga
2º		cachorro
1º	Bete	

Ou
Esquema 2.2

4º		cachorro
3º	Bete	tartaruga
2º		
1º		

3) Joana, que não mora no 4º, mora um andar acima do de Kelly, que tem o passarinho e não mora no 2º andar
Esquema 2.1 não serve pois há contradição: Kelly moraria no 2º andar e/ou tem um passarinho.
Logo, o Esquema 2.2, pode ser completado

4º	Yara	cachorro
3º	Bete	tartaruga
2º	Joana	gato
1º	Kelly	passarinho

Logo, ara mora no 4º andar e tem um cachorro, => letra C.

(Escrevente Técnico Judiciário – TJSP – VUNESP – 2017) Carlos é o único atleta que tem patrocínio de 3 empresas: A, B e C. Em se tratando de atletas que recebem patrocínios de apenas 2 dessas empresas, temos: Leandro e Hamilton, das empresas A e B; Marta e Silas, das empresas A e C; e Amanda, Renata e Sérgio, das empresas B e C. Se esses atletas fazem parte de um grupo contendo, ao todo, 18 atletas que recebem patrocínio das empresas A, B ou C, e cada empresa tem, pelo menos, 1 atleta recebendo patrocínio somente dela, então é correto afirmar que os números mínimo e máximo de atletas que a empresa B pode patrocinar são, respectivamente,

(A) 7 e 14.
(B) 4 e 8.
(C) 5 e 10.
(D) 6 e 12.
(E) 8 e 16.

Solução
1) A empresa B já patrocina Leandro e Hamilton, Amanda, Renata e Sérgio.
E também o Carlos. Uma vez que cada empresa tem, pelo menos, 1 atleta recebendo patrocínio somente dela ,
B tem que patrocinar mais esse exclusivo. Ou seja, 7 atletas. B, então, patrocina 7 atletas no mínimo.

2) Uma vez que Marta e Silas, são patrocinadas por A e C, essas empresas só podem terr mais um patrocínio
exclusivo cada uma.
Portanto, devemos retirar esses quatro, e a empresa B pode, assim, no máximo, patrocinar 18 – 4 = 14 atletas.
Resposta: letra A.

(Escrevente Técnico Judiciário – TJSP – VUNESP – 2017) Na sequência numérica 2, 3, 5, 9, 17, 33, 65, 129, ..., mantida a ordem preestabelecida, o próximo elemento é
(A) 249
(B) 265
(C) 281
(D) 273
(E) 257

Resolução
Observando-se a sequência, vê-se que um elemento é o dobro do anterior – 1.
Matematicamente,
$a^{n+1} = 2a^n - 1$.
Para $a^n = 129$, obtemos
$a^{n+1} = 2 \times 129 - 1$
$a^{n+1} = 258 - 1$
$a^{n+1} = 257$ Letra E.

(Escrevente Técnico Judiciário – TJSP – VUNESP – 2017) Observe as 4 primeiras figuras de uma sequência, em que cada figura contém 5 símbolos:

♣ ♦ ♥ ♠ •	♣ ♣ ♥ ♠ •	♣ ♦ ♥ ♠ •	• ♦ ♥ ♠ ♣
Figura 1	Figura 2	Figura 3	Figura 4

Nessa sequência, as figuras 5, 6, 7 e 8 correspondem, respectivamente, às figuras 1,2, 3 e 4, assim como as figuras 9, 10, 11 e 12, e assim por diante, mantendo-se essa correspondência. Com relação à ordem dos símbolos, o 1º dessa sequência é ♣, o 8º é ♥, o 15º é •, e assim por diante. Nestas condições, o 189º símbolo é

(A) ♣
(B) ♦
(C) ♠
(D) ♥
(E) •

Solução
Os 20 símbolos repetem-se seguidamente.
E, na sequência, o 189º símbolo será o nono após 20x9 repetições.
Matematicamente, tem-se 189(mod 20) = 9.
Tal símbolo é o ª ♠ letra C.

(Escrevente Técnico – TJSP – 2015 – VUNESP) Considere verdadeira a seguinte afirmação: "Todos os primos de Mirian são escreventes".

Dessa afirmação, conclui-se corretamente que

(A) se Pâmela não é escrevente, então Pâmela não é prima de Mirian.
(B) se Jair é primo de Mirian, então Jair não é escrevente.
(C) Mirian é escrevente.

(D) Mirian não é escrevente.
(E) se Arnaldo é escrevente, então Arnaldo é primo de Mirian.

Solução:
Sejam as afirmações
p: ser primo de Mirian
q: ser escrevente
Tem-se "p"⇒"q." Condicional que só é verdadeira se p e q forem ambas verdadeiras ou falsas.
Gabarito "A".

(Escrevente Técnico – TJSP – 2015 – VUNESP) Marta confeccionou três cartões em papel cartolina e carimbou figuras em somente uma das faces de cada cartão. Ao encontrar um de seus amigos, Marta informou-lhe que todo cartão de cor amarela tinha carimbada, em uma das faces, uma figura em tinta na cor azul. Após dizer isso, ela mostrou a esse amigo três cartões: o primeiro cartão, de cor amarela, continha uma figura carimbada em tinta na cor azul; o segundo cartão, de cor vermelha, continha uma figura carimbada em tinta na cor preta; o terceiro cartão, na cor branca, continha uma figura carimbada em tinta na cor azul.

Com base no que foi apresentado, pode-se afirmar corretamente que
(A) apenas o terceiro cartão mostrado contradiz a afirmação de Marta.
(B) apenas o segundo cartão mostrado contradiz a afirmação de Marta.
(C) todos os cartões mostrados contradizem a afirmação de Marta.
(D) nenhum dos cartões mostrados contradiz a afirmação de Marta.
(E) apenas o segundo e o terceiro cartões mostrados contradizem a afirmação de Marta.

Solução:
Sejam as afirmações
p: o cartão é amarelo
q: contém uma figura em tinta na cor azul.
p⇒q.
Tabela Verdade da implicação

P	q	p ⇒ q
V	V	V
V	F	F
F	V	F
F	F	V

Tabula-se a apresentação

Cartão apresentado	p	q	contradiz
1º	V	V	não
2º	F	F	não
3º	F	V	não

Então, nenhum dos cartões mostrados contradiz a afirmação de Marta.
Gabarito "D".

(Escrevente - TJ/SP - 2018 - VUNESP) Considere os primeiros 8 elementos da sequência de figuras:

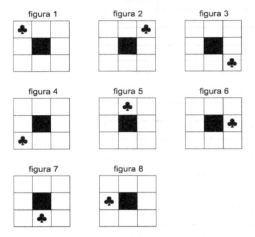

Nesta sequência, as figuras 9, 10, 11, 12, 13, 14, 15 e 16 correspondem, respectivamente, às figuras 1, 2, 3, 4, 5, 6, 7, 8, assim como as figuras 17, 18, 19, 20, 21, 22, 23 e 24, e assim segue, mantendo-se esta correspondência. Sobrepondo-se as figuras 109, 131 e 152, obtém-se a figura

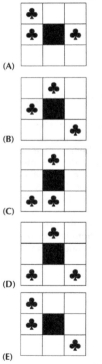

Resolução
Os números 109, 131 e 152, quando divididos por 8 dão restos 5, 3 e 0, respectivamente. Ou seja, na sequência das figuras corresponderão às figuras 5, 3 e 8, respectivamente. Assim na sobreposição delas obtém-se a figura da letra B. EG
Gabarito "B".

3. MATEMÁTICA E RACIOCÍNIO LÓGICO

(Escrevente - TJ/SP - 2018 - VUNESP) Na sequência numérica 1, 2, 3, 6, 7, 8, 21, 22, 23, 66, 67, 68, ..., os termos se sucedem segundo um padrão. Mantido o padrão, o décimo quarto termo é o número

(A) 202.
(B) 282.
(C) 229.
(D) 308.
(E) 255.

Resolução
Separando-se a sequência de 3 em 3 termos – que estão em ordem numérica –, e cuja soma fornece o próximo, exibe-se um padrão:
1+ 2 + 3 = 6 que é o próximo termo, seguido, então, de 7 e 8
6 + 7 + 8 = 21   "   "
21 + 22 + 23= 66   "   "
66 + 67 + 68 = 201
Portanto, 13º termo vale 201
Temos, agora,
201 **202** 203 ...
14º termo vale 202.
Gabarito "A".

(Escrevente - TJ/SP - 2018 - VUNESP) Em um grupo de 100 esportistas que praticam apenas os esportes A, B ou C, sabe-se que apenas 12 deles praticam os três esportes. Em se tratando dos esportistas que praticam somente dois desses esportes, sabe-se que o número dos que praticam os esportes A e B é 2 unidades menor que o número dos que praticam os esportes A e C, e o número dos esportistas que praticam B e C excede em 2 unidades o número de esportistas que praticam os esportes A e C. Sabe-se, ainda, que exatamente 26, 14 e 12 esportistas praticam, respectivamente, apenas os esportes A, B e C. Dessa forma, o número total de esportistas que praticam o esporte A é

(A) 54.
(B) 60.
(C) 58.
(D) 56.
(E) 62.

Resolução
Colocam-se os dados em uma figura
Sendo
x: esportistas que praticam A e B
y: esportistas que praticam A e C
z: esportistas que praticam B e C, tem-se
x = y – 2 => y= x + 2
z = x - 2
Colocam-se os dados do enunciado na figura

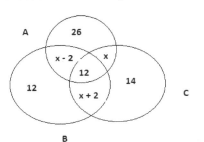

Daí,
100 = 26 + (x – 2) + 12 + (x – 2) + 12 + x
100 = 64 +3x
3x = 36
x = 12
Logo,
O número total de esportistas que praticam o esporte A é
26 + (x – 2) + 12 + x
26 + 10 + 12 + 12 = 60.
Gabarito "B".

(Escrevente - TJ/SP - 2018 - VUNESP) "Carlos tem apenas 3 irmãs, e essas 3 irmãs cursam o ensino superior."
Supondo verdadeira a afirmação apresentada, é correto afirmar que

(A) Carlos cursa o ensino superior.
(B) Carlos não cursa o ensino superior.
(C) se Ana cursa o ensino superior, então ela é irmã de Carlos.
(D) se Rute não cursa o ensino superior, então ela não é irmã de Carlos.
(E) se Bia não é irmã de Carlos, então ela não cursa o ensino superior.

Resolução
Ao verificar as opções de respostas, nota-se:
A: incorreto pois o enunciado não afirma isso; **B:** errado pois o enunciado não afirma isso; **C:** incorreto porque há muitas pessoas que cursam o ensino superior e não são irmãs de Carlos; **E:** errado pois há inúmeras pessoas que não são irmãs de Carlos e que não cursam o ensino superior.
Gabarito "D".

(Escrevente - TJ/SP - 2018 - VUNESP) Se Maria é bonita, então Carlos é rico. Se Ana é feliz, então José é um herói. Sabe-se que Maria é bonita e Ana não é feliz. Logo, pode-se afirmar corretamente que

(A) Carlos é rico ou José é um herói.
(B) Carlos não é rico.
(C) José não é um herói.
(D) José não é um herói e Carlos é rico.
(E) José é um herói.

Resolução
Sejam as proposições
p: Maria é bonita
q: Carlos é rico
r: Ana é feliz
s: José é herói
E as condicionais

p → q

r → s
Sabe-se que p é Verdadeira e r falsa, isto é, tem-se p e ~r: (p ∧ ~r).

1) p ∧ ~r). só é Verdadeira se p é Verdade E r é Falsa. Tem-se, então, p, ou seja, Carlos é rico.

2) r → s só é Verdadeira se r e s forem Verdade.

A contrária de r → s, ~r → ~s NÃO são equivalentes, portanto não se pode dizer que José não é herói.
Ao verificar as opções de respostas, nota-se:
B: errado pois Carlos é rico; **C:** incorreto porque não se pode afirmar

isso; **D:** Errado pois não se tem a conjunção (~s$\land$ p); **E:** Errado pois não se pode afirmar isso.

Gabarito "A".

(Escrevente – TJ/SP – 2018 –VUNESP) Quatro amigos, Paulo, João, Fábio e Caio, nasceram em anos distintos, a saber 1970, 1977, 1981 ou 1990, não necessariamente nessa ordem. Cada um exerce, também não necessariamente nessa ordem, uma das profissões entre arquiteto, fotógrafo, engenheiro e advogado. Sabe-se que Paulo não nasceu em 1970, que o arquiteto nasceu antes de Caio e antes do fotógrafo João, que Fábio nasceu antes do advogado, que o advogado não nasceu em 1977 e que o engenheiro, que não é Caio, nasceu em 1981. Sendo assim, é correto afirmar que

(A) Fábio é advogado.
(B) Paulo nasceu antes de Caio.
(C) Caio é arquiteto.
(D) João nasceu antes de Fábio.
(E) o engenheiro nasceu antes do fotógrafo.

Resolução
Cria-se uma tabela com os dados iniciais

	adv	arq	eng	fot	70	77	81	90
Caio			n	n				
Fábio				n				
João	n	n	n	S				
Paulo					n	n		
70			n					
77	n		n					
81	n	n	S	n				
90			n					

Atualiza-se a tabela:
Caio não é arq. nem eng, logo Caio é adv; e pode-se completar a coluna adv. Restam as datas de 70 e 90 para Fábio e para o adv.
Uma vez que Fábio nasceu antes, ele é de 70 e o adv é de 90.
O fot é de 77.
Tem-se, então,

	adv	arq	eng	fot	70	77	81	90
Caio	S	n	n	n	n	n		n
Fábio	n		n	S	n		n	n
João	n	n	n	S	n		S	

	adv	arq	fot	eng	70	77	81	90
Caio	S	n	n	n	n	n	n	S
Fábio	n		n		S	n	n	n
João	n	n	S	n			n	
Paulo	n		n					
70								
77								
81	n	n		S				
90	S	n		n				

data nasc. arq < data nasc. Caio e de João => arq nasceu em 70 ou 77.
1) Na tabela nota-se que Caio é adv. e completa-se a coluna adv.
2) Fábio nasceu em 70 e o adv em 90.

Em relação às opções de resposta à questão, tem-se
A: Errado: o advogado é o Caio; **C:** Errado. Caio é advogado; **D:** Incorreto pois Fábio nasceu antes de João; **E:** Errado porque o fotógrafo nasceu em 77 e o eng em 81.

Gabarito "B".

(Escrevente - TJ/SP - 2018 - VUNESP) Considere falsa a afirmação "Se hoje estudo, então amanhã não trabalho."
Nesse caso, é necessariamente verdade que

(A) Hoje não estudo e amanhã trabalho.
(B) Amanhã não trabalho.
(C) Se amanhã trabalho, então hoje não estudo.
(D) Hoje não estudo ou amanhã não trabalho.
(E) Hoje estudo e amanhã trabalho.

Resolução
p: hoje estudo
q: amanhã trabalho

Tem-se que p $\longrightarrow$ q é Falso.
Uma implicação é Falsa quando o antecedente é V **E** o consequente é F, ou seja,
p é V e ~q é F, isto é, q é Verdadeiro.
Assim, é necessariamente verdade que
Hoje estudo e amanhã trabalho.

Gabarito "E".

(Escrevente - TJ/SP - 2018 - VUNESP) Uma negação lógica para a afirmação "Se Patrícia não é engenheira, então Maurício é empresário" está contida na alternativa:

(A) Patrícia é engenheira e Maurício não é empresário.
(B) Patrícia é engenheira ou Maurício não é empresário.
(C) Patrícia não é engenheira e Maurício não é empresário.
(D) Se Maurício não é empresário, então Patrícia é engenheira.
(E) Se Patrícia é engenheira, então Maurício não é empresário.

Resolução
Sejam as premissas
p: Patrícia é engenheira
q: Maurício é empresário
Pede-se ~(-p $\to$ q).
Sabe-se a negação da condicional tem a seguinte equivalência:
~(-p $\to$ q) $\Leftrightarrow$ (~p $\land$ ~q)
Ou seja
Patrícia não é engenheira **e** Maurício não é empresário.

Gabarito "C".

(Escrevente - TJ/SP - 2018 - VUNESP) Considere falsa a afirmação "Hélio é bombeiro e Cláudia é comissária de bordo" e verdadeira a afirmação "Se Hélio é bombeiro, então Cláudia é comissária de bordo".
Nessas condições, é necessariamente verdade que

(A) Hélio é bombeiro.
(B) Cláudia não é comissária de bordo.
(C) Hélio não é bombeiro.
(D) Cláudia é comissária de bordo.
(E) Hélio é bombeiro ou Cláudia não é comissária de bordo.

Resolução
Sejam as premissas
p: Hélio é bombeiro
q: Cláudia é comissária de bordo
É falsa

p ∧ q

E verdadeira

p → q

1ª solução
Sendo Falsa (p ∧ q) e Verdadeira (p → q), tem-se

i) A contrapositiva de p → q é ~q → **~p** e

ii) como ~ (p ∧ q) é equivalente a (**~p** ∨ ~q)(regra de de Morgan), tem-se necessariamente ~p, isto é, Hélio não é bombeiro.

2ª solução
Fazendo-se a tabela-verdade, obtém-se

p	q	p → q	p ∧ q
V	V	V	V
V	F	F	F
F	V	V	F
F	F	V	F

Nota-se que nos casos em que se tem (p ∧ q) Falsa e (p → q) Verdadeira, necessariamente, p é falso, isto é, Hélio é bombeiro.

Gabarito "C".

(Escrevente - TJ/SP - 2018 - VUNESP) Considere a afirmação "Marta não atende ao público interno ou Jéssica cuida de processos administrativos".

Uma afirmação equivalente à afirmação apresentada é:

(A) se Jéssica não cuida de processos administrativos, então Marta atende ao público interno.

(B) se Marta não atende ao público interno, então Jéssica cuida de processos administrativos.

(C) se Marta atende ao público interno, então Jéssica não cuida de processos administrativos.

(D) se Marta atende ao público interno, então Jéssica cuida de processos administrativos.

(E) se Marta não atende ao público interno, então Jéssica não cuida de processos administrativos.

Resolução
Sejam as premissas
p: Marta atende ao público interno
q: Jéssica cuida de processos administrativos
E a disjunção

~p ∨ q.

Sabe-se, ainda, que é verdadeira a equivalência

(p ∨ q) ⇔ (~p → q).

Pede-se a afirmação equivalente a "Marta não atende ao público interno ou Jéssica cuida de processos administrativos".
Assim, tem-se que a equivalência é
se Marta não atende ao público interno, então Jéssica cuida de processos administrativos.

Gabarito "B".

(Escrevente Técnico – TJSP – 2015 – VUNESP) Se todo estudante de uma disciplina A é também estudante de uma disciplina B e todo estudante de uma disciplina C não é estudante da disciplina B, então é verdade que

(A) algum estudante da disciplina A é estudante da disciplina C.

(B) algum estudante da disciplina B é estudante da disciplina C.

(C) nenhum estudante da disciplina A é estudante da disciplina C.

(D) nenhum estudante da disciplina B é estudante da disciplina A.

(E) nenhum estudante da disciplina A é estudante da disciplina B.

Resolução:
Esquematicamente

Todo estudante de uma disciplina **A** é também estudante de uma disciplina **B**: **A** está contido em **B**.
Todo estudante de uma disciplina **C** não é estudante da disciplina **B**: **B** e **C** são disjuntos.
Logo, nenhum estudante da disciplina **A** é estudante da disciplina **C**.

Gabarito "C".

(Escrevente Técnico – TJSP – 2015 – VUNESP) Para que seja falsa a afirmação "todo escrevente técnico judiciário é alto", é suficiente que

(A) alguma pessoa alta não seja escrevente técnico judiciário.

(B) nenhum escrevente técnico judiciário seja alto.

(C) toda pessoa alta seja escrevente técnico judiciário.

(D) alguma pessoa alta seja escrevente técnico judiciário.

(E) algum escrevente técnico judiciário não seja alto.

Solução
A negação do quantificador universal "x (escrevente técnicojudiciário) x é alto (todos são altos) é nem todos são altos ou existe algum que não é alto.

Gabarito "A".

(Escrevente Técnico – TJSP – 2015 – VUNESP) Uma equivalente da afirmação "Se eu estudei, então tirei uma boa nota no concurso" está contida na alternativa:

(A) Não estudei e não tirei uma boa nota no concurso.

(B) Se eu não tirei uma boa nota no concurso, então não estudei.

(C) Se eu não estudei, então não tirei uma boa nota no concurso.

(D) Se eu tirei uma boa nota no concurso, então estudei.

(E) Estudei e tirei uma boa nota no concurso.

Solução:
Sejam as afirmações
p: estudei
q: tirei uma boa nota no concurso
Sabe-se que
p⇒q
Portanto,
¬q⇒¬p.
Ou seja, se eu não tirei uma boa nota no concurso, então não estudei.

Gabarito "B".

(Escrevente Técnico – TJSP – 2015 – VUNESP) A afirmação "canto e danço" tem, como uma negação, a afirmação contida na alternativa

(A) não canto e não danço.
(B) canto ou não danço.
(C) não danço ou não canto.
(D) danço ou não canto.
(E) danço ou canto.

Solução:
Sejam as afirmações
p: eu canto
q: danço
Pede-se a negação de" (p∧q)."
isto é, a negação da conjunção lógica.
Sabe-se que
¬(p∧q)=¬p∨¬q, ou seja,
¬p: não canto OU
¬q: não danço
Gabarito "C".

(Escrevente Técnico – TJSP – 2015 – VUNESP) Se Márcio é dentista, então Rose não é enfermeira. Débora não é médica ou Marcelo não é professor. Identificado que Marcelo é professor e que Rose é enfermeira, conclui-se corretamente que

(A) Débora não é médica e Márcio não é dentista.
(B) Débora é médica e Márcio é dentista.
(C) Débora é médica e Márcio não é dentista.
(D) Débora não é médica e Márcio é dentista.
(E) Se Débora não é médica, então Márcio é dentista.

Solução:
Sejam as afirmações
p: Márcio é dentista
q: Rose é enfermeira
r: Débora é médica
s: Marcelo é professor,
a implicação p ⇒ ¬ q.
E, ainda, disjunção (¬r∨¬s),Verdadeira.

No entanto, pelo enunciado, s e q são Verdadeiras.
i) Assim, o equivalente de
p ⇒ ¬ q é ¬ (¬ q) ⇒ ¬ p ou q ⇒ ¬p.

Ou seja, se Rose é enfermeira então Márcio **não** é dentista.
ii) Como(¬r∨¬s)é Verdadeira,mas ocorreu **s**, então deve-se ter ~r verdadeira para a disjunção ser válida.
Logo, Débora **não** é médica.
Gabarito "A".

(Escrevente Técnico Judiciário – TJSP –VUNESP – 2017) Considerando falsa a afirmação "Se Ana é gerente, então Carlos é diretor", a afirmação necessariamente verdadeira é:

(A) Ana é gerente, e Carlos é diretor.
(B) Ana é gerente.
(C) Ana não é gerente, ou Carlos é diretor.
(D) Carlos é diretor.
(E) Ana não é gerente, e Carlos não é diretor.

Resolução
Sejam as premissas
p: Ana é gerente

q; Carlos é diretor
e a condicional p → q.
Temos a tabela-verdade

p	q	p → q
V	V	V
V	F	F
F	V	V
F	F	V

Nota-se, na segunda linha, que, sendo falsa p → q, necessariamente p é Verdadeira, ou seja,
Ana é gerente. → Letra B.
Gabarito "B".

(Escrevente Técnico Judiciário – TJSP – VUNESP – 2017) Uma afirmação equivalente para "Se estou feliz, então passei no concurso" é:

(A) Estou feliz e passei no concurso.
(B) Passei no concurso e não estou feliz.
(C) Se passei no concurso, então estou feliz.
(D) Não passei no concurso e não estou feliz.
(E) Se não passei no concurso, então não estou feliz.

Solução
Sejam as premissas
p: estou feliz
q; passei no concurso
e a condicional p → q.
Tem-se a tabela-verdade

p	q	p → q
V	V	V
V	F	F
F	V	V
F	F	V

Para haver uma afirmação equivalente as tabelas-verdade devem ser idênticas.
Então completamos a tabela para as opções da questão

p	~p	q	~q	A p ∧ q	B p ∧ ~q	C q→ p	D ~q ∧ ~p	E ~q→ ~p
V	F	V	F	V	F	V	F	V
V	F	F	V	F	V	F	F	F
F	V	V	F	F	F	V	F	V
F	V	F	V	F	F	V	V	V

Observe que a letra E é resposta correta. → Letra E.
Gabarito "E".

(Escrevente Técnico Judiciário – TJSP –VUNESP – 2017) Sabendo que é verdadeira a afirmação "Todos os alunos de Fulano foram aprovados no concurso", então é necessariamente verdade:

(A) Fulano não foi aprovado no concurso.
(B) Se Roberto não é aluno de Fulano, então ele não foi aprovado no concurso.
(C) Fulano foi aprovado no concurso.
(D) Se Carlos não foi aprovado no concurso, então ele não é aluno de Fulano.
(E) Se Elvis foi aprovado no concurso, então ele é aluno de Fulano.

Resolução
Sejam as proposições
p: aluno de Fulano
q: aprovado no concurso
e a afirmação ∀ p:(p passou no concurso ou p → q),
Graficamente
Não aprovados   Aprovados
Analisando as opções
A e C: não há informação no enunciado se Fulano concorreu. Opção errada;
B: Roberto pode estar entre os aprovados não alunos de Fulano. Opção incorreta;
D: Carlos está entre os não aprovados. Logo não pode pertencer a F. Correto → Letra D **E:** Elvis pertence ao conjunto dos Aprovados mas necessariamente não pertence a F: opção errada.

(Escrevente Técnico Judiciário – TJSP – VUNESP – 2017) Se Débora é mãe de Hugo, então Marcelo é baixo. Se Carlos não é filho de Débora, então Neusa não é avó dele. Sabendo-se que Marcelo é alto ou que Neusa é avó de Carlos, conclui-se corretamente que

(A) Hugo e Carlos não são irmãos.
(B) Neusa é mãe de Débora.
(C) Débora não é mãe de Hugo, ou Carlos é filho de Débora.
(D) Débora não é mãe de Hugo, e Carlos é filho de Débora.
(E) Hugo e Carlos são irmãos.

Solução
Sejam as premissas
p: Débora é mãe de Hugo
q: Marcelo é baixo
r: Carlos é filho de Débora
s: Neusa é avó de Carlos
e as condicionais
i) p → q
ii) ~r → ~s.
Sabe-se que ~q **v** s é verdadeiro, o que implica ~q verdadeiro e s também verdadeiro.
Logo, de ii) temos s → r (proposição contrapositiva).
De ~q verdadeiro e i) verdadeiro, tem-se ~p (contrapositiva).
Ou seja, Débora não é mãe de Hugo e Carlos é filho de Débora. → Letra C.

2. MATEMÁTICA BÁSICA

2.1. Matrizes, Determinantes e Solução de Sistemas Lineares

(Escrevente - TJ/SP - 2018 - VUNESP) Uma concessionária que vai recapear uma faixa de rolamento de uma pista em certa rodovia, em um trecho de x quilômetros, possui uma determinada quantidade y de balizadores reflexivos disponíveis para a sinalização desse trecho e, com base nessa quantidade, constatou que, se colocar um número n de balizadores a cada quilômetro, precisará adquirir mais 40 unidades. Porém, se colocar (n – 4) balizadores a cada quilômetro, sobrarão 20 unidades. Se a razão X/Y é de 3 para 52, nessa ordem, então a quantidade de balizadores disponíveis para sinalizar o trecho a ser recapeado é igual a

(A) 350.
(B) 280.
(C) 330.
(D) 230.
(E) 260.

Resolução
Para o recapeamento, a razão X/Y passa a ser
.para n sinalizadores: (Y + 40)/X = n sinalizadores por quilômetro
. para (n – 4) sinalizadores: (Y - 20)/X = n – 4 sinalizadores por quilômetro
Ou
(260+ 40)/X = n
(260 - 20)/X = n – 4
Tem-se, então,
300/X = n
240/X = n – 4 que subtraídas, resulta em
60/X = 4
X = 15 km
Substituindo em X/Y = 3/52 obtém-se
15/Y = 3/52
Y = 260 sinalizadores

2.2. Álgebra e geometria analítica

(Escrevente Técnico – TJSP – 2015 – VUNESP) Observe a sequência de espaços identificados por letras

$$\underset{a}{\underline{6}} \; \underset{b}{\underline{}} \; \underset{c}{\underline{}} \; \underset{d}{\underline{}} \; \underset{e}{\underline{}} \; \underset{f}{\underline{}} \; \underset{g}{\underline{}} \; \underset{h}{\underline{}} \; \underset{i}{\underline{5}} \; \underset{j}{\underline{}}$$

Cada espaço vazio deverá ser preenchido por um número inteiro e positivo, de modo que a soma dos números de três espaços consecutivos seja sempre igual a 15. Nessas condições, no espaço identificado pela letra g deverá ser escrito o número

(A) 5.
(B) 6.
(C) 4.
(D) 7.
(E) 3.

Resolução:
Temos
6+b+c=15 ⇒ b+c=9
b+c+d=15 ⇒ d=6
c+d+f=15 ⇒ c+f=9
d+e+f=15 d=g=6

| e+f+g=15 | ⇒e=f |
| f+g+h=15 | |

| g+h-6=15⇒g+h=9 | ⇒g=j |
| h+6=j=15⇒h+j=9 | |

Resumo
d=6
g=6 → Letra B
j=6
b=e=f

(Escrevente Técnico – TJSP – 2015 – VUNESP) Mantendo-se a regularidade da sequência numérica – 3, 1, – 5, 3, – 7, 5, …, os dois próximos elementos dessa sequência serão, respectivamente,

(A) – 10 e 6.
(B) – 9 e 7.
(C) – 11 e 5.
(D) – 12 e 4.
(E) – 13 e 3.

Resolução:
1ª solução
Calculando-se as diferenças entre cada dois termos, obtém-se
– 3, 1,– 5,   3,   – 7,   5, ...
  +4 -6 +8 -10 +12, ...   - > sequência facilmente identificada
Então, os próximos números serão somados ou subtraídos de 14 e 16
5 -14 = -9) e
-9 +16 = 7   => Letra B
2ª solução
– 3, 1,– 5,   3,   – 7,   5, ...
Nas posições ímpares, temos – 3, – 5, – 7, - > próximo: -9
Nas posições pares, temos 1, 3, 5   - > próximo: 7
Gabarito "B".

(Escrevente Técnico Judiciário – TJ/SP – 2011 –VUNESP) Uma empresa comprou 30 panetones iguais da marca K e 40 panetones iguais da marca Y, pagando um total de R$ 1.800,00. Sabendo-se que a razão entre os preços unitários dos panetones K e Y é de 2 para 3, nessa ordem, pode-se afirmar que se essa empresa tivesse comprado todos os 70 panetones somente da marca Y, ela teria gasto, a mais,

(A) R$ 600,00.
(B) R$ 500,00.
(C) R$ 400,00.
(D) R$ 300,00.
(E) R$ 200,00.

Temos:
K/Y = 2/3 e 30K + 40Y = 1 800.
Então K = 2Y/3.
Daí,
30(2Y/3) + 40Y = 1 800
20Y+40Y=1 800 ⇒ 60Y=1 800 ⇒ Y=30 e K=2Y/3=20.
Para 70 panetones da marca Y, gastaria 70x30 = 2 100.
Logo, ela teria gasto, a mais, 2 100 – 1 800 = R$300,00
Gabarito "D".

(Escrevente Técnico – TJ/SP – 2010 – VUNESP) Em um concurso para escrevente, 40% dos candidatos inscritos foram eliminados na prova de Língua Portuguesa, e a prova de Conhecimentos em Direito eliminou 40% dos candidatos restantes. Essas duas provas eliminaram, do total de candidatos inscritos,

(A) 84%.
(B) 80%.
(C) 64%.
(D) 46%.
(E) 36%.

Sejam as provas *LP* (Língua Portuguesa) e *CD* (Conhecimentos em Direito) e *t* o total de candidatos.
LP: eliminou 40% dos candidatos = 40% t = 0,40 t e CD, 40% dos restantes, isto é, 40% de (t-0,4t) = 0,4(t-0,4t).
As duas provas eliminaram 0,40 t + 0,4(t-0,4t) = 0,4t +0,4t – 0,16 t = 0,80t – 0,16t = 0,64t = 64% do total.
Gabarito "C".

(Escrevente Técnico – TJ/SP – 2010 – VUNESP) Considere dois níveis salariais apontados em uma pesquisa de mercado para um mesmo cargo, o mínimo (piso) e o máximo (teto). Sabe-se que o dobro do menor somado a 1/5 do maior é igual a R$ 3.700,00. Se a diferença entre o nível máximo e o nível mínimo é igual a R$ 3.100,00, então o teto salarial para esse cargo é de

(A) R$ 4.800,00.
(B) R$ 4.500,00.
(C) R$ 3.800,00.
(D) R$ 3.600,00.
(E) R$ 3.400,00.

Sabe-se que 2m + M/5 = 3 700 e M – m = 3 100. M= 3 100 + m ⇒ 2m + (3 100 + m)/5 = 3 700
10m + 3 100 + m = 18 500
11m = 18 500 – 3 100 = 15 400
m = 1 400 e M = 3 100 + m = 3,100 + 1 400 = R$ 4.500,00.
Gabarito "B".

(Escrevente Técnico Judiciário – TJ/SP – 2008 –VUNESP) Um estagiário de um escritório de advocacia aproveitou o mês de férias na faculdade para fazer várias horas extras. Do valor total líquido recebido nesse mês, 3/4 correspondem ao seu salário fixo. Do valor restante, 3/5 correspondem às horas extras trabalhadas, e o saldo, de R$ 140,00, corresponde a uma bonificação recebida. Pelas horas extras trabalhadas, nesse mês, o estagiário recebeu

(A) R$ 210,00.
(B) R$ 217,00.
(C) R$ 250,00.
(D) R$ 336,00.
(E) R$ 364,00.

Seja X o salário total líquido recebido pelo estagiário. Com as informações fornecidas pelo enunciado, temos que:
X = (salário fixo)+(horas extras)+(bonificação)
Sendo,
I) (salário fixo) = (3/4).X
II) (horas extras) = (3/5). (1/4). X
III) Bonificação = R$ 140,00
Substituindo estes valores na equação de X, temos:
X = (3/4).X + (3/5).(1/4).X + R$ 140
(1 - -).X = R$ 140
Calculando o Mínimo Múltiplo Comum (m.m.c) do lado esquerdo da equação:
().X = R$ 140
. X = R$ 140
X = R$ 1400 (salário líquido total).
Finalmente, pela equação (II) temos que:
(horas extras) = *x* = . (R$ 1400) = R$ 210.
Gabarito "A".

2.3. Geometria Básica

(Escrevente - TJ/SP - 2018 - VUNESP) Um estabelecimento comercial possui quatro reservatórios de água, sendo três deles de formato cúbico, cujas respectivas arestas têm medidas distintas, em metros, e um com a forma de um paralelepípedo reto retângulo, conforme ilustrado a seguir.

3. MATEMÁTICA E RACIOCÍNIO LÓGICO

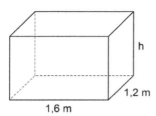

Sabe-se que, quando totalmente cheios, a média aritmética dos volumes de água dos quatro reservatórios é igual a 1,53 m³, e que a média aritmética dos volumes de água dos reservatórios cúbicos, somente, é igual a 1,08 m³. Desse modo, é correto afirmar que a medida da altura do reservatório com a forma de bloco retangular, indicada por h na figura, é igual a

(A) 1,40 m.
(B) 1,50 m.
(C) 1,35 m.
(D) 1,45 m.
(E) 1,55 m.

Resolução
Média dos 3 reservatórios cúbicos = 1,08 e dos 4 é de 1,53.
O outro tem o volume de área da base x altura = 1,6x1,2h = 1,92h.
Portanto,
Uma vez que os 3 cúbicos têm o volume de 3x1,08, tem-se a média
1,53 = (1,92h + 1,08x3) /4
6,12 = 1,92h + 3,24
2.88 = 1,92h
h = 1,5 m
Gabarito "B".

(Escrevente - TJ/SP - 2018 - VUNESP) Inaugurado em agosto de 2015, o Observatório da Torre Alta da Amazônia (Atto, em inglês) é um projeto binacional Brasil-Alemanha que busca entender o papel da Amazônia no clima do planeta e os efeitos das mudanças climáticas no funcionamento da floresta. Construída numa região de mata preservada, dentro da Reserva de Desenvolvimento Sustentável do Uamatã, a torre Atto tem 325 m de altura e é a maior estrutura de pesquisa desse tipo em florestas tropicais no mundo.

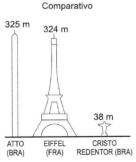

(*O Estado de S.Paulo*, 16.10.2017. Adaptado)

Considere a torre posicionada perpendicularmente ao solo e admita que o cabo tensionado fixado no solo a uma distância de 75 m da base da torre esteja preso à torre em um determinado ponto, cuja altura, em relação ao solo, seja igual a 100 m. Nesse caso, é correto afirmar que o comprimento desse cabo é igual a

(A) 135 m.
(B) 150 m.
(C) 130 m.
(D) 110 m.
(E) 125 m.

Resolução
Pelo Teorema de Pitágoras, tem-se

$C^2 = 100^2 + 75^2$
$C^2 = 10.000 + 5.625$
$C^2 = 15.625 = 5^2 \times 25^2$
$C = 5 \times 25$
$C = 125$ m.
Gabarito "E".

(Técnico Judiciário – TJSP – 2013 – VUNESP) A figura mostra um terreno retangular cujas dimensões indicadas estão em metros.

O proprietário cedeu a um vizinho a região quadrada indicada por Q na figura, com área de 225 m². O perímetro (soma das medidas dos lados), em metros, do terreno remanescente, após a cessão, é igual a

(A) 240.
(B) 210.
(C) 200.
(D) 230.
(E) 260.

Resolução
O quadrado Q tem área $x^2 = 225$ x = 15 m.
Logo, o terreno tem medidas 5x = 75 m e 40 m, com perímetro
2x75 + 2x40 = 150 + 80 = 230 m.
Gabarito "D".

(Técnico Judiciário – TJSP – 2013 – VUNESP) Uma empresa comprou um determinado número de folhas de papel sulfite, embaladas em pacotes de mesma quantidade para facilitar a sua distribuição entre os diversos setores.

Todo o material deverá ser entregue pelo fornecedor acondicionado em caixas, sem que haja sobras. Se o fornecedor colocar 25 pacotes por caixa, usará 16 caixas a mais do que se colocar 30 pacotes por caixa. O número total de pacotes comprados, nessa encomenda, foi

(A) 2 200.
(B) 2 000.
(C) 1 800.
(D) 2 400.
(E) 2 500.

Resolução
Seja **N** o número de pacotes.
Na primeira situação colocará (N/25) pacotes em cada caixa e usará 16 caixas a mais que N/30, na segunda situação.
Temos, então, que
N/25 = N/30 + 16
(6N − 5N)/150 = 16 ⇒ N = 16x150 = 2.400 pacotes.

(Técnico Judiciário – TJSP – 2013 – VUNESP) Em um dia de muita chuva e trânsito caótico, dos alunos de certa escola chegaram atrasados, sendo que dos atrasados tiveram mais de 30 minutos de atraso. Sabendo que todos os demais alunos chegaram no horário, pode-se afirmar que nesse dia, nessa escola, a razão entre o número de alunos que chegaram com mais de 30 minutos de atraso e o número de alunos que chegaram no horário, nessa ordem, foi de

(A) 2:3.
(B) 1:3.
(C) 1:6.
(D) 3:4.
(E) 2:5.

1ª solução
Suponha que existam 20 alunos na escola. Então,
2/5 chegaram atrasados: 8 alunos não atrasados: 12;
Desses, 1/4 com mais de 30 min de atraso: 2 alunos.
Razão entre alunos atrasados com mais de 30 min/ não atrasados:
2/12 =1/6

2ª solução
Dos **N** alunos da escolas, 2N/5 chegaram atrasados e (N − 2N/5) = 3N/5 chegaram no horário.
1/4 dos que chegaram atrasados, ou seja, (1/4) de (2N/5) = 2N/20 = N/10 tiveram mais de 30 min de atraso.
Então,
Razão entre alunos atrasados com mais de 30 min/ não atrasados:
(N/10)/(3N/5) = (N/10).(5/3N) =5/30 = 1/6

(Escrevente Técnico – TJSP – 2015 – VUNESP) Em um jardim, um canteiro de flores, formado por três retângulos congruentes, foi dividido em cinco regiões pelo segmento AB, conforme mostra a figura.

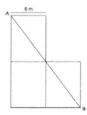

Se $\overline{AB}$ mede 20 m, então a área total desse canteiro é, em m², igual a

(A) 126.
(B) 135.
(C) 144.
(D) 162.
(E) 153.

Resolução:
Pelo teorema de Pitágoras, tem-se

AB² = AC² + BC²
20² = AC² + 12² ⇒ AC² = 400 − 144 = 256 ⇒ AC = 16
Como AC é igual a 2 vezes o lado maior do retângulo, esse lado mede, então, 8 m.
Com isso, a área de cada retângulo vale 8x6 = 48 m².
Então o canteiro tem a área total de 3x48 = 144 m². ⇒ Letra C

(Escrevente Técnico – TJSP – 2015 – VUNESP) Na figura, o trapézio retângulo ABCD é dividido por uma de suas diagonais em dois triângulos retângulos isósceles, de lados

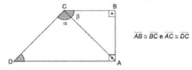

Desse modo, é correto afirmar que a soma das medidas dos ângulos a e b é igual a
(A) 125°.
(B) 115°.
(C) 110°.
(D) 135°.
(E) 130°.

Resolução:
O ângulo â vale 90° porque ACD é triângulo retângulo.
O ângulo â vale 45° por ABC ser isósceles.
Portanto a soma das medidas dos ângulos á e â e b é igual a 90 + 45= 135°.

(Escrevente Técnico – TJSP – 2015 – VUNESP) Considere as seguintes figuras de uma sequência de transparências, todas enumeradas:

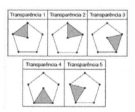

Na referida sequência, a transparência 6 tem a mesma figura da transparência 1, a transparência 7 tem a mesma figura da transparência 2, a transparência 8 tem a mesma figura da transparência 3, e assim por diante, obedecendo sempre essa regularidade.

Dessa forma, sobrepondo-se as transparências 113 e 206, tem-se a figura

(A)

(B)

(C)

(D)

(E)

Resolução:
A figura de uma dada transparência N é a do resto divisão de N por 5, pois a sequência se repete de 5 em 5.
Assim, temos
113= 22x 5 + 3 ⇒ 3a figura
206= 41x5 + 1 ⇒ 1a figura.
Logo, sobrepondo-se as transparências 113 e 206, obtém-se a figura

Gabarito "E".

(Escrevente Técnico Judiciário – TJSP – VUNESP – 2017) A figura seguinte, cujas dimensões estão indicadas em metros, mostra as regiões R_1 e R_2, ambas com formato de triângulos retângulos, situadas em uma praça e destinadas a atividades de recreação infantil para faixas etárias distintas.

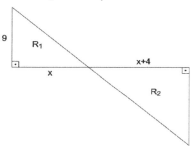

Se a área de R_1 é 54 m², então o perímetro de R_2 é, em metros, igual a
(A) 42.
(B) 54.
(C) 40.
(D) 36.
(E) 48.

Solução

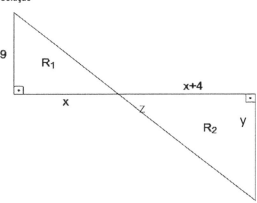

Área de R_1 = 54, isto é,
$\frac{9x}{2} = 54$

$x = \frac{108}{9}$

x= 12 m

Como os triângulos das regiões R_1 e R_2 são semelhantes por terem três ângulos congruentes, tem-se

$\frac{9}{x} = \frac{y}{x+4}$

$\frac{9}{12} = \frac{y}{12+4}$

$\frac{9}{12} = \frac{y}{16}$

$y = \frac{9(16)}{12}$

y = 12 m
Pelo Teorema de Pitágoras,
$z^2 = y^2 + (x+4)^2$
$z^2 = 12^2 + 16^2$
$z^2 = 144 + 256$
$z^2 = 400$
z = 20 m
E então, o perímetro de R_2 = (x + 4) + y + z =
= 16 + 12 + 20= 48 m ⇒ Letra E.
Gabarito "E".

(Escrevente Técnico Judiciário –TJSP –VUNESP – 2017) Para segmentar informações, de modo a facilitar consultas, um painel de formato retangular foi dividido em 3 regiões quadradas, Q1, Q2 e Q3, e uma região retangular R, conforme mostra a figura, com dimensões indicadas em metros.

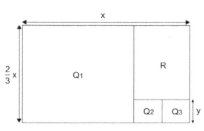

A área, em m2, da região retangular R é corretamente representada por:
(A) 1/4 x2
(B) 1/12 x2
(C) 1/6 x2
(D) 1/8 x2
(E) 1/3 x2

Solução
Na figura vemos que
Então, a área *A* (comprimento x altura) da região R é
Resposta: Letra C.
Gabarito "C".

(Escrevente Técnico Judiciário – TJSP – VUNESP – 2017) As figuras seguintes mostram os blocos de madeira A, B e C, sendo A e B de formato cúbico e C com formato de paralelepípedo reto retângulo, cujos respectivos volumes, em cm³, são representados por V^A, V^B e V^C.

Se , então a medida da altura do bloco C, indicada por h na figura, é, em centímetros, igual a
(A) 14.

(B) 16.
(C) 11.
(D) 12,5
(E) 15,5

Resolução
Tem-se
$V^A + V^B = V^C/2$ e o volume é calculado por altura x largura x comprimento.
125 + 1.000 = 18x10h/2
1125 = 90h
h = 1125/90
h = 12,5 → Letra D.

(Escrevente TJ/SP – 2011 – VUNESP) A figura compara as alturas, medidas em metros, de dois painéis decorativos triangulares, fixados em uma parede, que simulam árvores de Natal.

Sabendo-se que a soma das medidas das alturas dos dois painéis é igual a 4 m, e que em cada painel foram instaladas 200 lampadazinhas coloridas por metro quadrado, pode-se concluir que o número de lâmpadas instaladas no painel de maior altura foi igual a

(A) 200.
(B) 250.
(C) 275.
(D) 300.
(E) 325.

Sejam s a área da árvore menor e S a da maior e, pela figura, h=3x e H=5x as respectivas alturas.
Dado que h + H = 4m, ié, 3x + 5x = 4m ⟹ 8x=4m ⟹ x=0,50m ⟹ h = 1,50m e H = 2,50
Então,
s=(base . altura)/2 = (0,6m . 1,50)/2 = 0,45 m2
S=(1m . 2,50)/2 = 1,25m2
Como em cada painel foram instaladas 200 lampadazinhas coloridas por metro quadrado temos que o número de lâmpadas instaladas no painel de maior altura foi igual a 1,25 . 200 = 250.
Gabarito "B".

(Escrevente Técnico – TJ/SP – 2010 – VUNESP) Uma barra de madeira maciça, com a forma de um paralelepípedo reto retângulo, tem as seguintes dimensões: 48 cm, 18 cm e 12 cm. Para produzir calços para uma estrutura, essa barra deve ser cortada pelo carpinteiro em cubos idênticos, na menor quantidade possível, sem que reste qualquer pedaço da barra. Desse modo, o número de cubos cortados será igual a

(A) 54.
(B) 52.
(C) 50.
(D) 48.
(E) 46.

Temos MDC (12,18,48) = 6, ou seja, o menor cubo tem 6cm de lado. Assim, o menor cubo possível mede v=6x6x6 cm³.
Daí, teremos
Número de cubos = volume total/v = 12x18x48/6x6x6 = 2x3x8 = 48 cubos.
Gabarito "D".

2.4. Contagens, Combinações, Arranjos e Permutação

Escrevente Técnico Judiciário – TJSP – VUNESP – 2017) Sabe-se que 16 caixas K, todas iguais, ou 40 caixas Q, todas também iguais, preenchem totalmente certo compartimento, inicialmente vazio. Também é possível preencher totalmente esse mesmo compartimento completamente vazio utilizando 4 caixas K mais certa quantidade de caixas Q. Nessas condições, é correto afirmar que o número de caixas Q utilizadas será igual a

(A) 30
(B) 10
(C) 22
(D) 28
(E) 18

Resolução
Seja n o número de caixas Q.
Temos
1) 16K = 40Q
2K = 5Q
e
2) 4K + nQ = 40Q
Substituindo-se o valor de K em 2), obtemos
$4\dfrac{5Q}{2}$ + nQ= 40Q
10Q + nQ = 40Q
nQ = 30Q
n = 30 => Letra A.
Gabarito "A".

(Escrevente Técnico Judiciário – TJSP – VUNESP – 2017) Os preços de venda de um mesmo produto nas lojas X, Y e Z são números inteiros representados, respectivamente, por x, y e z. Sabendo-se que x + y = 200, x + z = 150 e y + z = 190, então a razão x / y é:

(A) 4/9
(B) 2/3
(C) 3/8
(D) 1/3
(E) 3/5

Solução
Temos as equações
x + y = 200 (1)
x + z = 150 (2)
y + z = 190 (3)
Subtraindo-se (2) de (3) obtém-se
y – x = 40
que, somada à equação (1) resulta em
2y = 240
y = 120
Colocando-se o valor de y em (1), temos
x+ 120 = 200,
x = 80
Daí,
x/y = 80/120
x/y = 2/3 ⟹ Letra B.
Gabarito "B".

2.5. Operações, propriedades, problemas envolvendo as quatro operações nas formas fracionária e decimal

(Escrevente Técnico Judiciário – TJSP – VUNESP – 2017) A empresa Alfa Sigma elaborou uma previsão de receitas trimestrais para 2018. A receita prevista para o primeiro trimestre é de 180 milhões de reais, valor que é 10% inferior ao da receita prevista para o trimestre seguinte. A receita prevista para o primeiro semestre é 5% inferior à prevista para o segundo semestre. Nessas condições, é correto afirmar que a receita média trimestral prevista para 2018 é, em milhões de reais, igual a

(A) 195
(B) 190
(C) 203
(D) 198
(E) 200

Resolução
Receita 1º trimestre = 180 mi = 0,9 receita 2º trimestre.
Logo
receita 2º trimestre 180 mi/ 0,9 = 200 mi.
Temos que Receita 1º semestre = 180 mi + receita 2º trimestre = 180 mi + 200 mi = 380 mi.
Mas receita 1º semestre = 0,95 receita 2º semestre.
Então
380 mi = 0,95 receita 2º semestre, ou
receita 2º semestre = 380 mi / 0,95
receita 2º semestre = 400 mi
A receita prevista para o ano será 380 mi + 400 mi = 780 mi.
Daí, a média trimestral é de780 mi / 4 = 195 mi. ⇒ Letra A.

(Escrevente Técnico Judiciário – TJ/SP – 2011 – VUNESP) Na transmissão de um evento esportivo, comerciais dos produtos A, B e C, todos de uma mesma empresa, foram veiculados durante um tempo total de 140 s, 80 s e 100 s, respectivamente, com diferentes números de inserções para cada produto. Sabe-se que a duração de cada inserção, para todos os produtos, foi sempre a mesma, e a maior possível. Assim, o número total de comerciais dessa empresa veiculados durante a transmissão foi igual a

(A) 32.
(B) 30.
(C) 24.
(D) 18.
(E) 16.

Produto tempo inserções
A 140 a
B 80 b
C 100 c
Como a duração de cada inserção foi sempre a mesma, e a maior possível, isto é, MDC(140,80,100)=20s, temos
a = b =c = 20s.
Dai,
140/a =20 ⇒ a=7
80/b = 20 ⇒ b=4
100/c = 20 ⇒ b=5.
E a + b + c = 7 + 4 + 5 = 16.

2.6. Conjuntos numéricos complexos. números e grandezas proporcionais. razão e proporção. divisão proporcional. regra de três simples e composta. porcentagem

(Escrevente Técnico – TJSP – 2015 – VUNESP) Uma avaliação com apenas duas questões foi respondida por um grupo composto por X pessoas. Sabendo- se que exatamente 160 pessoas desse grupo acertaram a primeira questão, que exatamente 100 pessoas acertaram as duas questões, que exatamente 250 pessoas acertaram apenas uma das duas questões, e que exatamente 180 pessoas erraram a segunda questão, é possível afirmar, corretamente, que X é igual a

(A) 520.
(B) 420.
(C) 370.
(D) 470.
(E) 610.

Solução:
Seja **P** o conjunto das pessoas que acertaram só a primeira questão,
S o das que apenas acertaram a segunda,
P∩S, acertaram as duas e
Z as que não acertaram questão alguma.
Então, o grupo composto por X pessoas é:
X=P∪S∪(P∩S)∪Z.
Sendo P∩S os que acertaram as duas, tem-se que P = 160 – P∩S = 160 – 100 = 60 acertaram só a primeira, errando, portanto, a segunda.
Além disso, S = 250 – 60 = 190 acertaram somente a segunda questão.
Das 180 que erraram a segunda, subtraem-se as 60 citadas acima, e tem-se que X = 60 + 190 + 100 + 120 =470
Esquematicamente

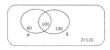

(Escrevente TJ/SP – 2011 – VUNESP) Uma pessoa pagou 30% do valor total de uma dívida e o restante dela irá pagar em 30 dias, sem acréscimo. Se R$ 3.500,00 correspondem a 20% do valor restante a ser pago, então é correto afirmar que, ao pagar 30% do valor da dívida, a pessoa desembolsou

(A) R$ 5.200,00.
(B) R$ 6.800,00.
(C) R$ 7.500,00.
(D) R$ 7.850,00.
(E) R$ 8.200,00.

Seja r o valor restante a ser pago.
Então,
3 550 = 20% de r = 0,20r ⇒ 0,2r = 3 500 ⇒ r = 3 550/0,2 ⇒ r=17 500.
Sendo d a dívida, temos
O restante r da dívida corresponde a 70% dela, isto é,
70% de d = 0,7d = 17 500. Então a dívida foi d = 17 500/0,7 = 25 000.
E, ao pagar 30% do valor da dívida, a pessoa desembolsou 30% de d = 30% de 25 000 = R$ 7.500,00.

(Escrevente Técnico – TJSP – 2015 – VUNESP) Um determinado recipiente, com 40% da sua capacidade total preenchida com água, tem massa de 428 g. Quando a água preenche 75% de sua capacidade total, passa a ter massa de 610 g. A massa desse recipiente, quando totalmente vazio, é igual, em gramas, a

(A) 338.
(B) 208.
(C) 200.
(D) 182.
(E) 220.

(Proporções) Resolução:
Seja **r** a massa do recipiente e **c** sua capacidade.
Com 40% de c, a massa total vale r + 0,4c = 428g (i) e com 75% de c, essa massa total é r + 0,75c = 610g (ii).
Ao subtrair (i) de (ii), temos 0,35c = 182.
Ou seja, c = 182/0,35 = 520.
Substituindo em (i), encontra-se
r + 0,4x520 = 428
r + 208 = 428
r = 220g.
Gabarito "E".

(Escrevente Técnico – TJSP – 2015 – VUNESP) Para a montagem de molduras, três barras de alumínio deverão ser cortadas em pedaços de comprimento igual, sendo este o maior possível, de modo que não reste nenhum pedaço nas barras. Se as barras medem 1,5 m, 2,4 m e 3 m, então o número máximo de molduras quadradas que podem ser montadas com os pedaços obtidos é

(A) 3.
(B) 6.
(C) 4.
(D) 5.
(E) 7.

Resolução:
Uma vez que os pedaços devem ser de mesmo comprimento, calcula-se o MDC (máximo divisor comum) dos comprimentos, em cm:
150 240 300   3
 50 80 100 10 → MDC = 3x10 = 30cm, ou seja, cada pedaço terá 30cm.
  5   8 10
Com o total de 5+8+10 = 23 pedaços, podem ser montadas 23/4 = 5 molduras quadradas de lado 30cm.   => Letra D
Gabarito "D".

(Escrevente Técnico – TJSP – 2015 – VUNESP) Para fazer 200 unidades do produto P, uma empresa utilizou $\frac{3}{4}$ do estoque inicial (E) do insumo Q. Para fazer mais 300 unidades do produto P, vai utilizar a quantidade que restou do insumo Q e comprar a quantidade adicional necessária para a produção das 300 unidades, de modo que o estoque do insumo Q seja zerado após a produção desse lote. Nessas condições, deverá ser comprada, do insumo Q, uma quantidade que corresponde, do estoque inicial E, a

(A) $\frac{2}{3}$

(B) $\frac{7}{8}$

(C) $\frac{1}{4}$

(D) $\frac{3}{8}$

(E) $\frac{9}{8}$

Resolução:
Seja a regra de três para o produto P:
200 unid - - (3/4)E
300 unidades - - x ⇒ x = [300(3/4)E]/200 = 3x3/4)E/2 = 9E/8: quantidade necessária para fazer 300 unidades do produto P.
Como já foram gastos 3/4E, sobrou (1/4) e precisa-se comprar 9E/8 - (1/4)E = 9E/8 - 2E/8 = 7E/8.
Gabarito "B".

(Escrevente Técnico – TJSP – 2015 – VUNESP) Levantamento feito pelo CRA-SP questionou qual reforma deve ser priorizada pelo governo. Entre as opções estavam os setores previdenciário, trabalhista, político, tributário e judiciário, sendo que apenas um deles deveria ser apontado. O gráfico mostra a distribuição porcentual arredondada dos votos por setor.

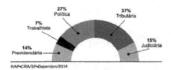

Sabendo que o setor político recebeu 87 votos a mais do que o setor judiciário, é correto afirmar que a média aritmética do número de apontamentos por setor foi igual a

(A) 128.
(B) 130.
(C) 137.
(D) 140.
(E) 145.

Resolução:
Seja T o total de votos.
Como foi de 87 a diferença entre os votos do setor político e os do setor judiciário, tem-se
87 = 27%T - 15%T
87 = 12%T
Então T = 87/12%
T = 87/0,12
T = 725 votos nos 5 setores
Portanto, a média aritmética do número de apontamentos por setor foi igual a
725/5 = 145 votos/setor.
Gabarito "E".

(Escrevente Técnico – TJSP – 2015 – VUNESP) Dois recipientes (sem tampa), colocados lado a lado, são usados para captar água da chuva. O recipiente A tem o formato de um bloco retangular, com 2 m de comprimento e 80 cm de largura, e o recipiente B tem a forma de um cubo de 1 m de aresta. Após uma chuva, cuja precipitação foi uniforme e constante, constatou-se que a altura do nível da água no recipiente B tinha aumentado 25 cm, sem transbordar.

Desse modo, pode-se concluir que a água captada pelo recipiente A nessa chuva teve volume aproximado, em m³, de

(A) 0,40.
(B) 0,36.
(C) 0,32.
(D) 0,30.
(E) 0,28.

Resolução:
Dadas as condições de precipitação, os dois recipientes captarão água da chuva com a mesma altura de 0,25 m.
O recipiente B, em uma área de 1m² e o recipiente A, na área de 2 x 0,80 = 1,6 m².
Logo, o recipiente A captará 1,6 x 0,25 = 0,40 m³. Letra A

(Escrevente Técnico – TJSP – 2015 – VUNESP) Aluísio e Berilo aplicaram, respectivamente, R$ 4.000,00 e R$ 5.000,00 a uma mesma taxa mensal de juros simples durante quatro meses. Se o valor dos juros recebidos por Berilo foi R$50,00 maior que o valor dos juros recebidos por Aluísio, então a taxa anual de juros simples dessas aplicações foi de

(A) 10,8%.
(B) 12%.
(C) 12,6%.
(D) 14,4%.
(E) 15%.

Resolução:
Sejam J^A e J^B os juros recebidos por Aluísio e Berilo, respectivamente.
Tem-se $J^B = J^A + 50$
Como J = Cit, com C capital, i taxa de juros e t o tempo em meses, temos
5.000i.4 = 4.000i.4 + 50
20.000i = 16.000i + 50
4.000i = 50 ou
i = 50/4.000
i = 1,25/100 = 1,25% ao mês
E a taxa anual de juros simples dessas aplicações foi de 112x1,25% = 15%.

(Escrevente Técnico Judiciário – TJ/SP – 2008 – VUNESP) Do preço de venda de um determinado produto, 25% correspondem a impostos e comissões pagos pelo lojista. Do restante, 60% correspondem ao preço de custo desse produto. Se o preço de custo desse produto é de R$ 405,00, então, o seu preço de venda é igual a

(A) R$ 540,00.
(B) R$ 675,00.
(C) R$ 800,00.
(D) R$ 900,00.
(E) R$ 1.620,00.

Resolução
Seja X o preço de venda do produto, e R$405 o preço de custo. Como 25% são impostos, sobram 75% para o lojista (0,75). Como, desse restante, 60% corresponde ao preço de custo, temos que o preço de custo é:

(0,60).(0,75).X = preço de custo
0,45 . X = R$405

$X = \dfrac{R\$ 405}{0,45}$

X = R$900 (preço de venda)

2.7. Questões de conteúdo variado de matemática básica

(Escrevente - TJ/SP - 2018 - VUNESP) Ontem, os ciclistas Afonso e Bernardo iniciaram os respectivos treinamentos, feitos em uma mesma pista, exatamente no mesmo horário, às 8h 12min. Ambos percorreram a pista no mesmo sentido, sendo que Afonso partiu de um ponto P dessa pista e Bernardo partiu de um ponto Q, situado 1,26 km à frente de P. Por determinação do técnico, no treinamento desse dia, ambos mantiveram ritmos uniformes e constantes: Afonso percorreu 420 metros a cada 1 minuto e 20 segundos, e Bernardo percorreu, a cada 1 minuto e 20 segundos, 80% da distância percorrida por Afonso. Nessas condições, Afonso alcançou Bernardo às

(A) 8h 30min.
(B) 8h 45min.
(C) 8h 38min.
(D) 8h 32min.
(E) 8h 28min.

Solução
Cada 1min 20s correspondem a 80s.
A velocidade de Afonso é de v^A = 420m/80s = 5,25 m/s e a de Bernardo, v^B = 336/80 = 4,20 m/s.
Assim,
Após o mesmo empo t tem-se que a
Posição de Afonso: $e^A = v^A \cdot t$ e a
a de Bernardo, $e^B = 1.260 + v^B \cdot t$
Para ser o ponto de encontro dos dois, deve=se ter
$e^A = e^B$
5,25 t = 1.260 + 4,2t
1,05 t = 1.260
t = 1.200s = 20 min
Logo, Afonso alcançou Bernardo às 8h 12min + 20 min = 8h 32min.

(Escrevente - TJ/SP - 2018 - VUNESP) No posto Alfa, o custo, para o consumidor, de um litro de gasolina é R$ 3,90, e o de um litro de etanol é R$ 2,70. Se o custo de um litro de uma mistura de quantidades determinadas desses dois combustíveis é igual a R$ 3,06, então o número de litros de gasolina necessários para compor 40 litros dessa mistura é igual a

(A) 12.
(B) 24.
(C) 28.
(D) 20.
(E) 16.

Resolução
Seja **x** a quantidade de gasolina a R$ 3,90 o litro e **y** a de etanol a R$ 2,70, na mistura.
Para x + y = 40 litros da mistura ter-se-á o custo de
40(3,06) = 3,9x + 2,7y
122,4 = 3,9x + 2,7y
1224 = 39x + 27y
Simplificando por 3:
408 = 13x + 9y
Substituindo y = 40 –x, obtém-se

408 = 13x + 9(40 −x)
408 = 13x + 360 − 9x
48 = 4x
x = 12 litros de gasolina.

3. MATEMÁTICA FINANCEIRA
3.1. Juros simples. Montante e juros. Taxa real e taxa efetiva.Taxas equivalentes. Capitais equivalentes

(Escrevente - TJ/SP - 2018 - VUNESP) Um investidor adquiriu um terreno por R$ 74.000,00. Algum tempo depois, o terreno foi vendido, e o lucro obtido pelo investidor foi igual a 20% do valor da venda. Se esse investidor conceitua lucro como sendo a diferença entre os valores de venda e de compra, então o lucro obtido por ele nessa negociação foi de

(A) R$ 16.600,00.
(B) R$ 17.760,00.
(C) R$ 18.500,00.
(D) R$ 15.870,00.
(E) R$ 14.400,00.

Resolução
Lucro = Venda - Compra
Lucro = 0,20Venda
Então
0,20Venda = Venda - Compra
Ou
Compra = 0,8Venda
Venda = Compra/0,8
Venda = 74.000/0,8
Venda = 92.500 e
Lucro = 92.500 − 74.000
Lucro = 18.500

(Técnico Judiciário – TJSP – 2013 – VUNESP) Acessando o site de determinada loja, Lucas constatou que, na compra pela internet, com prazo de entrega de 7 dias úteis, o *notebook* pretendido custava R$ 110,00 a menos do que na loja física que, por outro lado, oferecia a entrega imediata do aparelho. Como ele tinha urgência, foi até a loja física e negociou com o gerente, obtendo um desconto de 5% e, dessa forma, comprou o aparelho, pagando o mesmo preço que pagaria pela internet. Desse modo, é correto afirmar que o preço que Lucas pagou pelo *notebook*, na loja física, foi de

(A) R$ 2.110,00.
(B) R$ 2.200,00.
(C) R$ 2.000,00.
(D) R$ 2.310,00.
(E) R$ 2.090,00.

Solução
Seja **P** o preço do *notebook* sem desconto.
Como 5%P = 110, temos que 0,05P = 110 e P = R$ 2.200,00.
E, com o desconto de R$ 110,00, ele pagou 2200 − 110 = R$ 2.090,00.

(Escrevente Técnico Judiciário – TJ/SP – 2008 – VUNESP) Um investidor aplicou uma certa quantia durante 8 meses, a uma determinada taxa de juro simples, e recebeu um montante de R$ 11.400, 00. Aplicou de imediato o montante recebido por mais 4 meses, com a mesma taxa de juro simples da aplicação anterior, e ao final recebeu mais R$ 798,00 de juros. A quantia inicialmente aplicada, por esse investidor, foi

(A) R$ 8.500,00.
(B) R$ 9.000,00.
(C) R$ 9.600,00.
(D) R$ 9.800,00.
(E) R$ 10.000,00.

Resolução
O juro simples de um determinado investimento é calculado pela fórmula: $J = \dfrac{c.i.t}{100}$

Sendo: c = capital, i= taxa de juros, t = tempo
Pelo enunciado, temos que: c=R$11.400, j=R$798, t= 4 meses.
Portanto,
$R\$798 = \dfrac{(R\$ 11.400).i.(4)}{100}$

$i = \dfrac{R\$ 79.800}{(R\$ 11.400).(4)}$

i = 1,75% ao mês.

Com essa taxa de juros (j), podemos calcular o valor do capital inicial (c), que ficou aplicado por 8 meses:
j + c = R$11.400

$\dfrac{c.i.t}{100} + c = R\$11.400$

$\dfrac{c.(1,75).8}{100} + c = R\$11.400$

0,14c + c = R$11.400

$c = \dfrac{R\$ 11.400}{1,14}$

c = R$10.000

(Escrevente Técnico Judiciário – TJ/SP – 2007 – VUNESP) O terreno retangular mostrado na figura, cujas medidas dos lados estão na razão de 1 para 3, tem 1200 m² de área. Logo, o perímetro desse terreno é igual a

(A) 240 m.   (B) 200 m.   (C) 160 m.   (D) 120 m.   (E) 100 m.

Resolução
Um retângulo tem dois lados com comprimento X, e outros dois com comprimento Y. Portanto, perímetro = 2X + 2Y.
Pelo enunciado, sabemos que:
 I) X = 3Y
 II) X.Y = 1200 m²
Substituindo (I) em (II), temos:
$3Y^2 = \dfrac{1200}{3} = 400$

$Y = \sqrt{400} = 20\ m$ (III)

Substituindo (III) em (I), temos:
 X = 3.Y = 3.(20m)
 X = 60 m

Portanto: perímetro = 2X+2Y = 2.(60) + 2.(20)
Perímetro = 120 + 40 = 160 metros.

Gabarito "C".

(Escrevente Técnico Judiciário – TJ/SP – 2007 –VUNESP) Um investidor aplicou a quantia total recebida pela venda de um terreno, em dois fundos de investimentos (A e B), por um período de um ano. Nesse período, as rentabilidades dos fundos A e B foram, respectivamente, de 15% e de 20%, em regime de capitalização anual, sendo que o rendimento total recebido pelo investidor foi igual a R$ 4.050,00. Sabendo-se que o rendimento recebido no fundo A foi igual ao dobro do rendimento recebido no fundo B, pode-se concluir que o valor aplicado inicialmente no fundo A foi de

(A) R$ 18.000,00.
(B) R$ 17.750,00.
(C) R$ 17.000,00.
(D) R$ 16.740,00.
(E) R$ 15.125,00.

Resolução
O dinheiro foi investido por um período de 1 ano. Como o rendimento total foi R$4.050 e o rendimento do fundo A foi o dobro do fundo B (ou seja, A=2B), temos:
A+B = R$4.050
2B+B = R$4.050
3B = R$4.050
B = $\frac{R\$ 4.050}{3}$ = R$ 1.350
O rendimento do fundo A foi, portanto:
A = (R$4.050 – B) = (R$4.050 – R$1.350) = R$2.700
J = $\frac{c.i.t}{100}$, (sendo: i = 15%, t = 1)
R$2.700 = $\frac{c.(15).(1)}{100}$
C = $\frac{(R\$ 2.700).(100)}{15}$ = R$18.000

Gabarito "A".

(Escrevente Técnico Judiciário – TJ/SP – 2007 – VUNESP) Um comerciante estabeleceu que o seu lucro bruto (diferença entre os preços de venda e compra) na venda de um determinado produto deverá ser igual a 40% do seu preço de venda. Assim, se o preço unitário de compra desse produto for R$ 750,00, ele deverá vender cada unidade por

(A) R$ 1.050,00.
(B) R$ 1.100,00.
(C) R$ 1.150,00.
(D) R$ 1.200,00.
(E) R$ 1.250,00.

Resolução
Pelo enunciado, como o lucro é 40% do preço de venda, temos:
Lucro = (Preço de venda) – (Preço de compra)
Lucro = PV – PC
(0,4).PV = PV – PC
PV – (0,4) = PC
(0,6).PV = PC
PV= $\frac{PC}{0,6}$
Se o preço de compra do produto é R$750, temos que o preço de venda é:

PV = $\frac{PC}{0,6}$ = $\frac{R\$ 750}{0,6}$ = R$1.250

Gabarito "E".

(Escrevente Técnico Judiciário – TJ/SP – 2007 –VUNESP) Numa editora, 8 digitadores, trabalhando 6 horas por dia, digitaram 3/5 de um determinado livro em 15 dias. Então, 2 desses digitadores foram deslocados para um outro serviço, e os restantes passaram a trabalhar apenas 5 horas por dia na digitação desse livro. Mantendo-se a mesma produtividade, para completar a digitação do referido livro, após o deslocamento dos 2 digitadores, a equipe remanescente terá de trabalhar ainda

(A) 18 dias.
(B) 16 dias.
(C) 15 dias.
(D) 14 dias.
(E) 12 dias.

Resolução
Se, dos 8 digitadores, 2 foram transferidos, sobraram 6 trabalhando 5h por dia. Como a produtividade foi mantida, para descobrir quanto tempo será necessário para digitar os 2/5 restantes, devemos fazer uma regra de três composta:

8 digitadores ------ 6h por dia ------ 3/5 do livro ------ 15 dias
6 digitadores ------ 5h por dia ------ 2/5 do livro ------ x

Para montar a equação, devemos primeiro verificar quais fatores são inversamente proporcionais a "x" (número de dias). Como há uma necessária elevação no número de dias ao ser reduzido o número de digitadores e as horas de trabalho diário, temos que esses dois fatores são inversamente proporcionais a "x". Portanto, esses fatores devem ser colocados de forma invertida na equação, como mostrado abaixo:

$\frac{6}{8} \cdot \frac{5}{6} \cdot \frac{3}{2} = \frac{15}{x}$

$\frac{90}{96} = \frac{15}{x}$

x = $\frac{96.15}{90}$

x = 16 dias

Gabarito "B".

(Escrevente Técnico Judiciário – TJ/SP – 2006.2 – VUNESP) Ricardo participou de uma prova de atletismo e, no final, observou que, do número total de atletas participantes, 1/4 havia terminado a prova na sua frente, e 2/3 haviam chegado depois dele. Considerando-se que todos os participantes completaram a prova, e que nenhum atleta cruzou a linha de chegada no mesmo tempo que outro, pode-se concluir que, pela ordem de chegada nessa prova, Ricardo foi o

(A) 3.º colocado.
(B) 4.º colocado.
(C) 5.º colocado.
(D) 6.º colocado.
(E) 8.º colocado.

Resolução
Como a totalidade dos atletas ("x") é composta por Ricardo, mais aqueles que chegaram antes e os que chegaram depois dele, temos que:
x = 1 + $\frac{x}{4}$ + $\frac{2x}{3}$

$x - \dfrac{x}{4} - \dfrac{2x}{3} = 1$

$\dfrac{12x - 3x - 8x}{12} = 1$

12x − 11x = 12
X = 12 atletas.

Como ¼ dos 12 atletas chegaram antes de Ricardo, o número dos que chegaram antes é = 3 atletas. Portanto, Ricardo chegou em 4º lugar.

Gabarito "B".

(Escrevente Técnico Judiciário – TJ/SP – 2006.2 – VUNESP) Com a proximidade do Natal, uma empresa doou uma determinada quantia para uma creche que abriga um total de 80 crianças. A quantia doada foi dividida para a compra de brinquedos e roupas na razão de 3 para 5, respectivamente. Assim, foram comprados 80 brinquedos, sendo bolas para os meninos, por R$ 15,00 cada, e bonecas para as meninas, por R$ 20,00 cada. Sabe-se que cada criança recebeu um brinquedo e que o número de bolas compradas superou o número de bonecas compradas em 20 unidades. Da quantia total recebida como doação dessa empresa, a creche reservou para a compra de roupas

(A) R$ 2.250,00.
(B) R$ 2.000,00.
(C) R$ 1.980,00.
(D) R$ 1.850,00.
(E) R$ 1.350,00.

Resolução
Para cada R$8 doado para a creche, R$3 foi destinado para a compra de brinquedos e R$5 para a compra de roupas. Dos para a compra de brinquedos, foram adquiridas "x" bolas a R$15 cada, e "y" bonecas a R$20. Como todas as crianças ganharam um brinquedo, temos que:
I) x+y=80

Além disso, como o número de bolas supera o de bonecas em 20 unidades, temos que:
II) x=y+20
Substituindo (II) em (I):
x+y=80
(y+20)+y=80
2y= 80 − 20
2y=60
y=30 (III)
Substituindo (III) em (II):
x=y+20
x=30+20
x=50

Portanto, o valor gasto com brinquedos foi:
50.(R$15)+30.(R$20) = R$750+R$600 = R$1.350
Como esse valor gasto com brinquedos é apenas 3/8 do valor doado ("d"), temos que:

$\dfrac{3 \cdot d}{8}$ = R$1.350

$d = \dfrac{(R\$\,1.350) \cdot 8}{3}$

d = R$3.600 (valor total doado)
Portanto, substituindo os valores encontrados acima:

d = brinquedos + roupas
R$3.600 = R$1.350 + roupas
roupas = R$3.600 − R$1.350
roupas = R$2.250

Gabarito "A".

(Escrevente Técnico Judiciário – TJ/SP – 2006.2 – VUNESP) Da quantia total recebida pela venda de um terreno, João emprestou 20% para um amigo por um prazo de 8 meses, a uma taxa de juro simples de 18% ao ano, e aplicou o restante, também por 8 meses, a uma taxa de juro simples de 27% ao ano. No final, o total recebido de juros, considerando-se empréstimo e aplicação, foi igual a R$ 3.360, 00. Pela venda do terreno, João recebeu um total de

(A) R$ 32.000,00.
(B) R$ 30.000,00.
(C) R$ 28.000,00.
(D) R$ 25.000,00.
(E) R$ 20.000,00.

Resolução
O candidato deve estar atento para o fato de que, para uma dada taxa de juros anual (12 meses), uma aplicação por 8 meses deve ser reduzida a 2/3 do valor nominal da taxa.

João aplicou 20% de "x" (quantia total) com juros de 18% ao ano, e os 80% restantes a uma taxa de 27%, ambos por 8 meses. Como ele chegou a um rendimento total de R$3.360 ao final do período, temos que:
(Juros 1) + (Juros 2) = R$3.360

$\dfrac{(0,2) \cdot x \cdot 18 \cdot \left(\tfrac{2}{3}\right)}{100} + \dfrac{(0,8) \cdot x \cdot 27 \cdot \left(\tfrac{2}{3}\right)}{100}$ = R$3.360

(2,4).X + (14,4).X = R$336.000
(16,8).X = R$336.000
X = R$20.000

Gabarito "E".

(Escrevente Técnico Judiciário – TJ/SP – 2006.1 – VUNESP) Certo plano de saúde emite boletos para pagamento bancário com as seguintes condições:

Pagamento até o vencimento: x

Pagamento após a data de vencimento:

x + juros + multa

Um conveniado desse plano de saúde pagaria R$ 1.198,00 se tivesse feito o pagamento até o vencimento. Porém, houve alguns dias de atraso, o que acarretou uma multa de 10% e juros de R$ 0,60 por dia de atraso. Como ele pagou um acréscimo de R$ 124,00, o total de dias em atraso foi igual a

(A) 3.
(B) 4.
(C) 5.
(D) 6.
(E) 7.

Resolução
A multa pelo atraso foi: (R$1.198).0,10 = R$119,80.
acréscimo total = multa + juros
R$124 = R$119,80 + juros
Juros = (R$124) − (R$119,80)
Juros = R$4,20

Como o valor do juros é R$0,60 por dia em atraso, temos que:
Juros = (R$0,60).(dias em atraso)

dias em atraso = $\dfrac{R\$ 4,20}{R\$ 0,60}$

dias em atraso = 7

(Escrevente Técnico Judiciário – TJ/SP – 2006.1 – VUNESP) Na maquete de uma praça pública construída na escala 1:75, o edifício da prefeitura, de 13,5 m de altura, está representado com uma altura de

(A) 16 cm.
(B) 18 cm.
(C) 20 cm.
(D) 22 cm.
(E) 24 cm.

Resolução
Pela proporção, sabemos que para cada 75 cm real, temos uma representação de 1 cm na maquete. Então, o edifício de 13,5 m (=1350 cm), teremos:

75 cm ------- 1 cm
1350 cm ------- x

x = $\dfrac{1350}{75}$

x = 18 cm

(TJ/SP – 2019 – VUNESP) Sobre o preço P de venda de determinado produto, aplicou-se um aumento de 15% e, sobre o novo preço de venda do produto, aplicou-se, dias depois, um desconto de 10%. Após essas duas mudanças, comparado ao preço P, o preço final de venda do produto aumentou

(A) 3,5%
(B) 4,5%
(C) 4,0%
(D) 5,0%
(E) 3,0%

1ª solução

Tem-se
i) P -> 1,15P   (aumento de 15%)
ii) 1,15P – 10% de 1,15P   (desconto de 10% sobre o novo preço de venda)
1,15P – 0,1x 1,15P
1,15P – 0,115P
ou
1,035P
Logo,
P passou para 1,035P, ou seja, aumentou 0,035 = 3,5 %

Logo, a opção de resposta correta é a letra A.

2ª solução

Suponha P = 100.

i) aumentou para 115   (aumento de 15%)

ii) 115 – 10% de 115 =   (desconto de 10% sobre o novo preço de venda)

115 – 11,5 =
103,5
Assim P passou de 100 para 103,5
ou seja, teve aumento de 3,5%.

Logo, a opção de resposta correta é a letra A. (EG)

(TJ/SP – 2019 – VUNESP) Em relação ao total de administradores judiciários em determinado estado, no ano de 2018, três décimos estão prestes a se aposentar. Dos demais, sabe-se que 5% foram contratados em concursos públicos realizados na década de 2000, e um quinto do restante foi contratado em concursos públicos realizados nos últimos 5 anos. Do total de administradores judiciários no ano de 2018 nesse estado, os que foram contratados em concursos públicos dos últimos 5 anos correspondem

(A) de 1% a menos de 5%.
(B) de 9% a menos de 13%.
(C) de 5% a menos de 9%.
(D) de 13% a menos de 17%.
(E) a menos de 1%.

1ª solução
Suponha X = 200 o número total de administradores judiciários.
Tem-se que três décimos estão prestes a se aposentar, isto é, (3/10)
X = (3/10)200 = 60.
Dos demais, isso é, 200 – 60 = 140, sabe-se que 5% foram contratados em concursos públicos realizados na década de 2000
Tem-se
5% de 140 = 7
e um quinto do restante foi contratado em concursos públicos realizados nos últimos 5 anos, ou seja,
140/ 5 = 28
Logo,
do total de administradores judiciários no ano de 2018 nesse estado, os que foram contratados em concursos públicos dos últimos 5 anos correspondem a
28/200 = 14%.
Ou, pela Regra de três,
200   --   28
100   --   x   => x = 28x100/200 = 14%

Então, a opção de resposta correta é a letra D.

2ª solução

Tem-se
3X/10 e 7X/10
5% de 7X/10
e 1/5 de 5% de 7X/10   (dos últimos 5 anos)
ou
1/5 7X/10 =   0,2x 7X/10   = 1,4X/10 = 0,14X
Ou, pela Regra de três,
X   --   0,14X
100   --   x   => x = 14%.

(TJ/SP – 2019 – VUNESP) Em um concurso somente para os cargos A e B, a razão entre o número de candidatos inscritos para o cargo A e o número de candidatos inscritos para o cargo B era 2/3. No dia do concurso, 40 candidatos inscritos para o cargo A e 120 candidatos inscritos para o cargo B não compareceram, e a razão entre o número de candidatos que fizeram a prova para o cargo A e o número de candidatos que fizeram a prova para o cargo

B foi 3/4. Dessa forma, a diferença entre o número de candidatos que fizeram a prova para o cargo B e o número de candidatos que fizeram a prova para o cargo A foi

(A) 140.
(B) 130.
(C) 150.
(D) 120.
(E) 160.

Resolução
Tem-se
Razão inicial entre os candidatos inscritos: A/B = 2/3 ou B = 3A/2

No dia do concurso fizeram a prova

$$\frac{A-40}{B-120} = \frac{3}{4}$$

4A – 160 = 3B – 360
3B – 4A = 200

Ao substituir B por 3A/2, obtém-se
9A/2 - 4A = 200
(9A – 8A)/2 = 200
A = 400 e B = 400/2 = 600

Assim, a diferença entre o número de candidatos que fizeram a prova para o cargo B e o número de candidatos que fizeram a prova para o cargo A foi
(600 - 120) – (400 – 40) =
480 – 360 = 120

Então, a opção de resposta correta é a letra D.
Gabarito "D".

(TJ/SP – 2019 – VUNESP) Duas máquinas idênticas e com a mesma capacidade de produção reciclam, trabalhando juntas e ao mesmo tempo, certo volume V de um mesmo material, em 5 horas e 10 minutos. Uma nova máquina, com tecnologia mais avançada, foi adquirida e colocada para fazer a reciclagem do referido material, juntamente com as outras duas máquinas. Sabendo-se que a nova máquina tem a capacidade de reciclagem 10% maior que as outras duas máquinas, é esperado que as três máquinas, trabalhando juntas e ao mesmo tempo, reciclem o dobro do volume V do material em questão em, no mínimo,

(A) 5 horas e 30 minutos.
(B) 5 horas e 57 minutos.
(C) 6 horas e 23 minutos.
(D) 7 horas e 07 minutos.
(E) 6 horas e 40 minutos.

Resolução

Uma vez que 2 máquinas reciclam um volume V, tem-se que a nova máquina recicla V + 10%V = 1,1V, o que incorrerá em reciclagem do total de 2V + 1,1V = 3,1V pelas 3 máquinas.
Tempo gasto pelas que 2 máquinas é de 5 horas e 10 minutos = 310 min

Para calcular o tempo que as três máquinas, trabalhando juntas e ao mesmo tempo reciclem o dobro do volume V tem-se a Regra de Três composta:

produção	volume	tempo
2 V	V	310
3,1V	2V	X

$$X = \frac{310 \times 2V \times 2}{V \times 3,1V} = 400 \text{ min} = 6 \text{ horas e } 40 \text{ minutos}$$

Então, a opção de resposta correta é a letra E.
Gabarito "E".

(Escrevente Técnico Judiciário – TJ/SP – 2006.1 – VUNESP) Numa fazenda há ovelhas e avestruzes, totalizando 90 cabeças e 260 patas. Comparando-se o número de avestruzes com o das ovelhas, pode-se afirmar que há

(A) igual número de ovelhas e de avestruzes.
(B) dez cabeças a mais de ovelhas.
(C) dez cabeças a mais de avestruzes.
(D) oito cabeças a mais de ovelhas.
(E) oito cabeças a mais de avestruzes.

Resolução
Seja "x" o número de ovelhas, e "y" o número de avestruzes. Como a ovelha tem 4 patas, e o avestruz tem 2 patas, temos:

x + y = 90 → **x = 90 – y**   (I)
4x + 2y = 260   (II)

Substituindo (I) em (II):
4x + 2y = 260
4. (90 – y) + 2y = 260
360 – 4y + 2y = 260
– 2y = -100
y = 50   (III)

Substituindo (III) em (I):
x = 90 – y
x = 90 – 50
x = 40

Como temos 50 avestruzes e 40 ovelhas, temos 10 cabeças a mais de avestruzes.
Gabarito "C".

(Escrevente Técnico Judiciário – TJ/SP – 2006.1 – VUNESP) Numa grande obra de aterramento, no dia de ontem, foram gastas 8 horas para descarregar 160 m³ de terra de 20 caminhões. Hoje, ainda restam 125 m³ de terra para serem descarregados no local. Considerando que o trabalho deverá ser feito em apenas 5 horas de trabalho, e mantida a mesma produtividade de ontem, hoje será necessário um número de caminhões igual a

(A) 25.
(B) 23.
(C) 20.
(D) 18.
(E) 15.

Resolução
Este é um problema de regra de três composta, e deve ser estruturado da seguinte forma:

8h ------ 160 m³ ------- 20 caminhões
5h ------ 125m³ ------- x

Quanto <u>maior</u> for o número de caminhões, <u>menor</u> será o tempo necessário (portanto, esses dois fatores são *inversamente proporcionais*).
E quanto <u>maior</u> for o número de caminhões, <u>maior</u> será a quantidade

de terra descarregada (portanto, são diretamente proporcionais). Na regra de três composta, o fator inversamente proporcional a "x" deve ser colocado na equação invertido, como mostrado abaixo:

$\frac{5}{8} \cdot \frac{160}{125} = \frac{20}{x}$

$\frac{800}{1000} = \frac{20}{x}$

$x = \frac{20000}{800}$

x= 25 caminhões

Gabarito "C".

(Escrevente Técnico Judiciário – TJ/SP – 2004 – VUNESP) Em uma loja, o metro de corda é vendido por R$ 3,00, e o rolo com 60 metros de corda, por R$ 150,00. Três amigos compraram juntos um rolo de corda, ficando o primeiro com 1/4 do rolo, o segundo com 1/12 e o terceiro com o restante. Se a divisão dos gastos foi proporcional à quantidade de corda que cada um recebeu, aquele que comprou a maior quantidade de corda economizou, em relação à compra da mesma quantidade de corda por metro, o total de

(A) R$ 18,00.
(B) R$ 19,00.
(C) R$ 20,00.
(D) R$ 21,00.
(E) R$ 22,00.

Resolução
Como os 60 m de corda foram vendidos por R$150, o preço por metro foi R$150:60 = R$2,50. Logo, o preço com desconto foi R$0,50 a menos que o preço de tabela. Já que a corda de 60m foi dividida em três partes, a parte "x" do 3º amigo, foi:

X + 60 . ($\frac{1}{4}$) + 60. ($\frac{1}{12}$) = 60 metros

X + 15 + 5 = 60
X = 60 – 20
X = 40 metros

Como essa corda foi comprada com desconto de R$0,50 por metro, o desconto total foi (R$0,50)x40 = R$20.

Gabarito "C".

(Escrevente Técnico Judiciário – TJ/SP – 2004 – VUNESP) Uma bomba de vácuo retira metade do ar de um recipiente fechado a cada bombada. Sabendo que após 5 bombadas foram retirados 62 cm³ de ar, a quantidade de ar que permanece no recipiente após essas bombadas, em cm³, é igual a

(A) 2.
(B) 4.
(C) 5.
(D) 6.
(E) 8.

Resolução
Seja "x" a quantidade de ar do recipiente. Como a cada bombada, a quantidade de ar que fica no recipiente é a metade do que tinha anteriormente. Portanto, após cada bombada a quantidade de ar retirada é:

1ª bombada: $\frac{1}{2} \cdot x = \frac{x}{2}$

2ª bombada: $\frac{1}{2} \cdot (\frac{1}{2} \cdot x) = \frac{x}{4}$

3ª bombada: $\frac{1}{2} \cdot (\frac{1}{2} \cdot \frac{1}{2} \cdot x) = \frac{x}{8}$

4ª bombada: $\frac{1}{2} \cdot (\frac{1}{2} \cdot \frac{1}{2} \cdot \frac{1}{2} \cdot x) = \frac{x}{16}$

5ª bombada: $\frac{1}{2} \cdot (\frac{1}{2} \cdot \frac{1}{2} \cdot \frac{1}{2} \cdot \frac{1}{2} \cdot x) = \frac{x}{32}$

Como a quantidade de ar retirada após 5 bombadas foi 62cm³, temos que a quantidade "x" de ar dentro do recipiente inicialmente era:

$\frac{x}{2} + \frac{x}{4} + \frac{x}{8} + \frac{x}{16} + \frac{x}{32} = 62$

$\frac{16x+8x+4x+2x+x}{32} = 62$

$\frac{31x}{32} = 62$

$x = \frac{62 \cdot 32}{31} = 64$ cm³

Portanto, a quantidade de ar que ficou no recipiente após a 5ª bombada foi: $+\frac{x}{32} = +\frac{64}{32} = 2 m^3$

Gabarito "A".

(Escrevente Técnico Judiciário – TJ/SP – 2004 – VUNESP) Em um trajeto exclusivamente de subidas e descidas, um caminhante percorre 2 metros a cada segundo nas subidas e 3 metros a cada segundo nas descidas. Se o caminhante percorreu, no trajeto todo, 1380 metros em 9 minutos e 40 segundos, sem paradas, pode-se afirmar que, no total, ele

(A) subiu 50 metros a mais do que desceu.
(B) subiu 60 metros a mais do que desceu.
(C) desceu 40 metros a mais do que subiu.
(D) desceu 50 metros a mais do que subiu.
(E) desceu 60 metros a mais do que subiu.

Resolução
Como a caminhada durou 9 minutos e 40 segundos, isso equivale a dizer 540 segundos. Seja "x" o número de segundos na subida, e "y" o número de segundos na descida. Portanto, as informações do enunciado podem ser escritas matematicamente da seguinte forma:

subida+descida= 2x+3y = 1380 (I)
x+y= 580 → x = 580 - y   (II)
Substituindo (II) em (I):
2.(580-y)+3y= 1380
1160 – 2y+3y= 1380
y = 1380 – 1160
y = 220 segundos

Como na descida cada segundo corresponde a 3 metros, a distância percorrida na descida foi 3y= 3.(220)= 660 metros.
Portanto, como a distância total foi 1.380 metros, a distância percorrida na subida foi:
1380-660 = 720 metros.
Portanto, o caminhante subiu 60 metros a mais do que desceu.

Gabarito "B".

(Escrevente Técnico Judiciário – TJ/SP – 2004 – VUNESP) A cobertura de um piso retangular de 12 x 18 metros será feita com placas quadradas de lado igual a L metros. Se L é um número natural, para que haja uma cobertura perfeita do piso, sem cortes ou sobreposições de placas, é necessário e suficiente que

(A) L seja um número par.
(B) L divida 12.
(C) L divida 18.
(D) L divida o MDC (12,18).
(E) L divida o MMC (12,18).

Resolução
Como as placas serão quadradas, a medida do lado deverá ter como múltiplo tanto o número 12 quanto o 18. Ou seja, a medida do lado "L"

terá de ser um divisor comum de 12 e 18. O máximo divisor comum (MDC) é 6, mas qualquer um dos outros dois divisores comuns (2 e 3) podem ser a medida do piso. Como todos os três divisores comuns dividem o MDC, a alternativa "D" está correta.

Gabarito "D".

(Escrevente Técnico Judiciário – 2008 – VUNESP) Uma concessionária de automóveis de certa marca queria vender um carro zero quilômetro que acabara de ficar fora de linha pelo qual ninguém estava muito interessado. Primeiro, tentou vendê-lo com um desconto de 5%, mas ninguém o comprou. Em seguida, experimentou vendê-lo com um desconto de 10% sobre o preço do primeiro saldo. Como continuou encalhado, finalmente fez um desconto de 20% sobre o segundo preço de saldo. Agora, apareceu uma pessoa que o comprou por vinte mil e quinhentos e vinte reais. Então, o preço inicial do carro era de

(A) R$ 25 500,00.
(B) R$ 27 000,00.
(C) R$ 28 500,00.
(D) R$ 29 000,00.
(E) R$ 30 000,00.

Resolução
Seja X o preço inicial do carro:
Preço após o 1º desconto = (1 – 0,05) X = (0,95)X
Preço após o 2º desconto = (1 – 0,10).(0,95)X = (0,9).(0,95)X
Preço após o 3º desconto = (1 – 0,20).(0,9).(0,95)X = (0,80).(0,9).(0,95)X
Como o preço desse último saldo foi o preço de venda, temos que:
(0,80).(0,9).(0,95)X = 20520
(0,684).X = 20520
$$X = \frac{20520}{0,684}$$
X = 30.000

Gabarito "E".

(Escrevente Técnico Judiciário – 2008 – VUNESP) Se uma indústria farmacêutica produziu um volume de 2 800 litros de certo medicamento, que devem ser acondicionados em ampolas de 40 cm3 cada uma, então será produzido um número de ampolas desse medicamento na ordem de

(A) 70.
(B) 700.
(C) 7 000.
(D) 70 000.
(E) 700 000.

Resolução
O volume de 1 litro equivale a 1000 cm³.
Portanto: 2800 litros = (2800).(1000)cm³ = 2.800.000 cm³
Como em cada ampola serão acondicionados 40cm³, serão necessárias
$$\frac{2\,800\,000}{40} = 70.000 \text{ ampolas.}$$

Gabarito "D".

(Escrevente Técnico Judiciário – 2008 – VUNESP) Manoel tem um peixe a menos que Isabel. Ela tem um peixe a menos que a sua irmã Amália, que tem o dobro de Manoel. Os três juntos têm um total de peixes igual a

(A) 10.
(B) 9.
(C) 8.
(D) 7.
(E) 6.

Resolução
Sejam M, I e A o número de peixes de Manoel, Isabel e Amália, respectivamente. Do enunciado, sabemos que:

M = I -1 (I) ;   I = A -1 (II) ;   A = 2M (III)

Substituindo (III) em (II):
    I = 2M – 1   (IV)

Substituindo (IV) em (I):
    M = I – 1 = (2M – 1) – 1
    M = 2M – 2
    M = 2   (V)

Substituindo (V) em (IV):
    I = 2M – 1 = 2.(2) – 1
    I = 3   (VI)

Substituindo (V) em (III):
    A = 2M = 2.(2)
    A = 4

Portanto, o número total de peixes é M + I + A = 2 + 3 + 4 = 9 peixes.

Gabarito "B".

(Escrevente Técnico Judiciário – 2008 – VUNESP) Uma pequena doceira bem sucedida comprou 1 800 embalagens para seus docinhos. Do total de embalagens, inicialmente 1/6 foi utilizado para embalar brigadeiros e 2/5 para os beijinhos. Sabendo que para os cajuzinhos seriam necessárias ½ do total das embalagens compradas, a doceira observou que iriam faltar _____ embalagens.

Assinale a alternativa que completa corretamente a lacuna do texto.

(A) 120
(B) 110
(C) 100
(D) 90
(E) 80

Resolução
Total de embalagens necessárias:
$$\frac{1800}{6} + \frac{2.(1800)}{5} + \frac{1800}{2} = 300 + 720 + 900 = 1920$$

Portanto, o número de embalagens que iriam faltar é: 1920 – 1800 = 120.

Gabarito "A".

(Escrevente Técnico Judiciário – 2008 – VUNESP) Uma mãe quer distribuir de um modo justo 200 bombons idênticos para seus cinco filhos. Aproveitando para ensinar-lhes o valor do trabalho e a sua relação com a recompensa, resolveu distribuir os bombons de acordo com o tempo que cada um gasta, semanalmente, a ajudá-la nos trabalhos domésticos. A tabela mostra o tempo despendido de cada filho ao longo de uma semana nos trabalhos domésticos.

NOME DOS FILHOS	TRABALHO EM MINUTOS
Aldo	120
Bela	80
Cida	170
Duda	200
Elton	230
TOTAL	800

Se Cida, Duda e Elton resolveram juntar todos os bombons que receberam da divisão proporcional feita pela mãe e reordenar a divisão entre eles pela média aritmética, então cada um desses três irmãos ficou com uma quantidade de bombons igual a

(A) 30.
(B) 35.
(C) 40.
(D) 45.
(E) 50.

Resolução
Para encontrarmos qual a porcentagem de bombons que foi dada a Cida, Duda e Elton, temos que calcular a proporção de trabalho semanal realizado por cada um deles em relação ao trabalho total:

Cida = $\frac{170}{800}$ = 0,2125 = 21,25%

Duda = $\frac{200}{800}$ = $\frac{1}{4}$ = 0,25 = 25%

Elton = $\frac{230}{800}$ = 0,2875 = 28,75%

A porcentagem de bombons destinada aos três irmãos foi:
21,25% + 25% + 28,75% → 75%

Como ao todo foram distribuídos 200 bombons, os três irmãos ficaram com:
200 x (75%) = 200 x (0,75) = 150 bombons.
(150 bombons) : (3 irmãos) = 50 bombons para cada irmão.

Gabarito "E".

(Escrevente Técnico Judiciário – 2008 – VUNESP) Uma pessoa quer trocar duas notas de dez reais por moedas de 5, 10, 25 e 50 centavos de real. Se ela deseja receber moedas de todos esses valores, então o número mínimo de moedas a receber em troca será de

(A) 40.
(B) 41.
(C) 42.
(D) 43.
(E) 44.

Resolução
Para que a pessoa receba o número mínimo de moedas em troca pelos seus R$20, ela terá que receber o maior número possível de moedas de R$0,50. Como ela terá que receber pelo menos uma moeda de R$0,05, R$0,10 e R$0,25 , o número de moedas de R$0,50 será:

R$0,05 + R$0,10 + R$0,25 + y.(R$0,50) = R$20
y.(R$0,50) = R$20 – R$0,40

y = $\frac{R\$ 19,60}{R\$ 0,50}$ = 39 (+ resto R$ 0,10)

Portanto, o número mínimo de moedas será:
R$0,50 = 39 moedas
R$0,25 = 1 moeda
R$0,10 = 2 moedas
R$0,05 = 1 moeda
TOTAL = 43 moedas

Gabarito "D".

(Escrevente Técnico Judiciário – 2008 – VUNESP) Um capital de R$ 40.000,00 foi aplicado por meio ano com juros de 8% semestrais, capitalizados trimestralmente. Se esse mesmo capital fosse aplicado a juro simples com a mesma taxa e pelo mesmo período, teria rendido

(A) R$ 128,00 a mais.
(B) R$ 96,00 a menos.
(C) R$ 64,00 a menos.
(D) R$ 45,00 a menos.
(E) R$ 32,00 a mais.

Resolução
Uma taxa de juros simples de 8% semestrais (6 meses) é o mesmo que uma taxa de juros de 4% trimestrais (3 meses). Entretanto, ao afirmar que esse os juros são "capitalizados" a cada 3 meses, isso quer dizer que o juros de 3 meses (4%) é incorporado (somado) ao capital principal e que o próximo cálculo de juros deve considerar esse novo valor. Isso quer dizer que é um problema de juros compostos. Portanto, o montante (M) acumulado ao final dos 6 meses foi:
$M = C . (1 + i)^t$
$M = (40.000) . (1 + 0,04)^2$
$M = (40.000) . (1 + 1,04)^2 = (40.000).(1,0816)$
M = R$43.264
Mas se tivéssemos aplicado esse capital a juros simples, teríamos chegado ao valor:
M = (R$40.000).(1,08) = R$43.200
Portanto, pelo sistema de juros simples, o capital teria rendido R$64 a menos.

Gabarito "C".

(Escrevente Técnico Judiciário – 2008 – VUNESP) Numa classe com 16 meninos e 24 meninas, um professor de matemática, após corrigir todas as provas, informou à classe que a média de notas dos meninos foi 5,5 e a das meninas, 7,5. Então a média de toda a classe é de

(A) 6,5.
(B) 6,6.
(C) 6,7.
(D) 6,8.
(E) 6,9.

Resolução
Este é um típico problema de média ponderada. O número de alunos da classe é 16 + 24 = 40. A porcentagem de meninas é: $\frac{24}{40}$ = 0,6 = 60% e a porcentagem de meninos é $\frac{16}{40}$ = 0,4 = 40%. Portanto, para encontrar a média ponderada da classe, basta somar a nota dos meninos e das meninas, ajustadas pelo seu respectivo peso:
Média da classe = (nota dos meninos).(0,4) + (nota das meninas).(0,6)
Média da classe = 5,5.(0,4) + 7,5.(0,6) = 2,2 + 4,5 = 6,7

Gabarito "C".

(Escrevente Técnico Judiciário – 2008 – VUNESP) Em uma fábrica de cerveja, uma máquina encheu 2 000 garrafas em 8 dias, funcionando 8 horas por dia. Se o dono da fábrica necessitasse que ela triplicasse sua produção dobrando ainda as suas horas diárias de funcionamento, então o tempo, em dias, que ela levaria para essa nova produção seria

(A) 16.
(B) 12.
(C) 10.
(D) 8.
(E) 4.

Resolução
Temos aqui um problema de regra de três composta. Como o dono da fábrica quer triplicar a sua produção (encher 6000 garrafas) dobrando as horas de trabalho (16h/dia), podemos escrever o problema matematicamente da seguinte forma:

2000 garrafas ---- 8 dias ---- 8 horas/dia
6000 garrafas --- x ---- 16 horas/dia

$$\frac{2000}{6000} = \frac{8}{x} \cdot \frac{8}{16}$$

$$\frac{1}{3} = \frac{8}{2x}$$

$$x = \frac{(8)\cdot(3)}{2}$$

x = 12 dias de trabalho

Gabarito "B".

4. REGIMENTO INTERNO E NORMAS DE SERVIÇOS DA CORREGEDORIA GERAL DA JUSTIÇA

Leni Mouzinho Soares

(Escrevente Técnico Judiciário – TJSP – VUNESP – 2017) Nos termos da Lei Federal 13.146/2015, a pessoa com deficiência

(A) em situação de curatela, não terá participação na obtenção de consentimento para a prática dos atos da vida civil, pois, em tal circunstância, não possui qualquer capacidade civil.

(B) somente será atendida sem seu consentimento prévio, livre e esclarecido em casos de risco de morte e de emergência em saúde, resguardado seu superior interesse e adotadas as salvaguardas legais cabíveis.

(C) e seu acompanhante ou atendente pessoal têm direito à prioridade na tramitação processual e nos procedimentos judiciais em que forem partes ou interessados.

(D) está obrigada à fruição de benefícios decorrentes de ação afirmativa, a fim de que sejam construídos ambientes de trabalho acessíveis e inclusivos.

(E) poderá ser obrigada a se submeter a intervenção clínica ou cirúrgica, tratamento ou institucionalização forçada, mediante prévia avaliação biopsicossocial, realizada por equipe multiprofissional e interdisciplinar.

A: incorreta, pois de acordo com o disposto no art. 12, § 1º, da Lei 13.146/2015, "em caso de pessoa com deficiência em situação de curatela, deve ser assegurada sua participação, no maior grau possível, para a obtenção de consentimento"; **B:** correta, conforme disposto literalmente pelo art. 13 da Lei 13.146/2015: "A pessoa com deficiência somente será atendida sem seu consentimento prévio, livre e esclarecido em casos de risco de morte e de emergência em saúde, resguardado seu superior interesse e adotadas as salvaguardas legais cabíveis."; **C:** incorreta, pois os direitos previstos são extensíveis ao acompanhante ou atendente pessoal da pessoa com deficiência, com exceção à prioridade na tramitação processual e nos procedimentos judiciais em que forem partes ou interessados (art. 9º, § 1º, da Lei 13.146/2015); **D:** incorreta, pois de acordo com o disposto no art. 4º, § 2º, da Lei 13.146/2015, "A pessoa com deficiência **não** está obrigada à fruição de benefícios decorrentes de ação afirmativa." (g.n.); **E:** incorreta, pois o art. 11 da Lei 13.146/15 dispõe que NÃO poderá ser forçada. Gabarito "B".

(Escrevente Técnico Judiciário – TJSP – VUNESP – 2017) A Resolução 230/2016 do Conselho Nacional de Justiça prevê, para a inclusão da pessoa com deficiência no serviço público,

(A) a restrição ao trabalho da pessoa com deficiência em razão de sua condição, inclusive nas etapas de recrutamento, seleção, contratação, admissão, exames admissional e periódico, permanência no emprego, ascensão profissional e reabilitação profissional, sendo possível a exigência de aptidão plena.

(B) a colocação competitiva, em igualdade de oportunidades com as demais pessoas, nos termos da legislação trabalhista e previdenciária, na qual devem ser atendidas as regras de acessibilidade, o fornecimento de recursos de tecnologia assistiva e a adaptação razoável no ambiente de trabalho.

(C) a possibilidade de a Administração obrigar o servidor com mobilidade comprometida a utilizar o sistema *home office*, se comprovada a existência de muitos custos para a promoção da acessibilidade do servidor em seu local de trabalho.

(D) a criação de um banco de dados nacional, com cadastro de todos os servidores, serventuários extrajudiciais e terceirizados com deficiência que trabalham nos quadros do Poder Judiciário, contendo especificações sobre suas deficiências e necessidades particulares e mantido pelo Conselho Nacional de Justiça.

(E) a não extensão a servidor com deficiência de qualquer diminuição de jornada de trabalho, por liberalidade do órgão, se a esse servidor já tenha sido concedido horário especial, nos termos da legislação aplicável.

A: incorreta, pois o art. 23, § 3º, da Resolução 230/2016 do CNJ prevê a VEDAÇÃO da restrição descrita na alternativa; **B:** correta, pois a alternativa descreve exatamente o disposto no art. 22 da Resolução 230/2016 do CNJ; **C:** incorreta, pois o sistema de trabalho "home office" não pode ser imposto pela Administração, sendo facultativo ao servidor na possibilidade de ser implantado (art. 30 da Resolução 230/2016 do CNJ); **D:** incorreta, pois a Resolução 230/2016 do CNJ não prevê a criação de banco de dados nacional dos servidores portadores de deficiência; **E:** incorreta, pois conforme disposto no art. 29, § 4º, da Resolução 230/2016 do CNJ, estende-se ao servidor com deficiência diminuição de jornada de trabalho de forma proporcional. Gabarito "B".

(Escrevente Técnico Judiciário – TJSP – VUNESP – 2017) As Normas da Corregedoria Geral de Justiça definem a correição ordinária como sendo a fiscalização

(A) direcionada à verificação da regularidade de funcionamento da unidade.

(B) excepcional, realizada a qualquer momento e sem prévio anúncio.

(C) prevista e efetivada segundo as referidas normas e leis de organização judiciária.

(D) virtual, com vistas ao controle permanente das atividades subordinadas à correição.

(E) para o saneamento de irregularidades constatadas em visitas correcionais.

A: incorreta – trata-se de visita correcional (art. 6º, § 3º, das NCGJ); **B:** incorreta – trata-se da correição extraordinária (art. 6º, § 2º); **C:** correta – Art. 6º, § 1º das NCGJ; **D:** incorreta (art. 6º, § 5º); **E:** incorreta – este é mais um objetivo da visita correcional (art. 6º, § 1º). Gabarito "C".

(Escrevente Técnico Judiciário – TJSP – VUNESP – 2017) Assinale a alternativa que corretamente aborda aspectos do sistema informatizado oficial previstos nas Normas da Corregedoria Geral de Justiça.

(A) As vítimas identificadas na denúncia ou queixa e as testemunhas de processo criminal não terão suas qua-

lificações lançadas no sistema informatizado oficial, exceto quando requererem expressamente ao juízo tal providência.
(B) Quando uma parte estiver vinculada a processos que tramitam em outros ofícios de justiça, nos quais tenha havido expedição de certidão de homonímia, as eventuais retificações de seus dados deverão ser aplicadas a todos os feitos.
(C) As cartas precatórias serão cadastradas no sistema informatizado diferentemente dos processos comuns, consignando-se apenas a indicação completa do juízo deprecante, a natureza da ação e a diligência deprecada.
(D) O funcionário credenciado poderá ceder a respectiva senha do sistema ou permitir que outrem, funcionário ou não, use-a, desde que seja para acesso de informações abertas ao público em geral.
(E) O sistema informatizado atribuirá, a cada processo distribuído, um número de controle interno da unidade judicial, sem prejuízo do número do processo (número do protocolo que seguirá série única).

A: incorreta – As vítimas identificadas na denúncia ou queixa e também as testemunhas de processo criminal – sejam estas de acusação, defesa ou comuns – terão suas qualificações lançadas no sistema informatizado oficial, exceto quando, ao darem conta de coação ou grave ameaça, após deferimento do juiz, pedirem para não haver identificação de seus dados de qualificação e endereço (art. 55, § 3º, das NCGJ); **B:** incorreta – Quando a mesma parte estiver vinculada a processos que tramitam em outros ofícios de justiça, as eventuais retificações de seus dados não serão aplicadas aos feitos de outro juízo (art. 62); **C:** incorreta – Ao contrário, as cartas precatórias serão cadastradas no sistema informatizado seguindo as mesmas regras dos processos comuns, consignando-se, ainda, a indicação completa do juízo deprecante, e não apenas da comarca de origem, os nomes das partes, a natureza da ação e a diligência deprecada (art. 58); **D:** incorreta – É vedado ao funcionário credenciado ceder a respectiva senha ou permitir que outrem, funcionário ou não, use-a para acessar indevidamente o sistema informatizado (art. 49, § 1º); **E:** correta – De acordo com o art. 52, os distribuidores e os ofícios de justiça deverão, no sistema informatizado oficial, cadastrar todos os feitos distribuídos ao respectivo juízo, anotar a movimentação e a prática dos atos processuais (citações, intimações, juntadas de mandados e respectiva data, termos, despachos, cargas, sentenças, remessas à instância superior para recurso, entrega ou remessa de autos que não importem em devolução etc.), assim como consignar os serviços administrativos pertinentes (desarquivamentos, inutilização ou destruição de autos etc.).
Gabarito "E".

(Escrevente Técnico Judiciário – TJSP – VUNESP – 2017) Em relação ao protocolo e à juntada de petições, as Normas da Corregedoria de Justiça preveem que
(A) o lançamento do termo de juntada deverá ser efetuado na própria petição ou no documento a ser encartado aos autos, sendo certificado o ato de juntada nos autos e anotado no sistema informatizado oficial.
(B) é vedado aos ofícios de justiça receber e juntar petições que não tenham sido encaminhadas pelo setor de protocolo, salvo, em hipóteses excepcionais, como quando houver, em cada caso concreto, expressa decisão fundamentada do juiz do feito dispensando o protocolo no setor próprio.
(C) se a petição inicial ou intermediária for acompanhada de objetos de inviável entranhamento aos autos do processo, o escrivão deverá conferir, arrolar e quantificá-los, lavrando certidão, na presença do interessado, a quem caberá mantê-los sob sua guarda e responsabilidade até encerramento da demanda.
(D) os ofícios de justiça devem receber todas as petições e juntá-las aos autos respectivos, remetendo ao protocolo aquelas que sejam pertinentes a processos que tramitem em outros ofícios daquela Comarca.
(E) os ofícios de justiça não podem receber diretamente petições de requerimento de juntada de procuração ou de substabelecimento apresentadas pelo interessado, casos em que uma informação na petição mencionará essa circunstância.

A: incorreta – É vedado o lançamento do termo de juntada na própria petição ou documento a serem encartados aos autos (art. 93, § 2º); **B:** correta – Art. 92 das NCGJ; **C:** incorreta – Recebida petição inicial ou intermediária acompanhada de objetos de inviável entranhamento aos autos do processo, o escrivão deverá conferir, arrolar e quantificá-los, lavrando certidão, sempre que possível na presença do interessado, mantendo-os sob sua guarda e responsabilidade até encerramento da demanda (art. 93, § 4º); **D:** incorreta – É vedado aos ofícios de justiça receber e juntar petições que não tenham sido encaminhadas pelo setor de protocolo (art. 92, *caput*); **E:** incorreta – apesar de ser vedado aos ofícios de justiça o recebimento e a juntada de petições que não tenham sido encaminhadas pelo serviço de protocolo, admite-se a juntada de procuração ou de substabelecimento apresentadas pelo interessado diretamente ao ofício de justiça (art. 92, inc. I).
Gabarito "B".

(Escrevente Técnico Judiciário – TJSP – VUNESP – 2017) Acerca da consulta ao processo eletrônico no sítio do Tribunal de Justiça do Estado de São Paulo, as Normas da Corregedoria Geral de Justiça preveem que
(A) a consulta, no sítio do Tribunal de Justiça do Estado de São Paulo, às movimentações processuais, ao inteiro teor das decisões, às sentenças, aos votos, aos acórdãos e aos mandados de prisão registrados no BNMP – Banco Nacional de Mandados de Prisão não é livre, pois depende do recolhimento da taxa judicial.
(B) os defensores públicos, os procuradores e os membros do Ministério Público, não vinculados a processo, previamente identificados, poderão acessar todos os atos e documentos processuais armazenados, mesmo nos casos de processos em sigilo ou segredo de justiça, prerrogativa não estendida aos advogados.
(C) o advogado, o defensor público e o membro do Ministério Público terão acesso a todo o conteúdo do processo eletrônico se forem cadastrados e habilitados nos autos, ou seja, somente se atuarem no processo, independentemente de estarem os autos em segredo de justiça ou não.
(D) a indicação de sigilo ou segredo de justiça não implica a impossibilidade de consulta dos autos por quem não é parte no processo, a qual é presumida válida, até decisão judicial em sentido contrário, de ofício ou a requerimento da parte.
(E) os advogados, os defensores públicos, os procuradores e membros do Ministério Público, não vinculados a processo, previamente identificados, poderão acessar todos os atos e documentos processuais armazenados, salvo nos casos de processos em sigilo ou segredo de justiça.

A: incorreta – a consulta às movimentações processuais, ao inteiro teor das decisões, às sentenças, aos votos, acórdãos e mandados de prisão registrados no BNMP é livre, independendo do recolhimento de taxa (art. 1.224, *caput*, das NCGJ); **B:** incorreta – Os advogados assim como os defensores públicos, procuradores e membros do Ministério Público, não vinculados a processo, previamente identificados, poderão acessar todos os atos e documentos processuais armazenados, salvo nos casos de processos em sigilo ou segredo de justiça, ou seja, a regra vale também para os advogados (art. 1.224, § 2º, das NCGJ); **C:** incorreta – O advogado, o defensor público, as partes e o membro do Ministério Público, cadastrados e habilitados nos autos, terão acesso a todo o conteúdo do processo eletrônico. Contudo, aos advogados, defensores públicos, procuradores e membros do Ministério Público, não vinculados a processo, desde que previamente identificados, o acesso será restringido nos casos de processos em sigilo ou segredo de justiça (art. 1.224, §§ 1º e 2º, das NCGJ); **D:** incorreta – A indicação implica impossibilidade de consulta dos autos por quem não seja parte no processo, nos termos da legislação específica, e é presumida válida, até decisão judicial em sentido contrário, de ofício ou a requerimento da parte (art. 1.225, § 2º, das NCGJ); **E:** correta – art. 1.224, § 2º, das NCGJ.

Gabarito "E."

(Escrevente Técnico Judiciário – TJSP – VUNESP – 2017) Na elaboração dos documentos, serão utilizados os modelos de expediente institucionais padronizados, autorizados e aprovados pela Corregedoria Geral da Justiça, podendo ser criados modelos de grupo ou usuário no ofício de justiça, a partir dos modelos institucionais ou da autoria intelectual do magistrado, o que somente será permitido para, entre outras, as seguintes categorias:

(A) ajuizamentos, certidões de cartório, despachos, decisões, requerimentos e sentenças.

(B) respostas do réu, incidentes, ajuizamentos, atos ordinatórios, despachos e termos de audiência.

(C) contestações, incidentes, saneadores, requerimentos, sentenças e termos de audiência.

(D) instrução processual, provas documentais, sentenças, termos de audiência, Setor Técnico – Assistente Social e Setor Técnico – Psicologia.

(E) respostas do réu, incidentes, instrução processual, despachos, decisões e sentenças.

A criação de modelos de grupo ou usuário realizar-se-á a partir dos modelos institucionais ou da autoria intelectual do magistrado e somente será permitida para as categorias elencadas no dispositivo (Art. 1.237 e art. 1.238, ambos das NCGJ).

Gabarito "A."

(Técnico Judiciário – TJSP – 2013 – VUNESP) Com relação às atribuições dos ofícios de justiça em geral, é correto afirmar:

(A) a inutilização ou incineração de processos de execuções fiscais só poderá ocorrer em relação àqueles arquivados há mais de 6 (seis) meses, em virtude de anistia, pagamento ou qualquer outro fato extintivo.

(B) em cada comarca de terceira entrância, há dois ofícios de distribuição judicial aos quais incumbem os serviços de distribuição cível e criminal, além de um terceiro ofício de arquivo geral.

(C) em cada comarca de terceira entrância, há um ofício de distribuição judicial ao qual incumbem os serviços de distribuição cível e criminal, além do arquivo geral.

(D) nas comarcas em que há uma única vara e um único ofício de justiça, as atribuições dos serviços de distribuição caberão ao ofício de distribuição judicial da comarca de terceira entrância mais próxima.

(E) a inutilização ou incineração de processos de execuções fiscais só poderá ocorrer em relação àqueles arquivados há mais de 10 (dez) meses, em virtude de anistia, pagamento ou qualquer outro fato extintivo.

A: incorreta – Os autos de processos de execuções fiscais arquivados há mais de 1 (um) ano, em virtude de anistia, pagamento ou qualquer outro fato extintivo, serão inutilizados e encaminhados à reciclagem, observado o procedimento previsto em regulamentação própria (art. 296 das Normas de Serviço da Corregedoria Geral da Justiça – NSCGJ do TJSP); **B:** incorreta – Há apenas um ofício ou seção de distribuição judicial (art. 29, § 1º, das NGCGJ); **C:** correta - item 2.1, do Cap. II, das NSCGJ do TJSP; **D:** incorreta – A atribuição é do ofício de justiça (art. 29, § 2º, das NSCGJ do TJSP); **E:** incorreta- Os autos de processos de execuções fiscais arquivados há mais de 1 (um) ano, em virtude de anistia, pagamento ou qualquer outro fato extintivo, serão inutilizados e encaminhados à reciclagem, observado o procedimento previsto em regulamentação própria (art. 296 das NSCGJ do TJSP).

Gabarito "C."

(Escrevente Técnico – TJSP – 2015 – VUNESP) Escrivão-Diretor da 1ª Vara Cível da Comarca X determina que Escrevente Técnico Judiciário, a ele subordinado, destrua um documento, colocando-o em uma fragmentadora de papel. O Escrevente Técnico Judiciário percebe que o documento é uma petição assinada e devidamente protocolada, que deveria ser encartada em um processo que tramitava naquela Vara e que ainda não havia sido sentenciado. O Escrevente Técnico Judiciário deverá, nos termos do Estatuto dos Funcionários Públicos Civis do Estado de São Paulo,

(A) cumprir a ordem, pois é dever do servidor público cooperar e manter espírito de solidariedade com os companheiros de trabalho.

(B) utilizar-se do documento como papel de rascunho para seu trabalho, considerando que é dever do servidor público zelar pela economia do material do Estado.

(C) representar ao Juiz da Vara, já que é dever do servidor público representar contra ordens manifestamente ilegais.

(D) desempenhar com zelo e presteza os trabalhos de que for incumbido, destruindo o documento.

(E) proceder conforme ordenado pelo Escrivão-Diretor, nada dizendo sobre o assunto, pois é dever do servidor público guardar sigilo sobre os assuntos da repartição.

O inc. II do art. 241 da Lei 10.261/1968 (Estatuto dos Funcionários Públicos Civis do Estado de São Paulo) é expresso no sentido de que o servidor deve cumprir as ordens de superiores, havendo ainda a ressalva do dever de representar as que forem manifestamente ilegais. Contudo, não existe este dever quando se tratar de cumprimento de ordem ilegal, em razão do princípio da legalidade.

Gabarito "C."

(Escrevente Técnico – TJSP – 2015 – VUNESP) Acerca das penalidades previstas pelo Estatuto dos Funcionários Públicos Civis do Estado de São Paulo, é correto afirmar que

(A) a pena de repreensão será aplicada verbalmente, nos casos de indisciplina ou falta de cumprimento dos deveres.

(B) praticar ato definido como crime contra a administração pública enseja a aplicação da demissão a bem do serviço público.

(C) a pena de suspensão, que não excederá 30 (trinta) dias, será aplicada em caso de falta grave ou de reincidência.

(D) a autoridade que aplicar a pena de suspensão poderá converter essa penalidade em multa, na base de 75% (setenta e cinco por cento) por dia de remuneração.

(E) em restando configurado o abandono de cargo, caberá a aplicação da pena de suspensão.

A: incorreta, a pena de repreensão será aplicada por escrito (art. 253 do Estatuto dos Funcionários Públicos); **B**: correta, o art. 257, II, do Estatuto dos Funcionários Públicos, prevê que será aplicada a pena de demissão a bem do serviço público ao funcionário público que praticar ato definido como crime contra a administração pública; **C**: incorreta, a pena de suspensão, que será aplicada em caso de falta grave ou reincidência, não poderá exceder o prazo de 90 (noventa) dias (art. 254 do Estatuto dos Funcionários Públicos Civis do Estado de São Paulo); **D**: incorreta: a autoridade poderá converter a penalidade em multa na base de 50% (cinquenta por cento) por dia de remuneração (art. 254, § 2º, do Estatuto dos Funcionários Públicos Civis do Estado de São Paulo); **E**: incorreta: a pena aplicada no caso de abandono do cargo é a de demissão (art. 256, I, do Estatuto dos Funcionários Públicos Civis do Estado de São Paulo).

Gabarito "B".

(Escrevente Técnico – TJSP – 2015 – VUNESP) João, Escrevente Técnico Judiciário lotado em uma Vara Criminal, praticou ato de insubordinação grave, em 20 de janeiro de 2012. Iniciou-se a apuração preliminar dos fatos de imediato, logo no dia 22 de janeiro de 2012. Mas esta somente veio a ser concluída em dezembro de 2014, concluindo pela prática da infração disciplinar consistente na insubordinação grave, com a ressalva de que João sempre foi um servidor exemplar sem nunca ter sofrido qualquer penalidade disciplinar anteriormente. Nesse caso, a conduta a ser adotada pela autoridade competente, na data de hoje, nos termos do Estatuto dos Funcionários Públicos Civis do Estado de São Paulo, é a

(A) declaração da extinção da punibilidade pela prescrição, que, neste caso, em razão da natureza menos grave da insubordinação, ocorreu em dois anos.

(B) decisão do processo pela aplicação da pena de demissão a bem do serviço público, face a natureza grave do ato de insubordinação.

(C) aplicação imediata da pena de suspensão a João, pois esta é a penalidade cabível para ato de insubordinação.

(D) instauração do processo administrativo disciplinar, assegurados o contraditório e a ampla defesa, para que se decida acerca da penalidade aplicável.

(E) aplicação imediata da pena de repreensão a João, pois esta é a penalidade cabível para ato de insubordinação.

D: correta – Será instaurado procedimento administrativo disciplinar, assegurando-se o contraditório e ampla defesa, nos termos dos artigos 268, 270 e 257, IV, todos do Estatuto dos Funcionários Públicos Civis do Estado de São Paulo, que dispõem que "a apuração das infrações será feita mediante sindicância ou processo administrativo, assegurados o contraditório e a ampla defesa" e que "será obrigatório o processo administrativo quando a falta disciplinar, por sua natureza, possa determinar as penas de demissão, de demissão a bem do serviço público e de cassação de aposentadoria ou disponibilidade" e, por fim, que "será aplicada a pena de demissão a bem do serviço público ao funcionário que praticar insubordinação grave.

Gabarito "D".

(Escrevente Técnico – TJSP – 2015 – VUNESP) Em relação aos Procedimentos Disciplinares, nos termos do Estatuto dos Funcionários Públicos Civis do Estado de São Paulo, é correto afirmar que

(A) a contagem do prazo será efetuada computando-se o dia inicial, antecipando-se o vencimento, que incidir em sábado, domingo, feriado ou facultativo, para o primeiro dia útil anterior.

(B) o servidor absolvido pela Justiça, mediante simples comprovação do trânsito em julgado de decisão que o absolveu por falta de provas, será reintegrado ao serviço público, no cargo que ocupava e com todos os direitos e vantagens devidas.

(C) o pedido de reconsideração, que não poderá ser renovado, poderá ser deduzido diante de decisão tomada por Secretário do Estado em única instância, no prazo de 15 (quinze) dias.

(D) o prazo para recorrer da decisão em sindicância é de 10 (dez) dias, contados da publicação da decisão impugnada no Diário Oficial do Estado ou da intimação pessoal do servidor, quando for o caso.

(E) o processo administrativo deverá ser instaurado por portaria, no prazo improrrogável de 8 (oito) dias do recebimento da determinação, e concluído no de 90 (noventa) dias da citação do acusado.

A: incorreta, conforme dispõe o parágrafo único do art. 323, não se computará no prazo o dia inicial, prorrogando-se o vencimento, que incidir em sábado, domingo, feriado ou facultativo, para o primeiro dia útil seguinte; **B**: incorreta, somente será reintegrado ao serviço público o servidor que for absolvido por decisão que negue a existência da sua autoria ou do fato que tenha dado origem à sua demissão (art. 250, § 2º); **C**: incorreta. Caberá pedido de reconsideração, que não poderá ser renovado, de decisão do Governador do Estado em única instância, no prazo de 30 (trinta) dias (art. 313); **D**: incorreta. O prazo para recurso é de 30 (trinta) dias (art. 312, § 1º); **E**: correta, há disposição expressa neste sentido, contida no art. 277, *caput*, do Estatuto dos Funcionários Públicos Civis do Estado de São Paulo.

Gabarito "E".

(Escrevente Técnico – TJSP – 2015 – VUNESP) Os servidores da justiça darão atendimento prioritário às pessoas portadoras de deficiência, aos idosos, às gestantes, às lactantes e às pessoas acompanhadas por crianças de colo, mediante, exemplificativamente,

(A) garantia de lugar privilegiado em filas ou distribuição de senhas com numeração adequada ao atendimento preferencial.

(B) atendimento imediato obrigatório quando da chegada das pessoas em tais condições ao balcão de atendimento.

(C) instalação de cadeiras para que as pessoas em tais condições esperem sentadas, pelo tempo que for necessário.

(D) triagem para atendimento das pessoas em tais condições em sala separada do restante do público, que deverá existir em todos os fóruns.

(E) fila única para atendimento em balcão, atendendo-se às pessoas rigorosamente por ordem de chegada, independentemente de sua condição.

Dispõe o art. 27 das NSCGJ que "os servidores da justiça darão atendimento prioritário às pessoas portadoras de deficiência, aos idosos,

4. REGIMENTO INTERNO E NORMAS DE SERVIÇOS DA CORREGEDORIA GERAL DA JUSTIÇA

às gestantes, às lactantes e às pessoas acompanhadas por crianças de colo, mediante garantia de lugar privilegiado em filas, distribuição de senhas com numeração adequada ao atendimento preferencial, alocação de espaço para atendimento exclusivo no balcão, ou implantação de qualquer outro sistema que, observadas as peculiaridades existentes, assegure a prioridade". Desse modo, está correta a alternativa A.
Gabarito "A".

(Escrevente Técnico – TJSP – 2015 – VUNESP) Acerca da autuação, abertura de volumes e numeração de feitos, preveem as Normas da Corregedoria Geral da Justiça que

(A) todas as conclusões ao juiz serão anotadas no sistema informatizado, acrescendo-se a carga, em meio físico ou eletrônico, no número máximo de 50 (cinquenta) processos por dia.

(B) deverá ser feita conclusão dos autos no prazo de 48 (quarenta e oito) horas e executados os atos processuais no prazo de 3 (três) a 5 (cinco) dias, dependendo da complexidade do ato a ser realizado.

(C) os autos de processos não excederão de 200 (duzentas) folhas em cada volume, salvo determinação judicial expressa em contrário ou para manter peça processual com seus documentos anexos, podendo, nestes casos, ser encerrado com mais ou menos folhas.

(D) para a juntada, na mesma oportunidade, de duas ou mais petições ou documentos, será confeccionado um termo de juntada para cada uma das peças, com a devida descrição pormenorizada do conteúdo delas.

(E) ao receber a petição inicial ou a denúncia, o ofício de justiça providenciará, em 48 (quarenta e oito) horas, a autuação, nela afixando a etiqueta que, gerada pelo sistema informatizado e oriunda do distribuidor, atribui número ao processo.

A: incorreta – Não há limitação do número de processos a serem conclusos ao juiz (art. 98, §§ 3º e 5º das NSCGJ); **B:** incorreta - Deverá ser feita conclusão dos autos no prazo de 1 (um) dia e executados os atos processuais no prazo de 5 (cinco) dias (art. 97, *caput*); **C:** correta – O art. 89 das NSCGJ determina o limite de 200 (duzentas) folhas em cada volume; **D:** incorreta – Para a juntada, na mesma oportunidade, de duas ou mais petições ou documentos, será confeccionado um único termo de juntada com a relação das peças (art. 93, § 1º); **E:** incorreta – A autuação deverá ser providenciada em 24 horas (art. 87).
Gabarito "C".

(Escrevente Técnico – TJSP – 2015 –VUNESP) Consoante as Normas da Corregedoria Geral da Justiça, os mandados de prisão

(A) não serão entregues aos oficiais de justiça, mas encaminhados ao Instituto de Identificação Ricardo Gumbleton Daunt – IIRGD.

(B) não serão objeto de recolhimento de guias de despesas, mas deverão ser cumpridos pelos oficiais de justiça a serviço daquele juízo.

(C) serão entregues diretamente, por meio eletrônico, ao Departamento de Capturas da Polícia Civil do Estado, que tomará as providências cabíveis.

(D) serão distribuídos aos oficiais de justiça que realizaram as devidas buscas com o apoio da Polícia Civil.

(E) serão remetidos por sistema eletrônico ao Comando de Operações – COPOM da Polícia Militar, responsável pelas medidas cabíveis.

À época da aplicação da prova, o art. 420 das NSCGJ possuía a seguinte redação: "Os mandados e contramandados de prisão serão remetidos pelo juízo expedidor, em 3 (três) vias, diretamente ao Instituto de Identificação Ricardo Gumbleton Daunt (IIRGD), que se incumbirá da remessa aos demais órgãos competentes para cumprimento. No Interior, mais 2 (duas) vias serão encaminhadas à autoridade policial", o que fazia com que a alternativa A estivesse correta. Contudo, o dispositivo foi alterado pelo Provimento 14/2019, passando a dispor que: "Os mandados e contramandados de prisão serão remetidos por correio eletrônico diretamente ao Instituto de Identificação Ricardo Gumbleton Daunt (IIRGD), que se incumbirá da remessa aos demais órgãos competentes para cumprimento".
Gabarito "A".

(Escrevente Técnico – TJSP – 2015 – VUNESP) Nos termos das Normas da Corregedoria Geral da Justiça, o uso inadequado do sistema de processamento eletrônico do Tribunal de Justiça do Estado de São Paulo que venha a causar prejuízo às partes ou à atividade jurisdicional importará

(A) desconto nos vencimentos do usuário que for servidor público.

(B) bloqueio do cadastro do usuário, sem prejuízo das demais cominações legais.

(C) a devolução dos prazos às partes e a anulação dos atos judiciais.

(D) suspensão do processo para a realização de incidente de saneamento.

(E) a aplicação de medida disciplinar, não havendo responsabilização civil ou criminal.

O uso inadequado do sistema de processamento eletrônico do Tribunal de Justiça do Estado de São Paulo que venha a causar prejuízo às partes ou à atividade jurisdicional importará bloqueio do cadastro do usuário, sem prejuízo das demais cominações legais (art. 1.191, parágrafo único, das NSCGJ). Portanto, a alternativa B está correta.
Gabarito "B".

(Técnico Judiciário – TJSP – 2013 – VUNESP) Excetuados os casos especiais, decididos pelo juiz, os autos de processos não poderão exceder-se de

(A) 100 (cem) folhas em cada volume.

(B) 500 (quinhentas) folhas em cada volume.

(C) 200 (duzentas) folhas em cada volume.

(D) 50 (cinquenta) folhas em cada volume.

(E) 30 (trinta) folhas em cada volume.

C: correta – Art. 89 das NSCGJ do TJSP.
Gabarito "C".

(Técnico Judiciário – TJSP – 2013 – VUNESP) Mediante controle de movimentação física para garantia do direito de acesso aos autos que não corram em segredo de justiça, poderá ser deferida ao advogado ou estagiário de Direito, regularmente inscritos na OAB, que não tenham sido constituídos procuradores de quaisquer das partes, a carga rápida, pelo período de

(A) 24 (vinte e quatro) horas.

(B) 1 (uma) hora.

(C) 48 (quarenta e oito) horas.

(D) 2 (duas) horas.

(E) 6 (seis) horas.

Prevê o art. 158 das NSCGJ que, para a garantia do direito de acesso aos autos que não corram em segredo de justiça, poderão os advogados ou estagiários de Direito, regularmente inscritos na OAB, que não tenham sido constituídos procuradores de quaisquer das partes, retirar os autos para cópia, pelo período de 1 (uma) hora, mediante controle de movimentação física, devendo o serventuário consultar ao sítio da Ordem dos Advogados do Brasil da Internet, à vista da Carteira da OAB apresentada pelo advogado ou estagiário de Direito interessado, com impressão dos dados obtidos, os quais serão conferidos pelo servidor antes da entrega dos autos, observadas, ainda, as demais cautelas previstas para a carga rápida, conforme o disposto no art. 165. Sendo assim, a alternativa **B** está correta.

Gabarito "B".

(Técnico Judiciário – TJSP – 2013 – VUNESP) O acesso aos autos judiciais e administrativos, por meio do exame em balcão do Ofício Judicial ou Seção Administrativa, de processos em andamento ou findos, quando não estejam sujeitos a segredo de justiça, é

(A) vedado aos estagiários de Direito.
(B) assegurado somente aos advogados e estagiários de Direito que possuam procuração juntada aos autos.
(C) assegurado somente aos advogados que possuam procuração juntada aos autos.
(D) vedado ao público em geral.
(E) assegurado ao público em geral.

E: correta – O acesso aos autos judiciais e administrativos de processos em andamento ou findos, mesmo sem procuração, quando não estejam sujeitos a segredo de justiça, é assegurado aos advogados, estagiários de Direito e ao público em geral, por meio do exame em balcão do ofício de justiça ou seção administrativa (art. 157 das NSCGJ).

Gabarito "E".

(Escrevente Técnico Judiciário – TJ/SP – 2011 – VUNESP) Assinale a alternativa correta.

(A) Nos livros dos Ofícios de Justiça, as anotações de "sem efeito" deverão estar datadas e carimbadas, não havendo necessidade de assinatura de quem as haja lançado.
(B) A escrituração, nos livros e papéis, deve ser sempre feita em vernáculo, com tinta preta ou azul, indelével.
(C) As certidões de inteiro teor terão de ser expedidas no prazo de 10 (dez) dias, contados da data do recebimento em cartório do respectivo pedido.
(D) As certidões, alvarás, termos e precatórias serão subscritos pelos escreventes.
(E) É permitida a utilização de chancela da assinatura do juiz.

A: incorreta – A utilização da funcionalidade "tornar sem efeito" será sempre datada e autenticada com a assinatura de quem as haja lançado nos autos (art. 81, § 2º, das NSCGJ do TJSP); **B: correta** – Art. 80, II, das NSCGJ; **C: incorreta** – O prazo para a expedição é de 5 (cinco) dias (art. 104, § 2º); **D: incorreta** – Na expedição de alvarás de soltura, mandados ou contramandados de prisão, requisições de preso e demais atos para os quais a lei exige certificação de autenticidade O escrivão certificará a autenticidade da firma do juiz que subscreveu o documento, indicando-lhe o nome, o cargo e o exercício no juízo (art. 84, § 1º); **E: incorreta** – Na escrituração é vedada a utilização de chancela da assinatura do juiz (art. 82, IV, das NSCGJ).

Gabarito "B".

(Escrevente Técnico Judiciário – TJ/SP – 2011 – VUNESP) Nenhum processo deverá permanecer paralisado em cartório, além dos prazos legais ou fixados, tampouco deverá ficar sem andamento, no aguardo de diligências, por mais de:

(A) 15 dias.
(B) 30 dias.
(C) 45 dias.
(D) 60 dias.
(E) 180 dias.

B: correta – Art. 99 das NSCGJ do TJSP.

Gabarito "B".

(Escrevente Técnico Judiciário – TJ/SP – 2011 – VUNESP) O desentranhamento de documentos do processo:

(A) deverá ser efetuado mediante termo ou certidão nos autos, constando o nome e documento de identificação de quem os recebeu em devolução, além do competente recibo.
(B) deverá ser substituído por folha em branco onde conste apenas a data do desentranhamento.
(C) necessitará de autorização do Oficial do Cartório quando estes se prestarem à propositura de nova ação com idêntico objeto.
(D) ultimar-se-á com anotação, em folha apensa à contracapa dos autos, do teor do documento desentranhado.
(E) somente será permitido à parte vencedora da demanda.

A: correta – Art. 172, § 3º, das NSCGJ; **B: incorreta** – Será colocada uma folha em branco no lugar das peças ou documentos desentranhados, anotando-se a folha dos autos em que lançada a certidão de desentranhamento, vedada a renumeração das folhas do processo (art. 171, § 1º, das NSCGJ); **C: incorreta** – O desentranhamento de peças e de documentos, facultada a substituição por cópia simples3, poderá ser requerido pelo interessado ou determinado de ofício pelo juiz (Art. 170 das NSCGJ); **D: incorreta** - vide comentário à alternativa B; **E: incorreta** – É permitido a qualquer interessado requerer o desentranhamento (art. 170 das NSCGJ).

Gabarito "A".

(Escrevente Técnico – TJ/SP – 2010 – VUNESP) Na hipótese de o oficial de justiça pretender entrar em férias, aplica-se a seguinte regra:

(A) não serão feitas cargas aos oficiais de justiça nos 15 (quinze) dias antecedentes às suas férias marcadas na escala.
(B) o oficial deverá devolver todos os mandados recebidos desde os trinta dias anteriores à data do seu início de férias, para que estes sejam redistribuídos.
(C) deverá cumprir todos os mandados recebidos por carga até dez dias antes do início de suas férias.
(D) deverá cumprir todos os mandados recebidos até o último dia do exercício, devendo, na hipótese de não conseguir dar cumprimento, devolver os que sobraram para redistribuição.
(E) somente poderá entrar em férias se tiver no máximo dez mandados sem cumprimento, obrigando-se a dar prioridade no seu cumprimento quando do retorno de suas férias.

A: correta – Art. 996, § 1º, das NSCGJ; **B: incorreta** - Os oficiais de justiça não receberão mandados nos 15 (quinze) dias antecedentes às suas férias marcadas na escala e ao gozo de licença prêmio e horas credoras (art. 996, *caput*); **C, D e E: incorretas** – No prazo de 15 (quinze) dias deverão ser cumpridos os mandados anteriormente recebidos, e só poderão entrar em férias ou em gozo de licença prêmio e horas credoras sem nenhum mandado em mãos, vedada a baixa para redistribuição (art. 996, § 1º, *in fine*).

Gabarito "A".

4. REGIMENTO INTERNO E NORMAS DE SERVIÇOS DA CORREGEDORIA GERAL DA JUSTIÇA

(Escrevente Técnico – TJ/SP – 2010 – VUNESP) Os escrivães-diretores enviarão os autos ao juiz no dia em que for assinado o termo de conclusão. Se, nesse caso, o juiz se recusar a assinar,

(A) o escrivão-diretor encaminhará os autos ao Ministério Público.
(B) ficará isto consignado no assentamento da carga.
(C) os autos devem retornar imediatamente ao Cartório, devendo ir à conclusão somente no dia determinado pelo juiz.
(D) o escrivão-diretor deverá riscar o termo de conclusão e dar novo andamento ao processo.
(E) devem os autos permanecer em cartório até que o processo seja movimentado pelas partes.

B: correta – Se o juiz se recusar a assinar, consignar-se-á essa ocorrência no assentamento da carga. (Art. 98, § 4°, das NSCGJ).
Gabarito "B".

(Escrevente Técnico – TJ/SP – 2010 – VUNESP) Assinale a alternativa correta.

(A) Não se deverá juntar nenhum documento ou petição aos autos, sem que seja lavrada a respectiva certidão de intimação.
(B) Não poderão ser recebidas petições via fac-símile diretamente no Ofício Judicial ou na Vara.
(C) Deverá ser feita conclusão dos autos no prazo de 5 (cinco) dias, e executados os atos processuais no prazo de 24 (vinte e quatro) horas.
(D) Nenhum processo deverá ficar sem andamento por mais de 20 (vinte) dias, no aguardo de diligências (informações, respostas a ofícios ou requisições, providências das partes etc.).
(E) Os documentos desentranhados dos autos poderão ser substituídos por cópias simples.

A: incorreta: deve ser lavrado o termo de juntada (art. 93 das NSCGJ); **B:** incorreta: é permitido o recebimento de petições via fac-símile ou por correio eletrônico (e-mail) diretamente no ofício de justiça ou na vara, devendo ser imediatamente lançado número de protocolo no corpo do documento, para oportuno controle dos prazos previstos no caput e parágrafo único do art. 2° da Lei Federal n° 9.800, de 26.05.1999 (art. 93, 3°, das NSCGJ); **C:** incorreta: Deverá ser feita conclusão dos autos no prazo de 1 (um) dia e executados os atos processuais no prazo de 5 (cinco) dias (art. 97 das NSCGJ do TJSP); **D:** incorreta; a paralisação não poderá ultrapassar 30 (trinta) dias (art. 99 das NSCGJ); **E:** correta – Art. 172, § 1°, das NSCGJ.
Gabarito "E".

(Escrevente Técnico Judiciário – TJ/SP – 2008 – VUNESP) As certidões em breve relatório ou de inteiro teor serão expedidas no prazo de:

(A) 2 dias, contados da data do recebimento em cartório do respectivo pedido.
(B) 5 dias, contados da data do recebimento em cartório do respectivo pedido.
(C) 10 dias, contados da data do recebimento em cartório do respectivo pedido.
(D) 15 dias, contados da data do recebimento em cartório do respectivo pedido.
(E) 30 dias, contados da data do recebimento em cartório do respectivo pedido.

As certidões em breve relatório ou de inteiro teor, nos termos do art. 104, §2° das NSCGJ, serão expedidas no prazo de 5 (cinco) dias, contados da data do recebimento do respectivo pedido pelo ofício de justiça, fornecido ao interessado protocolo de requerimento, portanto a alternativa correta é a B.
Gabarito "B".

(Escrevente Técnico Judiciário – TJ/SP – 2008 – VUNESP) As precatórias recebidas serão lançadas, com indicação completa do juízo deprecante e não apenas da comarca de origem, dos nomes das partes, da natureza da ação e da diligência deprecada, no livro de:

(A) Protocolo de Autos.
(B) Normas de Serviços da Corregedoria-Geral da Justiça.
(C) Registro Geral de Feitos.
(D) Carga de Mandados.
(E) Registro das Precatórias.

Antigamente, as cartas precatórias recebidas eram lançadas no registro geral de feitos. Contudo, atualmente, nos termos do art. 58 das NSCGJ, devem ser cadastradas no sistema informatizado seguindo as mesmas regras dos processos comuns, consignando-se, ainda, a indicação completa do juízo deprecante, e não apenas da comarca de origem, os nomes das partes, a natureza da ação e a diligência deprecada. Por fim, no parágrafo único do mesmo dispositivo legal está previsto que as movimentações pertinentes, como a devolução à origem ou o retorno para novas diligências, e respectivas datas, também serão anotadas no sistema.
Gabarito "C".

(Escrevente Técnico Judiciário – TJ/SP – 2008 – VUNESP) É correto afirmar que:

(A) deverá ser feita conclusão dos autos no prazo de 48 horas, e executados os atos processuais no prazo de 72 horas.
(B) nenhum processo deverá permanecer paralisado em cartório, além dos prazos legais ou fixados; tampouco deverão ficar sem andamento por mais de 90 dias, no aguardo de diligências.
(C) não serão feitas cargas aos oficiais de justiça nos 10 dias antecedentes às suas férias marcadas na escala; nesse prazo cumprirão eles os mandados anteriormente recebidos, só podendo entrar em férias sem nenhum mandado em mãos, vedada a baixa para redistribuição.
(D) quando houver fluência de prazo comum às partes, será concedida pelo Diretor de Serviço do Ofício de Justiça ou pelo Escrevente responsável pelo atendimento, vista de autos em cartório fora do balcão pelo período de 30 minutos.
(E) somente o escrivão-diretor, o oficial maior ou escrevente especialmente designado é que poderá registrar a retirada e a devolução de autos no livro próprio, sempre rigorosamente atualizado.

A: incorreta: A conclusão dos autos deverá ser feita no prazo de 1 (um) dia e os atos processuais executados no prazo de 5 (cinco) dias.(art. 97 das NSCGJ do TJSP); **B:** incorreta: As Normas de Serviços da Corregedoria Geral de Justiça determinam que nenhum processo poderá ficar paralisado em cartório, acima dos prazos legais ou fixados, tampouco que fique sem andamento por mais de 30 (trinta) dias, no aguardo de diligências (informações, respostas a ofícios ou requisições, providências das partes etc.) e, quando decorrido este prazo (30 dias), o ofício de justiça reiterará

a diligência uma única vez e, em caso de não atendimento, será aberta conclusão ao juiz, para as providências cabíveis (art. 99).); **C:** incorreta: Os oficiais de justiça não receberão mandados nos 15 (quinze) dias antecedentes às suas férias marcadas na escala e ao gozo de licença prêmio e horas credoras (nas duas hipóteses pelo período ininterrupto equivalente ao bloco mínimo permitido para o gozo de férias); nesse prazo cumprirão os mandados anteriormente recebidos, e só poderão entrar em férias ou em gozo de licença prêmio e horas credoras sem nenhum mandado em mãos, vedada a baixa para redistribuição. (art. 996, § 1º, das NSCGJ do TJSP); **D:** incorreta: Na fluência de prazo comum, só em conjunto ou mediante prévio ajuste por petição nos autos os procuradores das partes ou seus prepostos retirarão os autos, ressalvada a obtenção de cópias para a qual cada procurador ou preposto poderá retirá-los pelo prazo de 2 (duas) a 6 (seis) horas, mediante carga, independentemente de ajuste, observado o término do expediente forense (art. 164, § 2º, das NSCGJ do TJSP); **E:** correta: O art. 162 das NSCGJ passou a ter a seguinte redação, a partir da edição do Provimento 30/2013: "O escrivão ou o escrevente responsável pelo atendimento registrará a retirada e a devolução de autos, mediante anotação no sistema informatizado oficial e no relatório de carga emitido pelo sistema (carga eletrônica), observando-se determinadas cautelas".
Gabarito "E".

(Escrevente Técnico Judiciário – TJ/SP – 2008 – VUNESP) É correto afirmar que:

(A) quando da reiteração de embargos de declaração reconhecidamente protelatórios, a multa imposta deverá ser anotada pela Serventia na capa dos autos, indicando a folha onde foi aplicada essa penalidade.

(B) os escrivães-diretores enviarão os autos ao juiz ou ao órgão do Ministério Público em até 5 dias após assinar o termo de conclusão ou de vista.

(C) o processo, com termo de vista, será entregue aos promotores de justiça sem a prévia assinatura no livro de carga e descarga.

(D) após revisados e decorrido 1 ano do último registro efetuado, os livros de carga e demais papéis poderão ser, por qualquer modo, inutilizados mediante prévia autorização do Juiz Corregedor Permanente.

(E) todas as sentenças, cíveis em geral, criminais, exceto as extintivas de punibilidade, deverão ser registradas.

A: correta: Quando da realização da prova, esta era a previsão vigente no item 45.2, Cap. II – Seção III, das NSCGJ do TJSP, fazendo com que esta fosse a alternativa correta à época. Contudo, atualmente o art. 216 das NSCGJ traz as seguintes determinações: "Na reiteração dos embargos de declaração manifestamente protelatórios, a multa será elevada a até 10 por cento sobre o valor atualizado da causa, e a interposição de qualquer recurso ficará condicionada ao depósito prévio do valor da multa, indicando a folha onde foi aplicada essa penalidade. (Alterado pelo Provimento CG Nº 17/2016); **B:** incorreta: Atualmente, são dispensados os termos de conclusão e vista nos autos digitais. No entanto, será gerada a movimentação específica no momento do encaminhamento à fila de trabalho, de modo a permitir a identificação inequívoca da data da remessa ao juiz, à Defensoria Pública e ao Ministério Público. (art. 1240 das NSCGJ – Alterado pelo Provimento CG Nº 47/2015); **C:** incorreta: Nenhum processo será entregue com termo de vista, a promotor de justiça ou advogado, sem prévia assinatura no relatório de carga eletrônica, e correspondente andamento no sistema informatizado, ou no livro protocolo (art. 98, § 2º, das NSCGJ do TJSP, com a redação dada pelo Provimento nº 39/2019); **D:** incorreta: Após revisados e decorridos 2 (dois) anos do último registro efetuado, os livros de cargas de autos e mandados, desde que reputados sem utilidade para conservação em arquivo pelo escrivão judicial, poderão ser inutilizados, mediante prévia autorização do Juiz Corregedor Permanente. A autorização consignará os elementos indispensáveis à identificação do livro, e será arquivada em classificador próprio, com certidão da data e da forma de inutilização. art. 74, § 2º, das NSCGJ do TJSP); **E:** incorreta: todas as sentenças deverão ser registradas (art. 72, § 4º, das NSCGJ do TJSP).
Gabarito "A".

(Escrevente Técnico Judiciário – TJ/SP – 2007 – VUNESP) O ofício de distribuição judicial:

(A) deve existir apenas nas comarcas de 2.ª entrância.

(B) deve existir apenas quando as varas forem especializadas.

(C) não existirá nas comarcas com uma única vara.

(D) deve existir em todas as comarcas.

(E) não tem por incumbência a organização do arquivo geral.

A e B: incorretas – Nas comarcas e foros distritais com mais de uma vara, haverá um ofício ou seção de distribuição judicial (art. 29, § 1º, das NSCGJ do TJSP); **C:** correta – Nas comarcas em que existir apenas uma única vara e um ofício único, competirá a este as atribuições dos serviços de distribuição, de contadoria e partidoria (art. 29, § 2º, das NSCGJ). Sendo assim, não haverá ofício de distribuição autônomo; **D:** incorreta – vide comentários às alternativas **A** e **C**; **E:** incorreta – Ao ofício ou seção de distribuição judicial incumbe, além dos serviços de distribuição, de contadoria e partidoria e, nos termos da lei, o de arquivo geral (art. 29, § 1º, in fine, das NSCGJ).
Gabarito "C".

(Escrevente Técnico Judiciário – TJ/SP – 2007 – VUNESP) A retirada de autos judiciais em andamento no Cartório pode ser realizada:

(A) por qualquer interessado.

(B) por qualquer advogado regularmente inscrito na OAB.

(C) pelas partes envolvidas no litígio.

(D) por estagiário regularmente inscrito na OAB e constituído como procurador de uma das partes.

(E) por qualquer membro do Ministério Público, ainda que não esteja atuando naquela causa específica.

A retirada dos autos em andamento é reservada unicamente a advogados ou estagiários de Direito regularmente inscritos na OAB, constituídos procuradores de alguma das partes, ressalvado, nos processos findos e que não estejam sujeitos a segredo de justiça, a carga por advogado mesmo sem procuração, pelo prazo de 10 (dez) dias. A carga também poderá ser realizada por pessoa credenciada a pedido do advogado ou da sociedade de advogados, pela Advocacia Pública, pela Defensoria Pública ou pelo Ministério Público, o que implicará intimação de qualquer decisão contida no processo retirado, ainda que pendente de publicação (art. 161 das NSCGJ do TJSP). Sendo assim, a alternativa correta é a **D**.
Gabarito "D".

(Escrevente Técnico Judiciário – TJ/SP – 2006.2 – VUNESP) As certidões em breve relatório ou de inteiro teor serão expedidas no prazo, contado da data do recebimento em cartório do respectivo pedido, de:

(A) 3 dias.

(B) 5 dias.

(C) 10 dias.

(D) 15 dias.

(E) 20 dias.

B: correta – As certidões em breve relatório ou de inteiro teor, nos termos do art. 104, §2º das NSCGJ, serão expedidas no prazo de 5 (cinco) dias, contados da data do recebimento do respectivo pedido pelo ofício de justiça, fornecido ao interessado protocolo de requerimento (art. 104, § 2º, das NSCGJ).
Gabarito "B".

(Escrevente Técnico Judiciário – TJ/SP – 2006.1 – VUNESP) As execuções fiscais estaduais e municipais e das respectivas entidades autárquicas ou paraestatais, nos exatos termos das Normas da Corregedoria-Geral da Justiça do Tribunal de Justiça do Estado de São Paulo, serão processadas na Comarca da Capital:

(A) pelo Ofício de Execuções Fiscais e nas demais comarcas tais execuções e ainda as de interesse da União, bem como de suas entidades autárquicas e paraestatais, serão processadas pelo Ofício de Justiça ou Serviço Anexo Fiscal autorizado pelo Conselho Superior da Magistratura.
(B) e nas demais comarcas e ainda as execuções de interesse da União, bem como de entidades autárquicas e paraestatais serão processadas pelo Serviço de Anexo Fiscal sem necessidade de autorização do Conselho Superior da Magistratura.
(C) pelo Ofício Cível e nas demais comarcas tais execuções e ainda as de interesse da União, bem como de autarquias e de fundações serão processadas no Serviço de Anexo Fiscal criado pelo juízo de primeiro grau, independentemente de autorização do Conselho Superior da Magistratura.
(D) e em todas as demais comarcas, de forma idêntica, em órgão criado pela Corregedoria-Geral da Justiça, mediante autorização do Conselho Superior da Magistratura.
(E) e em todas as demais comarcas as execuções serão processadas ou pelo Ofício Cível ou Criminal, independentemente da autorização do Conselho Superior da Magistratura.

De acordo com o art. 290, *caput*, das NSCGJ, "As execuções fiscais, na Comarca da Capital, serão processadas pelo Ofício da Vara das Execuções Fiscais Estaduais ou pelo Ofício da Vara das Execuções Fiscais Municipais", enquanto que "nas demais Comarcas, as execuções fiscais serão processadas pelo Ofício de Justiça, Serviço Anexo Fiscal ou Setor das Execuções Fiscais, autorizados pelo Conselho Superior da Magistratura" (art. 290, parágrafo único, das NSCGJ). Desse modo, a alternativa a ser assinalada é a A. **LM**
Gabarito "A".

(Escrevente Técnico Judiciário – TJ/SP – 2006.1 – VUNESP) Na hipótese de os processos correrem em segredo de justiça, de acordo com o disposto nas Normas da Corregedoria-Geral da Justiça do Tribunal de Justiça do Estado de São Paulo, o seu exame em cartório será restrito:

(A) aos procuradores das partes e aos procuradores de outros interessados no desfecho do processo, ainda que não sejam partes nesse processo.
(B) aos advogados em geral, desde que tenham inscrição regular na respectiva Seção da Ordem dos Advogados do Estado de São Paulo.
(C) às partes e a seus procuradores.
(D) ao advogado a quem o Presidente do Tribunal de Justiça autorizar a vista em Cartório, ainda que não

seja procurador de alguma das partes.
(E) às partes, somente.

C: correta – Os processos que correm em segredo de justiça, poderão ser examinados, em cartório, apenas pelas partes e seus procuradores devidamente constituídos (art. 160 das NSCGJ).
Gabarito "C".

(Escrevente Técnico Judiciário – TJ/SP – 2006.1 – VUNESP) Nos termos do que está consignado expressamente nas Normas da Corregedoria-Geral da Justiça do Tribunal de Justiça do Estado de São Paulo, os documentos desentranhados dos autos poderão ser substituídos por:

(A) cópias simples.
(B) cópias autenticadas, apenas.
(C) cópias simples, mediante autorização expressa do Corregedor-Geral da Justiça.
(D) certidões autenticadas, apenas.
(E) certidões, apenas, desde que requeridas pela parte e autorizadas pelo Diretor do Fórum.

O desentranhamento de peças e de documentos. É facultada a substituição por cópia simples de peças e documentos desentranhados, conforme previsão constante do art. 170 das NSCGJ do TJSP.
Gabarito "A".

(Escrevente Técnico Judiciário – TJ/SP – 2006.1 – VUNESP) De acordo com disposição expressa das Normas da Corregedoria-Geral da Justiça do Tribunal de Justiça do Estado de São Paulo, não serão feitas cargas de novos mandados aos oficiais de justiça nos:

(A) 5 dias antecedentes às suas férias marcadas na escala.
(B) 10 dias antecedentes às suas férias marcadas na escala.
(C) 30 dias antecedentes às suas férias, independentemente de afixação prévia em escala.
(D) 7 dias antecedentes às suas férias, independentemente de afixação prévia em escala.
(E) 15 dias antecedentes às suas férias marcadas na escala.

Os oficiais de justiça não receberão mandados nos 15 (quinze) dias antecedentes às suas férias marcadas na escala e ao gozo de licença prêmio e horas credoras (nas duas hipóteses pelo período ininterrupto equivalente ao bloco mínimo permitido para o gozo de férias); nesse prazo cumprirão os mandados anteriormente recebidos, e só poderão entrar em férias ou em gozo de licença prêmio e horas credoras sem nenhum mandado em mãos, vedada a baixa para redistribuição. (Alterado pelo Provimento CG Nº 49/2017)(art. 996, § 1º, das NSCGJ do TJSP).
Gabarito "E".

(Escrevente Técnico Judiciário – TJ/SP – 2004 – VUNESP) Aos ofícios de justiça, nos termos das Normas da Corregedoria-Geral da Justiça do Tribunal de Justiça do Estado de São Paulo, competem os serviços:

(A) do partidor, apenas.
(B) do foro judicial, excluídos os do contador.
(C) do Cível, do Crime e do Júri, apenas.
(D) somente do foro extrajudicial.
(E) do foro judicial, incluídos os do contador e partidor.

E: correta – Aos ofícios judiciais incumbem os serviços de foro judicial, distribuição, de contadoria e partidoria e, nos termos da lei, do arquivo geral (art. 29 das NSCGJ).
Gabarito "E".

(Escrevente Técnico Judiciário – TJ/SP – 2004 – VUNESP) A seção III – Da ordem Geral dos Serviços, constante das Normas da Corregedoria-Geral da Justiça do Tribunal de Justiça do Estado de São Paulo, determina que:

(A) nenhum processo será entregue com termo de vista, a promotor de justiça ou advogado, sem prévia assinatura no livro de carga e descarga.
(B) alguns processos especiais, a pedido do Presidente do Tribunal de Justiça, serão entregues sem o termo de vista a promotor de justiça ou advogado.
(C) não há necessidade da prévia assinatura, pelos advogados de notório saber jurídico, no livro de carga e descarga.
(D) todo processo poderá ser entregue a promotor de justiça, com termo de vista, independentemente de qualquer formalidade.
(E) todo processo com termo de vista a advogado, poderá ser-lhe entregue, mediante a exibição da Carteira da Ordem dos Advogados, independentemente de assinatura no livro de carga de mandados.

À época da aplicação da prova, o dispositivo que justificava a resposta previa ser obrigatória a assinatura prévia do livro ou relatório de carga para a entrega dos autos, assim como o lançamento do andamento no sistema informatizado (art. 98, § 2º, das NSCGJ do TJSP). Atualmente, com as alterações trazidas pelo Provimento 39/2019, passou a prever que: "Nenhum processo será entregue com termo de vista, a promotor de justiça ou advogado, sem prévia assinatura no relatório de carga eletrônica, e correspondente andamento no sistema informatizado, ou no livro protocolo". Dessa forma, a alternativa A deve ser assinalada. **LM**

Gabarito "A".

(Escrevente Técnico Judiciário – TJ/SP – 2004 – VUNESP) De acordo com as Normas da Corregedoria-Geral da Justiça do Tribunal de Justiça do Estado de São Paulo, todo o documento, ou petição, juntado aos autos, deverá ser:

(A) lavrado o termo de aditamento inicial.
(B) lavrado o respectivo termo de juntada.
(C) comunicado ao escrivão chefe, que rubricará as folhas.
(D) lavrado o respectivo termo no Livro de Sentença.
(E) lançado o seu registro em folha anexa aos autos.

B: correta – Por ocasião da juntada de petições e documentos (ofícios recebidos, laudos, mandados, precatórias etc.), lavrar-se-á o respectivo termo de juntada (art. 93 das NSCGJ do TJSP).

Gabarito "B".

(Escrevente Técnico Judiciário – TJ/SP – 2004 – VUNESP) A retirada de processos criminais de cartório, quando se tratar de processo findo, em conformidade com o disposto nas Normas da Corregedoria-Geral da Justiça do Tribunal de Justiça do Estado de São Paulo, somente poderá ser efetuada por advogado ou estagiário regularmente inscrito na Ordem dos Advogados do Brasil, mesmo sem procuração, pelo prazo de:

(A) 48 horas.
(B) 1 dia.
(C) 5 dias.
(D) 10 dias.
(E) 15 dias.

D: correta – A carga de autos judiciais e administrativos em andamento no cartório é reservada unicamente a advogados ou estagiários de Direito regularmente inscritos na OAB, constituídos procuradores de alguma das partes, ressalvado, nos processos findos e que não estejam sujeitos a segredo de justiça, a carga por advogado mesmo sem procuração, pelo prazo de 10 (dez) dias (art. 161 das NSCGJ).

Gabarito "D".

5. Direito Administrativo

Wander Garcia e Flávia Barros

1. AGENTES PÚBLICOS – ESTATUTO DOS SERVIDORES PÚBLICOS CIVIS DO ESTADO DE SÃO PAULO (LEI 10.261/68)

(Escrevente – TJ/SP – 2018 – VUNESP) Arceus Cipriano foi processado criminalmente sob a acusação de cometimento de crime contra a administração pública e pelos mesmos fatos também foi demitido do cargo público que ocupava. Contudo, na seara criminal, logrou êxito em comprovar que não foi o autor dos fatos, tendo sido absolvido por esse fundamento, na instância criminal. Diante disso, assinale a alternativa correta, nos termos do Estatuto dos Funcionários Públicos Civis do Estado de São Paulo.

(A) A demissão é nula porque a Administração Pública não deveria ter processado administrativamente Arceus e proferido decisão demissória antes do trânsito em julgado da sentença no processo criminal.
(B) Arceus poderá pedir o desarquivamento e a revisão da decisão administrativa que o demitiu, utilizando como documento novo a sentença absolutória proferida no processo criminal.
(C) Arceus terá direito à reintegração ao serviço público, no cargo que ocupava e com todos os direitos e vantagens devidas, mediante simples comprovação do trânsito em julgado da decisão absolutória no juízo criminal.
(D) Se a absolvição criminal ocorreu depois do prazo de interposição do recurso da decisão demissória proferida no processo administrativo, não será possível Arceus valer-se da sentença criminal para buscar a anulação da demissão.
(E) Como a responsabilidade administrativa é independente da civil e da criminal, a absolvição de Arceus Cipriano na justiça criminal em nada altera decisão proferida na esfera administrativa.

"Será reintegrado ao serviço público, no cargo que ocupava e com todos os direitos e vantagens devidas, o servidor absolvido pela Justiça, mediante simples comprovação do trânsito em julgado de decisão que negue a existência de sua autoria ou do fato que deu origem à sua demissão" – art. 250 § 2º da Lei 10.261/1968. **Gabarito "C".**

(Escrevente – TJ/SP – 2018 – VUNESP) Consoante o Estatuto dos Funcionários Públicos Civis do Estado de São Paulo, será aplicada a pena de demissão nos casos de

(A) aplicação indevida de dinheiros públicos.
(B) prática de insubordinação grave.
(C) exercício de advocacia administrativa.
(D) pedir, por empréstimo, dinheiro ou quaisquer valores a pessoas que tratem de interesses ou o tenham na repartição, ou estejam sujeitos à sua fiscalização.
(E) prática, em serviço, de ofensas físicas contra funcionários ou particulares.

A: correta. Art. 256, IV da Lei 10.261/1968; **B:** incorreta. Trata-se, nesse caso, de pena de demissão a bem do serviço público, tal como previsto no art. 257, IV da Lei 10.261/1968; **C:** incorreta. Trata-se, nesse caso, de pena de demissão a bem do serviço público, tal como previsto no art. 257, IX da Lei 10.261/1968; **D:** incorreta. Trata-se, nesse caso, de pena de demissão a bem do serviço público, tal como previsto no art. 257, VIII da Lei 10.261/1968; **E:** incorreta. Trata-se, nesse caso, de pena de demissão a bem do serviço público, tal como previsto no art. 257, V da Lei 10.261/1968. **Gabarito "A".**

(Escrevente Técnico – TJ/SP – 2010 – VUNESP) A responsabilidade administrativa do funcionário público

(A) exime a sua responsabilidade civil.
(B) exime a sua responsabilidade criminal.
(C) exime o pagamento de indenização por parte do funcionário.
(D) depende da responsabilidade criminal.
(E) é independente da civil e da criminal.

As responsabilidades administrativas, civil e penal são independentes entre si. Portanto, apenas a alternativa "E" está correta. **Gabarito "E".**

2. IMPROBIDADE ADMINISTRATIVA (LEI 8.429/1992)

2.1. Atos de improbidade administrativa

(TJ/SP – 2019 – VUNESP) João é servidor público do Estado de São Paulo e agiu negligentemente na análise das prestações de contas de parcerias firmadas pela Administração Pública com entidades privadas.

Considerando a situação hipotética apresentada, o entendimento do Superior Tribunal de Justiça e o disposto na Lei 8.429/1992, assinale a alternativa correta.

(A) João cometeu ato de improbidade administrativa que importa em enriquecimento ilícito e está sujeito à perda da função pública e suspensão dos direitos políticos de três a cinco anos.
(B) João não cometeu nenhum ato que esteja previsto na Lei de Improbidade Administrativa e eventual ação de improbidade administrativa proposta em face dele deverá ser liminarmente julgada improcedente.
(C) João cometeu ato de improbidade administrativa que atenta contra os princípios da Administração Pública e está sujeito à perda da função pública e suspensão dos direitos políticos de oito a dez anos.
(D) João apenas terá cometido ato de improbidade administrativa que causa prejuízo ao erário se tiver atuado com dolo específico.
(E) Caso seja proposta ação de improbidade administra-

tiva em face de João e esteja em devida forma, o juiz mandará autuá-la e ordenará a notificação dele, para oferecer manifestação por escrito, dentro do prazo de quinze dias.

A: incorreta – agir negligentemente na análise da prestação de contas de parcerias firmadas pela Administração Pública com entidades privadas constitui **ato de improbidade administrativa que causa prejuízo ao Erário, nos termos do Art. 10, inciso XIX da Lei 8.429/1992**; **B:** incorreta – como visto na assertiva A, João cometeu ato de improbidade administrativa que causa prejuízo ao Erário, nos termos do Art. 10, inciso XIX da Lei 8.429/1992; **C:** incorreta – João cometeu ato de improbidade administrativa que causa prejuízo ao Erário, nos termos do Art. 10, inciso XIX da Lei 8.429/1992; **D:** incorreta – o ato de improbidade administrativa que importe prejuízo ao Erário é o único que admite o cometimento tanto pela modalidade dolosa como culposa. Vejamos o que diz expressamente o caput do Art. 10 da Lei 8.429/1992: "*Constitui ato de improbidade administrativa que causa lesão ao erário qualquer ação ou omissão, **dolosa ou culposa**, que enseje perda patrimonial, desvio, apropriação, malbaratamento ou dilapidação dos bens ou haveres das entidades referidas no art. 1º desta lei, e notadamente: (...)*"; **E:** correta – Eis o que diz o Art. 17 par. 7º da Lei 8.428/1992: "*Art. 17. A ação principal, que terá o rito ordinário, será proposta pelo Ministério Público ou pela pessoa jurídica interessada, dentro de trinta dias da efetivação da medida cautelar. (...) § 7º Estando a inicial em devida forma, o juiz mandará autuá-la e ordenará a notificação do requerido, para oferecer manifestação por escrito, que poderá ser instruída com documentos e justificações, dentro do prazo de quinze dias*". FB

Gabarito "E".

(Escrevente – TJ/SP – 2018 – VUNESP) Constitui ato de improbidade administrativa que atenta contra os princípios da administração pública qualquer ação ou omissão que viole os deveres de honestidade, imparcialidade, legalidade, e lealdade às instituições, e notadamente,

(A) perceber vantagem econômica para intermediar a liberação ou aplicação de verba pública de qualquer natureza.

(B) liberar verba pública sem a estrita observância às normas pertinentes ou influir, de qualquer forma, para a sua aplicação irregular.

(C) permitir, facilitar ou concorrer para que terceiro se enriqueça ilicitamente.

(D) revelar fato ou circunstância de que tem ciência em razão das atribuições e que deva permanecer em segredo.

(E) agir negligentemente na arrecadação de tributo ou renda, bem como no que diz respeito à conservação do patrimônio público.

A: incorreta. Art. 9º, IX da Lei 8.429/1992; **B:** incorreta. Art. 10, XI da Lei 8.429/1992; **C:** incorreta. Art. 10, XII da Lei 8.429/1992; **D:** correta. Art. 11, III da Lei 8.429/1992; **E:** incorreta. Art. 10, X da Lei 8.429/1992. FB

Gabarito "D".

(Escrevente Técnico Judiciário – TJSP – VUNESP – 2017) Suponha que Secretário da Fazenda de um estado qualquer da Federação aceite exercer, nas horas vagas, concomitantemente ao exercício do cargo público, atividades de consultoria a empresas sujeitas ao recolhimento do ICMS, tributo estadual. Nesse caso, à luz do previsto na Lei Federal 8.429/1992, a conduta descrita pode ser considerada

(A) ato de improbidade administrativa que importa enriquecimento ilícito.

(B) ato de improbidade administrativa decorrente de concessão ou aplicação indevida de benefício financeiro ou tributário.

(C) ato de improbidade administrativa que causa prejuízo ao Erário.

(D) ato de improbidade administrativa que atenta contra os princípios da Administração Pública.

(E) indiferente, pois não caracteriza nenhuma das hipóteses de ato de improbidade administrativa previstas.

A: correta. O legislador quis prever exatamente a conduta descrita na questão, já que tornou ato de improbidade que importa enriquecimento ilícito, o servidor que exerce atividade ligada à arrecadação de impostos, exercer consultoria a empresas sujeitas a tributação, a saber: Lei 8.429/1992, art. 9º. [...] VIII – aceitar emprego, comissão ou **exercer atividade de consultoria** ou assessoramento para pessoa física ou jurídica que tenha interesse suscetível de ser atingido ou amparado por ação ou omissão decorrentes das atribuições do agente público, durante a atividade. **B:** incorreta. Lei 8.429/1992, art. 10 – a – pela descrição do fato, não se pode caracterizar a aplicação direta do benefício previsto na Lei. **C:** incorreta, rol disposto na Lei 8.429/1992, art. 10. **D:** incorreta, rol disposto na Lei 8.429/92, art. 11. **E:** incorreta. É hipótese de improbidade administrativa, prevista na Lei 8.429/1992, art. 9º, VIII. FB

Gabarito "A".

(Técnico Judiciário – TJSP – 2013 – VUNESP) No tocante à Declaração de Bens, prevista na Lei de Improbidade Administrativa (Lei 8.429/1992), é correto afirmar que

(A) não supre a exigência contida na Lei de Improbidade Administrativa a entrega, em substituição à Declaração de Bens, da cópia da declaração anual de bens apresentada à Delegacia da Receita Federal.

(B) a posse e o exercício de agente público ficam condicionados à apresentação de declaração dos bens e valores que compõem o seu patrimônio privado, a fim de ser arquivada no serviço de pessoal competente.

(C) a declaração de bens será quinquenalmente atualizada e na data em que o agente público deixar o exercício do mandato.

(D) somente será punido com a pena de demissão a bem do serviço público, sem prejuízo de outras sanções cabíveis, o agente público que prestar falsa declaração de bens.

(E) será punido com a pena de repreensão escrita o agente público que se recusar a prestar declaração dos bens.

A: incorreta, pois a entrega de cópia da declaração anual de bens supre a exigência contida na Lei de Improbidade (art. 13, § 4º, da Lei 8.429/1992); **B:** correta (art. 13, *caput*, da Lei 8.429/1992); **C:** incorreta, pois a declaração deve ser atualizada *anualmente* e na data em que o agente público deixar o vínculo (art. 13, § 2º, da Lei 8.429/1992); **D:** incorreta, pois também sofrerá a demissão a bem do serviço público o agente que se recusar a apresentar a declaração dos bens (art. 13, § 3º, da Lei 8.429/1992); **E:** incorreta, pois a pena é de demissão a bem do serviço público (art. 13, § 3º, da Lei 8.429/1992).

Gabarito "B".

(Técnico Judiciário – TJSP – 2013 – VUNESP) É ato de Improbidade Administrativa (Lei 8.429/1992), que causa prejuízo ao erário:

(A) permitir ou facilitar a alienação, permuta ou locação de bem integrante do patrimônio da administração direta, indireta ou fundacional de qualquer dos Poderes dos Estados, por preço inferior ao de mercado.

(B) utilizar, em obra ou serviço particular, trabalho de servidores públicos, empregados ou terceiros contratados pela administração direta, indireta ou fundacional de qualquer dos Poderes dos Estados.
(C) receber vantagem econômica de qualquer natureza, direta ou indiretamente, para omitir ato de ofício, providência ou declaração a que esteja obrigado.
(D) utilizar, em obra ou serviço particular, veículos e máquinas da administração direta, indireta ou fundacional de qualquer dos Poderes dos Estados.
(E) perceber vantagem econômica para intermediar a liberação ou aplicação de verba pública de qualquer natureza.

A: correta (art. 10, IV, da Lei 8.429/1992); B: incorreta, pois esse ato é de enriquecimento ilícito (art. 9º, IV, da Lei 8.429/1992); C: incorreta, pois esse caso é de enriquecimento ilícito (art. 9º, X, da Lei 8.429/1992); D: incorreta, pois esse ato é de enriquecimento ilícito (art. 9º, IV, da Lei 8.429/1992); E: incorreta, pois esse ato é de enriquecimento ilícito (art. 9º, IX, da Lei 8.429/1992).
Gabarito "A".

(Escrevente Técnico Judiciário – TJ/SP – 2011 – VUNESP) Considerando o disposto na Lei n.º 8.429/92, analise as seguintes afirmativas.

I. Agir negligentemente na arrecadação de tributo ou renda, bem como no que diz respeito à conservação do patrimônio público, constituem atos de improbidade administrativa que causam prejuízo ao erário.
II. Deixar de prestar contas quando esteja obrigado a fazê-lo constitui ato de improbidade administrativa que causa prejuízo ao erário.
III. Praticar ato, visando fim proibido em lei ou regulamento ou diverso daquele previsto na regra de competência constitui ato de improbidade administrativa que atenta contra os princípios da Administração Pública.
IV. Negar publicidade aos atos oficiais, bem como frustrar a licitude de concurso público, constituem atos de improbidade administrativa que atentam contra os princípios da Administração Pública.

Está correto apenas o contido nas afirmativas
(A) I e II.
(B) I, II e III.
(C) I, II e IV.
(D) I, III e IV.
(E) II, III e IV.

I: correta (art. 10, X, da Lei 8.429/92); II: errada. Deixar de prestar contas quando esteja obrigado a fazê-lo constitui ato de improbidade que atenta contra os princípios da Administração Pública (art. 11, VI, da Lei 8.429/92); III: correta (art. 11, I, da Lei 8.429/92); IV: correta (art. 11, IV, da Lei 8.429/92).
Gabarito "D".

(VUNESP – 2018) Considere a seguinte situação hipotética:
João e Maria trabalham no Departamento Estadual de Trânsito – DETRAN de algum Estado-membro da Federação Brasileira. Maria trabalha no balcão, no atendimento ao público, enquanto José trabalha com processos e tem acesso ao sistema de dados, fazendo inclusões e alterações de informações, como a pontuação da Carteira Nacional de Habilitação. João e Maria conversam e decidem atuar ilicitamente. Se algum cidadão se apresentasse querendo dar baixa em sua pontuação indevidamente, sem preencher os requisitos legais, Maria afirmaria que conseguiria fazer isso, mediante o pagamento de R$ 500,00. Se o cidadão concordasse com essa prática, Maria passaria o pedido a João, que faria a alteração no sistema, dando a baixa na pontuação, dividindo, os dois, o resultado da prática ilícita. Certo dia, José, na qualidade de cidadão, solicita a Maria que diminua seus pontos, que já haviam atingido a quantia de 62. Maria impõe a condição do pagamento ilegal e José aceita. José retorna com o dinheiro e, quando vai entregá-lo a Maria, é flagrado pela Corregedoria do DETRAN. No que tange à responsabilização pela Lei de Improbidade Administrativa, é correto afirmar que poderá(ão) responder no polo passivo da demanda:

(A) João e Maria, na qualidade de agentes públicos, e José, porque, mesmo não sendo agente público, concorreu para a prática do ato de improbidade.
(B) João e Maria, pois a Lei de Improbidade Administrativa atinge somente agentes públicos, ainda que em sentido amplo.
(C) Maria, pois José não responde por não pertencer aos quadros da Administração, e João não havia recebido sua parte, portanto não se poderia caracterizar enriquecimento ilícito.
(D) Maria e José, porque, mesmo não sendo José funcionário público, ele participou ativamente da ilicitude, inclusive tomando a iniciativa da prática ímproba e instigando Maria a se beneficiar da proposta; João não recebeu nenhuma vantagem, então não responde.
(E) João e Maria, na qualidade de agentes públicos; José poderá ser demandado, todavia, subsidiariamente, por ação própria, apenas para ressarcir o Erário pelo dano causado, caso João e Maria sejam condenados a ressarcir os cofres públicos.

Tanto João e Maria como também José cometeram ato de improbidade administrativa, nos termos do art. 1º c/c 3º da Lei 8.429/1992. Com efeito, a lei diz que responde por ato de improbidade administrativa tanto o agente público, servidor ou não, como também, no que couber, aquele que, mesmo não sendo agente público, induza ou concorra para a prática do ato de improbidade ou dele se beneficie sob qualquer forma direta ou indireta.
Gabarito "A".

(VUNESP – 2018) A Lei no 8.429/92 estabelece que constitui ato de improbidade administrativa, importando enriquecimento ilícito, auferir qualquer tipo de vantagem patrimonial indevida em razão do exercício de cargo. Sabendo-se que Josué (empresário) concorreu com Gilson (funcionário público federal) para a prática de ato de improbidade administrativa, enriquecendo-se ambos ilicitamente, é correto afirmar que as disposições da Lei no 8.429/92

(A) não são aplicáveis a Josué, pois este não é agente público.
(B) são aplicáveis a Josué, inclusive com previsão de causa de aumento de pena por ser agente estranho à Administração Pública.
(C) são aplicáveis a Josué, no que couber, mesmo não sendo agente público, pois concorreu com Gilson para prática de ato de improbidade, todavia não atingem, de maneira alguma, seus sucessores.

(D) são aplicáveis a Josué, no que couber, mesmo não sendo agente público, pois concorreu com Gilson para prática de ato de improbidade, observando-se que, em razão do enriquecimento ilícito, podem ser atingidos seus sucessores até o limite do valor da herança.

(E) são aplicáveis a Josué, no que couber, mesmo não sendo agente público, pois concorreu com Gilson para prática de ato de improbidade, observando-se que, em razão do enriquecimento ilícito, podem ser atingidos seus sucessores independentemente do limite do valor da herança.

A: incorreta. A Lei 8.429/1992 aplica-se também àquele que, mesmo não sendo agente público, induza ou concorra para a prática do ato de improbidade ou dele se beneficie sob qualquer forma direta ou indireta – art. 3º da Lei 8.429/1992; **B:** incorreta. Não há previsão legal nesse sentido; **C:** incorreta. Aplica-se ao terceiro que não é agente público e a seus sucessores, até o limite do valor da herança; **D:** correta. Art. 3º c/c 8º da Lei 8.429/1992; **E:** incorreta. Aplica-se ao terceiro que não é agente público e a seus sucessores, até o limite do valor da herança – art. 8º da Lei 8.429/1992.

Gabarito "D".

(Escrevente Técnico – TJM/SP – VUNESP – 2017) É ato de improbidade administrativa que causa prejuízo ao erário:

(A) perceber vantagem econômica para intermediar a liberação ou aplicação de verba pública de qualquer natureza.

(B) receber vantagem econômica de qualquer natureza, direta ou indiretamente, para omitir ato de ofício, providência ou declaração a que esteja obrigado.

(C) revelar fato ou circunstância de que tem ciência em razão das atribuições e que deva permanecer em segredo.

(D) revelar ou permitir que chegue ao conhecimento de terceiro, antes da respectiva divulgação oficial, teor de medida política ou econômica capaz de afetar o preço de mercadoria, bem ou serviço.

(E) conceder benefício administrativo ou fiscal sem a observância das formalidades legais ou regulamentares aplicáveis à espécie.

A: Incorreta. Trata-se de ato de improbidade de causa enriquecimento ilícito (art. 9º, IX, da Lei 8.429/1992). **B:** Incorreta. Trata-se de ato de improbidade que causa enriquecimento ilícito (art. 9º, X, da Lei 8.429/1992). **C:** Incorreta. Trata-se de ato de improbidade que viola os princípios administrativos (art. 11, III, da Lei 8.429/1992). **D:** Incorreta. Trata-se de ato de improbidade que viola os princípios administrativos (art. 11, VII, da Lei 8.429/1992). **E:** Correta. Temos uma conduta descrita no art. 10, VII, da Lei 8.429/1992, sendo ato de improbidade que causa enriquecimento ilícito.

Gabarito "E".

(VUNESP – 2016) Com base na Lei 8.429/1992, assinale a alternativa correta.

(A) O sucessor daquele que causar lesão ao patrimônio público ou se enriquecer ilicitamente está sujeito às cominações da lei de improbidade administrativa até o limite do valor da herança.

(B) Qualquer eleitor poderá representar à autoridade administrativa competente para que seja instaurada investigação destinada a apurar a prática de ato de improbidade.

(C) A legitimidade ativa para ajuizamento de ação de improbidade administrativa é exclusiva do Ministério Público.

(D) Constitui ato de improbidade administrativa que causa lesão ao erário frustrar a licitude de concurso público.

(E) Será punido com a pena de suspensão, sem prejuízo de outras sanções cabíveis, o agente público que se recusar a prestar declaração dos bens, dentro do prazo determinado, ou que a prestar falsa.

A: Correta. O sucessor responde até o limite da herança pelos danos que o ato ímprobo causar ao Estado, conforme disposto no art. 8º, da Lei 8.429/1992. **B:** Incorreta. Qualquer pessoa poderá representar à autoridade administrativa competente contra ato de improbidade (art. 14, da Lei de Improbidade Administrativa). **C:** Incorreta. Tanto o Ministério Público quanto a pessoa jurídica interessada podem propor Ação de Improbidade Administrativa (art. 17, da Lei 8.429/1992). **D:** Incorreta. Trata-se de ato de improbidade que viola os princípios administrativos (art. 11, V, da Lei 8.429/1992). **E:** Incorreta. Não há especificação de que se refere essa "suspensão", eis que a Lei de Improbidade prevê a suspensão dos direitos políticos (art. 12 da Lei 8.429/1992).

Gabarito "A".

(VUNESP – 2011) Manezinho Araújo, amigo do Prefeito de Bocaina do Sul, agindo com identidade de propósitos, recebia do alcaide cártulas emitidas pela municipalidade para pagamento de supostos serviços prestados. Ao depois, depositava as quantias respectivas na conta de Expedita Brancaleone, mulher do chefe do executivo local. É correto afirmar que:

(A) somente o prefeito municipal pode ser condenado por improbidade administrativa.

(B) Manezinho Araújo pode ser condenado pela prática de improbidade administrativa.

(C) tanto o alcaide quanto Manezinho somente podem ser responsabilizados na esfera penal.

(D) somente Manezinho pode ser responsabilizado por ato de improbidade.

(E) somente Expedita Brancaleone pode ser condenada pela prática de ato de improbidade administrativa.

A: incorreta, pois aquele que concorre para a prática do ato (Manezinho) ou se beneficia com ele (Expedita) também são sujeitos ativos do ato de improbidade (art. 3º da Lei 8.429/1992); **B:** correta (art. 3º da Lei 8.429/1992); **C:** incorreta, pois também podem ser responsabilizados na esfera da improbidade administrativa (arts. 3º e 9º da Lei 8.429/1992); **D:** incorreta, pois o Prefeito é quem concorre para o ato e se beneficia dele; sua esposa também (art. 3º da Lei 8.429/1992); **E:** incorreta, pois o Prefeito e Manezinho também respondem, como se viu.

Gabarito "B".

(VUNESP – 2006) Em relação aos atos de improbidade administrativa descritos na Lei n. 8.429/92, analise as seguintes afirmações e assinale a alternativa correta:

I. Somente se caracterizam como atos de improbidade as condutas que importem em enriquecimento ilícito ou prejuízo ao erário.

II. Somente são aplicáveis as disposições da lei de improbidade aos agentes públicos, tal como definidos no corpo do mencionado texto legal.

III. As disposições da lei de improbidade são aplicáveis àquele que, mesmo não sendo agente público, induza

ou concorra para a prática do ato de improbidade ou dele se beneficie.
(A) Apenas a afirmativa I é correta.
(B) As afirmativas I e II são corretas.
(C) Apenas a afirmativa II é correta.
(D) As afirmativas I e III são corretas.
(E) Apenas a afirmativa III é correta.

I: incorreta (art. 11 da Lei 8.429/92); II: incorreta (art. 3º da Lei 8.429/92); III: correta (art. 3º da Lei 8.429/92).
Gabarito "E".

(VUNESP) Um perito judicial que receba um bem imóvel para elaborar laudo que favoreça uma das partes em juízo, pode ser enquadrado no conceito de improbidade administrativa?
(A) Não, porque a improbidade administrativa não se aplica à função judicial.
(B) Sim, por se tratar de desvio ético de conduta de agente público no desempenho de função pública.
(C) Sim, desde que o perito seja funcionário público.
(D) Não, porque seu enriquecimento ilícito não acarretou danos à Administração.

A Lei 8.429/1992 (Lei de Improbidade Administrativa) prevê em seu art. 2º que se reputa agente público, para os efeitos da lei, todo aquele que exerce, ainda que transitoriamente ou sem remuneração, por eleição, nomeação, designação, contratação ou qualquer outra forma de investidura ou vínculo, mandato, cargo, empenho ou função. E o art. 3º da mesma lei, dispõe que serão aplicados os seus preceitos, no que couber, àquele que, mesmo não sendo agente público, induza ou concorra para a prática de ato de improbidade ou dele se beneficie sob qualquer forma direta ou indireta. De ver-se que o alcance da Lei de Improbidade é bastante amplo, na medida em que a CF prevê como um dos princípios reitores da Administração Pública, o da *moralidade* (probidade). Assim, se um perito judicial (seja por concurso público, hipótese que será, indubitavelmente, agente público, seja por nomeação do magistrado, quando inscrito nas listas dos juízos, mas que tenha firmado termo de compromisso de bem desempenhar a função que lhe tenha sido cometida, caso em que também estará sujeito às sanções previstas na Lei de Improbidade) receber bem imóvel para a elaboração de um laudo que favoreça uma das partes, certamente terá praticado ato de improbidade administrativa. Frise-se que a improbidade pode ser caracterizada tanto por atos que importem em *enriquecimento ilícito* (art. 9º da Lei 8.429/1992), quanto por aqueles causadores de *prejuízos ao erário* (art. 10 da já citada lei), ou ainda aqueles que *atentem contra os princípios da Administração Pública* (art. 11 do mesmo diploma legal). Correta, portanto, a alternativa "B", já que a atitude do perito importou em absurdo *desvio ético*, inadmissível para aqueles que, concursados ou não, desempenhem função pública (no caso, de auxiliar do juízo para o convencimento decorrente de uma prova técnica). O só fato de a ação do perito não ter acarretado danos à Administração não afasta o ato de improbidade que, como já dissemos, pode decorrer de atentado aos princípios que a regem (dentre eles, o da moralidade).
Gabarito "B".

(VUNESP) Para a procedência da Ação de Improbidade Administrativa, a doutrina tem entendido que não basta existir ilícito administrativo e prejuízo ao erário público. Faz-se necessária também a
(A) conexão entre o ilícito e o erário público.
(B) presença do dolo do agente.
(C) comprovação da culpa do agente.
(D) comprovação do benefício à empresa contratada pelo Poder Público.

A improbidade administrativa é considerada pela doutrina como um ilícito político-administrativo, capaz de gerar a imposição ao agente ímprobo de sanções de natureza extrapenal. A Lei 8.429/1992 regula as sanções por improbidade administrativa decorrentes de *enriquecimento ilícito*, *dano ao erário* e *violação aos princípios da Administração Pública* (arts. 9º, 10 e 11 da referida Lei). Para a procedência de uma ação de improbidade administrativa não será suficiente a demonstração do nexo causal entre o ilícito praticado pelo agente e o dano ao erário (lembre-se que essa é uma das possibilidades de se praticar improbidade administrativa!). Será imprescindível que se demonstre que a conduta do agente foi dolosa ou culposa (tal se extrai da redação do art. 10 da Lei 8.429/1992 – "... qualquer ação ou omissão, dolosa ou culposa..."). Temos que a questão formulada traz alternativas mal redigidas, eis que a "culpa" em sentido amplo abarca tanto o dolo quanto a culpa (em sentido estrito). Porém, a OAB/SP preferiu optar pela alternativa "B" (presença de dolo do agente), sendo que referido elemento subjetivo poderia ser visto como espécie do gênero "culpa".
Gabarito "B".

(VUNESP) Agente público pode ser condenado por improbidade administrativa por ato que não importou enriquecimento ilícito nem causou prejuízo ao erário?
(A) Não, porque improbidade administrativa é considerada crime, com responsabilização objetiva do agente público.
(B) Não, pela ausência de dano ao erário público.
(C) Sim, ainda que o agente tenha agido de boa-fé e dentro da legalidade.
(D) Sim, desde que o ato atente contra os princípios da Administração Pública.

Improbidade administrativa consiste na prática de atos que afrontem a atuação administrativa. Trata-se de infração político-administrativa que, se verificada, poderá redundar na imposição de sanções de caráter não penal a agentes ímprobos ou a particulares que, de qualquer modo, concorram para a infração. Nos termos da Lei de Improbidade Administrativa (Lei 8.429/1992), é passível de condenação o agente público (e também particular, como já salientado) que praticar atos que importem o seu enriquecimento sem causa (art. 9.º), que causem danos ao erário (art. 10) ou que sejam atentatórios aos princípios da Administração Pública (art. 11).
Gabarito "D".

2.2. Penas

(Escrevente Técnico Judiciário – TJSP – VUNESP – 2017) Assinale a alternativa que corretamente discorre sobre as penas previstas na Lei de Improbidade Administrativa.
(A) A aplicação das penas previstas na Lei de Improbidade Administrativa impede a aplicação das demais sanções penais, civis e administrativas previstas em legislação específica.
(B) As penas previstas na Lei de Improbidade Administrativa deverão ser aplicadas cumulativamente, exceto quando se tratar de ato de improbidade administrativa que atente contra os princípios da Administração Pública.
(C) A pena de proibição de contratar com o Poder Público ou receber benefícios ou incentivos fiscais ou creditícios, direta ou indiretamente, ainda que por intermédio de pessoa jurídica da qual seja sócio majoritário, terá o prazo máximo de 2 (dois) anos.
(D) No caso de condenação por ato de improbidade administrativa decorrente de concessão ou aplicação

indevida de benefício financeiro ou tributário, não cabe a aplicação da pena de perda da função pública.

(E) Na fixação das penas previstas na Lei de Improbidade Administrativa, o juiz levará em conta a extensão do dano causado, assim como o proveito patrimonial obtido pelo agente.

A: incorreta, a aplicação das penas de improbidade independe das demais sanções penais, civis e administrativas aplicáveis ao caso (Lei de Improbidade Administrativa, Art. 12, *caput*). **B:** incorreta. independentemente da espécie de ato de improbidade, as penas poderão ser aplicadas isolada ou conjuntamente, de acordo com a gravidade do fato (Lei 8.429/92, art. 12, *caput*). **C:** incorreta, a pena de proibição de contratar ou receber benefícios ou incentivos fiscais ou creditícios tem como prazos possíveis de aplicação: 3 anos – ato que atente contra os princípios da Administração Pública, 5 anos cause lesão ao erário, e 10 anos importe enriquecimento ilícito. **D:** incorreta, Lei 8.429/1992, art.10-A Pelo ato decorrente da concessão ou aplicação indevida de benefício financeiro ou tributário, podem ser aplicadas as seguintes sanções: "perda da função pública, suspensão dos direitos políticos de 5 (cinco) a 8 (oito) anos e multa civil de até 3 (três) vezes o valor do benefício financeiro ou tributário concedido". **E:** correta, de acordo com a Lei 8.429/1992, Art. 12: "na fixação das penas previstas nesta lei o juiz levará em conta a extensão do dano causado, assim como o proveito patrimonial obtido pelo agente". Gabarito "E".

(Escrevente Técnico Judiciário – TJ/SP – 2011 – VUNESP) Na hipótese de ato de improbidade administrativa que importe em prejuízo ao erário, o agente público está sujeito, dentre outras penalidades, à suspensão dos direitos políticos de

(A) um a dois anos.
(B) dois a três anos.
(C) dois a quatro anos.
(D) cinco a seis anos.
(E) cinco a oito anos.

E: os atos de improbidade administrativa estão previstos nos arts. 9º, 10 e 11, e as penalidades aplicáveis aos agentes que cometam tais atos, nos incisos I, II e III do art. 12, todos da Lei n. 8429/92. Na hipótese de prejuízo ao erário, as penalidades são: ressarcimento integral do dano, perda dos bens ou valores acrescidos ilicitamente ao patrimônio, se concorrer esta circunstância, perda da função pública, **suspensão dos direitos políticos de cinco a oito anos**, pagamento de multa civil de até duas vezes o valor do dano e proibição de contratar com o Poder Público ou receber benefícios ou incentivos fiscais ou creditícios, direta ou indiretamente, ainda que por intermédio de pessoa jurídica da qual seja sócio majoritário, pelo prazo de cinco anos. Gabarito "E".

(VUNESP – 2017) Os atos de improbidade administrativa importarão a sus pensão dos direitos políticos, a perda da função pública, a indisponibilidade dos bens e o ressarcimento ao erário, na forma e na gradação previstas na Lei no 8.429/1992, a qual

(A) não admite a transação, bem como destina o produto da condenação, conforme o caso, à pessoa jurídica prejudicada pelo ilícito.
(B) prevê que as ações destinadas a levar a efeito as sanções nela previstas não estão sujeitas à prescrição.
(C) atribui legitimidade ao Ministério Público, à pessoa jurídica interessada e à Defensoria Pública para a propositura de ação com vistas à imposição das sanções.

(D) impõe à pessoa jurídica a assunção do polo ativo da relação processual, ao lado do Ministério Público, quando a ação for proposta por este.
(E) prevê a aplicação da pena de ressarcimento, independentemente da efetiva ocorrência de dano ao patrimônio público, que é presumido.

A: correta. Art. 17 §1º c/c art. 18 da Lei 8.429/1992; **B:** incorreta. Diz o artigo 23 da Lei 8.429/1992 que "as ações destinadas a levar a efeitos as sanções previstas nesta lei podem ser propostas: I – até cinco anos após o término do exercício de mandato, de cargo em comissão ou de função de confiança; II – dentro do prazo prescricional previsto em lei específica para faltas disciplinares puníveis com demissão a bem do serviço público, nos casos de exercício de cargo efetivo ou emprego; III – até cinco anos da data da apresentação à administração pública da prestação de contas final pelas entidades referidas no parágrafo único do art. 1º desta Lei." Vale salientar, todavia, que a Constituição Federal estabelece em seu art. 37 § 5º serem imprescritíveis as ações de ressarcimento no caso de ilícitos praticados por agentes públicos e que causem prejuízo ao erário; **C:** incorreta. Os legitimados ativos da ação de improbidade são apenas o Ministério Público e a pessoa jurídica da Administração Pública interessada – art. 17 da Lei 8.429/1992; **D:** incorreta. A pessoa jurídica interessada poderá integrar o polo passivo ou passar a integrar o polo ativo da ação – art. 17 § 3º da Lei 8.429/1992; **E:** incorreta. A pena de ressarcimento integral do dano só caberá nas hipóteses previstas nos arts. 10 e 11, como pode ser verificado no art. 12 da Lei 8.429/1992. Gabarito "A".

(VUNESP – 2009) José, funcionário público, recebeu dinheiro para deixar de tomar determinada providência a que estava obrigado em decorrência do cargo que ocupa. Assim sendo, em virtude da Lei de Improbidade Administrativa, José estará sujeito, entre outras, à pena de

(A) perda dos bens ou valores acrescidos ilicitamente ao patrimônio.
(B) pagamento de multa civil de até dez vezes o valor do seu acréscimo patrimonial.
(C) cassação dos seus direitos políticos.
(D) suspensão dos direitos políticos por um prazo de cinco a oito anos.
(E) suspensão da função pública.

A: correta (art. 9º, I, c/c art. 12, I, da Lei 8.429/1992); **B:** incorreta, pois a multa é de até *3 vezes* o valor do acréscimo patrimonial (art. 12, I, da Lei 8.429/1992); **C:** incorreta, pois a pena é de *suspensão* dos direitos políticos, e não de *cassação* dos direitos políticos (art. 12, I, da Lei 8.429/1992); **D:** incorreta, pois a suspensão se dará de *8 a 10 anos* (art. 12, I, da Lei 8.429/1992); **E:** incorreta, pois a pena é de *perda* da função pública (art. 12, I, da Lei 8.429/1992). Gabarito "A".

(VUNESP – 2012) Com relação à Lei de Improbidade Administrativa (Lei n. 8.429/1992), é correto afirmar:

(A) As ações de improbidade administrativa até o valor de 60 salários mínimos serão processadas nos Juizados Especiais da Fazenda Pública (Lei n. 12.153/2009).
(B) O ressarcimento integral do dano será possível apenas se a lesão ao patrimônio público ocorrer por ação dolosa do agente público.
(C) O sucessor daquele que se enriquecer ilicitamente, por ato de improbidade administrativa, está sujeito às cominações da lei de improbidade pelo total da vantagem patrimonial indevida, ainda que esse ultrapasse o valor da herança.

(D) Caberá à autoridade administrativa responsável pelo inquérito representar ao Ministério Público para indisponibilidade dos bens do indiciado.

(E) As penalidades previstas na Lei n. 8.429/1992 se aplicadas cumulativamente excluirão outras sanções civis ou administrativas previstas em legislação específica.

A: incorreta, pois, nos termos do art. 2º, § 1º, I, da Lei n. 12.153/2009, não se incluem na competência do Juizado Especial da Fazenda Pública as ações de improbidade administrativa; **B:** incorreta, pois o ato de improbidade que causa prejuízo ao erário pode ser punido a título de dolo ou culpa (LIA, art. 10); **C:** incorreta, pois *o sucessor daquele que causar lesão ao patrimônio público ou se enriquecer ilicitamente está sujeito às cominações desta lei até o limite do valor da herança* (art. 8º da LIA); **D:** correta, pois é o que estabelece o art. 16 da LIA; **E:** incorreta, pois as penalidades previstas na LIA não excluem as demais sanções civis ou administrativas (LIA, art. 12, *caput*).

Gabarito "D".

(VUNESP – 2011) Em relação à evolução patrimonial desproporcional à renda do agente público, considere as seguintes afirmações:

I. a apresentação de declaração de bens e valores que compõem o seu patrimônio, como condição para posse e exercício do agente público, constitui um mecanismo para monitoramento de sua evolução patrimonial, não atingindo, todavia, os detentores de mandato político;

II. é hipótese residual de enriquecimento ilícito, não dispensando, no entanto, a prova da prática ou abstenção de ato de ofício para caracterizar como inidôneo o enriquecimento do agente público;

III. a obrigatoriedade de atualização anual da declaração de bens do agente público se presta a seu controle, podendo ser satisfeita mediante a entrega de cópia da declaração prestada anualmente à Receita Federal;

IV. é significativa de uma presunção *juris tantum* da prática de improbidade administrativa, dispensando a prova do ato ímprobo, mas permitindo prova da licitude do acréscimo patrimonial reputado desproporcional pelo agente público.

Está correto apenas o contido em

(A) I e II.
(B) I e III.
(C) I e IV.
(C) II e III.
(E) III e IV.

I: incorreta, pois a lei não isenta os detentores de mandato político dessa obrigação (art. 13 da Lei 8.429/92); **II:** incorreta, pois essa hipótese DISPENSA a prova de prática ou abstenção de ato de ofício, sendo necessário, contudo, que o agente tenha adquirido, para si ou para outrem, bens ou valores de qualquer natureza cujo valor seja desproporcional à evolução patrimonial ou à renda do agente público (art. 9º, VII, da Lei 8.429/92); **III:** correta (art. 13, § 4º, da Lei 8.429/92); **IV:** correta, na visão do Ministério Público; todavia, como essa modalidade de improbidade administrativa requer dolo, há corrente que entende que não há presunção de improbidade, pois é necessário demonstrar a ocorrência do tipo previsto na lei e de seu elemento subjetivo, sendo que este ônus seria do autor da ação de improbidade.

Gabarito "E".

2.3. Processo administrativo, judicial e disposições penais

(Escrevente – TJ/SP – 2018 – VUNESP) Em consonância com a Lei de Improbidade, assinale a alternativa correta.

(A) O cidadão, no gozo de seus direitos políticos, tem exclusividade para representar à autoridade administrativa competente a fim de que seja instaurada investigação destinada a apurar a prática de ato de improbidade.

(B) Estando a petição inicial em devida forma, o juiz mandará autuá-la e ordenará a notificação do requerido, para oferecer manifestação por escrito, que poderá ser instruída com documentos e justificações, dentro do prazo de quinze dias.

(C) O Ministério Público ou qualquer cidadão no gozo de seus direitos políticos pode ingressar com ação de improbidade administrativa.

(D) Havendo fundados indícios de responsabilidade, a comissão processante poderá requerer em juízo a decretação do sequestro dos bens do agente ou terceiro que tenha enriquecido ilicitamente ou causado dano ao patrimônio público.

(E) A perda da função pública e a suspensão dos direitos políticos do condenado por ato de improbidade efetivam-se com a publicação da condenação por ato de improbidade em segunda instância.

A: incorreta. A "pegadinha" da questão está na expressão exclusividade, na medida em que o art. 14 da Lei 8.429/1992 estabelece que "qualquer pessoa poderá representar à autoridade administrativa competente para que seja instaurada investigação destinada à apurar a prática do ato de improbidade"; **B:** correta. Art. 17, § 7º da Lei 8.429/1992; **C:** incorreta. O art. 17 da Lei 8.429/1992 dá a legitimidade ativa *ad causam* da ação de improbidade administrativa apenas ao Ministério Público ou à pessoa jurídica interessada; **D:** incorreta. O art. 16 da Lei 8.429/1992 fala que "havendo fundados indícios de responsabilidade, a comissão representará **ao Ministério Público ou à procuradoria do órgão** para que requeira ao juízo competente a decretação do sequestro dos bens do agente ou terceiro que tenha enriquecido ilicitamente ou causado dano ao patrimônio público"; **E:** incorreta. "A perda da função pública e a suspensão dos direitos políticos só se efetivam com o trânsito em julgado da sentença condenatória – artigo 20 da Lei 8.429/1992".

Gabarito "B".

(Escrevente – TJ/SP – 2018 – VUNESP) De acordo com a Lei no 10.261/1968, no que concerne aos recursos no processo administrativo, é correta a seguinte afirmação:

(A) Não cabe pedido de reconsideração de decisão tomada pelo Governador do Estado em única instância.

(B) O recurso será apresentado ao superior hierárquico da autoridade que aplicou a pena, que, em 15 (quinze) dias, de forma motivada, deve manter a decisão ou reformá-la.

(C) Os recursos não têm efeito suspensivo; e os que forem providos darão lugar às retificações necessárias, retroagindo seus efeitos à data do ato punitivo.

(D) O prazo para recorrer é de 15 (quinze) dias, contados da publicação da decisão impugnada no Diário Oficial do Estado ou da intimação do procurador do servidor, se for o caso.

(E) O recurso não poderá ser apreciado pela autoridade competente se incorretamente denominado ou endereçado.

A: incorreta. Art. 313 da Lei 10.261/1968; **B:** incorreta. O recurso será sempre dirigido à autoridade que aplicou a pena – art. 312 § 3º da Lei 10.261/1968; **C:** correta. Art. 314 da Lei 10.261/1968; **D:** incorreta. O prazo é de 30 dias, contados da publicação da decisão impugnada no Diário Oficial do Estado ou da intimação do procurador do servidor, se for o caso; **E:** incorreta. O recurso será apreciado pela autoridade competente ainda que incorretamente denominado ou endereçado – art. 312, § 5º da Lei 10.261/1968.
Gabarito "C".

(Escrevente Técnico Judiciário – TJSP – VUNESP – 2017) O procedimento administrativo previsto na Lei Federal 8.429/1992, destinado a apurar a prática de ato de improbidade,

(A) poderá acarretar o exame e o bloqueio de bens, contas bancárias e aplicações financeiras mantidas pelo indiciado no exterior, se for o caso.

(B) poderá compreender o decreto de sequestro dos bens do agente ou terceiro que tenha enriquecido ilicitamente ou causado dano ao patrimônio público.

(C) impedirá a apuração dos fatos pelo Ministério Público, caso se conclua pela improcedência das acusações.

(D) deverá ser levado ao conhecimento do Ministério Público e do Tribunal ou Conselho de Contas, pela Comissão Processante.

(E) será iniciado por representação, que será escrita ou reduzida a termo, podendo o representante permanecer anônimo, se assim o desejar.

A: incorreta. Lei Federal 8.429/1992, art. 16. Havendo fundados indícios de responsabilidade, a comissão representará ao Ministério Público ou à procuradoria do órgão para que requeira ao juízo competente a decretação do sequestro dos bens do agente ou terceiro que tenha enriquecido ilicitamente ou causado danos ao patrimônio público. 1º O pedido de sequestro será processado de acordo com o disposto nos arts. 822 e 825 do Código de Processo Civil [1973]. **B:** incorreta. Lei Federal 8.429/1992, Art. 16. (...) 2º Quando for o caso, o pedido incluirá a investigação, o exame e o bloqueio de bens, contas bancárias e aplicações financeiras mantidas pelo indiciado no exterior, nos termos da lei e dos tratados internacionais. **C:** incorreta, art. 22 da Lei Federal 8.429/1992: "para apurar qualquer ilícito previsto nesta lei, o Ministério Público, de ofício, a requerimento de autoridade administrativa ou mediante representação formulada de acordo com o disposto no art. 14, poderá requisitar a instauração de inquérito policial ou procedimento administrativo"; **D:** correta. Lei Federal 8.429/92, art. 15 "a comissão processante dará conhecimento ao Ministério Público e ao Tribunal ou Conselho de Contas da existência de procedimento administrativo para apurar a prática de ato de improbidade"; **E:** incorreta, o procedimento administrativo pode ser iniciado por representação ou de ofício. A representação deverá conter a identificação do denunciante (Lei Federal 8.429/92, Art. 14, § 1º).
Gabarito "D".

(Escrevente Técnico Judiciário – TJSP – VUNESP – 2017) No processo judicial de improbidade administrativa, o Ministério Público

(A) poderá abster-se de contestar o pedido, ou poderá atuar ao lado do autor, desde que isso se afigure útil ao interesse público, a juízo do Procurador Geral de Justiça.

(B) se não intervir no processo como parte, atuará obrigatoriamente, como fiscal da lei, sob pena de nulidade.

(C) atuará somente como fiscal da lei, mas promoverá as ações necessárias à complementação do ressarcimento do patrimônio público.

(D) atuará somente como autor, não intervindo se a pessoa jurídica interessada propuser a ação ordinária.

(E) é o único legitimado a propor a ação ordinária, dentro de trinta dias da efetivação da medida cautelar.

A: incorreta, não há previsão legal neste sentido. **B:** correta, Lei Federal 8.429/1992, Art. 17, § 4º O Ministério Público, se não intervir no processo como parte, atuará obrigatoriamente, como fiscal da lei, sob pena de nulidade. **C:** incorreta, o MP pode tanto propor a ação ou atuar como fiscal da lei. A responsabilidade por propor as ações de ressarcimento ao erário é da Fazenda Pública (Lei Federal 8.429/92, art. 17, § 2º). **D:** incorreta, se a pessoa jurídica interessada propuser a ação, o MP poderá atuar como fiscal da lei. **E:** incorreta, Lei Federal 8.429/1992, Art. 17. A ação principal, que terá o rito ordinário, será proposta pelo Ministério Público ou pela pessoa jurídica interessada, dentro de trinta dias da efetivação da medida cautelar.
Gabarito "B".

(Escrevente Técnico – TJ/SP – 2010 – VUNESP) Nos termos da Lei 8.429/1992, pode-se afirmar que

(A) quando o ato de improbidade causar lesão ao patrimônio público ou ensejar enriquecimento ilícito, caberá à autoridade administrativa responsável pelo inquérito representar ao juiz, para a indisponibilidade dos bens do indiciado.

(B) o sucessor daquele que causar lesão ao patrimônio público ou se enriquecer ilicitamente não ficará sujeito às cominações da lei.

(C) a posse e o exercício de agente público ficam condicionados à apresentação de declaração dos bens e valores que compõem o seu patrimônio privado, a fim de ser arquivada no Serviço de Pessoal competente.

(D) a representação à autoridade administrativa competente para que seja instaurada investigação destinada a apurar a prática de ato de improbidade é de competência exclusiva do Ministério Público.

(E) não constitui crime a representação por ato de improbidade contra agente público ou terceiro beneficiário, quando o autor da denúncia o sabe inocente.

A: incorreta, pois a representação da autoridade administrativa responsável pelo inquérito deve ser endereçada ao Ministério Público (art. 7º, caput, da Lei 8.429/1992); **B:** incorreta, pois o sucessor daquele que causar prejuízo ao erário ou enriquecer ilicitamente está sujeito às comunicações da Lei de Improbidade até o limite do valor da herança (art. 8º da Lei 8.429/1992); **C:** correta (art. 13 da Lei 8.429/92); **D:** incorreta, pois qualquer pessoa pode representar a autoridade administrativa competente para que seja instaurada investigação para apurar a prática de ato de improbidade (art. 14, caput, da Lei 8.429/92); **E:** incorreta, pois constitui crime sim (art. 19 da Lei 8.429/1992).
Gabarito "C".

(Escrevente Técnico Judiciário – TJ/SP – 2011 – VUNESP) Em relação ao procedimento administrativo e ao processo judicial previstos na Lei n.º 8.429/92, assinale a alternativa correta.

(A) O cidadão brasileiro e eleitor não poderá representar à autoridade policial competente para que seja instaurada investigação destinada a apurar a prática de ato de improbidade.

(B) A representação, que poderá ser escrita ou oral, deverá conter a qualificação do representante, as informações sobre o fato e sua autoria, sendo desnecessária a apresentação de provas.

(C) A ação principal, que terá o rito ordinário, será proposta pelo Ministério Público ou pela pessoa jurídica interessada, dentro de trinta dias da efetivação da medida cautelar.

(D) É facultativa a transação, o acordo ou a conciliação nas ações de improbidade administrativa.

(E) Recebida a petição inicial, o réu será notificado para apresentar contestação, e, da decisão que receber a petição inicial, não caberá recurso.

A: errada. A lei menciona que **qualquer pessoa pode** representar à autoridade administrativa competente para que seja instaurada investigação destinada a apurar a prática de ato de improbidade (art. 14 da Lei 8.429/92); **B:** errada. É necessária a apresentação das provas de que tenha conhecimento (art. 14, §1º, da Lei 8.429/92); **C:** correta (art. 17 da Lei 8.429/92); **D:** errada. Transação, acordo e conciliação **são proibidos** (art. 17, §1º, da CF); **E:** errada. A decisão **comporta** a interposição de **agravo de instrumento** (art. 17, §10, da Lei 8.426/92).
Gabarito "C".

(VUNESP – 2011) A ação civil pública para a punição de atos de improbidade administrativa

(A) será proposta peja pessoa jurídica interessada, exclusivamente.

(B) prescreve em 10 (dez) anos, nos termos do art. 205 do Código Civil.

(C) é imprescritível.

(D) pode ser proposta até 5 (cinco) anos após o término do exercício de mandato, de cargo em comissão ou de função de confiança.

(E) prescreve em 5 (cinco) anos, contados a partir da demissão do servidor, a bem do serviço público, nos casos de exercício de cargo efetivo ou emprego.

A: incorreta, pois será pela pessoa jurídica interessada ou pelo Ministério Público (art. 17, *caput*, da Lei 8.429/92); **B:** incorreta, pois, para o ressarcimento ao erário, a ação é imprescritível, e para as demais sanções, prescreve ou em 5 anos do término do mandato ou cargo em comissão, ou no prazo previsto para demissão a bem do serviço público, nos demais casos (art. 23 da Lei 8.429/92); **C:** incorreta, pois somente a pretensão para o ressarcimento ao erário é imprescritível; **D:** correta (art. 23, I, da Lei 8.429/92); **E:** incorreta, pois, nesses casos, a ação deve ser proposta dentro do prazo prescricional previsto em lei específica para faltas disciplinares puníveis com demissão a bem do serviço público (art. 23, II, da Lei 8.429/92).
Gabarito "D".

2.4. Questões de conteúdo variado

(Escrevente – TJ/SP – 2018 – VUNESP) Nos termos da Lei no 8.429/1992, é correta a seguinte afirmação:

(A) Esta Lei se aplica apenas aos funcionários públicos que pratiquem ato lesivo ao erário da administração direta, indireta ou fundacional de qualquer dos Poderes da União, dos Estados ou do Distrito Federal.

(B) Se a lesão ao patrimônio decorrer de ação ou omissão culposa do agente ou do terceiro, não se fará necessário o integral ressarcimento do dano.

(C) Para os fins desta Lei, não se reputa agente público aquele que, por designação, exerça função de confiança junto a órgão da administração direta ou indireta, sem recebimento de remuneração.

(D) O sucessor daquele que causar lesão ao patrimônio público ou enriquecer ilicitamente em razão do serviço público não se sujeita às cominações desta Lei, ainda que o falecido tenha deixado herança.

(E) As disposições desta Lei poderão ser aplicadas àquele que, mesmo não sendo agente público, induza ou concorra para a prática do ato de improbidade ou dele se beneficie sob qualquer forma direta ou indireta.

A: incorreta. A lei se aplica a qualquer agente público, bem como àquele que, mesmo não sendo agente público, induz, concorre para o ato de improbidade ou dele se beneficia sob qualquer forma direta ou indireta – art. 3º da Lei 8.429/1992; **B:** incorreta. "Ocorrendo lesão ao patrimônio público por ação ou omissão, dolosa ou culposa, do agente ou de terceiro, dar-se-á o integral ressarcimento do dano" – art. 5º da Lei 8.429/1992; **C:** incorreta. "Reputa-se agente público, para os efeitos desta lei, todo aquele que exerce, ainda que transitoriamente ou sem remuneração, por eleição, nomeação, designação, contratação ou qualquer outra forma de investidura ou vínculo, mandato, cargo, emprego ou função nas entidades mencionadas no artigo anterior" – art. 2º da Lei 8.429/1992; **D:** incorreta. A responsabilidade do sucessor vai até os limites do valor da herança – art. 8º da Lei 8.429/1992; **E:** correta. Art. 3º da Lei 8.429/1992.
Gabarito "E".

(Técnico Judiciário – TJSP – 2013 – VUNESP) No tocante à Lei de Improbidade Administrativa (Lei 8.429/1992), é correto afirmar que

(A) as ações destinadas a levar a efeito as sanções previstas nessa Lei podem ser propostas até 20 (vinte) anos após o término do exercício de mandato, de cargo em comissão ou de função de confiança.

(B) a aplicação das sanções previstas nessa Lei depende da aprovação ou rejeição das contas pelo Tribunal ou Conselho de Contas.

(C) as disposições dessa Lei são aplicáveis, no que couber, àquele que, mesmo não sendo agente público, induza ou concorra para a prática do ato de improbidade.

(D) a autoridade judicial competente somente poderá determinar o afastamento do agente público do exercício do cargo após o trânsito em julgado da sentença condenatória.

(E) a aplicação das sanções previstas nessa Lei depende da aprovação ou rejeição das contas pelo órgão de controle interno.

A: incorreta, pois o prazo é de 5 anos (art. 23, I, da Lei 8.429/1992); **B:** incorreta, pois não há essa dependência (art. 21, II, da Lei 8.429/1992); **C:** correta (art. 3º da Lei 8.429/1992); **D:** incorreta, pois o afastamento (que é provisório) pode ser feito a qualquer tempo, quando a medida se fizer necessária à instrução processual (art. 20, parágrafo único, da Lei 8.429/1992); o que não é possível é a perda do cargo (que é definitiva), antes do trânsito em julgado da sentença condenatória (art. 20, *caput*, da Lei 8.429/1992); **E:** incorreta, pois não há essa dependência (art. 21, II, da Lei 8.429/1992).
Gabarito "C".

(Escrevente Técnico – TJ/SP – 2010 – VUNESP) Nos termos da Lei 8.429/1992, pode-se afirmar que

(A) quando o ato de improbidade causar lesão ao patrimônio público ou ensejar enriquecimento ilícito, caberá à autoridade administrativa responsável pelo inquérito representar ao juiz, para a indisponibilidade dos bens do indiciado.

(B) o sucessor daquele que causar lesão ao patrimônio público ou se enriquecer ilicitamente não ficará sujeito às cominações da lei.

(C) a posse e o exercício de agente público ficam condicionados à apresentação de declaração dos bens e valores que compõem o seu patrimônio privado, a fim de ser arquivada no Serviço de Pessoal competente.

(D) a representação à autoridade administrativa competente para que seja instaurada investigação destinada a apurar a prática de ato de improbidade é de competência exclusiva do Ministério Público.

(E) não constitui crime a representação por ato de improbidade contra agente público ou terceiro beneficiário, quando o autor da denúncia o sabe inocente.

A: incorreta, pois a representação da autoridade administrativa responsável pelo inquérito deve ser endereçada ao Ministério Público (art. 7º, *caput*, da Lei 8.429/1992); **B:** incorreta, pois o sucessor daquele que causar prejuízo ao erário ou se enriquecer ilicitamente está sujeito às cominações da Lei de Improbidade até o limite do valor da herança (art. 8º da Lei 8.429/1992); **C:** correta (art. 13 da Lei 8.429/1992); **D:** incorreta, pois qualquer pessoa pode representar a autoridade administrativa competente para que seja instaurada investigação para apurar a prática de ato de improbidade (art. 14, *caput*, da Lei 8.429/1992); **E:** incorreta, pois constitui crime sim (art. 19 da Lei 8.429/1992).
Gabarito "C".

(VUNESP – 2008) Prefeito Municipal, cujo mandato terminou em dezembro de 2004, foi réu em ação de improbidade administrativa ajuizada pelo Ministério Público, porque durante o mês de fevereiro de 2002 teria utilizado funcionários e máquinas de terraplenagem da Prefeitura para dar início à obra de construção de sua residência. Em maio de 2007, sobreveio sentença de improcedência por falta de provas, que transitou em julgado. Entretanto, em novembro de 2008, a testemunha A, que sabia dos fatos, pois tinha sido mestre-de-obras responsável pela construção, e não fora ouvida, procurou a Promotoria de Justiça da Comarca e mostrou documentos e gravações que havia produzido clandestinamente, comprovando aqueles fatos. Na oportunidade, declarou que estaria disposta a testemunhar e relatar tudo o que sabia. Diante dessa situação, assinale a providência correta que, como promotor de justiça, adotaria.

(A) Informaria a testemunha de que nada poderia ser feito, pois já decorrido o prazo de prescrição previsto no artigo 23 da Lei n.º 8.429/92 e, portanto, o Ministério Público não poderia ajuizar ação pretendendo a aplicação das penas do artigo 12 da Lei de Improbidade Administrativa.

(B) Instauraria inquérito civil, tomaria por termo as declarações da testemunha A, convidaria o ex-Prefeito para prestar esclarecimentos e oferecer subsídios para esclarecimento dos fatos e, por fim, ajuizaria nova ação civil pública.

(C) Tendo em mãos a prova clandestina, procuraria notificar o ex-Prefeito Municipal para celebrar compromisso de ajustamento a fim de ressarcir os cofres públicos dos gastos havidos ilicitamente.

(D) Tomaria por termo as declarações da testemunha A e oficiaria ao atual Prefeito, requisitando que o Município ajuizasse nova ação civil pública, porque ao Ministério Público já teria ocorrido preclusão.

(E) Como a prova trazida era ilícita, e porque já teria ocorrido coisa julgada material, nada poderia ser feito.

Em primeiro lugar é importante ressaltar que, como a primeira demanda foi julgada improcedente por falta de provas (providência possível em ações coletivas), é possível o ajuizamento de nova ação acerca dos mesmos fatos, desde que existam novas provas. No caso em questão, apurados novos elementos, o que poderá se dar no bojo de um inquérito civil, cabe a propositura de nova ação civil pública.
Gabarito "B".

(VUNESP – 2008) Assinale a alternativa correta.

(A) As autoridades com prerrogativa de foro especial gozam desse benefício quando se trata de ação civil pública por improbidade administrativa.

(B) O sucessor testamentário daquele que causar lesão ao patrimônio não está sujeito às cominações da Lei de Improbidade Administrativa.

(C) O cidadão é o único legitimado a representar à autoridade administrativa competente para que seja instaurada investigação destinada a apurar prática de ato de improbidade.

(D) A indisponibilidade dos bens do réu incide sobre tantos bens quantos forem necessários para o ressarcimento integral do dano e para a perda do acréscimo patrimonial, inclusive sobre bens adquiridos anteriormente ao ato de improbidade.

(E) Quando o Ministério Público não for o autor da ação civil pública de improbidade administrativa, não é obrigatória a sua intervenção como fiscal da lei.

A: incorreta, pois o STF declarou inconstitucional a regra trazida no art. 84 do Código de Processo Penal, que estabelecia o foro por prerrogativa de função em matéria de improbidade; **B:** incorreta (art. 8º da Lei 8.429/92); **C:** incorreta ("qualquer pessoa" – art. 14, *caput*, da Lei 8.429/92); **D:** correta (art. 7º, parágrafo único, da Lei 8.429/92); **E:** incorreta (art. 17, § 4º, da Lei 8.429/92).
Gabarito "D".

6. Direito Constitucional

André Nascimento, Bruna Vieira, Teresa Melo e Tony Chalita

1. PRINCÍPIOS FUNDAMENTAIS E DIREITOS E GARANTIAS FUNDAMENTAIS

(Escrevente – TJ/SP – 2018 – VUNESP) De acordo com texto expresso na Constituição da República Federativa do Brasil (CRFB/88), é correto afirmar que a lei

(A) assegurará aos autores de inventos industriais privilégio permanente para sua utilização.
(B) penal sempre retroagirá, seja para beneficiar ou não o réu.
(C) regulará a individualização da pena e adotará, entre outras, a perda de bens.
(D) poderá excluir da apreciação do Poder Judiciário lesão ou ameaça a direito.
(E) deverá punir ato atentatório a liberdades com penas restritivas de direito.

A: incorreta, pois a lei assegurará aos autores de inventos industriais privilégio **temporário** para sua utilização (art. 5º, XXIX, da CF); **B:** incorreta, visto que a lei penal não retroagirá, salvo para beneficiar o réu (art. 5º, XL, da CF); **C:** correta, de acordo com o art. 5º, XLVI, b, da CF; **D:** incorreta, já que a lei não excluirá da apreciação do Poder Judiciário lesão ou ameaça a direito (art. 5º, XXXV, da CF); **E:** incorreta, uma vez que a lei punirá qualquer discriminação atentatória dos direitos e liberdades fundamentais (art. 5º, XLI, da CF).
Gabarito "C".

(Escrevente – TJ/SP – 2018 – VUNESP) Salvo em caso de guerra declarada, nos termos expressos da Constituição da República Federativa do Brasil (CRFB/88), não haverá penas

(A) de morte.
(B) de banimento.
(C) de caráter perpétuo.
(D) de trabalhos forçados.
(E) de expulsão.

Segundo o art. 5º, XLVII, a, da CF, não haverá pena de morte, salvo em caso de guerra declarada.
Gabarito "A".

(Escrevente – TJ/SP – 2018 – VUNESP) Conforme dispõe expressamente o texto constitucional, são gratuitas as ações de

(A) mandado de segurança e mandado de segurança coletivo.
(B) mandado de segurança e habeas corpus.
(C) mandado de segurança e habeas data.
(D) habeas corpus e mandado de injunção.
(E) habeas corpus e habeas data.

De acordo com o art. 5º, LXXVII, da CF, são gratuitas as ações de habeas corpus e habeas data.
Gabarito "E".

(Escrevente – TJ/SP – 2018 – VUNESP) Em relação à Ação Popular, é correto afirmar que

(A) haverá pagamento de custas pelo autor no caso de nova ação.
(B) serão devidas as custas, desde que comprovada a má-fé do autor.
(C) a improcedência por carência de provas evidencia a má-fé do autor da ação popular.
(D) a improcedência torna devidos os honorários de sucumbência.
(E) serão devidas as custas judiciais e ônus de sucumbência.

De acordo com o art. 5º, LXXIII, da CF, qualquer cidadão é parte legítima para propor ação popular que vise a anular ato lesivo ao patrimônio público ou de entidade de que o Estado participe, à moralidade administrativa, ao meio ambiente e ao patrimônio histórico e cultural, ficando o autor, **salvo comprovada má-fé**, isento de custas judiciais e do ônus da sucumbência.
Gabarito "B".

(Escrevente – TJ/SP – 2018 – VUNESP) São assegurados, nos termos da Constituição da República Federativa do Brasil, (CRFB/88) à categoria dos trabalhadores domésticos os seguintes direitos:

(A) proteção em face da automação, na forma da lei.
(B) reconhecimento das convenções e acordos coletivos de trabalho.
(C) jornada de seis horas para trabalho realizado em turnos ininterruptos de revezamento.
(D) participação nos lucros, ou resultados, desvinculada da remuneração, conforme definido em lei.
(E) piso salarial proporcional à extensão e à complexidade do trabalho.

A: incorreta, pois a proteção em face da automação não é um direito assegurado aos trabalhadores domésticos (art. 7º, parágrafo único c/c inciso XXVII, da CF); **B:** correta, conforme art. 7º, parágrafo único combinado com o inciso XXVI, da CF; **C:** incorreta, pois a jornada de seis horas para o trabalho realizado em turnos ininterruptos de revezamento não é um direito assegurado aos trabalhadores domésticos (art. 7º, parágrafo único c/c inciso XIV, da CF); **D:** incorreta, pois a participação nos lucros, ou resultados, desvinculada da remuneração não é um direito assegurado aos trabalhadores domésticos (art. 7º, parágrafo único c/c inciso XI, da CF); **E:** incorreta, pois o piso salarial proporcional à extensão e à complexidade do trabalho não é um direito assegurado aos trabalhadores domésticos (art. 7º, parágrafo único c/c inciso V, da CF).
Gabarito "B".

(Escrevente Técnico Judiciário – TJSP – VUNESP – 2017) Sempre que a falta de norma regulamentadora torne inviável o exercício dos direitos e liberdades constitucionais, conceder-se-á

(A) mandado de injunção.
(B) mandado de segurança coletivo.
(C) mandado de segurança.
(D) ação de descumprimento de preceito fundamental.
(E) *habeas data*.

A: Correta. Art. 5º, LXXI da Constituição Federal. **B** e **C:** Errada. O mandado de segurança individual e o coletivo serão cabíveis para proteger direito líquido e certo, não amparado por habeas corpus ou habeas data, quando o responsável pela ilegalidade ou abuso de poder for autoridade pública ou agente de pessoa jurídica no exercício de atribuições do poder público. Especificamente quanto ao mandado de segurança coletivo, serão legitimados à sua propositura: i) partido político com representação no Congresso Nacional; ou ii) organização sindical, entidade de classe ou associação legalmente constituída e em funcionamento há pelo menos um ano, em defesa dos interesses de seus membros ou associados. Tudo isso, nos termos do art. 5º, incisos LXIX e LXX da Constituição Federal. **D:** Errada. A ADPF tem por objetivo verificar se uma lei ou ato normativo viola um preceito fundamental previsto na Constituição. Tal ação surgiu com a finalidade de complementar o sistema de controle já existente. É cabível quando uma lei ou ato normativo federal, estadual, municipal e ainda norma pré-constitucional, ou seja, normas editadas antes da vigência da constituição, violem preceitos fundamentais. Está prevista no art. 102, § 1º da CF e possui regramento infraconstitucional próprio (Lei 9.882/1999). **E:** Errada. O *habeas data* é um remédio constitucional previsto no art. 5º, inc. LXXII. Visa assegurar o conhecimento de informações relativas à pessoa do impetrante, constantes de registros ou bancos de dados de entidades governamentais ou de caráter público, e ainda para a retificação de dados, quando não se prefira fazê-lo por processo sigiloso, judicial ou administrativo.

Gabarito "A".

(Escrevente Técnico Judiciário – TJSP – VUNESP – 2017) É direito constitucional dos trabalhadores urbanos e rurais:

(A) assistência gratuita aos filhos e dependentes desde o nascimento até os 06 (seis) anos de idade em creches e pré-escolas.
(B) licença à gestante, sem prejuízo do emprego e do salário, com a duração de cento e oitenta dias.
(C) aviso-prévio proporcional ao tempo de serviço, no máximo de trinta dias, nos termos da lei.
(D) seguro contra acidentes de trabalho, a cargo do empregador, sem excluir a indenização a que este está obrigado quando incorrer em dolo ou culpa.
(E) remuneração do serviço extraordinário superior em, no mínimo, trinta por cento à do serviço normal.

A: Errada. O art. 7º, inc. XXV da CF institui como direito aos trabalhadores urbanos e rurais a assistência até os 5 (cinco) anos de idade aos filhos e dependentes e não até os 6 (seis) conforme aduzido no enunciado. **B:** Errada. O art. 7º, inc. XVIII da CF estabelece que a licença será de 120 (cento e vinte) dias e não 180 (dias). **C:** Errada. O art. 7º, inc. XXI da CF estabelece que o aviso-prévio proporcional será de no mínimo 30 (trinta) dias e não de no máximo 30 (trinta) dias. **D:** Correta, nos termos do art. 7º, inc. XXVIII da CF. **E:** Errada. O art. 7º, inc. XVI estabelece que a remuneração do serviço extraordinário será superior em, no mínimo, cinquenta por cento a do serviço normal, e não trinta por cento.

Gabarito "D".

(Técnico Judiciário – TJSP – 2013 – VUNESP) Assinale a alternativa que está em consonância com o texto da Constituição Federal Brasileira.

(A) As entidades associativas, quando expressamente autorizadas, têm legitimidade para representar seus filiados judicial ou extrajudicialmente.
(B) A pena será cumprida em estabelecimentos distintos, de acordo com a natureza do delito, a idade, o sexo e o grau de escolaridade do apenado.
(C) A sucessão de bens de estrangeiros situados no País será regulada pela lei brasileira em benefício do cônjuge ou dos filhos brasileiros, sempre que não lhes seja mais favorável a lei de seus países de origem.
(D) A lei assegurará aos autores de inventos industriais privilégio temporário para sua utilização, bem como proteção às criações industriais, à propriedade das marcas, aos nomes de empresas e a outros signos distintivos, tendo em vista o interesse e desenvolvimento tecnológico das empresas.
(E) Nenhuma pena passará da pessoa do condenado, podendo a obrigação de reparar o dano e a multa, imposta em processo criminal, ser, nos termos da lei, estendida aos sucessores e contra eles executada, até o limite do valor do patrimônio transferido.

A: correta. O art. 5º, XXI, da CF/1988 determina que as entidades associativas, quando expressamente autorizadas, têm legitimidade para representar seus filiados judicial ou extrajudicialmente; **B:** incorreta. A última parte da afirmação não consta do texto constitucional. Conforme o art. 5º, XLVIII, da CF/1988, a pena será cumprida em estabelecimentos distintos, de acordo com a natureza do delito, a idade e o sexo do apenado; **C:** incorreta. De acordo com o art. 5º, XXXI, da CF/1988, a sucessão de bens de estrangeiros situados no País será regulada pela lei brasileira em benefício do cônjuge ou dos filhos brasileiros, sempre que não lhes seja mais favorável a lei pessoal do *de cujus*; **D:** incorreta. Conforme dispõe o art. 5º, XXIX, da CF/1988, a lei assegurará aos autores de inventos industriais privilégio temporário para sua utilização, bem como proteção às criações industriais, à propriedade das marcas, aos nomes de empresas e a outros signos distintivos, tendo em vista o interesse social e o desenvolvimento tecnológico e econômico do País; **E:** incorreta. De acordo com o art. 5º, XLV, da CF/1988, nenhuma pena passará da pessoa do condenado, podendo a obrigação de reparar o dano e a decretação do perdimento de bens ser, nos termos da lei, estendidas aos sucessores e contra eles executadas, até o limite do valor do patrimônio transferido.

Gabarito "A".

(Técnico Judiciário – TJSP – 2013 – VUNESP) A Constituição Federal estabelece como direito dos trabalhadores urbanos e rurais

(A) o décimo terceiro salário, com base no vencimento básico ou no valor da aposentadoria.
(B) o repouso semanal remunerado aos domingos.
(C) o gozo de férias anuais remuneradas com, no máximo, um terço a mais do que o salário normal.
(D) a irredutibilidade do salário, salvo o disposto em contrato de trabalho.
(E) a assistência gratuita aos filhos e dependentes, desde o nascimento até 5 (cinco) anos de idade, em creches e pré-escolas.

A: incorreta. De acordo com o art. 7º, VIII, da CF/1988, o décimo terceiro salário toma por base a **remuneração integral** ou o valor da aposentadoria; **B:** incorreta. O art. 7º, XV, da CF/1988 determina que repouso semanal remunerado seja dado **preferencialmente** aos domingos e não necessariamente; **C:** incorreta. Conforme o art. 7º, XVII, da CF/1988, o gozo de férias anuais remuneradas com, **pelo menos, um terço a mais** do que o salário normal, também consta do rol de direitos trabalhistas; **D:** incorreta. A irredutibilidade do salário, prevista no art. 7º, VI, da CF/1988, só pode ser excepcional por disposição constante em **convenção ou acordo coletivo**; **E:** correta. De fato, a assistência gratuita aos filhos e dependentes desde o nascimento até 5 (cinco) anos de idade em creches e pré-escolas é garantia prevista no art. 7º, XXV, da CF/1988.

Gabarito "E".

(Escrevente Técnico Judiciário – TJ/SP – 2011 – VUNESP) Assinale a alternativa que está, expressamente, de acordo com o texto da Constituição Federal.

(A) Ninguém será preso senão em flagrante delito ou por ordem escrita e fundamentada de autoridade judiciária competente, salvo nos casos de transgressão militar ou crime propriamente militar, definidos em lei.

(B) Conceder-se-á *habeas data* para assegurar o conhecimento de informações relativas à pessoa do impetrante ou de terceiros, constantes de registros ou bancos de dados de entidades governamentais ou de caráter privado.

(C) São gratuitas as ações de *habeas corpus* e mandado de segurança, e, na forma da lei, os atos necessários ao exercício da cidadania.

(D) A todos, no âmbito judicial e administrativo, são assegurados a célere decisão do processo e os meios que garantam a igualdade de sua tramitação.

(E) Os tratados e convenções internacionais sobre direitos humanos que forem aprovados, em cada Casa do Congresso Nacional, em dois turnos, por maioria absoluta dos votos dos respectivos membros, serão equivalentes às emendas constitucionais.

A: correta (art. 5º, LXI, da CF/1988); **B:** incorreta. O *habeas data* tem por finalidade assegurar o conhecimento de informações relativas à pessoa do impetrante e não de terceiros. Além disso, as informações devem constar de registros ou bancos de dados de entidades governamentais ou de caráter público (O art. 5º, LXXII, *a* e *b*, da CF/1988); **C:** incorreta. O mandado de segurança não é uma ação gratuita (art. 5º, LXXVII, da CF/1988); **D:** incorreta. O princípio da razoável duração do processo, trazido pela EC n. 45/2004, garante a celeridade na tramitação das ações (art. 5º, LXXVIII, da CF/1988); **E:** incorreta. O quórum exigido pela Constituição é o mesmo das emendas constitucionais, ou seja, três quintos dos votos (art. 5º, § 3º, da CF/1988).

Gabarito "A".

(Escrevente Técnico Judiciário – TJ/SP – 2011 – VUNESP) Conforme o que estabelece expressamente a Constituição Federal, todos têm direito a receber dos órgãos públicos informações de seu interesse particular, ou de interesse coletivo ou geral, que serão prestadas no prazo da lei, sob pena de responsabilidade, ressalvadas aquelas

(A) cujo sigilo tenha sido decretado pela autoridade administrativa competente.

(B) relativas a direitos individuais indisponíveis.

(C) de interesse exclusivo da Administração Pública.

(D) cujo interesse esteja relacionado à segurança ou à saúde públicas.

(E) cujo sigilo seja imprescindível à segurança da sociedade e do Estado.

O princípio da liberdade de informação, previsto no art. 5º, XXXIII, da CF/1988, determina que todos têm direito a receber dos órgãos públicos informações de seu interesse particular, ou de interesse coletivo ou geral, que serão prestadas no prazo da lei, sob pena de responsabilidade. Tal regra é excepcionada quando o sigilo é imprescindível à segurança da sociedade e do Estado.

Gabarito "E".

(Escrevente Técnico – TJ/SP – 2010 – VUNESP) Assinale a alternativa que está em consonância com o texto da Constituição Federal Brasileira.

(A) A casa é asilo inviolável do indivíduo, ninguém nela podendo penetrar sem consentimento do morador, salvo em caso de flagrante delito ou desastre, ou para prestar socorro, ou, durante a noite, por determinação judicial.

(B) É inviolável o sigilo da correspondência, salvo por ordem judicial para fins de investigação criminal ou instrução processual penal.

(C) É assegurado a todos o acesso à informação, sendo vedado, em qualquer hipótese, o sigilo da fonte.

(D) Todos podem reunir-se pacificamente, sem armas, em locais abertos ao público, desde que obtida, previamente, a devida autorização do órgão competente.

(E) A criação de associações e, na forma da lei, a de cooperativas independem de autorização, sendo vedada a interferência estatal em seu funcionamento.

A: incorreta. A regra é a inviolabilidade de domicílio. Há quatro situações que excepciona essa regra, quais sejam: flagrante delito, desastre, para prestar socorro e por ordem judicial. Esta última deve ocorrer durante o dia, as demais, em qualquer horário (art. 5º, XI, da CF/1988); **B:** incorreta. O sigilo que é excepcionado na hipótese de investigação criminal ou instrução processual penal é o das comunicações telefônicas (art. 5º, XII, da CF/1988); **C:** incorreta. O sigilo da fonte é resguardado quando necessário ao exercício profissional e não "em qualquer hipótese" (art. 5º, XIV, da CF/1988); **D:** incorreta. O direito de reunião é exercido independentemente de autorização. O que a Constituição exige é apenas o prévio aviso à autoridade competente (art. 5º, XVI, da CF/1988); **E:** correta (art. 5º, XVIII, da CF/1988).

Gabarito "E".

(Escrevente Técnico – TJ/SP – 2010 – VUNESP) A Constituição Federal Brasileira

(A) veda a proteção legal aos locais de cultos religiosos.

(B) impede que haja prestação de assistência religiosa nas entidades civis e militares de internação coletiva.

(C) não contempla em seu texto a possibilidade de certos crimes serem tidos como inafiançáveis.

(D) não permite a extradição de estrangeiro por crime político ou de opinião.

(E) veda a imposição legal da pena de interdição de direitos.

A: incorreta. Ao contrário, é garantida, na forma da lei, a proteção aos locais de culto e das suas liturgias (art. 5º, VI, da CF/1988); **B:** incorreta. Também ao contrário do afirmado, a Constituição assegura a prestação de assistência religiosa nas entidades civis e militares de internação coletiva (art. 5º, VI, da CF/1988); **C:** incorreta. Segundo a Constituição, a prática de racismo é crime inafiançável (art. 5º, XLII, da CF/1988). Além disso, a Constituição determina que a lei considere inafiançável a prática de tortura, o tráfico ilícito de entorpecentes e drogas afins, o terrorismo e os crimes definidos como hediondos (art. 5º, XLIII, da CF/1988); **D:** correta (art. 5º, LII, da CF/1988); **E:** incorreta.

A Constituição admite a imposição de pena de interdição de direitos (art. 5º, XLVI, e, da CF/1988).
Gabarito "D".

(Escrevente Técnico – TJ/SP – 2010 – VUNESP) Na hipótese de ocorrência de ato lesivo ao patrimônio público ou de entidade de que o Estado participe, à moralidade administrativa, ao meio ambiente e ao patrimônio histórico e cultural, nos termos do que dispõe, expressamente, a Constituição, o cidadão poderá ajuizar
(A) ação popular.
(B) *habeas corpus*.
(C) ação civil pública.
(D) mandado de injunção.
(E) ação de improbidade administrativa.

A: correta (art. 5º, LXXIII, da CF/1988); **B:** incorreta. O *habeas corpus* visa à proteção da liberdade de locomoção (art. 5º, LXVIII, da CF/1988); **C:** incorreta. A ação civil pública tem por finalidade a proteção do patrimônio público e social, do meio ambiente e de outros interesses difusos e coletivos (art. 129, III, da CF/1988); **D:** incorreta. O mandado de injunção é utilizado quando a falta de norma regulamentadora torne inviável o exercício dos direitos e liberdades constitucionais e das prerrogativas inerentes à nacionalidade, à soberania e à cidadania (art. 5º, LXXI, da CF/1988); **E:** incorreta. A ação de improbidade administrativa está prevista na Lei 8.429/1992 e visa combater atos ímprobos praticados por agentes públicos ou alguém que induza ou se beneficie, que tragam enriquecimento ilícito, prejuízo ao erário ou que violem princípios administrativos.
Gabarito "A".

(Escrevente Técnico Judiciário – TJ/SP – 2008 – VUNESP) Conceder-se-á mandado de injunção
(A) para assegurar o conhecimento de informações relativas à pessoa do impetrante, constante de registros de entidades governamentais ou de caráter público.
(B) sempre que a falta de norma regulamentadora torne inviável o exercício dos direitos e liberdades constitucionais e das prerrogativas inerentes à nacionalidade, à soberania e à cidadania.
(C) para proteger direito líquido e certo, quando o responsável pela ilegalidade ou abuso de poder for autoridade pública no exercício de atribuições do Poder Público.
(D) para retificação de dados, quando não se prefira fazê-lo por processo sigiloso, judicial ou administrativo.
(E) sempre que alguém sofrer ou se achar ameaçado de sofrer violência ou coação em sua liberdade de locomoção, por ilegalidade ou abuso de poder.

A e D: incorretas. Objetos do *habeas data* (art. 5º, LXXII, *a* e *b*, da CF/1988); **B:** correta (art. 5º, LXXI, da CF/1988); **C:** incorreta. Objeto do mandado de segurança (art. 5º, LXIX, da CF/1988); **E:** incorreta. Objeto do *habeas corpus* (art. 5º, LXVIII, da CF/1988).
Gabarito "B".

(Escrevente Técnico Judiciário – TJ/SP – 2007 – VUNESP) O direito à associação, previsto constitucionalmente como um direito fundamental, pode ser caracterizado pela
(A) liberdade de associação, pois ninguém poderá ser compelido a se associar ou a se manter associado.
(B) não intervenção estatal no funcionamento das associações, sendo necessária autorização para a constituição de cooperativas.
(C) possibilidade de dissolução de uma associação, por procedimento judicial ou administrativo.
(D) licitude do objeto da associação, admitindo-se a constituição de associações que possuam caráter paramilitar.
(E) transitoriedade, já que a associação deverá ter caráter transitório, pacífico e realizar-se em local público.

A: correta (art. 5º, XX, da CF/1988); **B:** incorreta. Não reflete o disposto no art. 5º, XVIII, da CF/1988; **C:** incorreta. Não reflete o disposto no art. 5º, XIX, da CF/1988; **D e E:** incorretas. Não refletem o disposto no art. 5º, XVII, da CF/1988.
Gabarito "A".

(Escrevente Técnico Judiciário – TJ/SP – 2006.1 – VUNESP) O direito de petição
(A) depende do pagamento de taxas.
(B) é exercido para a defesa de direitos ou contra ilegalidade ou abuso de poder.
(C) não pode ser exercido em face do Poder Executivo.
(D) foi abolido com a Constituição de 1988.
(E) não é assegurado aos estrangeiros, ainda que residentes no Brasil.

A: incorreta. Não reflete o disposto no art. 5º, XXXIV, *a*, da CF/1988; **B:** correta (art. 5º, XXXIV, *a*, da CF/1988); **C:** incorreta. O art. 5º, XXXIV, *a*, da CF/1988 refere-se a "poderes públicos"; **D:** incorreta. Foi expressamente previsto, como já afirmado; **E:** incorreta (art. 5º, *caput*, da CF/1988).
Gabarito "B".

(Escrevente Técnico Judiciário – TJ/SP – 2006.1 – VUNESP) A Constituição brasileira em vigor admite a
(A) pena de morte, desde que criada por lei complementar federal.
(B) restrição, por lei, da publicidade dos atos processuais, quando a defesa da intimidade o exigir.
(C) pena de trabalhos forçados para aqueles condenados por crimes hediondos.
(D) extradição do brasileiro nato, por crime político ou de opinião.
(E) prisão civil por dívida, ressalvado o caso do depositário infiel.

A: incorreta. A pena de morte é admitida desde que haja declaração de guerra (art. 5º, XLVII, *a*, da CF/1988); **B:** correta. Reflete o disposto no art. 5º, LX, da CF/1988; **C:** incorreta. Não reflete o disposto no art. 5º, XLVII, *c*, da CF/1988; **D:** incorreta. O brasileiro nato não pode ser extraditado por nenhum crime e o naturalizado apenas nas hipóteses trazidas pelo art. 5º, LI, da CF/1988, quais sejam: em caso de crime comum, praticado antes da naturalização, ou de comprovado envolvimento em tráfico ilícito de entorpecentes e drogas afins, na forma da lei. Além disso, o inciso LII do mesmo dispositivo constitucional determina que não seja concedida a extradição de estrangeiro por crime político ou de opinião; **E:** incorreta. O art. 5º, LXVII, da CF/1988 proíbe a prisão civil por dívidas, estabelecendo duas exceções à regra geral: a prisão civil do devedor que não paga pensão alimentícia e a do depositário infiel. Entretanto, o Pacto de San José da Costa Rica, ratificado pelo Brasil, é ainda mais restritivo: só permite a prisão dos devedores de pensão alimentícia; ou seja, com base na Convenção Americana de Direitos Humanos, o depositário infiel não pode ser preso. O conflito entre a norma internacional e a norma constitucional foi inúmeras vezes analisado pelo STF que, em entendimento tradicional, decidia pela prevalência da Constituição e autorizava a prisão do depositário infiel. Ocorre que, em virada jurisprudencial (RE 466.343-1/SP, Rel. Min. Cezar

Peluso), o STF acabou por consagrar a tese da *supralegalidade* dos tratados para concluir que a prisão do depositário infiel não é possível e editou a Súmula Vinculante nº 25 que determina que é ilícita a prisão civil do depositário infiel, qualquer que seja a modalidade do depósito. Com base nesse entendimento, portanto, só é permitida a prisão do devedor de pensão alimentícia. Vale lembrar que o STJ também editou súmula (419) determinando que descabe a prisão civil do depositário infiel.

Gabarito "B".

(Escrevente Técnico Judiciário – 2008 – VUNESP) Segundo a Constituição Federal vigente, a República Federativa do Brasil constitui-se em Estado Democrático de Direito e tem como um dos seus princípios fundamentais

(A) o pluralismo político.
(B) a democracia liberal.
(C) a bicameralidade.
(D) a multiplicidade de legendas partidárias.
(E) a obrigatoriedade do voto.

De acordo com o art. 1º da CF/1988, a República Federativa do Brasil, formada pela união indissolúvel dos Estados e Municípios e do Distrito Federal, constitui-se em Estado Democrático de Direito e tem como fundamentos: I – a soberania; II – a cidadania; III – a dignidade da pessoa humana; IV – os valores sociais do trabalho e da livre iniciativa e V – o **pluralismo político**.

Gabarito "A".

(Escrevente Técnico Judiciário – 2008 – VUNESP) As associações só poderão ser compulsoriamente dissolvidas

(A) pelo Presidente da República.
(B) por Lei Federal.
(C) por decisão do Ministério Público.
(D) depois de suspensas por decisão administrativa fundamentada.
(E) por decisão judicial transitada em julgado.

De acordo com o art. 5º, XIX, da CF/1988, as associações só poderão ser **compulsoriamente dissolvidas** ou ter suas atividades suspensas por **decisão judicial**, exigindo-se, no primeiro caso, o **trânsito em julgado**.

Gabarito "E".

(Escrevente Técnico Judiciário – 2008 – VUNESP) Nos termos da Constituição Federal vigente,

(A) a proteção do trabalhador contra a despedida arbitrária há de ser estabelecida em lei ordinária.
(B) é permitida a criação de mais de uma entidade sindical, representativa de categoria profissional ou econômica, na mesma base territorial.
(C) admite-se a não equiparação dos direitos do trabalhador avulso e do trabalhador com vínculo empregatício.
(D) é obrigatória a participação dos sindicatos nas negociações coletivas de trabalho.
(E) é legítima a distinção entre trabalho manual, técnico e intelectual.

A: incorreta. Não reflete o disposto no art. 7º, I, da CF/1988, pois tal dispositivo protege a relação de emprego contra despedida arbitrária ou sem justa causa, nos termos de **lei complementar**, que preverá indenização compensatória, dentre outros direitos; **B:** incorreta. Não reflete o disposto no art. 8º, II, da CF/1988; **C:** incorreta. Não reflete o disposto no art. 7º, XXXIV, da CF/1988; **D:** correta (art. 8º, VI, da CF/1988); **E:** incorreta. Não reflete o disposto no art. 7º, XXXII, da CF/1988.

Gabarito "D".

(VUNESP – 2011) Analise as seguintes afirmativas:

I. É inviolável o sigilo da correspondência e das comunicações telegráficas, de dados e das comunicações telefônicas, salvo, no primeiro caso, por ordem judicial, nas hipóteses e na forma que a lei estabelecer para fins de investigação criminal ou instrução processual penal.
II. Todos têm direito a receber dos órgãos públicos informações de seu interesse particular, ou de interesse coletivo ou geral, que serão prestadas no prazo da lei, sob pena de responsabilidade, ressalvadas aquelas cujo sigilo seja imprescindível à segurança da sociedade e do Estado.
III. A prática do racismo constitui crime inafiançável e imprescritível, sujeito à pena de detenção, nos termos da lei.
IV. Nenhuma pena passará da pessoa do condenado, podendo a obrigação de reparar o dano e a decretação do perdimento de bens ser, nos termos da lei, estendidas aos sucessores e contra eles executadas, até o limite do valor do patrimônio transferido.

Está correto somente o que se afirma em

(A) I e II.
(B) I e III.
(C) II e IV.
(D) III e IV.

I: incorreta, pois a quebra do sigilo das comunicações telefônicas só poderá ser decretada por ordem judicial, em homenagem à cláusula de reserva jurisdicional. O art. 5º, XII, da CF, é absolutamente claro e não permite nenhuma interpretação diversa. Salvo as comunicações telefônicas (acesso às conversas) que podem ser restringidas e/ou interceptadas com autorização judicial, conforme regulado pela Lei n. 9.296/96, a correspondência de cartas, de comunicações telegráficas e de dados, inclusive modernamente por uso de internet, são bens absolutamente invioláveis, e essa inviolabilidade não pode ser suspensa, extinta ou de alguma forma relativizada nem mesmo por ordem judicial ou previsão infraconstitucional. Contudo, identificamos que esse último pensamento doutrinário não é absoluto, pois temos as CPIs que quebram o sigilo das comunicações de dados; **II:** correta, réplica do art. 5º, XXXIII, da CF. O dispositivo diz respeito ao direito da pessoa em ter acesso a informações de seu interesse ou de interesse coletivo. Não se confunde com os pressupostos do *habeas data*, que cuida de dados sobre a própria pessoa; **III:** incorreta, já que a prática do racismo constitui crime sujeito à pena de reclusão e não de detenção, nos termos da lei, nos termos do art. 5º, XLII, da CF; **IV:** correta: literalidade do art. 5º, XLV, da CF c/c art. 32 e segs. do Código Penal e arts. 932 e 935, do Código Civil.

Gabarito "C".

(VUNESP – 2009) De acordo com o que dispõe a Constituição Federal, é crime inafiançável e imprescritível:

(A) o estupro.
(B) a tortura.
(C) o terrorismo.
(D) o racismo.
(E) o crime hediondo.

A: incorreta, pois o estupro é crime inafiançável, mas prescritível; **B:** incorreta, a tortura é inafiançável, mas prescritível; **C:** incorreta, o terrorismo é crime inafiançável, mas prescritível; **D:** correta, réplica do art. 5º, XLII, da CF; **E:** incorreta, pois todo e qualquer crime hediondo é inafiançável, prescritível e insuscetíveis de graça ou anistia, nos termos do art. 5º, XLIII, da CF.

Gabarito "D".

(Magistratura/MT – 2009 – VUNESP) Aristeu, cidadão naturalizado brasileiro, foi preso em flagrante por tráfico ilícito de entorpecentes. Nos termos do que estabelece a Constituição da República, Aristeu

(A) estará sujeito a pena da banimento, por não ser cidadão brasileiro nato.

(B) não poderá ser extraditado, em decorrência desse crime.

(C) somente poderia ser extraditado se o crime tivesse sido cometido antes da naturalização.

(D) não poderá sofrer a pena de suspensão ou interdição de direitos.

(E) terá direito à identificação dos responsáveis por sua prisão.

A e D: Não há pena de banimento ou de suspensão/interdição de direitos no Brasil (art. 5º, XLVII, *d*, e XLVI, *e*, da CF); **B:** Pode, na forma do art. 5º, LI, da CF; **C:** Não no caso de tráfico ilícito de entorpecentes, como afirma o art. 5º, LI, da CF; **E:** Art. 5º, LXIV, da CF.

Gabarito "E".

(VUNESP – 2008) Diretor de sociedade de economia mista da qual o Município participa pratica ato lesivo ao patrimônio da empresa. A anulação do ato pode ser pleiteada

(A) em ação popular proposta por qualquer pessoa residente no País.

(B) em ação popular proposta por qualquer cidadão.

(C) apenas pelos que foram prejudicados pelo ato.

(D) em mandado de segurança impetrado por qualquer pessoa residente no Município.

Art. 5º, LXXIII, da CF.

Gabarito "B".

(VUNESP – 2007) O mandado de segurança coletivo foi previsto na Constituição da República de 05.10.1988 para permitir que as pessoas jurídicas defendam o interesse de seus membros ou da própria sociedade, evitando-se a multiplicidade de demandas idênticas e consequente demora na prestação jurisdicional. Ele poderá ser impetrado por partido político

(A) com representação em ambas as Casas do Congresso Nacional e por organização sindical, entidade de classe ou associação legalmente constituída e em funcionamento há pelo menos um ano, em defesa dos interesses da entidade ou de seus associados.

(B) com representação no Congresso Nacional e por organização sindical, entidade de classe ou associação legalmente constituída e em funcionamento há pelo menos um ano, em defesa dos interesses de seus membros ou associados.

(C) com representação no Congresso Nacional e por organização sindical, entidade de classe ou associação legalmente constituída e em funcionamento há mais de um ano, em defesa dos interesses próprios.

(D) ou representação no Congresso Nacional e por organização sindical, entidade de classe ou associação legalmente constituída e em funcionamento há mais de um ano, em defesa dos interesses próprios e de seus membros ou associados.

Art. 5º, LXX, da CF.

Gabarito "B".

(VUNESP – 2012) Em observância à inviolabilidade das comunicações telefônicas, prevista no inciso XII do artigo 5º da Constituição Federal, a interceptação telefônica dependerá de ordem judicial expedida pelo juiz competente para a ação principal, em decisão devidamente fundamentada que demonstre sua conveniência e indispensabilidade para fins de

(A) investigação criminal, instrução processual penal ou inquérito civil para apuração de ato de improbidade administrativa, indicando o juiz a forma de execução da diligência, que não poderá exceder o prazo de 15 (quinze) dias, renovável por igual tempo, sempre mediante decisões judiciais fundamentadas.

(B) investigação criminal ou instrução processual penal, indicando o juiz a forma de execução da diligência, que não poderá exceder o prazo de 15 (quinze) dias, renovável por igual tempo, sempre mediante decisões judiciais fundamentadas.

(C) investigação criminal, instrução processual penal ou inquérito civil para apuração de ato de improbidade administrativa, indicando o juiz a forma de execução da diligência, que não poderá exceder o prazo de 15 (quinze) dias, improrrogável.

(D) investigação criminal ou instrução processual penal, indicando o juiz a forma de execução da diligência, que não poderá exceder o prazo de 15 (quinze) dias, improrrogável.

(E) inquérito policial, instrução processual penal ou inquérito civil para apuração de ato de improbidade administrativa, indicando o juiz a forma de execução da diligência, que não poderá exceder o prazo de 15 (quinze) dias, renovável por igual tempo, sempre mediante decisões judiciais fundamentadas.

A: incorreta, pois a Lei 9.296, de 24-7-1996, foi editada para regulamentar o inciso XII, parte final do art. 5º da CF, determinando que a interceptação de comunicações telefônicas, de qualquer natureza, para a prova em investigação criminal e em instrução processual penal, dependerá de ordem do juiz competente da ação principal, sob segredo de justiça. Importante ressaltar, ainda, que somente será possível a autorização para a interceptação quando o fato investigado constituir infração penal punida com reclusão; **B:** correta, pelos mesmos motivos delineados na alternativa anterior. Todavia, é oportuno frisar que o juiz terá o prazo máximo de vinte e quatro horas para decidir, indicando a forma de execução da diligência, que não poderá exceder o prazo de quinze dias, renovável por igual tempo, uma vez comprovada a indispensabilidade do meio de prova. Haverá autuação em autos apartados, preservando-se o sigilo das diligências e transcrições respectivas; **C:** incorreta, já que não é possível a quebra do sigilo das comunicações telefônicas em inquéritos civis. Sem prejuízo, o prazo de quinze dias é renovável por igual tempo, uma vez comprovada a indispensabilidade do meio de prova; **D:** incorreta. Como dito anteriormente, o prazo de quinze dias, renovável por igual tempo, uma vez comprovada a indispensabilidade do meio de prova; **E:** incorreta, pois o texto constitucional, como dito anteriormente, não faz menção a inquérito civil. Se não bastasse, o examinador utilizou a expressão "inquérito policial" como se ela estivesse desassociada da expressão utilizada pela Constituição Federal, "investigação criminal", que é o *momento pré-processual da Administração da Justiça Penal, que se insere na persecutio criminis*, no dizer do saudoso mestre José Frederico Marques (**Tratado de Direito Processual Penal**, Saraiva, 1980. vol. 1, p. 181). Então, podemos afirmar ser a investigação criminal um conjunto de atos administrativos (procedimento) antecipados (preliminar) destinado à apuração das infrações penais e respectiva autoria (formação incipiente da culpa), logo, a investigação criminal é formalizada no inquérito policial.

Gabarito "B".

(VUNESP – 2012) São inadmissíveis, no processo, as provas obtidas por meios ilícitos. Elas são

(A) nulas e contaminam as demais provas delas decorrentes, de acordo com a teoria dos frutos da árvore envenenada, acarretando a nulidade do processo, em respeito ao princípio constitucional do devido processo legal.
(B) anuláveis e podem ser desentranhadas dos autos, a critério do juiz, porém não contaminam as demais provas delas decorrentes, em virtude da incomunicabilidade da ilicitude.
(C) nulas e contaminam todas as demais provas do processo, de acordo com a teoria dos frutos da árvore envenenada, não tendo, porém, o condão de anular o processo.
(D) anuláveis e podem ser desentranhadas dos autos e contaminar as demais provas delas decorrentes, a critério do juiz, permanecendo válidas as provas lícitas e autônomas.
(E) nulas e contaminam as demais provas delas decorrentes, de acordo com a teoria dos frutos da árvore envenenada, não tendo, porém, o condão de anular o processo, permanecendo válidas as demais provas lícitas e autônomas.

A: incorreta, pois não anulam o processo. Contudo, como as questões são conexas, ao menos no Estado de São Paulo, iremos exaurir o tema. Por força do princípio da verdade processual (também conhecido como verdade real ou material ou substancial), que consiste na verdade (probatória) que se consegue dentro do devido processo legal, o que importa para o processo penal é a descoberta da verdade dos fatos, ou seja, o que interessa é a demonstração processual do que efetivamente ocorreu (para que a Justiça possa fazer incidir o direito aplicável e suas consequências jurídicas). Ocorre que nem tudo é válido para a obtenção dessa verdade. Princípio da liberdade de provas: do princípio da verdade processual (ou real, como se dizia antigamente) deriva o princípio da liberdade de provas, que não é (de forma alguma) absoluto. As partes contam com liberdade para a obtenção, apresentação e produção da prova (dentro do processo), mas essa liberdade tem limites. Nem tudo que possa ser útil para a descoberta da verdade está amparado pelo direito vigente. O direito à prova não pode (nem deve) ser exercido a qualquer preço. O que vale então no processo penal, por conseguinte, é a verdade processual, que significa a verdade que pode ser (jurídica e validamente) comprovada e a que fica (efetivamente) demonstrada nos autos. O direito à prova conta, efetivamente, com várias limitações. Não é um direito ilimitado. Com efeito, (a) a prova deve ser pertinente (perícia impertinente: CPP, art. 184; perguntas impertinentes: CPP, art. 212; Lei 9.099/1995, art. 81, § 1º); (b) a prova deve ser lícita (prova obtida por meios ilícitos não vale); (c) devem ser observadas várias restrições legais: art. 207 do CPP (direito ao sigilo), 479 do CPP (proibição de leitura de documentos ou escritos não juntados com três dias de antecedência) etc.; (d) e ainda não se pode esquecer que temos também no nosso ordenamento jurídico várias vedações legais (cartas interceptadas criminosamente: art. 233 do CPP) e constitucionais (provas ilícitas, v.g.). De outro lado, provas cruéis, desumanas ou torturantes, porque inconstitucionais, também não valem. Não é admitida a confissão mediante tortura, por exemplo. Princípio da inadmissibilidade das provas ilícitas: a prova ilícita é uma das provas não permitidas no nosso ordenamento jurídico. A CF, no seu art. 5º, inc. LVI, diz: "são inadmissíveis, no processo, as provas obtidas por meios ilícitos". Provas ilícitas, por força da nova redação dada ao art. 157 do CPP, são "as obtidas em violação a normas constitucionais ou legais". Em outras palavras: prova ilícita é a que viola regra de direito material, seja constitucional ou legal, no momento da sua obtenção (confissão mediante tortura, v.g.). Impõe-se observar que a noção de prova ilícita está diretamente vinculada com o momento da obtenção da prova (não com o momento da sua produção, dentro do processo). O momento da obtenção da prova, como se vê, tem seu *locus* fora do processo (ou seja, é sempre extraprocessual). O art. 32, n. 8, da Constituição portuguesa bem explica o que se entende por prova ilícit**A**: "São nulas todas as provas obtidas mediante tortura, coação, ofensa da integridade física ou moral da pessoa, abusiva intromissão na vida privada, no domicílio, na correspondência ou nas telecomunicações". Uma diferença marcante entre a Constituição portuguesa e a nossa é a seguinte: aquela diz que as provas ilícitas são "nulas". A nossa diz que a prova ilícita é "inadmissível". São dois sistemas distintos: no sistema da nulidade a prova ingressa no processo e o juiz declara sua nulidade; no sistema da inadmissibilidade a prova não pode ingressar no processo (e se ingressar tem que ser desentranhada). De qualquer modo é certo que o tema das provas ilícitas tem total afinidade com o dos direitos fundamentais da pessoa. Destinatários das regras: as regras que disciplinam a obtenção das provas estão, desde logo, voltadas para os órgãos persecutórios do Estado. Mas não somente para eles: os particulares também não podem obter nenhuma prova violando as limitações constitucionais e legais existentes. Um pessoa (um particular) não pode invadir um escritório ou consultório e daí subtrair provas. Essa forma de obtenção de provas é ilícita; B: incorreta, pois são nulas e contaminam as demais provas delas decorrentes, de acordo com a teoria dos frutos da árvore envenenada, não tendo, porém, o condão de anular o processo, permanecendo válidas as demais provas lícitas e autônomas; C: incorreta, já que somente as provas decorrentes são nulas, e não todas do processo; D: incorreta, pois são nulas e não podem ser desentranhadas dos autos do processo; E: correta, pois são inadmissíveis, devendo ser desentranhadas do processo, as provas ilícitas, assim entendidas as obtidas em violação a normas constitucionais ou legais . São também inadmissíveis as provas derivadas das ilícitas, salvo quando não evidenciado o nexo de causalidade entre umas e outras, ou quando as derivadas puderem ser obtidas por uma fonte independente das primeiras. Considera-se fonte independente aquela que por si só, seguindo os trâmites típicos e de praxe, próprios da investigação ou instrução criminal, seria capaz de conduzir ao fato objeto da prova. Preclusa a decisão de desentranhamento da prova declarada inadmissível, esta será inutilizada por decisão judicial, facultado às partes acompanhar o incidente.

Gabarito: E.

(VUNESP – 2012) A Constituição Federal, ao consagrar a inviolabilidade de crença religiosa está também assegurando a proteção

(A) plena à liberdade de culto e as suas liturgias, desde que haja prévia autorização estatal para a realização de atividades em público, na forma e nos termos previstos em lei.
(B) à liberdade de culto e as suas liturgias, na forma e nos termos previstos em lei.
(C) plena à liberdade de culto católico e as suas liturgias, permitindo, porém, que todas as demais religiões realizem seus cultos domésticos ou particulares sem necessidade de expressa autorização.
(D) plena à liberdade de culto e as suas liturgias, bem como o direito de não acreditar ou professar nenhuma fé, devendo o Estado respeito ao ateísmo.
(E) à liberdade de culto e as suas liturgias, desde que haja reconhecimento da existência do monoteísmo, na forma e nos termos previstos em lei.

A: incorreta, pois é inviolável a liberdade de consciência e de crença, sendo assegurado o livre exercício dos cultos religiosos e garantida, na forma da lei, a proteção aos locais de culto e de suas liturgias, nos termos do art. 5º, VI, da CF; **B:** incorreta, já que a liberdade de consciência é a que diz respeito ao estado moral interior do indivíduo, ou seja, é o sentimento subjetivo e intangível de aprovação ou remorso pela prática de determinados atos, já a liberdade de crença é o direito de aderir a qualquer ordem religiosa, logo, não existe espaço para lei definir absolutamente nada; **C:** incorreta, já que tal pensamento se opõe aos princípios constitucionais que não adota uma religião oficial (Estado leigo, laico ou não confessional). Tal assertiva ocorria na Constituição do Brasil Império de 25 de março de 1824 que previa, em seu art. 5º, que a "religião Catholica Apostolica Romana continuará a ser a Religião do Império. Todas as outras religiões serão permitidas em culto doméstico, ou particular em casas para isso destinadas, sem forma algum exterior de Templo"; **D:** correta, todavia, o Estado não impõe, mas por força do Preâmbulo Constitucional o Estado é Teísta; **E:** incorreta, pois como dito anteriormente, o Estado Brasileiro está sob a proteção de um Deus, seja ele Buda, Maomé, Zeus ou Oxalá, a denominação dada por cada indivíduo terrestre é totalmente irrelevante.

Gabarito "D".

(VUNESP – 2010) Assinale a alternativa correta:

(A) é livre a manifestação de pensamento, sendo vedado o anonimato, nos termos da lei.
(B) é assegurado o direito de resposta, além da indenização exclusiva por dano material.
(C) é livre o exercício de qualquer trabalho, ofício ou profissão, atendidas as qualificações profissionais que a lei estabelecer.
(D) a proteção constitucional da liberdade de manifestação do pensamento abrange o direito de expressar-se, oralmente ou por escrito, não englobando o de ouvir, assistir e ler.
(E) todos têm o direito de receber dos órgãos públicos informações de seu interesse particular, ou de interesse coletivo ou geral, que serão prestadas no prazo improrrogável de (30) trinta dias, sob pena de responsabilidade, ressalvadas aquelas cujo sigilo seja imprescindível à segurança da sociedade e do Estado.

A: incorreta. O direito é autoaplicável, não dependendo de lei (art. 5º, IV, da CF); **B:** incorreta. O art. 5º, V, da CF garante a indenização por dano moral, material ou à imagem; **C:** correta, art. 5º, XIII, da CF; **D:** incorreta. A liberdade de pensamento é ampla e garante todas as manifestações possíveis; **E:** incorreta. Não reflete o disposto no art. 5º, XXXIII, da CF.

Gabarito "C".

(VUNESP – 2010) Os tratados e convenções internacionais sobre direitos humanos que forem aprovados, em cada Casa do Congresso Nacional, em dois turnos, por três quintos (3/5) dos votos dos respectivos membros, serão equivalentes:

(A) às emendas constitucionais.
(B) às leis complementares.
(C) às leis ordinárias.
(D) às leis delegadas.
(E) aos decretos legislativos.

Art. 5º, § 3º, da CF.

Gabarito "A".

(VUNESP – 2008) "Qualquer cidadão, no pleno gozo de seus direitos políticos, pode invalidar atos ou contratos administrativos ilegais ou lesivos ao patrimônio da União, Distrito Federal e Municípios".

Essa afirmação refere-se a

(A) Mandado de segurança.
(B) *Habeas Data*.
(C) Ação popular.
(D) Ação de improbidade administrativa.
(E) Mandado de injunção.

Art. 5º, LXXIII, da CF.

Gabarito "C".

(VUNESP – 2008) Assinale a alternativa incorreta.

(A) O crime de tortura, que é imprescritível, segundo a legislação penal brasileira somente pode ser praticado por funcionário público ou outra pessoa no exercício de função pública.
(B) A Constituição Federal tem como cláusula pétrea a garantia de que ninguém será submetido a tortura nem a tratamento desumano ou degradante.
(C) A decretação da perda do cargo, função ou emprego público é efeito automático da sentença condenatória dos crimes de tortura.
(D) Define-se como tortura qualquer ato pelo qual dores ou sofrimentos agudos, físicos ou mentais, são infligidos intencionalmente a uma pessoa a fim de obter, dela ou de terceira pessoa, informações ou confissões; de castigá-la por ato que ela ou terceira pessoa tenha cometido ou seja suspeita de ter cometido; de intimidar ou coagir essa pessoa ou outras pessoas; ou por qualquer motivo baseado em discriminação de qualquer natureza.
(E) Aplica-se a lei brasileira ao crime de tortura praticado no exterior, sendo a vítima brasileira ou encontrando-se o agente em local sob jurisdição brasileira.

O crime de tortura (Lei 9.455/1997) – equiparado a hediondo – não é imprescritível. Além disso, não se trata de crime que somente pode ser praticado por funcionário público ou pessoa no exercício de função pública.

Gabarito "A".

(VUNESP – 2006) Assinale a alternativa incorreta. O art. 5.º da Constituição Federal assegura o seguinte:

(A) é livre a expressão da atividade intelectual, artística, científica e de comunicação, independentemente de censura ou licença.
(B) é reconhecida a instituição do júri, com a organização que lhe der a lei, assegurados a plenitude de defesa, o sigilo das votações, a soberania dos veredictos e a competência para o julgamento dos crimes dolosos contra a vida.
(C) as associações não poderão ser compulsoriamente dissolvidas ou ter suas atividades suspensas.
(D) são assegurados, nos termos da lei, a proteção às participações individuais em obras coletivas e à reprodução da imagem e voz humanas, inclusive nas atividades desportivas e o direito de fiscalização do aproveitamento econômico das obras que criarem ou de que participarem aos criadores, aos intérpretes e às respectivas representações sindicais e associativas.
(E) a lei assegurará aos autores de inventos industriais privilégio temporário para sua utilização, bem como proteção às criações industriais, à propriedade das marcas, aos nomes de empresas e a outros signos

distintivos, tendo em vista o interesse social e o desenvolvimento tecnológico e econômico do país.

A: correta, art. 5°, IX, da CF; **B:** correta, art. 5°, XXXVIII, da CF; **C:** incorreta, as associações poderão, sim, ser compulsoriamente dissolvidas por decisão judicial com trânsito em julgado, ou mesmo ter suas atividades suspensas, não sendo necessário, neste caso, o trânsito em julgado, conforme reza o art. 5°, XIX, da CF; **D:** correta, art. 5°, XXVIII, da CF; **E:** correta, art. 5°, XXIX, da CF. Gabarito "C".

(VUNESP – 2008) Considerando as diversas formas de expressão da liberdade individual garantida pelo texto constitucional, é correto afirmar que

(A) todos podem reunir-se pacificamente, sem armas, em locais abertos ao público, desde que não frustrem outra reunião anteriormente convocada para o mesmo local, exigida apenas a prévia autorização da autoridade competente.

(B) a prática do racismo constitui crime inafiançável, imprescritível e insuscetível de graça ou anistia.

(C) não haverá penas, entre outras, de morte, de caráter perpétuo, de interdição de direitos e de banimento.

(D) nenhuma pena passará da pessoa do condenado, mas a decretação do perdimento de bens poderá ser estendida aos sucessores, até o limite do valor do patrimônio transferido.

A: incorreta. O art. 5°, XVI, da CF só exige prévia comunicação, não autorização; **B:** incorreta. O art. 5°, XLII, da CF, fala em crime inafiançável e imprescritível; **C:** incorreta. O art. 5°, XLVII, "a", da CF permite penas de morte em caso de guerra declarada; **D:** correta (art. 5°, XLV, da CF). Gabarito "D".

(VUNESP – 2008) Assinale a alternativa que contempla corretamente um direito ou garantia constitucional.

(A) Garantia, na forma da lei, do direito de fiscalização do aproveitamento econômico das obras que criarem ou de que participarem aos criadores, aos intérpretes e às respectivas representações sindicais e associativas.

(B) Direito de não ser preso senão em flagrante delito ou por ordem escrita da autoridade judiciária competente, mesmo no caso de transgressão militar ou crime propriamente militar, definidos em lei.

(C) Garantia, na forma da lei, da gratuidade ao registro civil de nascimento, à certidão de óbito e às ações de *habeas corpus* e *habeas data*, exclusivamente àqueles que forem reconhecidamente pobres.

(D) Garantia ao brasileiro, nato ou naturalizado, de que não será extraditado por crime comum.

A: correta (art. 5°, XXVIII, "b", da CF); **B:** incorreta, pois não reflete o disposto no art. 5°, LXI, da CF; **C:** incorreta. O registro civil e a certidão de óbito são gratuitos apenas aos reconhecidamente pobres (art. 5°, LXXVI, "a" e "b", da CF), mas as ações de HC e HD são gratuitas para todos (art. 5°, LXXVII, da CF); **D:** incorreta, pois não reflete o disposto no art. 5°, LI, da CF. Gabarito "A".

(VUNESP – 2012) Analise as seguintes afirmativas relativas aos direitos e garantias fundamentais:

I. a lei considerará crimes inafiançáveis e insuscetíveis de graça ou anistia a prática da tortura, o tráfico ilícito de entorpecentes e drogas afins, o terrorismo e os definidos como crimes hediondos, por eles respondendo os mandantes, os executores e os que, podendo evitá-los, se omitirem.

II. a lei só poderá restringir a publicidade dos atos processuais quando a defesa da intimidade ou o interesse da administração pública o exigirem.

III. conceder-se-á mandado de segurança para proteger direito líquido e certo, não amparado por *habeas corpus* ou mandado de injunção, quando o responsável pela ilegalidade ou abuso de poder for autoridade pública ou agente de pessoa jurídica no exercício de atribuições do Poder Público.

IV. todos têm direito a receber dos órgãos públicos informações de seu interesse particular, ou de interesse coletivo ou geral, que serão prestadas no prazo da lei, sob pena de responsabilidade, ressalvadas aquelas cujo sigilo seja imprescindível à segurança da sociedade e do Estado.

Considerando o que dispõe expressamente o texto da Constituição Federal brasileira, está correto somente o que se afirma em

(A) I e II.
(B) I e IV.
(C) II e III.
(D) II e IV.
(E) III e IV.

I: Art. 5°, XLIII, da CF; **II:** Não reflete o disposto no art. 5°, LX, da CF; **III:** Não reflete o disposto no art. 5°, LXIX, da CF; **IV:** Art. 5°, XXXIII, da CF. Gabarito "B".

(VUNESP – 2012) Conforme o que estabelece a Carta Magna, as associações

(A) não podem ser compulsoriamente dissolvidas.
(B) dependem de autorização para serem criadas.
(C) somente podem ter suas atividades suspensas após trânsito em julgado de decisão judicial.
(D) possuem plena liberdade para fins lícitos, inclusive a de caráter paramilitar.
(E) possuem garantia contra a interferência estatal em seu funcionamento.

Art. 5°, XVIII, da CF. Note-se também, sobre o tema, que o art. 5°, XVII, da CF deve ser interpretado em conjunto com o inciso XIX do mesmo artigo. Assim, só se exige trânsito em julgado para a dissolução compulsória da associação. A suspensão de atividades só pode ser determinada por decisão judicial, mas não se exige o trânsito em julgado da decisão nesse caso. Gabarito "E".

(VUNESP – 2005) No que se refere aos direitos fundamentais da pessoa humana, está correto afirmar-se que

(A) em razão de sua função de fiscal da lei, a posição dominante no STF é a de que o Ministério Público não tem legitimidade para requerer *habeas corpus* em favor de terceiros.

(B) a doutrina majoritária entende que os direitos fundamentais são absolutos, invioláveis e inalienáveis, mas renunciáveis e prescritíveis.

(C) os denominados direitos de primeira geração compreendem os direitos sociais, enquanto os da segunda geração identificam-se com as liberdades negativas.

(D) o STF entende que a Constituição proíbe qualquer tipo de critério discriminatório para acesso aos cargos públicos, inclusive por motivo de idade, independentemente da natureza das funções do cargo a ser preenchido por concurso público.

(E) a Constituição Federal admite em algumas situações a suspensão e a restrição de determinados direitos fundamentais, inclusive o direito à liberdade e o sigilo da correspondência.

A: incorreta. O entendimento do STF é pela legitimidade ativa. V. HC 75347, Rel. Min. Carlos Velloso; B: incorreta. Direitos fundamentais não são absolutos, sendo possíveis de ponderação; C: incorreta. Apesar da crítica da doutrina em relação à categorização dos direitos fundamentais em gerações ou dimensões, há associação entre tais gerações e o lema da Revolução Francesa. Dessa forma, os direitos de primeira geração equivalem à liberdade (direitos de liberdade e direitos políticos); os de segunda geração à igualdade (direitos sociais, culturais e econômicos) e os de terceira geração à fraternidade (direitos coletivos, à proteção ambiental e à defesa do consumidor). Há, ainda, quem defenda direitos de quarta geração, associados, por exemplo, às pesquisas genéticas; D: incorreta. Súmula 683 do STF: "O limite de idade para a inscrição em concurso público só se legitima em face do art. 7º, XXX, da CF, quando possa ser justificado pela natureza das atribuições do cargo a ser preenchido"; E: correta. Sim, porque não são absolutos, desde que garantido o núcleo desses direitos e observada a razoabilidade.
Gabarito "E".

(VUNESP – 2005) O homem mais pobre desafia em sua casa todas as forças da Coroa, sua cabana pode ser muito frágil, seu teto pode tremer; o vento pode soprar entre as portas mal ajustadas, a tormenta pode nela penetrar, mas o Rei da Inglaterra não pode nela entrar. (Lorde Chatham, Primeiro Ministro da Inglaterra). O discurso, proferido no Parlamento britânico no século XVIII, revela um princípio consagrado também na Constituição da República Federativa do Brasil. Assinale a resposta que está de acordo com o direito brasileiro sobre essa matéria.

(A) A violação de domicílio legal, sem consentimento do morador, é permitida somente à noite, em caso de flagrante delito ou desastre, para prestar socorro ou por determinação judicial.

(B) Para os fins da proteção prevista na Constituição Federal relativa à inviolabilidade domiciliar, o conceito normativo de "casa" estende-se a qualquer compartimento privado onde alguém exerce profissão ou atividade.

(C) A Constituição admite a quebra da inviolabilidade domiciliar pela Polícia Judiciária ou pela Administração Tributária, dispensada a ordem judicial e sem o consentimento do proprietário, com o objetivo de apreender documentos que possam interessar ao Poder Público.

(D) Segundo posição do STF, considera-se violado o domicílio quando policiais, em diligência, pela madrugada, autorizados pelo morador, ingressam em residência para verificação de denúncia de ocultação de drogas ilícitas.

(E) A inviolabilidade domiciliar objetiva tutelar o direito de propriedade e dirige-se exclusivamente às autoridades públicas.

STF, HC 93050, Rel. Min. Celso de Mello: "Para os fins da proteção jurídica a que se refere o art. 5º, XI, da Constituição da República, o conceito normativo de "casa" revela-se abrangente e, por estender-se a qualquer compartimento privado não aberto ao público, onde alguém exerce profissão ou atividade (CP, art. 150, § 4º, III), compreende, observada essa específica limitação espacial (área interna não acessível ao público), os escritórios profissionais, inclusive os de contabilidade, "embora sem conexão com a casa de moradia propriamente dita" (NELSON HUNGRIA). Doutrina. Precedentes. – Sem que ocorra qualquer das situações excepcionais taxativamente previstas no texto constitucional (art. 5º, XI), nenhum agente público, ainda que vinculado à administração tributária do Estado, poderá, contra a vontade de quem de direito ("invito domino"), ingressar, durante o dia, sem mandado judicial, em espaço privado não aberto ao público, onde alguém exerce sua atividade profissional, sob pena de a prova resultante da diligência de busca e apreensão assim executada reputar-se inadmissível, porque impregnada de ilicitude material".
Gabarito "B".

(VUNESP – 2002) Se a Constituição Federal afirma, peremptoriamente, que "ninguém é obrigado a fazer ou deixar de fazer alguma coisa senão em virtude de lei" (art. 5º, inc. II), tem-se que, no Direito Constitucional brasileiro,

(A) há plena liberdade, para o indivíduo e para o Estado, de fazer tudo o que não for expressamente proibido por lei.

(B) apenas a criação de deveres (obrigações) depende de lei, sendo que a criação de direitos é franqueada ao Poder Executivo, por meio de decretos.

(C) o Chefe do Poder Executivo jamais poderá, validamente, editar qualquer ato normativo geral e abstrato que crie obrigações para os indivíduos.

(D) as obrigações devem ser criadas, necessariamente, por meio de lei ordinária.

(E) os decretos do Presidente da República devem ser mera explicitação de leis editadas pelo Congresso Nacional.

A expressão "lei" deve ser entendida em seu sentido estrito, ou seja, somente os atos normativos primários – aqueles que buscam seu fundamento de validade diretamente na Constituição (art. 59 da CF). Com efeito, os decretos do Presidente da República, os quais decorrem do poder regulamentar, não podem criar novas obrigações legais.
Gabarito "E".

(VUNESP – 2001) A suspensão de atividades e a dissolução compulsórias de uma associação privada legalmente constituída

(A) são vedadas pela Constituição Federal.

(B) podem ocorrer por decisão de autoridade policial.

(C) dependem, necessariamente, de decisão judicial, ainda que liminar.

(D) dependem, necessariamente, de decisão judicial, exigindo-se ainda o trânsito em julgado em se tratando da hipótese de dissolução.

(E) dependem, necessariamente, de decisão judicial transitada em julgado.

As associações só poderão ser compulsoriamente dissolvidas ou ter suas atividades suspensas por decisão judicial, exigindo-se, no primeiro caso, o trânsito em julgado (Art. 5º, inciso XIX, da CF).
Gabarito "D".

(VUNESP – 2001) Determinada associação, regularmente constituída há 2 anos, pretende defender em juízo direito seu de caráter tributário, fundamentado diretamente na lei, lesado por ato omissivo inconstitucional de autoridade administrativa. Para tanto, o remédio jurídico adequado é

(A) mandado de segurança.
(B) mandado de segurança coletivo.
(C) mandado de injunção.
(D) ação direta de inconstitucionalidade por omissão.
(E) ação popular.

A: correto, pois se trata de direito líquido e certo, não amparado por *habeas corpus* ou *habeas data*, decorrente de ilegalidade do Poder Público (art. 5°, inciso LXIX, da CF); **B:** incorreto, pois o mandado de segurança coletivo somente pode ser impetrado por partido político com representação no Congresso Nacional ou organização sindical, entidade de classe ou associação legalmente constituída e em funcionamento há pelo menos um ano, em defesa dos interesses de seus membros ou associados (art. 5°, inciso LXX, da CF); **C:** incorreto, pois o mandado de injunção é cabível sempre que a falta de norma regulamentadora torne inviável o exercício dos direitos e liberdades constitucionais e das prerrogativas inerentes à nacionalidade, à soberania e à cidadania (art. 5°, inciso LXXI, da CF); **D:** incorreto, pois a ADI por omissão tem como objeto a chamada omissão inconstitucional, que ocorre quando uma norma constitucional deixa de ser efetivamente aplicada pela falta de atuação dos órgãos dos poderes constituídos; **E:** incorreto, pois a ação popular cabe a qualquer cidadão somente com o objetivo de anular ato lesivo ao patrimônio público ou de entidade de que o Estado participe, à moralidade administrativa, ao meio ambiente e ao patrimônio histórico e cultural (art. 5°, inciso LXXIII, da CF). Gabarito "A".

(VUNESP – 2012) "O princípio da igualdade admite discriminações que podem ser, portanto, lícitas. Mas, para ser lícita, a discriminação deve ser genérica e fundamentada." O raciocínio em foco está

(A) totalmente equivocado.
(B) parcialmente correto. Está incorreta a parte que afirma a necessidade de a discriminação ser genérica.
(C) totalmente correto.
(D) parcialmente correto. É algo que já existiu, mas não existe mais, eis que se trata de raciocínio tipicamente totalitário, já superado em nosso ordenamento jurídico e também em nossa doutrina.

C: correta. De fato, o princípio da igualdade ou isonomia (art. 5°, I, da CF) determina todos são iguais perante a lei, sem distinção de qualquer natureza. A realização efetiva da justiça busca o tratamento igual para os iguais, mas, para tanto, é preciso dar tratamento desigual aos desiguais, na exata medida da desigualdade. O objetivo dessa premissa é a superação da igualdade meramente formal (perante a lei) e o alcance da igualdade material (real). As discriminações, de fato, devem ser fundamentas e aplicadas genericamente. Duas decisões do STF podem ser dadas como exemplo. A primeira determina que "A lei impugnada realiza materialmente o princípio constitucional da isonomia, uma vez que o *tratamento diferenciado aos trabalhadores agraciados com a instituição do piso salarial regional visa reduzir as desigualdades sociais*. A LC federal 103/2000 teve por objetivo maior assegurar àquelas classes de trabalhadores menos mobilizadas e, portanto, com menor capacidade de organização sindical, um patamar mínimo de salário." (ADI 4.364, Plenário, j. 02.03.2011, rel. Min. **Dias Toffoli**, *DJE* 16.05.2011.) Já a segunda é trazida pela Súmula 683 do STF que determina que "o *limite de idade* para a inscrição em concurso público só se legitima em face do art. 7°, XXX, da Constituição, quando possa ser *justificado pela natureza das atribuições* do cargo a ser preenchido." Gabarito "C".

(VUNESP – 2011) Considere as seguintes afirmações sobre a disciplina constitucional da liberdade de associação:

I. É plena a liberdade de associação para fins lícitos, vedada a de caráter paramilitar.
II. As associações só poderão ser compulsoriamente dissolvidas ou ter suas atividades suspensas por decisão judicial, exigindo-se para tanto o trânsito em julgado desta.
III. Ninguém poderá ser compelido a associar-se ou a permanecer associado, salvo disposição prévia em contrário do estatuto social.

Está correto o que se afirma em

(A) I, apenas.
(B) II, apenas.
(C) III, apenas.
(D) I e II, apenas.
(E) I, II e III.

I: correta, art. 5°, XVII, da CF; **II:** incorreta, o art. 5°, XVII, da CF deve ser interpretado em conjunto com o inciso XIX do mesmo artigo. Assim, só se exige trânsito em julgado para a dissolução compulsória da associação. A suspensão de atividades só pode ser determinada por decisão judicial, mas não se exige o trânsito em julgado da decisão nesse caso; **III:** incorreta, o art. 5°, XX, da CF não prevê exceções. Gabarito "A".

(VUNESP – 2009) Analise as afirmativas a seguir:

I. a lei assegurará aos autores de inventos industriais privilégio temporário para sua utilização, bem como proteção às criações industriais, à propriedade das marcas, aos nomes de empresas e a outros signos distintivos, tendo em vista o interesse social e o desenvolvimento tecnológico e econômico do País.
II. a sucessão de bens de estrangeiros situados no País será regulada pela lei brasileira em benefício do cônjuge ou dos filhos brasileiros, mesmo que lhes seja mais favorável a lei pessoal do *de cujus*.
III. todos têm direito a receber dos órgãos públicos informações de seu interesse particular, ou de interesse coletivo ou geral, que serão prestadas no prazo da lei, sob pena de responsabilidade, não podendo a autoridade pública alegar qualquer tipo de sigilo para se negar a prestar tais informações.
IV. aos autores pertence o direito exclusivo de utilização, publicação ou reprodução de suas obras, transmissível aos herdeiros pelo tempo que a lei fixar.

Está correto apenas o que se afirma em

(A) I e IV.
(B) I e II.
(C) II e III.
(D) III e IV.
(E) II e IV.

I: correta, art. 5°, XXIX, da CF; **II:** incorreta, não reflete o disposto no art. 5°, XXXI, da CF; **III:** incorreta, não reflete o disposto no art. 5°, XXXIII, da CF; **IV:** correta, art. 5°, XXVII, da CF. Gabarito "A".

(VUNESP – 2009) É direito constitucional fundamental do cidadão brasileiro:

(A) o direito de petição aos Poderes Públicos, mediante o pagamento de taxa, em defesa de direitos ou contra ilegalidade ou abuso de poder.

(B) a obtenção de certidões em repartições públicas, para defesa de direitos e esclarecimento de situações de interesse pessoal, de terceiros ou de interesse coletivo.

(C) propor ação popular que vise a anular ato lesivo ao patrimônio público ou de entidade de que o Estado participe, à moralidade administrativa, ao meio ambiente e ao patrimônio histórico e cultural, ficando o autor, em qualquer caso, isento de custas judiciais e do ônus da sucumbência.

(D) a razoável duração do processo, exclusivamente no âmbito judicial, e os meios que garantam a celeridade de sua tramitação.

(E) a garantia de não ser extraditado, salvo o brasileiro naturalizado, em caso de crime comum, praticado antes da naturalização, ou de comprovado envolvimento em tráfico ilícito de entorpecentes e drogas afins, na forma da lei.

A: incorreta, o direito de petição é assegurado independentemente do pagamento de taxas (art. 5º, XXXIV, "a", da CF); **B:** incorreta, não reflete o disposto no art. 5º, XXXIV, "b", da CF; **C:** incorreta, o art. 5º, LXXIII, da CF prevê o pagamento de custas e sucumbência em caso de comprovada má-fé; **D:** incorreta, o art. 5º, LXXVIII, da CF garante a razoável duração do processo judicial e administrativo; **E:** correta, art. 5º, LI, da CF.

Gabarito "E".

(VUNESP – 2008) Assinale a alternativa correta a respeito dos direitos e garantias fundamentais previstos na Constituição Federal.

(A) A casa é asilo inviolável do indivíduo, e ninguém nela pode penetrar, a não ser, unicamente, por ordem judicial.

(B) Aos autores pertence o direito exclusivo de utilização, publicação ou reprodução de suas obras, direito que se extingue com a sua morte, não sendo transmissível aos seus herdeiros.

(C) A lei não poderá restringir a publicidade dos atos processuais, exceto para a defesa da intimidade ou do interesse social.

(D) A prática do racismo é crime imprescritível, mas que permite a fiança.

(E) A Constituição Federal admite, entre outras, as penas de privação da liberdade, perda de bens e de trabalhos forçados.

A: Não reflete o disposto no art. 5º, XI, da CF; **B:** Não reflete o disposto no art. 5º, XXVII, da CF; **C:** Art. 5º, LX, da CF; **D:** Não reflete o disposto no art. 5º, XLII, da CF; **E:** Não reflete o disposto no art. 5º, XLVII, "a" a "e", da CF.

Gabarito "C".

(VUNESP – 2011) Assinale a alternativa correta a respeito do mandado de segurança, considerando a jurisprudência dominante do Supremo Tribunal Federal.

(A) Reconhece-se o direito de impetração de mandado de segurança a órgãos públicos despersonalizados desde que tenham prerrogativas ou direitos próprios a defender.

(B) O mandado de segurança coletivo a ser impetrado por entidade de classe em favor dos associados depende de autorização destes.

(C) Não é admitida a impetração do *writ* contra lei ou decreto de efeitos concretos.

(D) O Supremo Tribunal Federal é competente para conhecer de mandado de segurança contra atos dos tribunais de justiça dos Estados.

A: correta, o mandado de segurança pode ser impetrado por pessoas naturais ou jurídicas, privadas ou públicas, em defesa de direitos individuais. Nesse caso, a jurisprudência é bastante estrita, recusando a possibilidade de impetração do mandado de segurança para defesa de interesses outros não caracterizáveis como direito subjetivo. Reconhece-se também o direito de impetração de mandado de segurança a diferentes órgãos públicos despersonalizados que tenham prerrogativas ou direitos próprios a defender, tais como as Chefias dos Executivos e de Ministério Público; as Presidências das Mesas dos Legislativos; as Presidências dos Tribunais; os Fundos Financeiros; as Presidências de Comissões Autônomas; as Superintendências de Serviços e demais órgãos da Administração centralizada ou descentralizada contra atos de outros órgãos públicos. Nesses casos, o mandado de segurança destina-se também a resolver conflitos de atribuições entre órgãos públicos, colmatando lacuna relativa à ausência de efetivo instrumento para solução desse tipo de conflito. Tem-se considerado possível também a impetração do mandado de segurança pelo Ministério Público, que atuará, nesse caso, como substituto processual na defesa de direitos coletivos e individuais homogêneos. Também os estrangeiros residentes no País, pessoas físicas ou jurídicas, na qualidade de titulares de direitos, como disposto no art. 5º, *caput*, da Constituição, poderão manejar o mandado de segurança para assegurar direito líquido e certo ameaçado ou lesionado por ato de autoridade pública; **B:** incorreta, segundo a orientação dominante, o mandado de segurança coletivo há de ser impetrado na defesa de interesse de uma categoria, classe ou grupo, independentemente da autorização dos associados. Não se trata, dessa forma, de nova modalidade de ação constitucional, ao lado do mandado de segurança tradicional, mas de forma diversa de legitimação processual *ad causam*. Segundo jurisprudência do Supremo Tribunal Federal, "os princípios básicos que regem o mandado de segurança individual informam e condicionam, no plano jurídico-processual, a utilização do *writ* mandamental coletivo (MS 20.936/DF)"; **C:** incorreta, pois o próprio STF reconhece possibilidade de impetrar mandado segurança lei ou decreto de efeitos concretos; **D:** incorreta, na verdade compete ao Superior Tribunal de Justiça, processar e julgar em sede de Recurso Ordinário, os mandados de segurança denegados pelos tribunais de justiça dos Estados, nos termos do art. 105, II, "b", da CF. O STF é competente para conhecer de mandado de segurança somente quando a autoridade coatora for o Presidente da República, as Mesas da Câmara dos Deputados e do Senado Federal, do Tribunal de Contas da União, do Procurador-Geral da República do próprio STF, conforme o art. 102, I, "d", da CF.

Gabarito "A".

(VUNESP – 2009) O *Habeas Data*

(A) é da competência originária do Supremo Tribunal Federal, quando impetrado contra ato de Ministro de Estado.

(B) será concedido para assegurar o conhecimento de informações relativas à pessoa do impetrante, ou de membros do Congresso Nacional, constantes dos registros de entidades governamentais.

(C) será concedido para a retificação de dados, quando não se prefira fazê-lo por processo sigiloso, judicial ou administrativo.

(D) é da competência originária do Superior Tribunal de Justiça, quando impetrado contra ato do Tribunal de Contas da União.

A: Competência do STJ (art. 105, I, *b*, da CF); **B:** Não reflete o disposto no art. 5º, LXXII, da CF; **C:** Art. 5º, LXXII, *b*, da CF; **D:** Competência do STF (art. 102, I, *d*, da CF).
Gabarito "C".

(VUNESP – 2011) Assinale a alternativa correta a respeito do mandado de segurança, considerando a jurisprudência dominante do Supremo Tribunal Federal.

(A) Reconhece-se o direito de impetração de mandado de segurança a órgãos públicos despersonalizados desde que tenham prerrogativas ou direitos próprios a defender.

(B) O mandado de segurança coletivo a ser impetrado por entidade de classe em favor dos associados depende de autorização destes.

(C) Não é admitida a impetração do *writ* contra lei ou decreto de efeitos concretos.

(D) O Supremo Tribunal Federal é competente para conhecer de mandado de segurança contra atos dos tribunais de justiça dos Estados.

A: correta, o mandado de segurança pode ser impetrado por pessoas naturais ou jurídicas, privadas ou públicas, em defesa de direitos individuais. Nesse caso, a jurisprudência é bastante estrita, recusando a possibilidade de impetração do mandado de segurança para defesa de interesses outros não caracterizáveis como direito subjetivo. Reconhece-se também o direito de impetração de mandado de segurança a diferentes órgãos públicos despersonalizados que tenham prerrogativas ou direitos próprios a defender, tais como as Chefias dos Executivos e de Ministério Público; as Presidências das Mesas dos Legislativos; as Presidências dos Tribunais; os Fundos Financeiros; as Presidências de Comissões Autônomas; as Superintendências de Serviços e demais órgãos da Administração centralizada ou descentralizada contra atos de outros órgãos públicos. Nesses casos, o mandado de segurança destina-se também a resolver conflitos de atribuições entre órgãos públicos, colmatando lacuna relativa à ausência de efetivo instrumento para solução desse tipo de conflito. Tem-se considerado possível também a impetração de mandado de segurança pelo Ministério Público, que atuará, nesse caso, como substituto processual na defesa de direitos coletivos e individuais homogêneos. Também os estrangeiros residentes no País, pessoas físicas ou jurídicas, na qualidade de titulares de direitos, como disposto no art. 5º, *caput*, da Constituição, poderão manejar o mandado de segurança para assegurar direito líquido e certo ameaçado ou lesionado por ato de autoridade pública; **B:** incorreta, segundo a orientação dominante, o mandado de segurança coletivo há de ser impetrado na defesa de interesse de uma categoria, classe ou grupo, independentemente da autorização dos associados. Não se trata, dessa forma, de nova modalidade de ação constitucional, ao lado do mandado de segurança tradicional, mas de forma diversa de legitimação processual *ad causam*. Segundo jurisprudência do Supremo Tribunal Federal, "os princípios básicos que regem o mandado de segurança individual informam e condicionam, no plano jurídico-processual, a utilização do *writ* mandamental coletivo (MS 20.936/DF)"; **C:** incorreta, pois o próprio STF reconhece possibilidade de impetrar mandado segurança contra lei ou decreto de efeitos concretos; **D:** incorreta, na verdade compete ao Superior Tribunal de Justiça, processar e julgar em sede de Recurso Ordinário, os mandados de segurança denegados pelos tribunais de justiça dos Estados, nos termos do art. 105, II, "b", da CF. O STF é competente para conhecer de mandado de segurança somente quando a autoridade coatora for o Presidente da República, das Mesas da Câmara dos Deputados e do Senado Federal, do Tribunal de Contas da União, do Procurador-Geral da República do próprio STF, conforme o art. 102, I, "d", da CF.
Gabarito "A".

(VUNESP – 2012) Considerando a posição majoritária da doutrina e da jurisprudência sobre o tema, é correto afirmar que é cabível o mandado de segurança

(A) contra ato puramente normativo.

(B) contra decisão judicial com trânsito em julgado.

(C) contra os atos de gestão comercial praticados pelos administradores de empresas públicas.

(D) contra ato de administradores de entidades autárquicas.

(E) de ato do qual caiba recurso administrativo com efeito suspensivo, independentemente de caução.

A: Súmula 266/STF: "Não cabe mandado de segurança contra lei em tese"; **B:** Súmula 268/STF: "Não cabe mandado de segurança contra decisão judicial com trânsito em julgado"; **C:** Só cabe contra os atos de império, praticados com as prerrogativas da Administração Pública – os meros atos comerciais não ensejam MS; **D:** Sim, pois as autarquias são pessoas jurídicas de direito público; **E:** Não cabe MS nessa hipótese, por força do art. 5º, I, da Lei 12.016/2009.
Gabarito "D".

(VUNESP – 2012) A Carta Magna dispõe, expressamente, que são gratuitas as ações de

(A) *habeas corpus* e *habeas data*.

(B) *habeas corpus* e mandado de segurança.

(C) *habeas data* e mandado de segurança.

(D) *habeas corpus* e mandado de injunção.

(E) mandado de injunção e mandado de segurança.

Art. 5º, LXXVII, da CF.
Gabarito "A".

(VUNESP – 2012) De acordo com o texto, é correto afirmar que

(A) o *habeas corpus* é uma ação de natureza administrativa e não constitucional. A presença do *habeas corpus* na Constituição vigente, de 1988, é absolutamente acidental.

(B) o *habeas corpus* preventivo não existe mais. Trata-se de construção doutrinária largamente aceita até a primeira metade do século XX.

(C) para impetrar o *habeas corpus* suspensivo é preciso constituir advogado.

(D) não existe o *habeas corpus* episódico.

A: incorreta. O *habeas corpus* é uma ação de natureza *constitucional* que tem por finalidade a proteção da liberdade de locomoção contra abuso de poder ou ilegalidade. Tal remédio ganhou *status* constitucional com a Constituição de *1891*. Desse modo, sua presença na Constituição Federal de 1988 *não tem caráter acidental* (art. 5º, LXVIII, da CF); **B:** incorreta. O *habeas corpus* preventivo *continua existindo*. Em suma, quanto ao momento no em que é impetrado, pode ser classificado da seguinte forma: a) *preventivo ou salvo-conduto*: não é necessário que um indivíduo sofra, de fato, a violação em sua liberdade de locomoção para impetrá-lo. Basta que se sinta ameaçado (justificadamente) em seu direito de ir, vir e permanecer para que possa fazer uso desse remédio. Desse modo, o HC preventivo visa a resguardar o indivíduo contra a *ameaça a sua liberdade de locomoção* e b) *repressivo ou liberatório*: cabível quando o direito fundamental relativo à liberdade de locomoção *já foi violado*. A partir desse momento, a medida pode ser utilizada para reprimir a ofensa; **C:** incorreta. A ação de *habeas corpus* é regida pelo princípio da informalidade, de modo que qualquer pessoa, independentemente de capacidade civil, pode impetrá-

Também não é necessária a capacidade postulatória, ou seja, não precisa constituir advogado; **D:** correta. De fato, não existe *habeas corpus* episódico.

Gabarito "D".

(VUNESP – 2012) A Constituição Federal de 1988 trouxe em seu bojo ações constitucionais chamadas de *writs*. Dentre estas ações, há uma que visa proteger o exercício de um direito constitucional pelo cidadão, tornado inviável pela falta de norma regulamentadora. Trata-se do(a)

(A) mandado de segurança coletivo.
(B) *habeas data* extensivo.
(C) ação de descumprimento de preceito fundamental.
(D) mandado de injunção.

A: incorreta. O mandado de segurança visa proteger um direito líquido e certo, aquele em que já existe prova documental, desde que o direito não seja assegurado por *habeas corpus* ou *habeas data* (art. 5º, LXIX, da CF); **B:** incorreta. O *habeas data* protege a liberdade de informação relativa à pessoa do impetrante (art. 5º, LXXII, da CF); **C:** incorreta. A ADPF é mecanismo de controle concentrado de constitucionalidade; **D:** correta. O mandado de injunção visa combater uma omissão inconstitucional. Quando há um direito constitucionalmente assegurado, mas o seu exercício depende de regulamentação e não há essa normatização, é possível a impetração do mandado de injunção (art. 5º, LXXI, da CF).

Gabarito "D".

(VUNESP – 2012) A Ação Civil Pública se volta à tutela dos direitos

(A) difusos, direitos coletivos e interesses individuais homogêneos.
(B) difusos, direitos comunitários e interesses individuais homogêneos.
(C) difusos, direitos coletivos e interesses individuais heterogêneos.
(D) sociais, direitos coletivos e interesses individuais homogêneos.

A: De acordo com o art. 129, III, da CF e o art. 1º da Lei 7.347/1985 (Lei da Ação Civil Pública – LACP) a ação civil pública se presta a promover responsabilidades pelos danos causados: I – ao meio ambiente; II – ao consumidor; III – a bens e direitos de valor artístico, estético, histórico, turístico e paisagístico; IV – a qualquer outro interesse difuso ou coletivo; V – por infração da ordem econômica; (Redação dada pela Lei 12.529, de 2011) e VI – à ordem urbanística. Desse modo, os direitos difusos, coletivos e individuais homogêneos estão protegidos por essa ação. Os *difusos* são aqueles de natureza indivisível, de que sejam titulares pessoas indeterminadas e ligadas por circunstâncias de fato, por exemplo, uma lesão ao meio ambiente (art. 81, I, do Código de Defesa do Consumidor – CDC). Os *coletivos* são de natureza indivisível de que seja titular grupo, categoria ou classe de pessoas ligadas entre si ou com a parte contrária por uma relação jurídica base, por exemplo, a discussão de nulidade de uma cláusula abusiva em um contrato por adesão (art. 81, II, do CDC). Por fim, os *individuais homogêneos* são aqueles decorrentes de origem comum, por exemplo, produtos em série e que possuem o mesmo defeito (art. 81, III, do CDC); **B:** incorreta. Os direitos comunitários não são protegidos por meio de ação civil pública. "Em linhas gerais, o Direito Comunitário é um desdobramento do Direito Internacional, mas que, ao contrário deste, não é de Direito Público, pois possui um caráter supranacional, tendo natureza Público-Privada. Na América do Sul temos como exemplo o Direito no âmbito do Mercosul" (Wikipédia); **C:** incorreta. Os direitos individuais heterogêneos não são tutelados por ação civil pública, pois possuem natureza puramente individual. De acordo com a jurisprudência, tais direitos são os que não têm origem comum e dependem da análise concreta de específica

e particular relação jurídica (...)" (TST, RR 116100-91.2004.5.04.0024, 4ª T., j. 18.08.2010, rel. Min. Maria de Assis Calsing, *DEJT* 27.08.2010); **D:** incorreta. Os direitos sociais, aqueles previstos nos arts. 6º a 11 da CF, não são defendidos por meio de Ação Civil Pública.

Gabarito "A".

(VUNESP – 2008) Quando a falta de norma regulamentadora impedir o exercício dos direitos e liberdades constitucionais do cidadão, este poderá ajuizar

(A) o mandado de segurança.
(B) o mandado de injunção.
(C) o *habeas data*.
(D) a ação direta de inconstitucionalidade.
(E) a ação popular.

A: O mandado de segurança visa proteger direito líquido e certo não amparável por *habeas corpus* ou por *habeas data* (art. 5º, LXIX, da CF); **B:** Art. 5º, LXXI, da CF; **C:** O *habeas data* deve ser impetrado para assegurar o conhecimento de informações relativas à pessoa do impetrante, constantes de registros ou bancos de dados de entidades governamentais ou de caráter público; ou para a retificação de dados (art. 5º, LXXII, "a" e "b", da CF); **D:** A ADIn tem cabimento contra lei ou ato normativo federal ou estadual em face da Constituição Federal (art. 102, I, "a", da CF); **E:** A ação popular pode ser proposta pelo cidadão para anular ato lesivo ao patrimônio público ou de entidade de que o Estado participe, à moralidade administrativa, ao meio ambiente e ao patrimônio histórico e cultural (art. 5º, LXXIII, da CF).

Gabarito "B".

(VUNESP – 2012) Como se sabe, os direitos fundamentais experimentaram uma evolução ao longo do tempo, constituindo as chamadas gerações de direitos. Neste sentido, assinale a alternativa que não exprime a verdade.

(A) Direitos fundamentais de primeira geração são chamados de direitos negativos em relação ao poder estatal.
(B) Direitos fundamentais de segunda geração são direitos sociais, econômicos e culturais.
(C) Direitos fundamentais de terceira geração possuem um viés mais coletivo e subjetivo, como direito à paz, a um meio ambiente sadio ou à comunicação.
(D) Direitos fundamentais de primeira e segunda geração foram contemplados, pela primeira vez, na Declaração de Direitos do Homem e do Cidadão, de 1789, na França.

A: correta. Os direitos de 1ª geração consubstanciam-se fundamentalmente nas liberdades públicas. A finalidade dessa dimensão foi limitar o poder de atuação do Estado, impondo a ele o dever de não intervenção, de abstenção. Por conta disso, tais direitos são conhecidos negativos. As revoluções francesa e norte-americana influenciaram, e muito, o surgimento dos direitos individuais. Os direitos políticos também se encontram nessa dimensão; **B:** correta. Na 2ª geração os valores ligados à igualdade foram prestigiados. As lutas trabalhistas, visando a melhores condições, também. Diferentemente dos direitos de primeira geração, os de segunda exigiram uma conduta positiva do Estado, uma ação propriamente dita e, por conta disso, também são chamados de direitos positivos. Encontram-se assegurados, aqui, os chamados direitos sociais, ou seja, aqueles relacionados ao trabalho, à educação e à saúde, os culturais e econômicos; **C:** correta. A 3ª geração parte da concepção de que o indivíduo faz parte de uma coletividade e que necessita, para a própria subsistência, de um ambiente saudável e equilibrado. É exigida a participação dos indivíduos na busca efetiva dos direitos da coletividade e não apenas dos direitos individuais. Encontram-se aqui os denominados direitos transindividuais que abarcam, por exemplo, o direito ao meio ambiente ecologicamente equilibrado, os direitos do consumidor e o direito à paz; **D:** incorreta, devendo ser assinalada. A Declaração de Direitos do Homem e do Cidadão, de 1789, na França, é, de fato, um documento histórico relevante no que diz respeito aos direitos fundamentais de 1ª geração. Já os de 2ª, começaram a surgir a partir do século XIX, com a Revolução Industrial Europeia.

Gabarito "D".

2. NACIONALIDADE, DIREITOS POLÍTICOS E PARTIDOS POLÍTICOS

(TJ/SP – 2019 – VUNESP) São brasileiros natos

(A) os estrangeiros de qualquer nacionalidade residentes na República Federativa do Brasil há mais de dez anos ininterruptos e sem condenação penal, desde que requeiram a nacionalidade brasileira.

(B) os que, na forma da lei, adquiram a nacionalidade brasileira, exigidas aos originários de países de língua portuguesa a residência por dois anos ininterruptos.

(C) os nascidos no estrangeiro, de pai brasileiro ou de mãe brasileira, desde que qualquer deles esteja a serviço da República Federativa do Brasil.

(D) os nascidos no estrangeiro, de pai brasileiro e de mãe brasileira, desde que ambos estejam a serviço da República Federativa do Brasil.

(E) os que, na forma da lei, adquiram a nacionalidade brasileira, exigidas aos originários de países de língua portuguesa a residência por seis meses ininterruptos.

A: incorreta, pois são brasileiros **naturalizados** os estrangeiros de qualquer nacionalidade, residentes na República Federativa do Brasil há mais de **quinze anos** ininterruptos e sem condenação penal, desde que requeiram a nacionalidade brasileira (art. 12, II, "b", da CF); **B** e **E:** incorretas, pois são brasileiros **naturalizados** os que, na forma da lei, adquiram a nacionalidade brasileira, exigidas aos originários de países de língua portuguesa apenas residência por **um ano** ininterrupto e idoneidade moral (art. 12, II, "a", da CF); **C:** correta, nos termos do art. 12, I, "b", da CF; **D:** incorreta, porque são brasileiros natos os nascidos no estrangeiro, de pai brasileiro **ou** mãe brasileira, desde que **qualquer deles** esteja a serviço da República Federativa do Brasil (art. 12, I, "b", da CF).

Gabarito "C".

(Escrevente Técnico Judiciário – TJSP – VUNESP – 2017) Maria, brasileira, estava grávida quando viajou para a Alemanha. Em virtude de complicações de saúde, seu bebê nasceu antes do tempo, quando Maria ainda estava na Alemanha. Considerando apenas os dados apresentados, pode-se afirmar que, nos termos da Constituição Federal, o filho de Maria será considerado

(A) brasileiro nato se Maria estiver, na Alemanha, a serviço da República Federativa do Brasil.

(B) brasileiro nato, bastando que venha a residir na República Federativa do Brasil.

(C) brasileiro nato, pois Maria é brasileira.

(D) brasileiro nato, bastando que o pai do bebê também seja brasileiro, nato ou naturalizado.

(E) brasileiro naturalizado desde que opte, em qualquer tempo, depois de atingida a maioridade, pela nacionalidade brasileira.

A: Correta, art. 12, inc. I, alínea "b". **B:** Errada. Não basta que venha a residir na República Federativa do Brasil, é preciso que optem, ainda que a qualquer tempo, depois de atingida a maioridade, pela nacionalidade brasileira. Não se trata de uma medida automática (art. 12, inc. I, alínea "c" parte final). **C:** Errada. O nascido no estrangeiro não é automaticamente reconhecido como brasileiro nato. Isso porque, a opção pela nacionalidade brasileira é ato personalíssimo, e, por conta disso, a Constituição exige a maioridade para a sua efetivação. Até esse momento é dada ao sujeito uma nacionalidade provisória. **D:** Errada. Não basta que o pai do bebê também seja brasileiro nato ou naturalizado. Além disso, é preciso que ou esteja a serviço do Brasil no estrangeiro ou seja registrado em repartição brasileira competente, ou por fim, venha a residir no Brasil e opte, após a maioridade, pela nacionalidade brasileira. **E:** Errada. O dispositivo legal referente à essa assertiva estabelece que o cidadão, nestes termos, será considerado brasileiro nato e não naturalizado (art. 12, inc. I, alínea "c").

Gabarito "A".

(Técnico Judiciário – TJSP – 2013 – VUNESP) Nos termos da Constituição Federal, são brasileiros natos:

(A) os que, na forma da lei, adquiram a nacionalidade brasileira, exigidas aos originários de países de língua portuguesa apenas residência, por um ano ininterrupto, e idoneidade moral.

(B) os nascidos no estrangeiro, de pai brasileiro ou de mãe brasileira, desde que venham a residir na República Federativa do Brasil até a maioridade.

(C) os nascidos na República Federativa do Brasil, ainda que de pais estrangeiros, desde que estes não estejam a serviço de seu país.

(D) os nascidos no estrangeiro, desde que de pai brasileiro e de mãe brasileira.

(E) os portugueses com residência permanente no País, se houver reciprocidade em favor de brasileiros.

A: incorreta. De acordo com o art. 12, II, *a*, da CF/1988 são considerados brasileiros **naturalizados** aqueles que, na forma da lei, adquiram a nacionalidade brasileira, exigidas aos originários de países de língua portuguesa apenas residência por um ano ininterrupto e idoneidade moral; **B:** incorreta. Os nascidos no estrangeiro, de pai brasileiro ou de mãe brasileira, são considerados brasileiros **natos**, desde que venham a residir no Brasil, e optem, **em qualquer tempo**, depois de atingida a maioridade, pela nacionalidade brasileira. É o que determina a segunda parte do art. 12, II, *c*, da CF/1988; **C:** correta. É o que se extrai da leitura do art. 12, I, *a*, da CF/1988; **D:** incorreta. Não basta nascer no estrangeiro e ser filho de pai ou mãe brasileira para ser considerado nato. O art. 12, I, *a* e *b*, CF/1988 traz outros requisitos que devem ser cumpridos para que o sujeito seja considerado brasileiro nato; **E:** incorreta. A regra prevista no § 1º do art. 12 da CF/1988 não **atribui nacionalidade brasileira** aos portugueses residentes no Brasil, apenas determina que sejam atribuídos os direitos inerentes ao brasileiro naturalizado. Assim, se o português demonstrar residência permanente no País e houver reciprocidade em favor de brasileiros, ele será tratado como brasileiro naturalizado e não como estrangeiro.

Gabarito "C".

(Escrevente Técnico – TJ/SP – 2010 – VUNESP) Conforme a Constituição Federal, é privativo de brasileiro nato o cargo de

(A) Senador da República.

(B) Deputado Federal.

(C) Ministro do Supremo Tribunal Federal.

(D) Governador de Estado.

(E) Juiz Federal.

Os cargos privativos de brasileiro nato estão previstos no art. 12, § 3º, da CF/1988. São os seguintes: Presidente e Vice-Presidente da República, Presidente da Câmara dos Deputados, Presidente do

Senado Federal, Ministro do Supremo Tribunal Federal, da carreira diplomática, oficial das Forças Armadas e Ministro de Estado da Defesa. Vale lembrar que o art. 89, VII, da CF/1988 trata do Conselho da República e dentre a composição do órgão há seis cidadãos brasileiros natos com mais de trinta e cinco anos de idade, sendo dois nomeados pelo Presidente da República, dois eleitos pelo Senado Federal e dois eleitos pela Câmara dos Deputados, todos com mandato de três anos, vedada a recondução.

Gabarito "C".

(Escrevente Técnico Judiciário – TJ/SP – 2008 – VUNESP) São condições de elegibilidade, na forma da lei, a idade mínima de

(A) trinta anos para Vice-Presidente.
(B) dezoito anos para Deputado Estadual.
(C) vinte e um anos para Prefeito.
(D) trinta anos para Senador.
(E) vinte e um anos para Governador.

De acordo com o art. 14, § 3º, VI, *"a"* a *"d"*, da CF/1988, as idades mínimas são de: a) trinta e cinco anos para Presidente e Vice-Presidente da República e Senador; b) trinta anos para Governador e Vice-Governador de Estado e do Distrito Federal; c) **vinte e um anos** para Deputado Federal, Deputado Estadual ou Distrital, **Prefeito**, Vice-Prefeito e juiz de paz e d) dezoito anos para Vereador.

Gabarito "C".

3. ORGANIZAÇÃO DO ESTADO

(TJ/SP – 2019 – VUNESP) Nos termos da Constituição Federal, a Administração Pública direta e indireta de qualquer dos Poderes da União, dos Estados, do Distrito Federal e dos Municípios obedecerá aos princípios de legalidade, impessoalidade, moralidade, publicidade e eficiência.

Assim, é correto afirmar que

(A) os cargos, empregos e funções públicas são acessíveis aos brasileiros que preencham os requisitos estabelecidos em lei, exceptuados os estrangeiros.
(B) é vedada a vinculação de quaisquer espécies remuneratórias para o efeito de remuneração de pessoal do serviço público, permitida a equiparação.
(C) o prazo de validade do concurso público será de até um ano, prorrogável uma vez, por igual período.
(D) os cargos, empregos e funções públicas são acessíveis aos brasileiros que preencham os requisitos estabelecidos em lei, assim como aos estrangeiros, na forma da lei.
(E) o prazo de validade do concurso público será de até dois anos, vedada a prorrogação por qualquer período.

A: incorreta, pois os cargos, empregos e funções públicas são acessíveis aos brasileiros que preencham os requisitos estabelecidos em lei, assim como aos estrangeiros, na forma da lei (art. 37, I, da CF); **B:** incorreta, visto que é vedada a vinculação ou equiparação de quaisquer espécies remuneratórias para o efeito de remuneração de pessoal do serviço público (art. 37, XIII, da CF); **C e E:** incorretas, pois o prazo de validade do concurso público será de até **dois anos**, prorrogável uma vez, por igual período (art. 37, III, da CF); **D:** correta, nos termos do art. 37, I, da CF.

Gabarito "D".

(Escrevente – TJ/SP – 2018 – VUNESP) Nos termos da Constituição da República Federativa do Brasil (CRFB/88), é correto afirmar que

(A) é vedada a acumulação remunerada de dois cargos públicos de professor, independentemente de haver compatibilidade de horário.
(B) os vencimentos dos cargos do Poder Legislativo e do Poder Executivo não poderão ser superiores aos pagos pelo Poder Judiciário.
(C) o servidor público da administração direta, autárquica e fundacional, investido no mandato de Prefeito, será afastado do cargo, emprego ou função, sendo-lhe vedado optar pela sua remuneração.
(D) os proventos de aposentadoria e as pensões, por ocasião de sua concessão, não poderão exceder a remuneração do respectivo servidor, no cargo efetivo em que se deu a aposentadoria ou que serviu de referência para a concessão da pensão.
(E) o servidor público estável perderá o cargo em virtude de sentença judicial ou administrativa, que prescindem de processo prévio em contraditório.

A: incorreta, pois é **permitida** a acumulação remunerada de dois cargos de professor quando houver compatibilidade de horários (art. 37, XVI, *a*, da CF); **B:** incorreta, pois os vencimentos dos cargos do Poder Legislativo e do Poder Judiciário não poderão ser superiores aos pagos pelo **Poder Executivo** (art. 37, XII, da CF); **C:** incorreta, já que o servidor público da administração direta, autárquica e fundacional investido no mandato de Prefeito será afastado do cargo, emprego ou função, sendo-lhe **facultado** optar pela sua remuneração (art. 38, II, da CF); **D:** correta, nos termos do art. 40, § 2º, da CF; **E:** incorreta, pois o servidor público estável só perderá o cargo em virtude de sentença judicial transitada em julgado; processo administrativo em que lhe seja assegurada ampla defesa; e procedimento de avaliação periódica de desempenho, assegurada ampla defesa (art. 41, § 1º, I a III, da CF).

Gabarito "D".

(Técnico Judiciário – TJSP – 2013 – VUNESP) Sobre os cargos e funções públicas, é possível afirmar que a Constituição Federal

(A) impõe à administração pública indireta as mesmas regras proibitivas sobre a acumulação remunerada de cargos públicos voltadas à administração pública direta.
(B) veda a definição de critérios de admissão de pessoas portadoras de deficiência a cargos e empregos públicos.
(C) condiciona a nomeação em cargos em comissão à aprovação prévia em concurso público de provas ou de provas e títulos.
(D) restringe o exercício das funções de confiança exclusivamente aos servidores ocupantes de cargo efetivo com atribuições de natureza gerencial, orçamentária e financeira.
(E) permite a acumulação remunerada de dois cargos ou empregos privativos de profissionais de saúde, ainda que a profissão não esteja regulamentada.

A: correta. De acordo com o art. 37, XVII, da CF/1988, a proibição de acumular estende-se a empregos e funções e abrange autarquias, fundações, empresas públicas, sociedades de economia mista, suas subsidiárias, e sociedades controladas, direta ou indiretamente, pelo poder público; **B:** incorreta. Conforme dispõe o art. 37, VIII, da CF/1988, a lei reservará percentual dos cargos e empregos públicos para as pessoas portadoras de deficiência e **definirá os critérios de sua admissão**; **C:** incorreta. De acordo com o art. 37, II, da CF/1988, a investidura em cargo ou emprego público depende de aprovação prévia em concurso público de provas ou de provas e títulos, de acordo com a natureza e a complexidade do cargo ou emprego, na forma prevista em lei, **ressalvadas as nomeações para cargo em comissão declarado em lei de livre nomeação e exoneração**; D: incorreta. Conforme determina o art. 37, V, da CF/1988, as funções de confiança, exercidas exclusivamente por servidores ocupantes de cargo efetivo, e os cargos em comissão, a serem preenchidos por servidores de carreira nos casos, condições e percentuais mínimos previstos em lei, **destinam-se apenas às atribuições de direção, chefia e assessoramento**; E: incorreta. As profissões precisam estar regulamentas para que a acumulação mencionada seja possível. É o que determina o art. 37, XVI, c, da CF/1988.

Gabarito "A".

(Técnico Judiciário – TJSP – 2013 – VUNESP) São princípios constitucionais expressos voltados à administração pública direta e indireta:

(A) celeridade e transparência.
(B) isonomia e pessoalidade.
(C) legalidade e imparcialidade.
(D) moralidade e proporcionalidade.
(E) legalidade e eficiência.

Os princípios constitucionais expressos, voltados à administração pública, vêm previstos no *caput* do art. 37 da CF/1988 e são os seguintes: **legalidade**, impessoalidade, moralidade, publicidade e **eficiência**.

Gabarito "E".

(Escrevente Técnico Judiciário – TJSP – VUNESP – 2017) Nos termos da Constituição Federal, extinto o cargo, o servidor público estável ficará em disponibilidade

(A) com remuneração proporcional ao tempo de serviço, até seu adequado aproveitamento em outro cargo.
(B) com remuneração proporcional ao tempo de serviço, até serem preenchidas as condições necessárias para sua aposentadoria.
(C) com remuneração integral, até serem preenchidas as condições necessárias para sua aposentadoria.
(D) com remuneração integral, até seu adequado aproveitamento em outro cargo.
(E) sem remuneração, até seu adequado aproveitamento em outro cargo.

Art. 41, § 3º, da Constituição Federal.

Gabarito "A".

(Escrevente Técnico Judiciário – TJSP – VUNESP – 2017) Luiz ocupa cargo em comissão como assessor em um órgão público federal para o qual foi nomeado sem se submeter à aprovação prévia em concurso público de provas ou de provas e títulos. Descontente em relação ao seu vencimento, Luiz entrou em greve, seguindo orientação do sindicato ao qual é associado. Sobre essa situação, e levando-se em conta o que estabelece a Constituição Federal, é correto afirmar que

(A) Luiz, por ocupar cargo em comissão, não goza do direito à greve.
(B) Luiz, por ser servidor público, não goza do direito à livre associação sindical.
(C) Luiz, por ser servidor público, goza do direito à greve nos termos e nos limites definidos em lei específica.
(D) a investidura de Luiz ao cargo não obedece aos preceitos constitucionais.
(E) Luiz, por ocupar cargo em comissão, não goza do direito à livre associação sindical.

O direito à greve é constitucionalmente garantido aos servidores públicos (art. 37, inc. VII), e será exercido nos termos e limites definidos em lei específico (Lei 7.783/1989). Quanto aos cargos em comissão, ainda que estes sejam de livre nomeação e exoneração, terão direito em exercê-lo. Isso porque a CF não alberga nenhuma diferenciação no direito à greve entre os possuidores de estabilidade e os não estáveis.

Gabarito "C".

(Escrevente Técnico Judiciário – TJSP – VUNESP – 2017) Sobre os servidores públicos, a Constituição Federal estabelece expressamente que

(A) a União, os Estados e o Distrito Federal manterão escolas de governo para a formação e o aperfeiçoamento dos servidores públicos, constituindo-se a participação nos cursos um dos requisitos para a manutenção do servidor na carreira.
(B) os detentores de mandato eletivo não poderão ser remunerados exclusivamente por subsídio fixado em parcela única.
(C) os Poderes Executivo, Legislativo e Judiciário publicarão semestralmente os valores do subsídio e da remuneração dos cargos e empregos públicos.
(D) lei da União, dos Estados, do Distrito Federal e dos Municípios disciplinará a aplicação de recursos orçamentários provenientes da economia com despesas correntes em cada órgão, autarquia e fundação, para aplicação no desenvolvimento de programas de qualidade e produtividade.
(E) ato do chefe do Poder Executivo da União, dos Estados, do Distrito Federal e dos Municípios poderá estabelecer a relação entre a maior e a menor remuneração dos servidores públicos.

A: Errada. A participação dos servidores em escolas de governo para a formação e o aperfeiçoamento será um dos requisitos para a promoção na carreira e não para sua manutenção no exercício de suas funções (art. 39, § 2º da CF); **B:** Errada. O contrário. Os detentores de mandato serão remunerados exclusivamente por subsídio fixado em parcela única.(art. 39, § 4º, da CF); **C:** Errada. Os valores do subsídio e remuneração dos cargos e empregos públicos serão publicados anualmente e não semestralmente (art. 39, § 6º, da CF). **D:** Correta. Nos termos do art. 39, § 7º, da CF. **E:** Errada. Não será por ato do chefe dos executivos que se estabelecerá a relação entre a maior e a menor remuneração dos servidores públicos, mas por meio de Lei (art. 39, § 5º, da CF).

Gabarito "D".

(Escrevente Técnico Judiciário – TJ/SP – 2011 – VUNESP) Considerando o disposto na Carta Magna Brasileira, assinale a alternativa correta.

(A) A investidura em cargo ou emprego público depende de aprovação prévia em concurso público de provas ou de provas e títulos, sendo vedado o tratamento diferenciado em razão da natureza ou da complexidade do cargo ou emprego.
(B) As funções de confiança, exercidas exclusivamente por servidores ocupantes de cargo efetivo, e os cargos em comissão, a serem preenchidos por servidores de carreira nos casos, condições e percentuais mínimos previstos em lei, destinam-se apenas às atribuições de direção, chefia e assessoramento.

(C) A lei reservará percentual dos cargos públicos efetivos, dos cargos de livre nomeação e exoneração e dos empregos públicos para as pessoas portadoras de deficiência e para os grupos considerados como minoria e definirá os critérios de sua admissão.

(D) Os vencimentos dos cargos do Poder Legislativo e do Poder Executivo, incluídas na remuneração as vantagens e direitos a qualquer título, consideradas as semelhanças de atribuições de funções, não poderão ser superiores aos pagos pelo Poder Judiciário.

(E) A administração do Poder Judiciário e seus servidores terão, dentro de suas áreas de competência e jurisdição, precedência sobre os demais setores administrativos dos outros Poderes, na forma da lei.

A: incorreta. O art. 37, II, da CF/1988 determina a aprovação prévia em concurso público de provas ou de provas e títulos, ocorrerá de acordo com a natureza e a complexidade do cargo ou emprego, na forma prevista em lei; **B:** correta (art. 37, V, da CF/1988); **C:** incorreta. A Constituição garante que a lei reserve percentual dos cargos públicos apenas para as pessoas portadoras de deficiência (art. 37, VIII, da CF/1988) **D:** incorreta. Conforme o art. 37, XII, da CF/1988, os vencimentos dos cargos do Poder Legislativo e do Poder Judiciário não poderão ser superiores aos pagos pelo Poder Executivo; **E:** incorreta. Dispõe o art. 37, XVIII, da CF/1988 que a administração fazendária e seus servidores fiscais terão, dentro de suas áreas de competência e jurisdição, precedência sobre os demais setores administrativos, na forma da lei.
Gabarito "B".

(Escrevente Técnico Judiciário – TJ/SP – 2011 – VUNESP) O servidor público, da administração direta, autárquica e fundacional, no exercício de mandato eletivo de Prefeito,

(A) deverá pedir demissão do seu cargo, emprego ou função, trinta dias antes de assumir o mandato eletivo.

(B) poderá acumular os cargos, desde que haja compatibilidade de horários, sem prejuízo da remuneração do cargo eletivo.

(C) será afastado do cargo, emprego ou função, sendo-lhe facultado optar pela sua remuneração.

(D) será demitido do cargo, emprego ou função, sem direito a qualquer vantagem.

(E) não poderá manter o seu cargo, emprego ou função, devendo ser remunerado, necessariamente, pelo cargo eletivo.

Determina o art. 38, II, da CF/1988 que o servidor público, que estiver no exercício de mandato eletivo de Prefeito, será afastado do cargo, emprego ou função, sendo-lhe facultado optar pela sua remuneração.
Gabarito "C".

(Escrevente Técnico Judiciário – TJ/SP – 2011 – VUNESP) Assinale a alternativa que está de acordo com o que dispõe a Constituição Federal a respeito do agente público.

(A) São estáveis após três anos de efetivo exercício os servidores nomeados para cargo de confiança de provimento de livre nomeação.

(B) Invalidada por sentença judicial a demissão do servidor estável, será ele readmitido, e o eventual ocupante da vaga reconduzido ao cargo de origem, com direito a indenização.

(C) O servidor público estável só perderá o cargo em virtude de sentença judicial de segunda instância da qual ainda caiba recurso.

(D) Extinto o cargo ou declarada a sua desnecessidade, o servidor estável ficará em disponibilidade, com remuneração proporcional ao tempo de serviço, até seu adequado aproveitamento em outro cargo.

(E) Ao servidor ocupante, exclusivamente, de cargo em comissão declarado em lei de livre nomeação e exoneração, aplica-se o regime próprio de previdência dos servidores públicos do respectivo ente federativo.

A: incorreta. Conforme o art. 44, *caput*, da CF/1988, são estáveis após três anos de efetivo exercício os servidores nomeados para cargo de provimento efetivo em virtude de concurso público. **B:** incorreta. De acordo com o art. 41, § 2º, da CF/1988, invalidada por sentença judicial a demissão do servidor estável, será ele reintegrado, e o eventual ocupante da vaga, se estável, reconduzido ao cargo de origem, sem direito a indenização, aproveitado em outro cargo ou posto em disponibilidade com remuneração proporcional ao tempo de serviço; **C:** incorreta. O art. 41, § 1º, da CF/1988 traz as hipóteses em que o servidor público estável pode perder o cargo, quais sejam: sentença judicial transitada em julgado, processo administrativo em que tenha sido assegurada a ampla defesa e procedimento de avaliação periódica de desempenho, desde que também tenha sido assegurada a ampla defesa; **D:** correta (art. 41, § 3º, da CF/1988); **E:** incorreta. Nesse caso aplica-se o regime geral de previdência (art. 40, § 13, da CF/1988).
Gabarito "D".

(Escrevente Técnico – TJ/SP – 2010 – VUNESP) As funções de confiança, exercidas exclusivamente por servidores ocupantes de cargo efetivo, e os cargos em comissão, a serem preenchidos por servidores de carreira nos casos, condições e percentuais mínimos previstos em lei, destinam-se apenas

(A) aos cargos técnicos e de professor.

(B) às atribuições de direção, chefia e assessoramento.

(C) aos cargos técnicos e de assessoramento.

(D) aos cargos das áreas de saúde e da educação.

(E) os cargos do Poder Judiciário.

De fato, o art. 37, V, da CF/1988 determina que as funções de confiança, exercidas exclusivamente por servidores ocupantes de cargo efetivo, e os cargos em comissão, a serem preenchidos por servidores de carreira nos casos, condições e percentuais mínimos previstos em lei, destinam-se apenas às atribuições de direção, chefia e assessoramento.
Gabarito "B".

(Escrevente Técnico Judiciário – TJ/SP – 2008 – VUNESP) É correto afirmar que

(A) o prazo de validade do concurso público será de até cinco anos, prorrogável uma vez, por igual período.

(B) os acréscimos pecuniários percebidos por servidor público serão computados e acumulados para fim de concessão de acréscimos ulteriores.

(C) são estáveis após 2 anos de efetivo exercício os servidores nomeados para cargo de provimento efetivo em virtude de concurso público.

(D) a lei poderá estabelecer qualquer forma de contagem de tempo de contribuição fictício.

(E) é vedada a acumulação remunerada de cargos públicos, exceto quando houver compatibilidade de horários, a de um cargo de professor com outro, técnico ou científico.

A: incorreta. Não reflete o disposto no art. 37, III, da CF/1988; **B:** incorreta. Não reflete o disposto no art. 37, XIV, da CF/1988; **C:** incorreta. Não reflete o disposto no art. 41 da CF/1988; **D:** incorreta. Não reflete o disposto no art. 40, § 10, da CF/1988; **E:** correta (art. 37, XVI, *a* e *b*, da CF/1988).

Gabarito "E".

(Escrevente Técnico Judiciário – TJ/SP – 2006.2 – VUNESP) É permitido ao brasileiro naturalizado exercer o cargo de

(A) Vice-Presidente da República.
(B) Ministro do Supremo Tribunal Federal.
(C) Governador.
(D) Presidente da Câmara dos Deputados.
(E) Ministro de Estado da Defesa.

Art. 12, § 3º, I a VII, da CF.

Gabarito "C".

(VUNESP – 2013) É (São) cargo(s) eletivo(s) privativo(s) de brasileiros:

(A) natos ou naturalizados o cargo de Presidente do Senado Federal.
(B) natos ou naturalizados o cargo de Presidente da Câmara dos Deputados.
(C) natos o cargo de Presidente das Casas Legislativas (Câmara dos Deputados e Senado Federal).
(D) natos os cargos de Deputado Federal e de Senador da República.

Os cargos privativos de nato estão previstos no art. 12, § 3.º, da CF e são os seguintes: I – de Presidente e Vice-Presidente da República; II – de Presidente da Câmara dos Deputados; III – de Presidente do Senado Federal; IV – de Ministro do Supremo Tribunal Federal; V – da carreira diplomática; VI – de oficial das Forças Armadas e VII – de Ministro de Estado da Defesa. Desse modo, a alternativa que está com o dispositivo correto é a "C". Vale lembrar que o art. 89, VII, da CF também traz cargos privativos de natos, pois, ao tratar do Conselho da República, determina que seis cadeiras sejam destinadas a cidadãos brasileiros natos, com mais de trinta e cinco anos de idade, sendo dois nomeados pelo Presidente da República, dois eleitos pelo Senado Federal e dois eleitos pela Câmara dos Deputados, todos com mandato de três anos, vedada a recondução.

Gabarito "C".

(VUNESP – 2011) Sobre nacionalidade, é incorreto dizer:

(A) fora dos casos previstos na Constituição Federal, a lei não poderá estabelecer diferenças entre brasileiros natos e naturalizados.
(B) são brasileiros natos os nascidos no Brasil, ainda que de pais estrangeiros, desde que estes não estejam a serviço de seu país.
(C) são brasileiros naturalizados os que adquiram a nacionalidade brasileira na forma da lei.
(D) são brasileiros natos os nascidos no estrangeiro de pai brasileiro ou de mãe brasileira, desde que registrados em Cartório de Registro Civil das Pessoas Naturais no Brasil, até atingirem a maioridade.

A: correta. De fato, de acordo com o art. 12, § 2º, da CF, a lei não poderá estabelecer distinção entre brasileiros natos e naturalizados, salvo nos casos previstos na Constituição Federal. Desse modo, as únicas distinções admitidas pelo ordenamento jurídico brasileiro são as trazidas pela própria Constituição Federal, como, por exemplo, os cargos privativos de brasileiros natos (art. 12, § 3º, da CF); **B:** correta. É o que determina o art. 12, I, "a", da CF; **C:** correta. É o que dispõe o art. 12, II, "a", primeira parte, da CF; **D:** incorreta, devendo ser assinalada.

De acordo com o art. 12, I, "c", com redação dada pela EC 54/2007, são considerados brasileiros natos os nascidos no estrangeiro de pai brasileiro ou de mãe brasileira, *desde que sejam registrados em repartição brasileira competente ou venham a residir na República Federativa do Brasil e optem, em qualquer tempo, depois de atingida a maioridade, pela nacionalidade brasileira*.

Gabarito "D".

4. ORGANIZAÇÃO DOS PODERES

(Escrevente Técnico Judiciário – TJSP – VUNESP – 2017) Assinale a alternativa que apresenta corretamente órgão(s) do Poder Judiciário.

(A) Tribunais de Contas dos Estados.
(B) Juízes de Paz.
(C) Tribunais de Arbitragem.
(D) Conselho Nacional do Ministério Público.
(E) Tribunais e Juízes Militares.

Os órgão do Poder Judiciário estão previstos no art. 92 da CF, são eles: I – o Supremo Tribunal Federal; II – o Conselho Nacional de Justiça; III – o Superior Tribunal de Justiça; IV – o Tribunal Superior do Trabalho;V– os Tribunais Regionais Federais e Juízes Federais;VI – os Tribunais e Juízes do Trabalho;VII – os Tribunais e Juízes Eleitorais;VIII – os Tribunais e Juízes Militares; IX – os Tribunais e Juízes dos Estados e do Distrito Federal e Territórios. Dessa forma, a alternativa que abarca os órgãos do Poder Judiciário é a "e".

Gabarito "E".

(Técnico Judiciário –TJSP – 2013 –VUNESP) Segundo a Constituição Federal, é(são) órgão(s) do Poder Judiciário:

(A) o Tribunal de Contas da União.
(B) o Ministério da Justiça.
(C) o Superior Tribunal Federal.
(D) o Conselho Superior de Justiça.
(E) os Tribunais e os Juízes do Trabalho.

De acordo com o art. Art. 92 da CF/1988, são órgãos do Poder Judiciário: I – o Supremo Tribunal Federal; I-A o Conselho Nacional de Justiça; II – o Superior Tribunal de Justiça; III – os Tribunais Regionais Federais e Juízes Federais; IV – os Tribunais e Juízes do Trabalho; V – os Tribunais e Juízes Eleitorais; VI – os Tribunais e Juízes Militares; VII – os Tribunais e Juízes dos Estados e do Distrito Federal e Territórios.

Gabarito "E".

(Escrevente Técnico Judiciário – TJ/SP – 2011 – VUNESP) Assinale a alternativa que contempla somente órgãos integrantes do Poder Judiciário.

(A) Supremo Tribunal Federal; Conselho Nacional de Justiça; Tribunais e Juízes Militares.
(B) Superior Tribunal de Justiça; Defensoria Pública; Tribunais e Juízes do Trabalho.
(C) Tribunais e Juízes dos Estados e do Distrito Federal e Territórios; Ministério Público dos Estados; Conselho Nacional de Justiça.
(D) Procuradoria Geral do Estado; Tribunais e Juízes Militares; Tribunais e Juízes do Distrito Federal e Territórios.
(E) Tribunais e Juízes do Trabalho; Tribunais e Juízes Militares; Conselho Nacional do Ministério Público.

A: correta. O art. 92 da CF/1988 traz, em seus incisos, os órgãos que compõem o Poder Judiciário e, dentre eles, estão incluídos, além de outros, o Supremo Tribunal Federal, o Conselho Nacional de Justiça e os Tribunais e Juízes do Trabalho. **B:** incorreta. A Defensoria Pública

não é órgão do Poder Judiciário; **C:** incorreta. O Ministério Público dos Estados não é órgão do Poder Judiciário; **D:** incorreta. A Procuradoria Geral do Estado não é órgão do Poder Judiciário; **E:** incorreta. O Conselho Nacional do Ministério Público não é órgão do Poder Judiciário.
Gabarito "A".

(Escrevente Técnico Judiciário – TJ/SP – 2007 –VUNESP) Com relação à acumulação de funções e vencimentos dos servidores públicos da administração direta, autárquica e fundacional, é correto afirmar que

(A) a acumulação de cargos constitucionalmente é permitida, desde que se trate de acumulação de um cargo técnico ou científico com um cargo de professor, sem cumulação de vencimentos de cada função.

(B) a acumulação de cargos é excepcionalmente permitida, no caso de dois cargos ou empregos privativos de profissionais de saúde, com profissões regulamentadas, com a acumulação dos vencimentos de cada função.

(C) o servidor investido no mandato de Vereador, desde que haja compatibilidade de horários para o exercício de ambas atribuições, perceberá as vantagens de seu cargo, emprego ou função, sem prejuízo da remuneração do cargo eletivo.

(D) o servidor investido no mandato de Prefeito será afastado do cargo, emprego ou função que antes desempenhava, sendo-lhe vedada a cumulação de remunerações, e perceberá, compulsoriamente, os subsídios atribuídos ao Prefeito Municipal.

(E) tratando-se de mandato eletivo federal, estadual ou distrital, o servidor ficará afastado de seu cargo, emprego ou função, sem prejuízo da remuneração percebida no serviço público, cumulando-a com a do mandato eletivo.

A e B: incorreta. Não refletem o disposto no art. 37, XVI, *a, b e c*, da CF/1988; **C:** correta (art. 38, III, da CF/1988); **D:** incorreta. Não reflete o disposto no art. 38, II, da CF/1988; **E:** incorreta. Não reflete o disposto no art. 38, I a V, da CF/1988.
Gabarito "C".

(Escrevente Técnico Judiciário – TJ/SP – 2007 – VUNESP) Assinale a alternativa correta.

(A) O prazo de validade de um concurso é de até dois anos, prorrogável por uma única vez pelo período de um ano.

(B) Os cargos, empregos e funções públicas são acessíveis somente aos brasileiros, natos ou naturalizados, que preencham os requisitos estabelecidos em lei.

(C) As pessoas jurídicas de direito público e as de direito privado prestadoras de serviços públicos responderão pelos danos que seus agentes, nessa qualidade, causarem a terceiros, desde que demonstrados o dolo ou a culpa do agente responsável pela prática do ato.

(D) Os agentes públicos devem receber as reclamações efetuadas por qualquer pessoa, para defesa de direito próprio, que versem sobre a conduta de quaisquer autoridades do Poder Legislativo, do Poder Executivo ou do Poder Judiciário, com fundamento na previsão constitucional do direito de petição.

(E) Os atos de improbidade administrativa importarão a suspensão dos direitos políticos, a perda da função pública, a indisponibilidade dos bens e o ressarcimento ao erário, na forma e gradação previstas em lei, não cabendo ação penal pelos mesmos fatos.

A: incorreta. Não reflete o disposto no art. 37, III, da CF/1988; **B:** incorreta. Não reflete o disposto no art. 37, I, da CF/1988; **C:** incorreta. Não reflete o disposto no art. 37, § 6º, da CF/1988; **D:** correta (art. 5º, XXXIV, *a*, da CF/1988); **E:** incorreta. Não reflete o disposto no art. 37, § 4º, da CF/1988.
Gabarito "D".

(Escrevente Técnico Judiciário – TJ/SP – 2006.1 – VUNESP) O servidor público

(A) poderá acumular até três cargos públicos remunerados, desde que haja compatibilidade de horários ou turnos e tenha realizado os respectivos concursos públicos.

(B) que praticar ato de improbidade poderá perder a função pública, mas não poderá ter suspensos seus direitos políticos por esse motivo.

(C) tem garantidos, constitucionalmente, o direito de greve, nos termos e nos limites a serem definidos em lei específica, e o direito à livre associação sindical.

(D) do Poder Judiciário não poderá ter vencimentos inferiores aos pagos pelo Poder Executivo.

(E) deve observar, quanto aos atos que pratica, os princípios da pessoalidade e do sigilo.

A: incorreta. Não reflete o disposto no art. 37, XVI, *a, b e c*, da CF/1988; **B:** incorreta. Não reflete o disposto no art. 37, § 4º, da CF/1988; **C:** correta (art. 37, VII, da CF/1988); **D:** incorreta. Não reflete o disposto no art. 37, XII, da CF/1988; **E:** incorreta. Viola o art. 37, *caput*, da CF/1988, que determina a observância dos princípios da impessoalidade e da publicidade.
Gabarito "C".

(VUNESP – 2007) O princípio da moralidade impõe a todo administrador respeitar os princípios éticos de razoabilidade e justiça por constituir, a partir da Constituição de 1988, pressuposto de validade de todo ato da administração pública.

A partir dessa afirmação, assinale a resposta correta.

(A) O Poder Judiciário pode controlar a legalidade dos atos da Administração Pública, mas é-lhe vedado controlar a moralidade dessa atuação.

(B) O controle de moralidade da Administração Pública se fará mediante aferição das finalidades que inspiraram a autoridade acusada de prática imoral.

(C) Ao consagrar o princípio da moralidade, o constituinte não consagrou igualmente a necessidade de proteção à moralidade e responsabilização do administrador amoral.

(D) Esse postulado fundamental conferiu substância e deu expressão a uma pauta de valores éticos, sobre os quais se funda a ordem positiva do Estado.

A e C: incorretas. O controle externo do Judiciário abrange a legalidade e a moralidade, pois o ato administrativo é válido se observar a lei e os princípios, dentre os quais o da moralidade; **B:** incorreta. A finalidade ou intenção do agente não é importante, pois a moralidade exige padrões objetivos de conduta dos administradores públicos; **D:** correta. A afirmação reflete a noção de moralidade.
Gabarito "D".

(VUNESP – 2012) Assinale a alternativa que aponta uma acumulação de cargos, empregos ou funções públicas, vedada pela Constituição Federal.

(A) Um cargo de professor na Administração Direta com outro técnico ou científico em autarquia.

6. DIREITO CONSTITUCIONAL

(B) Dois cargos de enfermeiro, sendo um em hospital Municipal e outro em Posto de Saúde em outro Município.
(C) Dois cargos de professor na Administração Direta.
(D) Cargo de Procurador Municipal com o emprego de consultor jurídico numa sociedade de economia mista.
(E) Cargo de médico na Prefeitura e outro de médico em empresa pública.

Art. 37, XVI, "a" a "c", da CF.
Gabarito "D".

(VUNESP – 2012) É um direito constitucional do servidor ocupante de cargo público:

(A) relação de emprego protegida contra despedida arbitrária ou sem justa causa, nos termos de lei complementar, que preverá indenização compensatória, dentre outros direitos.
(B) seguro-desemprego, em caso de desemprego involuntário.
(C) fundo de garantia do tempo de serviço.
(D) jornada de seis horas para o trabalho realizado em turnos ininterruptos de revezamento, salvo negociação coletiva.
(E) proteção do mercado de trabalho da mulher, mediante incentivos específicos, nos termos da lei.

A, B, C, D: Direito dos trabalhadores urbanos e rurais (art. 7º, I, II, III e XIV, da CF), não dos servidores públicos; **E:** Art. 7º, XX c/c art. 39, § 3º, ambos da CF.
Gabarito "E".

(VUNESP – 2009) Sobre a Administração Pública, a Constituição Federal estabelece que:

(A) as funções de confiança, exercidas exclusivamente por servidores ocupantes de cargo efetivo, e os cargos em comissão, a serem preenchidos por servidores de carreira, destinam-se apenas aos cargos técnicos.
(B) a lei reservará o percentual de, pelo menos, dez por cento dos cargos e empregos públicos para as pessoas portadoras de deficiência e definirá os critérios de sua admissão.
(C) a administração fazendária e seus servidores fiscais terão, dentro de suas áreas de competência e jurisdição, precedência sobre os demais setores administrativos, na forma da lei.
(D) os atos de improbidade administrativa importarão a cassação dos direitos políticos, a suspensão da função pública e o ressarcimento ao erário, na forma e gradação previstas em lei, sem prejuízo da ação penal cabível.
(E) a autonomia gerencial e financeira dos órgãos e entidades da administração direta e indireta não poderá ser ampliada mediante contrato, cabendo exclusivamente à lei dispor sobre a matéria.

A: incorreta, o art. 37, V, da CF, prevê que "as funções de confiança, exercidas exclusivamente por servidores ocupantes de cargo efetivo, e os cargos em comissão, a serem preenchidos por servidores de carreira nos casos, condições e percentuais mínimos previstos em lei, destinam-se apenas às atribuições de direção, chefia e assessoramento"; **B:** incorreta, o art. 37, VIII, da CF não estabelece o percentual mínimo, delegando sua fixação à lei. A propósito, o art. 5º, § 2º, da Lei 8.112/1990 prevê até 20% das vagas para os deficientes, caso as atribuições do cargo sejam incompatíveis com a deficiência; **C:** correta, art. 37, XVIII, da CF; **D:** incorreta, a cassação de direitos políticos é vedada pelo art. 15 da CF, que só prevê hipóteses de perda ou de suspensão. A prática de atos de improbidade administrativa acarreta suspensão de direitos políticos, na forma do art. 12, I, II e III da Lei de Improbidade Administrativa (Lei 8.429/1992); **E:** incorreta, o art. 37, § 8º, da CF expressamente permite a ampliação da autonomia gerencial.
Gabarito "C".

(VUNESP – 2013) A promoção na carreira da magistratura, de entrância para entrância, alternadamente, por antiguidade e merecimento, nos termos do inciso II, e alíneas, do art. 93 da Constituição Federal:

(A) está escorada em dispositivos autoaplicáveis, pois a exigência de edição de lei complementar para estabelecer o Estatuto da Magistratura não impede a imediata utilização dos preceitos constitucionais básicos que regem o Poder Judiciário e a magistratura.
(B) está escorada em dispositivos que reclamam a obediência à Lei Orgânica da Magistratura, LOMAN, para que tenham eficácia imediata.
(C) esses dispositivos referem-se aos critérios de promoção e de remoção dos Juízes Estaduais.
(D) esses dispositivos referem-se aos critérios de promoção e de remoção dos Juízes Federais.

A exigência de lei complementar para estabelecer o Estatuto da Magistratura **não impede utilização** dos preceitos constitucionais básicos que regem o Poder Judiciário e a magistratura. O *caput* de art. 93 da CF, de fato, determina que uma lei complementar, de iniciativa do Supremo Tribunal Federal, disponha sobre o Estatuto da Magistratura, desde que observados determinados princípios. A norma ainda não foi editada, mas o STF já definiu que "até o advento da lei complementar prevista no art. 93, *caput*, da CF, o Estatuto da Magistratura será disciplinado pelo texto da Lei Complementar 35/79, que foi recebida pela Constituição" (ADI 1.985, Rel. Min. Eros Grau, 13.05.2005). Além disso, a Corte Suprema já definiu em outro julgamento que a "**aplicabilidade das normas e princípios inscritos no art. 93 da CF independe da promulgação do Estatuto da Magistratura, em face do caráter de plena e integral eficácia de que se revestem aqueles preceitos** (ADI 189, Rel. Min. Celso de Mello, 22.05.1992).
Gabarito "A".

(VUNESP – 2013) Nos Tribunais com número superior a vinte e cinco julgadores, poderá ser constituído Órgão Especial:

(A) com identidade de atribuições administrativas e jurisdicionais idênticas às do Plenário do Tribunal.
(B) com provimento de um terço das vagas por antiguidade entre os juízes de carreira, um terço das vagas por antiguidade entre os juízes provenientes do quinto da Advocacia e do Ministério Público, alternadamente, e um terço por eleição do Tribunal Pleno.
(C) o Plenário do Tribunal, nos termos da Constituição, tem absoluta discricionariedade em decidir ou não pela criação de seu Órgão Especial, em seu regimento interno.
(D) aplicando-se a ele o quórum a que o Regimento Interno dispuser, no exercício das competências jurisdicionais e administrativas, inclusive disciplinares.

A: incorreta. De acordo com o art. 93, XI, da CF, nos tribunais com número superior a vinte e cinco julgadores, poderá ser constituído órgão especial, com o mínimo de onze e o máximo de vinte e cinco membros, para o exercício das **atribuições administrativas e jurisdicionais delegadas da competência do tribunal pleno**, provendo-se metade das vagas por antiguidade e a outra metade por eleição pelo Tribunal Pleno. Desse modo, o órgão especial exercerá apenas as atribuições que lhe forem delegadas pelo Plenário do Tribunal; **B:** incorreta. Como mencionado, metade das vagas, e não um terço, é provida por antiguidade e a outra por eleição do Tribunal Pleno. Vale lembrar que o art. 1.º da Resolução do CNJ 16 determina que, para tanto, deve ser respeitada a representação de advogados e membros do Ministério Público prevista nos artigos 94, 104, parágrafo único, II, e 111-A, I, todos da Constituição Federal; **C:** correta. De fato, como o texto constitucional utiliza a expressão "poderá" ser criado o órgão especial (e não deverá), os regimentos internos dos tribunais que definirão sobre a sua instituição; **D:** incorreta. A criação ou não do órgão especial é definida pelo regimento interno dos tribunais, mas, se criados devem observar as regras constitucionais e as normas que a regulamentam como a Resolução do CNJ 16.

Gabarito "C".

(VUNESP – 2013) O procedimento de responsabilização política dos Ministros do Supremo Tribunal Federal que pratiquem infrações político-administrativas atentatórias à Constituição Federal de 1988:

(A) respeitará o disposto no art. 28 da Lei Orgânica da Magistratura, porquanto, ao tomar posse o ministro do Supremo Tribunal Federal, torna-se vitalício.

(B) será processado perante o Senado Federal.

(C) será processado perante um Tribunal especial composto de três Ministros do Supremo Tribunal Federal, três do Senado Federal e três da Câmara dos Deputados.

(D) será processado perante o STF, e findo o prazo da defesa prévia, apresentada ou não, o Presidente convocará o Tribunal Pleno para que, em sessão secreta, nos termos do parágrafo segundo do art. 27 da LOMAN, decida sobre a responsabilidade do denunciado.

De acordo com o art. 52, II, da CF, o processo e o julgamento de responsabilização política dos Ministros do Supremo Tribunal Federal que pratiquem infrações político-administrativas (crimes de responsabilidade) atentatórias à Constituição Federal de 1988 são da competência privativa do Senado Federal.

Gabarito "B".

(VUNESP – 2013) Súmula do STF aprovada por 2/3 de seus membros, com efeito vinculante, nos termos do art. 103-A, da Constituição Federal,

(A) pode ser objeto de ação direta de inconstitucionalidade, proposta pelo Presidente da República.

(B) pode ser objeto de ação direta de inconstitucionalidade, proposta pelo Governador de Estado ou do Distrito Federal.

(C) não pode ser objeto de ação direta de inconstitucionalidade.

(D) pode ser objeto de ação direta de inconstitucionalidade, proposta pelo Procurador-Geral da República.

A súmula vinculante, prevista no art. 103-A da CF, **não pode ser objeto de ação direta de inconstitucionalidade**, pois seus preceitos não são dotados de abstração e generalidade. Além disso, há um **procedimento próprio** de revisão e **cancelamento** previsto na Lei 11.417/2006 que regulamenta o art. 103-A da CF. Desse modo, se seus comandos não estiverem de acordo com o texto constitucional, a medida a ser tomada por quem tem legitimidade para tanto (art. 3.º da Lei 11.417/2006) é o pedido de cancelamento.

Gabarito "C".

(VUNESP – 2011) Na hipótese de um Deputado Federal e um membro do Tribunal de Contas do Estado serem pacientes do *habeas corpus*, a competência originária para processar e julgar esse remédio constitucional será, respectivamente,

(A) do Supremo Tribunal Federal e do Superior Tribunal de Justiça.

(B) do Superior Tribunal de Justiça e do Tribunal de Justiça do Estado.

(C) do Supremo Tribunal Federal e do Tribunal de Justiça do Estado.

(D) do Tribunal Regional Federal e do Tribunal de Justiça do Estado.

A: correta, pois o art. 102, I, "d", da CF, dispõe que compete ao STF processar e julgar, originariamente o *habeas corpus*, sendo paciente o Presidente da República, o Vice-Presidente, os membros do Congresso Nacional (Deputados e Senadores), seus próprios Ministros, o Procurador-Geral da República, os Ministros de Estado, os Comandantes da Marinha, do Exército e da Aeronáutica, ressalvado o disposto no art. 52, I, da CF, os membros dos Tribunais Superiores, os do Tribunal de Contas da União e os chefes de missão diplomática de caráter permanente No que diz respeito aos membros do Tribunal de Contas do Estado serem pacientes do *habeas corpus*, a competência originária é a do Superior do Tribunal de Justiça, nos termos do art. 105, I, "c" e "a", da CF; **B:** incorreta, pois o Superior Tribunal de Justiça irá processar e julgar os Governadores dos Estados e do Distrito Federal, os desembargadores dos Tribunais de Justiça dos Estados e do Distrito Federal, os membros dos Tribunais de Contas dos Estados, do Distrito Federal e dos Municípios, os membros do Ministério Público da União e dos Tribunais Regionais, nos termos do art. 105, I "a" e "c", da CF. A competência dos Tribunais de Justiça será definida na Constituição do Estado, sendo a lei de organização judiciária de iniciativa do tribunal de justiça, conforme art. 125, § 1º, da CF e art. 70, do ADCT; **C:** incorreta, pelos mesmos fundamentos citados nas duas primeiras alternativas; **D:** incorreta, já compete aos Tribunais Regionais Federais processar e julgar, originariamente os "*habeas corpus*", quando a autoridade coatora for juiz federal, nos termos do art. 108, I, "d", da CF.

Gabarito "A".

(VUNESP – 2011) Assinale a alternativa correta sobre o Poder Judiciário na Constituição Federal.

(A) O ato de remoção, disponibilidade, demissão e aposentadoria do magistrado, por interesse público, fundar-se-á em decisão por voto da maioria absoluta do respectivo tribunal ou do Conselho Nacional de Justiça, assegurada ampla defesa.

(B) Os julgamentos dos órgãos do Poder Judiciário serão públicos, e fundamentadas todas as decisões, podendo a lei limitar a presença, em determinados atos, às próprias partes e a seus advogados, em casos nos quais a preservação do direito à intimidade do interessado no sigilo não prejudique o interesse da Administração Pública.

(C) Um quinto dos lugares dos Tribunais dos Estados, e do Distrito Federal e Territórios será composto de membros do Ministério Público, com mais de quinze anos de carreira, e de advogados de notório saber jurídico e de reputação ilibada, com mais de quinze anos de efetiva atividade profissional, indicados em lista sêxtupla pelos órgãos de representação das respectivas classes.

(D) Nos tribunais com número superior a vinte e cinco julgadores, poderá ser constituído órgão especial, com o mínimo de onze e o máximo de vinte e cinco membros, para o exercício das atribuições administrativas e jurisdicionais delegadas da competência do tribunal pleno, provendo-se metade das vagas por antiguidade e a outra metade por eleição pelo tribunal pleno.

A: incorreta, pois o art. 93, VIII, da CF, não faz menção a demissão. Assim, a lei complementar, de iniciativa do Supremo Tribunal Federal, disporá sobre o Estatuto da Magistratura, observando o ato de remoção, disponibilidade e aposentadoria do magistrado por interesse público, fundar-se-á em decisão por voto da maioria absoluta do respectivo tribunal ou do Conselho Nacional de Justiça, assegurada ampla defesa. A Emenda Constitucional nº 103/2019 acabou com a pena de aposentadoria compulsória para magistrados e membros do MP (arts. 93, VIII, 103-B, § 4º, III, e art. 130-A, § 2º, III, todos da CF/88); **B:** incorreta, pois o que se protege é a intimidade do interessado e que o sigilo não prejudique o interesse público à informação e não o interesse da Administração Pública, nos termos do art. 93, IX, da CF; **C:** incorreta, pois um quinto dos lugares dos Tribunais Regionais Federais, dos Tribunais dos Estados, e do Distrito Federal e Territórios será composto de membros do Ministério Público, com mais de **dez anos** de carreira, e de advogados de notório saber jurídico e de reputação ilibada, com mais de **dez anos** de efetiva atividade profissional, indicados em lista sêxtupla pelos órgãos de representação das respectivas classes (art. 94, caput, da CF); **D:** correta, literalidade do art. 93, XI, da CF. Devemos citar que a Resolução n. 16, de 30 de maio de 2006, do Conselho Nacional de Justiça, estabelece critérios para a composição e eleição do Órgão Especial dos Tribunais.

Gabarito "D".

(VUNESP – 2009) Sobre o Poder Judiciário, é correto afirmar que

(A) aos juízes é vedado exercer a advocacia no juízo ou tribunal do qual se afastaram, antes de decorridos 3 (três) anos do afastamento do cargo por aposentadoria ou exoneração.

(B) um quinto dos lugares dos Tribunais Regionais Federais, dos Tribunais dos Estados e do Superior Tribunal de Justiça, será composto por membros do Ministério Público, com mais de 10 (dez) anos de carreira, e de advogados de notório saber jurídico e de reputação ilibada, com mais de 10 (dez) anos de efetiva atividade profissional, indicados em lista sêxtupla pelos órgãos de representação das respectivas classes.

(C) o Conselho Nacional de Justiça compõe-se de quinze membros com mais de 30 (trinta) e menos de 66 (sessenta e seis) anos de idade, com mandato de 2 (dois) anos, admitida uma recondução.

(D) os Tribunais Regionais Federais compõem-se de, no mínimo, nove juízes, recrutados, quando possível, na respectiva região e nomeados pelo Presidente da República dentre os brasileiros com mais de 30 (trinta) e menos de 65 (sessenta e cinco) anos.

A: correta, art. 95, parágrafo único, V, da CF; **B:** incorreta. No caso do STJ, o tribunal é composto por um terço de magistrados federais, um terço de magistrados estaduais e o último terço, dividido em partes iguais, dentre membros do Ministério Público (federal, distrital estadual) e advogados (art. 104, I e II, da CF) – daí falar-se em "terço constitucional" e não em "quinto constitucional" para o STJ; **C:** incorreta. A atual redação do art. 103-B, caput, da CF não traz idade mínima ou máxima; **D:** incorreta. Mínimo de sete juízes (art. 107, caput, da CF).

Gabarito "A".

(VUNESP – 2011) Sobre as súmulas vinculantes, indique a resposta correta.

(A) São aprovadas pelo Supremo Tribunal Federal, de ofício ou por provocação, mediante decisão de dois terços dos seus membros, após reiteradas decisões sobre matéria constitucional.

(B) Serão revisadas ou canceladas por provocação de todos quantos legitimados à propositura de ação popular.

(C) São editadas pelo Supremo Tribunal Federal, quando se cuidar de tema constitucional, ou pelo Superior Tribunal de Justiça, quando se cuidar de questão infraconstitucional, e terão efeito vinculante em relação aos demais órgãos do Poder Judiciário e à administração pública direta e indireta, nas esferas federal, estadual e municipal.

(D) Apenas quanto ao ato administrativo que contrariar a súmula vinculante é que caberá reclamação ao Supremo Tribunal Federal.

(E) Enquanto permanecer inalterada a composição do Supremo Tribunal Federal existente quando da edição da súmula vinculante não será permitida a sua revisão.

Art. 103-A, §§ 1º a 3º, da CF.

Gabarito "A".

(VUNESP – 2011) Sobre o Conselho Nacional de Justiça, é correto afirmar que

(A) se compõe de quinze membros com mais de trinta e cinco e menos de sessenta e cinco anos de idade, com mandato de dois anos, admitida uma recondução.

(B) será presidido pelo Presidente do Supremo Tribunal Federal, sendo os demais membros do Conselho nomeados pelo Presidente da República, depois de aprovada a indicação pela maioria absoluta do Senado Federal.

(C) receberá e conhecerá das reclamações contra membros ou órgãos do Poder Judiciário e órgãos prestadores de serviços notariais e de registro que atuem por delegação do poder público ou oficializados, todavia não lhe competindo, entre as sanções possíveis, a aplicação da pena de disponibilidade.

(D) terá seus membros nomeados pelo Presidente da República, depois de aprovada a escolha pela maioria absoluta da Câmara dos Deputados.

(E) o Ministro do Superior Tribunal de Justiça que compuser o órgão exercerá a função de Ministro-Corregedor, sem prejuízo de suas normais atribuições no tribunal de origem.

A: O art. 103-B da CF não se refere a limites de idade; **B:** Art. 103-B, §§ 1º e 2º, da CF; **C:** Não reflete o disposto no art. 103-B, § 4º, III, da CF; **D:** Não reflete o disposto no art. 103-B, § 2º, da CF; **E:** Não reflete o disposto no art. 103-B, § 5º, da CF.

Gabarito "B".

(VUNESP – 2009) Assinale a alternativa correta no que tange ao disposto na Constituição da República sobre o Poder Judiciário.

(A) O Superior Tribunal de Justiça é composto de um terço de juízes dos Tribunais Regionais Federais, um terço de advogados e um terço de membros do Ministério Público Federal.

(B) Dois desembargadores estaduais deverão compor o Tribunal Regional Eleitoral mediante eleição, pelo voto secreto.

(C) Nas hipóteses de grave violação de direitos humanos, o Advogado-Geral da União poderá suscitar, perante o Supremo Tribunal Federal, incidente de deslocamento de competência para a Justiça Federal.

(D) Aos juízes federais compete processar e julgar, nas infrações penais comuns e nos crimes de responsabilidade, os Ministros de Estado.

(E) São irrecorríveis as decisões do Tribunal Superior Eleitoral, salvo as que violarem a Constituição e as que concederam *habeas corpus*.

A: Um terço de magistrados federais, um terço de magistrados estaduais e o último terço, dividido em partes iguais, dentre membros do Ministério Público (federal, distrital estadual) e advogados (art. 104, I e II, da CF) – daí falar-se em "terço constitucional" e não em "quinto constitucional" para o STJ; **B:** Art. 120, § 1º, I, *a*, da CF; **C:** Competência do Procurador-Geral da República (art. 109, § 5º, da CF); **D:** Competência do STF (art. 102, I, *c*, da CF); **E:** Salvo as que violam a CF e as denegatórias de HC e MS (art. 121, § 3º, da CF).

Gabarito "B".

(VUNESP – 2009) Conforme o previsto na Carta da República, a súmula vinculante

(A) poderá ter a sua aprovação provocada por aqueles que podem propor a ação direta de inconstitucionalidade.

(B) regularmente aprovada, não pode ser cancelada.

(C) terá efeito vinculante em relação ao Poder Legislativo, à Administração Direta ou Indireta e aos demais órgãos do Poder Judiciário.

(D) que for contrariada por ato administrativo ou decisão judicial ou quando indevidamente aplicada ensejará recurso ao Conselho Nacional de Justiça.

(E) deverá ser aprovada por maioria absoluta dos membros do Supremo Tribunal Federal.

Art. 103-A, *caput* e §§ 1º a 3º, da CF.

Gabarito "A".

(VUNESP – 2009) A sentença estrangeira

(A) quando for meramente declaratória, ou dispuser sobre direitos da personalidade, prescinde de homologação para a sua execução no Brasil.

(B) deverá ser homologada pelo Superior Tribunal de Justiça e, sucessivamente, pelo juízo competente para sua execução.

(C) dispensa homologação quando proferida em ação na qual figurem, como partes, exclusivamente cidadãos brasileiros.

(D) para ser executada no Brasil, deverá ser homologada pelo Superior Tribunal de Justiça.

A homologação de sentenças estrangeiras e a concessão de *exequatur* às cartas rogatórias, após a EC 45/2004, são da competência originária do STJ (art. 105, I, *i*, da CF).

Gabarito "D".

(VUNESP – 2009) Compete ao Supremo Tribunal Federal processar e julgar, originariamente,

(A) nas infrações penais comuns, os Governadores dos Estados e os desembargadores dos Tribunais de Justiça dos Estados e do Distrito Federal.

(B) as ações contra o Conselho Nacional do Ministério Público.

(C) o mandado de segurança impetrado contra ato do Superior Tribunal de Justiça.

(D) os conflitos de atribuições entre autoridades judiciárias de um Estado e administrativas de outro ou do Distrito Federal, ou entre as deste e as da União.

Art. 102, I, *a* a *r*, da CF.

Gabarito "B".

(VUNESP – 2008) Sobre a extensão do controle judicial dos atos administrativos, é correto afirmar que

(A) o Poder Judiciário tem controle total sobre os atos administrativos discricionários.

(B) o Poder Judiciário não pode examinar os atos administrativos de separação e independência dos poderes.

(C) dentro dos itens do ato administrativo discricionário está a exigência de que deve ser praticado nos estritos limites da lei.

(D) não pode o Poder Judiciário questionar o mérito do ato administrativo.

A e D: O concurso considerou válido o entendimento doutrinário de que o Judiciário não pode executar qualquer controle de mérito do ato administrativo, pois os juízos de conveniência e oportunidade cabem exclusivamente à Administração, dentro dos limites da lei. Entretanto, a tendência da doutrina atual, e também da jurisprudência, é defender que a conveniência e a oportunidade devem observar critérios de moralidade e de razoabilidade; **B**: Não reflete o disposto no art. 5º, XXXV, da CF; **C**: Sim, pois discricionariedade não é sinônimo de arbitrariedade, mas preceitua a liberdade de atuação do administrador dentro dos limites previamente estabelecidos em lei.

Gabarito "C e D".

(VUNESP – 2007) O Conselho Nacional de Justiça tem a função de realizar o controle da atuação administrativa e financeira do Poder Judiciário e do cumprimento dos deveres funcionais dos juízes e, para bem desempenhar sua missão constitucional, é-lhe permitido atuar como órgão administrativo hierarquicamente superior na função

(A) correcional e disciplinar, podendo analisar tanto a legalidade quanto o mérito de eventuais faltas funcionais.

(B) de controle da atuação administrativa, podendo desconstituir o ato discricionário praticado, com apreciação inclusive quanto ao mérito.

(C) de controle da atuação financeira, podendo desconstituir o ato discricionário praticado, com apreciação inclusive quanto ao mérito.

(D) de controle da atuação administrativa e financeira, podendo desconstituir o ato praticado, mas sem apreciação do mérito.

Art. 103-B, § 4º, II, III, V, e § 5º, II, da CF.

Gabarito "A".

(VUNESP – 2012) A EC n. 45/2004 estabeleceu o Conselho Nacional de Justiça, sobre a Presidência do Presidente do Supremo Tribunal Federal, com sede na Capital Federal, como órgão

(A) de cúpula administrativa do Poder Judiciário, com funções administrativas e jurisdicionais, composto por 15 membros, cuja maioria é formada por membros do Poder Judiciário.

(B) externo de fiscalização administrativa do Poder Judiciário, com funções administrativas, composto por 15 membros, cuja maioria é formada por membros indicados pelos Poderes Executivo e Legislativo.
(C) de cúpula administrativa do Poder Judiciário, com funções administrativas, composto por 15 membros, cuja maioria é formada por membros do Poder Judiciário.
(D) externo de fiscalização administrativa do Poder Judiciário, com funções administrativas, composto por 15 membros, cuja maioria é formada por membros do Poder Judiciário.
(E) externo de fiscalização administrativa do Poder Judiciário, com funções administrativas e jurisdicionais, composto por 15 membros, cuja maioria é formada por membros do Poder Judiciário.

A: incorreta, pois compete ao Conselho Nacional de Justiça o controle da atuação administrativa e Financeira do Poder Judiciário e do cumprimento dos deveres funcionais dos juízes, cabendo-lhe, além de outras de outras atribuições que lhe forem conferidas pelo Estatuto da Magistratura. Se não bastasse o CNJ não tem funções jurisdicionais, nos termos dos arts. 92, I e 103-B, § 4º, da CF; B: incorreta, já que a maioria é formada por membros do Poder Judiciário; C: correta, por força do art. 103-B da CF; D: incorreta, pois o CNJ é um dos órgãos do Poder Judiciário, logo, é órgão interno de fiscalização, nos termos do art. 92, I-A, da CF; E: incorreta, já que o CNJ não em funções jurisdicionais.
Gabarito "C".

(VUNESP – 2008) Assinale a alternativa correta.
(A) No recurso extraordinário, o recorrente deve demonstrar a repercussão geral das questões constitucionais discutidas no caso, a fim de que o STF admita o recurso, somente podendo recusá-lo pela manifestação da maioria absoluta dos seus membros.
(B) Quando o STF apreciar a inconstitucionalidade de norma ou ato, citará previamente o Procurador Geral da República, que defenderá o ato ou texto impugnado.
(C) Compete ao STF julgar, mediante recurso extraordinário, as causas decididas em única ou última instância, quando a decisão recorrida julgar válida lei local contestada em face de lei federal.
(D) O Advogado Geral da União deverá ser previamente ouvido nas ações de inconstitucionalidade e em todos os processos de competência do Supremo Tribunal Federal.

A: incorreta. Maioria de dois terços (art. 102, § 3º, da CF); B: incorreta. Atribuição do Advogado Geral da União (art. 103, § 3º, da CF); C: correta (art. 102, III, "d", da CF); D: incorreta. Atribuição do Procurador Geral da República (art. 103, § 1º, da CF).
Gabarito "C".

(VUNESP – 2012) Assinale a alternativa correta a respeito do Poder Judiciário.
(A) Os servidores do cartório judicial receberão delegação para a prática de atos de administração, de atos de mero expediente sem caráter decisório e decisões cujo teor tenha sido previamente encaminhado por modelo pelo juiz da Comarca.
(B) Os juízes gozam de vitaliciedade, que, no primeiro grau, só será adquirida após três anos de exercício, dependendo a perda do cargo, nesse período, de deliberação do tribunal a que o juiz estiver vinculado.

(C) Aos juízes é vedado dedicar-se à atividade político-partidária, exceto se expressamente autorizado pela maioria absoluta do órgão especial do Tribunal a que esteja vinculado.
(D) As decisões administrativas dos tribunais serão motivadas e em sessão secreta, sendo as disciplinares tomadas pelo voto da maioria absoluta de seus membros.
(E) Aos juízes é vedado exercer a advocacia no juízo ou tribunal do qual se afastou, antes de decorridos três anos do afastamento do cargo por aposentadoria ou exoneração.

A: Apenas para a prática de atos de administração e atos de mero expediente sem caráter decisório (art. 93, XIV, da CF); B: Não reflete o disposto no art. 95, I, da CF; C: Há vedação expressa na CF (art. 95, parágrafo único, III, da CF); D: Não reflete o disposto no art. 93, X, da CF; E: Art. 95, parágrafo único, V, da CF.
Gabarito "E".

(VUNESP – 2012) Assinale a alternativa correta a respeito do Poder Judiciário segundo a Constituição Federal.
(A) Compete ao Supremo Tribunal Federal processar e julgar, originariamente, a ação declaratória de constitucionalidade de lei ou ato normativo federal ou estadual.
(B) As decisões definitivas de mérito, proferidas pelo Supremo Tribunal Federal, nas ações diretas de inconstitucionalidade e nas ações declaratórias de constitucionalidade produzirão eficácia contra todos e efeito vinculante, relativamente aos demais órgãos do Poder Judiciário, do Poder Legislativo e à administração pública direta e indireta, nas esferas federal, estadual e municipal.
(C) O Advogado-Geral da União deverá ser previamente ouvido nas ações de inconstitucionalidade e em todos os processos de competência do Supremo Tribunal Federal.
(D) Compete ao Conselho Nacional do Ministério Público o controle da atuação administrativa e financeira do Poder Judiciário e do cumprimento dos deveres funcionais dos juízes, cabendo-lhe, ainda, outras atribuições que lhe forem conferidas pela Lei Orgânica do Ministério Público.
(E) Compete ao Superior Tribunal de Justiça processar e julgar, originariamente, a homologação de sentenças estrangeiras e a concessão de *exequatur* às cartas rogatórias.

A: Só cabe ação declaratória de lei ou ato normativo federal (art. 102, I, "a", da CF); B: Não há efeito vinculante em relação ao Poder Legislativo (art. 102, § 2º, da CF); C: O art. 103, § 1º, da CF refere-se ao Procurador-Geral da República. O AGU funciona como curador da constitucionalidade das normas e, por isso, funciona nas ações de inconstitucionalidade (art. 103, § 3º, da CF); D: O art. 103-B, § 4º, da CF estabelece que essas atribuições são do CNJ, não do CNMP; E: Art. 105, I, "i", da CF.
Gabarito "E".

(VUNESP – 2005) Considere as diversas regras relativas ao Poder Judiciário na Constituição Federal e aponte a alternativa correta.
(A) É da competência privativa e originária do STF processar e julgar o Presidente da República nos crimes comuns e de responsabilidade.

(B) Com a introdução da súmula vinculante no direito brasileiro, as atuais súmulas do STF, que tenham por objetivo a validade, a interpretação e a eficácia de normas determinadas, acerca das quais haja controvérsia atual entre órgãos judiciários ou entre esses e a administração pública que acarrete grave insegurança jurídica e relevante multiplicação de processos sobre questão idêntica, passam a produzir, automaticamente, efeito vinculante.

(C) O Conselho Nacional de Justiça deve atuar para que os magistrados obedeçam aos princípios constitucionais da Administração Pública, tendo o poder de aplicar sanções disciplinares contra juízes e de controlar a atuação administrativa e financeira do Poder Judiciário, estando impedido, entretanto, de interferir na atividade jurisdicional de juízes e tribunais.

(D) O Tribunal de Justiça poderá criar Câmaras regionais e tribunais de Alçada, com a finalidade de descentralizar o funcionamento da Justiça estadual.

(E) A Constituição permite que os juízes de direito exerçam a jurisdição das varas da Justiça do Trabalho, nas Comarcas não abrangidas por estas, com recurso para o Tribunal de Justiça.

A: incorreta. O Presidente da República responde perante o Supremo Tribunal Federal pelas infrações penais comuns (art. 102, I, "b", da CF) e perante o Senado Federal pelos crimes de responsabilidade, após autorização da Câmara dos Deputados (art. 86 da CF); **B:** incorreta. Para ser vinculante precisa seguir o procedimento do art. 103-A da CF, regulamentado pela Lei 11.417/2006; **C:** correta. Art. 103-B, § 4º, II, da CF; **D:** incorreta. Não reflete o disposto no art. 125, § 6º, da CF; **E:** incorreta. Não reflete o disposto no art. 112 da CF.
Gabarito "C".

(VUNESP – 2001) Um mandado de segurança decidido em única instância, por um Tribunal Superior, recebendo decisão denegatória, poderá ser levado a julgamento perante o Supremo Tribunal Federal em

(A) agravo regimental.
(B) recurso extraordinário.
(C) ação direta de inconstitucionalidade.
(D) recurso ordinário.
(E) recurso de revista.

Nos termos do art. 102, inciso II, alínea "a", da CF.
Gabarito "D".

(VUNESP – 2001) Um mandado de segurança contra ato do Procurador-Geral da República será julgado pelo Supremo Tribunal Federal

(A) originariamente.
(B) por via de recurso especial.
(C) por via de recurso extraordinário.
(D) por via de recurso ordinário.
(E) por via de recurso de revista.

Nos termos do art. 102, inciso I, alínea "d".
Gabarito "A".

(VUNESP – 2012) Relativamente à composição do Conselho Nacional de Justiça (CNJ), é correto afirmar que

(A) dois advogados serão indicados por dois estados da federação, havendo rotatividade entre os estados na indicação a cada novo mandato.

(B) um juiz do trabalho será indicado por um Tribunal Regional do Trabalho (TRT), havendo rotatividade entre os TRT's na indicação a cada novo mandato.

(C) um desembargador de tribunal de justiça será indicado pelo Superior Tribunal de Justiça (STJ).

(D) dois cidadãos, de notável saber jurídico e reputação ilibada, indicados um pela Câmara dos Deputados, e outro pelo Senado Federal.

A: incorreta. Os dois advogados que compõem o CNJ são indicados pelo Conselho Federal da OAB (art. 103-B, XII, da CF); **B:** incorreta. O juiz do trabalho é indicado pelo Tribunal Superior do Trabalho (art. 103-B, IX, da CF); **C:** incorreta. O desembargador do Tribunal de Justiça que compõe o CNJ é indicado pelo Supremo Tribunal Federal (art. 103-B, IV, da CF); **D:** correta (art. 103-B, XIII, da CF).
Gabarito "D".

(VUNESP – 2012) Cada um dos itens seguintes traz duas afirmações. Leia-as e depois indique qual alternativa oferece a resposta correta.

I. Os magistrados adquirem vitaliciedade após dois anos de exercício no cargo, seja em que instância for, e a inamovibilidade dos juízes pode ser excepcionada pelo interesse público, nos termos do artigo 93, VII, da Constituição Federal.

II. O ingresso na carreira de juiz será feito mediante concurso público, e um dos requisitos impostos aos candidatos, além da formação em direito, é o exercício prévio de atividade jurídica por, pelo menos, três anos, e a irredutibilidade de subsídios torna os juízes imunes à tributação por meio do imposto sobre a renda e proventos de qualquer natureza.

III. O juiz titular deverá residir na respectiva comarca, mas tal disposição poderá ser alterada pelo tribunal competente e não será promovido o juiz que, injustificadamente, retiver autos em seu poder além do prazo legal.

(A) O item I traz uma primeira afirmação correta e uma segunda afirmação incorreta.

(B) A primeira afirmação do item II deve ser lida em conjunto com a segunda afirmação do item I, e ambas estão incorretas.

(C) O item III está completamente correto.

(D) A segunda afirmação do item II deve ser lida em conjunto com a primeira afirmação do item III, e ambas estão corretas.

I: as duas afirmações estão corretas (art. 95, I e II, da CF); **II:** incorreta. De fato, o ingresso na carreira de juiz será feito mediante concurso público, e um dos requisitos impostos aos candidatos, além da formação em direito, é o exercício prévio de atividade jurídica por, pelo menos, três anos (art. 93, I, da CF). Já a irredutibilidade de subsídios *não torna* os juízes imunes à tributação por meio do imposto sobre a renda e proventos de qualquer natureza; **III:** correta. De fato, o juiz titular residirá na respectiva comarca, exceto se houver autorização do tribunal (art. 93, VII, da CF). Além disso, não será promovido o juiz que, injustificadamente, retiver autos em seu poder além do prazo legal, não podendo devolvê-los ao cartório sem o devido despacho ou decisão (art. 93, II, "e", da CF).
Gabarito "C".

(VUNESP – 2011) Assinale a alternativa correta a respeito do Conselho Nacional de Justiça (CNJ).

(A) Tem na sua composição um juiz federal, indicado pelo Supremo Tribunal Federal.

6. DIREITO CONSTITUCIONAL

(B) Tem na sua composição dois desembargadores de Tribunal de Justiça, indicados pelo Supremo Tribunal Federal.

(C) Tem na sua composição dois cidadãos, de notável saber jurídico e reputação ilibada, indicados, um pela Câmara dos Deputados e outro, pelo Senado Federal.

(D) É composto por 17 membros com mandato de 02 anos, admitida 01 recondução.

A: incorreta. De acordo com o art. 103-B, VI, da CF, o juiz do Tribunal Regional Federal (TRF) que compõe o CNJ é indicado pelo Superior Tribunal de Justiça (STJ); **B:** incorreta. Conforme o art. 103-B, IV, da CF há na composição do CNJ apenas *um* desembargador de Tribunal de Justiça, indicado pelo Supremo Tribunal Federal; **C:** correta (art. 103-B, XIII, da CF); **D:** incorreta. Conforme o *caput* do art. 103-B da CF, o CNJ é composto de 15 (quinze) membros com mandato de 2 (dois) anos, admitida 1 (uma) recondução.
Gabarito "C".

(VUNESP – 2011) Considerando, dentre outras razões, que os concursos públicos para outorga de delegação de serviços notariais e de registro não têm observado um padrão uniforme, sendo objeto de diversos procedimentos administrativos junto ao Conselho Nacional de Justiça (CNJ) e de medidas judiciais perante os órgãos judiciais de instância superior, o CNJ editou a Resolução nº 81, de 2009, que "dispõe sobre os concursos públicos de provas e títulos, para a outorga das Delegações de Notas e de Registro, e minuta de edital". O artigo 2º da citada Resolução prevê que "os concursos serão realizados semestralmente ou, por conveniência da Administração, em prazo inferior, caso estiverem vagas ao menos três delegações de qualquer natureza".

A esse respeito, pode-se afirmar que:

(A) é compatível com a Constituição da República o exercício de competência pelo CNJ para instaurar procedimentos administrativos relativamente a serviços notariais e de registro, mas não para editar resolução em decorrência do quanto apurado nos procedimentos em questão.

(B) é incompatível com a Constituição da República a previsão do art. 2º da Resolução 81 relativa à periodicidade para realização de concursos, a despeito de o CNJ possuir competência para editar resolução a esse respeito.

(C) é compatível com a Constituição da República o exercício de competência pelo CNJ para editar resoluções, mas não para instaurar procedimentos administrativos relativamente a serviços notariais e de registro, nem para disciplinar a periodicidade de realização de concursos para outorga desses serviços.

(D) é compatível com a Constituição da República o teor do art. 2º da Resolução 81 relativa à periodicidade para realização de concursos, a despeito de o CNJ não possuir competência para editar resolução a esse respeito.

(E) são compatíveis com a Constituição da República o exercício de competência pelo CNJ para instaurar procedimentos administrativos relativamente a serviços notariais e de registro e para editar resolução em decorrência do quanto apurado nos procedimentos em questão, bem como a previsão do art. 2º da Resolução 81 referente à periodicidade para realização de concursos.

Exercício da competência estabelecida no art. 103-B, § 4º, da CF.
Gabarito "E".

(VUNESP – 2009) Conforme a Constituição, aos juízes federais compete processar e julgar os crimes:

(A) contra a economia popular e o sistema financeiro.

(B) contra a organização do trabalho.

(C) praticados por estrangeiros.

(D) ecológicos e os praticados contra indígenas.

(E) praticados pelos membros dos Tribunais de Contas dos Municípios.

Art. 109, VI, da CF.
Gabarito "B".

5. QUESTÕES COMBINADAS

(Escrevente Técnico Judiciário – TJ/SP – 2011 – VUNESP) De acordo com o que dispõe a Lei 10.261/1968, é proibido ao funcionário público

(A) fazer contratos de natureza comercial e industrial com o Governo, por si, ou como representante de outrem.

(B) requerer ou promover a concessão de privilégios de invenção própria.

(C) constituir-se procurador ou servir de intermediário perante qualquer repartição pública, quando se tratar de interesse de cônjuge.

(D) trabalhar sob as ordens imediatas de parentes, até segundo grau, nas funções de confiança e livre escolha.

(E) cumprir as ordens superiores, representando quando forem manifestamente ilegais.

A: correta (art. 243, I, da Lei Estadual de São Paulo 10.261/1968); **B:** incorreta. É proibido requerer ou promover a concessão de privilégios, garantias de juros ou outros favores semelhantes, federais, estaduais ou municipais, **exceto** privilégio de invenção própria (art. 243, III, da Lei Estadual de São Paulo 10.261/1968); **C:** incorreta. A lei proíbe que o funcionário constitua-se procurador de partes ou sirva de intermediário perante qualquer repartição pública, **exceto** quando se tratar de **interesse de cônjuge** ou parente até segundo grau (art. 243, IX, da Lei Estadual de São Paulo 10.261/1968); **D:** incorreta. É proibido ao funcionário trabalhar sob as ordens imediatas de parentes, até segundo grau, **salvo quando se tratar de função de confiança e livre escolha**, não podendo exceder a 2 (dois) o número de auxiliares nessas condições (art. 244 da Lei Estadual de São Paulo 10.261/1968); **E:** incorreta. Isso é um **dever** e não uma proibição (art. 241, II, da Lei Estadual de São Paulo 10.261/1968).
Gabarito "A".

(Escrevente Técnico Judiciário – TJ/SP – 2011 – VUNESP) No tocante à extinção da punibilidade pela prescrição e conforme o disposto na Lei 10.261/1968, pode-se afirmar que

(A) a prescrição começa a correr após dois dias corridos ao dia em que a falta foi cometida.

(B) se interrompe a prescrição com a citação do acusado no processo administrativo.

(C) o lapso prescricional não corresponde, na hipótese de mitigação ou atenuação, ao da pena em tese cabível.

(D) a prescrição corre enquanto insubsistente o vínculo funcional que venha a ser restabelecido.

(E) extinta a punibilidade pela prescrição, a autoridade julgadora determinará o registro do fato nos assentamentos individuais do servidor.

A: incorreta. Há dois momentos para o início da contagem do prazo prescricional: **o dia em que a falta for cometida** ou o dia em que tenha cessado a continuação ou a permanência, nas faltas continuadas ou permanentes (art. 261, § 1º, da Lei Estadual de São Paulo 10.261/1968) **B:** incorreta. São causas interruptivas da prescrição a portaria que instaura a sindicância e a que instaura o processo administrativo (art. 261, § 2º, da Lei Estadual de São Paulo 10.261/1968); **C:** incorreta. **O lapso prescricional** nessa hipótese **corresponde ao da pena em tese** cabível (art. 261, § 3º, da Lei Estadual de São Paulo 10.261/1968); **D:** incorreta. Nesse caso não corre o prazo prescricional (art. 261, § 4º, da Lei Estadual de São Paulo 10.261/1968) **E:** correta (art. 261, § 5º, da Lei Estadual de São Paulo 10.261/1968).

Gabarito "E".

(Escrevente Técnico Judiciário – TJ/SP – 2011 – VUNESP) Assinale a alternativa que está em consonância com o disposto no Estatuto dos Funcionários Públicos Civis do Estado de São Paulo.

(A) Será obrigatório o processo administrativo quando a falta disciplinar, por sua natureza, possa determinar as penas de repreensão, suspensão e multa.

(B) São competentes para determinar a instauração do processo administrativo os Secretários de Estado e os Superintendentes de Autarquias, dentre outros.

(C) O processo administrativo deverá ser instaurado por portaria, no prazo improrrogável de quinze dias do recebimento da denúncia, e concluído no de noventa dias do interrogatório do acusado.

(D) Da portaria de instauração do processo administrativo deverão constar, obrigatoriamente, a indicação das normas infringidas e a penalidade mínima em tese cabível ao acusado.

(E) Comparecendo ou não o acusado ao interrogatório, inicia-se o prazo de cinco dias para requerer a produção de provas e arrolar até o máximo de três testemunhas.

A: incorreta. Nesse caso será **instaurada a sindicância** (art. 269 da Lei Estadual de São Paulo 10.261/1968); **B:** correta (arts. 274 e 206 ambos da Lei Estadual de São Paulo 10.261/1968); **C:** incorreta. O **prazo** para a instauração é de **oito** e não quinze dias. Além disso, deve ser concluído em até noventa dias, contados da citação do acusado (art. 277 da Lei Estadual de São Paulo 10.261/1968); **D:** incorreta. Da portaria deverão constar o nome e a identificação do acusado, a infração que lhe é atribuída, com descrição sucinta dos fatos, a indicação das normas infringidas e a penalidade **mais elevada** em tese cabível (art. 277, § 1º, da Lei Estadual de São Paulo 10.261/1968); **E:** incorreta. O **prazo** é de **três** e não cinco dias. Além disso, o presidente e cada acusado poderão arrolar até **cinco** as **testemunhas** (art. 283, caput e § 1º, da Lei Estadual de São Paulo 10.261/1968).

Gabarito "B".

(Escrevente Técnico Judiciário – TJ/SP – 2011 – VUNESP) Assinale a alternativa correta, no que diz respeito à revisão de punição disciplinar.

(A) A simples alegação de injustiça da decisão de punição disciplinar da qual não caiba mais recurso constitui fundamento para o pedido de revisão processual.

(B) Será admitida a reiteração do pedido de revisão processual pelo mesmo fundamento, por duas vezes.

(C) O pedido de revisão processual será instruído com as provas que o requerente possuir ou com indicação daquelas que pretenda produzir.

(D) O ônus da prova cabe ao requerente, e a pena imposta, conforme o caso, poderá ser agravada pela revisão.

(E) Deferido o processamento da revisão, será este realizado pelo mesmo Procurador de Estado que tenha funcionado no procedimento disciplinar de que resultou a punição do requerente.

A: incorreta. **Não constitui** fundamento para o pedido de revisão processual (art. 315, § 1º, da Lei Estadual de São Paulo 10.261/1968); **B:** incorreta. Ao contrário, não será admitida a reiteração do pedido de revisão processual pelo mesmo fundamento (art. 315, § 2º, da Lei Estadual de São Paulo 10.261/1968); **C:** correta (art. 317, parágrafo único, da Lei Estadual de São Paulo 10.261/1968); **D:** incorreta. De fato o ônus da prova cabe ao requerente, mas a pena não poderá ser agravada no caso de revisão (art. 315, § 4º, e 317, ambos da Lei Estadual de São Paulo 10.261/1968); **E:** incorreta. Será realizado por Procurador de Estado que não tenha funcionado no procedimento disciplinar de que resultou a punição do requerente (art. 319 da Lei Estadual de São Paulo 10.261/1968).

Gabarito "C".

(Escrevente Técnico Judiciário – TJ/SP – 2011 – VUNESP) Considerando o disposto na Lei 8.429/1992, analise as seguintes afirmativas.

I. Agir negligentemente na arrecadação de tributo ou renda, bem como no que diz respeito à conservação do patrimônio público, constituem atos de improbidade administrativa que causam prejuízo ao erário.

II. Deixar de prestar contas quando esteja obrigado a fazê-lo constitui ato de improbidade administrativa que causa prejuízo ao erário.

III. Praticar ato, visando fim proibido em lei ou regulamento ou diverso daquele previsto na regra de competência constitui ato de improbidade administrativa que atenta contra os princípios da Administração Pública.

IV. Negar publicidade aos atos oficiais, bem como frustrar a licitude de concurso público, constituem atos de improbidade administrativa que atentam contra os princípios da Administração Pública.

Está correto apenas o contido nas afirmativas

(A) I e II.
(B) I, II e III.
(C) I, II e IV.
(D) I, III e IV.
(E) II, III e IV.

I: correta (art. 10, X, da Lei 8.429/1992); **II:** incorreta. Deixar de prestar contas quando esteja obrigado a fazê-lo constitui ato de improbidade que atenta contra os princípios da Administração Pública (art. 11, VI, da Lei 8.429/1992); **III:** correta (art. 11, I, da Lei 8.429/1992); **IV:** correta (art. 11, IV, da Lei 8.429/1992).

Gabarito "D".

(Escrevente Técnico Judiciário – TJ/SP – 2011 – VUNESP) Na hipótese de ato de improbidade administrativa que importe em prejuízo ao erário, o agente público está sujeito, dentre outras penalidades, à suspensão dos direitos políticos de

(A) um a dois anos.
(B) dois a três anos.
(C) dois a quatro anos.
(D) cinco a seis anos.
(E) cinco a oito anos.

Os atos de improbidade administrativa estão previstos nos arts. 9º, 10 e 11, e as penalidades aplicáveis aos agentes que cometam tais atos, nos incs. I, II e III do art. 12, todos da Lei 8.429/1992. Na hipótese de prejuízo ao erário, as penalidades são: ressarcimento integral do dano, perda dos bens ou valores acrescidos ilicitamente ao patrimônio, se concorrer esta circunstância, perda da função pública, **suspensão dos direitos políticos de cinco a oito anos**, pagamento de multa civil de até duas vezes o valor do dano e proibição de contratar com o Poder Público ou receber benefícios ou incentivos fiscais ou creditícios, direta ou indiretamente, ainda que por intermédio de pessoa jurídica da qual seja sócio majoritário, pelo prazo de cinco anos.

Gabarito "E".

(Escrevente Técnico Judiciário – TJ/SP – 2011 – VUNESP) Em relação ao procedimento administrativo e ao processo judicial previstos na Lei 8.429/1992, assinale a alternativa correta.

(A) O cidadão brasileiro e eleitor não poderá representar à autoridade policial competente para que seja instaurada investigação destinada a apurar a prática de ato de improbidade.

(B) A representação, que poderá ser escrita ou oral, deverá conter a qualificação do representante, as informações sobre o fato e sua autoria, sendo desnecessária a apresentação de provas.

(C) A ação principal, que terá o rito ordinário, será proposta pelo Ministério Público ou pela pessoa jurídica interessada, dentro de trinta dias da efetivação da medida cautelar.

(D) É facultativa a transação, o acordo ou a conciliação nas ações de improbidade administrativa.

(E) Recebida a petição inicial, o réu será notificado para apresentar contestação, e, da decisão que receber a petição inicial, não caberá recurso.

A: incorreta. A lei menciona que **qualquer pessoa pode** representar à autoridade administrativa competente para que seja instaurada investigação destinada a apurar a prática de ato de improbidade (art. 14 da Lei 8.429/1992); **B:** incorreta. É necessária a apresentação das provas de que tenha conhecimento (art. 14, § 1º, da Lei 8.429/1992); **C:** correta (art. 17 da Lei 8.429/1992); **D:** incorreta. Transação, acordo e conciliação **são proibidos** (art. 17, § 1º, da CF/1988); **E:** incorreta. A decisão **comporta** a interposição de **agravo de instrumento** (art. 17, § 10, da Lei 8.429/1992).

Gabarito "C".

7. DIREITO PENAL

Eduardo Dompieri

1. CRIMES CONTRA A FÉ PÚBLICA E CONTRA A ADMINISTRAÇÃO PÚBLICA

(TJ/SP – 2019 – VUNESP) Tirso de Arruda é servidor público e nas horas de folga auxilia seu irmão, Tássio, em uma pequena gráfica, sem qualquer remuneração. Aproveitando-se dos materiais ali existentes, imprimiu dez passes de transporte público municipal, para usar nos deslocamentos de casa para o trabalho e vice-versa. Ao agir dessa forma, Tirso cometeu o crime

(A) de falsificação de selo ou sinal público.
(B) de falsificação de papéis públicos.
(C) de emissão de título ao portador sem permissão legal.
(D) de falsificação de documento público.
(E) assimilado ao de moeda falsa.

Segundo consta do enunciado, Tirso de Arruda, que é servidor público, pelo fato de ter acesso à gráfica de seu irmão, confecciona, de forma indevida, passes de transporte público municipal, o que lhe permite fazer os deslocamentos de casa para o trabalho sem custo, em prejuízo aos cofres do município/empresa concessionária que administra o sistema. Por conta disso, Tirso deverá ser responsabilizado pelo crime de falsificação de papéis públicos, tipificado no art. 293, VI, do CP, que consiste em o agente falsificar, fabricando ou alterando, bilhete, passe ou conhecimento de empresa de transporte administrada pela União, por Estado ou por Município. Perceba que este crime, conforme se depreende da sua descrição típica, comporta duas formas de execução: *fabricar* e *alterar*. Ou seja, o agente poderá proceder à falsificação de duas formas: ou fabricando o documento ou procedendo à sua alteração. *Fabricar* consiste em reproduzir, contrafazer, de forma a criar documento que até então não existia; já *alterar* deve ser entendido como modificar o conteúdo de documento já existente. Trata-se de crime comum, já que o tipo penal não impõe nenhuma qualidade ao sujeito ativo. Se o agente for funcionário público, como é o caso de Tirso, a pena, conforme previsão contida no art. 295 do CP, deve ser aumentada de sexta parte, desde que o *intraneus* se valha desta condição para a prática do crime (não é o caso de Tirso). Em outras palavras, embora Tirso seja funcionário público, ele não se prevaleceu de tal condição para a prática do crime, razão pela qual não poderá ser a ele imputada a causa de aumento de pena do art. 295 do CP.

Gabarito "B".

(TJ/SP – 2019 – VUNESP) A doutrina dominante define tipicidade como

(A) a adequação de um ato praticado pelo agente com as características que o enquadram à norma descrita na lei penal como crime.
(B) um juízo de valor negativo ou desvalor, indicando que a ação humana foi contrária às exigências do Direito.
(C) a voluntária omissão de diligência em calcular as consequências possíveis e previsíveis do próprio fato.
(D) um juízo de reprovação pessoal que recai sobre o autor do crime, que opta em praticar atos ou omissões de forma contrária ao Direito.
(E) uma ação delitiva de maneira consciente e voluntária.

A tipicidade, assim entendida como o enquadramento da conduta à norma penal descrita em abstrato (subsunção da conduta ao tipo penal), constitui um dos elementos do fato típico, a ser analisado no contexto do critério analítico de crime, que se funda nos elementos que compõem a estrutura do delito. Vale lembrar que o fato típico é composto, em regra, por conduta, resultado, relação de causalidade e tipicidade. No Brasil, adotou-se, no que toca à tipicidade, a teoria indiciária, segundo a qual a tipicidade gera uma presunção *jures tantum* de ilicitude, que será afastada diante da existência de prova de que o agente estava autorizado a praticar a conduta tida como típica. É o caso, por exemplo, da legítima defesa: embora a conduta seja típica, a lei autoriza o agente a defender-se de agressão injusta, desde que presentes os demais requisitos contidos no art. 25 do CP. A tipicidade pode ser formal, material ou conglobante. Tipicidade formal é a singela adequação do fato à norma penal incriminadora. Trata-se, portanto, do mero mecanismo de enquadramento da conduta à descrição típica. Sucede que o emprego tão somente desta modalidade de tipicidade não satisfaz a tendência hoje tão preconizada de evitar a incidência do direito penal, dado o seu caráter eminentemente subsidiário. Em razão disso, deve-se agregar à tipicidade formal uma nova dimensão, de sorte a somente ser considerada como típica a conduta que gere ameaça ou lesão relevante a bens jurídicos. É nisso que consiste a acepção material de tipicidade. É o que se verifica, somente a título de exemplo, na incidência do chamado princípio da insignificância, que constitui *causa supralegal de exclusão da tipicidade* (material), atuando como instrumento de interpretação restritiva do tipo penal. Pela *teoria da tipicidade conglobante*, concebida por Eugenio Raúl Zaffaroni, a tipicidade penal deve ser avaliada de forma conglobada, ou seja, deve ser cotejada com o ordenamento jurídico como um todo. Para esta teoria, é insuficiente a violação da lei penal. É ainda necessária a ofensa a todo o ordenamento jurídico (antinormatividade).

Gabarito "A".

(TJ/SP – 2019 – VUNESP) O servidor público que, por indulgência, deixar de responsabilizar o subordinado que cometeu infração no exercício do cargo, cometerá o crime de

(A) peculato mediante erro de outrem.
(B) prevaricação.
(C) condescendência criminosa.
(D) excesso de exação.
(E) emprego irregular de verbas públicas.

O funcionário público que, por indulgência (clemência, tolerância), deixar de promover a responsabilização de funcionário subordinado que tenha praticado infração no exercício do cargo, ou, caso incompetente, deixar de levar o fato ao conhecimento da autoridade com competência punitiva, responderá pelo crime de condescendência criminosa (art. 320 do CP). Perceba que, para a configuração deste crime, é de rigor, conforme consta de sua descrição típica, que a infração não apurada seja cometida *no exercício do cargo*. Cuida-se de crime próprio, na medida em que somente pode figurar como sujeito ativo o funcionário público, em especial o superior hierárquico. É crime omissivo próprio, cuja consumação é alcançada no instante da omissão, consistente em deixar de responsabilizar ou de levar o fato ao conhecimento da autoridade que detenha atribuição para proceder à apuração.

Gabarito "C".

(TJ/SP – 2019 – VUNESP) A conduta que se amolda ao crime de "inscrição de despesas não empenhadas em restos a pagar" é

(A) deixar de ordenar, de autorizar ou de promover o cancelamento do montante de restos a pagar inscrito em valor superior ao permitido em lei.

(B) ordenar ou autorizar a inscrição em restos a pagar de despesa que exceda o limite estabelecido em lei.

(C) ordenar, autorizar ou executar a inscrição em restos a pagar que acarrete aumento de despesa total com pessoal, nos sessenta dias anteriores ao final do mandato.

(D) ordenar, autorizar ou realizar operação de crédito, interno ou externo, sem prévia autorização legislativa e inscrevê-la em restos a pagar.

(E) ordenar ou autorizar a assunção de obrigação, nos dois últimos quadrimestres do último ano do mandato ou legislatura, e inscrevê-la em restos a pagar.

Trata-se do crime tipificado no art. 359-B do CP, que consiste na conduta do funcionário público que ordena ou autoriza a inscrição em restos a pagar de despesa que não tenha sido previamente empenhada ou que exceda os limites fixados em lei. Como se pode ver do preceito secundário do tipo penal, é crime de menor potencial ofensivo. O sujeito ativo é o funcionário público competente para ordenar ou autorizar a inscrição de despesa. Cuida-se, portanto, de crime próprio.
Gabarito "B".

(Escrevente – TJ/SP – 2018 – VUNESP) No tocante às infrações previstas nos artigos 307, 308 e 311-A, do Código Penal, assinale a alternativa correta.

(A) A conduta de atribuir a terceiro falsa identidade é penalmente atípica, sendo crime apenas atribuir a si próprio identidade falsa.

(B) O crime de fraude em certames de interesse público configura-se pela divulgação de conteúdo de certame, ainda que não sigiloso.

(C) O crime de fraude em certames de interesse público prevê a figura qualificada, se dele resulta dano à administração pública.

(D) A conduta de ceder o documento de identidade a terceiro, para que dele se utilize, é penalmente atípica, sendo crime apenas o uso, como próprio, de documento alheio.

(E) O crime de fraude em certames de interesse público é próprio de funcionário público.

A: incorreta, já que o tipo penal do art. 307 do CP (falsa identidade) contém dois verbos nucleares (tipo misto alternativo ou de conteúdo variado), a saber: *atribuir-se* (imputar a si próprio) ou *atribuir a terceiro* (imputar a outrem) falsa identidade. São duas, portanto, as condutas típicas previstas no tipo penal; **B:** incorreta, dado que o objeto da divulgação, para a configuração deste crime, deve ter caráter *sigiloso*, na forma prevista no art. 311-A, *caput*, do CP; logo, se não houver sigilo, a divulgação constitui fato atípico; **C:** correta. Qualificadora prevista no art. 311-A, § 2º, do CP; **D:** incorreta. Trata-se do crime previsto no art. 308 do CP; **E:** incorreta. O crime de fraude em certames de interesse público, capitulado no art. 311-A do CP, é comum, podendo, portanto, ser praticado por qualquer pessoa.
Gabarito "C".

(Escrevente – TJ/SP – 2018 – VUNESP) A respeito dos crimes praticados por funcionários públicos contra a administração pública, é correto afirmar que

(A) Caio, funcionário público, ao empregar verba própria da educação, destinada por lei, na saúde, em tese, incorre no crime de emprego irregular de verba pública (art. 315 do CP).

(B) Tícia, funcionária pública, ao exigir, em razão de sua função, que determinada empresa contrate o filho, em tese, incorre no crime de corrupção passiva (art. 317 do CP).

(C) Mévio, funcionário público, em razão de sua função, ao aceitar promessa de recebimento de passagens aéreas, para férias da família, não incorre no crime de corrupção passiva (art. 317 do CP), já que referido tipo penal exige o efetivo recebimento de vantagem indevida.

(D) Tício, funcionário público, ao se apropriar do dinheiro arrecadado pelos funcionários da repartição para comprar o bolo de comemoração dos aniversariantes do mês, em tese, pratica o crime de peculato (art. 312 do CP).

(E) Mévia, funcionária pública, não sendo advogada, não pode incorrer no crime de advocacia administrativa (art. 321 do CP), já que referido tipo penal exige a qualidade de advogado do sujeito ativo.

A: correta. Caio deverá ser responsabilizado pelo cometimento do crime de *emprego irregular de verbas ou rendas públicas* (art. 315, CP). Perceba que, neste crime, cuja objetividade jurídica é voltada à regularidade da Administração Pública, o agente não se apropria ou subtrai as verbas em proveito próprio ou de terceiro. O que se dá, aqui, é o emprego de verbas ou rendas públicas, pelo funcionário, em benefício da própria Administração, de forma diversa da prevista em lei. Assim, responderá por este crime aquele que desvia verba que, por lei, era da educação para a saúde. Não houve, como se pode notar, enriquecimento por parte do *intraneus* ou mesmo de terceiro; **B:** incorreta. Considerando que Tícia, valendo-se do cargo público que ocupa, *exigiu* a contratação de seu filho, deverá ser responsabilizada pelo crime de concussão (art. 316, *caput*, do CP). A conduta típica, na concussão, é representada, como dito, pelo verbo *exigir*, que tem o sentido de *demandar, ordenar*. Essa exigência traz ínsita uma ameaça à vítima, que, sentindo-se intimidada, acuada, acaba por ceder, entregando ao agente a vantagem indevida por ele perseguida. É aqui que este crime se distingue daquele previsto no art. 317 do CP – *corrupção passiva*. Neste, no lugar de *exigir*, o agente *solicita* (pede) vantagem indevida. *Importante:* a Lei 13.964/2019, posterior à elaboração desta questão, alterou a pena máxima cominada ao crime de concussão. Com isso, a pena para este delito, que era de 2 a 8 anos de reclusão, e multa, passa para 2 a 12 anos de reclusão, e multa. Corrige-se, dessa forma, a distorção que até então havia entre a pena máxima cominada ao crime de concussão e aquelas previstas para os delitos de corrupção passiva (317, CP) e corrupção ativa (art. 333, CP). Doravante, a pena, para estes três crimes, vai de 2 a 12 anos de reclusão, sem prejuízo da multa. Mesmo porque o crime de concussão denota, no seu cometimento, maior gravidade do que o delito de corrupção passiva. No primeiro caso, o agente exige, que tem o sentido de impor, obrigar, sempre se valendo do cargo que ocupa para intimidar a vítima e, dessa forma, alcançar a colimada vantagem indevida; no caso da corrupção passiva, como dito acima, o *intraneus*, no lugar de exigir, solicita, recebe ou aceita promessa de receber tal vantagem; **C:** incorreta. O crime de corrupção passiva (art. 317 do CP), como bem sabemos, é formal. Isso quer dizer que é prescindível, para que seja alcançada a sua consumação, que o agente receba a vantagem indevida. Na verdade, a consumação se opera em instante anterior, ou seja, o delito se aperfeiçoa, no caso narrado na assertiva, com a mera aceitação da promessa. Se de fato esta for auferida pelo agente, será considerada *exaurimento*, assim entendido o desdobramento típico posterior à consumação; **D:** incorreta, já que Tício não se valeu das facilidades que lhe proporciona o cargo que ocupa. Além disso, inexiste, neste caso, prejuízo para a Administração. Trata-se de questão privada que envolve colegas de trabalho. Pode-se falar, em princípio, de crime de apropriação indébita (art. 168, CP); **E:** incorreta. O crime de advocacia administrativa, tipificado no art. 321 do CP, pressupõe que um funcionário público, valendo-se dessa qualidade, patrocine, direta ou indiretamente, interesse privado perante a Administração Pública. Apesar do nome, não se exige que o sujeito ativo seja *advogado*. Cuida-se, isto sim, como já dito, de delito praticado por funcionário público (é crime próprio) que, valendo-se do cargo que ocupa, defende interesse privado de terceiro perante a Administração. Gabarito "A".

(Escrevente – TJ/SP – 2018 – VUNESP) A respeito dos crimes praticados por particulares contra a administração, em geral (arts. 328; 329; 330; 331; 332; 333; 335; 336 e 337 do CP), assinale a alternativa correta.

(A) O crime de desacato não se configura se o funcionário público não estiver no exercício da função, ainda que o desacato seja em razão dela.

(B) Para se configurar, o crime de usurpação de função pública exige que o agente, enquanto na função, obtenha vantagem.

(C) Para se configurar, o crime de corrupção ativa exige o retardo ou a omissão do ato de ofício, pelo funcionário público, em razão do recebimento ou promessa de vantagem indevida.

(D) Aquele que se abstém de licitar em hasta pública, em razão de vantagem indevida, não é punido pelo crime de impedimento, perturbação ou fraude de concorrência, já que se trata de conduta atípica.

(E) Não há previsão de modalidade culposa.

A: incorreta. Isso porque o ato injurioso ou ofensivo, no desacato (art. 331, CP), pode ser dirigido ao funcionário que esteja no exercício de sua função ou em razão dela (por causa dela). Neste último caso, embora o funcionário não esteja, no momento da ofensa, no seu horário de expediente, o ato ofensivo lhe é dirigido em razão da qualidade de funcionário público; **B:** incorreta. Sendo crime formal, a usurpação de função pública prescinde, à sua consumação, de resultado naturalístico, consistente no prejuízo para a Administração ou obtenção de vantagem por parte do agente. Se este obtiver vantagem, incorrerá na forma qualificada (art. 328, parágrafo único, do CP); **C:** incorreta. O crime de corrupção ativa, capitulado no art. 333 do CP, a exemplo de tantos outros delitos contra a Administração Pública, prescinde de resultado naturalístico (é formal). Dessa forma, a consumação é alcançada no exato instante em que o agente, neste caso particular, oferece ou promete vantagem indevida, pouco importando se houve o recebimento do suborno oferecido ou prometido ou mesmo se o ato, inerente às funções do *intraneus*, foi praticado, omitido ou retardado. Agora, se o funcionário omitir, retardar ou praticar o ato com infração a dever funcional, a pena impingida ao particular será aumentada em um terço (art. 333, parágrafo único, CP); **D:** incorreta. A conduta descrita no enunciado correspondia ao tipo penal do art. 335, parágrafo único, do CP, que foi revogado pela Lei 8.666/1993 (instituiu normas para licitações e contratos firmados pela Administração Pública), que, em seu art. 95, parágrafo único, estabelece ser crime a conduta do agente que *se abstém ou desiste de licitar, em razão da vantagem oferecida*. Trata-se, portanto, como se pode ver, de fato *típico*; **E:** correta. De fato, o Capítulo II do Título XI do CP (dos crimes praticados por particulares contra a administração em geral) não contempla crime cujo elemento subjetivo seja representado pela *culpa*. Há tão somente tipos penais dolosos. Cuidado: o capítulo I desse mesmo título (dos crimes praticados por funcionário público contra a administração em geral) contém o crime de peculato, que comporta a modalidade culposa (art. 312, § 2º, CP). Gabarito "E".

(Escrevente – TJ/SP – 2018 – VUNESP) A respeito dos crimes contra a administração da justiça (arts. 339 a 347 do CP), assinale a alternativa correta.

(A) A autoacusação para acobertar ascendente ou descendente é atípica.

(B) Dar causa a inquérito civil contra alguém, imputando-lhe falsamente a prática de crime, em tese, caracteriza o crime de denunciação caluniosa.

(C) Provocar a ação de autoridade, comunicando a ocorrência de crime que sabe não ter se verificado, em tese, caracteriza o crime de denunciação caluniosa.

(D) O crime de falso testemunho exige, para configuração, que o agente receba vantagem econômica ou outra de qualquer natureza.

(E) O crime de exercício arbitrário das próprias razões procede-se mediante queixa, ainda que haja emprego de violência.

A: incorreta, uma vez que o art. 341 do CP, que define o crime de autoacusação falsa, não contempla esta escusa absolutória, diferentemente do que se dá, por exemplo, no crime de favorecimento pessoal (art. 348, CP), em que não se pune o agente do favorecimento quando este for ascendente, descendente, cônjuge ou irmão. Dessa forma, se o pai imputar a si mesmo crime que sabe que foi praticado pelo filho, será responsabilizado pelo crime do art. 341 do CP; **B:** correta. O sujeito que provoca a instauração de inquérito civil contra alguém, sabendo-o inocente do crime que levou ao conhecimento da autoridade, comete o delito de *denunciação caluniosa*, capitulado no art. 339 do CP. Este crime não deve ser confundido com o do art. 340 do CP, *comunicação falsa de crime ou de contravenção*, em que a comunicação que deflagra a ação da autoridade não recai sobre pessoa certa, determinada. Na *denunciação caluniosa*, como já dito, o agente atribui a autoria da infração penal por ele levada ao conhecimento da autoridade a pessoa determinada, fornecendo dados à sua identificação. Difere, também, do tipo prefigurado no art. 138 do CP – *calúnia*, na medida em que, neste delito, atribui-se falsamente a alguém fato definido como crime. Sua consumação se opera no momento em que o fato chega ao conhecimento de terceiro (a honra atingida é a objetiva). Aqui, o agente não dá causa à instauração de investigação ou processo; **C:** incorreta. O sujeito que provoca a ação de autoridade, a esta comunicando a ocorrência de crime que sabe não ter se verificado, comete o delito de comunicação falsa de crime ou contravenção (art. 340, CP); **D:** incorreta, já que o crime de falso testemunho (art. 342, CP) se aperfeiçoa ao final do depoimento (é crime formal), pouco importando se a inverdade teve influência na instrução processual bem como se houve suborno. A propósito, se o crime for praticado mediante suborno, deverá incidir a causa de aumento de pena do art. 342, § 1º, do CP, mas tal não é necessário à configuração do crime; **E:** incorreta. A ação penal, no crime de exercício arbitrário das próprias razões, somente será privativa do ofendido (procede-se mediante queixa) se não houver emprego de violência; se houver, a ação penal será pública, cabendo a sua iniciativa ao MP (art. 345, parágrafo único, CP). Gabarito "B".

(Escrevente – TJ/SP – 2018 – VUNESP) A respeito do crime de exploração de prestígio (art. 357 do CP), é correto afirmar que

(A) prevê causa de aumento se o agente alega ou insinua que o dinheiro é também destinado a funcionário público estrangeiro.

(B) prevê modalidade culposa.

(C) se caracteriza pela conduta de receber dinheiro a pretexto de influir em ato praticado por qualquer funcionário público.

(D) se trata de crime comum, não se exigindo qualquer qualidade especial do autor.
(E) para se configurar, exige o efetivo recebimento de dinheiro pelo agente.

A: incorreta. A exploração de prestígio (art. 357 do CP), que com o delito de tráfico de influência (art. 332 do CP) é frequentemente confundida, caracteriza-se quando o agente *solicitar ou receber dinheiro ou qualquer outra utilidade*, a pretexto de influir em *juiz, jurado, órgão do Ministério Público, funcionário de justiça, perito, tradutor, intérprete ou testemunha*. A causa de aumento de pena, prevista no art. 357, parágrafo único, do CP, por sua vez, incidirá sempre que o agente alegar ou insinuar que o dinheiro ou utilidade solicitado ou recebido também se destina às pessoas referidas no *caput*, que, como se pode ver, não inclui o funcionário público estrangeiro; **B:** incorreta, dado que o crime de exploração de prestígio não prevê modalidade culposa; o elemento subjetivo é representado pelo dolo; **C:** incorreta. O agente que obtém vantagem, alegando gozar de prestígio junto à Administração para influir no comportamento de servidor público, comete o crime de tráfico de influência (art. 332 do CP). Este crime muito se assemelha ao estelionato, ou melhor, constitui uma modalidade específica de estelionato, em que o sujeito ativo vende a falsa ideia de que fará uso de sua influência para obter, em favor da vítima, benefício junto à Administração. Levada a engano pelo ardil aplicado pelo sujeito, o ofendido, ludibriado, entrega-lhe a vantagem perseguida. É crime de ação múltipla ou de conteúdo variado, uma vez que o tipo penal contempla várias condutas (solicitar, exigir, cobrar e obter). Este crime não deve ser confundido com o delito do art. 357 do CP (exploração de prestígio). Neste, as pessoas em relação às quais o agente alega gozar de prestígio estão especificadas no tipo penal: juiz, jurado, órgão do MP, funcionário de justiça etc. É crime contra a administração da Justiça, ao passo que o tráfico de influência é delito contra a administração pública em geral; **D:** correta. Trata-se, de fato, de crime comum, na medida em que o tipo penal não contempla nenhuma qualidade especial que deve ter o sujeito ativo; **E:** incorreta. Cuida-se de crime formal, isto é, não se exige, à sua consumação, a produção de resultado naturalístico. ED

Gabarito "D".

(Escrevente – TJ/SP – 2018 – VUNESP) A respeito dos crimes previstos nos artigos 293 a 305 do Código Penal, assinale a alternativa correta.

(A) A falsificação de livros mercantis caracteriza o crime de falsificação de documento particular (art. 298 do CP).
(B) O crime de falsidade ideológica (art. 299 do CP), em documento público, é próprio de funcionário público.
(C) No crime de falsidade de atestado médico (art. 302 do CP), independentemente da finalidade de lucro do agente, além da pena privativa de liberdade, aplica-se multa.
(D) O crime de supressão de documento (art. 305 do CP), para se caracterizar, exige que o documento seja verdadeiro.
(E) O crime de falsificação de documento público (art. 297 do CP) é próprio de funcionário público.

A: incorreta. Cuida-se de crime de falsificação de documento público (art. 297 do CP), haja vista que os *livros mercantis* equiparam-se, para os fins penais, a documento público, equiparação essa que também inclui, por força do art. 297, § 2º, do CP, o documento emanado de entidade paraestatal, o título ao portador ou transmissível por endosso, as ações de sociedade comercial e o testamento particular (hológrafo). São documentos que, embora particulares, são considerados, dada a sua relevância, públicos para fins penais; **B:** incorreta.

Isso porque o crime de falsidade ideológica, quer seja o documento público, quer seja particular, é *comum*. Significa que o sujeito ativo pode ser qualquer pessoa, inclusive o funcionário público. A propósito, se este delito for cometido pelo *intraneus*, valendo-se este do cargo que ocupa, a pena é aumentada de sexta parte (art. 299, parágrafo único, CP); **C:** incorreta, uma vez que a pena de multa somente será aplicada na hipótese de o crime do art. 302 do CP ser praticado com o fim de lucro (art. 302, parágrafo único, CP); não havendo tal finalidade, o médico que expediu o atestado falso estará sujeito tão somente à pena de detenção de um mês a um ano; **D:** correta. De fato, o objeto material do crime de supressão de documento (art. 305, CP) é o documento público ou particular, em qualquer caso *verdadeiro*; **E:** incorreta, uma vez que poderão figurar como sujeito ativo do crime de falsificação de documento público (art. 297, CP) tanto o particular quanto o funcionário público. Trata-se, portanto, de crime comum, em que não se exige do agente nenhuma qualidade especial. Agora, se se tratar de funcionário público que se vale, para o cometimento deste crime, de seu cargo, incidirá a causa de aumento prevista no § 1º do art. 297 do CP. ED

Gabarito "D".

(Escrevente Técnico Judiciário – TJSP – VUNESP – 2017) O crime denominado "petrechos de falsificação" (CP, art. 294) tem a pena aumentada, de acordo com o art. 295 do CP, se

(A) a vítima for menor de idade, idosa ou incapaz.
(B) praticado com intuito de lucro.
(C) cometido em detrimento de órgão público ou da administração indireta.
(D) o agente for funcionário público e cometer o crime prevalecendo-se do cargo.
(E) causar expressivo prejuízo à fé pública.

O crime denominado *petrechos de falsificação*, capitulado no art. 294 do CP, pune a conduta do agente que *fabrica* (cria, produz), *adquire* (compra, obtém), *fornece* (abastece, guarnece), *possui* (tem a posse) ou *guarda* (mantém consigo) objeto voltado especialmente à falsificação de papéis públicos (a que se refere o art. 293), tais como computadores, impressoras, máquinas, carimbos etc. Cuida-se de delito comum, assim entendido aquele cujo tipo penal não impõe nenhuma qualidade específica ao sujeito ativo. Em outras palavras, pode ser praticado por qualquer pessoa. O art. 295 do CP estabelece uma causa de aumento de pena para este crime: se o agente é funcionário público (art. 327, CP) e comete o crime valendo-se dessa condição, sua pena será aumentada de um sexto, o que torna correta a assertiva "D". ED

Gabarito "D".

(Escrevente Técnico Judiciário – TJSP – VUNESP – 2017) Funcionário público municipal, imprudentemente, deixa a porta da repartição aberta ao final do expediente. Assim agindo, mesmo sem intenção, concorre para que outro funcionário público, que trabalha no mesmo local, subtraia os computadores que guarneciam o órgão público. O Município sofre considerável prejuízo. A conduta do funcionário que deixou a porta aberta traduz-se em

(A) peculato-subtração.
(B) mero ilícito funcional, sem repercussão na esfera penal.
(C) fato atípico.
(D) peculato culposo.
(E) prevaricação.

Há, no Código Penal, quatro modalidades de peculato, a saber: *peculato-apropriação* (art. 312, *caput*, 1ª parte, do CP); *peculato--desvio* (art. 312, *caput*, 2ª parte, do CP); *peculato-furto* (art. 312, § 1º, do CP); e *peculato culposo* (art. 312, § 2º, CP). O enunciado descreve hipótese de peculato culposo, em que o agente, agindo de forma culposa (imprudência, negligência ou imperícia), concorre para o delito de terceiro, que se apropria, desvia ou subtrai o objeto material. Este terceiro pode ser tanto o particular quanto outro funcionário público, que se vale de descuido do funcionário ao qual cabe a vigilância do bem para, dessa forma, subtraí-lo. Questão bastante recorrente em concurso público refere-se à possibilidade de o funcionário ao qual se imputa a prática do peculato culposo ser agraciado com a extinção de sua punibilidade no caso de reparar o dano até o trânsito em julgado da sentença que o condenou (art. 312, § 3º, 1ª parte, do CP); se a reparação se der depois de a sentença tornar-se irrecorrível, poderá, neste caso, o funcionário ter a sua pena reduzida de metade (art. 312, § 3º, 2ª parte, do CP).

Gabarito "D".

(Escrevente Técnico Judiciário – TJSP – VUNESP – 2017) A conduta de "dar causa à instauração de investigação policial, de processo judicial, instauração de investigação administrativa, inquérito civil ou ação de improbidade administrativa contra alguém, imputando-lhe crime de que o sabe inocente" configura

(A) condescendência criminosa.
(B) denunciação caluniosa.
(C) fraude processual.
(D) falso testemunho.
(E) comunicação falsa de crime.

No crime de *denunciação caluniosa*, previsto no art. 339 do CP, temos que o sujeito ativo (é crime comum contra a Administração da Justiça) dá causa à *instauração de investigação policial*, de *processo judicial*, *instauração de investigação administrativa*, *inquérito civil* ou *ação de improbidade administrativa* contra alguém (pessoa determinada), a este atribuindo o cometimento de crime de que o sabe inocente. O tipo penal refere-se à falsa imputação de *crime*; se se tratar de *contravenção penal*, incorrerá o agente na causa de diminuição de pena prevista no art. 339, § 2º, do CP. Não devemos confundir este crime do art. 339 do CP com o do art. 340 do CP, *comunicação falsa de crime ou de contravenção*. Neste caso, a infração penal noticiada à autoridade não é imputada a ninguém; na denunciação caluniosa, diferentemente, há acusação contra pessoa determinada. Difere, também, do tipo penal prefigurado no art. 138 do CP – calúnia, na medida em que, neste delito, atribui-se falsamente a alguém fato definido como crime. Sua consumação se opera no momento em que o fato chega ao conhecimento de terceiro (a honra atingida é a objetiva). Aqui, o agente não dá causa à instauração de investigação ou processo.

Gabarito "B".

(Escrevente Técnico Judiciário – TJSP – VUNESP – 2017) O crime de "impedimento, perturbação ou fraude de concorrência", do art. 335 do CP, está assim definido: "impedir, perturbar ou fraudar concorrência pública ou venda em hasta pública, promovida pela administração federal, estadual ou municipal, ou por entidade paraestatal; afastar ou procurar afastar concorrente ou licitante, por meio de violência, grave ameaça, fraude ou oferecimento de vantagem."

Incorre na mesma pena estabelecida para o crime citado, nos termos do parágrafo único do mesmo artigo, quem

(A) se abstém de concorrer ou licitar, em razão da vantagem oferecida.
(B) sabendo da ocorrência do fato não o denuncia às autoridades públicas.
(C) faz proposta em certame licitatório que, posteriormente, deixa de cumprir.
(D) sendo agente público homologa certame sabendo-o fraudado.
(E) sendo agente público deixa de inabilitar concorrente sabendo-o fraudador.

A despeito de o conteúdo programático do concurso para o cargo de Escrevente Técnico Judiciário do Tribunal de Justiça de São Paulo contemplar, de forma expressa, o art. 335 do CP, é certo que a doutrina é pacífica no sentido de que as condutas ali previstas passaram a constituir infrações penais da Lei 8.666/1993, em especial os tipos penais dos arts. 90, 93, 95, 96 e 98. Como se pode ver, operou-se, em relação ao art. 335 do CP, revogação tácita. Se em vigor estivesse, a alternativa correta seria, de fato, a "A", que corresponde à causa de aumento de pena contida no parágrafo único do dispositivo em comento.

Gabarito "A".

(Escrevente Técnico Judiciário – TJSP – VUNESP – 2017) Certos crimes têm suas penas estabelecidas em patamares superiores quando presentes circunstâncias que aumentam o desvalor da conduta. São os denominados "tipos qualificados".

Assinale a alternativa que indica o crime que tem como qualificadoras "resultar prejuízo público" e "ocorrer em lugar compreendido na faixa de fronteira".

(A) Abuso de poder.
(B) Abandono de função.
(C) Violência arbitrária.
(D) Corrupção passiva.
(E) Exercício arbitrário das próprias razões.

O enunciado se refere às modalidades qualificadas do crime de abandono de função, que está inserido no art. 323 do CP. O § 1º desse dispositivo estabelece que, se do ato consistente em abandonar cargo público resultar prejuízo público, a pena será de detenção de 3 meses a 1 anos e multa, superior, portanto, àquela prevista no "caput", que vai de 15 dias a 1 mês de detenção ou multa. Já o § 2º prevê que, na hipótese de o abandono da função ocorrer em lugar compreendido em faixa de fronteira, a pena será de detenção de 1 a 3 anos e multa, que corresponde à forma mais grave desse crime.

Gabarito "B".

(Escrevente Técnico Judiciário – TJSP – VUNESP – 2017) Imagine que um perito nomeado pelo juiz, em processo judicial, mediante suborno, produza um laudo falso para favorecer uma determinada parte, praticando a conduta que configura crime do art. 342 do CP (falsa perícia). Ocorre que, arrependido e antes de proferida a sentença no mesmo processo, o perito retrata-se, corrigindo a falsidade. De acordo com o texto literal do art. 342, § 2º do CP, como consequência jurídica da retratação,

(A) o perito fica isento de pena criminal, mas deverá devolver os honorários recebidos em dobro.
(B) o perito, se condenado pelo crime de falsa perícia, terá a pena reduzida de 1/3 (um terço) a 2/3 (dois terços).
(C) o perito fica impedido, por 5 (cinco) anos, de prestar tal serviço.
(D) o perito fica isento de pena criminal, mas deverá indenizar o prejudicado pela falsidade que cometeu.
(E) o fato deixa de ser punível.

A conduta do perito se amolda ao tipo penal do art. 342, *caput*, do CP, uma vez que elaborou, mediante suborno, laudo falso imbuído do propósito de favorecer uma das partes. Sucede que, depois de o delito consumar-se, o perito, arrependido do que fizera, retrata-se, recompondo a verdade dos fatos, o que se deu antes de proferida a sentença no processo em que foi produzido o laudo falso. Neste caso, à luz do que estabelece o art. 342, § 2º, do CP, o fato deixa de ser punível, configurando hipótese de causa extintiva da punibilidade (art. 107, VI, do CP). **ED**

Gabarito "E".

(Escrevente Técnico – TJSP – 2015 – VUNESP) O peculato culposo

(A) é fato atípico, pois não está expressamente previsto no CP.
(B) tem a ilicitude excluída se o agente repara o dano a qualquer tempo.
(C) tem a punibilidade extinta se o agente repara o dano antes da sentença irrecorrível.
(D) é punido com detenção, de dois a doze anos, e multa.
(E) é punido com a mesma pena do peculato doloso.

A: incorreta, pois o peculato culposo está expressamente previsto no art. 312, § 2º, do CP; **B:** incorreta. A reparação do dano no peculato culposo, nos termos do art. 312, § 3º, do CP, ensejará a extinção da punibilidade (e não a exclusão da ilicitude, como consta na assertiva!) se for anterior à sentença irrecorrível, ensejando a redução da pena pela metade se posterior ao trânsito em julgado; **C:** correta, nos termos do art. 312, § 3º, primeira parte, do CP. Ressalte-se, uma vez mais, que, se a reparação do dano for posterior à sentença irrecorrível, apenas haverá a diminuição da pena do agente pela metade (art. 312, § 3º, segunda parte, do CP); **D:** incorreta. O peculato culposo é punido com detenção, de três meses a um ano. Já o peculato doloso (art. 312, *caput*, e § 1º, do CP) é punido com reclusão, de dois a doze anos, e multa; **E:** incorreta, pois, como visto no comentário à alternativa anterior, a pena do peculato culposo é de detenção, de três meses a um ano, ao passo que a do peculato doloso varia de dois a doze anos de reclusão, além da multa.

Gabarito "C".

(Escrevente Técnico – TJSP – 2015 – VUNESP) O funcionário público que tem conhecimento de infração cometida no exercício do cargo por subordinado e que, por indulgência, não promove sua responsabilização e também não comunica o fato ao superior competente para tanto pratica

(A) corrupção ativa (CP, art. 333).
(B) corrupção passiva (CP, art. 317).
(C) fato atípico, pois não está descrito expressamente como crime no CP.
(D) condescendência criminosa (CP, art. 320).
(E) prevaricação (CP, art. 319).

O funcionário público que, por indulgência, deixar de promover a responsabilização de funcionário subordinado que tenha praticado infração no exercício do cargo, ou, caso incompetente, deixar de levar o fato ao conhecimento da autoridade com competência punitiva, responderá pelo crime de condescendência criminosa (art. 320 do CP). Correta, portanto, a alternativa "D". As demais alternativas estão incorretas em virtude da própria descrição típica de cada um dos crimes. Confira: **A:** incorreta – corrupção ativa (art. 333 do CP): Oferecer ou prometer vantagem indevida a funcionário público, para determiná-lo a praticar, omitir ou retardar ato de ofício; **B:** incorreta – corrupção passiva (art. 317 do CP): Solicitar ou receber, para si ou para outrem, direta ou indiretamente, ainda que fora da função ou antes de assumi-la, mas em razão dela, vantagem indevida, ou aceitar promessa de tal vantagem; **C:** incorreta, pois a conduta descrita no enunciado amolda-se ao crime de condescendência criminosa, expressamente previsto no CP (art. 320); **E:** incorreta – prevaricação (art. 319 do CP): Retardar ou deixar de praticar, indevidamente, ato de ofício, ou praticá-lo contra disposição expressa de lei, para satisfazer interesse ou sentimento pessoal.

Gabarito "D".

(Escrevente Técnico – TJSP – 2015 – VUNESP) Com intuito de proteger seu filho, João comparece perante a autoridade policial e, falsamente, diz ter praticado o crime que em verdade fora praticado por seu filho. João

(A) comete falsa comunicação de crime.
(B) comete falso testemunho, mas não será punido por expressa disposição legal.
(C) comete falso testemunho.
(D) não comete crime algum, pois não está descrito expressamente como crime no CP.
(E) comete autoacusação falsa.

A: incorreta, pois a falsa comunicação de crime (art. 340 do CP) se caracteriza quando o agente provocar a ação de autoridade, comunicando-lhe a ocorrência de crime ou de contravenção que sabe não se ter verificado; **B** e **C:** incorretas, pois o falso testemunho é praticado quando uma testemunha, perito, contador, tradutor ou intérprete, em processo judicial ou administrativo, inquérito policial ou em juízo arbitral, fizer afirmação falsa, negar ou calar a verdade; **D:** incorreta, pois a conduta de João, como será melhor analisada no comentário à alternativa seguinte, praticou crime expressamente previsto no CP; **E:** correta. Comete autoacusação falsa aquele que se acusar, perante a autoridade, de crime inexistente ou praticado por outrem (art. 341 do CP). Dessa forma, João, que, imbuído do propósito de proteger seu filho, comparece à delegacia e se autoacusa de crime que, na verdade, foi praticado por seu filho, deverá ser responsabilizado pelo delito de autoacusação falsa.

Gabarito "E".

(Escrevente Técnico – TJSP – 2015 – VUNESP) Marcos, advogado, solicita certa quantia em dinheiro a Pedro, seu cliente, pois esclarece que mediante o pagamento dessa quantia em dinheiro pode "acelerar" o andamento de um processo. Informa que seria muito amigo do escrevente do cartório judicial – o qual também seria remunerado pela celeridade, segundo Marcos. Pedro, inicialmente, tem intenção de aceitar a oferta, mas verifica que Marcos mentiu, pois não é amigo do funcionário público. Pedro nega-se a entregar a Marcos qualquer quantia e não aceita a oferta. É correto afirmar que Marcos

(A) praticou corrupção passiva (CP, art. 317) e Pedro não cometeu crime algum.
(B) praticou exploração de prestígio (CP, art. 357) e Pedro não cometeu crime algum.
(C) praticou corrupção passiva (CP, art. 317) e Pedro corrupção ativa (CP, art. 333).
(D) e Pedro praticaram corrupção passiva (CP, art. 317).
(E) e Pedro não praticaram crime algum, pois os fatos não evoluíram.

Marcos, ao solicitar de seu cliente Pedro determinada quantia em dinheiro a pretexto de influir em funcionário da justiça (no caso, um escrevente do cartório judicial, de quem o advogado seria amigo), cometeu o crime de exploração de prestígio, tipificado no art. 357 do CP, que, inclusive, ensejaria o aumento da pena em um terço, nos termos do parágrafo único do referido dispositivo, visto que alegou que também seria destinatário da quantia solicitada referido funcionário público. Como Pedro se negou a entregar a quantia solicitada por seu advogado, não tendo aceitado a oferta, obviamente não cometeu crime algum. O fato de ter havido a recusa não afasta o crime cometido por Marcos, visto que basta a solicitação de qualquer utilidade, a pretexto de influir em juiz, jurado, órgão do Ministério Público, funcionário da justiça, perito, tradutor, intérprete ou testemunha, para que se caracterize a exploração de prestígio (art. 357 do CP). Correta, portanto, a alternativa B.

Gabarito "B".

7. DIREITO PENAL

(Escrevente Técnico – TJSP – 2015 – VUNESP) O *caput* do art. 293 do CP tipifica a falsificação de papéis públicos, especial e expressamente no que concerne às seguintes ações:

(A) produção e confecção.
(B) contrafação e conspurcação.
(C) fabricação e alteração.
(D) adulteração e corrupção.
(E) corrupção e produção.

O art. 293, *caput*, do CP tipifica a falsificação de papéis públicos por meio de dois comportamentos: fabricação e alteração. Assim, correta apenas a alternativa C.
Gabarito "C".

(Escrevente Técnico – TJSP – 2015 – VUNESP) O crime de falsidade ideológica (CP, art. 299) tem pena aumentada de sexta parte se

(A) cometido por motivo egoístico.
(B) a vítima sofre vultoso prejuízo.
(C) o agente aufere lucro.
(D) o agente é funcionário público e comete o crime prevalecendo-se do cargo.
(E) cometido com o fim de produzir prova em processo penal.

Nos termos do art. 299, parágrafo único, do CP, o crime de falsidade ideológica terá sua pena aumentada de sexta parte se o agente é funcionário público e comete o crime prevalecendo-se de seu cargo, ou, ainda, se a falsificação ou alteração for de registro civil. Correta, pois, a alternativa D.
Gabarito "D".

(Técnico Judiciário – TJSP – 2013 – VUNESP) Recentemente um novo delito que lesa a fé pública foi incluído no Código Penal. Assinale a alternativa que traz o *nomen iuris* desse crime.

(A) Emprego irregular de verbas ou rendas públicas.
(B) Fraudes em certame de interesse público
(C) Falsa identidade.
(D) Inserção de dados falsos em sistemas de informações.
(E) Modificação ou alteração não autorizada de sistema de informações.

A: incorreta, dado que o crime de *emprego irregular de verbas ou rendas públicas* está previsto no art. 315 do CP, no título "Dos Crimes contra a Administração Pública"; **B**: correta. O crime de *fraudes em certames de interesse público* foi inserido no Código Penal (art. 311-A), no título "Dos Crimes contra a Fé Pública", pela Lei 12.550/2011; **C**: incorreta, visto que o crime de *falsa identidade* está previsto no art. 307 do CP, no título "Dos Crimes contra a Fé Pública"; **D**: incorreta. O crime de *inserção de dados falsos em sistema de informações* está previsto no art. 313-A do CP, no título "Dos Crimes contra a Administração Pública"; **E**: incorreta. O crime de *modificação ou alteração não autorizada de sistema de informações* está previsto no art. 313-B do CP, no título "Dos Crimes contra a Administração Pública".
Gabarito "B".

(Técnico Judiciário – TJSP – 2013 – VUNESP) Apesar das discussões doutrinárias e jurisprudenciais acerca da revogação tácita do art. 350 do CP, é correto afirmar que o delito de exercício arbitrário ou abuso de poder

(A) prevê, no parágrafo único, formas equiparadas de cometimento do delito.
(B) impõe penas de reclusão, além da multa.
(C) admite a modalidade culposa e o perdão judicial.
(D) prevê apenas uma modalidade de conduta delitiva consistente em ordenar medida privativa de liberdade individual, sem as formalidades legais ou com abuso de poder.
(E) admite a modalidade culposa.

A: correta. De fato, o parágrafo único do art. 350 do CP estabelece, em quatro incisos, as condutas equiparadas à do *caput* do dispositivo; **B**: incorreta, dado que o preceito secundário da norma penal incriminadora do art. 350 do CP estabelece a pena de detenção de 1 (um) mês a 1 (um) ano (e não de reclusão e multa); **C** e **E**: incorretas, pois não se admitem, para este crime, a modalidade culposa e o perdão judicial; **D**: incorreta, já que o tipo penal contempla também a conduta consistente em *executar*. Cuida-se de tipo misto alternativo (plurinuclear).
Gabarito "A".

(Técnico Judiciário – TJSP – 2013 – VUNESP) Assinale a alternativa que melhor representa o tipo penal do crime descrito no art. 339 do CP.

A denunciação caluniosa consiste em imputar crime a quem o sabe inocente dando causa à instauração de

(A) investigação policial, processo judicial ou inquérito civil.
(B) investigação policial, processo judicial ou comissão parlamentar de inquérito.
(C) investigação policial, processo judicial, investigação administrativa, inquérito civil ou ação de improbidade administrativa.
(D) investigação policial, processo judicial, comissão parlamentar de inquérito ou ação de improbidade administrativa.
(E) investigação policial ou processo judicial.

É imprescindível, à configuração do crime do art. 339 do CP, que se dê causa à *instauração de investigação policial, de processo judicial, instauração de investigação administrativa, inquérito civil ou ação de improbidade administrativa*. Não devemos confundir este crime do art. 339 do CP com o do art. 340 do CP, *comunicação falsa de crime ou de contravenção*. Neste caso, a infração penal noticiada à autoridade não é imputada a ninguém; na denunciação caluniosa, diferentemente, há acusação contra pessoa determinada. Difere, também, do tipo penal prefigurado no art. 138 do CP – calúnia, na medida em que, neste delito, atribui-se falsamente a alguém fato definido como crime. Sua consumação se opera no momento em que o fato chega ao conhecimento de terceiro (a honra atingida é a objetiva). Aqui, o agente não dá causa à instauração de investigação ou processo.
Gabarito "C".

(Técnico Judiciário – TJSP – 2013 – VUNESP) Os crimes de falsificação de documento público e de prevaricação têm em comum:

(A) apresentarem mais de uma conduta prevista no tipo.
(B) admitirem a punição também na modalidade culposa.
(C) ambos serem punidos com penas de detenção e multa.
(D) a qualificadora, tratando-se de crime praticado para satisfazer interesse pessoal.
(E) o fato de somente poderem ser praticados por funcionário público.

A: correta. Tanto um quanto o outro constituem o que a doutrina convencionou chamar de *tipo misto alternativo* ou *crime de ação múltipla*, em que a prática, no mesmo contexto fático, de mais de um verbo nuclear implicará o reconhecimento de crime único. O crime de *falsificação de documento público*, previsto no art. 297 do CP, contém dois núcleos, a saber: *falsificar* e *alterar*; já o crime

de *prevaricação* (art. 319, CP) contempla, no preceito primário da norma incriminadora, três ações típicas: *retardar, deixar de praticar* e *praticar*; **B**: incorreta, dado que nenhum dos crimes mencionados no enunciado comporta a modalidade culposa. O elemento subjetivo, nos dois casos, é representado tão somente pelo *dolo*; **C**: incorreta. Para o crime de falsificação de documento público (art. 297, CP), a pena cominada é de *reclusão* e *multa*; já para o delito de prevaricação (art. 319, CP), a pena prevista é de *detenção* e *multa*; **D**: incorreta, visto que nenhum desses crimes contempla tal circunstância como qualificadora. O *interesse pessoal* (e também o *sentimento pessoal*) constitui elemento subjetivo especial do crime de prevaricação (e não qualificadora); **E**: incorreta. Embora o crime de prevaricação seja *próprio* (somente pode ser praticado por funcionário público), a falsificação de documento público é delito comum (qualquer pessoa pode figurar no polo ativo do crime).
Gabarito "A".

(Técnico Judiciário – TJSP – 2013 – VUNESP) "O fato deixa de ser punível se, antes da sentença, no processo em que ocorreu o ilícito, o agente se retrata ou declara a verdade". A previsão legal citada corresponde ao crime de

(A) fraude processual.
(B) coação no curso do processo.
(C) denunciação caluniosa.
(D) comunicação falsa de crime ou contravenção.
(E) falso testemunho ou falsa perícia.

Cuida-se de causa extintiva da punibilidade que alcança o crime de *falso testemunho ou falsa perícia* (art. 342, § 2º, do CP). Atenção: a Lei 12.850/2013, que conferiu nova conformação normativa à organização criminosa, estabeleceu, em seu art. 25, novos patamares de pena para o crime de falso testemunho ou falsa perícia, passando a pena cominada, assim, de 1 (um) a 3 (três) anos de reclusão para 2 (dois) a 4 (quatro) anos de reclusão, sem prejuízo da multa.
Gabarito "E".

(Técnico Judiciário – TJSP – 2013 – VUNESP) Em relação ao crime de peculato, é correto afirmar:

(A) a modalidade culposa é admitida por expressa previsão legal.
(B) a reparação do dano, no peculato culposo, se feita após a sentença irrecorrível, extingue a punibilidade.
(C) a reparação do dano, no peculato culposo, se feita antes da sentença irrecorrível, reduz a pena.
(D) em recente alteração, as penas foram elevadas para reclusão de quatro a doze anos e multa.
(E) trata-se de um delito que pode ser praticado por qualquer pessoa.

A: correta. De fato, a modalidade culposa do crime de peculato está prevista no art. 312, § 2º, do CP. Tem incidência no âmbito do *peculato-apropriação* (art. 312, *caput*, primeira parte, do CP), *peculato-desvio* (art. 312, *caput*, segunda parte, do CP) e *peculato-furto* (art. 312, § 1º, do CP). Sempre é bom lembrar que o agente que incorrer no peculato culposo fará jus, se reparar o dano antes da sentença irrecorrível, à extinção de sua punibilidade; se a reparação for posterior ao trânsito em julgado da sentença, terá sua pena reduzida de metade, à luz do que estabelece o art. 312, § 3º, do CP; **B**: incorreta, dado que a reparação do dano, no peculato culposo, se feita após a sentença irrecorrível, reduz de metade a pena imposta; **C**: incorreta, visto que, se feita antes da sentença irrecorrível, haverá extinção da punibilidade; **D**: incorreta, a pena de reclusão de 2 a 12 anos e multa; **E**: incorreta, já que o sujeito ativo do crime somente pode ser funcionário público. Cuidado: a despeito de se tratar de delito próprio do funcionário público, nada obsta que o particular figure como coautor ou partícipe no crime de peculato, desde que ele tenha conhecimento de que concorre para tal empreitada.
Gabarito "A".

(Escrevente Técnico Judiciário – TJ/SP – 2011 – VUNESP) O médico que, no exercício de sua profissão, dá atestado falso comete crime de

(A) falsidade de atestado médico (CP, art. 302).
(B) falsificação de documento público (CP, art. 297).
(C) falsificação de documento particular (CP, art. 298).
(D) certidão ou atestado ideologicamente falso (CP, art. 301).
(E) falsidade material de atestado ou certidão (CP, art. 301, §1.º).

Cuida-se de *crime próprio* ou *especial*, visto que impõe ao sujeito ativo a qualidade especial de ser médico.
Gabarito "A".

(Escrevente Técnico Judiciário – TJ/SP – 2011 – VUNESP) Nos termos do quanto determina o art. 293 do Código Penal, aquele que recebe de boa-fé selo destinado a controle tributário, descobre que se trata de papel falso e o restitui à circulação

I. comete crime de falsidade ideológica;
II. recebe a mesma pena daquele que falsificou o selo;
III. comete crime contra a fé pública.

Completa adequadamente a proposição o que se afirma em

(A) I, apenas.
(B) II, apenas.
(C) III, apenas.
(D) II e III, apenas.
(E) I, II e III.

Aquele que recebe, de boa-fé, selo destinado a controle tributário e, depois disso, ciente de que se trata de papel falso, o restitui à circulação, incorre na figura privilegiada do crime de falsificação de papéis públicos, previsto no art. 293, § 4º, do CP (crime contra a fé pública), cuja pena cominada é de 6 meses a dois anos de detenção ou multa, bem inferior, portanto, à pena a que está sujeito aquele que falsifica o selo (reclusão, de dois a oito anos, e multa), conforme estabelece o preceito secundário do 293 do CP. De outro lado, não se trata do crime de falsidade ideológica, previsto no art. 299 do CP, na medida em que a falsidade tratada neste delito se refere ao conteúdo, à ideia do documento, não à sua forma (como no caso da falsidade material).
Gabarito "C".

(Escrevente Técnico Judiciário – TJ/SP – 2011 – VUNESP) A pena do crime de corrupção passiva é aumentada se o funcionário público, em consequência da vantagem ou promessa, infringe dever funcional

I. retardando ou deixando de praticar qualquer ato de ofício;
II. praticando qualquer ato de ofício;
III. de forma intencional ou premeditada.

É correto o que se afirma em

(A) I, apenas.
(B) II, apenas.
(C) III, apenas.
(D) I e II, apenas.
(E) I, II e III.

Em vista da disciplina estabelecida no art. 317, § 1º, do CP, a pena será aumentada de um terço se o agente, em consequência da vantagem ou promessa: i) retardar (atrasar) ou deixar de praticar (o agente se omite) qualquer ato de ofício; ou ii) praticá-lo com infração de dever funcional. Esta é a chamada *corrupção própria exaurida*. A assertiva III não foi contemplada no dispositivo supramencionado. Está, por essa razão, incorreta.

Gabarito "D".

(Escrevente Técnico Judiciário – TJ/SP – 2011 – VUNESP) Ao agente do crime de denunciação caluniosa (CP, art. 339), a pena é

I. aumentada, se ele se serve de anonimato;
II. aumentada, se ele se serve de nome suposto;
III. diminuída, se a imputação é de prática de contravenção.

É correto o que se afirma em

(A) II, apenas.
(B) I e II, apenas.
(C) I e III, apenas.
(D) II e III, apenas.
(E) I, II e III.

É do art. 339, § 1º, do CP que, servindo-se o agente, para a prática do crime de denunciação caluniosa, de anonimato ou nome suposto, a pena estabelecida no *caput* será aumentada de sexta parte. Está correto, assim, o que se afirma nas proposições I e II. Se o sujeito do crime, de outro lado, atribuir, em vez de crime, contravenção penal, responderá pela figura privilegiada prevista no § 2º do mesmo dispositivo. Correta está também, dessa forma, a assertiva III. Este crime não deve ser confundido com o do art. 340 do CP, *comunicação falsa de crime ou de contravenção*, em que a comunicação que deflagra a ação da autoridade não recai sobre pessoa certa, determinada. Na *denunciação caluniosa*, o agente atribui a autoria da infração penal por ele levada ao conhecimento da autoridade a pessoa determinada, fornecendo dados à sua identificação. Difere, também, do tipo prefigurado no art. 138 do CP – *calúnia*, na medida em que, neste delito, atribui-se falsamente a alguém fato definido como crime. Sua consumação se opera no momento em que o fato chega ao conhecimento de terceiro (a honra atingida é a objetiva). Aqui, o agente não dá causa à instauração de investigação ou processo.

Gabarito "E".

(Escrevente Técnico Judiciário – TJ/SP – 2011 – VUNESP) O ato de fazer justiça pelas próprias mãos para satisfazer pretensão, embora legítima, mas sem permissão legal, configura o crime de

(A) fraude processual.
(B) violência arbitrária.
(C) condescendência criminosa.
(D) coação no curso do processo.
(E) exercício arbitrário das próprias razões.

O enunciado corresponde ao preceito primário da norma penal incriminadora do crime do art. 345 do CP – exercício arbitrário das próprias razões. Trata-se de *delito comum*, já que o tipo penal não exige nenhuma característica especial por parte do sujeito ativo. O tipo penal tem como propósito punir o agente que, tendo ou acreditando ter certo direito, no lugar de socorrer-se do Poder Judiciário, resolve satisfazer de forma arbitrária sua pretensão.

Gabarito "E".

(Escrevente Técnico Judiciário – TJ/SP – 2011 – VUNESP) O crime de exploração de prestígio está inserido no capítulo dos crimes praticados

(A) contra a moralidade pública.
(B) contra a administração da justiça.
(C) por particular, contra a administração em geral.
(D) por funcionário público, contra a administração em geral.
(E) por particular, contra a administração pública estrangeira.

O crime de *exploração de prestígio* – art. 357, CP – integra o Capítulo III (Dos Crimes contra a Administração da Justiça) do Título XI (Dos Crimes contra a Administração Pública). No mais, trata-se de crime comum, não se exigindo, por conta disso, nenhuma qualidade especial do sujeito ativo. Constitui causa de aumento de pena deste delito, a teor do parágrafo único do dispositivo, o fato de o sujeito ativo alegar ou insinuar que o dinheiro ou utilidade também se destina a qualquer das pessoas indicadas no *caput* do dispositivo. Por fim, cuida-se de *tipo misto alternativo* (plurinuclear ou de ação múltipla), cuja conduta é representada pelos núcleos *solicitar*, que significa pedir, e *receber*, entendido este como obter, conseguir.

Gabarito "B".

(Escrevente Técnico Judiciário – TJ/SP – 2010 – VUNESP) Assinale a alternativa correta com relação ao tratamento que o Código Penal dá à falsificação do *título ao portador ou transmissível por endosso* e do *testamento particular*.

(A) São, ambos, equiparados a documentos públicos.
(B) São, ambos, equiparados a documentos particulares.
(C) Apenas o primeiro é equiparado a documento público.
(D) O segundo é equiparado a documento particular.
(E) O primeiro é equiparado a documento particular; o segundo é equiparado a documento público.

O art. 297, § 2º, do Código Penal equipara a documento público alguns documentos particulares, a saber: o emanado de entidade paraestatal; o título ao portador ou transmissível por endosso; as ações de sociedade comercial; os livros mercantis; e o testamento particular (hológrafo). São os chamados *documentos públicos por equiparação*.

Gabarito "A".

(Escrevente Técnico – TJ/SP – 2010 – VUNESP) Imagine que, por erro, um cidadão entrega a um funcionário público determinada quantia em dinheiro. O funcionário, ciente de tal circunstância, não devolve o dinheiro ao cidadão, não informa o ocorrido aos seus superiores e, finalmente, apropria-se do dinheiro.

Diante disso, é correto afirmar que o funcionário

(A) não comete crime, mas apenas uma infração funcional.
(B) comete crime de *peculato mediante erro de outrem*.
(C) comete crime de *corrupção passiva*.
(D) comete crime de *excesso de exação*.
(E) comete crime de *prevaricação*.

Art. 313 do CP – *peculato mediante erro de outrem*, chamado pela doutrina de *peculato-estelionato* ou *peculato impróprio*. Neste crime, o terceiro, enganado quanto à pessoa do funcionário, entrega-lhe dinheiro ou qualquer utilidade. O *intraneus*, em vez de restituir o bem, dele se apropria, aproveitando-se do erro em que incorreu o terceiro.

Cuidado: se o próprio funcionário leva a vítima a erro, induzindo-a, o crime praticado será o capitulado no art. 171 do CP – estelionato. É dizer, o erro não pode ter sido, neste crime do art. 313 do CP, provocado pelo agente.

Gabarito "B".

(Escrevente Técnico – TJ/SP – 2010 – VUNESP) Configura-se o crime de *advocacia administrativa* (CP, art. 321) quando o funcionário público, valendo-se dessa qualidade, patrocina interesse privado perante a administração pública.

Considerando tal crime, analise os itens seguintes:

I. a pena cominada é menor se o interesse patrocinado for ilegítimo;
II. o crime acontecerá ainda que o patrocínio se dê de modo indireto;
III. se o interesse patrocinado é ilegítimo, as penas de detenção e multa aplicam-se alternativamente, ou seja, aplica-se a de detenção ou a de multa.

É correto o que se afirma em

(A) II, apenas.
(B) III, apenas.
(C) I e II, apenas.
(D) II e III, apenas.
(E) I, II e III.

I: incorreta. Sendo o interesse *ilegítimo*, a pena será maior, isto é, incidirá a figura qualificada prevista no art. 321, parágrafo único, do CP; II: correta, pois a ação típica pode ser levada a efeito pelo próprio funcionário pessoalmente (de forma direta) ou por meio de terceira pessoa (de forma indireta); III: incorreta, visto que, se o interesse patrocinado for ilegítimo, as penas de detenção e de multa serão aplicadas, a teor do parágrafo único do art. 312, *cumulativamente* (forma qualificada); serão, todavia, aplicadas alternativamente na hipótese de o interesse patrocinado ser legítimo (art. 321, *caput*).

Gabarito "A".

(Escrevente Técnico – TJ/SP – 2010 – VUNESP) O crime de *abandono de função*, figura típica do art. 323 do Código Penal, torna-se qualificado – e consequentemente tem penas mais elevadas – se

I. do fato resulta prejuízo público;
II. o fato ocorre em lugar compreendido na faixa de fronteira;
III. o agente realiza a conduta de forma premeditada.

Está correto o contido em

(A) I, apenas.
(B) II, apenas.
(C) I e II, apenas.
(D) II e III, apenas.
(E) I, II e III.

I: correta, visto que em consonância com o disposto no art. 323, § 1º, do CP; II: correta, visto que em consonância com o disposto no art. 323, § 2º, do CP; III: incorreta. Circunstância não contemplada como qualificadora do crime de abandono de função.

Gabarito "C".

(Escrevente Técnico – TJ/SP – 2010 – VUNESP) O crime de *falso testemunho*, do art. 342 do Código Penal,

(A) pode ser praticado no âmbito de inquérito policial; somente pode ser praticado por conduta positiva.
(B) pode ser praticado no âmbito de processo administrativo; somente pode ser praticado por conduta negativa.
(C) somente pode ser praticado no âmbito de processo judicial; pode ser praticado tanto por conduta positiva como por conduta negativa.
(D) somente pode ser praticado no âmbito de processo judicial; somente pode ser praticado por conduta negativa.
(E) pode ser praticado no âmbito de juízo arbitral; pode ser praticado tanto por conduta positiva como por conduta negativa.

São três as condutas típicas incriminadas no tipo penal do art. 342, *caput*, do CP, duas das quais positivas (condutas comissivas) e uma omissiva: i) *fazer afirmação falsa* (comportamento positivo); ii) *negar a verdade* (comportamento positivo); e iii) calar a verdade (comportamento negativo – conduta omissiva). Ademais disso, o falso testemunho ou falsa perícia deve ser prestado em *processo judicial*, *administrativo*, *inquérito policial* ou em *juízo arbitral*.

Gabarito "E".

(Escrevente Técnico – TJ/SP – 2010 – VUNESP) Analise as seguintes afirmações com relação aos crimes de exercício arbitrário das próprias razões (CP, art. 345) e fraude processual (CP, art. 347):

I. ambos estão inseridos no capítulo dos Crimes Praticados por Funcionário Público Contra a Administração em Geral;
II. no primeiro deles, caso não haja emprego de violência, somente se procede mediante queixa;
III. no segundo deles, as penas são aplicadas em dobro se a inovação se destina a produzir efeito em processo penal.

É correto apenas o que se afirma em

(A) I.
(B) II.
(C) III.
(D) I e II.
(E) II e III.

I: incorreta, visto que os crimes dos arts. 345 e 347 do CP fazem parte do Capítulo III (Dos Crimes contra a Administração da Justiça) do Título XI (Dos Crimes contra a Administração Pública) do Código Penal. Trata-se, portanto, de delitos comuns, em que não se exige do sujeito ativo qualquer qualidade especial, característica presente, em regra, nos chamados crimes funcionais, reunidos no Capítulo I (Dos Crimes praticados por Funcionário Público contra a Administração em Geral) do Título XI; II: assertiva correta, nos termos do art. 345, parágrafo único, do CP; III: assertiva correta, nos termos do art. 347, parágrafo único, do CP.

Gabarito "E".

(Escrevente Técnico Judiciário – TJ/SP – 2008 – VUNESP) Assinale a alternativa que exemplifica o crime de desacato.

(A) "X", de forma muito humilhante, diz a seu vizinho, funcionário público, durante um churrasco entre amigos, que ele é a pessoa mais preguiçosa e lenta que já conheceu.
(B) "X" descumpre a ordem dada pelo juiz em audiência e continua fotografando a vítima do crime sob julgamento.
(C) "X", ao deparar-se no fórum com a escrevente "Z", dirige a ela as seguintes palavras: que coisa mais linda, até parece um anjo!
(D) "X", ao ter seu veículo apreendido pelo Delegado de Polícia "Z", gesticula a ele de forma obscena utilizando o dedo médio da mão.
(E) "X", que assiste a uma partida de vôlei, zomba de um dos jogadores: Vejam como o nosso promotor público enfeita a quadra, até parece uma borboleta!

Art. 331 do CP. *Desacatar* significa manifestar desprezo, pouco caso, desdém pela figura do funcionário público que está no exercício da função ou em razão dela. É crime de ação livre, pois pode ser praticado por palavras ou mesmo por meio de atos aptos a humilhar o funcionário, desprestigiá-lo ante a função por ele desempenhada. É o caso do oficial de Justiça que, ao proceder à citação do réu, tem por este o mandado rasgado e lançado na sua direção, em claro sinal de desrespeito e desprezo pela figura do funcionário.

Gabarito "D"

8. DIREITO PROCESSUAL PENAL

Eduardo Dompieri

1. SUJEITOS PROCESSUAIS, CITAÇÃO, INTIMAÇÃO E PRAZOS

(Escrevente – TJ/SP – 2018 – VUNESP) Com relação à citação do acusado, assinale a alternativa correta.

(A) A citação inicial do acusado far-se-á pessoalmente, por intermédio de mandado judicial, carta precatória ou hora certa.
(B) Ao acusado, citado por edital, que não comparecer ou constituir advogado, será nomeado defensor, prosseguindo o processo.
(C) Estando o acusado no estrangeiro, suspende-se o processo e o prazo prescricional até que retorne ao País.
(D) Completada a citação por hora certa, não comparecendo o réu, ser-lhe-á nomeado defensor dativo.
(E) A citação do réu preso far-se-á na pessoa do Diretor do estabelecimento prisional.

A: incorreta. Segundo dispõe o art. 351 do CPP, a citação inicial far-se-á por mandado, que constitui modalidade de citação pessoal. O acusado será citado por carta precatória se estiver fora do território da jurisdição do juiz processante (art. 353, CPP). Já a citação por hora certa, que é modalidade de citação presumida (ficta) e foi incorporada ao processo penal com o advento da Lei 11.719/2008, que a inseriu no art. 362 do CPP, somente terá lugar diante da existência de indícios de ocultação do réu; **B:** incorreta. Se o réu, depois de citado por edital, não comparecer tampouco constituir defensor, o processo e o prazo prescricional ficarão, por imposição da regra estampada no art. 366 do CPP, *suspensos*. Poderá o juiz, neste caso, determinar a produção antecipada das provas que repute urgentes e, presentes os requisitos do art. 312 do CPP, decretar a prisão preventiva. *Vide*, a esse respeito, Súmulas n. 415 e 455 do STJ; **C:** incorreta. Se o acusado estiver no estrangeiro, em lugar sabido, sua citação far-se-á por meio de carta rogatória, com a suspensão do prazo prescricional até o seu cumprimento (art. 368, CPP); **D:** correta, pois reflete o disposto no art. 362, parágrafo único, CPP; **E:** incorreta, uma vez que a citação da pessoa que estiver presa será feita pessoalmente (por mandado), conforme art. 360, CPP. ED

Gabarito "D".

(Escrevente – TJ/SP – 2018 – VUNESP) A respeito das causas de impedimento e suspeição do juiz, de acordo com o Código de Processo Penal, assinale a alternativa correta.

(A) Nos juízos coletivos, não poderão servir no mesmo processo os juízes que forem entre si parentes, consanguíneos ou afins, em linha reta ou colateral, até o quarto grau.
(B) O juiz será suspeito, podendo ser recusado por qualquer das partes, se já tiver funcionado como juiz de outra instância, pronunciando-se de fato ou de direito sobre a questão.
(C) Ainda que dissolvido o casamento, sem descendentes, que ensejava impedimento ou suspeição, não funcionará como juiz o sogro, o padrasto, o cunhado, o genro ou enteado de quem for parte no processo.
(D) O juiz será impedido se for credor ou devedor de qualquer das partes.
(E) A suspeição poderá ser reconhecida ou declarada ainda que a parte injurie, de propósito, o juiz.

A: incorreta, pois o *impedimento* do art. 253 do CPP, que se refere a órgãos colegiados, vai até o *terceiro* grau (e não até o *quarto*, como consta da assertiva); **B:** incorreta. Cuida-se de hipótese de *impedimento* (art. 252, III, CPP), e não de *suspeição*, cujas causas estão elencadas no art. 254, CPP; **C:** correta, pois reflete o disposto no art. 255 do CPP; **D:** incorreta. Se o juiz for credor ou devedor de qualquer das partes, ele será considerado *suspeito* para o julgamento da causa (art. 254, VI, do CPP), e não *impedido*; **E:** incorreta. Nesta hipótese, a suspeição não será declarada tampouco reconhecida, tal como estabelece o art. 256 do CPP. ED

Gabarito "C".

(Escrevente – TJ/SP – 2018 – VUNESP) A respeito do acusado e do defensor, é correto afirmar que

(A) o acusado, ainda que tenha habilitação, não poderá a si mesmo defender, sendo-lhe nomeado defensor, pelo juiz, caso não o tenha.
(B) a constituição de defensor dependerá de instrumento de mandato, ainda que a nomeação se der por ocasião do interrogatório.
(C) o acusado ausente não poderá ser processado sem defensor. Já o foragido, existindo sentença condenatória, ainda que não transitada em julgado, sim.
(D) se o defensor constituído pelo acusado não puder comparecer à audiência, por motivo justificado, provado até a abertura da audiência, nomear-se-á defensor dativo, para a realização do ato, que não será adiado.
(E) o acusado, ainda que possua defensor nomeado pelo Juiz, poderá, a todo tempo, nomear outro, de sua confiança.

A: incorreta, uma vez que, embora não seja recomendável, é dado ao acusado, desde que tenha habilitação para tanto (deve ser advogado), promover a sua defesa técnica, faculdade essa contemplada no art. 263, *caput*, do CPP; **B:** incorreta. É do art. 266 do CPP que a constituição de defensor independerá de instrumento de mandato se a indicação, feita pelo réu, se der por ocasião do interrogatório; **C:** incorreta. A rigor, não há que se falar em revelia no âmbito do processo penal, ao menos tal como verificado no processo civil, em que, como sabemos, a não contestação da ação pelo réu citado implica o reconhecimento, como verdadeiros, dos fatos articulados na inicial. No processo penal, diferentemente, a inação do réu, que foi regularmente citado para contestar a ação, não pode acarretar o mesmo efeito produzido no processo civil.

É dizer, o juiz, diante do não comparecimento do réu, providenciará para que lhe seja nomeado um defensor, a quem incumbirá, a partir de então, a defesa do acusado (art. 261, CPP); **D:** incorreta, uma vez que, por força do que estabelece o art. 265, §§ 1º e 2º, do CPP, a audiência poderá, neste caso, ser adiada; **E:** correta (art. 263, *caput*, do CPP).

Gabarito "E".

(Escrevente Técnico Judiciário – TJSP – VUNESP – 2017) Nos exatos termos do art. 253 do CPP, nos juízos coletivos, não poderão servir no mesmo processo os juízes que forem entre si parentes,

(A) consanguíneos, excluídos os parentes afins.
(B) consanguíneos ou afins, em linha reta ou colateral até o quarto grau, inclusive.
(C) consanguíneos ou afins, em linha reta ou colateral até o terceiro grau, inclusive.
(D) consanguíneos ou afins, em linha reta ou colateral até o terceiro grau, inclusive, bem como amigos íntimos ou inimigos capitais.
(E) consanguíneos ou afins, em linha reta ou colateral até o terceiro grau, inclusive, bem como amigos íntimos.

O art. 253 do CPP estabelece hipóteses de impedimento que se aplica a órgãos colegiados, que são compostos, em regra, por câmaras, turmas ou grupos. Neste caso, é vedada a atuação, nesses colegiados, de magistrados que sejam parentes entre si, consanguíneos ou afins, em linha reta ou colateral até o terceiro grau, inclusive. É importante que se diga que os cônjuges, embora a lei quanto a eles seja omissa, também devem ser inseridos no contexto desse impedimento. Afinal de contas, se o impedimento atinge o parente, não haveria por que não alcançar o cônjuge. Ou seja, não poderão, marido e mulher, atuarem no mesmo órgão colegiado como magistrados.

Gabarito "C".

(Escrevente Técnico Judiciário – TJSP – VUNESP – 2017) Determina o art. 261 do CPP que

(A) nenhum acusado, ainda que ausente ou foragido, será processado ou julgado sem defensor.
(B) nenhum acusado, com exceção do revel, será processado ou julgado sem defensor.
(C) salvo nos processos contravencionais e nos de rito sumaríssimo, nenhum acusado será processado ou julgado sem defensor.
(D) nenhum acusado, com exceção do foragido, será processado ou julgado sem defensor.
(E) salvo nos casos de força maior, nenhum acusado, ainda que ausente ou foragido, será processado ou julgado sem defensor.

A rigor, não há que se falar em revelia no âmbito do processo penal, ao menos tal como verificado no processo civil, em que, como sabemos, a não contestação da ação pelo réu citado implica o reconhecimento, como verdadeiros, dos fatos articulados na inicial. No processo penal, diferentemente, a inação do réu, que foi regularmente citado para contestar a ação, não pode acarretar o mesmo efeito produzido no processo civil. É dizer, o juiz, diante do não comparecimento do réu, providenciará para que lhe seja nomeado um defensor, a quem incumbirá, a partir de então, a defesa do acusado, ainda que ele se encontre foragido (art. 261, CPP). Essa indisponibilidade do direito de defesa, que é, portanto, inerente ao processo penal, tem incidência em qualquer modalidade de rito processual, tanto os previstos no CPP quanto aqueles contemplados em leis especiais.

Gabarito "A".

(Escrevente Técnico Judiciário – TJSP – VUNESP – 2017) Estabelece o CPP em seu art. 353 que, quando o réu estiver fora do território da jurisdição do juiz processante, será citado mediante

(A) videoconferência.
(B) qualquer meio que o juiz entenda idôneo.
(C) carta com aviso de recebimento, "de mão própria".
(D) precatória.
(E) edital.

Citação é o ato por meio do qual é levado ao conhecimento do réu/querelado que contra si foi ajuizada uma ação, imputando-lhe a prática de uma infração penal e oferecendo-lhe a oportunidade de se defender. O Código de Processo Penal contempla duas espécies de citação: *real*, quando realizada na pessoa do réu; e *ficta* ou *presumida*, quando não é possível a citação pessoal do acusado. São modalidades de citação real: *citação por mandado*, que, no processo penal, constitui a regra; *citação por carta precatória; citação por carta rogatória*; e *citação por carta de ordem*. Modalidades de citação ficta ou presumida: *citação por edital* e *citação por hora certa*. Pois bem. A citação por mandado será feita por oficial de Justiça dentro do território da comarca onde o juiz processante exerce suas funções. Pode acontecer de o réu residir em comarca diversa daquela em que o magistrado exerce jurisdição. Neste caso, a citação será feita por meio de carta precatória, isto é, o juiz da comarca onde tramita o processo (chamado deprecante) solicita ao juiz da comarca onde reside o réu (chamado deprecado) que determine a citação do acusado, que também será feita por oficial de Justiça. Uma vez realizado o ato citatório, a carta precatória é devolvida pelo juiz deprecado ao juiz deprecante. Agora, se o réu residir no exterior, em local conhecido, o instrumento de que se deve valer o juiz para dar-lhe conhecimento do teor da ação é a carta rogatória, com a suspensão do curso do prazo prescricional até o cumprimento da determinação judicial (art. 368, CPP). São essas, portanto, as modalidades de citação real. No que concerne à citação ficta, temos a citação por edital, em se presume que o acusado tomou conhecimento da ação contra ele ajuizada por meio da publicação do edital em veículo de comunicação periódico (art. 361, CPP); e a citação por hora certa, que, antes exclusiva do processo civil, passou a ser incorporada ao processo penal a partir do advento da Lei 11.719/2008, a ser realizada nos casos em que ficar constatada, pelo oficial de Justiça, a existência de indícios de ocultação (art. 362, CPP).

Gabarito "D".

(Técnico Judiciário – TJSP – 2013 – VUNESP) O juiz não poderá exercer jurisdição no processo em que

(A) ele próprio ou seu cônjuge ou parente, consanguíneo ou afim, em linha reta ou colateral até o quinto grau, inclusive, for parte ou diretamente interessado no feito.
(B) ele não houver funcionado como defensor ou advogado, órgão do Ministério Público, autoridade policial, auxiliar de justiça, perito ou servido como testemunha.
(C) tiver funcionado seu cônjuge ou parente, consanguíneo ou afim, em linha reta ou colateral até o quinto grau, inclusive, como defensor ou advogado, órgão do Ministério Público, autoridade policial, auxiliar de justiça ou perito.
(D) tiver funcionado como juiz de outra instância, pronunciando-se, de fato ou de direito, sobre a questão.
(E) ele próprio ou seu cônjuge ou parente, consanguíneo ou afim, em linha reta ou colateral até o quarto grau, inclusive, for parte ou diretamente interessado no feito.

A: incorreta, pois não corresponde ao teor do art. 252, IV, do CPP, que estabelece que a hipótese de impedimento ali prevista alcança "o parente (...) ou colateral até o *terceiro grau*, inclusive" (e não até o *primeiro grau*); **B:** incorreta. O examinador quis induzir o candidato a erro, já que, por óbvio, não estará impedido de exercer jurisdição o magistrado que *não* houver exercido as funções previstas no art. 252, I e II, do CPP; **C:** incorreta, visto que o impedimento a que faz referência o art. 252, I, do CPP atinge o parente somente até o *terceiro grau* (e não até o *quinto grau*); **D:** correta, pois reflete o disposto no art. 252, III, do CPP; **E:** *vide* resposta à alternativa "A".
Gabarito "D".

(Técnico Judiciário – TJSP – 2013 – VUNESP) O serventuário ou funcionário da justiça dar-se-á por suspeito e, se não o fizer, poderá ser recusado por qualquer das partes,

(A) se ele, seu cônjuge, ou parente, consanguíneo ou afim, até o quinto grau, inclusive, sustentar demanda ou responder a processo que tenha de ser julgado por qualquer das partes.

(B) se ele, seu cônjuge, ascendente ou descendente, estiver respondendo a processo por fato análogo, sobre cujo caráter criminoso haja controvérsia.

(C) se ele, seu cônjuge, ou parente, consanguíneo ou afim, até o quarto grau, inclusive, sustentar demanda ou responder a processo que tenha de ser julgado por qualquer das partes.

(D) se não for amigo íntimo ou inimigo capital de qualquer deles.

(E) se ele, seu cônjuge, ou parente, consanguíneo ou afim, até o terceiro grau, inclusive, estiver respondendo a processo por fato análogo, sobre cujo caráter criminoso haja controvérsia.

A: incorreta, dado que não corresponde ao que estabelece o art. 254, III, c.c. o art. 274, do CPP (esta suspeição vai até o *terceiro grau*); **B:** correta, pois reflete o disposto no art. 254, II, c.c. o art. 274, do CPP; **C:** incorreta, dado que não corresponde ao que estabelece o art. 254, III, c.c. o art. 274, do CPP (esta suspeição vai até o *terceiro grau*); **D:** esta é a famigerada "pegadinha". A suspeição prevista no art. 254, I, c.c. o art. 274, do CPP terá lugar pelo fato de o funcionário *ser*, e não pelo fato de ele *não ser* (amigo íntimo ou inimigo capital de uma das partes); **E:** incorreta, pois não reflete o que estabelece o art. 254, II, c.c. o art. 274, do CPP.
Gabarito "B".

(Técnico Judiciário – TJSP – 2013 – VUNESP) No tocante à citação, assinale a alternativa correta.

(A) O processo seguirá sem a presença do acusado que, citado ou intimado pessoalmente para qualquer ato, deixar de comparecer sem motivo justificado.

(B) Se o réu estiver preso, sua citação far-se-á por precatória.

(C) Se o réu não for encontrado, será citado, por edital, com o prazo de 5 (cinco) dias.

(D) Quando o réu estiver fora do território da jurisdição do juiz processante, será citado mediante mandado de citação expedido pelo juiz processante.

(E) A citação inicial far-se-á por precatória, quando o réu estiver no território sujeito à jurisdição do juiz que o houver ordenado.

A: correta, pois corresponde ao que estabelece o art. 367, primeira parte, do CPP; **B:** incorreta, dado que, se preso estiver o réu, sua citação far-se-á *pessoalmente* (art. 360 do CPP); **C:** incorreta, pois o prazo assinado no art. 361 do CPP é de 15 (quinze) dias, e não de 5 (cinco), como constou da assertiva; **D:** incorreta, pois, se o réu estiver fora da jurisdição do juiz processante, a citação far-se-á por meio de *precatória*, a ser expedida pelo juiz processante (deprecante) ao juiz que exerce jurisdição na comarca em que reside o réu (deprecado), ao qual (juiz deprecado) caberá determinar a citação do acusado; **E:** incorreta, pois, neste caso, a citação será feita por mandado, a ser expedido pelo juiz processante (art. 351 do CPP).
Gabarito "A".

(Escrevente Técnico Judiciário – TJ/SP – 2011 – VUNESP) Se por ocasião do interrogatório o acusado indica seu defensor (advogado), o qual não traz por escrito o instrumento de mandato (procuração),

(A) deverá o juiz nomear defensor público ao acusado.

(B) referida constituição é válida, não sendo necessária outra providência de regularização.

(C) deverá o advogado providenciar a juntada do instrumento de mandato no próximo ato processual que realizar.

(D) deverá o juiz conceder prazo de 2 (dois) dias, a fim de que a representação processual seja regularizada.

(E) deverá o juiz declarar o acusado indefeso, intimando-o a indicar por escrito novo defensor no prazo de 2 (dois) dias.

É do art. 266 do CPP que a constituição de defensor independerá de instrumento de mandato se a indicação, feita pelo réu, se der por ocasião do interrogatório.
Gabarito "B".

(Escrevente Técnico Judiciário – TJ/SP – 2011 – VUNESP) Estabelece o art. 366 do CPP que o acusado citado por edital que não comparece nem nomeia defensor

(A) será declarado revel, com consequente nomeação de defensor dativo, o qual acompanhará o procedimento até seu final.

(B) será declarado revel, admitindo-se verdadeiros os fatos articulados na denúncia ou queixa.

(C) terá, obrigatoriamente, decretada prisão preventiva em seu desfavor.

(D) terá o processo e o curso do prazo prescricional suspensos.

(E) será intimado por hora certa.

Na hipótese de o réu não ser encontrado, deverá o juiz determinar a sua citação por edital, depois de esgotados os meios disponíveis para a sua localização. Se o acusado, depois de citado por edital, não comparecer tampouco constituir defensor, o processo e o prazo prescricional ficarão, em vista da disciplina estabelecida no art. 366 do CPP, suspensos. Quanto ao período durante o qual o prazo prescricional deverá permanecer suspenso, prevalece o entendimento de que tal deverá ocorrer pelo interregno correspondente ao prazo máximo em abstrato previsto para o crime narrado na peça acusatória. A esse respeito, Súmulas n. 415 e n. 455 do STJ.
Gabarito "D".

(Escrevente Técnico Judiciário – TJ/SP – 2011 – VUNESP) Considere as seguintes assertivas:

I. a suspeição não poderá ser declarada nem reconhecida, quando a parte injuriar o juiz ou de propósito der motivo para criá-la;

II. nos juízos coletivos, não poderão servir no mesmo processo os juízes que forem entre si parentes, consanguíneos ou afins, em linha reta ou colateral até o terceiro grau, inclusive;

III. o juiz dar-se-á por suspeito, e, se não o fizer, poderá ser recusado por qualquer das partes, se ele, seu cônjuge, ascendente ou descendente, estiver respondendo a processo por fato análogo, sobre cujo caráter criminoso haja controvérsia.

É correto o que se afirma em

(A) III, apenas.
(B) I e II, apenas.
(C) I e III, apenas.
(D) II e III, apenas.
(E) I, II e III.

I: correta. A assertiva corresponde exatamente ao teor do art. 256 do CPP; **II:** correta. A assertiva corresponde exatamente ao teor do art. 253 do CPP; **III:** correta. A assertiva corresponde exatamente ao teor do art. 254, II, do CPP.

Gabarito "E".

(Escrevente Técnico – TJ/SP – 2010 – VUNESP) Considere as seguintes situações com relação à citação: réu militar; réu que não é encontrado; réu que se oculta para não ser citado.

Assinale a alternativa que traz, correta e respectivamente, as modalidades de citação que estão adequadas às três situações mencionadas, nos termos dos arts. 351 a 369 do Código de Processo Penal.

(A) Por correio; por hora certa; por edital.
(B) Por carta de ordem; por edital; por rogatória.
(C) Pessoal, por mandado; por hora certa; por hora certa.
(D) Por intermédio do chefe de serviço; por edital; por hora certa.
(E) Por intermédio do chefe de serviço; por hora certa; por correio.

O militar, a teor do art. 358 do CPP, será citado por intermédio do chefe do respectivo serviço. O réu não localizado, por sua vez, será citado por edital, o que, sempre é bom lembrar, constitui providência de natureza excepcional, dela só podendo lançar mão o magistrado depois de esgotados todos os meios para localizar o acusado. Essa tem sido a posição consagrada na jurisprudência. Se, ainda assim, o réu não comparecer tampouco constituir defensor, ficarão suspensos, nos termos do art. 366 do CPP, o processo e o curso do prazo prescricional, podendo o juiz determinar a produção antecipada das provas que repute urgentes e, presentes os requisitos do art. 312 do CPP, decretar a prisão preventiva. Vide, a esse respeito, Súmulas n. 415 e 455 do STJ. Por fim, a Lei 11.719/2008 alterou a redação do art. 362 do CPP e introduziu no âmbito do processo penal a *citação por hora certa*, a ser realizada por oficial de Justiça na hipótese de ocultação do réu.

Gabarito "D".

(Escrevente Técnico – TJ/SP – 2010 – VUNESP) Normatiza o art. 274 do Código de Processo Penal: *as prescrições sobre suspeição dos juízes estendem-se aos serventuários e funcionários da justiça, no que lhes for aplicável*. Nos exatos termos do art. 254 do mesmo Código de Processo Penal, o juiz é considerado suspeito se

I. for amigo íntimo ou inimigo capital de qualquer das partes;
II. tiver aconselhado qualquer das partes;
III. tiver funcionado como juiz de outra instância, pronunciando-se, de fato ou de direito, sobre a questão.

É correto o que se afirma em

(A) I, apenas.
(B) I e II, apenas.
(C) I e III, apenas.
(D) II e III, apenas.
(E) I, II e III.

I: correta. Hipótese de suspeição contemplada no art. 254, I, do CPP; **II:** correta. Hipótese de suspeição contemplada no art. 254, IV, do CPP; **III:** incorreta. Trata-se de hipótese de impedimento contemplada no art. 252, III, do CPP.

Gabarito "B".

(Escrevente Técnico Judiciário – TJ/SP – 2008 – VUNESP) Analise as afirmações:

I. Estendem-se aos escreventes judiciários as regras de suspeição dos juízes.
II. O juiz não poderá exercer a jurisdição em processo em que ele próprio tiver servido como testemunha.
III. O juiz dar-se-á por suspeito se for vizinho do réu.

Está correto o contido apenas em

(A) I e II.
(B) I e III.
(C) II e III.
(D) I.
(E) II.

I: correta (art. 274 do CPP); **II:** correta (art. 252, II, do CPP); **III:** incorreta. Esta hipótese não está contemplada no art. 254 do CPP, que trata dos casos de suspeição.

Gabarito "A".

(Escrevente Técnico Judiciário – TJ/SP – 2006.2 – VUNESP) Para manter a justa aplicação da lei penal, o Juiz poderá

(A) intervir nas funções policiais de investigação.
(B) requisitar força policial.
(C) nomear, por iniciativa própria, assistentes técnicos para o acompanhamento dos exames periciais.
(D) avocar o inquérito policial.
(E) designar novo promotor para a causa.

Providência contemplada no art. 251 do CPP.

Gabarito "B".

(Escrevente Técnico Judiciário – TJ/SP – 2006.2 – VUNESP) São causas de suspeição judicial:

I. amizade íntima com o réu;
II. inimizade capital com o Ministério Público;
III. aconselhamento ao réu ou ao Ministério Público.

Está correto o contido em

(A) I, apenas.
(B) II, apenas.
(C) I e II, apenas.
(D) I e III, apenas.
(E) I, II e III.

I e II: corretas (art. 254, I, do CPP); **III:** correta (art. 254, IV, do CPP).

Gabarito "E".

(Escrevente Técnico Judiciário – 2008) São causas de suspeição judicial do magistrado:

I. amizade íntima com o réu;
II. inimizade capital com o Ministério Público;

III. aconselhamento ao réu ou ao Ministério Público.
Está correto o contido em:
(A) I, apenas.
(B) II, apenas.
(C) I e II, apenas.
(D) I, II e III.

I e II: art. 254, I, do CPP; III: art. 254, IV, do CPP.
Gabarito "D".

(VUNESP – 2007) Assinale a alternativa correta.
(A) Pode ser colhida prova criminal no gabinete do Promotor de Justiça, sob sua presidência.
(B) Em ação penal privada, admite-se a assistência de acusação.
(C) O assistente da acusação pode recorrer de sentença absolutória se não o houver feito o Promotor de Justiça.
(D) O assistente de acusação pode arrolar e ouvir testemunhas mesmo que já se tenha verificado o limite máximo de depoentes.

Nos termos do art. 268 do CPP, será admitida, em se tratando de ação penal pública, a intervenção do assistente de acusação, que poderá, na dicção do art. 271, *caput*, parte final, do CPP, recorrer de sentença absolutória de forma autônoma. É lícito, ainda, ao assistente arrolar testemunhas, cujo número, entretanto, estará limitado ao máximo legal.
Gabarito "C".

(VUNESP – 2008) É correto afirmar que a impossibilidade de identificar o acusado com o seu nome e outros dados qualificativos
(A) impede o oferecimento de denúncia.
(B) obsta a prolação da sentença.
(C) constitui obstáculo à execução da sentença.
(D) não retarda a ação penal quando certa a identidade física do acusado.

Art. 259, 1ª parte, do CPP.
Gabarito "D".

(VUNESP – 2008) Assinale a alternativa incorreta.
(A) Admite-se a intervenção do assistente do Ministério Público após a sentença absolutória, na ausência do trânsito em julgado.
(B) Na ausência de recurso do Ministério Público, pode o assistente de acusação recorrer da decisão que rejeita a denúncia por inépcia.
(C) Não cabe recurso em sentido estrito da decisão que admitir ou não admitir o assistente de acusação.
(D) Pode o ofendido, particular, habilitar-se como assistente do Ministério Público em crimes contra a Administração Pública.
(E) Não se aplicam ao assistente de acusação os impedimentos previstos em lei para o juiz e o órgão do Ministério Público.

A: correta (art. 269 do CPP); B: incorreta, devendo esta ser assinalada. É defeso ao assistente recorrer da decisão que rejeita a denúncia, na medida em que a sua habilitação não foi até então deferida, o que só ocorrerá após o recebimento do exordial; C: correta (art. 273 do CPP); D: correta (art. 268 do CPP); E: correta. Com efeito, o assistente de acusação não se submete aos impedimentos previstos para o juiz e para o órgão do MP.
Gabarito "B".

(VUNESP – 2008) Leia as afirmações quanto ao acusado no processo penal brasileiro.
I. O acusado, na relação jurídica processual, pode ser chamado de sujeito do processo.
II. O acusado possui direitos no processo penal, entre eles: de ser processado e julgado por autoridade competente, à assistência jurídica gratuita no caso de não dispor de recursos e de não ser submetido à identificação criminal, quando civilmente identificado.
III. O acusado será declarado revel e terá seu processo suspenso, sempre que não seja encontrado para a citação pessoal.
Está correto o contido em
(A) I e II, apenas.
(B) I e III, apenas.
(C) II e III, apenas.
(D) I, II e III.

I: correta – são sujeitos da *relação processual*, segundo a doutrina dominante: juiz, acusador e acusado (réu), chamada, por isso, de *tríplice relação processual*; II: correta – art. 5º, LIII, LXXIV e LVIII, da CF; III: alternativa incorreta. Na hipótese de o réu não ser encontrado, deverá o juiz determinar a sua citação por edital, depois de esgotados os meios disponíveis para a sua localização. Se o réu, depois de citado por edital, não comparecer tampouco constituir defensor, o processo e o prazo prescricional ficarão, em vista da disciplina estabelecida no art. 366 do CPP, suspensos. Há autores que entendem que a *revelia*, no sentido em que é empregada no processo civil, não pode ser aplicada no processo penal, visto constitui dever do magistrado assegurar ao réu, ainda que ausente, defesa técnica.
Gabarito "A".

(Escrevente Técnico Judiciário – TJ/SP – 2007 – VUNESP) Ao efetuar uma citação por mandado, o oficial de justiça deverá
(A) tão somente entregar o mandado ao réu, pessoalmente.
(B) após citar pessoalmente o réu, adverti-lo de que caso deixe de comparecer ao ato sem motivo justificado, ser-lhe-á nomeado um defensor, e o processo seguirá sem a sua presença.
(C) entregar o mandado ao réu pessoalmente e lavrar certidão de sua aceitação ou recusa.
(D) proceder à leitura do mandado ao réu e entregar-lhe a contrafé, e ainda, certificar a entrega da contrafé e de sua aceitação ou recusa.
(E) fazer com que o réu faça aposição de ciente no original do mandado.

São os chamados *requisitos extrínsecos* da citação e estão contidos no art. 357 do CPP.
Gabarito "D".

(Escrevente Técnico Judiciário – TJ/SP – 2006.2 – VUNESP) A citação por precatória deve ser realizada
(A) no juízo do lugar do crime.
(B) com dia e hora marcada.
(C) se o réu estiver no território de outra comarca.
(D) a requerimento do Ministério Público.
(E) somente nos casos urgentes.

Far-se-á a citação por carta precatória sempre que o réu encontrar-se fora do território da comarca do juiz processante, nos termos do art. 353 do CPP.
Gabarito "C".

(Escrevente Técnico Judiciário – TJ/SP – 2006.1 – VUNESP) Caso o acusado citado por edital não compareça aos atos do processo nem constitua defensor,

(A) ficará suspenso o processo, mas continuará fluindo o prazo prescricional, podendo ser decretada a prisão preventiva.
(B) deverá ser decretada a revelia do acusado, tramitando o processo na sua ausência e, se for o caso, decretada a prisão preventiva.
(C) deverá ser decretada a prisão preventiva e a suspensão do curso do prazo prescricional.
(D) ser-lhe-ão nomeados defensor dativo e curador, que acompanharão, até o trânsito em julgado, o trâmite do processo durante a ausência.
(E) ficarão suspensos o processo e o curso do prazo prescricional, podendo ser determinada a produção das provas urgentes.

Se o réu, depois de citado por edital, não comparecer tampouco constituir defensor, o processo e o prazo prescricional ficarão, em vista da disciplina estabelecida no art. 366 do CPP, suspensos. A despeito de a lei haver silenciado quanto ao período durante o qual a prescrição ficará suspensa, o STJ, por meio da Súmula n. 415, e a doutrina majoritária firmaram entendimento no sentido de que o tempo de suspensão do prazo prescricional levará em conta a pena máxima em abstrato cominada ao crime (art. 109, CP). Ainda com relação a este tema, estabelece a Súmula n. 455, também do STJ, que "a decisão que determina a produção antecipada de provas com base no art. 366 do CPP deve ser concretamente fundamentada, não a justificando unicamente o mero decurso do tempo".
Gabarito "E".

(Escrevente Técnico Judiciário – TJ/SP – 2004 – VUNESP) Analise as assertivas a seguir:

I. a citação inicial far-se-á por mandado, quando o réu estiver sujeito à jurisdição do juiz que a houver ordenado;
II. o mandado de citação deverá ser entregue pessoalmente ao acusado, não se admitindo a citação por hora certa, todavia, é admitida a citação através de procurador devidamente constituído;
III. a citação é o chamamento do réu a juízo, dando-lhe ciência do ajuizamento da ação penal e oferecendo-lhe o direito de se defender.

Está correto o contido em
(A) I, apenas.
(B) III, apenas.
(C) I e II, apenas.
(D) I e III, apenas.
(E) I, II e III.

I: correta, visto que em conformidade com o estabelecido no art. 351 do CPP; II: correta, nos termos da legislação vigente à época de elaboração da prova. A Lei 11.719/2008 alterou a redação do art. 362 do CPP e introduziu no âmbito do processo penal a *citação por hora certa*, a ser realizada por oficial de justiça na hipótese de ocultação do réu; III: correta. De fato, a citação tem dúplice finalidade; E: chamar o réu a juízo, dando-lhe ciência da ação que contra ele foi proposta, bem assim oferecer-lhe a oportunidade de apresentar sua defesa.
Gabarito "D".

(Escrevente Técnico Judiciário – TJ/SP – 2004 – VUNESP) Se o acusado, citado por edital, não comparecer, nem constituir advogado,

(A) o processo correrá à revelia do acusado.
(B) ficará suspenso o processo, mas não o prazo prescricional.
(C) ficarão suspensos o processo e o curso do prazo prescricional.
(D) será nomeado defensor dativo para defendê-lo até final decisão, com a finalidade de evitar-se a alegação de cerceamento de defesa.
(E) será decretada automaticamente a prisão preventiva do acusado.

Se o réu, citado por edital, não comparecer tampouco constituir defensor, o processo e o prazo prescricional ficarão, em vista da disciplina estabelecida no art. 366 do CPP, suspensos. *Vide* Súmulas n. 415 e 455 do STJ.
Gabarito "C".

(Escrevente Técnico Judiciário – 2008 – VUNESP) Se o réu estiver condenado e preso, e for ordenada judicialmente sua citação em razão de um novo processo

(A) deverá ser realizada por edital.
(B) deverá ser realizada por carta precatória.
(C) deverá ser realizada pessoalmente.
(D) não poderá ser realizada senão por intermédio do chefe do estabelecimento prisional.
(E) não poderá ser realizada até que seja cumprida a pena que ensejou a prisão.

A citação do réu preso será feita nos moldes do art. 360 do CPP (pessoalmente). Significa, pois, que a citação do acusado encarcerado em nada difere da do réu solto.
Gabarito "C".

(Escrevente Técnico Judiciário – 2008) A citação por precatória deve ser realizada:

(A) no juízo do lugar do crime.
(B) com dia e hora marcada.
(C) se o réu estiver no território de outra comarca.
(D) a requerimento do Ministério Público.

Art. 353 do CPP.
Gabarito "C".

(VUNESP – 2012) Analise as proposições seguintes

I. Aplica-se a revelia ao acusado que, citado ou intimado pessoalmente para qualquer ato, deixar de comparecer ao juízo sem motivo justificado e não atender ao chamado deste, ou, no caso de mudança de residência, não comunicar o novo endereço ao juízo.
II. No caso de determinação de citação por carta rogatória, de réu no estrangeiro, em lugar sabido, suspende-se o curso do prazo prescricional até o seu cumprimento.
III. As cartas rogatórias só serão expedidas se demonstrada previamente a sua imprescindibilidade, arcando a parte requerente com os custos do envio.
IV. Quando o réu se ocultar para não ser citado no juízo deprecado, deve-se devolver a carta precatória ao juízo deprecante para realizar a citação por edital.

Está correto apenas o que se afirma em
(A) II e III.
(B) III e IV.

(C) I, II e IV.
(D) II, III e IV.

I: a rigor, não há que se falar em revelia no âmbito do processo penal, ao menos tal como verificado no processo civil, em que, como sabemos, a não contestação da ação pelo réu citado implica o reconhecimento, como verdadeiros, dos fatos articulados na inicial. No processo penal, diferentemente, a inação do réu, que foi regularmente citado para contestar a ação, não pode acarretar o mesmo efeito produzido no processo civil. É dizer, o juiz, diante do não comparecimento do réu, providenciará para que lhe seja nomeado um defensor, a quem incumbirá, a partir de então, a defesa do acusado (art. 261, CPP). De se ver que parte da doutrina não compartilha desse entendimento; II: proposição correta, visto que em conformidade com o disposto no art. 368 do CPP; III: proposição em conformidade com o art. 222-A, inserido no CPP pela Lei 11.900/09; IV: verificado, quando do cumprimento da carta precatória pelo oficial de justiça, que o réu se ocultar para não ser citado, determina o art. 355, § 2°, do CPP que a carta será imediatamente devolvida ao juízo deprecante para o fim do art. 362 do CPP (citação por hora certa).
Gabarito "A".

(VUNESP – 2005) O ato de comunicação processual que convoca as testemunhas para depor e a ciência dos atos processuais que se dá ao réu preso intitulam-se, respectivamente:

(A) intimação e requisição.
(B) notificação e intimação.
(C) notificação e citação.
(D) deliberação e intimação.
(E) convocação e requisição.

Notificação é o conhecimento que se dá à parte ou a terceiro de ato a ser praticado; **intimação**, por seu turno, é a ciência que se dá à parte de um ato já praticado.
Gabarito "B".

(VUNESP – 2008) Considere as seguintes assertivas:

I. Admitem-se no processo penal a citação com hora certa e a citação por meio eletrônico.
II. É nula a citação por edital se este indica o dispositivo da lei penal, mas não transcreve a denúncia ou queixa nem resume os fatos em que se baseia a imputação.
III. A Lei n.° 9.099, de 26.09.1995, não prevê a possibilidade de citação por correspondência, com aviso de recebimento pessoal, do autor de infração de menor potencial ofensivo.

Assinale, agora, a alternativa correta.

(A) Somente I é verdadeira.
(B) Somente II é verdadeira.
(C) Somente III é verdadeira.
(D) Somente I e II são verdadeiras.
(E) Somente II e III são verdadeiras.

I: incorreta. Somente a citação com hora certa é admitida (art. 362 do CPP); o art. 6° da Lei 11.419/2006 estabelece que a citação por meio eletrônico não terá incidência no âmbito do processo criminal; II: incorreta (Súmula 366 do STF); III: correta (art. 66 da Lei 9.099/1995).
Gabarito "C".

(VUNESP – 2005) No tocante à citação, é correto afirmar que

(A) a requisição do réu preso que comparece a juízo não substitui a citação pessoal realizada por oficial de justiça.

(B) os requisitos arrolados no art. 357 do CPP são aplicáveis apenas à forma de citação prevista no art. 351 do mesmo estatuto.
(C) nos termos do art. 3° do CPP, é possível a citação por hora certa, desde que o oficial de justiça certifique nos autos que o réu se oculta para não ser citado.
(D) excepcionalmente, é admitida a citação ficta no procedimento da Lei n. 9.099/1995, caso em que o edital será publicado com o prazo de 5 dias.
(E) a decretação da revelia de réu preso na mesma unidade da federação em que tramita o processo não gera nulidade, se ignorada a circunstância pelo juízo.

A: correta, o réu preso será citado pessoalmente. É o que estabelece o art. 360 do CPP; **B:** incorreta, os requisitos listados no art. 357 do CPP são também aplicáveis à citação por carta precatória; **C:** incorreta. Ao tempo em que esta questão foi elaborada, inexistia, no processo penal, a citação *por hora certa*, razão por que a assertiva foi considerada incorreta. Sucede que a Lei 11.719/2008 alterou a redação do art. 362 do CPP e introduziu no processo penal a *citação por hora certa*, a ser realizada por oficial de Justiça na hipótese de ocultação do réu. Assim sendo, a proposição, se considerarmos a legislação atualmente em vigor, está correta, exceção feita ao dispositivo invocado; **D:** incorreta, já que, no âmbito do juizado, não se procederá à citação por edital. Na hipótese de o autor não ser encontrado para citação pessoal, o juiz encaminhará as peças ao juízo comum para adoção do procedimento previsto em lei – art. 66, parágrafo único, da Lei 9.099/1995; **E:** incorreta, na medida em que é nula, conforme entendimento firmado na Súmula n° 351 do STF, a citação por edital de réu preso na mesma unidade da Federação em que o juiz exerce a sua jurisdição.
Gabarito "A".

2. PROCESSO, PROCEDIMENTOS E SENTENÇA

(Escrevente – TJ/SP – 2018 – VUNESP) Segundo o Código de Processo Penal, a respeito do processo comum, é correto dizer que

(A) aceita a denúncia ou a queixa, o Juiz não poderá absolver sumariamente o réu, após a apresentação da resposta à acusação.
(B) a parte, no procedimento ordinário, não poderá desistir de testemunha, anteriormente arrolada.
(C) o procedimento será ordinário, sumário ou sumaríssimo; o procedimento sumaríssimo será o aplicado quando se tem por objeto crime sancionado com pena privativa de liberdade de até 04 (quatro) anos.
(D) são causas de rejeição da denúncia ou queixa a inépcia, a falta de pressuposto processual ou condição para o exercício da ação penal e a falta de justa causa.
(E) no procedimento ordinário, poderão ser ouvidas até 08 (oito) testemunhas, de acusação e defesa, compreendidas, nesse número, as que não prestam compromisso.

A: incorreta. Citado o réu e por ele oferecida a resposta à acusação, poderá o juiz, verificando a ocorrência de alguma das hipóteses do art. 397 do CPP, proceder à absolvição sumária do acusado; **B:** incorreta, dado que poderá a parte desistir da inquirição de qualquer das testemunhas que haja arrolado (art. 401, § 2°, CPP); **C:** incorreta. Como bem sabemos, o critério utilizado para se identificar o rito processual a ser adotado é a *pena máxima* cominada ao crime, conforme estabelece o art. 394 do CPP. O *rito ordinário* terá lugar sempre que se tratar de crime cuja sanção máxima cominada for igual ou superior a quatro anos de pena privativa de liberdade (art. 394, § 1º, I, CPP). O *rito sumário*, por sua vez, será adotado quando se tratar de crime cuja sanção máxima seja inferior a quatro anos e superior a dois (art. 394, § 1º, II, CPP). Já o *rito sumaríssimo* terá incidência nas infrações penais de menor potencial ofensivo (crimes cuja pena máxima não seja superior a dois anos bem como as contravenções penais), na forma estatuída no art. 394, § 1º, III, CPP; **D:** correta, pois corresponde ao teor do art. 395 do CPP; **E:** incorreta, já que não serão computadas no número máximo de testemunhas aquelas que não prestaram compromisso (art. 401, § 1º, CPP).

(Escrevente – TJ/SP – 2018 – VUNESP) Com relação ao procedimento relativo aos processos de competência do tribunal do júri, assinale a alternativa correta.

(A) Pronunciado o acusado, remetidos os autos ao tribunal do júri, será a defesa intimada para apresentar o rol de testemunhas que irão depor, em plenário, até o máximo de 08 (oito).

(B) Constituirão o Conselho de Sentença, em cada sessão de julgamento, 07 (sete) jurados, sorteados dentre os alistados, aplicando-se a eles o disposto sobre os impedimentos, a suspeição e as incompatibilidades dos juízes togados.

(C) Encerrada a instrução preliminar, o juiz, fundamentadamente, pronunciará ou impronunciará o acusado, não cabendo, nessa fase, a absolvição sumária.

(D) Contra a sentença de impronúncia do acusado caberá recurso em sentido estrito.

(E) O risco à segurança pessoal do acusado não enseja desaforamento do julgamento para outra comarca, sendo motivo justificante a dúvida razoável sobre a imparcialidade do júri.

A: incorreta (art. 422, CPP); **B:** correta (arts. 447 e 448, § 2º, CPP); **C:** incorreta, dado que cabe, nesta fase, desde que presente alguma das hipóteses do art. 415, CPP, *absolvição sumária*; **D:** incorreta. Com o advento da Lei 11.689/2008, que modificou os arts 416 e 581, IV, do CPP, a decisão de impronúncia, que antes comportava *recurso em sentido estrito*, passou a ser combatida por meio de *recurso de apelação*; **E:** incorreta (art. 427, CPP).

(Escrevente Técnico Judiciário – TJSP – VUNESP – 2017) De acordo com o texto expresso do art. 397 do CPP, o juiz deverá absolver sumariamente o acusado no processo penal quando verificar

(A) falta de condição para o exercício da ação penal.

(B) falta de justa causa para o exercício da ação penal.

(C) falta de pressuposto processual.

(D) que a denúncia é manifestamente inepta.

(E) extinta a punibilidade do agente.

A: incorreta, já que se trata de hipótese de rejeição da denúncia ou queixa (art. 395, II, CPP); **B:** incorreta, na medida em que se trata de hipótese de rejeição da denúncia ou queixa (art. 395, III, CPP); **C:** incorreta. Trata-se de hipótese de rejeição da denúncia ou queixa (art. 395, II, CPP); **D:** incorreta. É hipótese de rejeição da denúncia ou queixa (art. 395, I, CPP); **E:** correta. Cuida-se de hipótese de absolvição sumária (art. 397, IV, CPP).

(Técnico Judiciário – TJSP – 2013 – VUNESP) Com relação aos processos em espécie, é correto afirmar:

(A) o procedimento comum será ordinário quando tiver, por objeto, crime cuja sanção máxima cominada seja inferior a 4 (quatro) anos de pena privativa de liberdade.

(B) o procedimento comum será sumário, quando tiver, por objeto, crime cuja sanção máxima cominada seja inferior a 4 (quatro) anos de pena privativa de liberdade.

(C) aplica-se a todos os processos o procedimento sumário, salvo disposições em contrário do Código de Processo Penal ou de lei especial.

(D) nos procedimentos ordinário e sumário, no caso de citação por edital, o prazo para a defesa começará a fluir a partir da data da publicação do Edital.

(E) o procedimento comum será sumário para as infrações penais de menor potencial ofensivo, na forma da lei.

A: o procedimento comum será *ordinário* quando se tratar de crime cuja sanção máxima cominada é igual ou superior a quatro anos de pena privativa de liberdade (art. 394, § 1º, I, CPP). Assertiva incorreta, portanto; **B:** o rito *sumário* será adotado quando se tratar de crime cuja sanção máxima seja inferior a quatro anos e superior a dois (art. 394, § 1º, II, CPP). Assertiva, portanto, correta; **C:** incorreta, visto que o procedimento a ser adotado, neste caso, é o *comum ordinário* (art. 394, § 2º, CPP); **D:** incorreta, pois, neste caso, o prazo, a teor do art. 396, parágrafo único, do CPP começará a fluir a partir do comparecimento pessoal do acusado ou do defensor constituído; **E:** incorreta, pois às infrações penais de menor potencial ofensivo (crimes cuja pena máxima não seja superior a dois anos bem como as contravenções penais) será aplicável o procedimento comum *sumaríssimo*, na forma estatuída no art. 394, § 1º, III, CPP.

(Escrevente Técnico Judiciário – TJ/SP – 2011 – VUNESP) Considere os seguintes crimes: peculato (CP, art. 312, *caput*), pena de reclusão de dois a doze anos e multa; prevaricação (CP, art. 319), pena de detenção de três meses a um ano e multa; comunicação falsa de crime ou contravenção (CP, art. 340), pena de detenção de um a seis meses ou multa.

Assinale a alternativa que, respectivamente, traz a espécie do rito procedimental adotado (CPP, art. 394 e Lei n. 9.099/1995, art. 61) para o processo e julgamento de cada um dos três crimes citados. Considere que os crimes serão isoladamente processados.

(A) Ordinário; sumaríssimo; sumaríssimo.

(B) Ordinário; ordinário; sumaríssimo.

(C) Ordinário; sumário; sumaríssimo.

(D) Sumário; sumário; sumaríssimo.

(E) Sumário; sumário; sumário.

O crime de peculato (art. 312, *caput*, do CP) será processado e julgado segundo as regras do procedimento comum ordinário, já que a sanção máxima cominada a este crime é superior a quatro anos de pena privativa de liberdade; já os crimes de prevaricação (art. 319 do CP) e comunicação falsa de crime ou contravenção (art. 340 do CP) serão processados segundo as regras estabelecidas para o procedimento sumaríssimo (Lei 9.099/1995), visto que se trata, em razão da pena cominada, de infrações penais de menor potencial ofensivo (crimes cuja pena máxima não seja superior a dois anos bem como as contravenções penais).

8. DIREITO PROCESSUAL PENAL

(Escrevente Técnico – TJ/SP – 2010 VUNESP) Assinale a alternativa correta com relação à regra instituída pelo Código de Processo Penal no que concerne aos procedimentos comuns.

(A) O *sumaríssimo* é adotado para os réus maiores de 70 (setenta) anos.
(B) O *sumário* é adotado para as infrações penais de menor potencial ofensivo.
(C) O *sumário* é adotado quando o réu estiver preso, ou quando estiver presente outro motivo que justifique o desenvolvimento célere dos atos processuais.
(D) O *sumaríssimo* é adotado quando o crime objeto da ação penal tiver sanção máxima cominada igual ou inferior a 4 (quatro) anos de pena privativa de liberdade.
(E) O *ordinário* é adotado quando o crime objeto da ação penal tiver sanção máxima cominada igual ou superior a 4 (quatro) anos de pena privativa de liberdade.

A: incorreta, visto que o *sumaríssimo* é o rito do procedimento comum voltado para o processamento das infrações penais de menor potencial ofensivo (Lei 9.099/1995), conforme estabelece o art. 394, § 1º, III, do CPP; **B:** incorreta, pois o rito do procedimento comum a ser adotado para o processamento das infrações penais de menor potencial ofensivo é o sumaríssimo (art. 394, § 1º, III, do CPP). O rito *sumário* será adotado quando o crime a ser julgado tiver por sanção máxima cominada pena inferior a quatro anos; **C:** incorreta. O fato de o réu encontrar-se preso enquanto aguarda o julgamento não constitui critério determinante do procedimento/rito a ser adotado. Tal circunstância terá influência, isto sim, nos prazos da instrução; **D:** incorreta. Como já dito, o *sumaríssimo* é o rito do procedimento comum voltado para o processamento das infrações penais de menor potencial ofensivo; **E:** correta, pois em consonância com o disposto no art. 394, § 1º, I, do CPP.
Gabarito "E".

(Escrevente Técnico – TJ/SP – 2010 – VUNESP) Nos estritos termos do art. 395 do Código de Processo Penal, a denúncia ou queixa será rejeitada quando

(A) o agente for inimputável.
(B) faltar justa causa para o exercício da ação penal.
(C) existir manifesta causa excludente de ilicitude do fato.
(D) ficar patente a incompetência do juízo a que fora oferecida.
(E) existir manifesta causa excludente da culpabilidade do agente.

O art. 395 do CPP contempla as hipóteses de rejeição da inicial acusatória. São situações em que o magistrado reputa inviável a acusação a ele apresentada em razão de um dos seguintes motivos: denúncia ou queixa manifestamente inepta (fato narrado na inicial não é compreensível, por exemplo); falta de pressuposto processual ou condição para o exercício da ação penal; falta de justa causa para o exercício da ação penal (hipótese na qual se baseou o enunciado). Esta última hipótese deve ser entendida como a *ausência de lastro mínimo probatório*. São exemplos: falta de materialidade; falta de indícios suficientes de autoria etc.
Gabarito "B".

(Escrevente Técnico – TJ/SP – 2010 – VUNESP) Assinale a alternativa em que consta aspecto que diferencia o procedimento comum ordinário do procedimento comum sumário.

(A) A ordem de inquirição das testemunhas arroladas pela acusação e defesa.
(B) O período de tempo que é concedido para acusação e defesa falarem em alegações finais orais.
(C) O número máximo de testemunhas a serem ouvidas a requerimento da acusação e da defesa.
(D) A possibilidade de oitiva do perito, unicamente prevista para o procedimento comum ordinário.
(E) A possibilidade de absolvição sumária, unicamente prevista para o procedimento comum sumário.

Basicamente, podem-se apontar as seguintes diferenças entre os ritos ordinário e sumário: neste, o prazo para que a audiência seja realizada é de 30 dias (art. 531 do CPP); naquele, é de 60 dias (art. 400 do CPP). No rito sumário, podem-se ouvir até 5 testemunhas (art. 532 do CPP); no ordinário, até 8 (art. 401, *caput*, do CPP).
Gabarito "C".

(Escrevente Técnico Judiciário – TJ/SP – 2007 – VUNESP) No procedimento comum,

(A) poderão ser ouvidas mais de 8 testemunhas de acusação e mais de 8 testemunhas de defesa, se nesse número estiverem compreendidas as testemunhas referidas.
(B) poderão ser ouvidas no mínimo 8 testemunhas de acusação e 8 testemunhas de defesa.
(C) poderão ser ouvidas todas as testemunhas arroladas na denúncia, e no máximo 10 testemunhas arroladas pela defesa.
(D) não poderão ser ouvidas as testemunhas que não prestarem compromisso.
(E) somente poderão ser ouvidas as testemunhas arroladas na denúncia.

Arts. 209, § 1º, e 401, § 1º, *in fine*, do CPP. *Referidas*, como o próprio nome sugere, são aquelas testemunhas mencionadas por outras que, a despeito de não terem sido arroladas pelas partes, podem ser ouvidas se assim entender necessário o juiz (são as chamadas testemunhas do juízo).
Gabarito "A".

(VUNESP – 2008) Se a infração, embora de menor potencial ofensivo, deva processar-se perante o juízo comum, em virtude da impossibilidade de citação pessoal do acusado (art. 66, parágrafo único, da Lei n.º 9.099/1995), o rito procedimental será o

(A) ordinário.
(B) sumário.
(C) sumaríssimo.
(D) especial.

Art. 538 do CPP.
Gabarito "B".

(VUNESP – 2010) No processo comum, o acusado pode ser absolvido sumariamente (art. 397, Código de Processo Penal) quando:

(A) a denúncia for inepta.
(B) o autor da infração penal agiu manifestamente em legítima defesa.
(C) não existirem suficientes indícios de autoria ou prova da materialidade do fato.
(D) o Ministério Público for parte ilegítima para o exercício da ação penal.
(E) houver dúvida sobre a sua inimputabilidade.

As hipóteses de *absolvição sumária*, contidas no art. 397 do CPP, constituem inovação introduzida pela Lei 11.719/2008. A correspondente à assertiva "B" encontra-se no inciso I do dispositivo. As outras alternativas contêm assertivas que se amoldam às hipóteses de *rejeição da inicial*, descritas no art. 395 do CPP.

Gabarito "B".

(VUNESP – 2009) Assinale a alternativa que apresenta o prazo correto para o oferecimento da resposta à acusação nos procedimentos ordinário e sumário.

(A) 15 dias em ambos os procedimentos.
(B) 10 dias em ambos os procedimentos.
(C) 15 dias no procedimento ordinário e 10 dias no procedimento sumário.
(D) 20 dias no procedimento sumário e 10 dias no procedimento ordinário.
(E) 10 dias no procedimento ordinário e 5 dias no procedimento sumário.

Art. 396, *caput*, do CPP. Dispositivo introduzido pela Lei 11.719/2008.

Gabarito "B".

(VUNESP – 2009) Seguindo a regra geral contida no art. 403 do CPP, é correto afirmar que no procedimento ordinário as alegações finais serão

(A) oferecidas por escrito no prazo de 10 dias.
(B) orais por vinte minutos, respectivamente, pela acusação e pela defesa, com direito à prorrogação por mais 10 minutos.
(C) apresentadas no prazo sucessivo de 5 dias, por memorial.
(D) orais por trinta minutos, respectivamente, pela acusação e pela defesa, com direito à prorrogação por mais 10 minutos.
(E) oferecidas por escrito no prazo de 8 dias, respectivamente, pela acusação e pela defesa.

Em vista do que dispõe o art. 403 do CPP, as *alegações finais* serão, em regra, orais, por 20 minutos, respectivamente, pela acusação e pela defesa, prorrogáveis por mais 10, mas o juiz poderá, dada a complexidade do caso ou o número de acusados, deferir às partes o prazo de cinco dias sucessivamente para a apresentação de memoriais (alegações escritas).

Gabarito "B".

(VUNESP – 2012) Assinale a alternativa correta.

(A) Qualquer das partes poderá, no prazo de 5 (cinco) dias, pedir ao juiz que declare a sentença sempre que nela houver obscuridade, contradição, ambiguidade ou omissão.
(B) Ainda que preclusa a decisão de pronúncia, havendo circunstância superveniente que altere a classificação do crime, caberá ao próprio juiz de primeiro grau fazê-la, respeitado o contraditório.
(C) Nos crimes de ação pública, conforme previsão legal, não poderá o juiz reconhecer circunstâncias agravantes que não tenham sido alegadas pelo Ministério Público.
(D) A violação da regra da correlação entre acusação e sentença é causa de nulidade relativa.

A: proposição incorreta, visto que o prazo para oposição de embargos de declaração, conforme estabelece o art. 382 do CPP, é de *dois* dias, e não de *cinco*. Cuidado: no âmbito do juizado especial, o prazo é de *cinco dias*, a teor do disposto no art. 83, § 1º, da Lei 9.099/1995; **B:** correta, pois corresponde ao que estabelece o art. 421 do CPP. De se ver que, antes de os autos irem conclusos ao magistrado, deverá ser dada vista ao Ministério Público; **C:** incorreta, pois contraria o disposto no art. 385 do CPP; **D:** consiste o princípio da correlação na indispensável correspondência que deve existir entre o fato articulado na peça acusatória e o fato pelo qual o réu é condenado. A violação a este princípio acarreta a nulidade da sentença.

Gabarito "B".

(VUNESP – 2009) Encerrada a instrução probatória, se houver o reconhecimento de possibilidade de nova definição jurídica do fato, em consequência de prova existente nos autos de elemento ou circunstância da infração penal não contida na acusação, o Ministério Público, no prazo de 5 (cinco) dias, deverá aditar a denúncia ou queixa, se

(A) em virtude desta houver nulidade absoluta.
(B) não houve aditamento na fase anterior do processo.
(C) em virtude desta houver sido instaurado novo processo crime.
(D) em virtude desta houver sido instaurado o processo em crime de ação pública.
(E) se deixou de intimar a defesa para a irregularidade presente.

Com o advento da Lei 11.719/08, que modificou o art. 384 do CPP, se o magistrado entender cabível nova definição jurídica do fato em consequência de prova de elementar ou circunstância não contida na inicial, o aditamento pelo Ministério Público é de rigor, ainda que a nova capitulação jurídica acarrete a aplicação de pena igual ou menos grave. No panorama anterior, a participação do Ministério Público, aditando a denúncia, não era necessária, ou seja, bastava que o processo baixasse para manifestação da defesa e oitiva de testemunhas.

Gabarito "D".

(VUNESP – 2013) "A" foi denunciado por furto; finda a instrução, a prova coligida aponta para a prática de roubo, a exigir a providência do artigo 384 do CPP (*mutatio libelli*). O Promotor de Justiça oficiante recusou-se a aditar a denúncia; encaminhados os autos para os fins do artigo 28 do CPP, o Procurador Geral de Justiça avalizou a recusa.

Neste caso, deve o Juiz

(A) julgar a lide nos termos da imputação da denúncia.
(B) recorrer de ofício ao Tribunal de Justiça.
(C) renovar a instrução.
(D) julgar extinta a punibilidade do réu.

Em vista do que dispõe o art. 384, § 1º, do CPP (que manda aplicar o art. 28 do CPP), o juiz, diante da recusa do promotor em proceder ao aditamento, fará a remessa dos autos ao chefe do Ministério Público, o procurador-geral, que é quem tem atribuição para reavaliar a situação. A partir daí, pode o procurador-geral, em face da provocação do magistrado, designar outro membro do MP para proceder ao aditamento ou ainda insistir no prosseguimento da ação tal como foi proposta, julgando a lide nos termos da imputação contida na denúncia.

Gabarito "A".

(VUNESP – 2010) Encerrada a instrução criminal de um processo em que o acusado foi denunciado pelo crime de furto (art. 155, *caput*, do Código Penal), o juiz entende que estão presentes provas de que, na verdade, o delito praticado por aquele foi de receptação qualificada (art. 180, §1º, do Código Penal), fato não descrito na denúncia. Em consequência, o juiz deverá:

(A) proferir sentença condenatória pelo crime de receptação.

(B) baixar os autos do processo, a fim de que a defesa, no prazo de 8 (oito) dias, se manifeste e requeira prova, podendo ser ouvidas até três testemunhas.

(C) dar ciência ao Ministério Público e designar novo interrogatório do acusado e audiência de debates e julgamento.

(D) remeter os autos ao Ministério Público para proceder ao aditamento da denúncia, no prazo legal, e ouvir o defensor do acusado sobre a nova imputação.

(E) dar ciência ao Ministério Público e à defesa da nova classificação jurídica da infração penal, proferindo, após, a sentença definitiva.

Art. 384 do CPP – *mutatio libelli*.
Gabarito "D".

(VUNESP – 2005) A decisão que reconhece a exceção de coisa julgada, extinguindo o processo sem julgamento do mérito, denomina-se

(A) absolvição da instância.
(B) cessação da instância.
(C) substituição da instância.
(D) prejudicial de mérito.
(E) disjunção processual.

Art. 95, V, do CPP.
Gabarito "A".

3. RECURSOS

(Escrevente – TJ/SP – 2018 – VUNESP) Com relação aos recursos e revisão, de acordo com o Código de Processo Penal, é correto dizer que

(A) no caso de concurso de agentes, a decisão do recurso interposto por um dos réus, ainda que fundado em motivos pessoais, aproveitará aos outros.

(B) a revisão criminal só poderá ser requerida no prazo de até 02 (dois) anos da sentença condenatória, transitada em julgado.

(C) interposta a Apelação somente pelo acusado, não pode o Tribunal reinquirir testemunhas ou determinar diligências.

(D) nos processos de contravenção, interposta a apelação, o prazo para arrazoar será de 03 (três) dias.

(E) na apelação e no recurso em sentido estrito, há previsão de juízo de retratação.

A: incorreta, já que somente aproveitará aos outros se se fundar em motivos que não sejam de ordem pessoal (art. 580, CPP); **B:** incorreta, na medida em que a revisão criminal poderá ser requerida a qualquer tempo, antes ou mesmo depois de extinta a pena (art. 622, *caput*, do CPP), isto é, o ajuizamento da revisão criminal não está sujeito a prazo; **C:** incorreta, pois contraria o disposto no art. 616 do CPP; **D:** correta (art. 600, *caput*, CPP); **E:** incorreta. Somente o recurso em sentido estrito tem previsão de juízo de retratação (art. 589, CPP).
Gabarito "D".

(Escrevente Técnico Judiciário – TJSP – VUNESP – 2017) No julgamento dos recursos de apelação, expressamente de acordo com os artigos 616 e 617 do CPP, poderá o tribunal, câmara ou turma

(A) agravar a pena, mesmo quando somente o réu houver apelado da sentença.

(B) proceder a novo interrogatório do acusado, reinquirir testemunhas ou determinar outras diligências.

(C) analisar a matéria em toda a sua extensão sem, contudo, produzir novas provas.

(D) analisar a matéria em toda a sua extensão sem, contudo, produzir novas provas, exceto proceder a novo interrogatório do acusado.

(E) condenar o acusado absolvido em sentença de primeiro grau, mesmo que a parte acusatória não tenha apelado.

A e E: incorretas. É vedada, no processo penal, a chamada *reformatio in pejus*, ou seja, não é dado ao Tribunal, nos casos em que houver recurso exclusivo da defesa, reformar, para pior, a decisão proferida pelo juízo *a quo*. Em outras palavras, a situação do réu não pode sofrer qualquer piora no Tribunal caso somente ele recorra da decisão (art. 617, CPP); **B:** correta, já que corresponde à redação do art. 616 do CPP, que faculta ao tribunal *ad quem* proceder a novo interrogatório do acusado, reinquirir testemunhas e determinar outras diligências que entende necessárias ao esclarecimento da verdade; **C e D:** incorretas, uma vez que nada impede que o tribunal determine, na análise do recurso de apelação, a produção de provas suplementares.
Gabarito "B".

(Técnico Judiciário – TJSP – 2013 – VUNESP) No tocante aos recursos, assinale a alternativa correta.

(A) O recurso será interposto por petição ou por termo nos autos, assinado pelo recorrente ou por seu representante.

(B) Caberá recurso, no sentido estrito, da decisão que receber a denúncia ou a queixa.

(C) Caberá apelação no prazo de 20 (vinte) dias das sentenças definitivas de condenação ou absolvição proferidas por juiz singular.

(D) O Ministério Público somente poderá desistir do recurso que haja interposto.

(E) Dentro de dez dias, contados da interposição do recurso, no sentido estrito, o recorrente oferecerá as razões e, em seguida, será aberta vista ao recorrido por igual prazo.

A: correta (art. 578, *caput*, do CPP); **B:** incorreta, visto que o recurso em sentido estrito, conforme estabelece o art. 581, I, do CPP, somente poderá ser interposto da decisão que *não* receber (rejeitar) a denúncia ou a queixa; a decisão que recebe a denúncia ou a queixa é irrecorrível. É possível, no entanto, em face da decisão que receber indevidamente a denúncia ou queixa, a impetração de *habeas corpus*; **C:** incorreta, pois o art. 593, I, do CPP estabelece, para este caso, o prazo de 5 (cinco) dias; **D:** incorreta, visto que não é dado ao MP desistir do recurso que haja interposto, nos termos do art. 576 do CPP (princípio da indisponibilidade); **E:** incorreta, visto que não reflete o disposto no art. 588 do CPP, que estabelece o prazo de dois dias.
Gabarito "A".

(Escrevente Técnico Judiciário – TJ/SP – 2011 – VUNESP) Considere as seguintes assertivas:

I. o Ministério Público poderá desistir de recurso que haja interposto;

II. não se admitirá recurso da parte que não tiver interesse na reforma ou modificação da decisão;

III. salvo a hipótese de má-fé, a parte não será prejudicada pela interposição de um recurso por outro.

De acordo com o CPP em suas disposições gerais sobre os recursos (arts. 574 a 580), é correto apenas o que se afirma em

(A) II.

(B) III.
(C) I e II.
(D) I e III.
(E) II e III.

I: incorreta. É vedado ao Ministério Público, em vista do que preconiza o postulado da indisponibilidade, desistir da ação penal que haja proposto (art. 42 do CPP) bem assim de recurso que haja interposto (art. 576 do CPP); **II:** correta, visto que em conformidade com o que preceitua o art. 577, parágrafo único, do CPP; **III:** correta, visto que em conformidade com o que preceitua o art. 579, *caput*, do CPP (fungibilidade recursal).
Gabarito "E".

(Escrevente Técnico Judiciário – TJ/SP – 2008 – VUNESP) Assinale a alternativa que apresenta hipótese de recurso de ofício.

(A) Sentença definitiva de absolvição, motivada na inexistência de provas para a condenação.
(B) Decisão absolutória do tribunal do júri.
(C) Sentença que conceder *habeas corpus*.
(D) Sentença que não receber a denúncia ou queixa.
(E) Decisão que julgar procedente qualquer das exceções, salvo a de suspeição.

Art. 574, I, do CPP.
Gabarito "C".

(Escrevente Técnico Judiciário – TJ/SP – 2008 – VUNESP) "X" foi denunciado pelos crimes de lesão corporal e furto. Todavia, há cinco dias atrás foi condenado tão somente pelo delito de lesão corporal, tendo sido absolvido pelo crime de furto, uma vez que foi reconhecida na sentença a inexistência do fato. Assim sendo, é correto afirmar que

(A) "X" não poderá apelar da sentença, visto que foi absolvido.
(B) "X" não poderá recorrer da sentença, uma vez que não interpôs o termo de apelação no prazo de 3 dias conforme previsto em lei.
(C) "X" não poderá intentar o recurso cabível por falta de interesse e legitimidade processual.
(D) considerando que as apelações poderão ser interpostas, quer em relação a todo o julgado, quer em relação a parte dele, "X" poderá recorrer com relação à condenação pelo crime de lesão corporal.
(E) por se tratar de uma das hipóteses de recurso em sentido estrito, "X" deverá interpor, por meio de seu advogado, recurso no prazo legal de 10 dias, contados da data de sua intimação pessoal da condenação pelo crime de lesão corporal.

A: incorreta. "X" foi absolvido pelo crime de furto, mas condenado foi o crime de lesão corporal, razão pela qual tem, sim, interesse em reformar a decisão judicial que lhe foi desfavorável – art. 577, parágrafo único, do CPP; **B:** incorreta (art. 593, *caput*, do CPP); **C:** incorreta. O interesse jurídico está presente no art. 577, parágrafo único, do CPP, e consiste na necessidade que tem a parte de obter uma situação processual que lhe seja mais favorável. A legitimidade, por sua vez, encontra-se no *caput* do mesmo dispositivo; **D:** correta (art. 599 do CPP); **E:** incorreta (art. 593, I, do CPP).
Gabarito "D".

(Escrevente Técnico Judiciário – TJ/SP – 2008 – VUNESP) Os recursos nos casos das decisões proferidas pelo Tribunal do Júri

(A) serão em sentido estrito, não sendo cabível nenhuma outra espécie recursal.

(B) poderão ser de apelação se houver erro ou injustiça no tocante à aplicação da pena.
(C) não serão admitidos em face da soberania absoluta do Tribunal Popular.
(D) serão interpostos em até 10 dias após proferida a decisão do plenário do júri.
(E) somente serão interpostos no plenário do júri imediatamente após o juiz tomar ciência da votação dos jurados e proferir a sentença.

Art. 593, III, *c*, do CPP.
Gabarito "B".

(Escrevente Técnico Judiciário – TJ/SP – 2006.2 – VUNESP) O recurso de ofício ocorre

(A) sempre que o Ministério Público se sentir inconformado com a decisão judicial.
(B) da sentença que condenar, desde logo, o réu com fundamento na existência de circunstância que exclua o crime ou isente o réu de pena, nos termos do art. 411 do Código de Processo Penal.
(C) se houver desistência do recurso interposto pelo Ministério Público.
(D) sempre que a parte demonstrar interesse na reforma ou modificação da decisão judicial.
(E) da sentença que conceder *habeas corpus*.

Art. 574, I, do CPP.
Gabarito "E".

(Escrevente Técnico Judiciário – TJ/SP – 2006.1 – VUNESP) Salvo a hipótese de má-fé, a parte não será prejudicada pela interposição de um recurso por outro. Se o juiz, desde logo, reconhecer a impropriedade do recurso interposto pela parte, mandará processá-lo de acordo com o rito do recurso cabível. As duas afirmações que se fizeram são regras oriundas do princípio processual

(A) da fungibilidade.
(B) do contraditório.
(C) do estado de inocência.
(D) da publicidade.
(E) da indisponibilidade.

Art. 579 do CPP.
Gabarito "A".

(Escrevente Técnico Judiciário – TJ/SP – 2006.1 – VUNESP) O Código de Processo Penal admite, expressamente, o recurso em sentido estrito da decisão, despacho ou sentença que

(A) decretar a revelia do acusado.
(B) receber a denúncia ou a queixa.
(C) não receber a denúncia ou a queixa.
(D) julgar procedente a exceção de suspeição.
(E) converter a pena de detenção em multa.

Art. 581, I, do CPP.
Gabarito "C".

(Escrevente Judiciário – 2008) A apelação contra sentença condenatória deve ser interposta no prazo de:

(A) 10 dias.
(B) 15 dias.

(C) 05 dias.
(D) 03 dias.

Art. 593 do CPP.
Gabarito "C".

(VUNESP – 2013) Assinale a alternativa correta relativamente aos recursos no processo penal.

(A) Entende o Supremo Tribunal Federal que constitui nulidade a falta de intimação do denunciado para oferecer contrarrazões ao recurso interposto da rejeição da denúncia, salvo se houver nomeação de defensor dativo.
(B) Quatro são os possíveis efeitos recursais: devolutivo, suspensivo, regressivo e extensivo.
(C) De acordo com o Código de Processo Penal, não poderá ser usado o recurso em sentido estrito quando cabível a apelação, salvo se somente de parte da decisão se recorra.
(D) As partes podem apresentar embargos infringentes, em dez dias, quando não for unânime a decisão de segundo grau.

A: incorreta, uma vez que o que se afirma não reflete o entendimento firmado na Súmula 707 do STF, a seguir transcrita: "Constitui nulidade a falta de intimação do denunciado para oferecer contrarrazões ao recurso interposto da rejeição da denúncia, não a suprindo a nomeação de defensor dativo"; **B:** correta. Efeito devolutivo: a matéria recorrida é devolvida à instância superior para apreciação; efeito suspensivo: os efeitos da decisão combatida, com a interposição do recurso, são suspensos; regressivo: permite ao magistrado o reexame da decisão desafiada (juízo de retratação); extensivo: dá-se no concurso de pessoas, em que o recurso, interposto por um dos corréus, desde que fundado em motivo de caráter não exclusivamente pessoal, aos demais aproveita (art. 580 do CPP); **C:** incorreta, pois não condiz com o que estabelece o art. 593, § 4º, do CPP; **D:** incorreta. Os embargos infringentes e de nulidade, recursos exclusivos da *defesa*, somente podem ser opostos quando a decisão desfavorável ao réu, em segunda instância, não for unânime – art. 609, parágrafo único, CPP.
Gabarito "B".

(VUNESP – 2012) Cabe recurso de apelação das decisões em que
(A) julgarem procedentes as exceções, salvo a de suspeição.
(B) decretar a prescrição ou julgar, por outro modo, extinta a punibilidade.
(C) ocorrer nulidade posterior à pronúncia.
(D) revogar a medida de segurança.

A: a decisão que julga procedentes as exceções, salvo a de suspeição, desafia o recurso em sentido estrito (art. 581, III, do CPP); **B:** a decisão que decreta a prescrição ou julga, por outro modo, extinta a punibilidade também comporta o recurso em sentido estrito (art. 581, VIII, do CPP); **C:** correta, pois corresponde ao que estabelece o art. 593, III, *a*, do CPP; **D:** contra a decisão que revoga a medida de segurança deve ser interposto o recurso de agravo em execução (art. 197, LEP).
Gabarito "C".

(VUNESP – 2011) Assinale a alternativa correta.
(A) Dar-se-á carta testemunhável da decisão que denegar o recurso.
(B) O Ministério Público pode desistir de recurso que haja interposto desde que se trate de crime de menor potencial ofensivo.

(C) Réu que teve declarada extinta a punibilidade por prescrição pode recorrer pedindo decisão de mérito da acusação.
(D) A apelação da sentença absolutória impede que o réu seja posto imediatamente em liberdade.

A: correta – reza o art. 639, I, do CPP que será cabível carta testemunhável da decisão que denegar o recurso (rejeitá-lo na fase do juízo de admissibilidade); **B:** à luz do princípio da indisponibilidade, é defeso ao Ministério Público desistir da ação penal proposta (CPP, art. 42) e do recurso interposto (CPP, art. 576). Cuidado: não se quer com isso dizer que o membro do MP é obrigado a recorrer, mas, uma vez interposto o recurso, é-lhe vedado dele desistir; **C:** art. 577, parágrafo único, do CPP; **D:** incorreta, pois não reflete o disposto no art. 596, *caput*, do CPP.
Gabarito "A".

(VUNESP – 2009) No procedimento relativo aos processos da competência do Tribunal do Júri, a decisão que impronuncia o acusado pode ser impugnada, na esfera recursal, por meio de
(A) habeas corpus.
(B) recurso em sentido estrito.
(C) agravo.
(D) apelação.

Inovação trazida pela Lei 11.689/08, que alterou a redação dos arts. 416 e 581, IV, do CPP.
Gabarito "D".

(VUNESP – 2012) É correto afirmar:
(A) O Código de Processo Penal não prevê a possibilidade de impetração de "habeas corpus" pelo Ministério Público.
(B) O direito de recorrer da sentença que concede o mandado de segurança não se estende à autoridade coatora.
(C) Da decisão que denega a apelação cabe recurso em sentido estrito com efeito suspensivo.
(D) A carta testemunhável, como regra, tem efeito suspensivo.
(E) É vedado ao réu renunciar ao direto de apelar e ao Ministério Público desistir do recurso que tenha interposto.

A: incorreta, na medida em que o art. 654, *caput*, do CPP confere, de forma expressa, legitimidade ao MP para a impetração de HC; **B:** incorreta, pois em desconformidade com o art. 14, § 2º, da Lei 12.016/2009, que deu nova conformação ao mandado de segurança, revogando a legislação até então em vigor; **C:** correta, nos termos do art. 581, XV, do CPP; **D:** nos termos do que estabelece o art. 646 do CPP, a carta testemunhável não tem efeito suspensivo. Incorreta, portanto; **E:** é verdade que é defeso ao MP desistir do recurso que houver interposto (art. 576 do CPP); já o réu poderá, se quiser, renunciar ao direito de apelar (voluntariedade dos recursos – art. 574 do CPP).
Gabarito "C".

(VUNESP – 2006) Assinale a resposta correta.
A observância da proibição da "reformatio in pejus indireta" impede:
(A) O agravamento da pena no segundo julgamento quando anulado o primeiro em apelo da acusação.
(B) O reconhecimento no segundo Júri de qualificadora negada no primeiro, anulado em apelo do réu.

(C) O agravamento da pena no segundo julgamento, anulado o primeiro em apelo do réu.

(D) A exacerbação no segundo julgamento da pena-base imposta no primeiro, ficando inalterada a pena final, se anulada a sentença anterior em apelo do réu.

(E) O reconhecimento da prescrição retroativa pela pena concretizada no segundo julgamento, anulado o primeiro em apelo do réu.

De fato, uma vez anulada condenação proferida em recurso exclusivo da defesa, a nova decisão a ser proferida não pode ser mais prejudicial ao réu do que aquela que foi anulada (art. 617 do CPP).
Gabarito "C".

(VUNESP – 2005) Qual o remédio cabível da denegação de seguimento do agravo em execução?

(A) Recurso em sentido estrito.
(B) "Habeas Corpus".
(C) Carta testemunhável.
(D) Apelação.
(E) Mandado de segurança.

A carta testemunhável – arts. 639 e ss. do CPP – destina-se a suscitar o reexame da decisão que obstar o seguimento do *recurso em sentido estrito* ou do *agravo em execução*.
Gabarito "C".

(VUNESP – 2005) "Fulano" foi condenado por roubo duplamente qualificado a 6 anos de reclusão e ao pagamento de 15 dias-multa. Em flagrante equívoco, fixou-se o regime aberto para o cumprimento da reprimenda corporal. O Promotor de Justiça opôs embargos de declaração, que foram acolhidos pelo Magistrado, alterando-se para o regime fechado.
Indique a alternativa correta.

(A) O Promotor de Justiça e o Magistrado agiram escorreitamente.
(B) O Promotor de Justiça deveria interpor recurso de apelação, pleiteando a modificação do regime.
(C) O remédio correto para a modificação do regime à disposição do Ministério Público seria o agravo em execução.
(D) Correta seria a interposição do recurso em sentido estrito, uma vez que o Promotor de Justiça discordou apenas do regime fixado na sentença.
(E) Por se tratar apenas de questão atinente a regime prisional, qualquer providência seria inoportuna, devendo-se aguardar a fase da execução da sanção.

Os embargos de declaração – art. 382 do CPP – não se destinam a provocar o reexame do mérito da decisão, e sim corrigir erro material, consubstanciado na obscuridade, ambiguidade, contradição ou omissão. O promotor de Justiça deve interpor recurso de apelação (art. 593, I, do CPP).
Gabarito "B".

(VUNESP – 2005) Assinale a alternativa incorreta.

(A) Em regra, os recursos serão sempre voluntários.
(B) Os recursos só poderão ser interpostos por petição.
(C) Os efeitos do recurso são: devolutivo, suspensivo, extensivo e regressivo.
(D) O despacho que determina o arquivamento do inquérito policial, a requerimento do Ministério Público, é irrecorrível.

(E) O oferecimento das razões de apelação fora do prazo legal constitui mera irregularidade.

A: correta (art. 574 do CPP); **B:** incorreta (art. 578, *caput*, do CPP); **C:** correta. *Devolutivo:* transfere-se à instância superior a apreciação da matéria objeto da decisão; *suspensivo:* até que ocorra o julgamento final do recurso, a decisão não pode ser executada. Ou seja, fica suspensa, pendente; *extensivo:* diz respeito ao concurso de pessoas (art. 580 do CPP); *regressivo:* confere ao juiz a oportunidade de retratar-se, alterando sua própria decisão; **D:** correta. De fato, o despacho que determina o arquivamento do inquérito policial não comporta recurso; **E:** correta. Com efeito, a apresentação tardia das razões de apelação não obsta o conhecimento do recurso.
Gabarito "B".

(VUNESP – 2008) A doutrina, de forma pacífica, entende que a apresentação tardia das razões de apelação constitui

(A) mera irregularidade, não impedindo o conhecimento do apelo.
(B) nulidade do recurso.
(C) perempção do direito de defesa do acusado.
(D) intempestividade do recurso.

A alternativa "A" está correta. O mero atraso no oferecimento das razões constitui simples irregularidade, o que não tem o condão de obstar o conhecimento do apelo.
Gabarito "A".

(VUNESP – 2008) O recurso em sentido estrito

I. tem cabimento da decisão que não receber a denúncia;
II. na justiça estadual do Mato Grosso do Sul é julgado sempre pelo Tribunal de Justiça.
III. em algumas hipóteses, previstas em lei, terá também o efeito suspensivo.

É correto o contido em

(A) I e II, apenas.
(B) I e III, apenas.
(C) II e III, apenas.
(D) I, II e III.

I: correta, nos termos do art. 581, I, do CPP; **II:** em vista do disposto no art. 582 do CPP, terão competência para julgar o RESE os tribunais de justiça e, conforme o caso, os tribunais regionais federais. No caso do inciso XIV do art. 581, o julgamento caberá ao presidente do tribunal; **III:** há casos, de fato, em que o RESE terá efeito suspensivo, na forma do art. 584 do CPP. No entanto, este recurso terá, em regra, efeito devolutivo.
Gabarito "B".

(VUNESP – 2012) No que concerne às decisões de pronúncia, de impronúncia e de absolvição sumária, proferidas pelo Tribunal do Júri, contra

(A) as três cabe apelação.
(B) as três cabe recurso em sentido estrito.
(C) as duas primeiras cabe recurso em sentido estrito; contra a última cabe apelação.
(D) a primeira cabe recurso em sentido estrito; contra as demais cabe apelação.
(E) as duas primeiras cabe apelação; contra a última cabe recurso em sentido estrito.

Com a Lei de Reforma nº 11.689/08, a sentença de impronúncia e a sentença de absolvição sumária passaram a ser combatidas por meio de apelação – art. 416, CPP. A pronúncia, por sua vez, deve ser

impugnada por meio de recurso em sentido estrito, nos termos do art. 581, IV, do CPP.
Gabarito "D".

(VUNESP – 2001) De acordo com o princípio da fungibilidade dos recursos,

(A) os efeitos do recurso interposto por um dos corréus aproveitam os demais corréus.

(B) tanto o réu, quanto o seu advogado, se constituído, podem desistir do recurso interposto.

(C) a parte não poderá ser prejudicada pela interposição de um recurso por outro, salvo no caso de ter agido com má-fé.

(D) o promotor de justiça pode, em determinadas circunstâncias, interpor recurso em favor do réu.

(E) admitem-se, em favor do réu, os julgamentos *ultra* e *extra petita*.

O princípio da fungibilidade recursal vem enunciado no art. 579 do CPP.
Gabarito "C".

(VUNESP – 2012) Cabe recurso em sentido estrito da decisão, despacho ou sentença

(A) do Tribunal do Júri, quando houver erro ou injustiça no tocante à aplicação da pena ou medida de segurança.

(B) que decretar a prescrição ou julgar, por outro modo, extinta a punibilidade.

(C) que absolver sumariamente o acusado.

(D) que pronunciar ou impronunciar o acusado.

A: incorreta, visto que esta decisão desafia *recurso de apelação* – art. 593, III, *c*, do CPP; **B:** correta, nos termos do disposto no art. 581, VIII, do CPP; **C e D:** art. 416 do CPP. Com o advento da Lei 11.689/2008, que modificou os arts. 416 e 581, IV e VI, do CPP, a decisão de *impronúncia* e *absolvição sumária*, que antes comportava *recurso em sentido estrito*, passou a ser combatida por meio de *recurso de apelação*. A *pronúncia*, por sua vez, continua a ser impugnada por meio de *recurso em sentido estrito*, nos termos do art. 581, IV, do CPP.
Gabarito "B".

(VUNESP – 2012) O recurso cabível contra a decisão ou sentença de homologação de laudo, no incidente de insanidade mental é o(a)

(A) agravo.
(B) recurso em sentido estrito.
(C) apelação.
(D) correição parcial.

Art. 593, II, do CPP.
Gabarito "C".

4. *HABEAS CORPUS* E REVISÃO CRIMINAL

(Escrevente Técnico Judiciário – TJSP – VUNESP – 2017) Assinale a alternativa correta no que concerne à revisão criminal, tratada nos artigos 621 a 630 do CPP.

(A) É vedado arbitrar indenização em favor do beneficiado por decisão que julgue procedente a revisão.

(B) Em seu julgamento, admite-se o agravamento da pena imposta na decisão revista.

(C) É pedido que pode ser articulado a qualquer tempo, antes da extinção da pena ou após.

(D) Quando, no curso da revisão, falecer a pessoa cuja condenação tiver de ser revista, o processo será extinto.

(E) É possível a revisão de decisões que ainda não transitaram em julgado, ou seja, ainda não findos.

A: incorreta. Isso porque é cabível, sim, a fixação de indenização em favor do beneficiado por decisão que julgue procedente a revisão, tal como estabelece o art. 630 do CPP; **B:** incorreta, uma vez que reflete o disposto no art. 626, parágrafo único, do CPP; **C:** correta. A teor do art. 622, *caput*, do CPP, a ação revisional pode ser requerida a qualquer tempo, antes ou depois de extinta a pena, ainda que falecido o sentenciado; **D:** incorreta. Reza o art. 631 do CPP que, falecendo, no curso da revisão, a pessoa cuja condenação tiver de ser revista, o presidente do tribunal nomeará curador para a defesa; **E:** incorreta, na medida em que a propositura da revisão criminal pressupõe a existência de decisão condenatória transitada em julgado (art. 621, CPP).
Gabarito "C".

(VUNESP – 2011) Em qual das hipóteses mencionadas seria possível, em tese, a concessão de *habeas corpus*, inclusive, se o caso, consoante jurisprudência sumulada dos Tribunais Superiores (STJ e STF)?

(A) No caso de decisão condenatória a pena de multa.

(B) No caso de processo em curso por infração penal a que a pena pecuniária seja a única cominada.

(C) Para alegar nulidade de processo no qual foi extinta a pena privativa de liberdade.

(D) Quando o réu não foi admitido a prestar fiança, nos casos em que a lei a autoriza.

(E) No caso de punição disciplinar.

A e B: descabe, nesses dois casos, a impetração de *habeas corpus*, em vista do que estabelece a Súmula nº 693 do STF; **C:** em vista do que dispõe a Súmula nº 695 do STF, não cabe, aqui, *habeas corpus*; **D:** é caso de *habeas corpus* – art. 648, V, do CPP; **E:** não cabe, haja vista o estatuído no art. 647, parte final, do CPP.
Gabarito "D".

(VUNESP – 2011) O *habeas corpus* é

(A) ação de natureza constitucional destinada a coibir qualquer ilegalidade ou abuso de poder contra a liberdade de locomoção.

(B) recurso previsto na Constituição Federal para evitar atentado na liberdade de ir e vir ou no direito líquido e certo.

(C) remédio constitucional, de caráter liberatório, destinado a coibir qualquer coação ilegal na sua liberdade de ir e vir ou evitar a consumação de uma ilegalidade, por ato de autoridade ou de particular.

(D) medida de caráter liberatório que tem por finalidade obter reforma de decisão judicial, com apreciação de novas provas.

Art. 5º, LXVIII, da CF; e arts. 647 e seguintes do CPP. O *habeas corpus*, ação de índole constitucional, presta-se a evitar (preventivo) ou fazer cessar (repressivo) violência ou coação ilegal na liberdade de ir e vir de alguém.
Gabarito "A".

(VUNESP – 2009) Em tema de revisão criminal, é correto afirmar que

(A) se vier a ocorrer o falecimento da pessoa cuja condenação tiver de ser revista, deverá ser julgada extinta a punibilidade, com subsequente arquivamento dos autos.

(B) o pedido pode ser ajuizado pelo Ministério Público em favor do condenado.

(C) para requerer revisão criminal, o condenado é obrigado a recolher-se à prisão, caso ainda não tenha cumprido a pena.

(D) o pedido pode ser ajuizado pelo cônjuge supérstite no caso de falecimento do condenado.

A: incorreta – reza o art. 631 do CPP que, falecendo, no curso da revisão, a pessoa cuja condenação tiver de ser revista, o presidente do tribunal nomeará curador para a defesa; B: incorreta – predomina o entendimento segundo o qual o MP não tem legitimidade para figurar no polo ativo da ação revisional; C: incorreta – nos termos da Súmula nº 393 do STF, o condenado não pode ser obrigado a recolher-se à prisão para requerer a revisão criminal; D: correta – no caso de falecimento do réu, têm legitimidade para a propositura da revisão o cônjuge supérstite, bem assim as pessoas listadas no art. 623 do CPP.
Gabarito "D".

(VUNESP – 2008) A decisão judicial que não conhece o *habeas corpus* quando o *writ* constitui mera reedição de pedido anterior, já julgado e denegado, tem fundamento

(A) na coisa julgada material.
(B) na impossibilidade jurídica do novo pedido.
(C) na falta de interesse de agir.
(D) na ausência de condição de procedibilidade.

Só será possível a reiteração de pedido de *habeas corpus* na hipótese de surgirem fatos novos, não conhecidos quando do pedido anterior.
Gabarito "A e C".

(VUNESP – 2007) No julgamento de uma revisão criminal, o Tribunal decide anular uma decisão do Júri. Tal pronunciamento encerra

(A) um juízo rescindente, mas não rescisório.
(B) juízo rescisório puro e simples.
(C) juízo rescisório meramente declaratório.
(D) um juízo rescindente cumulado com um rescisório.

Juízo rescindente é aquele que acarreta a desconstituição da decisão condenatória; *juízo rescisório*, por sua vez, é o que substitui a decisão anterior por outra.
Gabarito "A".

(VUNESP – 2005) Assinale a alternativa incorreta.

(A) O *Habeas Corpus* não poderá ser interposto quando houver ameaça de violência ou coação à liberdade de locomoção, por abuso de poder ou ilegalidade.
(B) O Promotor de Justiça poderá impetrar ordem de *Habeas Corpus*.
(C) O Magistrado jamais poderá impetrar ordem de *Habeas Corpus* em favor de terceiro, mas poderá conceder de ofício a ordem no processo que preside.
(D) Não caberá intervenção do Assistente do Ministério Público no processo de *Habeas Corpus*.
(E) Não se pode conhecer de impetração de *Habeas Corpus* apócrifa.

A: incorreta. Os arts 5º, LXVIII, da CF e 647 do CPP contemplam duas espécies de *habeas corpus*: repressivo, destinado a afastar o constrangimento já efetivado; e o *preventivo*, que visa a afastar uma ameaça de violência ou coação à liberdade de locomoção; B: correta (art. 654, *caput*, do CPP); C: correta. O magistrado jamais poderá impetrar ordem de *habeas corpus* no curso da instrução que preside; poderá, entretanto, com supedâneo no art. 654, § 2º, do CPP, conceder de ofício ordem de *habeas corpus*; D: correta. Falta ao assistente de acusação interesse em participar do *habeas corpus*; E: correta (art. 654 do CPP). A impetração apócrifa deve ser indeferida de plano.
Gabarito "A".

5. LEGISLAÇÃO EXTRAVAGANTE E TEMAS COMBINADOS

(Escrevente – TJ/SP – 2018 – VUNESP) A respeito da Lei no 9.099/95 (arts. 60 a 83; 88 e 89), assinale a alternativa correta.

(A) Reunidos os processos, por força de conexão ou continência, perante o juízo comum ou tribunal do júri, observar-se-ão os institutos da transação penal e da composição dos danos civis.
(B) São consideradas infrações de menor potencial ofensivo as contravenções e os crimes a que a lei comine pena máxima não superior a 03 (três) anos, cumulada ou não com multa.
(C) Não sendo encontrado o acusado, o feito permanecerá no Juizado Especial Criminal, mas ficará suspenso, até que seja localizado.
(D) O acordo de composição civil entre o acusado e a vítima, nos casos de ação penal pública, condicionada e incondicionada, implica extinção da punibilidade ao autor do fato.
(E) Nos crimes em que a pena mínima cominada for inferior a 02 (dois) anos, o Ministério Público, ao oferecer denúncia, poderá propor a suspensão condicional do processo ao acusado que não esteja sendo processado ou não tenha sido condenado por outro crime.

A: correta (art. 60, parágrafo único, da Lei 9.099/1995); B: incorreta. São consideradas infrações penais de menor potencial ofensivo, estando, portanto, sob a égide do Juizado Especial Criminal, as contravenções penais e os crimes cuja pena máxima cominada não seja superior a *dois* anos, cumulada ou não com multa, conforme dispõe o art. 61 da Lei 9.099/1995; C: incorreta. No procedimento sumaríssimo, voltado ao processamento e julgamento das infrações penais de menor potencial ofensivo, na hipótese de o autor não ser encontrado para citação pessoal, o juiz encaminhará as peças ao juízo comum para adoção do procedimento previsto em lei – art. 66, parágrafo único, da Lei 9.099/1995; D: incorreta (art. 74, Lei 9.099/1995); E: incorreta, uma vez que a suspensão condicional do processo (*sursis* processual), prevista no art. 89 da Lei 9.099/1995, tem incidência nos crimes cuja pena mínima cominada é igual ou inferior a *um* ano (e não *dois*). ED
Gabarito "A".

(Escrevente Técnico Judiciário – TJSP – VUNESP – 2017) O processo perante o Juizado Especial Criminal objetiva, sempre que possível, a reparação dos danos sofridos pela vítima e a aplicação de pena não privativa de liberdade.

Nos literais e exatos termos do art. 62 da Lei 9.099/95, são critérios que orientam o processo no Juizado Especial Criminal:

(A) oralidade, objetividade, economia processual e publicidade.
(B) oralidade, informalidade, economia processual e celeridade.

(C) oralidade, instrumentalidade, economia processual e celeridade.
(D) boa-fé, objetividade, economia processual e celeridade.
(E) oralidade, informalidade, objetividade e celeridade.

Está correta a assertiva "B", que contempla os princípios que informam o processo perante o Juizado Especial Criminal, a saber: oralidade, informalidade, economia processual e celeridade (art. 62 da Lei 9.099/1995). A Lei 13.603/2018 alterou o art. 62 da Lei 9.099/1995 e ali incluiu, como critério informador do Juizado Especial Criminal, a *simplicidade*.
Gabarito "B".

(Técnico Judiciário – TJSP – 2013 – VUNESP) Com relação às infrações de menor potencial ofensivo, seu processo e julgamento, é correto afirmar que
(A) além das hipóteses do Código Penal e da legislação especial, dependerá de representação a ação penal relati-va aos crimes de lesões corporais dolosas de natureza grave.
(B) a citação será pessoal e far-se-á no próprio Juizado, sempre que possível, ou por edital.
(C) a competência do Juizado será determinada pelo lugar de residência do réu.
(D) se consideram infrações penais de menor potencial ofensivo, para os efeitos da Lei n.º 9.099/95, as contravenções penais e os crimes a que a lei comine pena máxima não superior a um ano, excetuados os casos em que a lei preveja procedimento especial.
(E) nos crimes em que a pena mínima cominada for igual ou inferior a um ano, abrangidas ou não pela Lei n.º 9.099/95, o Ministério Público, ao oferecer a denúncia, poderá propor a suspensão do processo, por dois a quatro anos, desde que o acusado não esteja sendo processado ou não tenha sido condenado por outro crime, presentes os demais requisitos que autorizariam a suspensão condicional da pena.

A: incorreta, dado que o art. 88 da Lei 9.099/1995 contemplou tão somente os crimes de lesão corporal *leve* e lesões culposas; B: incorreta. No âmbito do juizado, não se procederá à citação por edital. Na hipótese de o autor não ser encontrado para citação pessoal, o juiz encaminhará as peças ao juízo comum para adoção do procedimento previsto em lei – art. 66, parágrafo único, da Lei 9.099/1995; C: incorreta. Em conformidade com o disposto no art. 63 da Lei 9.099/1995, *a competência do Juizado será determinada pelo lugar em que foi praticada a infração penal*. Cuidado: não há consenso na doutrina a respeito da teoria (atividade, resultado ou mista) que teria sido acolhida em relação à fixação da competência no âmbito do Juizado Especial. Tudo porque o legislador se valeu, para estabelecer a competência, do termo *praticada*, cujo significado não se sabe se faz referência à *ação* ou *omissão* (teoria da atividade) ou ao *resultado* (teoria do resultado), ou ainda aos dois (teoria mista ou da ubiquidade); D: a assertiva contempla a antiga redação do art. 61 da Lei 9.099/1995, não mais em vigor. Com o advento da Lei 10.259/2001, que instituiu o Juizado Especial Federal, alterou-se o conceito de infração de menor potencial ofensivo (todas as contravenções penais, os crimes a que a lei comine pena máxima igual ou inferior a dois anos, bem como os crimes a que a lei comine exclusivamente pena de multa, qualquer que seja o procedimento previsto para eles), aplicável tanto para a Justiça Federal quanto para a Estadual. Ainda, com a edição da Lei 11.313/2006, afastou-se qualquer dúvida a respeito da unificação do conceito de infração de menor potencial ofensivo, alterando-se a redação do art. 61 da Lei 9.099/1995; E: correta, pois em conformidade com o disposto no art. 89 da Lei 9.099/1995, que instituiu a suspensão condicional do processo (*sursis* processual),

cuja aplicação não se restringe às infrações penais de menor potencial ofensivo, abrangendo todas as infrações para as quais a pena mínima cominada seja igual ou inferior a um ano.
Gabarito "E".

(Escrevente Técnico – TJ/SP – 2010 – VUNESP) Consideram-se infrações penais de menor potencial ofensivo, nos termos do art. 61 da Lei n. 9.099/1995,
(A) as contravenções penais e os crimes a que a lei comine pena máxima não superior a 2 (dois) anos, cumulada ou não com multa.
(B) aquelas assim descritas a critério do órgão do Ministério Público, titular da ação penal pública.
(C) aquelas que estejam sujeitas à aplicação do instituto da suspensão condicional do processo.
(D) aquelas cujo prejuízo material não for superior a 20 (vinte) salários mínimos.
(E) as punidas exclusivamente com multa ou prisão simples.

De fato, são consideradas infrações penais de menor potencial ofensivo, em consonância com a redação do art. 61 da Lei 9.099/1995, determinada pela Lei 11.313/2006, as contravenções penais e os crimes a que a lei comine pena máxima não superior a dois anos, cumulada ou não com multa.
Gabarito "A".

(Escrevente Técnico – TJ/SP – 2010 – VUNESP) Consideram-se infrações penais de menor potencial ofensivo, nos termos do art. 61 da Lei n. 9.099/1995,
(A) as contravenções penais e os crimes a que a lei comine pena máxima não superior a 2 (dois) anos, cumulada ou não com multa.
(B) aquelas assim descritas a critério do órgão do Ministério Público, titular da ação penal pública.
(C) aquelas que estejam sujeitas à aplicação do instituto da suspensão condicional do processo.
(D) aquelas cujo prejuízo material não for superior a 20 (vinte) salários mínimos.
(E) as punidas exclusivamente com multa ou prisão simples.

De fato, são consideradas infrações penais de menor potencial ofensivo, em consonância com a redação do art. 61 da Lei 9.099/1995, determinada pela Lei 11.313/2006, as contravenções penais e os crimes a que a lei comine pena máxima não superior a dois anos, cumulada ou não com multa.
Gabarito "A".

(Escrevente Técnico Judiciário – TJ/SP – 2007 – VUNESP) As presenças imprescindíveis, diante do juiz, na audiência preliminar prevista na Lei n. 9.099/1995, são:
(A) autor do fato e vítima, devidamente acompanhados por seus advogados.
(B) autor do fato, vítima, representante do Ministério Público e o responsável civil.
(C) réu, vítima e representante do Ministério Público.
(D) réu, vítima ou seu representante legal, promotor de justiça e o responsável civil.
(E) autor do fato, vítima e seus respectivos advogados, e o representante do Ministério Público.

Art. 72 da Lei 9.099/05.
Gabarito "E".

(Escrevente Técnico Judiciário – TJ/SP – 2006.2 – VUNESP) Nos termos do art. 76 da Lei n. 9.099/1995, a transação penal somente será admitida se

(A) o agente não tiver sido beneficiado anteriormente, no prazo de cinco anos, pelo mesmo benefício.
(B) o agente jamais tiver sido condenado pela prática de crime.
(C) o Juiz, apto para julgar a causa, concordar com a aplicação do benefício.
(D) for aceita pelo defensor, responsável pela defesa técnica no processo, ainda que for recusada pelo agente.
(E) o agente comprometer-se, judicialmente, a comparecer mensalmente no fórum da comarca em que foi processado para informar e justificar suas atividades.

Art. 76, II, da Lei 9.099/1995.
Gabarito "A".

(VUNESP – 2013) Assinale a alternativa correta relativamente ao procedimento penal sumaríssimo.

(A) Embora vigorem os princípios da economia processual e da informalidade, é inadmissível a prolação de uma sentença que não contenha relatório.
(B) Não se pronunciará qualquer nulidade sem que tenha havido prejuízo.
(C) Não encontrado o acusado para ser citado, o juiz encaminhará as peças existentes ao juízo comum para adoção do procedimento ordinário.
(D) A competência territorial do Juizado será determinada pelo lugar em que se consumar a infração, ou, no caso da tentativa, pelo lugar em que for praticado o último ato de execução.

A: incorreta. A primeira parte da assertiva, em que se afirma que os princípios da economia processual e da informalidade são informadores do procedimento sumaríssimo (Juizado Especial Criminal), está correta, conforme estabelece o art. 62 da Lei 9.099/1995; agora, no que se refere à possibilidade de a sentença, no âmbito do procedimento sumaríssimo, ser prolatada sem relatório, o que se afirma, na segunda parte da proposição, está equivocado, na medida em que o art. 81, § 3º, da Lei 9.099/1995 confere ao juiz a prerrogativa de dispensar, na sua sentença, o relatório; **B:** correta, pois corresponde ao que estabelece o art. 65, § 1º, da Lei 9.099/1995; **C:** incorreta. Na hipótese de o autor dos fatos não ser encontrado para citação pessoal, o juiz encaminhará as peças ao juízo comum para adoção do procedimento previsto em lei – art. 66, parágrafo único, da Lei 9.099/1995. O art. 538 do CPP estabelece que, neste caso, o procedimento a ser adotado é o sumário; **D:** incorreta. O art. 63 da Lei 9.099/1995 estabelece que a competência do Juizado Especial Criminal será determinada em razão do lugar em que foi *praticada* a infração penal. Surgiram, assim, três teorias a respeito do juiz competente para o julgamento da causa: (i) teoria da atividade: é competente o juiz do local onde se verificou a ação ou omissão; (ii) teoria do resultado: a ação deve ser julgada no local onde se produziu o resultado; (iii) e teoria da ubiquidade: é considerado competente tanto o juiz do local em que se deu a ação ou omissão quanto aquele do lugar em que se produziu o resultado. Na doutrina e na jurisprudência, predominam as teorias da atividade e da ubiquidade.
Gabarito "B".

(VUNESP – 2011) Assinale a alternativa correta.

(A) Para a "transação penal" não há necessidade do exame dos motivos e circunstâncias da infração. Bastam o exame dos antecedentes, a conduta social e a personalidade do agente.
(B) O agente condenado pela prática de contravenção não pode ser beneficiado com proposta de "transação penal".
(C) O agente beneficiado por "transação penal" em prazo inferior a 5 (cinco) anos pode ser beneficiado com nova "transação penal".
(D) O agente condenado pela prática de crime, ao pagamento de multa, pode ser beneficiado com proposta de "transação penal".

A: proposição incorreta, pois os *motivos* e as circunstâncias estão contemplados no art. 76, § 2º, III, da Lei 9.099/1995; **B:** incorreta, pois contraria o disposto no art. 76, § 2º, I, da Lei 9.099/1995; **C:** incorreta, pois não reflete o que estabelece o art. 76, § 2º, II, da Lei 9.099/1995; **D:** correto, nos moldes do art. 76, § 2º, I, da Lei 9.099/1995.
Gabarito "D".

(VUNESP – 2006) Leia o registro que se segue. Mévio, motorista de táxi, dirigia seu auto por via estreita, que impedia ultrapassagem de autos. Túlio, septuagenário, seguia com seu veículo à frente do de Mévio, em baixíssima velocidade, causando enorme congestionamento na via. Quando Túlio parou em semáforo, Mévio desceu de seu táxi e passou a desferir chutes e socos contra a lataria do auto de Túlio, danificando-a. Policiais se acercaram do local e detiveram Mévio, que foi conduzido à Delegacia de Polícia. Lá, o Delegado entendeu que o crime era de dano, com pena de detenção de 01 a 06 meses ou multa. Iniciou a lavratura do Termo Circunstanciado, previsto na Lei n.º 9.099/95. Ao finalizá-lo, entregou a Mévio para que assinasse o Termo de Comparecimento ao Juizado Especial Criminal, o que foi por ele recusado. Indique o procedimento a ser adotado.

(A) Registro apenas em Boletim de Ocorrência para futuras providências.
(B) Considerando que ocorrera prisão em flagrante, ante a não assinatura do Termo de Comparecimento ao JECRIM, deve o Delegado de Polícia lavrar auto de prisão em flagrante, fixando fiança.
(C) Deve o Delegado lavrar o auto de prisão em flagrante e permitir que Mévio se livre solto.
(D) O Termo Circunstanciado deve ser remetido ao Juízo, mesmo que Mévio não tenha assinado o Termo de Comparecimento, para que o Magistrado, ouvido o Ministério Público, tome as providências que julgar cabíveis, podendo até decretar eventual prisão temporária.

Art. 69, parágrafo único, da Lei 9.099/1995. Diante da recusa do autor do fato em assinar o termo de comparecimento ao Juizado Especial Criminal, deve a autoridade policial, como determina a lei, lavrar o auto de prisão em flagrante.
Gabarito "B".

9. Direito Processual Civil

Luiz Dellore

1. PARTES, PROCURADORES, SUCUMBÊNCIA, MINISTÉRIO PÚBLICO E JUIZ

(Escrevente – TJ/SP – 2018 – VUNESP) Legalmente, incumbe ao escrivão ou ao chefe de secretaria:

(A) efetuar avaliações, quando for o caso.
(B) certificar proposta de autocomposição apresentada por qualquer das partes, na ocasião de realização de ato de comunicação que lhe couber.
(C) manter sob sua guarda e responsabilidade os bens móveis de pequeno valor penhorados.
(D) auxiliar o juiz na manutenção da ordem.
(E) comparecer às audiências ou, não podendo fazê-lo, designar servidor para substituí-lo.

A: Incorreta, porque essa atribuição cabe ao oficial de justiça (CPC, art. 154, V); **B:** Incorreta, também sendo essa atividade do oficial de justiça (CPC, art. 154, VI); **C:** Incorreta, porque incumbe ao escrivão ou chefe de cartório a guarda dos autos (CPC, art. 152, IV). Já a guarda de bens e conservação de bens penhorados incumbe ao depositário ou ao administrador (CPC, art. 159); **D:** Incorreta, sendo essa atividade do oficial de justiça (CPC, art. 154, IV); **E:** Correta (CPC, art. 152, III).
Gabarito "E".

(Escrevente Técnico Judiciário – TJSP – VUNESP – 2017) Dr. Jonas era advogado da empresa MMC Ltda. Estudioso, preparou-se com afinco para o concurso da magistratura paulista e hoje é juiz da 1ª Vara Cível da Comarca de Santos, local onde atuou como advogado durante anos. Agora, ao analisar um processo, descobriu que está sob seu julgamento um caso no qual a empresa MMC é parte.

Nesse caso, é correto afirmar que Dr. Jonas

(A) está apto a julgar a ação, pois o fato de ter advogado para uma das partes antes de ser juiz em nada interfere na sua atuação e imparcialidade.
(B) é impedido, e, se tal impedimento não for reconhecido de ofício, o tribunal fixará o momento a partir do qual ele não poderia ter atuado.
(C) é impedido, e poderá alegar que seu afastamento se dará em virtude de motivos de foro íntimo, sem necessidade de declarar suas razões.
(D) é suspeito para atuar na causa, por isso deverá reconhecer tal suspeição e remeter os autos para seu substituto legal.
(E) é suspeito, pois demonstra ser interessado em julgar a causa a favor do seu ex-cliente.

A: Incorreta, pois é certo que atuar no processo interfere a parcialidade. **B:** Correta. Se o juiz atuou antes no processo como mandatário da parte (uma situação objetiva), a hipótese é de impedimento (CPC, art. 144, I). **C:** Incorreta, pois a hipótese de foro íntimo é subjetiva e, assim, é suspeição (CPC, art. 145, § 1º); **D:** Incorreta, pois a hipótese é de impedimento e não suspeição; **E:** Incorreta, considerando que a suspeição se verifica em uma situação subjetiva, ao passo que ter atuado em favor de alguém é situação objetiva
Gabarito "B".

(VUNESP – 2018) O ente sem personalidade jurídica

(A) poderá ingressar em juízo por possuir personalidade judiciária.
(B) não poderá ingressar em juízo sem representação especial.
(C) não poderá ingressar em juízo em nome próprio.
(D) não poderá ingressar em juízo por não responder patrimonialmente.
(E) poderá ingressar em juízo desde que autorizado em seus estatutos.

Existem entes – como o espólio, condomínio, massa falida – que não têm personalidade jurídica. Sendo assim, em regra, esses entes não poderiam ser parte em processo judicial – considerando que a capacidade de ser parte é conceito ligado à personalidade jurídica. Porém, para resolver problemas de ordem prática, o legislador excepciona a regra e permite que alguns desses entes ingressem em juízo, como se vê de alguns incisos do art. 75 (incisos V, VII, XI). Isso é denominado, por alguns, de personalidade judiciária. **A:** Correta, considerando o acima exposto; **B:** Incorreta, pois não há essa figura de "representação especial", mas simplesmente, no art. 75, a pessoa de quem representará em juízo a entidade sem personalidade; **C:** incorreta, pois há o ingresso em juízo pelo próprio ente; **D:** incorreta, pois há a responsabilidade com o patrimônio que existir; **E:** Incorreta, pois isso decorre da lei, não dos estatutos.
Gabarito "A".

(Técnico Judiciário – 2017) Se ocorrer o falecimento do único advogado do réu, o juiz determinará que este constitua novo mandatário no prazo de 15 dias. Decorrido esse prazo sem a constituição de novo mandatário, o juiz

(A) suspenderá o processo pelo prazo de 1 ano.
(B) extinguirá o processo sem resolução de mérito.
(C) suspenderá o processo pelo prazo de 3 meses.
(D) ordenará o prosseguimento do processo à revelia do réu.
(E) nomeará outro advogado para o réu, apesar de não ser beneficiário da Justiça Gratuita.

A questão é expressamente regulada pelo Código (Art. 76. Verificada a incapacidade processual ou a irregularidade da representação da parte, o juiz suspenderá o processo e designará prazo razoável para que seja sanado o vício. § 1o Descumprida a determinação, caso o processo esteja na instância originária: (...) II – o réu será considerado revel, se a providência lhe couber). Assim, a alternativa correta é a D.
Gabarito "D".

(Técnico Judiciário – 2010) Em uma ação movida contra pessoa jurídica de direito privado, o Juiz verificou que a procuração outorgada ao advogado que apresentou a contestação foi assinada por pessoa alheia ao quadro social da empresa e sem poderes para representá-la. Em vista disso, suspendeu o processo e determinou a intimação da ré pelo correio para sanar o defeito de representação no prazo de 30 dias. Não tendo sido cumprido esse despacho dentro do prazo fixado, o juiz deverá:

(A) decretar a nulidade do processo.
(B) extinguir o processo sem exame do mérito.
(C) declarar a ré revel.
(D) fixar novo prazo para a regularização da representação.
(E) determinar o prosseguimento do processo.

Estabelece o art. 76, §1º, II, do CPC que se descumprida a conduta que caberia ao réu, este será considerado revel.
Gabarito "C".

2. PRAZOS PROCESSUAIS E ATOS PROCESSUAIS

(Escrevente – TJ/SP – 2018 – VUNESP) Processa(m)-se durante as férias forenses, onde as houver, e não se suspendem pela superveniência delas:

(A) a homologação de desistência de ação.
(B) os procedimentos de jurisdição voluntária e os necessários à conservação de direitos, quando puderem ser prejudicados pelo adiamento.
(C) os processos que versem sobre arbitragem, inclusive sobre cumprimento de carta arbitral.
(D) o registro de ato processual eletrônico e a respectiva intimação eletrônica da parte.
(E) a realização de audiência cujas datas tiverem sido designadas.

A: Incorreta, porque a hipótese não se encontra no rol de atos processuais que são praticados durante as férias forenses (CPC, art. 215); **B:** Correta (CPC, art. 215, I); **C:** Incorreta, tendo em vista que os processos que versem sobre arbitragem correrão sob segredo de justiça, mas não se encontram no rol de atos processuais que são praticados durante as férias forenses (CPC, art. 189, IV e art. 215); **D:** Incorreta, porque a hipótese não se encontra no rol de atos processuais que são praticados durante as férias forenses (CPC, art. 215); **E:** Incorreta, porque, em regra, não serão designadas audiências durante o período de recesso forense (CPC, art. 215).
Gabarito "B".

(Escrevente Técnico Judiciário – TJSP – VUNESP – 2017) Sobre a forma dos atos processuais, é correto afirmar que

(A) os atos meramente ordinatórios, como a juntada e a vista obrigatória, dependem de despacho e devem ser revistos pelo juiz da causa.
(B) o direito de consultar os autos do processo que tramita em segredo de justiça e de pedir certidões é restrito aos advogados das partes, pois somente esses possuem capacidade postulatória.
(C) o documento em língua estrangeira poderá ser juntado aos autos independentemente de tradução em língua portuguesa firmada por tradutor juramentado.
(D) é possível lançar nos autos físicos cotas marginais e interlineares às quais o juiz mandará riscar quando não tiver autorizado, impondo, inclusive, multa de até um salário-mínimo vigente a quem as fez.
(E) de comum acordo, o juiz e as partes podem fixar calendário para prática dos atos processuais, quando for o caso.

A: Incorreta, pois esses atos independem de despacho do juiz (CPC, art. 203, § 4º); **B:** Incorreta, pois a consulta aos autos pode ser feita também pelas partes, e não só pelos procuradores (CPC, art. 189, § 1º); **C:** Incorreta, pois documentos estrangeiros devem ser traduzidos de forma juramentada (CPC, art. 192, parágrafo único); **D:** Incorreta, pois não é possível lançar as cotas marginais (palavras entre as linhas – CPC, art. 202); **E:** Correta, pois há previsão expressa permitindo a calendarização (CPC, art. 191).
Gabarito "E".

(Escrevente Técnico – TJSP – 2015 – VUNESP) Quanto aos atos do juiz, assinale a alternativa correta.

(A) São atos meramente ordinatórios, forma pela qual o juiz resolve questão incidente, quando praticados em decorrência de juntada de documento essencial para o deslinde da causa.
(B) Os atos meramente ordinatórios, como a juntada e a vista obrigatória, independem de despacho, devendo ser praticados de ofício pelo servidor e revistos pelo juiz quando necessários.
(C) Decisão interlocutória é o ato pelo qual o juiz, no curso do feito, põe fim ao processo, resolvendo todas as questões que deram causa à propositura da ação.
(D) Decisão interlocutória compreende todos os demais atos do juiz praticados no processo, de ofício ou a requerimento da parte, a cujo respeito a lei não estabelece outra forma.
(E) Recebe a denominação de acórdão o julgamento proferido pelos tribunais, desde que julguem o mérito da demanda e reformem a sentença.

A: incorreta, pois o que a alternativa narra é o conceito legal de decisão interlocutória (CPC, art. 203, § 4º); **B:** correta, pois esse é o conceito legal de ato ordinatório (CPC, art. 203, § 4º); **C:** incorreta, pois sentença é o pronunciamento que põe fim ao processo (CPC, 203, § 1º); **D:** incorreta, pois o que a alternativa traz é o conceito legal de despacho (CPC, art. 203 3º); **E:** incorreta, pois o acórdão independe de seu conteúdo, mas apenas a forma – uma decisão colegiada de tribunal(CPC, art. 204).
Gabarito "B".

(Escrevente Técnico – TJSP – 2015 – VUNESP) Incumbe ao escrivão

(A) dar certidão de qualquer ato ou termo do processo, desde que determinado por despacho exarado por juiz competente.
(B) fazer pessoalmente as penhoras e arrestos.
(C) estar presente às audiências e coadjuvar o juiz na manutenção da ordem.
(D) efetuar avaliações e executar as ordens do juiz a que estiver subordinado.
(E) redigir, em forma legal, os ofícios, mandados, cartas precatórias e mais atos que pertencem ao seu ofício.

A: Incorreta, pois essa atribuição independe de despacho do juiz, devendo o escrivão apenas observar as disposições referentes ao segredo de justiça (CPC, art. 152, V) **B:** Incorreta, porque essa atribuição cabe ao oficial de justiça (CPC, art. 154 do CPC); **C:** Incorreta, porque essa atribuição cabe ao oficial de justiça (CPC, art. 154, IV) ; **D:** Incorreta, sendo essa atividade do Oficial de Justiça (CPC, art. 154, V, do CPC); **E:** Correta, por expressa previsão legal (CPC, art. 152, I)
Gabarito "E".

(Escrevente Técnico – TJSP – 2015 – VUNESP) Os atos processuais são atos das partes, do juiz e dos auxiliares da Justiça, e a eles são assinalados prazos para cumprimento. Nesse caso, assinale a alternativa correta.

(A) A parte não poderá renunciar ao prazo estabelecido exclusivamente em seu favor.

(B) Não havendo preceito legal nem assinação pelo juiz, será de cinco dias o prazo para a prática de ato processual a cargo da parte.

(C) Salvo disposição em contrário, computar-se-ão os prazos, incluindo-se o dia do começo e o do vencimento.

(D) Decorrido o prazo, extingue-se, mediante declaração judicial, o direito de praticar o ato.

(E) Os atos processuais realizar-se-ão nos prazos prescritos em lei. Quando esta for omissa, o juiz determinará que os prazos se cumpram em cinco dias.

A: Incorreta, pois há previsão expressa permitindo a parte renunciar ao prazo (CPC, art. 225); **B:** Correta, por expressa previsão legal (CPC, art. 218, § 3º); **C:** Incorreta pois é possível que haja previsão em outro sentido (CPC, art. 224 - *salvo disposição em contrário, os prazos serão contados excluindo o dia do começo e incluindo o dia do vencimento*); **D:** incorreta, pois o direito de praticar o ato extingue-se independentemente de declaração judicial, (CPC, art. 223) ; **E:** Incorreta, pois ainda que a regra seja a fixação em 5 dias diante da omissão da lei, o juiz fixará o prazo com base na complexidade do ato (CPC, art. 218, § 1º).
Gabarito "B".

(Técnico Judiciário – 2017) O Código de Processo Civil de 2015 (Lei Federal 13.105/2015) traz diversas regras dispondo sobre a forma como serão praticados os atos processuais. Acerca do tema proposto, assinale a alternativa correta.

(A) Embora o Código de Processo Civil de 2015 (Lei Federal 13.105/2015) contemple a figura do "processo judicial eletrônico", não se admite a prática de atos processuais por meio de videoconferência ou outro recurso tecnológico de transmissão de sons e imagens em tempo real.

(B) Se um ato relativo a processo em curso na justiça federal ou em tribunal superior houver de ser praticado em local onde não haja vara federal, a carta poderá ser dirigida ao juízo estadual da respectiva comarca.

(C) Será expedida carta de ordem para que órgão do Poder Judiciário pratique ou determine o cumprimento, na área de sua competência territorial, de ato objeto de pedido de cooperação judiciária formulado por juízo arbitral, inclusive os que importem efetivação de tutela provisória.

(D) Quando, por três vezes, o oficial de justiça houver procurado o citando em seu domicílio ou residência sem o encontrar, deverá, havendo suspeita de ocultação, intimar qualquer pessoa da família ou, em sua falta, qualquer vizinho de que, no dia útil imediato, voltará a fim de efetuar a citação, na hora que designar.

A: Incorreta, pois há previsão expressa permitindo videoconferência (por exemplo, CPC, art. 236, § 3º); **B:** Correta, por expressa previsão legal (art. 237, parágrafo único); **C:** Incorreta, pois a carta de ordem é utilizada quando o Tribunal requer algo ao juízo de 1º grau (art. 265); **D:** Incorreta, pois a citação por hora certa ocorrerá após duas vezes de suspeita de ocultação (art. 252).
Gabarito "B".

(Técnico Judiciário – 2017) Com os avanços tecnológicos e a utilização cada vez mais acentuada dos meios informáticos e telemáticos, a adoção do processo eletrônico revelou-se como a única alternativa viável ao operador do Direito. Assim, o legislador brasileiro fez a opção correta ao regulamentá-lo no Código de Processo Civil de 2015 (Lei Federal 13.105/2015). Sobre o tema, assinale a alternativa INCORRETA.

(A) É vedada a gravação da audiência de instrução e julgamento realizada diretamente por qualquer das partes, salvo quando houver autorização judicial para fazê-lo.

(B) Quando o advogado que postular em causa própria não comunicar sua mudança de endereço ao juízo, poderá ser intimado por meio eletrônico.

(C) Admite-se a prática de atos processuais por meio de videoconferência ou outro recurso tecnológico de transmissão de sons e imagens em tempo real.

(D) Com exceção das microempresas e das empresas de pequeno porte, as empresas públicas e privadas são obrigadas a manter cadastro nos sistemas de processo em autos eletrônicos, para efeito de recebimento de citações e intimações, as quais serão efetuadas preferencialmente por esse meio.

A: Incorreta, devendo esta ser assinalada. O CPC permite expressamente a gravação da audiência, mesmo sem autorização judicial (art. 367, § 6º); **B:** Correta (art. 106, § 2º); **C:** Correta (art. 236, § 3º); **D:** Correta (art. 246, § 1º).
Gabarito "A".

3. TUTELA PROVISÓRIA

(Escrevente – TJ/SP – 2018 – VUNESP) Se a tutela antecipada for concedida nos casos em que a urgência for contemporânea à propositura da ação e a petição inicial limitar-se ao requerimento da tutela antecipada e à indicação do pedido de tutela final, com a exposição da lide, do direito que se busca realizar e do perigo de dano ou do risco ao resultado útil do processo, e a decisão se tornar estável, o juiz deverá

(A) mandar emendar a inicial.

(B) suspender a ação até seu efetivo cumprimento.

(C) julgar extinto o processo.

(D) determinar a contestação da ação.

(E) sanear o feito.

A: Incorreta, porque a estabilização da tutela pressupõe (i) que não haja a emenda da inicial para o pedido final e (ii) que o réu não tenha recorrido da decisão via agravo de instrumento (CPC, art. 304); **B:** Incorreta, considerando que a estabilização da tutela acarreta a extinção do feito e não sua suspensão (CPC, art. 304, § 1º); **C:** Correta, pois com a estabilização há a extinção do processo com acolhimento do pedido de tutela antecipada (CPC, art. 304, § 1º); **D:** Incorreta, porque, com a estabilização da tutela, não será oportunizado o oferecimento de contestação, pois o processo será extinto (CPC, art. 304); **E:** Incorreta, vide justificativa para a alternativa "B" (CPC, art. 304, § 1º).
Gabarito "C".

(Escrevente Técnico Judiciário – TJSP – VUNESP – 2017) Determinada lide esbarra numa súmula vinculante que favorece o réu na sua interpretação. Assim, pretende o réu que essa discussão seja imediatamente solucionada, requerendo tutela provisória nesse sentido, pelas vias processuais adequadas.

Nesse caso, é correto afirmar que

(A) o réu não tem legitimidade para requerer tutela provisória nesse caso, pois esse pedido deve ser formulado exclusivamente pelo autor dessa demanda.

(B) só será concedida a tutela caso o réu a tenha pleiteado na forma de urgência antecipada antecedente.

(C) para que seja concedida a tutela pretendida, será necessária a presença dos requisitos da verossimilhança, da alegação e do risco de dano.

(D) o réu tem interesse em pleitear a provisória de evidência, independentemente da presença dos requisitos da verossimilhança, da alegação e do risco de dano.

(E) por se tratar de assunto que deve aguardar a cognição exauriente, o pedido de tutela provisória do réu deverá ser indeferido.

A: Incorreta, pois seria possível ao réu formular pedido de tutela provisória em reconvenção; B: Incorreta, pois na linha da resposta anterior, na reconvenção pode ser pleiteado qualquer tipo de tutela de urgência; C: Incorreta, pois os requisitos da tutela de urgência são probabilidade do direito e perigo de dano ou o risco ao resultado útil do processo (CPC, art. 300); D: Correta, pois o réu pode pleitear tutela de evidência na reconvenção, sendo que os requisitos dessa tutela não são os mesmos da tutela de urgência (CPC, art. 311, II); E: Incorreta, pois há tutela de evidência fundado em precedente sumulado (vide alternativa anterior).
Gabarito "D".

(VUNESP – 2018) As tutelas requeridas ao Poder Judiciário podem ter caráter definitivo ou provisório. No que diz respeito à tutela provisória de urgência, é correto afirmar que

(A) a tutela antecipada e a de evidência são suas espécies.

(B) quando requerida em caráter incidental, exige o pagamento de custas.

(C) a sua efetivação observará as normas referentes ao cumprimento definitivo da sentença.

(D) pode ser concedida liminarmente ou após justificação prévia.

(E) quando antecedente, como regra, será requerida ao juiz do foro do domicílio do autor.

A: Incorreta, tendo em vista que (i) o gênero é a tutela provisória, que (ii) se subdivide em duas espécies: tutela de urgência e evidência (CPC, art. 294), sendo que (iii) a tutela de urgência de divide nas subespécies tutela antecipada e a tutela cautelar (CPC, art. 294, parágrafo único); B: Incorreta, porque a tutela provisória, requerida em caráter incidental, independe do recolhimento de custas (CPC, art. 295); C: Incorreta, considerando o caráter precário da tutela provisória (ou seja, pode ser alterado a qualquer momento), sua efetivação observará as normas para cumprimento provisório de sentença (CPC, art. 297, parágrafo único); D: Correta (CPC, art. 300, § 2º); E: Incorreta, porque, quando antecedente, deve ser requerida perante o juízo competente para apreciação do pedido principal (CPC, art. 299).
Gabarito "D".

(VUNESP – 2015) O juiz poderá, a requerimento da parte, antecipar, total ou parcialmente, os efeitos da tutela pretendida no pedido inicial. Nesse caso, assinale a alternativa correta.

(A) Após concedida, a tutela antecipada não poderá ser revogada ou modificada, exceto se a parte interessada recorrer da decisão.

(B) Ainda que a antecipação de tutela seja deferida na sentença de mérito, a apelação será recebida no efeito devolutivo e suspensivo.

(C) O autor da ação não responde pelos danos sofridos pela parte adversa decorrentes da antecipação de tutela que não for confirmada em sentença.

(D) No caso de ação em face da Fazenda Pública, só haverá antecipação de tutela se ficar caracterizado o abuso de direito de defesa.

(E) É possível a antecipação da tutela em sede de recurso, desde que presentes os requisitos legais.

A: Incorreta, pois a TA pode ser revogada ou modificada a qualquer tempo, pelo juiz (CPC, art. 296); B: incorreta, pois nesse caso a apelação será recebida apenas no efeito devolutivo (CPC, art. 1.012, § 1º, V); C: incorreta, existindo responsabilidade caso a TA seja concedida e depois revogada (CPC, art. 302); D: incorreta, pois apesar de existir limitação à concessão de TA contra a Fazenda (Lei 9.494/1997), não há vedação; E: Correta, pois não há limitação, na lei, ao momento de concessão de TA (CPC, art. 300) e a jurisprudência se firmou no sentido dessa possibilidade.
Gabarito "E".

4. PETIÇÃO INICIAL

(Escrevente Técnico – TJSP – 2015 – VUNESP) Quanto ao pedido feito pelo autor na petição inicial, assinale a alternativa correta.

(A) É ilícito formular mais de um pedido em ordem sucessiva, por não ser possível ao juiz conhecê-los de modo contínuo.

(B) Os pedidos são interpretados extensivamente, devendo haver pedido explícito para o pagamento do principal e dos juros legais.

(C) Não é possível a formulação de mais de um pedido, quando cada um corresponder a tipo diverso de procedimento.

(D) Antes da sentença, o autor poderá aditar o pedido, correndo à sua conta as custas acrescidas em razão dessa iniciativa.

(E) É permitida a cumulação, num único processo, contra o mesmo réu, de vários pedidos, ainda que entre eles não haja conexão.

A: Incorreta, porque o pedido sucessivo é admitido pelo sistema, ainda que não expressamente previsto no CPC. O pedido cumulado sucessivo é aquele em que há cumulação de pedidos (A + B), mas o segundo pedido (sucessivo) só poderá ser concedido se o pedido antecedente for antes concedido. O exemplo típico é o de investigação de paternidade cumulada com alimentos.; B: incorreta, pois os pedidos são interpretados em observância ao "conjunto da postulação e a boa-fé (CPC, art. 322, § 2º) – e não de forma extensiva; C: Incorreta, pois s se o autor empregar o procedimento comum, será possível cumular pedidos, mesmo que correspondentes aem procedimentos diversos. (CPC, art. 327, § 2º); D: Incorreta, pois seria possível ao autor aditar ou alterar o pedido, independente de consentimento do réu, até a citação(CPC, art. 329, I); E: Correta, por expressa previsão legal (CPC, art. 327, § 2º).
Gabarito "E".

(VUNESP – 2013) Acerca da petição inicial, diante dos termos do Código de Processo Civil, é correto afirmar que

(A) verificando o juiz que a petição inicial não preenche os requisitos exigidos nos arts. 282 e 283, ou que apresenta defeitos e irregularidades capazes de dificultar o julgamento de mérito, ele a indeferirá de plano. *Atenção: no CPC/2015, a remissão é aos arts.

319 e 320.
(B) deverá sempre indicar nome e qualificação das partes, os fatos e os fundamentos jurídicos do pedido, o pedido e o valor do pedido.
(C) nos litígios que tenham por objeto obrigações decorrentes de empréstimo, financiamento ou arrendamento mercantil, o autor deverá discriminar, na petição inicial, dentre as obrigações contratuais, aquelas que pretende controverter, quantificando o valor incontroverso.
(D) é lícito formular mais de um pedido em ordem sucessiva, a fim de que o juiz conheça do posterior, em não podendo acolher o anterior, mas é vedado formularem-se pedidos alternativos.

A: incorreta, pois há previsão de emenda (CPC, art. 321); **B:** incorreta, porque é requisito da inicial o *valor da causa*, e não o valor do pedido(CPC, art. 319, V); **C:** correta (CPC, art. 330, § 2º); **D:** incorreta. Admite-se também o pedido alternativo (A ou B, sem ordem de preferência - CPC, art. 325) e não apenas o pedido principal / subsidiário (CPC, art. 326). *Atenção: a banca utilizou, nesta questão, pedido sucessivo como sinônimo de subsidiário, mas a doutrina *separa* esses conceitos (vide questão anterior).
Gabarito "C".

5. CONTESTAÇÃO E REVELIA

(VUNESP – 2012) Assinale a alternativa correta sobre a revelia e as ações em que a Fazenda Pública for ré.
(A) Se a Fazenda Pública não contestar a ação, reputar-se-ão verdadeiros os fatos afirmados pelo autor, operando-se a revelia.
(B) Havendo a revelia da Fazenda Pública, o autor poderá alterar o pedido ou a causa de pedir.
(C) Operada a revelia, a Fazenda Pública não poderá mais ser intimada dos atos do processo.
(D) Não se aplicam os efeitos da revelia contra a Fazenda Pública, uma vez que indisponíveis os interesses discutidos em juízo.
(E) Não se aplicam os efeitos da revelia contra a Fazenda Pública, uma vez que a citação é feita em nome do Procurador-Geral.

A: incorreta. Não se aplica o efeito de presunção de veracidade por se tratar de direito indisponível (CPC, art. 345, II); **B:** incorreta. Sendo o réu a Fazenda ou particular, a alteração do pedido ou causa de pedir dependerá da concordância do réu (CPC, art. 329, II); **C:** incorreta: Havendo procurador constituído, deverá haver a intimação (CPC, art. 346); **D:** correta. Vide alternativa "A"; **E:** incorreta. Além do exposto na alternativa anterior, o Município é representado pelo Prefeito ou procurador (CPC, art. 75, III).
Gabarito "D".

6. PROVAS

(Escrevente Técnico Judiciário – TJSP – VUNESP – 2017) Numa audiência de instrução e julgamento, o juiz determinou que primeiro se ouvissem as testemunhas das partes, e, após isso, fossem prestados os esclarecimentos dos peritos. Além disso, no momento dos debates orais, numa ação em que havia interesse de menores, concedeu prazo de 40 minutos para o advogado do autor e de 30 minutos para o advogado do réu e para o promotor de justiça se pronunciarem.

Diante dessa situação, é correto afirmar que o juiz
(A) errou na questão da inversão da ordem das provas em audiência, bem como ao conceder prazo maior para uma das partes em detrimento das outras, ferindo o princípio da igualdade processual.
(B) errou unicamente ao conceder prazo para o ministério público, tendo em vista que somente as partes devem participar dos debates orais, cabendo ao promotor apenas manifestar-se por escrito por meio de memoriais.
(C) acertou ao inverter a ordem da colheita de provas em audiência, pois não há uma obrigatoriedade nesse roteiro; mas errou ao fixar limite de tempo de 40 minutos para o pronunciamento em razões finais do advogado do autor, prazo superior ao estabelecido em lei.
(D) somente errou ao inverter a ordem de oitiva do perito, tento em vista que a lei determina que, obrigatoriamente, sejam ouvidos primeiro o perito e depois as testemunhas.
(E) acertou em todos os seus atos, pois a ordem da oitiva é passível de modificação a critério do juiz, bem como os prazos para debates orais devem ser estipulados pelo magistrado.

A legislação permite ao juiz alterar a ordem de produção das provas, pois a lei aponta que a ordem de produção de provas é "preferencial" (CPC, art. 361) – e, em regra, inicialmente se ouve o perito (CPC, art. 361, I), mas não há previsão de mudança do tempo da manifestação oral final (art. 364 fala em 20 minutos, prorrogáveis por mais 10 minutos). Assim, a alternativa correta é a "C".
Gabarito "C".

(VUNESP – 2012) Documento feito por oficial público incompetente ou sem a observância das formalidades legais, subscrito pelas partes,
(A) não tem eficácia probatória, não servindo como meio de prova.
(B) é prova bastante dos fatos declarados pelo oficial.
(C) é válido como início de prova a ser complementada por outras provas.
(D) tem a mesma eficácia probatória do documento particular.

O CPC expressamente atribui eficácia de documento particular a esse documento (art. 407 do CPC).
Gabarito "D".

(VUNESP – 2012) Contestada no curso do processo a assinatura de documento particular exibido por uma das partes, sem reconhecimento de firma por tabelião, o ônus da prova incumbe
(A) à parte que contestou a assinatura.
(B) à parte a quem o juiz atribuir o ônus de comprovar a autenticidade da assinatura.
(C) à parte que produziu o documento.
(D) ao autor quando se tratar de prova relativa a fato constitutivo do seu direito; ao réu quando se tratar de prova relativa a fato impeditivo, modificativo ou extintivo do direito do autor.

O art. 429, II, do CPC, atribui o ônus da prova à parte, no caso de falsidade de documento, à parte que produziu o documento, de modo que a alternativa correta é a "C".
Gabarito "C".

(Técnico – 2012) A falta do instrumento público, quando a lei o exigir, como da substância do ato,

(A) nenhuma outra prova, por mais especial que seja, pode suprir-lhe.
(B) poderá ser suprida por qualquer meio de prova que o juiz reputar conveniente.
(C) só poderá ser suprida pela confissão da parte.
(D) será suprida se, no curso do processo, as testemunhas forem absolutamente concordes a respeito do direito da parte.
(E) poderá ser suprida por instrumento particular com firma reconhecida e registrado em Cartório de Títulos e Documentos.

Prescreve o art. 406 do CPC, que "quando a lei exigir instrumento público como da substância do ato, nenhuma outra prova, por mais especial que seja, pode suprir-lhe a falta".
Gabarito "A".

7. SENTENÇA, COISA JULGADA E AÇÃO RESCISÓRIA

(Escrevente – TJ/SP – 2018 – VUNESP) Nas causas que dispensem a fase instrutória, o juiz, independentemente da citação do réu, poderá julgar liminarmente improcedente o pedido

(A) que tiver petição inicial inepta.
(B) cujo autor carecer de interesse processual.
(C) que tenha parte manifestamente ilegítima.
(D) que não indicar o fundamento legal.
(E) que contrariar enunciado de súmula de tribunal de justiça sobre direito local.

A: Incorreta, porque a referida hipótese acarreta o indeferimento da petição inicial, que resultará na extinção do processo sem resolução do mérito (CPC, art. 330, I e art. 485, I); B: Incorreta, vide justificativa para a alternativa "A" (CPC, art. 330, III e art. 485, I); C: Incorreta, vide justificativa para a alternativa "A" (CPC, art. 330, II e art. 485, I); D: Incorreta, porque a não indicação dos fundamentos jurídicos configura inépcia da inicial por ausência de causa de pedir (CPC, art. 330, I e § 1º, I e art. 485, I); E: Correta, por expressa previsão local (CPC, art. 332, IV).
Gabarito "E".

(VUNESP – 2016) Assinale a alternativa correta.

(A) Faz coisa julgada a verdade dos fatos, estabelecida como fundamento da sentença.
(B) É possível que a sentença transitada em julgado atinja não só as partes do processo, mas também terceiros.
(C) Condenado o devedor a emitir declaração de vontade, uma vez transitado em julgado, compete ao condenado emitir a declaração de vontade sob pena de pagamento de multa diária.
(D) Publicada a sentença, o juiz só poderá alterá-la por meio de embargos de declaração.
(E) Faz coisa julgada toda apreciação de questão prejudicial, decidida incidentemente no processo.

A: Incorreta, pois a coisa julgada não atinge a verdade dos fatos (CPC, art. 504, II). B: Correta. O art. 506 do CPC estabelece que a coisa julgada não *prejudicará* terceiros, não reproduzindo o comando "não beneficiará" que existia no CPC/1973. Além disso, no processo coletivo uma decisão pode beneficiar terceiros. C: Incorreta. Condenado o devedor a emitir declaração de vontade, caso não emita, a sentença transitada em julgado produzirá todos os efeitos da declaração não emitida. (CPC, art. 501). D: Incorreta. O juiz também poderá corrigir a sentença de ofício ou a requerimento da parte, por inexatidões materiais ou erros de cálculo. (CPC, art. 494). E: Incorreta. A palavra toda torna incorreta a alternativa. O CPC estabelece que a resolução de questão prejudicial, de forma expressa e incidentemente no processo, pode ser coberta pela coisa julgada, desde que observados alguns requisitos previstos em lei (CPC, art. 503, §1º).
Gabarito "B".

8. RECURSOS

(Escrevente – TJ/SP – 2018 – VUNESP) Com relação ao direito de recorrer, assinale a alternativa correta.

(A) A renúncia ao direito de recorrer depende da aceitação da outra parte.
(B) A parte que aceitar tacitamente a decisão poderá recorrer, se ainda no prazo recursal.
(C) Dos despachos cabem os recursos de agravo de instrumento ou embargos de declaração.
(D) A desistência do recurso não impede a análise de questão cuja repercussão geral já tenha sido reconhecida.
(E) O recorrente, para desistir do recurso, necessitará da anuência de seus litisconsortes.

A questão trata do requisito de admissibilidade recursal negativo "fato impeditivo ao recurso", que engloba a desistência, renúncia e concordância. A: Incorreta, porque a renúncia é ato de disposição da parte que independe de aceitação da parte contrária (CPC, art. 999); B: Incorreta, visto que a aceitação, expressa ou tácita, impossibilita a interposição de recurso, em decorrência da preclusão lógica – sendo esse caso de concordância (CPC, art. 1.000); C: Incorreta, porque os despachos não possuem conteúdo decisório, razão pela qual contra eles não é possível a interposição de qualquer recurso (CPC, art. 1.001); D: Correta, por expressa previsão legal (CPC, art. 998, parágrafo único); E: Incorreta, pois a desistência independe de concordância dos demais (CPC, art. 998, "caput").
Gabarito "D".

(Escrevente Técnico Judiciário – TJSP – VUNESP – 2017) Lucas Bastos propôs ação contra a empresa Limiar Ltda., pois teve seu nome negativado indevidamente. Requereu liminar, que foi indeferida pelo juiz de primeiro grau. Fez agravo de instrumento contra a decisão do juiz singular e requereu a declaração de efeito ativo ao recurso, pois estava pretendendo comprar uma casa e precisava de seu nome sem restrições. O relator indeferiu monocraticamente esse efeito.

Diante dessa decisão do relator, é correto afirmar que Lucas

(A) poderá manejar agravo interno, que é recurso cabível contra as decisões proferidas pelo relator.
(B) por estar diante de uma decisão irrecorrível, não tem meios de rediscutir a decisão do relator.
(C) poderá manejar outro agravo de instrumento, por se tratar de decisão interlocutória que analisa tutela provisória.
(D) poderá manejar agravo retido, pois, apenas com o julgamento de outro recurso, essa situação poderá ser rediscutida.
(E) tem como única forma recursal à sua disposição o pedido de retratação, claramente prescrito na nova sistemática processual.

De início, vale apontar a imprecisão terminológica do enunciado. Por exemplo: melhor seria "interpor agravo" e não "fez agravo" e "antecipação de tutela recursal" e não "efetivo ativo". Em relação à questão em si, da decisão monocrática do relator, cabe agravo interno (CPC, art. 1.022); assim, a única correta é a "A". Vale lembrar que o agravo retido deixou de existir no sistema do CPC/2015.

Gabarito "A".

(Escrevente Técnico Judiciário – TJSP – VUNESP – 2017) Luís ingressou com uma ação contra Mirela. Em 09.03 (sexta-feira), na audiência de instrução e julgamento, o juiz julgou a ação improcedente, saindo as partes intimadas de tal decisão nessa data. A parte sucumbente pretende recorrer da decisão do juiz.

Levando em consideração que, durante o prazo do recurso, não há qualquer feriado, é correto afirmar que

(A) Luís deverá interpor recurso de apelação, e terá, para isso, prazo fatal até 30.03 (sexta-feira).
(B) Luís deverá interpor recurso de agravo de instrumento, e terá, para isso, prazo fatal até 30.03 (sexta-feira).
(C) Mirela deverá manejar recurso de apelação no prazo de 15 dias corridos, contados a partir de 12.03 (segunda-feira).
(D) tanto Luís quanto Mirela têm interesse de agir no recurso de apelação, e eles terão prazo comum de 15 dias úteis, contados de 12.03 (segunda-feira), para apresentar tal peça processual.
(E) o recurso a ser manejado por Luís é o do agravo de instrumento, e ele terá 15 dias úteis para fazer tal peça processual, contados a partir de 09.03.

A questão envolve contagem de prazo. As partes foram intimadas no próprio dia 9/3, sendo que o dia do início é excluído, e o dia do fim é incluído, sendo que o dia em que fluem os prazos deve ser um dia útil (CPC, art. 224), e somente são contados os dias úteis (art. 219). Assim, tratando-se de sentença de procedência, o recurso cabível é a apelação (art. 1.009), apenas pelo réu, e o prazo é de 15 dias (art. 1.003, § 5º) – sendo 1º dia do prazo será na 2ª (12/03), e o último dia do prazo em 30/03 (6ª). **A:** Correta, considerando a explicação anterior; **B:** Incorreta, pois não se trata de decisão interlocutória; **C:** Incorreta, pois Mirela não sucumbiu, de modo que não tem interesse em apelar; **D:** incorreta, considerando o exposto em "C"; **E:** Incorreta, pois não se trata de decisão interlocutória.

Gabarito "A".

(VUNESP – 2015) O recurso interposto por um dos litisconsortes

(A) a todos aproveita, salvo se distintos ou opostos os seus interesses.
(B) aproveita ao recorrente, pois os interesses nunca são comuns a todos.
(C) a todos aproveita, se não for o caso de *reformatio in pejus*.
(D) aproveita ao recorrente, se a natureza litisconsorcial for passiva.
(E) aproveita sempre a todos, pela natureza indistinta do litisconsórcio.

Acerca do recurso no caso de existência de litisconsortes, o assunto é expressamente previsto no Código (CPC, art. 1.005. O recurso interposto por um dos litisconsortes a todos aproveita, salvo se distintos ou opostos os seus interesses). Sendo assim, a resposta correta é "A".

Gabarito "A".

9. DIREITO PROCESSUAL CIVIL 183

(VUNESP – 2016) João e Maria litigam em ação indenizatória movida pelo primeiro em face da segunda. Em sentença proferida em primeiro grau de jurisdição, a ação foi julgada parcialmente procedente, motivando a interposição de recurso de apelação por ambas as partes. O Tribunal de Justiça do Estado de São Paulo (TJ/SP), por meio de acórdão, confirmou a parcial procedência, mas omitiu-se com relação a um dos pedidos do recurso interposto por Maria, consistente na reavaliação e na redistribuição dos ônus da sucumbência. Assim, Maria opõs tempestivos embargos de declaração, na mesma data em que João interpôs recurso especial. Em novo acórdão, o TJ/SP manteve integralmente sua decisão. Nesse cenário, de acordo com o contemporâneo entendimento do Superior Tribunal de Justiça, é correto afirmar que o recurso especial interposto

(A) será normalmente processado, independentemente de qualquer nova providência por João.
(B) deverá ser ratificado por João no prazo de 15 (quinze) dias, a contar da publicação do acórdão que julgou os embargos de declaração.
(C) será considerado como não interposto, devendo ser novamente apresentado por João, no prazo legal, sem alterações em seu teor.
(D) é prematuro e não será admitido seu processamento, ressalvada a possibilidade de João interpor novo recurso especial na forma adesiva.
(E) deverá ser ratificado por João no prazo de 5 (cinco) dias, a contar da publicação do acórdão que julgou os embargos de declaração.

A questão trata da (des)necessidade de se ratificar um recurso para outro grau de jurisdição caso haja embargos de declaração pela parte contrária. A questão está devidamente regulada pelo CPC, no sentido de não ser necessária qualquer ratificação do recurso, caso os embargos não sejam providos (art. 1.024, § 5º Se os embargos de declaração forem rejeitados ou não alterarem a conclusão do julgamento anterior, o recurso interposto pela outra parte antes da publicação do julgamento dos embargos de declaração será processado e julgado independentemente de ratificação). Sendo assim, desnecessária qualquer ratificação. Desse modo, a alternativa correta é a "A". No sistema anterior, havia súmula do STJ em sentido contrário, mas esse entendimento foi alterado com o CPC/2015 e a edição da Súmula 579/STJ, no sentido da legislação.

Gabarito "A".

(VUNESP – 2015) Publicada a sentença, o juiz poderá alterá-la, provocado por meio de embargos de declaração. Nesse caso, assinale a alternativa correta.

(A) Os embargos de declaração consistentes em mero pedido de reconsideração não interrompem o prazo recursal.
(B) O juiz não pode alterar a sentença a requerimento da parte, se encerrada sua função jurisdicional para correção de inexatidões materiais.
(C) Em qualquer hipótese, os embargos de declaração provocam o contraditório, ouvindo-se a parte adversa.
(D) O terceiro prejudicado não tem legitimidade para opor embargos de declaração, já que este se destina apenas à parte.
(E) Os embargos de declaração não são cabíveis para corrigir decisão interlocutória, que deverá ser atacada por meio de agravo.

A: Correta para a banca. Não há previsão legal a respeito de pedido de reconsideração; sendo assim, caso utilizados, não alteram em nada o prazo recursal. Porém, o enunciado fala em "embargos de declaração", recurso que tem o condão de interromper o prazo dos outros recursos (CPC, art. 1.026). A previsão legal para uso indevido de declaratórios é a multa (CPC, art. 1.026, § 2º), e não o seu não conhecimento. Porém, alguns julgados do STJ concluem que se os embargos de declaração tiverem como "única finalidade" a reconsideração, então devem ser recebidos como pedido de reconsideração, sem interromper o prazo. Trata-se de entendimento contra a lei, mas que foi acolhido pela banca, a qual apontou como correta a alternativa; **B:** Incorreta, pois pode o juiz corrigir erros materiais de ofício, após a prolação da sentença (CPC, art. 494, I); **C:** incorreta, porque somente há contraditório nos declaratórios se houver a possibilidade de se atribuir efeitos modificativos aos embargos (CPC, art. 1.024, § 4º Caso o acolhimento dos embargos de declaração implique modificação da decisão embargada, o embargado que já tiver interposto outro recurso contra a decisão originária tem o direito de complementar ou alterar suas razões, nos exatos limites da modificação, no prazo de 15 (quinze) dias, contado da intimação da decisão dos embargos de declaração.); **D:** Incorreta, já que o terceiro prejudicado tem legitimidade recursal (CPC, art. 996); **E:** incorreta, pois todo pronunciamento judicial com carga decisória (excluído, portanto, apenas o despacho) pode ser objeto de embargos de declaração (CPC, art. 1.022, *caput*).

Gabarito "A".

9. PROCEDIMENTOS ESPECIAIS

(Escrevente – TJ/SP – 2018 – VUNESP) Serão admitidos(as) a propor ação perante o Juizado Especial Cível regido pela Lei no 9.099/95:

(A) as sociedades de economia mista, por serem pessoas de direito privado.

(B) os insolventes civis, ante sua hipossuficiência devidamente comprovada.

(C) as pessoas jurídicas qualificadas como Organização da Sociedade Civil de Interesse Público.

(D) os incapazes, devidamente representados por procuração, por instrumento público.

(E) as pessoas enquadradas como microempreendedores individuais, cujo empreendedor individual tenha renunciado ao direito próprio.

A: Incorreta, porque as sociedades de economia mista não se encontram no restrito rol de pessoas jurídicas de direito privado admitidas como partes perante os Juizados Especiais Cíveis (Lei 9.099/1995, art. 8º, § 1º); **B:** Incorreta, porque há vedação legal expressa à admissão do insolvente civil como parte perante o Juizado Especial (Lei 9.099/1995, art. 8º); **C:** Correta, sendo esse um dos exemplos de pessoas jurídicas admitidas a ajuizar ação no JEC (Lei 9.099/1995, art. 8º, § 1º, III); **D:** Incorreta, pois há vedação legal para incapaz ser parte (Lei 9.099/1995, art. 8º); **E:** Incorreta, considerando que a lei não prevê essa condição de renúncia para ajuizamento no JEC (Lei 9.099/1995, art. 8º, § 1º, II).

Gabarito "C".

(Escrevente – TJ/SP – 2018 – VUNESP) Diante do que prevê a Lei que regulamenta o Juizado Especial da Fazenda Pública, é correto afirmar:

(A) Os representantes judiciais dos réus presentes à audiência não poderão conciliar ou transigir.

(B) O pagamento de obrigação de pequeno valor deverá ser feito no prazo máximo de 90 dias a contar da entrega da requisição do juiz.

(C) Sendo o caso, haverá reexame necessário.

(D) Da sentença caberá apelação, não se admitindo agravo de instrumento por vedação legal.

(E) O juiz poderá, de ofício, deferir providências cautelares e antecipatórias, para evitar dano de difícil ou de incerta reparação.

A: Incorreta, porque a alternativa é exatamente o oposto à previsão da lei (Lei n. 12.153/2009, art. 8º); **B:** Incorreta, considerando que o prazo máximo para pagamento nessa situação será de 60 dias (Lei n. 12.153/2009, art. 13, I); **C:** Incorreta, porque as sentenças proferidas no âmbito dos Juizados Especiais da Fazenda Pública não se submetem ao reexame necessário (Lei n. 12.153/2009, art. 11); **D:** Incorreta, uma vez que, no âmbito dos Juizados Especiais da Fazenda Pública, caberá recurso inominado e não apelação. No mais, seria possível a interposição de agravo de instrumento em face da decisão que conceder a tutela provisória (Lei n. 12.153/2009, arts. 3º e 4º); **E:** Correta (Lei n. 12.153/2009, art. 3º).

Gabarito "E".

(Escrevente Técnico Judiciário – TJSP – VUNESP – 2017) Sobre o que dispõe a Lei 9.099/95, é correto afirmar:

(A) Registrado o pedido, após distribuição e autuação, a Secretaria do Juizado designará a sessão de conciliação, a realizar-se no prazo de quinze dias.

(B) Nas causas de valor de até vinte salários-mínimos, as partes comparecerão pessoalmente, podendo ser assistidas por advogado; nas causas entre 20 e 40 salários-mínimos, a assistência de advogado é obrigatória.

(C) Dentre os meios de citação possíveis no âmbito dos Juizados Especiais, incluem-se: carta, oficial de justiça, edital e meios eletrônicos.

(D) Nos procedimentos que tramitam perante os Juizados Especiais Cíveis, o réu, sendo pessoa jurídica ou titular de firma individual, poderá ser representado por preposto credenciado, munido de carta de preposição com poderes para transigir, havendo necessidade de vínculo empregatício.

(E) O menor de dezoito anos poderá ser autor, independentemente de assistência, inclusive para fins de conciliação.

A: Incorreta segundo a letra da lei (Lei 9.099/95, art. 16. Registrado o pedido, independentemente de distribuição e autuação, a Secretaria do Juizado designará a sessão de conciliação, a realizar-se no prazo de quinze dias.); **B:** Correta, pois o JEC tem competência para causas até 40 salários-mínimos; sendo que sem advogado vai até 20 salários (Lei 9.099/1995, arts. 3º, I e 9º); **C:** Incorreta, pois descabe citação por edital no JEC (Lei 9.099/1995, art. 18, § 2º); **D:** Incorreta, pois o preposto não precisa ser empregado (Lei 9.099/1995, art. 9º, § 4º); **E:** Incorreta, pois descabe a atuação de menor no JEC (art. 8º, §§ 1º e 2º).

Gabarito "B".

(Escrevente Técnico – TJSP – 2015 – VUNESP) Quanto aos processos que tramitam perante os Juizados Especiais da Fazenda Pública, assinale a alternativa correta.

(A) No foro em que estiverem instalados, a competência é relativa.

(B) Não é possível pedido para providências cautelatórias ou antecipatórias no curso do processo.

(C) O cumprimento da sentença com trânsito em julgado, que imponha obrigação de fazer, será efetuado mediante ofício do juiz à autoridade citada para a causa, com cópia da sentença ou do acordo.

(D) A Fazenda terá prazo em quádruplo para contestar e em dobro para recorrer.

(E) Nas causas que correm perante esse Juizado, haverá reexame necessário no caso de procedência do pedido do autor.

9. DIREITO PROCESSUAL CIVIL

A: incorreta, porque a alternativa é exatamente o oposto à previsão da lei – que prevê ser absoluta a competência do JEFP, onde instalados (Lei 12.153/2009, 2º, § 4º); **B:** incorreta, pois o juiz poderá deferir providências cautelatórias ou antecipatórias no curso do processo (Lei 12.153/2009, art. 3º); **C:** Correta, por expressa previsão legal (Lei 12.153/2009, art. 12). **D:** incorreta pois a lei prevê não haver prazo diferenciado (Lei 12.153/2009, art. 7º. *Não haverá prazo diferenciado para a prática de qualquer ato processual pelas pessoas jurídicas de direito público*); **E:** incorreta, pois não haverá reexame necessário, conforme art. 11 da Lei 12.153/2009.
Gabarito "C".

(TJSP – 2013 – VUNESP) Dentre outras, não podem ser partes no processo instituído pela Lei n.º 9.099/1995:

(A) a massa falida e as sociedades de crédito ao microempreendedor.

(B) o incapaz e o preso.

(C) as empresas públicas da União e as microempresas.

(D) o insolvente civil e as pessoas físicas capazes.

(E) as pessoas jurídicas qualificadas como Organização da Sociedade Civil de Interesse Público.

A: incorreto. A massa falida não pode, mas as sociedades de crédito ao microempreendedor podem ser partes (art. 8º, § 1º, IV, Lei 9.099/1995); **B:** correto, pois o incapaz e o preso não podem ser partes no Juizado Especial estadual conforme art. 8º da Lei 9.099/95; **C:** incorreto. As empresas públicas não podem, mas as microempresas sim (art. 8º, § 1º, II, Lei 9.099/1995); **D:** incorreto. O insolvente civil não pode, mas as pessoas físicas capazes, sim (art. 8º, § 1º, I, Lei 9.099/95); **E:** incorreto. Podem ser parte conforme art. 8º, § 1º, III, Lei 9.099/1995.
Gabarito "B".

(TJSP – 2013 – VUNESP) É correto afirmar que o conciliador, conforme previsto na Lei n.º 12.153/09,

(A) ficará impedido de exercer a advocacia perante todos os Juizados Especiais da Fazenda Pública instalados em território nacional.

(B) poderá compor as Turmas Recursais do Sistema dos Juizados Especiais, pelo prazo de 2 (dois) anos.

(C) poderá, para fins de encaminhamento da composição amigável, ouvir as partes e testemunhas sobre os contornos fáticos da controvérsia.

(D) é auxiliar da Justiça, recrutado, obrigatoriamente, entre advogados com mais de 2 (dois) anos de experiência.

(E) presidirá a instrução do processo, podendo dispensar novos depoimentos, se entender suficientes para o julgamento da causa os esclarecimentos já constantes dos autos.

A: incorreto, pois esta vedação se aplica aos juízes leigos e não aos conciliadores (art. 15, § 2º da Lei 12.153/2009); **B:** incorreto. Apenas juízes em exercício no primeiro grau de jurisdição é que participam do Colégio Recursal (art. 17 da Lei 12.153/2009); **C:** correto conforme art. 16, § 1º, da Lei 12.153/2009; **D:** incorreto. Esta exigência aplica-se apenas aos juízes leigos (art. 15, § 1º da Lei 12.153/2009)– sendo muito comum estudantes de Direito atuarem como conciliadores; **E:** incorreto, pois compete ao juiz presidir a instrução, conforme art. 16 da Lei 12.153/2009.
Gabarito "C".

(Escrevente Técnico Judiciário – TJ/SP – 2011 – VUNESP) Assinale a alternativa correta no que diz respeito ao procedimento de ações perante os Juizados Especiais.

(A) Admite-se a citação do réu por edital, desde que se encontre em lugar incerto e não sabido.

(B) O comparecimento espontâneo não supre a necessidade de citação pessoal do réu.

(C) As microempresas e os incapazes não podem propor ação perante o Juizado Especial.

(D) É possível formular pedido genérico quando não for possível determinar, desde logo, a extensão da obrigação.

(E) Não se admitirá a intervenção do Ministério Público nas causas de competência do Juizado.

A: incorreto. Não se admite citação por edital no sistema processual dos juizados especiais (art. 18, §2º, da Lei 9.099/1995); **B:** incorreto (art. 18, §3º, da Lei 9.099/1995); **C:** incorreto. Os incapazes não poderão ser parte, em razão da regra disposta no art. 8º, *caput*, da Lei 9.099/1995. Todavia, as microempresas podem (art. 8º, §1º, II, da Lei 9.099/1995); **D:** correto (art. 14, §2º, da Lei 9.099/1995) – porém, vale destacar que a sentença não poderá ser ilíquida, mesmo que o pedido seja genérico (art. 38. parágrafo único); **E:** incorreto (art. 11 da Lei 9.099/1995).
Gabarito "D".

(VUNESP – 2015) No que se refere à intervenção do advogado nos Juizados Especiais Cíveis, é correto afirmar que

(A) nas causas de valor superior a cinco vezes o salário-mínimo, a assistência de advogado é obrigatória.

(B) nas causas de valor até dez salários-mínimos, as partes comparecerão pessoalmente, podendo ser assistidas por advogado; nas de valor superior, a assistência é obrigatória.

(C) nas causas de valor até vinte salários-mínimos, as partes comparecerão pessoalmente, podendo ser assistidas por advogado; nas de valor superior, a assistência é obrigatória.

(D) não é obrigatória a assistência de advogado em qualquer hipótese, com fundamento no princípio da informalidade.

(E) não é obrigatória a assistência de advogado em qualquer hipótese, com fundamento no princípio do acesso à justiça.

A questão é expressamente regulada pela lei (Lei 9.099/1995, art. 9º Nas causas de valor até vinte salários-mínimos, as partes comparecerão pessoalmente, podendo ser assistidas por advogado; nas de valor superior, a assistência é obrigatória). Assim, a única alternativa correta é a "C".
Gabarito "C".

(VUNESP – 2015) Na execução, processada nos Juizados Especiais Cíveis, não serão contadas custas, salvo quando

(A) procedentes os embargos do devedor.

(B) improcedentes os embargos do devedor.

(C) procedentes os embargos do devedor em face da Fazenda Pública.

(D) afastada a litigância de má-fé.

(E) se tratar de execução de sentença que tenha sido objeto de recurso provido do devedor.

A questão é expressamente regulada pela lei (Lei 9.099/1995, art. 55, Parágrafo único. Na execução não serão contadas custas, salvo quando: I – reconhecida a litigância de má-fé; II – improcedentes os embargos do devedor; III – tratar-se de execução de sentença que tenha sido objeto de recurso improvido do devedor). Assim, a única alternativa correta é a "B".
Gabarito "B".

ESTATUTO DOS FUNCIONÁRIOS PÚBLICOS CIVIS DO ESTADO DE SÃO PAULO
(LEI 10.261/1968) – ARTIGOS 239 A 323

Capítulo VII
DO DIREITO DE PETIÇÃO

Artigo 239 – É assegurado a qualquer pessoa, física ou jurídica, independentemente de pagamento, o direito de petição contra ilegalidade ou abuso de poder e para defesa de direitos.

§ 1º – Qualquer pessoa poderá reclamar sobre abuso, erro, omissão ou conduta incompatível no serviço público.

§ 2º – Em nenhuma hipótese, a Administração poderá recusar-se a protocolar, encaminhar ou apreciar a petição, sob pena de responsabilidade do agente.

Artigo 240 – Ao servidor é assegurado o direito de requerer ou representar, bem como, nos termos desta lei complementar, pedir reconsideração e recorrer de decisões, no prazo de 30 (trinta) dias, salvo previsão legal específica.

TÍTULO VI
DOS DEVERES, DAS PROIBIÇÕES E DAS RESPONSABILIDADES
Capítulo I
DOS DEVERES E DAS PROIBIÇÕES

Seção I
Dos Deveres

Artigo 241 – São deveres do funcionário:

I – ser assíduo e pontual;

II – cumprir as ordens superiores, representando quando forem manifestamente ilegais;

III – desempenhar com zelo e presteza os trabalhos de que for incumbido;

IV – guardar sigilo sobre os assuntos da repartição e, especialmente, sobre despachos, decisões ou providências;

V – representar aos superiores sobre todas as irregularidades de que tiver conhecimento no exercício de suas funções;

VI – tratar com urbanidade as pessoas;

VII – residir no local onde exerce o cargo ou, onde autorizado;

VIII – providenciar para que esteja sempre em ordem, no assentamento individual, a sua declaração de família;

IX – zelar pela economia do material do Estado e pela conservação do que for confiado à sua guarda ou utilização;

X – apresentar-se convenientemente trajado em serviço ou com uniforme determinado, quando for o caso;

XI – atender prontamente, com preferência sobre qualquer outro serviço, às requisições de papéis, documentos, informações ou providências que lhe forem feitas pelas autoridades judiciárias ou administrativas, para defesa do Estado, em Juízo;

XII – cooperar e manter espírito de solidariedade com os companheiros de trabalho,

XIII – estar em dia com as leis, regulamentos, regimentos, instruções e ordens de serviço que digam respeito às suas funções; e

XIV – proceder na vida pública e privada na forma que dignifique a função pública.

Seção II
Das Proibições

Artigo 242 – Ao funcionário é proibido:

I – Revogado.

II – retirar, sem prévia permissão da autoridade competente, qualquer documento ou objeto existente na repartição;

III – entreter-se, durante as horas de trabalho, em palestras, leituras ou outras atividades estranhas ao serviço;

IV – deixar de comparecer ao serviço sem causa justificada;

V – tratar de interesses particulares na repartição;

VI – promover manifestações de apreço ou desapreço dentro da repartição, ou tornar-se solidário com elas;

VII – exercer comércio entre os companheiros de serviço, promover ou subscrever listas de donativos dentro da repartição; e

VIII – empregar material do serviço público em serviço particular.

Artigo 243 – É proibido ainda, ao funcionário:

I – fazer contratos de natureza comercial e industrial com o Governo, por si, ou como representante de outrem;

II – participar da gerência ou administração de empresas bancárias ou industriais, ou de sociedades comerciais, que mantenham relações comerciais ou administrativas com o Governo do Estado, sejam por este subvencionadas ou estejam diretamente relacionadas com a finalidade da repartição ou serviço em que esteja lotado;

III – requerer ou promover a concessão de privilégios, garantias de juros ou outros favores semelhantes, federais, estaduais ou municipais, exceto privilégio de invenção própria;

IV – exercer, mesmo fora das horas de trabalho, emprego ou função em empresas, estabelecimentos ou instituições que tenham relações com o Governo, em matéria que se relacione com a finalidade da repartição ou serviço em que esteja lotado;

V – aceitar representação de Estado estrangeiro, sem autorização do Presidente da República;

VI – comerciar ou ter parte em sociedades comerciais nas condições mencionadas no item II deste artigo, podendo, em qualquer caso, ser acionista, quotista ou comanditário;

VII – incitar greves ou a elas aderir, ou praticar atos de sabotagem contra o serviço público;

VIII – praticar a usura;

IX – constituir-se procurador de partes ou servir de intermediário perante qualquer repartição pública, exceto quando se tratar de interesse de cônjuge ou parente até segundo grau;

X – receber estipêndios de firmas fornecedoras ou de entidades fiscalizadas, no País, ou no estrangeiro, mesmo quando estiver em missão referente à compra de material ou fiscalização de qualquer natureza;

XI – valer-se de sua qualidade de funcionário para desempenhar atividade estranha às funções ou para lograr, direta ou indiretamente, qualquer proveito; e

XII – fundar sindicato de funcionários ou deles fazer parte.

Parágrafo único — Não está compreendida na proibição dos itens II e VI deste artigo, a participação do funcionário em sociedades em que o Estado seja acionista, bem assim na direção ou gerência de cooperativas e associações de classe, ou como seu sócio.

Artigo 244 – É vedado ao funcionário trabalhar sob as ordens imediatas de parentes, até segundo grau, salvo quando se tratar de função de confiança e livre escolha, não podendo exceder a 2 (dois) o número de auxiliares nessas condições.

Capítulo II
DAS RESPONSABILIDADES

Artigo 245 – O funcionário é responsável por todos os prejuízos que, nessa qualidade, causar à Fazenda Estadual, por dolo ou culpa, devidamente apurados.

Parágrafo único – Caracteriza-se especialmente a responsabilidade:

I – pela sonegação de valores e objetos confiados à sua guarda ou responsabilidade, ou por não prestar contas, ou por não as tomar, na forma e no prazo estabelecidos nas leis, regulamentos, regimentos, instruções e ordens de serviço;

II – pelas faltas, danos, avarias e quaisquer outros prejuízos que sofrerem os bens e os materiais sob sua guarda, ou sujeitos a seu exame ou fiscalização;

III – pela falta ou inexatidão das necessárias averbações nas notas de despacho, guias e outros documentos da receita, ou que tenham com eles relação; e

IV – por qualquer erro de cálculo ou redução contra a Fazenda Estadual.

Artigo 246 – O funcionário que adquirir materiais em desacordo com disposições legais e regulamentares, será responsabilizado pelo respectivo custo, sem prejuízo das penalidades disciplinares cabíveis, podendo-se proceder ao desconto no seu vencimento ou remuneração.

Artigo 247 – Nos casos de indenização à Fazenda Estadual, o funcionário será obrigado a repor, de uma só vez, a importância do prejuízo causado em virtude de alcance, desfalque, remissão ou omissão em efetuar recolhimento ou entrada nos prazos legais.

Artigo 248 – Fora dos casos incluídos no artigo anterior, a importância da indenização poderá ser descontada do vencimento ou remuneração não excedendo o desconto à 10ª (décima) parte do valor destes.

Parágrafo único – No caso do item IV do parágrafo único do art. 245, não tendo havido má-fé, será aplicada a pena de repreensão e, na reincidência, a de suspensão.

Artigo 249 – Será igualmente responsabilizado o funcionário que, fora dos casos expressamente previstos nas leis, regulamentos e regimentos, cometer a pessoas estranhas às repartições, o desempenho de encargos que lhe competirem ou aos seus subordinados.

Artigo 250 – A responsabilidade administrativa não exime o funcionário da responsabilidade civil ou criminal que no caso couber, nem o pagamento da indenização a que ficar obrigado, na forma dos arts. 247 e 248, o exame da pena disciplinar em que incorrer.

§ 1º – A responsabilidade administrativa é independente da civil e da criminal.

§ 2º – Será reintegrado ao serviço público, no cargo que ocupava e com todos os direitos e vantagens devidas, o servidor absolvido pela Justiça, mediante simples comprovação do trânsito em julgado de decisão que negue a existência de sua autoria ou do fato que deu origem à sua demissão.

§ 3º – O processo administrativo só poderá ser sobrestado para aguardar decisão judicial por despacho motivado da autoridade competente para aplicar a pena.

TÍTULO VII
DAS PENALIDADES, DA EXTINÇÃO DA PUNIBILIDADE E DAS PROVIDÊNCIAS PRELIMINARES
Capítulo I
DAS PENALIDADES E DE SUA APLICAÇÃO

Artigo 251 – São penas disciplinares:

I – repreensão;

II – suspensão;

III – multa;

IV – demissão;

V – demissão a bem do serviço público; e

VI – cassação de aposentadoria ou disponibilidade

Artigo 252 – Na aplicação das penas disciplinares serão consideradas a natureza e a gravidade da infração e os danos que dela provierem para o serviço público.

Artigo 253 – A pena de repreensão será aplicada por escrito, nos casos de indisciplina ou falta de cumprimento dos deveres.

Artigo 254 – A pena de suspensão, que não excederá de 90 (noventa) dias, será aplicada em caso de falta grave ou de reincidência.

§ 1º – O funcionário suspenso perderá todas as vantagens e direitos decorrentes do exercício do cargo.

§ 2º – A autoridade que aplicar a pena de suspensão poderá converter essa penalidade em multa, na base de 50% (cinqüenta por cento) por dia de vencimento ou remuneração, sendo o funcionário, nesse caso, obrigado a permanecer em serviço.

Artigo 255 – A pena de multa será aplicada na forma e nos casos expressamente previstos em lei ou regulamento.

Artigo 256 – Será aplicada a pena de demissão nos casos de:

I – abandono de cargo;

II – procedimento irregular, de natureza grave;

III – ineficiência no serviço;

IV – aplicação indevida de dinheiros públicos, e

V – ausência ao serviço, sem causa justificável, por mais de 45 (quarenta e cinco) dias, interpoladamente, durante 1 (um) ano.

§ 1º – Considerar-se-á abandono de cargo, o não comparecimento do funcionário por mais de (30) dias consecutivos ex-vi do art. 63.

§ 2º – A pena de demissão por ineficiência no serviço, só será aplicada quando verificada a impossibilidade de readaptação.

Artigo 257 – Será aplicada a pena de demissão a bem do serviço público ao funcionário que:

I – for convencido de incontinência pública e escandalosa e de vício de jogos proibidos;

II – praticar ato definido como crime contra a administração pública, a fé pública e a Fazenda Estadual, ou previsto nas leis relativas à segurança e à defesa nacional;

III – revelar segredos de que tenha conhecimento em razão do cargo, desde que o faça dolosamente e com prejuízo para o Estado ou particulares;

IV – praticar insubordinação grave;

V – praticar, em serviço, ofensas físicas contra funcionários ou particulares, salvo se em legítima defesa;

VI – lesar o patrimônio ou os cofres públicos;

VII – receber ou solicitar propinas, comissões, presentes ou vantagens de qualquer espécie, diretamente ou por intermédio de outrem, ainda que fora de suas funções mas em razão delas;

VIII – pedir, por empréstimo, dinheiro ou quaisquer valores a pessoas que tratem de interesses ou o tenham na repartição, ou estejam sujeitos à sua fiscalização;

IX – exercer advocacia administrativa; e

X – apresentar com dolo declaração falsa em matéria de salário-família, sem prejuízo da responsabilidade civil e de procedimento criminal, que no caso couber.

XI – praticar ato definido como crime hediondo, tortura, tráfico ilícito de entorpecentes e drogas afins e terrorismo;

XII – praticar ato definido como crime contra o Sistema Financeiro, ou de lavagem ou ocultação de bens, direitos ou valores;

XIII – praticar ato definido em lei como de improbidade.

Artigo 258 – O ato que demitir o funcionário mencionará sempre a disposição legal em que se fundamenta.

Artigo 259 – Será aplicada a pena de cassação de aposentadoria ou disponibilidade, se ficar provado que o inativo:

I – praticou, quando em atividade, falta grave para a qual é cominada nesta lei a pena de demissão ou de demissão a bem do serviço público;

II – aceitou ilegalmente cargo ou função pública;

III – aceitou representação de Estado estrangeiro sem prévia autorização do Presidente da República; e

IV – praticou a usura em qualquer de suas formas.

Artigo 260 – Para aplicação das penalidades previstas no artigo 251, são competentes:

I – o Governador;

II – os Secretários de Estado, o Procurador Geral do Estado e os Superintendentes de Autarquia;

III – os Chefes de Gabinete, até a de suspensão;

IV – os Coordenadores, até a de suspensão limitada a 60 (sessenta) dias; e

V – os Diretores de Departamento e Divisão, até a de suspensão limitada a 30 (trinta) dias.

Parágrafo único – Havendo mais de um infrator e diversidade de sanções, a competência será da autoridade responsável pela imposição da penalidade mais grave.

Artigo 261 – Extingue-se a punibilidade pela prescrição:

I – da falta sujeita à pena de repreensão, suspensão ou multa, em 2 (dois) anos;

II – da falta sujeita à pena de demissão, de demissão a bem do serviço público e de cassação da aposentadoria ou disponibilidade, em 5 (cinco) anos;

III – da falta prevista em lei como infração penal, no prazo de prescrição em abstrato da pena criminal, se for superior a 5 (cinco) anos.

§ 1º – A prescrição começa a correr:

1 – do dia em que a falta for cometida;

2 – do dia em que tenha cessado a continuação ou a permanência, nas faltas continuadas ou permanentes.

§ 2º – Interrompem a prescrição a portaria que instaura sindicância e a que instaura processo administrativo.

§ 3º – O lapso prescricional corresponde:

1 – na hipótese de desclassificação da infração, ao da pena efetivamente aplicada;

2 – na hipótese de mitigação ou atenuação, ao da pena em tese cabível.

§ 4º – A prescrição não corre:

1 – enquanto sobrestado o processo administrativo para aguardar decisão judicial, na forma do § 3º do artigo 250;

2 – enquanto insubsistente o vínculo funcional que venha a ser restabelecido.

§ 5º – Extinta a punibilidade pela prescrição, a autoridade julgadora determinará o registro do fato nos assentamentos individuais do servidor.

§ 6º – A decisão que reconhecer a existência de prescrição deverá desde logo determinar, quando for o caso, as providências necessárias à apuração da responsabilidade pela sua ocorrência.

Artigo 262 – O funcionário que, sem justa causa, deixar de atender a qualquer exigência para cujo cumprimento seja marcado prazo certo, terá suspenso o pagamento de seu vencimento ou remuneração até que satisfaça essa exigência.

Parágrafo único – Aplica-se aos aposentados ou em disponibilidade o disposto neste artigo.

Artigo 263 – Deverão constar do assentamento individual do funcionário todas as penas que lhe forem impostas.

Capítulo II
DAS PROVIDÊNCIAS PRELIMINARES

Artigo 264 – A autoridade que, por qualquer meio, tiver conhecimento de irregularidade praticada por servidor é obrigada a adotar providências visando à sua imediata apuração, sem prejuízo das medidas urgentes que o caso exigir.

Artigo 265 – A autoridade realizará apuração preliminar, de natureza simplesmente investigativa, quando a infração não estiver suficientemente caracterizada ou definida autoria.

§ 1º – A apuração preliminar deverá ser concluída no prazo de 30 (trinta) dias.

§ 2º – Não concluída no prazo a apuração, a autoridade deverá imediatamente encaminhar ao Chefe de Gabinete relatório das diligências realizadas e definir o tempo necessário para o término dos trabalhos.

§ 3º – Ao concluir a apuração preliminar, a autoridade deverá opinar fundamentadamente pelo arquivamento ou pela instauração de sindicância ou de processo administrativo.

Artigo 266 – Determinada a instauração de sindicância ou processo administrativo, ou no seu curso, havendo conveniência para a instrução ou para o serviço, poderá o Chefe de Gabinete, por despacho fundamentado, ordenar as seguintes providências:

I – afastamento preventivo do servidor, quando o recomendar a moralidade administrativa ou a apuração do fato, sem prejuízo de vencimentos ou vantagens, até 180 (cento e oitenta) dias, prorrogáveis uma única vez por igual período;

II – designação do servidor acusado para o exercício de atividades exclusivamente burocráticas até decisão final do procedimento;

III – recolhimento de carteira funcional, distintivo, armas e algemas;

IV – proibição do porte de armas;

V – comparecimento obrigatório, em periodicidade a ser estabelecida, para tomar ciência dos atos do procedimento.

§ 1º – A autoridade que determinar a instauração ou presidir sindicância ou processo administrativo poderá representar ao Chefe de Gabinete para propor a aplicação das medidas previstas neste artigo, bem como sua cessação ou alteração.

§ 2º – O Chefe de Gabinete poderá, a qualquer momento, por despacho fundamentado, fazer cessar ou alterar as medidas previstas neste artigo.

Artigo 267 – O período de afastamento preventivo computa-se como de efetivo exercício, não sendo descontado da pena de suspensão eventualmente aplicada.

TÍTULO VIII
DO PROCEDIMENTO DISCIPLINAR
Capítulo I
DAS DISPOSIÇÕES GERAIS

Artigo 268 – A apuração das infrações será feita mediante sindicância ou processo administrativo, assegurados o contraditório e a ampla defesa.

Artigo 269 – Será instaurada sindicância quando a falta disciplinar, por sua natureza, possa determinar as penas de repreensão, suspensão ou multa.

Artigo 270 – Será obrigatório o processo administrativo quando a falta disciplinar, por sua natureza, possa determinar as penas de demissão, de demissão a bem do serviço público e de cassação de aposentadoria ou disponibilidade.

Artigo 271 – Os procedimentos disciplinares punitivos serão realizados pela Procuradoria Geral do Estado e presididos por Procurador do Estado confirmado na carreira.

Capítulo II
DA SINDICÂNCIA

Artigo 272 – São competentes para determinar a instauração de sindicância as autoridades enumeradas no artigo 260.

Parágrafo único – Instaurada a sindicância, o Procurador do Estado que a presidir comunicará o fato ao órgão setorial de pessoal.

Artigo 273 – Aplicam-se à sindicância as regras previstas nesta lei complementar para o processo administrativo, com as seguintes modificações:

I – a autoridade sindicante e cada acusado poderão arrolar até 3 (três) testemunhas;

II – a sindicância deverá estar concluída no prazo de 60 (sessenta) dias;

III – com o relatório, a sindicância será enviada à autoridade competente para a decisão.

Capítulo III
DO PROCESSO ADMINISTRATIVO

Artigo 274 – São competentes para determinar a instauração de processo administrativo as autoridades enumeradas no artigo 260, até o inciso IV, inclusive.

Artigo 275 – Não poderá ser encarregado da apuração, nem atuar como secretário, amigo íntimo ou inimigo, parente consanguíneo ou afim, em linha reta ou colateral, até o terceiro grau inclusive, cônjuge, companheiro ou qualquer integrante do núcleo familiar do denunciante ou do acusado, bem assim o subordinado deste.

Artigo 276 – A autoridade ou o funcionário designado deverão comunicar, desde logo, à autoridade competente, o impedimento que houver.

Artigo 277 – O processo administrativo deverá ser instaurado por portaria, no prazo improrrogável de 8 (oito) dias do recebimento da determinação, e concluído no de 90 (noventa) dias da citação do acusado.

§ 1º – Da portaria deverão constar o nome e a identificação do acusado, a infração que lhe é atribuída, com descrição sucinta dos fatos, a indicação das normas infringidas e a penalidade mais elevada em tese cabível.

§ 2º – Vencido o prazo, caso não concluído o processo, o Procurador do Estado que o presidir deverá imediatamente encaminhar ao seu superior hierárquico relatório indicando as providências faltantes e o tempo necessário para término dos trabalhos.

§ 3º – O superior hierárquico dará ciência dos fatos a que se refere o parágrafo anterior e das providências que houver adotado à autoridade que determinou a instauração do processo.

Artigo 278 – Autuada a portaria e demais peças preexistentes, designará o presidente dia e hora para audiência de interrogatório, determinando a citação do acusado e a notificação do denunciante, se houver.

§ 1º – O mandado de citação deverá conter:

1 – cópia da portaria;

2 – data, hora e local do interrogatório, que poderá ser acompanhado pelo advogado do acusado;

3 – data, hora e local da oitiva do denunciante, se houver, que deverá ser acompanhada pelo advogado do acusado;

4 – esclarecimento de que o acusado será defendido por advogado dativo, caso não constitua advogado próprio;

5 – informação de que o acusado poderá arrolar testemunhas e requerer provas, no prazo de 3 (três) dias após a data designada para seu interrogatório;

6 – advertência de que o processo será extinto se o acusado pedir exoneração até o interrogatório, quando se tratar exclusivamente de abandono de cargo ou função, bem como inassiduidade.

§ 2º – A citação do acusado será feita pessoalmente, no mínimo 2 (dois) dias antes do interrogatório, por intermédio do respectivo superior hierárquico, ou diretamente, onde possa ser encontrado.

§ 3º – Não sendo encontrado em seu local de trabalho ou no endereço constante de seu assentamento individual, furtando-se o acusado à citação ou ignorando-se seu paradeiro, a citação far-se-á por edital, publicado uma vez no Diário Oficial do Estado, no mínimo 10 (dez) dias antes do interrogatório.

Artigo 279 – Havendo denunciante, este deverá prestar declarações, no interregno entre a data da citação e a fixada para o interrogatório do acusado, sendo notificado para tal fim.

§ 1º – A oitiva do denunciante deverá ser acompanhada pelo advogado do acusado, próprio ou dativo.

§ 2º – O acusado não assistirá à inquirição do denunciante; antes porém de ser interrogado, poderá ter ciência das declarações que aquele houver prestado.

Artigo 280 – Não comparecendo o acusado, será, por despacho, decretada sua revelia, prosseguindo-se nos demais atos e termos do processo.

Artigo 281 – Ao acusado revel será nomeado advogado dativo.

Artigo 282 – O acusado poderá constituir advogado que o representará em todos os atos e termos do processo.

§ 1º – É faculdade do acusado tomar ciência ou assistir aos atos e termos do processo, não sendo obrigatória qualquer notificação.

§ 2º – O advogado será intimado por publicação no Diário Oficial do Estado, de que conste seu nome e número de inscrição na Ordem dos Advogados do Brasil, bem como os dados necessários à identificação do procedimento.

§ 3º – Não tendo o acusado recursos financeiros ou negando-se a constituir advogado, o presidente nomeará advogado dativo.

§ 4º – O acusado poderá, a qualquer tempo, constituir advogado para prosseguir na sua defesa.

Artigo 283 – Comparecendo ou não o acusado ao interrogatório, inicia-se o prazo de 3 (três) dias para requerer a produção de provas, ou apresentá-las.

§ 1º – O presidente e cada acusado poderão arrolar até 5 (cinco) testemunhas.

§ 2º – A prova de antecedentes do acusado será feita exclusivamente por documentos, até as alegações finais.

§ 3º – Até a data do interrogatório, será designada a audiência de instrução.

Artigo 284 – Na audiência de instrução, serão ouvidas, pela ordem, as testemunhas arroladas pelo presidente e pelo acusado.

Parágrafo único – Tratando-se de servidor público, seu comparecimento poderá ser solicitado ao respectivo superior imediato com as indicações necessárias.

Artigo 285 – A testemunha não poderá eximir-se de depor, salvo se for ascendente, descendente, cônjuge, ainda que legalmente separado, companheiro, irmão, sogro e cunhado, pai, mãe ou filho adotivo do acusado, exceto quando não for possível, por outro modo, obter-se ou integrar-se a prova do fato e de suas circunstâncias.

§ 1º – Se o parentesco das pessoas referidas for com o denunciante, ficam elas proibidas de depor, observada a exceção deste artigo.

§ 2º – Ao servidor que se recusar a depor, sem justa causa, será pela autoridade competente adotada a providência a que se refere o artigo 262, mediante comunicação do presidente.

§ 3º – O servidor que tiver de depor como testemunha fora da sede de seu exercício, terá direito a transporte e diárias na forma da legislação em vigor, podendo ainda expedir-se precatória para esse efeito à autoridade do domicílio do depoente.

§ 4º – São proibidas de depor as pessoas que, em razão de função, ministério, ofício ou profissão, devam guardar segredo, salvo se, desobrigadas pela parte interessada, quiserem dar o seu testemunho.

Artigo 286 – A testemunha que morar em comarca diversa poderá ser inquirida pela autoridade do lugar de sua residência, expedindo-se, para esse fim, carta precatória, com prazo razoável, intimada a defesa.

§ 1º – Deverá constar da precatória a síntese da imputação e os esclarecimentos pretendidos, bem como a advertência sobre a necessidade da presença de advogado.

§ 2º – A expedição da precatória não suspenderá a instrução do procedimento.

§ 3º – Findo o prazo marcado, o procedimento poderá prosseguir até final decisão; a todo tempo, a precatória, uma vez devolvida, será juntada aos autos.

Artigo 287 – As testemunhas arroladas pelo acusado comparecerão à audiência designada independente de notificação.

§ 1º – Deverá ser notificada a testemunha cujo depoimento for relevante e que não comparecer espontaneamente.

§ 2º – Se a testemunha não for localizada, a defesa poderá substituí-la, se quiser, levando na mesma data designada para a audiência outra testemunha, independente de notificação.

Artigo 288 – Em qualquer fase do processo, poderá o presidente, de ofício ou a requerimento da defesa, ordenar diligências que entenda convenientes.

§ 1º – As informações necessárias à instrução do processo serão solicitadas diretamente, sem observância de vinculação hierárquica, mediante ofício, do qual cópia será juntada aos autos.

§ 2º – Sendo necessário o concurso de técnicos ou peritos oficiais, o presidente os requisitará, observados os impedimentos do artigo 275.

Artigo 289 – Durante a instrução, os autos do procedimento administrativo permanecerão na repartição competente.

§ 1º – Será concedida vista dos autos ao acusado, mediante simples solicitação, sempre que não prejudicar o curso do procedimento.

§ 2º – A concessão de vista será obrigatória, no prazo para manifestação do acusado ou para apresentação de recursos, mediante publicação no Diário Oficial do Estado.

§ 3º – Não corre o prazo senão depois da publicação a que se refere o parágrafo anterior e desde que os autos estejam efetivamente disponíveis para vista.

§ 4º – Ao advogado é assegurado o direito de retirar os autos da repartição, mediante recibo, durante o prazo para manifestação de seu representado, salvo na hipótese de prazo comum, de processo sob regime de segredo de justiça ou quando existirem nos autos documentos originais de difícil restauração ou ocorrer circunstância relevante que justifique a permanência dos autos na repartição, reconhecida pela autoridade em despacho motivado.

Artigo 290 – Somente poderão ser indeferidos pelo presidente, mediante decisão fundamentada, os requerimentos de nenhum interesse para o esclarecimento do fato, bem como as provas ilícitas, impertinentes, desnecessárias ou protelatórias.

Artigo 291 – Quando, no curso do procedimento, surgirem fatos novos imputáveis ao acusado, poderá ser promovida a instauração de novo procedimento para sua apuração, ou, caso conveniente, aditada a portaria, reabrindo-se oportunidade de defesa.

Artigo 292 – Encerrada a fase probatória, dar-se-á vista dos autos à defesa, que poderá apresentar alegações finais, no prazo de 7 (sete) dias.

Parágrafo único – Não apresentadas no prazo as alegações finais, o presidente designará advogado dativo, assinando-lhe novo prazo.

Artigo 293 – O relatório deverá ser apresentado no prazo de 10 (dez) dias, contados da apresentação das alegações finais.

§ 1º – O relatório deverá descrever, em relação a cada acusado, separadamente, as irregularidades imputadas, as provas colhidas e as razões de defesa, propondo a absolvição ou punição e indicando, nesse caso, a pena que entender cabível.

§ 2º – O relatório deverá conter, também, a sugestão de quaisquer outras providências de interesse do serviço público.

Artigo 294 – Relatado, o processo será encaminhado à autoridade que determinou sua instauração.

Artigo 295 – Recebendo o processo relatado, a autoridade que houver determinado sua instauração deverá, no prazo de 20 (vinte) dias, proferir o julgamento ou determinar a realização de diligência, sempre que necessária ao esclarecimento de fatos.

Artigo 296 – Determinada a diligência, a autoridade encarregada do processo administrativo terá prazo de 15 (quinze) dias para seu cumprimento, abrindo vista à defesa para manifestar-se em 5 (cinco) dias.

Artigo 297 – Quando escaparem à sua alçada as penalidades e providências que lhe parecerem cabíveis, a autoridade que determinou a instauração do processo administrativo deverá propô-las, justificadamente, dentro do prazo para julgamento, à autoridade competente.

Artigo 298 – A autoridade que proferir decisão determinará os atos dela decorrentes e as providências necessárias a sua execução.

Artigo 299 – As decisões serão sempre publicadas no Diário Oficial do Estado, dentro do prazo de 8 (oito) dias, bem como averbadas no registro funcional do servidor.

Artigo 300 – Terão forma processual resumida, quando possível, todos os termos lavrados pelo secretário, quais sejam: autuação, juntada, conclusão, intimação, data de recebimento, bem como certidões e compromissos.

§ 1º – Toda e qualquer juntada aos autos se fará na ordem cronológica da apresentação, rubricando o presidente as folhas acrescidas.

§ 2º – Todos os atos ou decisões, cujo original não conste do processo, nele deverão figurar por cópia.

Artigo 301 – Constará sempre dos autos da sindicância ou do processo a folha de serviço do indiciado.

Artigo 302 – Quando ao funcionário se imputar crime, praticado na esfera administrativa, a autoridade que determinou a instauração do processo administrativo providenciará para que se instaure, simultaneamente, o inquérito policial.

Parágrafo único – Quando se tratar de crime praticado fora da esfera administrativa, a autoridade policial dará ciência dele à autoridade administrativa.

Artigo 303 – As autoridades responsáveis pela condução do processo administrativo e do inquérito policial se auxiliarão para que os mesmos se concluam dentro dos prazos respectivos.

Artigo 304 – Quando o ato atribuído ao funcionário for considerado criminoso, serão remetidas à autoridade competente cópias autenticadas das peças essenciais do processo.

Artigo 305 – Não será declarada a nulidade de nenhum ato processual que não houver influído na apuração da verdade substancial ou diretamente na decisão do processo ou sindicância.

Artigo 306 – É defeso fornecer à imprensa ou a outros meios de divulgação notas sobre os atos processuais, salvo no interesse da Administração, a juízo do Secretário de Estado ou do Procurador Geral do Estado.

Artigo 307 – Decorridos 5 (cinco) anos de efetivo exercício, contados do cumprimento da sanção disciplinar, sem cometimento de nova infração, não mais poderá aquela ser considerada em prejuízo do infrator, inclusive para efeito de reincidência.

Parágrafo único – A demissão e a demissão a bem do serviço público acarretam a incompatibilidade para nova investidura em cargo, função ou emprego público, pelo prazo de 5 (cinco) e 10 (dez) anos, respectivamente.

Capítulo IV
DO PROCESSO POR ABANDONO DO CARGO OU FUNÇÃO E POR INASSIDUIDADE

Artigo 308 – Verificada a ocorrência de faltas ao serviço que caracterizem abandono de cargo ou função, bem como inassiduidade, o superior imediato comunicará o fato à autoridade competente para determinar a instauração de processo disciplinar, instruindo a representação com cópia da ficha funcional do servidor e atestados de freqüência.

Artigo 309 – Não será instaurado processo para apurar abandono de cargo ou função, bem como inassiduidade, se o servidor tiver pedido exoneração.

Artigo 310 – Extingue-se o processo instaurado exclusivamente para apurar abandono de cargo ou função, bem como inassiduidade, se o indiciado pedir exoneração até a data designada para o interrogatório, ou por ocasião deste.

Artigo 311 – A defesa só poderá versar sobre força maior, coação ilegal ou motivo legalmente justificável.

Capítulo V
DOS RECURSOS

Artigo 312 – Caberá recurso, por uma única vez, da decisão que aplicar penalidade.

§ 1º – O prazo para recorrer é de 30 (trinta) dias, contados da publicação da decisão impugnada no Diário Oficial do Estado ou da intimação pessoal do servidor, quando for o caso.

§ 2º – Do recurso deverá constar, além do nome e qualificação do recorrente, a exposição das razões de inconformismo.

§ 3º – O recurso será apresentado à autoridade que aplicou a pena, que terá o prazo de 10 (dez) dias para, motivadamente, manter sua decisão ou reformá-la.

§ 4º – Mantida a decisão, ou reformada parcialmente, será imediatamente encaminhada a reexame pelo superior hierárquico.

§ 5º – O recurso será apreciado pela autoridade competente ainda que incorretamente denominado ou endereçado.

Artigo 313 – Caberá pedido de reconsideração, que não poderá ser renovado, de decisão tomada pelo Governador do Estado em única instância, no prazo de 30 (trinta) dias.

Artigo 314 – Os recursos de que trata esta lei complementar não têm efeito suspensivo; os que forem providos darão lugar às retificações necessárias, retroagindo seus efeitos à data do ato punitivo.

Capítulo VI
DA REVISÃO

Artigo 315 – Admitir-se-á, a qualquer tempo, a revisão de punição disciplinar de que não caiba mais recurso, se surgirem fatos ou circunstâncias ainda não apreciados, ou vícios insanáveis de procedimento, que possam justificar redução ou anulação da pena aplicada.

§ 1º – A simples alegação da injustiça da decisão não constitui fundamento do pedido.

§ 2º – Não será admitida reiteração de pedido pelo mesmo fundamento.

§ 3º – Os pedidos formulados em desacordo com este artigo serão indeferidos.

§ 4º – O ônus da prova cabe ao requerente.

Artigo 316 – A pena imposta não poderá ser agravada pela revisão.

Artigo 317 – A instauração de processo revisional poderá ser requerida fundamentadamente pelo interessado ou, se falecido ou incapaz, por seu curador, cônjuge, companheiro, ascendente, descendente ou irmão, sempre por intermédio de advogado.

Parágrafo único – O pedido será instruído com as provas que o requerente possuir ou com indicação daquelas que pretenda produzir.

Artigo 318 – A autoridade que aplicou a penalidade, ou que a tiver confirmado em grau de recurso, será competente para o exame da admissibilidade do pedido de revisão, bem como, caso deferido o processamento, para a sua decisão final.

Artigo 319 – Deferido o processamento da revisão, será este realizado por Procurador de Estado que não tenha funcionado no procedimento disciplinar de que resultou a punição do requerente.

Artigo 320 – Recebido o pedido, o presidente providenciará o apensamento dos autos originais e notificará o requerente para, no prazo de 8 (oito) dias, oferecer rol de testemunhas, ou requerer outras provas que pretenda produzir.

Parágrafo único – No processamento da revisão serão observadas as normas previstas nesta lei complementar para o processo administrativo.

Artigo 321 – A decisão que julgar procedente a revisão poderá alterar a classificação da infração, absolver o punido, modificar a pena ou anular o processo, restabelecendo os direitos atingidos pela decisão reformada.

DISPOSIÇÕES FINAIS

Artigo 322 – O dia 28 de outubro será consagrado ao "Funcionário Público Estadual".

Artigo 323 – Os prazos previstos neste Estatuto serão todos contados por dias corridos.

Parágrafo único – Não se computará no prazo o dia inicial, prorrogando-se o vencimento, que incidir em sábado, domingo, feriado ou facultativo, para o primeiro dia útil seguinte.

NORMAS DA CORREGEDORIA GERAL DA JUSTIÇA
(TEXTO ATUALIZADO ATÉ 04/04/2019)

Edital 2018:

Tomo I – Capítulo II: Seção I – subseções I e II;

Tomo I – Capítulo III: Seções I, II, V, VI, VII;

Tomo I – Capítulo III: Seção VIII – subseções I, II e III;

Tomo I – Capitulo III: Seções IX a XV, XVII a XIX;

Tomo I – Capítulo XI: Seções I, IV e V;

Tomo I – Capitulo XI: Seção VI – subseções I, III, V e XIII.

Capítulo II
DA FUNÇÃO CORRECIONAL

Seção I
Das Atribuições

Art. 5º A função correcional consiste na orientação, reorganização e fiscalização dos órgãos e serviços judiciários de primeira instância, bem como na fiscalização da polícia judiciária, dos estabelecimentos prisionais e dos demais estabelecimentos em relação aos quais, por imposição legal, esses deveres forem atribuídos ao Poder Judiciário e é exercida, no Estado de São Paulo, pelo Corregedor Geral da Justiça e, nos limites de suas atribuições, pelos Juízes de Primeiro Grau.

§ 1º No desempenho da função correcional, poderão ser editadas ordens de serviço e demais atos administrativos de orientação e disciplina, corrigidos os erros e sancionadas as infrações, após regular procedimento administrativo disciplinar, sem prejuízo de apurações civis e criminais.

§ 2º As ordens de serviço e demais atos administrativos editados pelo Juiz Corregedor Permanente serão encaminhados à Corregedoria Geral da Justiça para revisão hierárquica.

§ 3º Consultas sobre aplicação ou interpretação destas Normas de Serviço serão apreciadas pelo Juiz Corregedor Permanente que, a requerimento do interessado ou de ofício se houver dúvida fundada devidamente justificada, submeterá suas decisões à Corregedoria Geral da Justiça.

Subseção I
Da Corregedoria Permanente e
Das Correições Ordinárias,
Extraordinárias e Visitas Correcionais

Art. 6º A função correcional será exercida em caráter permanente e mediante correições ordinárias ou extraordinárias e visitas correcionais.

§ 1º A correição ordinária consiste na fiscalização prevista e efetivada segundo estas normas e leis de organização judiciária.

§ 2º A correição extraordinária consiste em fiscalização excepcional, realizada a qualquer momento e sem prévio anúncio e poderá ser geral ou parcial, conforme as necessidades e conveniência do serviço correcional.

§ 3º A visita correcional consiste na fiscalização direcionada à verificação da regularidade de funcionamento da unidade, do saneamento de irregularidades constatadas em correições ou ao exame de algum aspecto da regularidade ou da continuidade dos serviços e atos praticados.

§ 4º As atas das correições e visitas serão encaminhadas à Corregedoria Geral da Justiça nos prazos que seguem:

I – correição ordinária – até 60 (sessenta) dias após realizada;

II – correição extraordinária ou visita correcional – até 15 (quinze) dias após realizada.

§ 5º A Corregedoria Geral da Justiça implementará, gradativamente, a correição virtual, com vistas ao controle permanente das atividades subordinadas à sua disciplina.

Art. 7º A Corregedoria Permanente será exercida pelo juiz a que a normatividade correcional cometer tal atribuição.

§ 1º O Corregedor Geral da Justiça, com aprovação do Conselho Superior da Magistratura, poderá, por motivo de interesse público ou conveniência da administração, alterar a designação do Corregedor Permanente.

§ 2º Se não houver alteração no início do ano judiciário, prevalecerão as designações do ano anterior.

Art. 8º O Juiz Corregedor Permanente efetuará, uma vez por ano, de preferência no mês de dezembro, correição ordinária em todas as serventias, repartições e demais estabelecimentos sujeitos à sua fiscalização correcional, lavrando-se o correspondente termo no livro próprio.

§ 1º A correição ordinária será anunciada por edital, afixado no átrio do fórum e publicado no Diário da Justiça Eletrônico, com pelo menos quinze dias de antecedência, bem como comunicada à Ordem dos Advogados do Brasil da respectiva subseção.

§ 2º O Juiz Corregedor Permanente seguirá o termo padrão de correição disponibilizado pela Corregedoria Geral da Justiça.

Art. 9º Em até 30 (trinta) dias depois de assumir a corregedoria permanente em caráter definitivo, o juiz fará visita correcional às unidades sob sua corregedoria, com o intuito de constatar a regularidade dos serviços, observado o modelo disponibilizado.

§ 1º A visita correcional independe de edital ou qualquer outra providência e dela se lançará sucinto termo no livro de visitas e correições, no qual também constarão as determinações que o Juiz Corregedor Permanente eventualmente fizer no momento.

§ 2º Se o juiz assumir a corregedoria permanente em caráter definitivo a partir do mês de novembro, a correição geral ordinária prescindirá da visita correcional.

Art. 10. O escrivão auxiliará o Juiz Corregedor Permanente nas diligências correcionais, facultada a nomeação de escrivão 'ad hoc' entre os demais servidores da unidade.

Art. 11. Durante os serviços correcionais, todos os funcionários da unidade permanecerão à disposição do Corregedor Geral da Justiça, dos Juízes Assessores da Corregedoria Geral ou do Juiz Corregedor Permanente, sem prejuízo de requisição de auxílio externo ou de requisição de força policial.

Art. 12. Os livros e classificadores obrigatórios previstos nestas Normas de Serviço serão submetidos ao Juiz Corregedor Permanente para visto por ocasião das correições ordinárias ou extraordinárias e sempre que forem por este requisitados.

Parágrafo único. No caso de registros controlados exclusivamente pela via eletrônica, os relatórios de pendências gerados pelo sistema informatizado serão vistados pelo juiz.

Art. 13. Os estabelecimentos prisionais e outros destinados ao recolhimento de pessoas, sujeitos à atividade correcional do juízo, serão visitados uma vez por mês (art. 66, inciso VII, da LEP).

§ 1º Realizará a visita o Juiz Corregedor Permanente ou o juiz a quem, por decisão do Corregedor Geral da Justiça, essa atribuição for delegada.

§ 2º A inspeção mensal será registrada em termo sucinto no Livro de Visitas e Correições, podendo conter unicamente o registro da presença, sem prejuízo do cadastro eletrônico da inspeção perante o Conselho Nacional de Justiça e, após sua lavratura, cópia será encaminhada à autoridade administrativa da unidade prisional, para arquivamento em livro de folhas soltas.

§ 3º Ressalvado o afastamento deferido por prazo igual ou superior a trinta dias, ou motivo relevante devidamente comunicado à Corregedoria Geral da Justiça, o Juiz Corregedor Permanente realizará, pessoalmente, as visitas mensais, vedada a atribuição dessa atividade ao juiz que estiver respondendo pela vara por período inferior.

Art. 14. A sistemática prevista no art. 13 não desobriga a visita mensal às Cadeias Públicas, sob responsabilidade tanto dos Juízes de Varas Privativas de Execuções Criminais como daqueles que acumulem outros serviços anexos.

Subseção II
Das Apurações Preliminares,
Sindicâncias e Processos Administrativos

Art. 15. As apurações preliminares, as sindicâncias e os processos administrativos relativos ao pessoal das serventias judiciais serão realizados pelos Juízes Corregedores Permanentes a que, na atualidade do procedimento, estiverem subordinados os servidores.

Parágrafo único. O Corregedor Geral da Justiça poderá avocar procedimento disciplinar em qualquer fase, a pedido ou de ofício, designar Juiz Corregedor Processante para todos os atos pertinentes e atribuir serviços auxiliares à unidade diversa daquela a que estiver vinculado o servidor.

Art. 16. Os Juízes Corregedores Permanentes comunicarão à Corregedoria Geral da Justiça a instauração de qualquer procedimento administrativo, mediante remessa de cópia da portaria inaugural, para processamento do acompanhamento:

I – das apurações preliminares pela Diretoria da Corregedoria – DICOGE;

II – das sindicâncias e dos processos administrativos pela Secretaria de Planejamento de Recursos Humanos – SPRH.

Parágrafo único. Idêntico procedimento adotar-se-á em relação a todos os atos decisórios subsequentes e, ao término do procedimento, remeter-se-á cópia da decisão proferida, com ciência ao servidor do decidido, e certidão indicativa do trânsito em julgado.

Art. 17. Eventuais recursos serão entranhados nos autos originais e remetidos à Corregedoria Geral da Justiça.

Art. 18. Sem prejuízo da atribuição ao Juiz Corregedor Permanente, o Corregedor Geral da Justiça poderá aplicar, originariamente, as sanções cabíveis e, enquanto não prescrita a infração, reexaminar, de ofício ou mediante provocação, decisões absolutórias ou de arquivamento.

CAPÍTULO III
DOS OFÍCIOS DE JUSTIÇA EM GERAL
Seção I
Disposições Iniciais

Art. 26. As disposições deste capítulo têm caráter geral e aplicam-se a todos os ofícios de justiça, no que não contrariarem as disposições específicas contidas em capítulo próprio.

Art. 27. Os servidores da justiça darão atendimento prioritário às pessoas portadoras de deficiência, aos idosos, às gestantes, às lactantes e às pessoas acompanhadas por crianças de colo, mediante garantia de lugar privilegiado em filas, distribuição de senhas com numeração adequada ao atendimento preferencial, alocação de espaço para atendimento exclusivo no balcão, ou implantação de qualquer outro sistema que, observadas as peculiaridades existentes, assegure a prioridade.

Art. 27-A. A prioridade de que trata o artigo 27 se aplica às advogadas públicas e privadas, promotoras e procuradoras do Ministério Público gestantes ou lactantes, e a qualquer pessoa com criança de colo, inclusive para preferência nas audiências de primeiro grau de jurisdição e nas sessões de julgamento dos Colégios Recursais, desde que haja requerimento prévio, observada a ordem dos requerimentos e respeitados os demais beneficiários da Lei nº 10.048/2000 que disciplina o atendimento prioritário.

Seção II
Das Atribuições

Art. 28. Atribuir-se-ão aos ofícios de justiça os serviços inerentes à competência das respectivas varas e da Corregedoria Permanente.

Art. 29. Competem aos ofícios de justiça os serviços do foro judicial, atribuindo-se-lhes a numeração ordinal e a denominação da respectiva vara, onde houver mais de uma.

§ 1º Nas comarcas e foros distritais com mais de uma vara, haverá um ofício ou seção de distribuição judicial, ao qual incumbem os serviços de distribuição, de contadoria e partidoria e, nos termos da lei, do arquivo geral.

§ 2º Nas comarcas em que existir uma única vara e um único ofício de justiça, a este competem as atribuições dos serviços de distribuição, de contadoria e partidoria.

Seção V
Do Sistema Informatizado Oficial

Subseção I
Disposições Gerais

Art. 46. Os procedimentos de registro e documentação dos processos judiciais e administrativos realizar-se-ão diretamente no sistema informatizado oficial ou em livros e classificadores, conforme disciplina destas Normas de Serviço, e destinam-se:

I – à preservação da memória de dados extraídos dos feitos e da respectiva movimentação processual;

II – ao controle dos processos, de modo a garantir a segurança, assegurar a pronta localização física, verificar o andamento e permitir a elaboração de estatísticas e outros instrumentos de aprimoramento da prestação jurisdicional.

Art. 47. Os servidores dos ofícios de justiça deverão se adaptar continuamente às evoluções do sistema informatizado oficial, utilizando plenamente as funcionalidades disponibilizadas para a realização dos atos pertinentes ao serviço (emissão de certidões, ofícios, mandados, cargas de autos etc.).

Parágrafo único. Para efeito de divisão do trabalho entre os escreventes técnicos judiciários, oficiais de justiça e juízes, e outras providências necessárias à ordem do serviço, o sistema informatizado atribuirá a cada processo distribuído um número de controle interno da unidade judicial, sem prejuízo do número do processo (número do protocolo que seguirá série única).

Art. 48. Iniciada a operação do SAJ/PG, de utilização obrigatória pelas varas e ofícios de justiça, serão excluídos todos os programas eventualmente em uso.

Subseção II
Da Segurança do Sistema

Art. 49. Os níveis de acesso às informações e o respectivo credenciamento (senha) dos funcionários, para operação do SAJ/PG, serão estabelecidos em expediente interno pela Corregedoria Geral da Justiça, com a participação da Secretaria de Tecnologia da Informação – STI.

§ 1º É vedado ao funcionário credenciado ceder a respectiva senha ou permitir que outrem, funcionário ou não, use-a para acessar indevidamente o sistema informatizado.

§ 2º Os escrivães judiciais comunicarão prontamente à STI as alterações no quadro funcional da unidade, para o processamento da revogação ou novo credenciamento.

Art. 50. As alterações, exclusões e retificações feitas de modo geral nos dados registrados pelo sistema serão definidas por níveis de criticidade, cujo acesso a Corregedoria Geral da Justiça estabelecerá. Os dados retificados, alterados ou excluídos serão conservados pelo sistema e todas as operações realizadas vinculadas ao usuário que as realiza.

Art. 51. Os escrivães judiciais do serviço de distribuição e dos ofícios de justiça realizarão auditoria semanal no sistema, de acordo com os níveis de criticidade definidos, comunicando à Corregedoria Geral da Justiça qualquer irregularidade.

Subseção III
Do Cadastramento, Movimentação e Controle Eletrônico de Processos e Incidentes Processuais

Art. 52. Os distribuidores e os ofícios de justiça deverão, no sistema informatizado oficial, observadas suas respectivas atribuições:

I – cadastrar todos os feitos distribuídos ao respectivo juízo;

II – anotar a movimentação e a prática dos atos processuais (citações, intimações, juntadas de mandados e respectiva data, termos, despachos, cargas, sentenças, remessas à instância superior para recurso, entrega ou remessa de autos que não importem em devolução etc.);

III – consignar os serviços administrativos pertinentes (desarquivamentos, inutilização ou destruição de autos etc.).

Art. 53. A inserção de dados no sistema informatizado oficial será a mais completa e abrangente possível, de modo que todas as ocorrências do processo físico constem do ambiente virtual, formando banco de dados que servirá de memória permanente.

§ 1º O cadastro conterá as principais informações a respeito do processo, de modo a individualizá-lo com exatidão (qualificação das partes e de eventuais representantes, advogados e os respectivos números de inscrição na OAB, valor da causa, objeto da ação etc).

§ 2º As anotações de movimentação processual devem ser fidedignas, claras e atualizadas, de forma a refletir o atual estado do processo e a garantir a utilidade do sistema.

§ 3º O arquivamento dos autos será precedido da conferência e eventual atualização do cadastro, para que nele figurem os dados necessários à extração de certidão.

Art. 54. Constarão do sistema informatizado:

I – nos processos cíveis, de família e sucessões, da fazenda pública, da infância e juventude, de acidentes do trabalho e do juizado especial cível: o número do processo; o nome e a qualificação do autor e do réu; a natureza do feito; a data da distribuição; o número, livro e folhas do registro da sentença, quando adotado; o inteiro teor de pronunciamentos judiciais (despachos, decisões interlocutórias, sentenças e acórdãos); anotações sobre recursos; a data do trânsito em julgado; o arquivamento (data e caixa) e outras observações que se entenderem relevantes;

II – nos processos criminais, do júri e do juizado especial criminal: o número do processo; o nome e qualificação do réu; a data do fato; a data do recebimento ou rejeição da denúncia; o artigo de lei em que o réu foi incurso; a data da suspensão do processo (art. 366 do Código de Processo Penal e juizado especial criminal); a data da prisão; o número, livro e folhas do registro da sentença, quando adotado; o inteiro teor de pronunciamentos judiciais (despachos, decisões interlocutórias, sentenças e acórdãos); anotações sobre recursos; a data da decisão confirmatória da pronúncia; a data do trânsito em julgado; a data da expedição da guia de recolhimento, de tratamento ou de internação; o arquivamento (data e caixa) e outras observações que se entenderem relevantes;

III – nos processos de execução criminal: o nome e qualificação do sentenciado, com a filiação e sempre que possível o número do RG; as guias de recolhimento registradas, a discriminação das penas impostas em ordem sequencial; os incidentes de execução da pena; anotações sobre recursos; o inteiro teor dos julgamentos; as progressões de regime; o cadastro de comparecimento de albergados; os benefícios concedidos; as remições de pena e outras observações que se entenderem relevantes;

IV – nas cartas precatórias, especialmente: indicação completa do juízo deprecante, com número do processo de origem conforme padrão estabelecido pela Resolução nº 65 do CNJ, da natureza da ação e da diligência deprecada.

§ 1º Todos os litisconsortes, intervenientes e terceiros interessados, bem como seus respectivos representantes, serão cadastrados.

§ 2º Não será admitida exclusão de parte no processo, procedendo-se à sua baixa, quando necessário.

Art. 55. A qualificação das partes será lançada no sistema informatizado oficial da forma mais completa possível, com os seguintes dados disponíveis nas postulações iniciais ou intermediárias:

I – em relação às partes nos procedimentos cíveis e aos autores de ação penal privada:

a) se pessoa natural, o nome completo, o número de inscrição no CPF, nacionalidade, o estado civil, a profissão, bem como o endereço residencial ou domiciliar completo, inclusive CEP;

b) se pessoa jurídica ou assemelhada, sua firma ou denominação, o número de inscrição no CNPJ e o endereço da sede, inclusive CEP;

II – em relação aos acusados em ações penais públicas ou privadas:

a) se pessoa natural, o nome completo, a filiação, a data de nascimento, nacionalidade, naturalidade, sexo, cor, estado civil, profissão, o endereço completo da residência e trabalho, ou dos locais em que o réu possa ser encontrado, acompanhados do respectivo CEP, bem como, se houver, o número de inscrição no CPF, o número do RG, o número do RGC (disponível na folha de antecedentes do réu), além de outros nomes e alcunhas utilizadas pelo acusado;

b) se pessoa jurídica ou assemelhada, sua firma ou denominação, o número de inscrição no CNPJ, e o endereço da sede, inclusive CEP.

§ 1º Quaisquer outros dados de qualificação que auxiliem na precisa identificação das partes (RG, título de eleitor, nome da mãe etc) também serão lançados no sistema informatizado oficial.

§ 2º Incumbirá aos distribuidores e aos ofícios de justiça o cadastramento dos dados constantes das petições iniciais.

§ 3º As vítimas identificadas na denúncia ou queixa, e também as testemunhas de processo criminal – sejam estas de acusação, defesa ou comuns –, terão suas qualificações lançadas no sistema informatizado oficial, exceto quando, ao darem conta de coação ou grave ameaça, após deferimento do juiz, pedirem para não haver identificação de seus dados de qualificação e endereço.

Art. 56. Os dados obrigatórios previstos no art. 55 serão apresentados pelos requerentes, na petição inicial, e pelos requeridos, na primeira oportunidade de postulação em juízo (contestação, juntada de procuração, pedido de vista, defesa preliminar, pedido de revogação de prisão preventiva etc.).

§ 1º Não se impõe a obrigação prevista neste artigo:

I – para as ações nas quais essas exigências comprometam o acesso à Justiça, conforme prudente arbítrio do juiz a quem for distribuído o feito;

II – quando a parte não estiver inscrita no CPF ou CNPJ, caso em que deverá firmar declaração expressa nesse sentido, respondendo pela veracidade da afirmação.

§ 2º Em qualquer hipótese prevista no § 1º, caberá às partes o fornecimento de outros dados conducentes à sua perfeita individualização (por exemplo, RG, título de eleitor, filiação etc.), para que o ofício de justiça efetue o devido cadastramento.

Art. 57. Nos ofícios de justiça, o registro e controle da movimentação dos feitos realizar-se-ão exclusivamente pelo sistema informatizado oficial, vedadas a elaboração de fichário por nome de autor e a utilização de fichas individuais materializadas em papel ou constantes de outros sistemas informatizados.

§ 1º Os ofícios de justiça conservarão as fichas que compõem o fichário por nome de autor, até então materializadas em papel, podendo inutilizá-las desde que todos os dados que delas constem sejam anotados no sistema, de forma a possibilitar a extração de certidões.

§ 2º As fichas individuais serão encerradas e mantidas em local próprio no ofício de justiça, até a extinção dos processos a que se referem, e serão grampeadas na contracapa dos autos, por ocasião de seu arquivamento, podendo, no entanto, ser inutilizadas desde que anotados no sistema informatizado oficial todos os dados que delas constem de forma a possibilitar a extração de certidões.

§ 3º O procedimento de inutilização das fichas em nome do autor e das fichas individuais será realizado no âmbito e sob a responsabilidade do Juiz Corregedor Permanente, o qual verificará a pertinência da medida, a presença de registro eletrônico de todas as fichas, conservação dos documentos de valor histórico, a segurança de todo o processo em vista das informações contidas nos documentos e demais providências administrativas correlatas.

Art. 58. As cartas precatórias serão cadastradas no sistema informatizado seguindo as mesmas regras dos processos comuns, consignando-se, ainda, a indicação completa do juízo deprecante, e não apenas da comarca de origem, os nomes das partes, a natureza da ação e a diligência deprecada.

Parágrafo único. As movimentações pertinentes, como a devolução à origem ou o retorno para novas diligências, e respectivas datas, também serão anotadas no sistema.

Art. 59. A extinção do processo, em caso de improcedência total da demanda, por força do acolhimento de impugnação do devedor (art. 1.015, parágrafo único, do CPC) ou em razão da estabilização da tutela (art. 304 do CPC), e a extinção do processo de execução, por força de procedência de embargos de devedor, serão cadastradas no sistema diretamente pelo ofício de justiça assim que as respectivas sentenças transitarem em julgado (ou quando retornarem de superior instância com trânsito em julgado). No mais, a extinção será cadastrada apenas quando encerrado definitivamente o processo, nada restando a ser deliberado ou cumprido pelo ofício de justiça (sentença ou acordo), considerando-se isoladamente, para tanto, a ação principal, a reconvenção, o pedido contraposto, a ação declaratória incidental, a oposição, os embargos de devedor (à execução, à execução fiscal, à adjudicação, à alienação ou à arrematação) e os embargos de terceiro.

Art. 60. A entrega definitiva dos autos de notificação, interpelação, protesto ou produção antecipada de provas, quando os processos ainda tramitarem sob a forma física, será cadastrada pelo ofício de justiça, no sistema informatizado, em campos distintos, observada a permanência em cartório durante 1 (um) mês para extração de cópias e certidões pelos interessados no caso de produção antecipada de prova.

Art. 61. Compete aos ofícios de justiça:

I – cadastrar diretamente no sistema informatizado oficial qualquer dos dados constantes dos arts. 54 e 55, quando forem conhecidas, necessitarem de retificação ou sofrerem alteração após a distribuição;

II – na hipótese de expedição de certidão de homonímia, a inserção, no sistema informatizado oficial, dos eventuais dados de qualificação ainda não lançados no sistema, também certificando a adoção dessa providência no documento;

III – cadastrar, no sistema informatizado oficial, a decretação do segredo de justiça, a concessão da justiça gratuita, o deferimento da tramitação prioritária do processo (idosos, pessoa com deficiência, portadores de doenças graves), ou o reconhecimento de qualquer benefício processual a alguma das partes;

IV- proceder às alterações devidas no sistema, na hipótese de determinação judicial de retificação do procedimento da ação para ordinário ou sumário.

§ 1º Na hipótese constante do inciso II deste artigo, tratando-se de feito não cadastrado, a providência será precedida de específico cadastramento.

§ 2º O segredo de justiça poderá, ainda, ser gerado automaticamente pelo sistema informatizado, a depender da natureza da ação.

Art. 62. Quando a mesma parte estiver vinculada a processos que tramitam em outros ofícios de justiça, as eventuais retificações de seus dados não serão aplicadas aos feitos de outro juízo.

Seção VI
Dos Livros e Classificadores Obrigatórios

Subseção I
Dos Livros Obrigatórios

Art. 63. Os ofícios de justiça em geral possuirão os seguintes livros:

I – Visitas e Correições;

II – Protocolo de Autos e Papéis em Geral;

III – Cargas de Autos;

IV – Registro de Feitos Administrativos (sindicâncias, procedimentos disciplinares, representações, etc.);

V – Registro das decisões terminativas proferidas em feitos administrativos;

VI – pertinentes à Corregedoria Permanente, previstos no art. 23, quandofor o caso e no que couber.

Art. 64. Os Ofícios de Justiça manterão também:

I – Livro de Cargas de Mandados, salvo se as respectivas varas forem atendidas pelas Seções Administrativa de Distribuição de Mandados;

II – controle, pela utilização de livros de folhas soltas ou outro meio idôneo, da remessa e recebimento de feitos aos Tribunais, até que seja implementado no sistema informatizado oficial o controle eletrônico;

III – controle do horário de entrada e saída por intermédio do livro ponto ou do relógio mecânico, caso existam servidores não cadastrados no sistema de ponto biométrico;

IV – Livro de Registro Geral de Feitos, com índice, se não estiverem integrados ao sistema informatizado oficial;

V – Livro de Registro de Sentença, salvo se cadastrada no sistema informatizado oficial, com assinatura digital ou com outro sistema de segurança aprovado pela Corregedoria Geral da Justiça e que também impeça a sua adulteração.

Art. 65. Nos ofícios de justiça integrados ao sistema informatizado oficial, os registros de remessa e recebimento de feitos e petições formalizar-se-ão exclusivamente pelas vias eletrônicas.

Art. 66. Os livros em geral, inclusive de folhas soltas, serão abertos, numerados, autenticados e encerrados pelo escrivão judicial, sempre na mesma oportunidade, podendo ser utilizado, para este fim, processo mecânico de autenticação previamente aprovado pelo Juiz Corregedor Permanente, vedada a substituição de folhas.

Parágrafo único. As folhas soltas, uma vez completado o uso, serão imediatamente encaminhadas para encadernação.

Art. 67. O Livro de Visitas e Correições será organizado em folhas soltas, iniciado por termo padrão de abertura, disponibilizado no Portal da Corregedoria – modelos e formulários -, lavrado pelo Escrivão e formado gradativamente pelos originais das atas de correições e visitas realizados na unidade, devidamente assinadas e rubricadas pelo Juiz Corregedor Permanente, Escrivão e demais funcionários da unidade.

§ 1º Os originais das atas que formarão o Livro de Visitas e Correições serão numeradas e chanceladas pelo Escrivão Judicial após a sua anexação ao Livro.

§ 2º O Livro de Visitas e Correições não excederá 100 (cem) folhas, salvo determinação judicial em contrário ou para a manutenção da continuidade da peça correcional, podendo, nestes casos, ser encerrado por termo contemporâneo à última ata, com mais ou menos folhas.

Art. 68. O Livro Protocolo de Autos e Papéis em Geral, com tantos desdobramentos quantos recomendem a natureza e o movimento do ofício de justiça, destina-se ao registro da entrega ou remessa, que não impliquem devolução.

Art. 69. Os Livros de Cargas de Autos serão desdobrados em tantos livros quantos forem os destinatários (juízes, promotores de justiça, para advogados, para contador, etc).

§ 1º A carga e descarga de autos entre os usuários internos do sistema informatizado oficial serão feitas eletronicamente e controladas exclusivamente por intermédio do sistema, onde serão registrados, obrigatoriamente, no campo próprio, o envio, o recebimento e a devolução, com indicação de data e de usuário responsável por cada ato.

§ 2º Poderá o juiz indicar servidor autorizado a receber no sistema informatizado oficial as cargas de autos remetidos à conclusão.

Art. 70. O Livro de Carga de Mandados poderá ser desdobrado em número equivalente ao dos oficiais de justiça em exercício, destinando-se um para cada qual.

Parágrafo único. Serão também registradas no Livro de Carga de Mandados as petições que, por despacho judicial, sirvam como tal.

Art. 71. Todas as cargas receberão as correspondentes baixas, assim que restituídos os autos ou mandados, na presença do interessado, sempre que possível ou por este exigido.

Parágrafo único. Quando não utilizada a carga eletrônica, será lançada certidão nos autos, mencionado a data da carga e da restituição, de acordo com os assentamentos do livro de carga.

Art. 72. O Livro Registro de Sentenças formar-se-á pelas vias emitidas para tal fim, numeradas em série anual renovável (1/80, 2/80, 3/80, ... , 1/82, 2/82 etc.) e autenticadas pelo escrivão judicial, o qual certificará sua correspondência com o teor da sentença constante dos autos.

§ 1º O registro previsto neste artigo far-se-á em até 5 (cinco) dias após a baixa dos autos em cartório pelo juiz.

§ 2º A decisão relativa a embargos de declaração e a que liquidar sentença condenatória cível, proferida no âmbito do Poder Judiciário do Estado de São Paulo, serão averbadas ao registro da sentença embargada ou liquidada, com utilização do sistema informatizado.

§ 3º A decisão que liquidar outros títulos executivos judiciais (por exemplo, a sentença penal condenatória) será registrada no livro de registro de sentença, porquanto impossível, neste caso, a averbação.

§ 4º Todas as sentenças terão seu teor integralmente registrado no sistema informatizado oficial e no livro tratado neste artigo.

§ 5º O registro da sentença, com indicação do número de ordem, do livro e da folha em que realizado o assento, será certificado nos autos, na última folha da sentença registranda.

§ 6º As sentenças cadastradas no sistema informatizado oficial com assinatura digital ficam dispensadas da funcionalidade do registro, bem como da elaboração de livro próprio e da certidão prevista no § 5º deste artigo.

§ 7º Aplicam-se as disposições deste artigo, no que couber, às decisões terminativas proferidas em feitos administrativos.

§ 8º Registra-se como sentença a decisão que extingue o processo em que houve estabilização da lide, na forma do artigo 304 do Código de Processo Civil.

Art. 73. Manter-se-á rigoroso controle sobre os livros em geral, incumbindo-se o Juiz Corregedor Permanente de coibir eventuais abusos ou excessos.

Art. 74. Os livros em andamento ou findos serão bem conservados, em local adequado e seguro dentro do ofício de justiça, devidamente ordenados e, quando for o caso, encadernados, classificados ou catalogados.

§ 1º O desaparecimento e a danificação de qualquer livro serão comunicados imediatamente ao Juiz Corregedor Permanente. A sua restauração será feita desde logo, sob a supervisão do juiz e à vista dos elementos existentes.

§ 2º Após revisados e decorridos 2 (dois) anos do último registro efetuado, os livros de cargas de autos e mandados, desde que reputados sem utilidade para conservação em arquivo pelo escrivão judicial, poderão ser inutilizados, mediante prévia autorização do Juiz Corregedor Permanente. A autorização consignará os elementos indispensáveis à identificação do livro, e será arquivada em classificador próprio, com certidão da data e da forma de inutilização.

Subseção II
Dos Classificadores Obrigatórios

Art. 75. Os ofícios de justiça possuirão os seguintes classificadores:

I – para atos normativos e decisões da Corregedoria Permanente, com índice por assunto;

II – para cópias de ofícios expedidos;

III – para ofícios recebidos;

IV – para GRD – guias de recolhimento de diligências do oficial de justiça;

V – para cópias de guias de levantamento expedidas em favor dos auxiliares da justiça não funcionários na Justiça Estadual;

VI – Revogado;

VII – para relatórios de cargas eletrônicas;

VIII – para petições e documentos desentranhados;

IX – para autorizações e certidões de inutilização de livros e classificadores obrigatórios.

Art. 76. Os atos normativos, decisões e comunicados do Conselho Superior da Magistratura e da Corregedoria Geral da Justiça de interesse do ofício de justiça serão arquivados e indexados, com índice por assunto, mediante utilização do sistema informatizado, facultada a manutenção de classificadores próprios.

Art. 77. O classificador referido no inciso II do art. 75 destina-se ao arquivamento, em ordem cronológica, das cópias de ofícios que não se refiram a feitodo próprio ofício de justiça.

§ 1º Esse classificador será aberto com folha(s) para o registro de todos os ofícios, com numeração sequencial e renovável anualmente, na(s) qual(is) consignarse-ão, ao lado do número de registro, o número do processo ou a circunstância de não se referir a nenhum feito e o destino.

§ 2º No presente classificador poderão ser arquivados os respectivos recibos de correspondência, se for o caso.

Art. 78. Os ofícios e mensagens eletrônicas expedidos e recebidos, mencionados nos incisos II, III e VI do art. 75, serão conservadas pelo prazo de 1 (um) ano, a partir da data de expedição ou do recebimento pelo ofício de justiça.

Paragrafo único. Decorrido o prazo estabelecido, e desde que reputados sem utilidade para conservação pelo escrivão judicial, serão inutilizados, mediante a autorização do Juiz Corregedor Permanente, nos termos do § 2º do art. 74.

Art. 79. As guias de recolhimento de diligências do oficial de justiça serão conservadas pelo prazo mínimo de dois anos contados do arquivamento, aplicandose, quanto à inutilização, o disposto no do § 2º do art. 74.

Seção VII
Da Escrituração

Art. 80. Na lavratura de atos, termos, requisições, ordens, autorizações, informações, certidões ou traslados, que constarão de livros, autos de processo, ou papéis avulsos, excluídas as autuações e capas, serão observados os seguintes requisitos:

I – o papel utilizado terá fundo inteiramente branco ou ser reciclado, salvo disposição expressa em contrário;

II – a escrituração será sempre feita em vernáculo, preferencialmente por meio eletrônico, com tinta preta ou azul, indelével;

III – os numerais serão expressos em algarismos e por extenso;

IV – os espaços em branco e não aproveitados, nos livros e autos de processo, serão inutilizados;

V – as assinaturas deverão ser colhidas imediatamente após a lavratura do ato ou termo, e identificadas com o nome por extenso do signatário.

Art. 81. Na escrituração serão evitadas as seguintes práticas:

I – entrelinhas, erros de digitação, omissões, emendas, rasuras ou borrões;

II – anotações de "sem efeito";

III – anotações a lápis nos livros e autos de processo, mesmo que a título provisório.

§ 1º Na ocorrência das irregularidades previstas no inciso I, far-se-ão as devidas ressalvas, antes da subscrição do ato, de forma legível e autenticada.

§ 2º As anotações previstas no inciso II, quando estritamente necessárias, sempre serão datadas e autenticadas com a assinatura de quem as haja lançado nos autos.

Art. 82. Na escrituração é vedada:

I – a utilização de borracha ou raspagem por outro meio mecânico, bem como a uso de corretivo, detergente ou outro meio químico de correção;

II – a assinatura de atos ou termos em branco, total ou parcialmente;

III – a utilização de abreviaturas, abreviações, acrônimos, siglas ou símbolos, excetuando-se as formas consagradas pelo Vocabulário Ortográfico da Língua Portuguesa da Academia Brasileira de Letras, as adotadas por órgãos oficiais e as convencionadas por determinada área do conhecimento humano;

IV – a utilização de chancela, ou de qualquer recurso que propicie a reprodução mecânica da assinatura do juiz.

Art. 83. A escrituração de termos, atos e papéis em geral observará os critérios da clareza, objetividade e síntese, sem descuidar da perfeita individualização de pessoas, fatos ou coisas, quando necessária.

§ 1º A qualificação das pessoas trará os elementos necessários à sua identificação:

I – tratando-se de pessoa física, constarão o nome completo e o número de inscrição no CPF ou o número do RG ou, faltante este último, a filiação, sem prejuízo de outros dados que auxiliem na sua identificação;

II – tratando-se de pessoa jurídica, constarão a firma ou denominação, o número de inscrição no CNPJ e o endereço da sede, sem prejuízo de outros dados que auxiliem na sua identificação.

§ 2º Nos ofícios e cartas precatórias expedidas, constarão a comarca, a vara e o endereço completo do Fórum remetente, inclusive com o número do código de endereçamento postal (CEP), telefone e o correio eletrônico (e-mail) institucional.

Art. 84. Os instrumentos de ordens, requisições, precatórias, ofícios e autorizações judiciais, bem como dos demais atos e termos processuais (sentenças, decisões e despachos), conterão, de forma legível, o nome completo, o cargo ou função da autoridade judiciária e dos servidores que os lavrem, confiram e subscrevam, a fim de se permitir a rápida identificação.

§ 1º O escrivão certificará a autenticidade da firma do juiz que subscreveu o documento, indicando-lhe o nome, o cargo e o exercício no juízo, nas seguintes hipóteses:

I – na expedição de alvarás de soltura, mandados ou contramandados de prisão, requisições de preso e demais atos para os quais a lei exige certificação de autenticidade;

II – quando houver dúvida sobre a autenticidade da firma.

§ 2º Nos ofícios de justiça contemplados com sistema informatizado oficial, que permita a utilização da ferramenta consistente na assinatura por certificação digital, dispensa-se a certificação de autenticidade da assinatura do juiz.8

Art. 85. Os mandados, as cartas postais, os ofícios gerais de comunicação, expedidos em cumprimento de ato judicial, em não havendo determinação do juiz em sentido contrário, serão assinados pelos escrivães, declarando que o fazem por ordem do juiz.

§ 1º A subscrição do juiz é obrigatória quando:

I – a lei ou estas Normas de Serviço expressamente o exigirem (por exemplo, busca e apreensão cautelar, prisão, contramandado de prisão e alvará de soltura, alvarás em geral, levantamento de depósito judicial, ordem de arrombamento explícita ou implícita etc);

II – houver determinação de desconto de pensão alimentícia;

III – os documentos ou papéis forem dirigidos a autoridades (por exemplo, membros do Poder Judiciário, do Ministério Público e do Poder Legislativo; chefe do Poder Executivo; Delegados de Polícia; Comandantes da Polícia Militar e das Forças Armadas).

§ 2º A emissão de cartas postais, considerada inclusive a expedição por meio eletrônico, independerão da assinatura do escrivão ou escreventes, desde que do documento conste o nome e o cargo do funcionário emitente, inexista determinação do juiz em sentido contrário, a hipótese não se enquadre nas disposições contidas no

§ 1º deste artigo e seja observado o disposto no parágrafo único do art. 94.

Art. 86. As disposições previstas nesta seção, relativas à escrituração em meio físico, aplicam-se, no que couber, à escrituração no sistema informatizado oficial, especialmente:

I – no cadastramento de dados;

II – na movimentação processual;

III – na lavratura e expedição de documentos, sejam ou não juntados a autos de processo.

Seção VIII
Da Ordem dos Serviços dos Processos em Geral

Subseção I
Da Autuação, Abertura de Volumes
e Numeração de Feitos

Art. 87. Ao receber a petição inicial ou a denúncia, o ofício de justiça providenciará, em 24 (vinte e quatro) horas, a autuação, nela afixando a etiqueta que, gerada pelo sistema informatizado e oriunda do distribuidor, atribui número ao processo e traz outros dados relevantes (juízo, natureza do feito, nomes das partes, data etc.).

Parágrafo único. É dispensada a lavratura de certidão, no interior dos autos, da autuação e do registro do processo.

Art. 88. O ofício de justiça afixará nas autuações tarjas coloridas, na posição horizontal, para assinalar situações especiais descritas nestas Normas de Serviço.

Art. 89. Os autos de processos não excederão de 200 (duzentas) folhas em cada volume, salvo determinação judicial expressa em contrário ou para manter peça processual com seus documentos anexos, podendo, nestes casos, ser encerrado com mais ou menos folhas.

§ 1º O encerramento e a abertura dos novos volumes serão certificados em folhas regularmente numeradas, prosseguindo-se a numeração sem solução de continuidade no volume subsequente.

§ 2º A numeração ordinal indicativa de novos volumes será destacada nas respectivas autuações e anotada na autuação do primeiro volume.

Art. 90. Nos feitos antecedidos por procedimentos preparatórios, a peça inaugural (petição inicial de ação civil pública, representação em procedimento afeto à área infracional da infância e juventude, denúncia em ação penal pública, etc.) terá numeração própria, apondo-se o número da folha, seguido da letra "i" (1-i; 2-i; 3-i...), de tal forma que a numeração dos mencionados procedimentos preparatórios (inquéritos civis, comunicações de atos infracionais, inquéritos policiais etc) seja sempre aproveitada integralmente.

Art. 91. Os escrivães judiciais ou, sob sua supervisão, os escreventes zelarão pela correta numeração das folhas dos autos.

§ 1º Em caso de erro na numeração, certificar-se-á a ocorrência, sendo vedada a renumeração.

§ 2º Na hipótese de numeração repetida, acrescentar-se-á apenas uma letra do alfabeto, em sequência (188-a, 188-b, 188-c etc.), certificando-se.

Subseção II
Da Recepção e Juntada de Petições,
Dos Atos e Termos Judiciais e
Das Cotas nos Autos

Art. 92. É vedado aos ofícios de justiça receber e juntar petições que não tenham sido encaminhadas pelo setor de protocolo, salvo:

I – quanto às petições de requerimento de juntada de procuração ou de substabelecimento apresentadas pelo interessado diretamente ao ofício de justiça, caso em que o termo de juntada mencionará esta circunstância;

II – quando houver, em cada caso concreto, expressa decisão fundamentada do juiz do feito dispensando o protocolo no setor próprio.

Art. 93. Por ocasião da juntada de petições e documentos (ofícios recebidos, laudos, mandados, precatórias etc.), lavrar-se-á o respectivo termo de juntada.

§ 1º Para a juntada, na mesma oportunidade, de duas ou mais petições ou documentos, será confeccionado um único termo de juntada com a relação das peças.

§ 2º É vedado o lançamento do termo de juntada na própria petição ou documento a serem encartados aos autos.

§ 3º Recebidas petições via fac-símile ou por correio eletrônico (e-mail) diretamente no ofício de justiça ou na vara, será imediatamente lançado número de protocolo no corpo do documento, para oportuno controle dos prazos previstos no caput e parágrafo único do art. 2º da Lei Federal nº 9.800, de 26.05.1999.5

§ 4º Recebida petição inicial ou intermediária acompanhada de objetos de inviável entranhamento aos autos do processo, o escrivão deverá conferir, arrolar e quantificá-los, lavrando certidão, sempre que possível na presença do interessado, mantendo-os sob sua guarda e responsabilidade até encerramento da demanda.

Art. 94. Todos os atos e termos do processo serão certificados nos autos e anotados no sistema informatizado oficial.

Parágrafo único. Dispensa-se a certificação e anotação de que trata o caput com relação à emissão de documento que passe a fazer imediatamente parte integrante dos autos (ofícios expedidos, mandados, etc.), por original ou por cópia, rubricado pelo emitente. A data constante do documento deverá corresponder à de sua efetiva emissão.

Art. 95. Ressalvado o disposto no art. 140, é vedado o lançamento de termos no verso de petições, documentos, guias etc., devendo ser usada, quando necessária, outra folha, com inutilização dos espaços em branco.

Art. 96. São vedados o lançamento de cotas marginais ou interlineares nos autos, a prática de sublinhar palavras à tinta ou a lápis, ou o emprego de expressões injuriosas nos escritos apresentados no processo, incumbindo ao serventuário, ao constatar a irregularidade, comunicá-la imediatamente ao juiz.

Subseção III
Da Movimentação dos Autos

Art. 97. Deverá ser feita conclusão dos autos no prazo de 1 (um) dia e executados os atos processuais no prazo de 5 (cinco) dias.

§ 1º Os juízes atenderão, preferencialmente, à ordem cronológica de conclusão para proferir sentença ou acórdão.

§ 2º O escrivão atenderá, preferencialmente, a ordem cronológica de recebimento para publicação e efetivação dos pronunciamentos judiciais.

§ 3º Serão considerados para fins do que dispõe o art. 12 do Código de Processo Civil os processos físicos com movimentação "Conclusos para Sentença".

Art. 98. Constarão dos termos de movimentação dos processos a data do efetivo encaminhamento dos autos e, sempre que possível, os nomes, por extenso, dos juízes, representantes do Ministério Público, advogados ou daqueles a quem se refiram.

§ 1º São vedados, sob qualquer pretexto, termos de conclusão ou de vista sem data ou, ainda, a permanência dos autos em cartório depois de assinados os respectivos termos.

§ 2º Nenhum processo será entregue com termo de vista, a promotor de justiça ou advogado, sem prévia assinatura no livro de carga ou no relatório de carga eletrônica, e correspondente andamento no sistema informatizado.

§ 3º Todas as conclusões ao juiz serão anotadas no sistema informatizado, acrescendo-se a carga, em meio físico ou eletrônico, somente quanto aos autos conclusos que não receberem despacho ou não forem sentenciados até o final do expediente do dia.

§ 4º Se o juiz se recusar a assinar, consignar-se-á essa ocorrência no assentamento da carga.

§ 5º A conclusão dos autos ao juiz será efetuada diariamente, sem limitação de número.

Art. 99. Nenhum processo permanecerá paralisado em cartório, além dos prazos legais ou fixados, ou ficará sem andamento por mais de 30 (trinta) dias, no aguardo de diligências (informações, respostas a ofícios ou requisições, providências das partes etc.).

Parágrafo único. Decorrido o prazo de 30 (trinta) dias, o ofício de justiça reiterará a diligência uma única vez e, em caso de não atendimento, será aberta conclusão ao juiz, para as providências cabíveis.

Seção IX
Dos Papéis em Andamento ou Findos

Art. 103. Os papéis em andamento ou findos serão bem conservados e, quando for o caso, encadernados, classificados ou catalogados, aplicando-se, quanto ao seu descarte, o disposto no § 2º do art. 74.

Seção X
Das Certidões

Art. 104. A expedição de certidões em breve relatório ou de inteiro teor compete exclusivamente aos ofícios de justiça.

§ 1º Sempre que possível, as certidões serão expedidas com base nos assentamentos constantes do sistema informatizado, cabendo ao escrivão dar a sua fé pública do que nele constar ou não, admitida, de qualquer forma, a consulta aos autos de processos em andamento ou findos, livros ou papéis a seu cargo, caso em que se designará o número e a página do livro ou processo onde se encontra o assentamento.

§ 2º As certidões serão expedidas no prazo de 5 (cinco) dias, contados da data do recebimento do respectivo pedido pelo ofício de justiça, fornecido ao interessado protocolo de requerimento.

§ 3º Serão atendidos em 5 (cinco) dias úteis os pedidos de certidões de objeto e pé formulados pelo correio eletrônico (e-mail) institucional de um ofício de justiça para outro. A certidão será elaborada e encaminhada pelo ofício de Justiça diretamente à unidade solicitante.

§ 4º Se houver necessidade de requisição de autos do Arquivo Geral, os prazos deste artigo contar-se-ão do recebimento do feito pelo ofício de justiça.

§ 5º A expedição de certidão de processos que correm em segredo de justiça dependerá de despacho do juiz competente.

Art. 104-A. A requerimento escrito do credor, tratando-se de sentença cível, transitada em julgado, que reconheça a existência de obrigação de pagar quantia ou alimentos, expedir-se-á certidão de teor da decisão para fins de protesto extrajudicial, a qual deverá indicar:

I – nome; número de inscrição no cadastro do Ministério da Fazenda (CPF e CNPJ), no registro geral de identidade (RG) ou no registro nacional de estrangeiro (RNE); e endereço do credor;

II – nome; número de inscrição no cadastro do Ministério da Fazenda (CPF e CNPJ), no registro geral de identidade (RG) ou no registro nacional de estrangeiro (RNE); e endereço do devedor;

III- número do processo judicial;

IV – o valor da dívida;

V – a data em que, após intimação do executado, decorreu o prazo legal para pagamento voluntário.

§ 1º As certidões serão expedidas no prazo de três (03) dias, contados da data do recebimento do respectivo pedido pelo ofício de justiça.

§ 2º A expedição de certidão de processos que correm em segredo de justiça dependerá de despacho do juiz competente.

§ 3º Em todos os casos, a certidão será levada a protesto sob a responsabilidade do credor.

§ 4º A requerimento do executado, o protesto será cancelado por determinação do juiz, mediante ofício a ser expedido ao cartório, no prazo de 3 (três) dias, contado da data de protocolo do requerimento, desde que comprovada a satisfação integral da obrigação.

Seção XI
Dos Mandados

Art. 105. Constarão de todos os mandados expedidos:

I – o número do respectivo processo;

II – o número de ordem da carga correspondente registrada no livro próprio;

III – o seguinte texto, ao pé do instrumento: "É vedado ao oficial de justiça o recebimento de qualquer numerário diretamente da parte. A identificação do oficial de justiça, no desempenho de suas funções, será feita mediante apresentação de carteira funcional, obrigatória em todas as diligências."

§1º Nos mandados em geral, constarão todos os endereços dos destinatários da ordem judicial, declinados ou existentes nos autos, inclusive do local de trabalho.

§ 2º Aos mandados e contramandados de prisão e alvarás de soltura aplicam-se as disposições constantes na Seção XII do Capítulo IV, no que couberem.

Art. 106. Na hipótese do mandado anterior não consignar elementos essenciais para o cumprimento da nova diligência, será dispensado o seu desentranhamento e aditamento, expedindo-se novo mandado.

Art. 107. Os mandados serão entregues ou encaminhados aos encarregados das diligências mediante a respectiva carga.

Art. 108. Os mandados que devam ser cumpridos pelos oficiais de justiça serão distribuídos, na forma regulada pela Corregedoria Geral da Justiça, aos que estiverem lotados ou à disposição das respectivas comarcas ou varas.

Parágrafo único. Os mandados de prisão não serão entregues aos oficiais de justiça, mas encaminhados ao Instituto de Identificação Ricardo Gumbleton Daunt – IIRGD.

Art. 109. Nas certidões de expedição e de entrega dos mandados, constarão o nome do oficial de justiça a quem confiado o mandado e a data da respectiva carga.

Art. 110. Mensalmente, o escrivão relacionará os mandados em poder dos oficiais de justiça, além dos prazos legais ou fixados, comunicando ao Juiz Corregedor Permanente, para as providências cabíveis.

Seção XII
Dos Ofícios

Art. 111. A lavratura de ofícios observará as regras de escrituração dispostas na Seção VII do presente capítulo e o seguinte:

I – os ofícios extraídos de processos serão datados e identificados com o número dos autos respectivos e nome das partes, dispensando-se a numeração em ordem cronológica, anexada uma cópia exclusivamente nos autos;

II – os ofícios que não se refiram a feito do próprio ofício de justiça serão numerados sequencialmente, em série renovável anualmente, de acordo com as respectivas datas de expedição, arquivada uma cópia no classificador próprio.

Seção XIII
Das Comunicações Oficiais, Transmissão de Informações Processuais e Prática de Atos Processuais por Meio Eletrônico

Art. 112. Ressalvada a utilização dos meios convencionais no caso de indisponibilidade do sistema informatizado e do sistema de malote digital, quando implantado, as comunicações oficiais que transitem entre os ofícios de justiça serão por meio eletrônico, observadas as regras estabelecidas nesta Seção.

Art. 113. Serão transmitidas eletronicamente:

I – informações que devam ser prestadas à segunda instância, conforme determinação do relator;

II – ofícios;

III – comunicações;

IV – solicitações;

V – pedidos e encaminhamento de certidões de objeto e pé, certidões criminais e certidões de distribuição;

VI – cartas precatórias, nos casos de urgência.

Art. 114. A transmissão eletrônica de informações e documentos será realizada por dirigente, escrivão judicial, chefe de seção e escrevente técnico judiciário.

Art. 115. O remetente da comunicação eletrônica deverá:

I – utilizar seu correio eletrônico (e-mail) institucional, e não o da unidade em que lotado, para enviar a mensagem;

II – preencher o campo "para" com o endereço eletrônico da unidade destinatária e o campo "assunto" com o número do processo e a especificação de uma hipótese do art. 113;

III – digitar, no corpo do texto da mensagem eletrônica, os dados do processo (número, unidade judiciária, comarca e partes) e o endereço do correio eletrônico (e-mail) institucional da unidade em que lotado;

IV – juntar aos autos cópia da mensagem eletrônica enviada, dispensadas a impressão e a juntada de anexos que consistirem em peças do processo, ou, quando a mensagem não se referir a feito do próprio ofício de justiça, arquivá-la no classificador correspondente;

V – anexar à mensagem os documentos necessários, no padrão PDF e sem restrição de impressão ou salvamento;

VI – selecionar as opções de confirmação de entrega e de confirmação de leitura da mensagem;

VII – assinar a mensagem com seu certificado digital;

VIII – imprimir os comprovantes de confirmação de entrega e de leitura, para juntada aos autos, assim que recebê-los;

IX – inserir no sistema informatizado de andamento processual a informação de envio da mensagem eletrônica.

Art. 116. O ofício de justiça que receber a mensagem deverá:

I – expedir eletronicamente as confirmações de entrega e de leitura da mensagem, que valerão como protocolo;

II – imprimir a mensagem, bem como os eventuais anexos, para juntada aos autos do processo ou arquivamento em classificador próprio, se for o caso;

III – inserir no sistema informatizado de andamento processual a informação de recebimento da mensagem eletrônica, se for o caso;

IV – promover a conclusão, no prazo legal, quando a mensagem se referir a providências a cargo do juiz;

V – encaminhar eletronicamente a mensagem, no mesmo prazo da conclusão, ao correio eletrônico (e-mail) institucional do juiz, se este assim o determinar, ou ao correio eletrônico (e-mail) institucional do funcionário, a quem couber o envio da resposta.

Art. 117. A resposta aos e-mails deverá ser dada eletronicamente, cabendo ao juiz, a quem a mensagem houver sido encaminhada nos termos do inciso V do art. 116, ou ao funcionário, encarregado do envio da resposta, preencher no campo "para" o endereço do correio eletrônico (e-mail) da unidade cartorária do remetente da mensagem original.

Art. 118. Na ausência da expedição de confirmação de entrega e leitura pelo destinatário da mensagem, presumir-se-ão recebidas e lidas as mensagens no primeiro dia útil subsequente ao do envio.

Parágrafo único. Tratando-se de medidas urgentes, se frustrada a entrega, ou se não confirmados o recebimento e a leitura até o dia seguinte à transmissão, o remetente entrará em contato telefônico com o destinatário e, se o caso, reenviará a mensagem, de tudo lavrando-se certidão nos autos.

Art. 119. Em se tratando de documentos que devam ser juntados em processo digital, será feita em PDF a impressão de que cuidam os incisos IV e VIII do art. 115 e o inciso II do art. 116.

Art. 120. Nos casos de inoperância do certificado digital ou enquanto não for disponibilizado, o remetente materializará o documento em papel, colherá a assinatura, digitalizará o documento assinado e o enviará como anexo da mensagem eletrônica.

Art. 121. Cumpridas as providências dos arts. 115, 116 e 117, as mensagens eletrônicas e seus anexos serão deletados.

Subseção I
Das Informações Eletrônicas Obtidas
por Meio do Sistema Infojud

Art. 121-A. A solicitação e o recebimento de informações da Receita Federal do Brasil relacionadas a endereço ou a situação econômico-financeira da parte em processo judicial serão realizadas pelo sistema Infojud, diretamente pelos Magistrados ou servidores indicados, sendo obrigatório o uso do Certificado Digital – ICP Brasil, Padrão A-3.

Art. 121-B. As informações relacionadas à situação econômico-financeira serão juntadas aos autos, passando a tramitar sob segredo de justiça nos termos do artigo 189, inciso I, do Código de Processo Civil.

Art. 121-C. Serão igualmente juntadas aos autos as informações que versarem apenas sobre o endereço da parte, não será necessária a tramitação sob segredo de justiça.

Seção XIV
Das Cartas Precatórias, Rogatórias e Arbitrais

Art. 122. A carta precatória será confeccionada em 3 (três) vias, servindo, uma delas, de contrafé.

§ 1º O pagamento da taxa judiciária, devida em razão do cumprimento, deverá ser demonstrado até o momento da distribuição, mediante a juntada da 1ª via original do respectivo comprovante de recolhimento.

§ 2º Quando o ato deprecado for a citação, será instruída com tantas cópias da petição inicial quantas sejam as pessoas a citar.

Art. 123. Constatado que o ato pode ser cumprido em endereço de jurisdição diversa daquela constante da carta precatória, ou ainda, que o endereço originário pertence à outra jurisdição, deverá o juízo deprecado encaminhá-la ao juízo competente, comunicando tal fato ao juízo deprecante.

Art. 124. O juízo deprecado devolverá a carta precatória, independentemente de cumprimento, quando não devidamente instruída e não houver regularização no prazo determinado.

Art. 125. As cartas precatórias não serão autuadas, servindo os encartes remetidos pelo juízo deprecante como face das mesmas, sobre os quais o ofício de justiça deprecado afixará a etiqueta adesiva remetida pelo ofício do distribuidor, que servirá de identificação das partes e da natureza do feito, cuidando também anotar no alto, à direita, o número do processo.

Art. 126. As cartas precatórias, quando possível, servirão como mandado.

Art. 127. Não atendidos pedidos de informações sobre o cumprimento do ato, cumprirá ao ofício de justiça do juízo deprecante reiterar a solicitação e estabelecer contato telefônico com o escrivão do juízo deprecado, de tudo certificando nos autos.

Parágrafo único. Em caso de inércia, os autos serão conclusos ao juiz do feito para as providências cabíveis.

Art. 128. É permitida a retirada da carta cumprida junto ao juízo deprecado, para a entrega ao juízo deprecante, desde que nela conste o nome do advogado da parte que tiver interesse no cumprimento do ato, com o número da respectiva inscrição na Ordem dos Advogados do Brasil.

Art. 129. Ao retornar cumprida a precatória, o escrivão judicial juntará, aos autos principais, apenas as peças essenciais, imprescindíveis à compreensão das diligências realizadas no juízo deprecado, especialmente as certidões de lavra dos oficiais de justiça e os termos do que foi deprecado, salvo determinação judicial em contrário.

Art. 130. Havendo urgência, transmitir-se-á a carta precatória por fac-símile (fax), telegrama, telefone, radiograma ou correio eletrônico (e-mail), observando-se as cautelas previstas nos arts. 264 e 265 do Código de Processo Civil e nos arts. 354 e 356 do Código de Processo Penal.

Parágrafo único. A via original da carta não será encaminhada ao juízo deprecado. Será encartada aos autos, juntamente com a certidão de sua transmissão, tão-logo ocorra o pedido de confirmação de seu teor por parte do juízo destinatário.

Art. 131. As cartas rogatórias cíveis e criminais serão expedidas conforme o procedimento, modelos e formulários aprovados e divulgados pela Corregedoria Geral da Justiça no sítio do Tribunal de Justiça na internet.

Seção XV
Das Intimações

Art. 132. A intimação dos atos e termos do processo ou de expediente administrativo far-se-á, sempre que possível, por meio eletrônico e mediante publicação no Diário da Justiça Eletrônico.

Parágrafo único. É vedado ao servidor dos ofícios de justiça prestar informações por telefone aos advogados, aos membros do Ministério Público, às partes e ao público em geral acerca dos atos e termos do processo.

Art. 133. Os despachos, decisões interlocutórias e sentenças devem ser encaminhados à publicação no Diário da Justiça Eletrônico, dentro do prazo máximo de 3 (três) dias, a contar da devolução dos autos em cartório.

Parágrafo único. O mesmo prazo deverá ser observado para fins de cumprimento da intimação por meio eletrônico.

Art. 134. As intimações de atos ordinatórios, despachos, decisões interlocutórias e sentenças, qualquer que seja o meio empregado, consumar-se-ão de maneira objetiva e precisa, sem ambiguidades e omissões, e conterão:

I – o número dos autos, o objeto do processo, segundo a tabela vigente, e o nome das partes;

II – o resumo ou transcrição daquilo que deva ser dado conhecimento, suficientes para o entendimento dos respectivos conteúdos;

III – o nome dos advogados das partes com o número de suas respectivas inscrições na Ordem dos Advogados do Brasil.

Art. 135. Nas intimações pela imprensa:

I – quando qualquer das partes estiver representada nos autos por mais de 1 (um) advogado, o ofício de justiça fará constar o nome de qualquer subscritor da petição inicial, da contestação ou da primeira intervenção nos autos, com o número da respectiva inscrição na Ordem dos Advogados do Brasil, a não ser que a parte indique outro ou, no máximo, 2 (dois) nomes, ou indique o nome da sociedade de advogados a que seu advogado pertença.

II – as decisões interlocutórias e sentenças serão publicadas somente na sua parte dispositiva; os atos ordinatórios e despachos de mero expediente serão transcritos ou resumidos com os elementos necessários à explicitação do conteúdo da ordem judicial (quem e sobre o que se deve manifestar, ter ciência, providenciar, etc.).

Parágrafo único. Será publicada apenas a parte dispositiva das decisões proferidas em procedimentos de natureza disciplinar ou em processos de dúvida, podendo o Corregedor Geral da Justiça, se entender necessário, determinar a sua publicação integral, após o trânsito em julgado.

Art. 136. A publicação omissa em relação aos requisitos constantes dos arts. 134 e 135 e que cause efetivo prejuízo a qualquer das partes será considerada nula.

Art. 137. Quando ocorrer erro ou omissão de elemento indispensável na publicação, independentemente de despacho ou de reclamação da parte, proceder-se-á imediatamente à retificação e nova publicação, encartando-se aos autos cópia do ato incorretamente publicado.

Art. 138. Da publicação no Diário da Justiça Eletrônico a respeito de processos sujeitos ao segredo de justiça constarão as iniciais das partes.

Art. 139. Os escrivães judiciais farão publicar no Diário da Justiça, juntamente com as respectivas intimações, o valor da taxa judiciária que deve ser recolhida pelas partes, bem como o valor das importâncias que, objeto de cálculo, devam ser depositadas, em quaisquer processos e a qualquer título.

Parágrafo único. Todas as intimações, publicadas para que as partes se manifestem sobre cálculos e contas, conterão os respectivos valores, em resumo, limitando-se a publicação ao que baste para a perfeita ciência das partes sobre o objeto do cálculo ou da conta.

Art. 140. A publicação de atos ordinatórios, despachos, decisões interlocutórias e sentenças, no Diário da Justiça Eletrônico, será documentada pelo encarte, aos autos, da respectiva certidão gerada automaticamente pelo sistema informatizado oficial ou, na impossibilidade, pela certidão aposta na mesma folha, ao pé, ou, se não houver espaço, no verso da folha em que lançado o ato publicado.

Parágrafo único. As publicações feitas no Diário da Justiça Eletrônico comprovam-se mediante certidão, independentemente da juntada do exemplar impresso.

Art. 141. Nas intimações por edital:

I – extraído o edital, conferido e assinado, serão autenticadas as respectivas folhas com a chancela do ofício de justiça, devendo escrivão rubricar cada uma delas;

II – as publicações de edital feitas no Diário da Justiça Eletrônico, na rede mundial de computadores, no sítio do respectivo tribunal ou na plataforma de editais do Conselho Nacional de Justiça comprovam-se mediante certidão, independentemente da juntada do exemplar impresso;

III – a publicação de edital em jornal de ampla circulação local será providenciada pela parte ou por agência de publicidade de sua escolha e comprovada nos autos mediante a juntada do exemplar original;

IV – a entrega da minuta, para fins de publicação, sempre mediante recibo, poderá ser feita a estagiário ou advogado com procuração nos autos.

Parágrafo único. Quando o processo tramitar sob segredo de justiça, os editais de citação deverão conter o nome completo do réu e apenas o conteúdo indispensável à finalidade do ato, sem as especificações da petição inicial, abreviandose os nomes das demais partes envolvidas a fim de resguardar o segredo de justiça.

Art. 142. Caberá aos escrivães judiciais velar pelo adequado cumprimento das normas atinentes às publicações ou às intimações por carta, conferindo diariamente seu teor, sem prejuízo da fiscalização ordinária dos Juízes Corregedores Permanentes.

Seção XVII
Da Consulta e da Carga dos Autos

Art. 157. O acesso aos autos judiciais e administrativos de processos em andamento ou findos, mesmo sem procuração, quando não estejam sujeitos a segredo de justiça, é assegurado aos advogados, estagiários de Direito e ao público em geral, por meio do exame em balcão do ofício de justiça ou seção administrativa, podendo ser tomados apontamentos, solicitadas cópias reprográficas, bem como utilizado escâner portátil ou máquina fotográfica, vedado, nestas hipóteses, o desencarte das peças processuais para reprodução.

Parágrafo único. Os escrivães judiciais e os chefes de seção judiciária manterão, pessoalmente ou mediante servidor designado, rigorosa vigilância sobre os autos dos processos, sobretudo quando do seu exame, por qualquer pessoa, no balcão do ofício de justiça ou seção administrativa.

Art. 158. Para garantia do direito de acesso aos autos que não corram em segredo de justiça, poderão os advogados ou estagiários de Direito, regularmente inscritos na OAB, que não tenham sido constituídos procuradores de quaisquer das partes, retirar os autos para cópia, pelo período de 1 (uma) hora, mediante controle de movimentação física, devendo o serventuário consultar ao sítio da Ordem dos Advogados do Brasil da Internet, à vista da Carteira da OAB apresentada pelo advogado ou estagiário de Direito interessado, com impressão dos dados obtidos, os quais serão conferidos pelo servidor antes da entrega dos autos, observadas, ainda, as demais cautelas previstas para a carga rápida, conforme o disposto no art. 165.

Parágrafo único. A carga rápida de que trata este artigo também será concedida à pessoa credenciada pelo advogado ou sociedade de advogados, não sendo dispensada a consulta ao sítio da Ordem dos Advogados do Brasil dos dados referentes ao advogado ou sociedade de advogados que autorizar a retirada dos autos. O preposto deverá apresentar, além da autorização prevista no § 7º do artigo 272 do Código de Processo Civil, o respectivo documento de identidade.

Art. 159. Nos casos complexos ou com pluralidade de interesses, a fim de que não seja prejudicado nem o andamento do feito e nem o acesso aos autos, fica autorizada a retirada de cópias de todo o feito, que ficarão à disposição para consulta dos interessados.

Art. 160. Na hipótese de os processos correrem em segredo de justiça, o seu exame, em cartório, será restrito às partes e a seus procuradores devidamente constituídos.

§ 1º As entidades que reconhecidamente prestam serviços de assistência judiciária poderão, por intermédio de advogado com procuração nos autos, autorizar a consulta de processos que tramitam em segredo de justiça em cartório pelos acadêmicos de Direito não inscritos na OAB. Referida autorização deverá conter o nome do acadêmico, o número de seu RG e o número e/ou nome das partes do processo a que se refere a autorização, que será juntada posteriormente aos autos.

§ 2º É vedado o acesso a autos de processos que correm em segredo de justiça por estagiários não inscritos ou com inscrição vencida na OAB.

Art. 161. A carga de autos judiciais e administrativos em andamento no cartório é reservada unicamente a advogados ou estagiários de Direito regularmente inscritos na OAB, constituídos procuradores de alguma das partes, ressalvado, nos processos findos e que não estejam sujeitos a segredo de justiça, a carga por advogado mesmo sem procuração, pelo prazo de 10 (dez) dias.

Parágrafo único. A carga de autos também poderá ser realizada por pessoa credenciada a pedido do advogado ou da sociedade de advogados, pela Advocacia Pública, pela Defensoria Pública ou pelo Ministério Público, o que implicará intimação de qualquer decisão contida no processo retirado, ainda que pendente de publicação.

Art. 162. O escrivão ou o escrevente responsável pelo atendimento registrará a retirada e a devolução de autos, mediante anotação no sistema informatizado oficial e no relatório de carga emitido pelo sistema (carga eletrônica), observadas as seguintes cautelas:

I – na retirada dos autos, o advogado, estagiário de Direito ou pessoa credenciada lançará sua assinatura no relatório de carga emitido pelo sistema informatizado, arquivando-se o documento provisoriamente em classificador próprio;

II – na devolução do feito, o servidor do ofício de justiça ou da seção administrativa efetuará a baixa no relatório de carga, juntando-o imediatamente aos autos.

§ 1º O livro de carga de autos para advogados será utilizado quando não for possível a utilização do sistema informatizado, caso em que serão lançados, no livro, a assinatura do destinatário e, no quadro, o termo de carga e recebimento.

§ 2º No relatório eletrônico ou no livro de carga constarão o número da carteira profissional e respectiva seção, expedida pela OAB, em nome do destinatário ou o número da carteira de identidade, quando tratar-se de pessoa credenciada pelo advogado ou sociedade de advogados, facultado ao servidor, na dúvida, solicitar a exibição dos documentos.

§ 3º A baixa da carga de autos, constante de relatório eletrônico ou de livro de carga, far-se-á imediatamente, à vista do interessado, sendo-lhe facultada a obtenção de recibo de autos, assinado pelo servidor, em instrumento previamente confeccionado pelo interessado e do qual constarão designação do ofício de justiça ou da seção administrativa, número do processo, tipo de demanda, nome das partes e data da devolução. A cada auto processual corresponderá um recibo e a subscrição pelo servidor não implica reconhecimento da respectiva regularidade interna.

§ 4º O procedimento previsto neste artigo poderá ser aplicado a outras modalidades de cargas, desde que disponível a funcionalidade (carga eletrônica) no sistema informatizado para outros destinatários e o método se revele eficiente.

Art. 163. Os advogados, a sociedade de advogados, os representantes judiciais da Fazenda Pública e os membros do Ministério Público e da Defensoria Pública, mediante petição dirigida ao Juiz Corregedor Permanente, poderão indicar prepostos, funcionários ou estagiários autorizados a retirarem, em nome daqueles, os autos em carga.

§ 1º Da petição, que será arquivada em pasta própria, constarão os nomes completos, os números dos documentos de identidade, do CPF e os números das identificações funcionais, se o caso.

§ 2º O funcionário ou estagiário deverá portar o documento de identidade e a cédula ou crachá funcional, conforme o caso, no momento da retirada dos autos, para que o ofício de justiça possa verificar, mediante conferência das petições arquivadas, se a pessoa encontra-se autorizada a subscrever a carga.

§ 3º A carga dos autos será feita em nome da pessoa que subscreveu a autorização e dela constarão os dados da pessoa que estiver retirando os autos.

§ 4º Qualquer alteração no rol de pessoas autorizadas a retirar os autos deverá ser imediatamente comunicada ao Juiz Corregedor Permanente.

Art. 164. Não havendo fluência de prazo, os autos somente serão retirados em carga mediante requerimento.

§ 1º Na fluência de prazo, os autos não sairão do ofício de justiça, salvo nas hipóteses expressamente previstas na legislação vigente, ressalvado, porém, em seu curso ou em outras hipóteses de impossibilidade de retirada dos autos, o direito de requisição de cópias quando houver justificada urgência na extração respectiva, mediante autorização judicial, observando-se o procedimento próprio.

§ 2º Na fluência de prazo comum, só em conjunto ou mediante prévio ajuste por petição nos autos os procuradores das partes ou seus prepostos retirarão os autos, ressalvada a obtenção de cópias para a qual cada procurador ou preposto poderá retirá-los pelo prazo de 2 (duas) a 6 (seis) horas, mediante carga, independentemente de ajuste, observado o término do expediente forense.

Art. 165. A carga rápida dos autos será concedida pelo escrivão ou o escrevente responsável pelo atendimento, pelo período de uma hora, mediante controle de movimentação física dos autos, conforme formulário a ser preenchido e assinado por advogado ou estagiário de Direito devidamente constituído no processo, ou ainda por pessoa credenciada pelo advogado ou sociedade de advogados, respeitado o seguinte procedimento:

I – os requerimentos serão recepcionados e atendidos desde que formulados até às 18h;

II – o formulário de controle de movimentação física será juntado aos autos no exato momento de sua devolução ao ofício de justiça, certificando-se o respectivo período de vista;

III – na hipótese dos autos não serem restituídos no período fixado, competirá ao escrivão judicial representar, no prazo de 24 (vinte e quatro) horas, ao Juiz Corregedor Permanente, inclusive para fins de providências competentes junto à Ordem dos Advogados do Brasil (EOAB, arts. 34, inciso XXII, e 37, inciso I).

Art. 166. É vedada a retenção do documento de identificação do advogado ou do estagiário de Direito no ofício de justiça, para a finalidade de controle de carga de autos, em qualquer modalidade ou circunstância.

Art. 167. O advogado deve restituir, no prazo legal, os autos que tiver retirado do ofício de justiça. Se intimado pessoalmente, o advogado não devolver os autos no prazo de 3 (três) dias, perderá o direito à vista fora de cartório e incorrerá em multa correspondente à metade do salário mínimo.

§ 1º Verificada a falta, o juiz comunicará o fato à seção local da Ordem dos Advogados do Brasil para procedimento disciplinar e imposição das penalidades.

§ 2º O expediente de cobrança de autos receberá autuação singela, sem necessidade de registro.

§ 3º Devolvidos os autos, o ofício de justiça, depois de seu minucioso exame, juntará o expediente de cobrança de autos, certificando a data e o nome de quem os retirou e devolveu.

§ 4º Na hipótese de extravio dos autos, o expediente de cobrança instruirá o respectivo procedimento de restauração.

Art. 168. O escrivão ou o chefe de seção deverá, mensalmente, até o décimo dia útil do mês subsequente, verificar o cumprimento dos prazos de devolução dos autos retirados, relacionar, em duas vias, os autos em poder das partes além dos prazos legais ou fixados, a primeira encaminhada, sob forma de representação, ao Juiz Corregedor Permanente, para as providências previstas no art. 167 e a segunda via, para acompanhamento e controle, arquivada em pasta própria.

Art. 169. O disposto nesta seção aplica-se, no que couber, a todos os demais destinatários de carga.

Seção XVIII
Do Desentranhamento de Peças e Documentos dos Autos

Art. 170. O desentranhamento de peças e de documentos, facultada a substituição por cópia simples, poderá ser requerido pelo interessado ou determinado de ofício pelo juiz.

Art. 171. Não haverá substituição das peças ou dos documentos desentranhados por cópia quando, a critério do juiz do processo, referirem-se a:

I – manifestação intempestiva do peticionário;

II – documentação evidentemente estranha aos autos;

III – documentos que não tenham servido de base para fundamentação de qualquer decisão proferida nos autos ou para a manifestação da parte contrária.

§ 1º Nestas hipóteses, será colocada uma folha em branco no lugar das peças ou documentos desentranhados, anotando-se a folha dos autos em que lançada a certidão de desentranhamento, vedada a renumeração das folhas do processo.

§ 2º As peças e documentos juntados por equívoco aos autos serão imediatamente desentranhados e juntados aos autos corretos ou, quando não digam respeito a feitos da vara ou ofício de justiça, devolvidos ao setor de protocolo, de tudo lavrando-se certidão.

Art. 172. Deferido ou determinado de ofício o desentranhamento, caberá ao ofício de justiça:

I – desentranhar as peças, certificando-se;

II – manter os documentos em local adequado, para sua posterior entrega;

III – intimar o interessado a retirar a documentação no prazo de 5 (cinco) dias, se outro não for assinalado pelo Juiz.

§ 1º A certidão de desentranhamento mencionará a numeração das folhas desentranhadas e, quando o caso, daquela na qual se determinou o ato e a eventual substituição por cópias simples.

§ 2º As peças desentranhadas dos autos, enquanto não entregues ao interessado, serão guardadas em classificador próprio, sendo vedado grampeá-las na contracapa dos autos.

§ 3º A devolução de peças desentranhadas efetuar-se-á mediante termo nos autos, lançado imediatamente após a certidão de desentranhamento, constando o nome e documento de identificação de quem as recebeu em devolução, além do competente recibo.

Art. 173. Salvo motivada determinação judicial em sentido contrário e os títulos de crédito, fica dispensada a certificação do número do processo nas peças e documentos desentranhados dos autos.

Art. 174. Transitada em julgado a sentença, os objetos anexados às manifestações processuais serão devolvidos às partes ou seus procuradores, mediante solicitação ou intimação para retirada em até 30 (trinta) dias, sob pena de destruição.

Art. 175. O escrivão verificará periodicamente o classificador para arquivamento provisório de petições e documentos desentranhados:

I – quando constatar a existência de peças não retiradas há 1 (um) ano do desentranhamento, reiterará a intimação dos advogados para retirá-las;

II – decorridos 2 (dois) anos do desentranhamento, as petições e documentos não retirados pelos advogados serão encaminhadas à Ordem dos Advogados do Brasil local, anotando-se no sistema informatizado oficial.

Parágrafo único. Nas demais hipóteses, o escrivão remeterá à conclusão as petições e documentos desentranhados e não retirados, para que o juiz determine a destinação adequada.

Seção XIX
Do Arquivamento de Processos

Subseção I
Disposições Gerais

Art. 176. Nenhum processo será arquivado sem sentença definitiva ou terminativa, incluindo nesse último caso a hipótese de decisão de extinção do processo em razão da estabilização da tutela de que trata o art. 304, §1º do Código de Processo Civil, salvo os casos legais de suspensão do processo por prazo indeterminado, quando não será comunicada a sua extinção.

Art. 177. Após a publicação da decisão que determinou o arquivamento, os processos permanecerão no ofício de justiça por 30 (trinta) dias, findo os quais serão confeccionados os pacotes de arquivo em, no máximo, 30 (trinta) dias, realizadas as anotações e atos necessários.

Art. 178. Quando o cumprimento da sentença condenatória cível se der em juízo diverso daquele que a proferiu (art. 516, parágrafo único, do CPC), o arquivamento dos autos, no âmbito do Poder Judiciário do Estado de São Paulo, deverá ser promovido pelo juízo da execução, que realizará todos os cadastramentos pertinentes à extinção do processo, quando for o caso.

Art. 179. O arquivo de processos será organizado em caixas padronizadas, com volumes que não ultrapassem a capacidade das caixas de arquivo, adotadas, ainda, as seguintes cautelas:

I – as caixas de arquivo serão numeradas, independentemente do número do feito, pelo critério ordinal crescente e sem interrupção quando da passagem de um ano para outro, mudando-se somente o ano em que ocorreu o arquivamento (por exemplo, admitindo-se que a última caixa do ano de 2011 recebeu o número 200/11, a próxima, do ano seguinte, receberá o número 201/12 e assim sucessivamente);

II – havendo necessidade de desdobramento, por motivo de apensamentos ou aumento de volumes que impossibilitem a acomodação na mesma caixa, o arquivamento será renovado (nova caixa com numeração atual), feitas as devidas anotações e comunicando a ocorrência ao Arquivo Geral, mediante ofício. É vedado, no caso de desdobramento de caixas, o uso de letras aditivas (por exemplo, 1-A, 1-B, 1-C etc);

III – na tampa da caixa de arquivo será colado o impresso próprio, emitido pelo sistema informatizado oficial, onde serão anotados a denominação completa do ofício de justiça correspondente e os números dos processos, em ordem crescente, desprezando-se o ano do registro do feito. Será anotado na parte inferior do impresso, o número da respectiva caixa, de forma destacada.

Parágrafo único. No sistema informatizado oficial será anotado o número da caixa de arquivamento do respectivo processo.

Art. 180. Todos os processos conterão, obrigatoriamente, o número correspondente da caixa em que arquivado, escrito na autuação, de forma bem legível.

Parágrafo único. Na autuação constará a denominação completa do ofício de justiça e, quando houver necessidade de fazer nova capa, será conservada a denominação originária.

Art. 181. Os requerimentos de desarquivamento de autos, ressalvadas as exceções legais, serão instruídos com o comprovante de recolhimento da respectiva taxa.

§ 1º Na ausência da guia de recolhimento, o advogado (subscritor ou responsável indicado) será intimado a recolher as respectivas custas ou retirar a petição, no prazo de 5 (cinco) dias.

§ 2º Da publicação no Diário da Justiça Eletrônico, com a observação de se tratar de "petição irregular", constará, quando possível, todos os dados necessários a sua identificação.

§ 3º Desatendida a intimação no prazo estabelecido, a petição será encaminhada à Ordem dos Advogados do Brasil local.

Subseção II
Do Arquivamento de Processos na Comarca da Capital

Art. 182. Na Comarca da Capital, determinado o arquivamento do feito e observados os dispositivos da subseção precedente, os escrivães remeterão os autos ao Arquivo Geral.

Parágrafo único. A remessa de processos ao Arquivo Geral será feita pelo ofício de justiça de acordo com a escala de retirada periodicamente publicada no Diário da Justiça Eletrônico.

Art. 183. Os ofícios de justiça requisitarão, quando necessário, os processos depositados no Arquivo Geral, mediante impresso próprio, a ser preenchido em todos os seus campos, conferido e assinado pelo escrivão.

§ 1º Se o interesse recair sobre processo em apenso, da requisição constará o processo principal ao qual ele se encontra apensado.

§ 2º Antes de requisitar o processo, os ofícios de justiça verificarão se a caixa de arquivamento foi de fato remetida ao Arquivo Geral, bem como se o processo solicitado não se encontra no próprio ofício.

§ 3º Quando se tratar de requisição de processos por parte dos ofícios de justiça integrantes de foro regional, o requisitante deverá mencionar na requisição a que vara distrital pertencia o feito.

§ 4º Não será permitida a reiteração de requisição antes de decorridos 10 (dez) dias contados da data do protocolo.

§ 5º Em casos de urgência, o processo poderá ser retirado diretamente no Arquivo Geral, mediante regular requisição, acompanhada de memorando assinado pelo escrivão do ofício de justiça requisitante e visado pelo juiz. Nessa hipótese, o processo somente será entregue a funcionário do ofício de justiça requisitante.

§ 6º Fica vedada às partes e advogados a retirada de processos nos depósitos do Arquivo Geral.

§ 7º Assim que recebidos os autos do arquivo, o ofício de justiça lançará o recebimento no sistema informatizado oficial, evitando-se novas requisições de processos que já se encontram nas unidades judiciais.

§ 8º Para rearquivamento de processos, os ofícios de justiça utilizarão a relação de devolução ao arquivo.

Art. 184. Qualquer irregularidade constatada no preenchimento da requisição que impossibilite a localização do feito no Arquivo Geral implicará no desatendimento da requisição e imediata devolução ao expedidor, para regularização.

Art. 185. Além do requerimento formulado ao ofício de justiça onde tramitou o feito, o interessado poderá solicitar o desarquivamento, consultar e obter cópias reprográficas dos processos depositados no Arquivo Geral diretamente nas dependências da Coordenadoria de Arquivos, Setor de Consultas.

§ 1º A requisição de consulta será feita em 4 (quatro) vias, servindo uma delas de protocolo à parte interessada.

§ 2º. Os processos permanecerão à disposição do interessado no local de consulta pelo prazo de 8 (oito) dias úteis, findo o qual serão devolvidos ao arquivo.

Art. 186. O interessado poderá consultar os processos no próprio ofício de justiça de origem, promovendo o escrivão a expedição da requisição.

Parágrafo único. O interessado no desarquivamento será intimado, por qualquer meio idôneo de comunicação, da chegada dos autos ao cartório e do prazo de 30 (trinta) dias para manifestação, bem como de que, decorrido o prazo sem manifestação, os autos retornarão ao arquivo.

Art. 187. Caberá ao Arquivo Geral a extração e remessa de cópias reprográficas de autos arquivados, em atendimento à solicitação da Secretaria da Administração Penitenciária ou da direção de estabelecimento prisional, desde que o ofício de justiça encaminhe, mediante relação, o próprio ofício de referidos órgãos, com as anotações necessárias à localização do processo, observado o § 2º do art. 966.

Parágrafo único. O disposto no caput aplica-se somente aos ofícios de justiça do Fórum Criminal da Barra Funda.

Art. 188. É expressamente vedado o manuseio de autos processados em segredo de justiça, exceção feita às partes e aos advogados por elas constituídos, ou mediante ordem judicial expressa.

Parágrafo único. A extração de cópia reprográfica ou certidão de processos com segredo de justiça, bem como o desentranhamento de documentos, dependerão de despacho do juiz competente.

Art. 189. Permite-se a pesquisa histórica em dependência apropriada junto ao Arquivo Geral, desde que previamente autorizada.

CAPÍTULO XI
DO PROCESSO ELETRÔNICO

Seção I
Do Sistema de Processamento Eletrônico

Art. 1.189. Processo eletrônico é o processo judicial cujas peças, documentos e atos processuais constituem um conjunto de arquivos digitais, que tramitam e são transmitidos, comunicados, armazenados e consultados por meio eletrônico, nos termos da Lei nº 11.419, de 19 de dezembro de 2006.

Art. 1.190. O sistema de processamento eletrônico do Tribunal de Justiça do Estado de São Paulo será utilizado como meio eletrônico de tramitação de processos judiciais, comunicação de atos e transmissão de peças processuais.

Art. 1.191. O acesso ao sistema de processamento eletrônico será feito:

I – no sítio eletrônico do Tribunal de Justiça do Estado de São Paulo na internet, por qualquer pessoa credenciada, mediante uso de certificação digital (ICPBrasil – Padrão A3);

II – pelos entes conveniados, por meio seguro da integração de sistemas;

III – nos sistemas internos, por magistrados, servidores, funcionários e terceiros autorizados pelo Tribunal de Justiça do Estado de São Paulo.

Parágrafo único. O uso inadequado do sistema de processamento eletrônico do Tribunal de Justiça do Estado de São Paulo que venha a causar prejuízo às partes ou à atividade jurisdicional importará bloqueio do cadastro do usuário, sem prejuízo das demais cominações legais.

Art. 1.192. A autenticidade e integridade dos atos e peças processuais serão garantidas por sistema de segurança eletrônica, mediante uso de certificação digital (ICP-Brasil – Padrão A3).

§ 1º Os documentos produzidos de forma eletrônica serão assinados digitalmente por seu autor, como garantia da origem e de seu signatário.

§ 2º Os documentos digitalizados serão assinados ou rubricados;

I – no momento da digitalização, para fins de autenticação;

II – no momento da transmissão, caso não tenham sido previamente assinados ou rubricados.

§ 3º Fazem a mesma prova que os originais as reproduções digitalizadas de qualquer documento, público ou particular, quando juntadas aos autos pelos órgãos da Justiça e seus auxiliares, pelo Ministério Público e seus auxiliares, pelas procuradorias, pelas repartições públicas em geral e por advogados públicos ou privados, ressalvada a alegação motivada e fundamentada de adulteração antes ou durante o processo de digitalização.

§ 4º Os originais dos documentos digitalizados, mencionados no § 3º deste artigo, deverão ser preservados pelo seu detentor até o final do prazo para interposição de ação rescisória, observadas, quanto aos ofícios de justiça, as disposições destas Normas de Serviço.

Art. 1.193. É de exclusiva responsabilidade do titular de certificação digital o uso e sigilo da chave privada da sua identidade digital, não sendo oponível, em nenhuma hipótese, alegação de seu uso indevido.

Art. 1.194. Todos os atos processuais do processo eletrônico serão assinados eletronicamente, por meio de certificação digital.

Art. 1.195. Será considerada original a versão armazenada no servidor do Tribunal de Justiça do Estado de São Paulo, enquanto o processo estiver em tramitação ou arquivado.

Seção IV
Do Protocolo de Petições Intermediárias

Art. 1.220. As petições intermediárias serão apresentadas pelo peticionamento eletrônico e encaminhadas diretamente ao ofício de justiça correspondente.

Parágrafo único. Na hipótese de materialização do processo, cuja tramitação era em meio eletrônico, passarão a ser admitidas petições em meio físico. Retomada a tramitação no meio eletrônico, não mais serão admitidas petições em meio físico.

Art. 1.221. Ressalvado o disposto neste Capítulo, os Setores de Protocolo do Tribunal de Justiça do Estado de São Paulo não poderão receber petições em papel dirigidas aos processos que tramitam eletronicamente.

§ 1º Em caso de recebimento indevido, caberá ao Setor de Protocolo de origem cancelar o protocolo e intimar o peticionário pelo Diário da Justiça Eletrônico – DJE para retirada da petição. Se o Ofício de Justiça verificar o recebimento indevido antes do cadastramento, devolverá a petição ao protocolo de origem. Se a verificação ocorrer após o cadastramento da petição pelo Ofício de Justiça, caberá a este adotar as providências necessárias para a devida regularização.

§ 2º Admitir-se-á, nos Foros Digitais, o protocolo integrado de petições em papel dirigidas a processos físicos em tramitação nas demais Comarcas do Estado.

Art. 1.222. Em caso de indisponibilidade do serviço de peticionamento eletrônico ou impossibilidade técnica, a petição intermediária em papel será recebida desde que observados os requisitos do § 4º do artigo 1.205 destas Normas de Serviço.

§ 1º Deferida a juntada pelo juiz do feito, o ofício de justiça protocolará a petição, dispensada a remessa para o Setor de Protocolo, e caso verifique o funcionamento do sistema informatizado, procederá à digitalização das peças e o trâmite eletrônico regular do processo.

§ 2º Caso inoperante o sistema, o processamento seguirá fisicamente, devendo o ofício de justiça proceder à digitalização tão logo seja restabelecido o funcionamento.

§ 3º Nos casos dos parágrafos anteriores, cientificar-se-á o requerente de que terá 45 (quarenta e cinco) dias, a partir da digitalização, para retirar a petição, sob pena de inutilização da peça e dos documentos pelo ofício de justiça.

Seção V
Da Consulta às Movimentações Processuais e Decisões

Art. 1.224. É livre a consulta, no sítio do Tribunal de Justiça do Estado de São Paulo, às movimentações processuais, inteiro teor das decisões, sentenças, votos, acórdãos e aos mandados de prisão registrados no BNMP.

§ 1º O advogado, o defensor público, as partes e o membro do Ministério Público, cadastrados e habilitados nos autos, terão acesso a todo o conteúdo do processo eletrônico.

§ 2º Os advogados, defensores públicos, procuradores e membros do Ministério Público, não vinculados a processo, previamente identificados, poderão acessar todos os atos e documentos processuais armazenados, salvo nos casos de processos em sigilo ou segredo de justiça.

Art. 1.225. Os processos que tramitam no sistema de processamento eletrônico do Tribunal de Justiça do Estado de São Paulo, em segredo de justiça, só poderão ser consultados pelas partes e procuradores habilitados a atuar no processo.

§ 1º A indicação de que um processo está submetido a segredo de justiça deverá ser incluída no sistema de processamento eletrônico do Tribunal de Justiça do Estado de São Paulo:

I – no ato do ajuizamento por indicação do advogado ou procurador;

II – no ato da transmissão, quando se tratar de recurso interposto em primeiro grau, pelo órgão judicial de origem;

III – por determinação do juiz ou do relator;

IV – automaticamente, por expressa previsão legal, conforme tabela de classes e assuntos padronizadas no sistema.

§ 2º A indicação implica impossibilidade de consulta dos autos por quem não seja parte no processo, nos termos da legislação específica, e é presumida válida, até decisão judicial em sentido contrário, de ofício ou a requerimento da parte.

§ 3º A indicação proveniente do advogado ou procurador será submetida à imediata análise pelo juiz.

Art. 1.226. A consulta da íntegra de processos eletrônicos na internet observará as seguintes regras:

I – os advogados, após cadastramento no Portal E-Saj, e mediante uso da certificação digital ou login e senha, poderão consultar a íntegra de processos públicos e a íntegra de processos em que decretado o segredo de justiça, desde que, no último caso, estejam vinculados por força de procuração nos autos;

II – às partes será fornecida senha para acesso à íntegra de seu processo eletrônico juntamente com a citação ou quando solicitada, sendo possível o requerimento e a retirada pelo advogado constituído, circunstância essa que deverá ser certificada nos autos;

III – para consulta da íntegra dos autos digitais na internet será fornecida senha de acesso a peritos, assistentes e outros auxiliares da justiça nomeados nos autos, de acordo com o tipo de participação no processo.

Parágrafo único. As senhas de acesso serão fornecidas exclusivamente pelo respectivo ofício de justiça, sendo necessária a comprovação documental da condição de parte, na hipótese do requerimento previsto no inciso II, e a autorização do magistrado, nas hipóteses do inciso III.

Art. 1.226-A. O acesso à íntegra dos processos digitais que não tramitem sob segredo de justiça a terceiro interessado será franqueado mediante uso de senha pessoal e intransferível, disponibilizada para utilização pelo período de 24 (vinte e quatro) horas após a sua emissão.

§ 1º O terceiro interessado apresentará requerimento próprio contendo sua qualificação e a declaração de responsabilidade pessoal pelo conteúdo das informações acessadas.

§ 2º A impressão da senha será providenciada pela unidade judicial por onde tramita o feito, sendo uma senha por processo/interessado.

§ 3º Após digitalizados e importados para os autos, os requerimentos serão arquivados em classificador próprio.

§ 4º Decorridos 45 (quarenta e cinco) dias da emissão da senha, os documentos mencionados no parágrafo anterior poderão ser inutilizados, observadas as diretrizes do Comunicado SAD nº 11/2010.

Art. 1.227. Sempre que possível, os documentos serão disponibilizados na internet para impressão pelo advogado ou interessado.

Seção VI
Da Tramitação dos Processos Eletrônicos

Subseção I
Disposição inicial

Art. 1.228. Aplicam-se aos Ofícios de Justiça Digitais e ao processo eletrônico, subsidiariamente, e no que compatível, os dispositivos previstos nos demais capítulos destas Normas de Serviço.

Subseção III
Da Elaboração de Expedientes pelo Ofício de Justiça

Art. 1.237. Na elaboração dos documentos, serão utilizados os modelos de expediente institucionais padronizados, autorizados e aprovados pela Corregedoria Geral da Justiça.

Parágrafo único. Os modelos institucionais possuirão a respectiva movimentação vinculada, a fim de garantir estatísticas fidedignas.

Art. 1.238. A criação de modelos de grupo ou usuário realizar-se-á a partir dos modelos institucionais ou da autoria intelectual do magistrado e somente será permitida para as seguintes categorias:

I – ajuizamentos;

II – atos ordinatórios;

III – autos;

IV – cartas precatórias/rogatórias;

V – certidões de cartório;

VI – decisões;

VII – despachos;

VIII – editais;

IX – expedientes do Distribuidor;

X – formais;

XI – mandados – outros;

XII – ofícios;

XIII – requerimentos;

XIV – sentenças;

XV – Setor Técnico – Assistente Social;

XVI – Setor Técnico – Psicologia;

XVII – termo;

XVIII – termos de audiência.

§ 1º Na configuração dos modelos de grupo ou usuário, o ofício de justiça preencherá:

I – na aba "Informações", o nome, tipo, área e a classificação "grupo";

II – na aba "Movimentações", a movimentação que reflita o teor do expediente;

III – na aba "Compartilhamentos", o tipo "grupo";

IV – na aba "Assinaturas", o(s) agente(s) que assinará(ão) o documento;

V – na aba "Atos do documento", o tipo de ato, a forma, o código do modelo se o caso, o prazo, o tipo de seleção (partes a que se destina o documento) e o modo de finalização.

§ 2º Em relação às cartas rogatórias deverá ser observado o procedimento estabelecido no artigo 131.

Art. 1.239. O juiz somente lançará no documento assinatura eletrônica, mesmo que o ato deva ser praticado junto à unidade judicial ou extrajudicial de outro Estado da Federação.

Subseção V
Do Cumprimento de Ordens Judiciais

Art. 1.243. Nos ofícios de justiça onde implantado o fluxo por atos, o cumprimento das ordens judiciais dar-se-á pelos subfluxos de documentos.

Subseção XIII
Da Expedição de Mandados de Levantamento

Art. 1.265. Os processos que se encontram na fase de expedição de mandados de levantamento serão encaminhados para a fila "ag. análise de cartório urgente".

Anotações